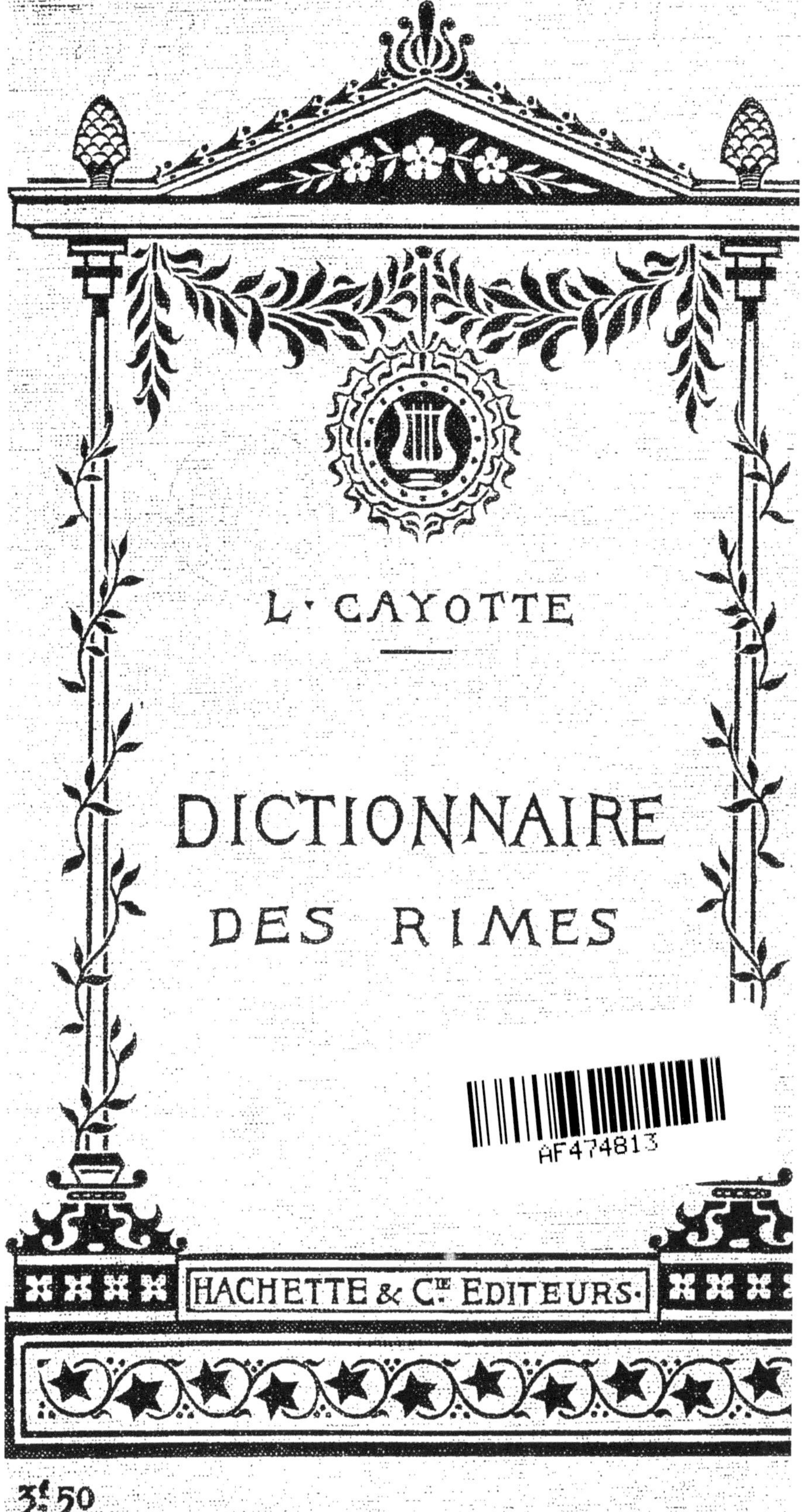

3f 50

DICTIONNAIRE
DES RIMES

COULOMMIERS
Imprimerie Paul BRODARD.

LOUIS CAYOTTE

DICTIONNAIRE DES RIMES

classées

D'APRÈS L'ORDRE ALPHABÉTIQUE INVERSÉ

ET PRÉCÉDÉ D'UN

TRAITÉ DE VERSIFICATION FRANÇAISE

DEUXIÈME ÉDITION

PARIS
LIBRAIRIE HACHETTE ET Cie
79, BOULEVARD SAINT-GERMAIN, 79

1908

AVERTISSEMENT

« Thomas, envoie-moi des rimes », *demandait à son frère le grand Corneille. Leurs appartements, situés l'un au-dessus de l'autre, communiquaient par une trappe à laquelle frappait Pierre; et parmi les mots qui tombaient de l'étage supérieur, il choisissait celui qui, répondant à sa pensée, venait terminer son vers inachevé.*

Si Corneille ne cherchait pas ses rimes, c'était sans doute pour ne pas s'arrêter dans l'essor de son inspiration. Thomas était son dictionnaire des rimes, dictionnaire parfait, car il évitait au poète tout travail mécanique qui ne peut que nuire à la poésie même d'une œuvre.

La rime est une règle de la versification française qui se modifie sans cesse, suivant le besoin. Il nous a paru nécessaire d'établir un dictionnaire des rimes complet, et surtout dont les mots seraient classés d'après une méthode simple rendant la recherche rapide et facile. A côté de cette qualité essentielle, il en est une autre, presque aussi importante, qui découle de l'idée même qui a présidé à la formation de ce nouveau dictionnaire : la richesse de la rime. *Le mot que l'on cherche est immédiatement précédé ou suivi de celui qui offre la rime la plus riche, et ceux qui se présentent ensuite perdent peu à peu cette richesse.*

Les mots sont classés alphabétiquement, mais en allant de la dernière à la première lettre; pour faciliter la recherche, nous avons établi une composition typographique d'alignement des mots par la droite. On se rendra bientôt compte qu'il est aussi facile de trouver un mot classé alphabétiquement par la dernière lettre que par la première.

Pour plus de facilité encore, en haut de chaque page, après la consonance du premier et du dernier mot, nous faisons figurer, entre parenthèses, une partie de ces mots retournée lettre par lettre. Ces inversions forment donc un ordre alphabétique régulier de A à Z; il suffira de se représenter la fin du mot cherché, en cette même forme inversée, pour trouver, comme dans un dictionnaire ordinaire, la page où il existe.

Veut-on chercher une rime à référence, *dont les dernières lettres, en ordre inversé, forment* ECNE? *On trouvera, à la page où ce groupement inverse prend place, entre les inversions* [Ecna]-[Ecre], *toutes les rimes en* ence *classées elles-mêmes d'après la lettre qui précède : de* c *à* y, cence *à* yence. *Dans la partie où les mots en* rence *se suivent, d'après la même méthode on trouvera les* érence, *puis les* férence, *ensuite les* éférence *et enfin* référence *dont* préférence *sera la rime surabondante.*

Chaque série comporte tous les mots donnant une rime parfaite; mais l'homophonie étant suffisante, après chaque série se trouvent les renvois aux séries qu'on peut également employer; c'est ainsi qu'après le dernier mot de cette série, Mayence, *on sera renvoyé à* ense *et à* anse. *Quelques mots n'ont pas de rimes; d'autres n'ont que la phonétique. Pour les séries trop courtes, on ne peut exiger la grande richesse de rime possible dans les longues séries, en s'approchant du mot avec lequel on veut rimer. C'est ainsi qu'à* référence, préférence *puis* déférence *sont surabondantes,* conférence *est plus riche que* cohérence, *meilleur lui-même qu'*occurrence, *et* Mayence *n'est plus que suffisant. L'emploi de surabondantes est lassant, mais toutes les rimes ne le permettent pas et on peut l'éviter.*

Il se produit fréquemment que des mots de terminaison identique ne peuvent rimer ensemble, ayant une prononciation différente. Suivant le nombre de ces mots, nous avons adopté deux méthodes : s'ils sont nombreux, nous avons formé plusieurs séries dont les renvois indiquent celles qu'on peut assimiler; dans le cas contraire, ils figurent en italique, ne riment qu'entre eux et ont un renvoi qui leur est propre, s'il y a lieu. De toute façon, l'ordre alphabétique de classement n'est donc pas interrompu et la recherche n'est pas gênée; pour les lettres dont la prononciation est modifiée par un signe orthographique, l'ordre est le suivant : a,â — c,ç — e,é,è,ê — i, ï — o,ô; *de plus la forme* ent *sonore précède* ent *insonore.*

Comme noms propres, nous n'avons classé que tous ceux de la Mythologie et les plus usités seulement parmi ceux de l'Histoire, de la Bible et de la Géographie. On sait d'ailleurs que la rime des noms propres n'est pas soumise à des règles aussi rigoureuses que celle des autres mots; nous n'avons pas également indiqué tout mot de sept syllabes ou plus et nous atteignons pourtant le chiffre de 86 000 mots. Au point de vue lexicologique, notre travail offre donc un intérêt particulier. Une grande partie de ces mots n'est guère employée en poésie : tels sont, par exemple, les mots techniques de la médecine, de la chimie, des mathémathiques, etc..... Nous n'avons cependant pas craint de les faire entrer dans notre dictionnaire. Pour les séries courtes, le poète sera très heureux de les trouver puisqu'il n'aura pas mieux. Dans le cas contraire — soit par exemple la grande série des mots en gie, *dont la plupart, terminés en* logie, *ne peuvent rimer ensemble, — nous croyons que le poète pourra se dispenser de faire usage d'un dictionnaire et qu'il connaîtra assez de mots pour éviter cette recherche.*

C'est plutôt comme lexique que nous avons voulu former ces séries également complètes.

Près de 50 000 mots sont des formes de verbes à différents temps; on trouvera, à leur place alphabétique, tous les verbes de la 4e conjugaison, puis ceux de la 1re, enfin ceux de la seconde, parmi lesquels, par suite de notre classement, s'intercalent les quelques-uns qui forment la 3e. Tous les verbes irréguliers sont conjugués et se présentent sous leurs différentes formes; les autres n'existent qu'à leurs principales; afin de ne pas les augmenter, il nous a paru inutile de les répéter sous des formes presque analogues, se représentant dans le même ordre. Ainsi tout verbe se terminant en ait, *qui ne se trouvera pas à sa place, sera, comme l'indique le renvoi, dans les séries des verbes en* a; *il suffira de changer* ait *en* a *pour la recherche, et de modifier la rime trouvée, par le même changement de temps. Pour qu'on trouve facilement les mots qui sont verbes, nous les avons fait suivre d'un petit trait horizontal qui attirera l'attention sur eux, de façon suffisante.*

Quelques mots ont plusieurs significations; ils sont précédés d'un astérisque. D'autres, qui sont à la fois verbes et substantifs, ou adjectifs, sont également précédés d'un astérisque, et suivis du signe distinctif des verbes.

Les mots n'existent au pluriel que lorsqu'ils offrent une forme différente de celle du singulier; tous les autres, dont le pluriel se forme régulièrement par l'adjonction d'un s *ou d'un* x, *ne figurent pas. La recherche en est des plus simples : on verra les mots ayant une forme constante se terminant par* s *ou* x : *un* mois, doux; *puis, on verra aussi les mots qui riment au singulier et qui subissent, pour leur pluriel, la même modification. Il en est de même pour les verbes à la 2e personne du singulier* — aimes — *qui offrent avec la 1re personne* — aime — *le même rapport que des mots à différents nombres.*

Au sujet de la rime des mots pluriels, nous terminons par une remarque importante qu'indiquent certains renvois.

Remarque. — *Nous avons établi tous nos renvois obtenant des rimes rigoureusement assujetties à la règle des consonnes insonores équivalentes* (voy. ce chapitre au traité); *ce n'est que par licence qu'on peut se permettre de passer outre et d'accoupler deux mots se terminant par des consonnes non-équivalentes, ou dont l'un n'a pas de consonne finale :* rucher *et* duché. *Mais ce n'est plus une licence, lorsque ces mots ont la forme du pluriel; ainsi* ruchers *et* duchés *riment parfaitement.*

Donc en cherchant une rime à un mot pluriel, on pourra voir toutes les séries ayant la même consonance, quoique terminées par des consonnes non équivalentes et insonores.

TRAITÉ DE VERSIFICATION

Sans avoir l'intention de raisonner ici les règles qui, s'étant modifiées suivant la transformation de la langue, constituent aujourd'hui la versification française, nous croyons indispensable de faire précéder le nouveau dictionnaire que nous présentons d'un résumé de ces règles, ou mieux de ces habitudes. Nous offrons ce résumé après nous être éclairé par tout ce qui fut dit jusqu'ici sur le vers français, et après avoir fixé ce qui nous paraissait le plus juste parmi les contradictions qu'on relève sur certains points.

Nombreux furent les essais de construction du vers français sur le rythme de celui de toutes les autres langues, consistant en un enlacement de syllabes brèves et longues; mais notre langue ne le permettait pas. Le vers français a conservé sa forme spéciale dont les règles principales sont : la mesure, c'est-à-dire la quantité de syllabes, et la rime.

QUANTITÉ SYLLABIQUE DU VERS

Avant de déterminer et d'expliquer ce qui compte, comme syllabe, dans la mesure d'un vers, nous présentons les différentes longueurs du vers.

On trouve de rares exemples de VERS D'UNE SYLLABE formant une pièce; voici un sonnet de Paul de Rességuier :

Fort
Belle,
Elle
Dort.

Sort
Frêle!
Quelle
Mort!

Rose
Close
La

Brise
L'a
Prise

Le monosyllabe se trouve plus habituellement mêlé à d'autres, dont il paraît l'écho, comme dans cette chanson de Panard :

Mettez-vous bien cela
Là,
Jeunes fillettes :
Songez que tout amant
Ment,
Dans ses fleurettes.

Victor Hugo a employé assez souvent, et de façon fort heureuse, le VERS DE DEUX SYLLABES ou *dissyllabe*. En voici un exemple tiré des *Djinns* (*les Orientales*), où nous trouvons d'ailleurs des vers de deux à huit, et de dix syllabes, en strophes de huit vers :

On doute
La nuit...
J'écoute : —
Tout fuit,
Tout passe,
L'espace
Efface
Le bruit.

Ce poète nous fournit aussi un exemple de VERS DE TROIS SYLLABES, ou *trisyllabe*, dont est composé *Le Pas d'armes du Roi Jean* (*Odes et Ballades*, XII) :

Çà, qu'on selle,
Écuyer,
Mon fidèle
Destrier.
Mon cœur ploie
Sous la joie
Quand je broie
L'étrier.

Le VERS DE QUATRE SYLLABES, ou *tétrasyllabe*, est encore, jusqu'au XVIIIe siècle,

De ces vers nains
Vifs et badins,

qui étaient, en réalité, peu employés. En voici un exemple emprunté à Parny :

A l'infidèle
Cachons nos pleurs.
Aimons ailleurs,
Trompons comme elle.

Les poètes, au XIXe siècle, Théodore de Banville en particulier, en ont fait, au contraire, usage dans des poèmes purement lyriques. Mais ce n'est vraiment qu'au-dessus de cette mesure qu'est employé le vers français.

Le VERS DE CINQ SYLLABES est, peut-être, le plus usité parmi les vers d'un mètre court :

Dans l'alcôve sombre
Près d'un humble autel,
L'enfant dort à l'ombre
Du lit maternel.
Tandis qu'il repose,
Sa paupière rose,
Pour la terre close,
S'ouvre pour le ciel.

VICTOR HUGO, *Les feuilles d'automne.*

Le VERS DE SIX SYLLABES est moins employé que le précédent. La raison probable en est qu'il ressemble trop à une moitié du vers alexandrin, ou de douze syllabes, coupé en deux hémistiches. Il est difficile, en effet, d'empêcher l'oreille de les confondre. Les poètes ont cherché à éviter cette confusion en ayant soin de faire commencer les vers suivant les rimes féminines par une consonne. Au chapitre de l'ÉLISION nous montrerons que l'*e* muet élidé devant une consonne prouve qu'il y a un repos marqué par la fin du vers. En voici un exemple :

Est-ce la cour suprême
Du souverain des dieux?
Ou Vénus elle-même
Descend-elle des cieux?

J.-B. ROUSSEAU, *Cantates.*

Le plus souvent, ce vers figure mêlé à d'autres plus longs, rarement plus courts, comme dans les morceaux suivants :

Toutefois c'est ainsi que nos maîtres célèbres
Ont dérobé leurs noms aux épaisses ténèbres
De leur antiquité;
Et ce n'est qu'en suivant ce périlleux exemple
Que nous pourrons, comme eux, arriver jusqu'au temple
De l'Immortalité.

J.-B. ROUSSEAU, *Odes, III.*

C'était dans la nuit brune
Sur le clocher jauni
La lune,
Comme un point sur un i.

A. DE MUSSET, *Ballade à la lune.*

Le VERS DE SEPT SYLLABES, ou *eptasyllabe*, est plus usité. La Fontaine l'employa beaucoup; dans ses Odes, J.-B. Rousseau le prit parfois comme mètre, pour des stances de dix vers.

J'ai vu mes tristes journées
Décliner vers leur penchant;
Au midi de mes années
Je touchais à mon couchant.
La mort, déployant ses ailes,
Couvrait d'ombres éternelles
La clarté dont je jouis,
Et, dans cette nuit funeste,
Je cherchais en vain le reste
De mes jours évanouis.

J.-B. ROUSSEAU.

Ecoute-moi, Madeleine!
L'hiver a quitté la plaine
Qu'hier il glaçait encor.
Viens dans ces bois d'où ma suite
Se retire, au loin conduite
Par les sons errants du cor.

V. HUGO, *Ballade neuvième.*

Le VERS DE HUIT SYLLABES, ou *octosyllabe*, est le plus grand de ceux qui peuvent se prononcer sans aucun repos, ou césure, dont nous parlerons plus loin. Au-dessus de ce mètre, tous les vers doivent comporter au moins un repos. On conçoit donc que l'octosyllabe soit très employé.

C'est ici que l'on dort sans lit
Et qu'on prend ses repas par terre.
Je vois et j'entends l'atmosphère
Qui s'embrase et qui retentit
De cent décharges de tonnerre.

VOLTAIRE, *Epîtres, XLV.*

Le VERS DE NEUF SYLLABES, ou *ennéasyllabe*, fut peu employé jusqu'à la seconde moitié du XIXe siècle, sauf dans la déclamation musicale, chansons ou opéras. La recherche de formes neuves ou rénovées amena les poètes, postérieurs à Théodore de Banville et à Paul Verlaine, à étudier les conditions d'équilibres de ce mètre impair. L'ennéasyllabe se présente sous deux types : avec un seul repos

— 5 + 4 syllabes, — ou avec deux — 3 + 3 + 3 —. Voici deux exemples de ce mètre :

Viens, ô Dame en deuil, par les vallons
De joie et de paix; allons ensemble
Cueillir aux jardins des Avallons
La fleur en exil qui te ressemble.

ÉPHRAÏM MIKHAEL.

Chère main aux longs doigts délicats
Nous versant l'or du sang des muscats.

JEAN MORÉAS.

Au contraire le VERS DE DIX SYLLABES, ou *décasyllabe*, est très employé; on le rencontre dans toutes les formes de poésie, dans le poème héroïque comme dans la chanson. Ce mètre exige un repos, mais la place en peut varier : il se coupe en deux hémistiches égaux, 5 + 5 syllabes, ou inégaux, 4 + 6 :

J'ai dit à mon cœur, à mon faible cœur,
N'est-ce point assez d'aimer sa maîtresse,
Et ne vois-tu pas que changer sans cesse,
C'est perdre en désir le temps du bonheur.

A. DE MUSSET, *Chansons.*

Viens, mon coursier, noble ami du Cosaque
Vole au signal des trompettes du Nord.
Prompt au pillage, intrépide à l'attaque,
Prête sous moi des ailes à la Mort.

BÉRANGER, *Le Chant du Cosaque.*

Le VERS DE ONZE SYLLABES ou *endécasyllabe*, comme le vers de neuf, n'a été usité d'une façon courante que dans la seconde moitié du XIXe siècle, et surtout depuis Paul Verlaine qui, dans son *Art poétique*, conseilla de préférer l'impair à tous les autres mètres. Le vers de onze syllabes se coupe en deux hémistiches nécessairement inégaux : 5 + 6 :

Les sylphes légers s'en vont dans la nuit brune
Courir sur les flots des ruisseaux querelleurs
Et, jouant parmi les blancs rayons de lune,
Voltigent riants sur la cime des fleurs?

THÉODORE DE BANVILLE.

Quant au VERS DE DOUZE SYLLABES, ou *alexandrin*, il est, certes, le plus usité; on le rencontre partout : dans la poésie lyrique, dans la tragédie et la comédie, et dans toutes les formes fixes de petits poèmes. Nous serons amenés à l'étudier complètement en parlant de l'*hémistiche* :

Pontife de Baal, excusez ma faiblesse.
J'entre : le peuple fuit, le sacrifice cesse.

Le grand prêtre vers moi s'avance avec fureur.
Pendant qu'il me parlait, ô surprise! ô terreur!
J'ai vu ce même enfant dont je suis menacée,
Tel qu'un songe effrayant l'a peint à ma pensée.

RACINE, *Athalie.*

Au-dessus de ce mètre, on trouve encore, très rarement, des VERS DE TREIZE ET DE QUATORZE SYLLABES.

On a pu remarquer que presque tous les vers de ces exemples comportaient réellement plus de syllabes que n'en indiquent leurs noms; aussi, nous allons de suite déterminer ce qui compte comme unité dans la mesure du vers, en traitant de l'ELISION et des DIPHTONGUES.

DE L'ÉLISION

L'élision est l'annulation de l'*e* muet dans la dernière syllabe d'un mot, lorsque le suivant commence par une voyelle ou une *h* muette; la syllabe ainsi élidée ne forme plus qu'une avec la première du mot suivant :

Le grand prêtre vers moi s'avanc*e* avec fureur.
Moïs*e*, homme de Dieu, s'arrêt*e*, et sans orgueil.

Dans ce dernier exemple l'*e* se prononce encore dans les syllabes *me* et *de*, suivies de consonnes, mais la valeur de l'*e* disparaît complètement dans les syllabes *se* et *te*, précédant une *h* muette et une voyelle; il y a donc exactement douze syllabes articulées.

Il n'y a plus élision lorsque l'*e* muet est suivi de la lettre *s*, ou de la forme *nt* insonore des verbes au pluriel. Dans ce cas, la syllabe compte comme unité, se prononce, et l'*s* ou le *t* final forme liaison avec le mot suivant :

Des grands chênes épars sur les coteaux voisins
Qui rendent en parfums ses chansons à l'oiseau.

E. Augier a écrit, sans s'inquiéter de l'*s* final :

Voilà cer*tes* une belle et vive poésie.

Il lui était difficile de compter la syllabe *tes*, et de faire la liaison avec l'*s* final; ce sont des cas où, pour le versificateur, la prononciation l'emporte, instinctivement, sur l'orthographe. Il est préférable d'éviter ces mots gênants, ou de ne les employer que non élidés, devant une consonne; élidés, ils n'ont dans le vers français qu'une seule place possible : à la fin.

En effet, à cet endroit l'élision d'une syllabe muette : *e*, *es* ou *ent*, est toujours complète, quelle que soit la lettre initiale du vers suivant ; il y a toujours un repos suffisant, ou du moins supposé.

C'est pourquoi nous disions plus haut au sujet des vers de six syllabes : les poètes, pour bien indiquer la fin de ce vers, le font se terminer par une syllabe élidée, alors que le mot suivant commence par une consonne :

Est-ce la cour suprême
Du souverain des dieux?

Si les deux vers n'en formaient qu'un seul, la syllabe *me* s'articulerait; mais ajoutons que cette syllabe élidée ne pourrait se trouver au repos intérieur du vers, car, si l'élision se fait toujours à la fin d'un vers, elle doit se faire également à l'hémistiche, à la condition essentielle, toutefois, que ce soit régulièrement, c'est-à-dire que le mot suivant commence par une voyelle ou une *h* muette :

Et la mer elle-mê*me*, expirant sur sa ri*ve*,
Roule à peine à la pla*ge* une larme plainti*ve*.

La syllabe *ve* s'élide, bien que le mot suivant commence par une consonne, mais *rive* est à la fin du vers ; au contraire, *même* et *plage* ont leur dernière syllabe élidée parce que les mots suivants commencent par une voyelle, ce qui était indispensable, puisqu'une syllabe muette non élidée ne peut exister au repos du vers. Lamartine n'aurait pu écrire :

La mer elle-même, mourante sur sa ri*ve*.

Dans l'intérieur d'un vers, l'*e* muet final formant une syllabe à lui seul, et précédé d'une voyelle ou diphtongue, doit toujours s'élider : aussi, d'après la règle générale de l'élision, on doit le faire suivre d'un mot que commence une voyelle ou une *h* muette :

La renommé*e* eut soin de publier l'affaire.

L'*e* final de *renommée* est absorbé par la voyelle précédente; à cause de la liaison qui doit se faire sentir, cette absorption n'est plus possible si cet *e* est suivi d'une forme pluriel *s* ou *nt*; à cette forme, il ne pourrait plus se trouver qu'à la fin du vers :

Apportant avec lui comme de grands trophé*es*....

et non :

Comme de grands trophées apportant avec lui...

Il faut observer que dans les formes *aient*, de l'imparfait et du conditionnel, *ent* ne forme pas une syllabe muette, mais qu'il n'y a là qu'une seule syllabe :

Mais ils vous ressem*blaient*, ils *étaient* sans pitié.

L'élision existe également dans l'intérieur de certains mots, lorsque l'*e* muet est précédé d'une voyelle ou diphtongue l'absorbant par synérèse : dans les formes futur et conditionnel des verbes en *éer*, *ier*, *uer*, *ouer*, *yer*, et dans certains mots tels que *gaieté*, *dénouement*... qu'on écrit d'ailleurs indifféremment : *gaîté*, *dénoûment*....

Par contre les monosyllabes : *le*, *je*, *ce*, *que* ne s'élident jamais. Il est donc préférable de ne pas les employer devant une voyelle ou une *h* muette, car l'élision étant impossible, il en résulterait un HIATUS dont nous parlerons plus loin.

Enfin l'élision ne se fait pas devant certains mots tels que : *oui*, précédé de *ce que* ou *le*; *ce oui*; devant *onze* et *onzième* : *ce onze*, *le onzième*. Ces trois mots semblent précédés d'une *h* aspirée.

DES DIPHTONGUES

La réunion de deux ou plusieurs voyelles prononcées par une seule émission de voix forme une *diphtongue*.

Il est difficile de préciser d'une façon générale lorsqu'il y a diphtongue. On ne peut vraiment le déterminer que par l'étymologie du mot; on trouve même souvent des irrégularités établies par l'usage. Mais on peut dire pourtant qu'il y a deux syllabes distinctes lorsque les voyelles, qui pourraient former une diphtongue, sont précédées de *deux consonnes* dont la dernière *seule* est une liquide : *l* ou *r*.

Ex. : Dans p*ri*|ère, sab*li*|ère, *iè* forme deux syllabes; alors que dans bière, clai*r*ière, cava*l*ière, pe*r*lière, il n'en forme qu'une.

Nous indiquerons, pour tous les cas, l'usage le plus généralement établi :

ai est toujours monosyllabique. Ex. : laisser, aide, virelai.

août est habituellement monosyllabique. On l'orthographie souvent oût.

Avant l'*oût*, foi d'animal.

LA FONTAINE.

Béranger cependant l'a compté dissyllabique, quantité que lui accorde quelquefois sa prononciation en prose :

A peine j'ose vous dire
Que c'est le quinze d'*A*|*oût*.

éesse formé du suffixe *esse*, suivant un radical terminé par une voyelle, est toujours dissyllabique. Ex. : dé|esse.

euet formé de la même façon est aussi dissyllabique : bleu|et.

ia est dissyllabique :

Pareil au pi|ano de valse et de quadrille.

F. Coppée.

Je ceignis la ti|are, et marchai son égal.

Racine.

Qui, bijoux, di|amants, rubans, hochets, dentelle.

V. Hugo.

Font exception : *fiacre*, *liard*, *diantre*, *diable* et *diacre;* ces deux derniers mots étaient autrefois de trois syllabes.

Enfin dans *miasme* la quantité est indéterminée. Victor Hugo l'employa des deux manières.

iai et **iais** forment toujours deux syllabes. Ex. : pri|ai, pri|ais, reni|ai, solfi|ais, et les substantifs ni|ais, li|ais, li|aison, ni|aisement :

Là-bas, six grosses tours en pierre de li|ais.

V. Hugo.

Seul, *biais* est employé parfois comme monosyllabe. Molière nous offre l'exemple des deux emplois :

Et vous devez chercher quelque *bi|ais* plus doux.
Voyons, voyons un peu par quel *biais*, de quel air.

iaire est dissyllabique, excepté dans *bréviaire* où il le fut longtemps aussi; aujourd'hui on le considère plutôt comme monosyllabe :

Le moine lisait son bréviaire

La Fontaine.

ial forme toujours deux syllabes. Ex. : marti|al, imparti|ial, spéci|alité.

ian est dissyllabique : confi|ance. Exceptons toutefois *diantre*, déjà indiqué, et *viande*.

Il se réjouissait à l'odeur de la *viande*
Mise en menus morceaux et qu'il croyait fri|ande.

La Fontaine.

Fiancé devrait toujours être de trois syllabes; cependant nous trouvons :

> L'autre que son *fiancé* ne s'en embarrassa.
>
> LA FONTAINE.

> L'autre ajustant le voile au front de la *fiancée*.
>
> DE LAMARTINE.

mais :

> L'un d'entre eux est mon *fi|ancé*.
>
> V. HUGO.

iant est toujours dissyllabique. Ex. : confi|ant, li|ant; de même,

iar : cri|ard, milli|ard, famili|arité.

iau est généralement de deux syllabes :

> L'un mi|aule en grondant, comme un tigre en furie.
>
> BOILEAU.

Cependant on le rencontre parfois monosyllabique :

> Par l'étroit pont de pierre, où la volaille piaule
>
> F. COPPÉE.

au contraire :

yau est toujours monosyllabique. Ex. : noyau, tuyau. L'*y* étant toujours précédé d'une voyelle compte pour deux *i*; chaque *i* forme diphtongue, l'un avec la voyelle précédente et l'autre avec les suivantes : *noi-iau*, *tui-iau*.

> Perles, saphirs, *joyaux*, toujours faux, toujours vains.
>
> V. HUGO.

iaux forme toujours deux syllabes. Ex. : imparti|aux, fabli|aux.

ief monosyllabique : fief, relief, ne l'est pas dans *gri|ef*, par suite des deux consonnes *g* et *r* dont la dernière est une liquide.

iel généralement dissyllabique ne l'est pas dans les mots où une seule lettre précède : matéri|el, essenti|el; fiel, ciel, miel.

> Leurs lèvres effleurent.
> Ses lèvres de *miel*,
> L'enfant voit qu'ils pleurent
> Et dit : *Gabri|el*.
>
> V. HUGO.

Le verbe *emmieller*, dérivé de miel, a été employé indifféremment par de bons poètes :

Que la mouche du Grec leurs lèvres *emmi|elle*
RÉGNIER.

O muse, je t'invoque, *emmielle* moy le bec.
RÉGNIER.

ielle dissyllabique, ex. : providenti|elle, kyri|elle, est de quantité indéterminée dans : *bielle*, *nielle*, *vielle*.

ien, ayant le son de **ian**, est dissyllabique.

Pati|ence et longueur de temps.
LA FONTAINE.

Que l'Ori|ent contre elle à l'Occident s'allie.
CORNEILLE.

Il ne forme qu'une syllabe dans *faïence*, *Mayence* et *escient*.

ien, ayant le son de **iin**, est dissyllabique dans les noms, ou les adjectifs indiquant un état, une profession, tels que : musici|en, logici|en, bohémi|en.

Ces fiers patrici|ens qui, sans moi dans les fers.
C. DELAVIGNE.

Chrétien, cependant, n'a que deux syllabes :

Que je sois tout ensemble idolâtre et chrétien.
CORNEILLE.

Cette règle est, du reste, sujette à de bien nombreuses exceptions :

Montrant du sein des mers son beau ciel vénitien.
A. DE MUSSET.

Les mots *académicien*, *paroissien*, *quotidien*, ont été employés des deux manières :

Ci-gît Piron, qui ne fut rien,
Pas même *académici|en*.
PIRON.

Nu comme le discours d'un *académicien*.
A. DE MUSSET.

Ancien formait autrefois trois syllabes; aujourd'hui on le compte indifféremment de deux ou de trois :

J'ai su tout le détail d'un *anci|en* valet.
CORNEILLE.

Le ciel a fait l'aveu de son mensonge *ancien*.
S. PRUDHOMME.

Ien pourtant est toujours monosyllabique dans les verbes :

Revient, penche la tête, et le flaire en pleurant
DE LAMARTINE.

et dans les mots : *bien*, *mien*, *rien*, *sien*, *tien*, *chien*, *combien*, *entretien*, *maintien*, *soutien*.

Et qui fait ce qu'il peut n'est plus garant de rien.
CORNEILLE.

Mais qu'importe les miens! — Toute ma poésie,
V. HUGO.

Le mot *lien* forme deux syllabes :

Que les tendres li|ens où je suis arrêté.
MOLIÈRE.

ienne formé du suffixe *enne*, suivant *i* forme deux syllabes :

L'Égypti|enne sacrilège
M'attirant derrière un pilier.
V. HUGO.

La quantité syllabique est naturellement la même dans les mots en *ien* et dans leur féminin *ienne*. Donc sont monosyllabes : *mienne*, *sienne*, *tienne*, *chienne*; et les formes verbales *vienne*, *maintienne*, etc.

ier terminant un mot et se prononçant *ié* est, suivant la règle générale, dissyllabique lorsque deux consonnes, dont la dernière est une liquide, le précèdent.

Tous ces mots figurent au dictionnaire des rimes et, comme l'indique le renvoi : tous ceux dans lesquels *ier* est dissyllabique sont en italique. Dans trois mots, qui sont placés entre parenthèses, l'*r* final se fait sentir. Ce sont : *fier*, *hier* et *avant-hier*.

Fier est monosyllabique, comme *fierté* également ne forme que deux syllabes.

Hier est employé indifféremment des deux façons. Boileau comptait deux syllabes dans *hi|er*, mais une seule dans le composé *avant-hier* :

Mais *hi|er* il m'aborde, et me serrant la main
Le bruit court qu'avant-*hier* on vous assassina

La quantité de ces deux mots est incertaine,

Hier, monseigneur le front ceint
De sa mitre épiscopale
BÉRANGER.

Avant-*hi*|*er* les Français sont entrés.

VOLTAIRE.

ierre forme toujours diphtongue. Ex. : *Pierre* et ses composés, *épierrement....*

Lierre, formé de l'article et de l'ancien mot *iere*, avait perdu sa diphtongue :

Son laurier est séché, son li|erre est destruit.

RONSARD.

aujourd'hui il est monosyllabique.

iesse formé comme *éesse* est également dissyllabique : hardi|esse, li|esse, etc., ainsi que

iet. Ex. : inqui|et, joli|et.

iette est le plus souvent monosyllabique :

Ce brouet fut par lui servi sur une assiette
La cigogne au long bec n'en put attraper miette

LA FONTAINE.

On voit rarement la diérèse, plus rationnelle cependant, dans les mots formés par le suffixe *ette* : joli|ette, histori|ette, etc.

ieu est dissyllabique, à l'exception de : *lieutenant*, *dieu*, *lieu*, *milieu*, *pieu*, *épieu*, *essieu*, de *cieux*, *mieux*, *vieux*, et *yeux*.

Sieur ne forme qu'une syllabe et *Monsieur*, deux.

Dans tous les autres cas, il y a diérèse : graci|eux, silenci|euse, etc.

iez précédé de deux consonnes, la dernière liquide, est dissyllabique. Il l'est également à la deuxième personne du pluriel du présent de tous les verbes en *ier* :

1er cas : vous centu*pli*|ez et vous consa*cri*|ez.

2e cas : vous reni|ez et vous pari|ez.

Il est monosyllabique dans tous les autres cas : vous éta*l*iez, vous se*r*riez, vous tombiez...

Que vous l'aimiez encore, et que, malgré son crime.

VOLTAIRE.

A l'appui de la règle générale donnée, il est bon de remarquer que la nécessité de la dissyllabique après deux consonnes, dont la dernière est liquide, a prévalu sur l'ancienne détermination syllabique formée régulièrement de deux syllabes pour les dérivés d'*ebatis* et d'une seule pour ceux d'*iatis*.

ié est toujours monosyllabique, sauf au participe des verbes en *ier* dissyllabique

Je vous arracherais des larmes de pitié!
Les angoisses du corps n'en sont qu'une moitié.

C. DELAVIGNE.

iè est d'une syllabe. Ex. : pièce, fièvre, dièse, deuxième, centième, etc.

Cependant nous trouvons :

J'aime. Philée ainsi parla le quatri|ème.

S. PRUDHOMME.

Ici encore deux consonnes *t* et *r* ont nécessité cette diérèse.

Cette même règle détermine encore la quantité syllabique de **ière**. Au dictionnaire des rimes, les mots ayant cette terminaison sont, d'ailleurs, en italique lorsqu'ils sont dissyllabiques.

Donnez! afin qu'un jour, à votre heure der*nière*
Contre tous vos péchés vous ayez la *pri|ère.*

V. HUGO.

io forme deux syllabes, excepté dans *mioche* et *pioche.*

Fiole et *viol* se rencontrent parfois monosyllabiques :

Sur des murs chauds encore du viol de son enfant

A. DE MUSSET.

ion dans les substantifs est de deux syllabes :

O révoluti|ons, j'ignore,
Moi, le moindre des matelots.

V. HUGO.

Béranger écrivit pourtant :

Armons soudain deux mil*lions* de soldats

Mais Boileau,

Qu'un *milli|on* comptant par ses fourbes acquis.

Dans les verbes, le dictionnaire indique par l'impression en italique tous les *ions* dissyllabiques; c'est d'ailleurs la règle donnée, plus haut, pour *iez.*

ius est dissyllabique lorsqu'il est précédé d'une consonne. Ex. : Flavi|us, Mari|us..., au contraire, précédé de voyelle, il est monosyllabique. Ex. : La*ius*....

oelle est toujours monosyllabique. Ex. : moelle.

oé et **oè** forment deux syllabes. Ex. : No|é, po|ésie.

Poële fait exception.

oi est toujours monosyllabique : foi, gloire..., ainsi que

oin :

> Ce sont moins ces soudards aux sordides rapines
>
> S. PRUDHOMME.

oua forme deux syllabes. Ex. : dou|ane, zou|ave.

> Lou|a très fort sa politesse
>
> LA FONTAINE.

ouai est généralement monosyllabique : fouailler, gouailler.

> Je ne vous dirai pas quelle fut la douairière
>
> A. DE MUSSET.

Jou|ailler et *ou|ailles* sont cependant dissyllabiques.

oue forme une syllabe. Nous avons dit au chapitre de l'élision que l'*e* muet est absorbé au futur et au conditionnel des verbes en *ouer* : louerai, jouerais et dans les mots tels que dévouement, enjouement.

Cet *e* ne doit pas être suivi de *r* ou de *t*, avec lesquels il forme syllabe, dans

ouer toujours dissyllabique : avou|er, jou|er, et dans

ouet et **ouette**, également dissyllabiques, à l'exception cependant des cinq mots suivants, sur lesquels il y a hésitation et qu'on rencontre parfois chez le même auteur avec des quantités différentes : *fouet*, *fouetter*, *chouette*, *rouet*, *girouette*.

oué participe des verbes en *ouer* est comme eux dissyllabique.

oui n'est monosyllabique que dans l'affirmation :

> *Oui*, je viens en son temple adorer l'Éternel
>
> RACINE.

ouin est toujours monosyllabique : pingouin, sagouin.

ouir, au contraire, forme toujours deux syllabes : réjou|ir, épanou|ir, ainsi que

ouis. Ex. : Lou|is.

ua également : persu|ader, su|ave, nu|age, ru|ade.

uel est dissyllabique aussi : ru|elle, tru|elle. *Duel* est employé parfois comme monosyllabe :

> Le grand *duel* du vieux Job et du vieux Barberousse
>
> V. Hugo.

> Et ces deux filles-là vont se battre en *du|el*
>
> Régnard.

Ecuelle forma quatre syllabes, aujourd'hui on ne lui en compte plus que trois :

> Allaient manger son potage
> Et prendre l'écuelle aux dents
>
> La Fontaine.

uer forme toujours deux syllabes : tu|er...; ainsi que

uet : menu|et...; et que

ueur : Poser sous les râteaux, la su|eur d'une année.

> A. de Musset.

ueux est également dissyllabique : somptu|eux...; de même

ué ; tu|é, nu|ée...,

ui est monosyllabique à l'exception des substantifs : *ru|ine*, *bru|is*, *bru|ine*, *consangu|inité* et des verbes *bru|ire* et *ru|iner*.

> Sur un même bouton, bru|ire et se poser.
>
> S. Prudhomme.

uir est toujours monosyllabique. *Fuir* autrefois ne l'était pas

> A fu|ir ou mourir.
>
> Malherbe.

uit et **uis** sont toujours monosyllabiques

> C'était pendant l'horreur d'une profonde nuit...
>
> Racine.

Notons enfin que l'*u* suivant un *q* est étroitement lié à cette consonne et ne saurait former diphtongue avec la voyelle suivante. C'est le cas des mots en

uin. Ex. : Arlequin.

y compte toujours pour deux *i* et ne peut former diphtongue avec les voyelles qui suivent. Précédé d'une consonne, le premier *i* forme une syllabe avec cette consonne et le deuxième forme toujours diphtongue avec les voyelles suivantes. Ex. : *Lyon* = *Li|ion*. Placé entre deux voyelles, le premier *i* forme toujours diphtongue avec la voyelle précédente et le deuxième avec la ou les suivantes.

ya. Ex. : dans effroyable = *effroi|iable*.

yant. Ex. : payant = *pai-iant*.

yeur et **yeuse.** Ex. : convoyeur = *convoi-ieur*; joyeuse = *joi-ieuse*. Le substantif *yeuse* forme trois syllabes.

> Le vent ride sous l'y|euse (= *i-ieuse*)
> Le sombre miroir des eaux.
>
> V. Hugo.

yé et **yer** envoyer = *envoi-ier*, bégayé = *bégai-ié*.

Enfin, lorsqu'il y a vraiment hésitation sur la quantité d'une diphtongue, la dissyllabique est toujours préférable.

DE L'HIATUS

L'hiatus est le son produit par la rencontre, le choc de deux voyelles qui ne peuvent être élidées.

L'hiatus fut admis très longtemps dans le vers français. Depuis Ronsard on ne le tolère que s'il vient ajouter plus de force à l'image. Il est un des meilleurs éléments de l'harmonie imitative; La Fontaine l'a certainement voulu dans *le Coche et la Mouche* :

> Après bien du travail, le coche arrive *au haut*.

Ces deux mots *au haut* forment l'hiatus le plus accentué, mais sont un heureux effet d'harmonie imitative, marquant le soupir poussé après bien du travail.

Avec intention, nous qualifions cet hiatus de : plus accentué, car il en existe plusieurs formes; nous les indiquons en commençant par celui où la cacophonie est la plus grande :

1° lorsque les deux voyelles ou diphtongues qui se heurtent sont les mêmes : il ir*a a*...; bij*ou ou*blié...;

2° lorsque deux voyelles ou diphtongues différentes se rencontrent : ennem*i au*dacieux... ; beaut*é i*déale... ;

3° lorsque le premier mot se termine par une voyelle non élidée et que le deuxième commence par une *h* muette, lettre qui ne compte pas comme consonne dans la prononciation : beaut*é hu*maine... ;

4° lorsque *et*, conjonction, est suivi d'un mot commençant par une voyelle ou une *h* muette : *et en*fin... ;

5° lorsque le premier mot est terminé par une nasale, par une consonne insonore ou par les deux à la fois : *soin a*ttentif..., tab*ac é*tranger....

Cette forme d'hiatus se trouve pourtant chez beaucoup d'auteurs et Boileau, auteur du précepte :

> Gardez qu'une voyelle, à courir trop hâtée,
> Ne soit d'une voyelle en son chemin heurtée.

a écrit cependant :

> Fait de notre quart*ier une* seconde Troie.

et

> La *faim aux* animaux ne faisait point la guerre.

Il y a deux raisons à cette tolérance : autrefois ces lettres, l'*r* surtout, se faisaient entendre et, dans certaines régions de la France, on a conservé aujourd'hui l'articulation de l'*r* final, notamment de celui des verbes à l'infinitif ; enfin, l'œil est satisfait, à la lecture du vers, par la présence de ces lettres.

6° Nous avons dit, en parlant de l'élision, qu'un *e* muet final précédé d'une voyelle ou diphtongue devait toujours être élidé et par conséquent suivi de voyelle ou *h* muette. La renomm*ée eut*... ; il s'ensuit donc que la voyelle ou diphtongue précède immédiatement le mot qui commence par une voyelle. On toléré cependant cette rencontre, sans doute parce que l'*e* muet compte un peu et adoucit la voyelle à laquelle il s'unit. Mais alors, il faut que les sons ne soient pas les mêmes :

> La renomm*ée eut*... et non la renomm*ée é*tait....

Enfin, à bien considérer, l'hiatus existe dans l'intérieur de certains mots tels que *aé*rien, co*a*lisé ; il n'est pourtant pas moins désagréable mais on l'accepte, ainsi que dans certains mots composés ou dans des locutions admises :

> Dans tout le **Pré-aux**-*Clercs*, tu verras mêmes choses.
> Le juge prétendait qu'*à tort* et à *travers*.

Il n'y a plus hiatus :

Lorsque des points de suspension dans le texte exigent un repos suffisant pour éviter le choc.

Lorsque le deuxième mot est une interjection qui peut même se répéter :

> *Oh la! oh!* descendez, que l'on ne vous le dise

Lorsque ces mots sont : oui, onze et onzième dont nous avons parlé déjà (chap. de l'élision).

> *Hé oui!* ma tête est peu savante.
> *Oui, oui,* mon choix est tel qu'on n'y peut rien reprendre.
> Je vis venir à moi la reine *et onze* pages.

Ces mots semblent précédés d'*h* aspiré, consonne assimilée aux autres, bien qu'à vrai dire cette aspiration ne fasse pas disparaître l'hiatus qu'elle semble au contraire accentuer :

> Où courez-vous ainsi tout pâle *et hors* d'haleine

Enfin l'hiatus n'existe pas de la fin d'un vers au commencement de l'autre :

> Avant qu'il eût goûté de ce poison dor*é*,
> *A*vant que de sa lèvre il eût touché la coupe.

Nous avons dit que l'hiatus, sauf le cas d'harmonie imitative, est à éviter. L'emploi de l'inversion est fort critiquable, car c'est commettre une faute pour en éviter une autre.

La grammaire nous a donné le moyen d'éviter, même en prose, la plupart des hiatus au moyen de lettres euphoniques ou d'élision :

> *parle-t-il* pour *parle-il*
> *vas-y* pour *va-y*
> *s'il veut* pour *si il veut*
> *l'histoire* pour *la histoire*
> *bel enfant* pour *beau enfant.*

Il est sage de ne s'autoriser que de ces formes admises et toutes connues. En créer de nouvelles, quand on en a besoin, serait se permettre une licence. Un poète ne doit-il pas ignorer toute licence?

STRUCTURE DU VERS

Le vers français est une partie d'un poème qui, malgré son union avec les autres vers de ce poème, garde une individualité dont il est nécessaire d'étudier la forme.

Nous avons déjà fait remarquer que les règles assez étroites de l'élision et de l'hiatus perdent tout leur effet quand les syllabes qui se rencontrent sont : l'une à la fin d'un vers, l'autre au commencement du suivant. Alors que le sens n'exige aucun repos à la fin de ce vers, on en suppose un.

DE LA CÉSURE ET DE L'HÉMISTICHE

Outre ce repos final, il en existe d'autres à l'intérieur du vers. Évidemment ceux qui sont indiqués par la ponctuation et nécessaires à l'expression peuvent être plus ou moins nombreux :

Mais surtout, — quand la brise
Me touche en voltigeant
La nuit — j'aime être assise.

Le lait tombe; — adieu veau, — vache, — cochon, — couvée

Jusqu'au vers de huit syllabes ces repos sont facultatifs; mais, au-dessus de ce mètre, il existe toujours un repos, appelé : CÉSURE, tombant toujours sur une syllabe accentuée et non sur une muette non élidée.

La première partie du vers doit donc se terminer : ou par un mot dont la dernière syllabe est une tonique :

1 2 3 4 5 6 — 1 2 3 4 5 6
Quand je vais poursuivant — mes courses poétiques

ou, par un mot dont la dernière syllabe est muette, à la condition qu'elle soit élidée, et ne compte pas dans la mesure du vers dont la deuxième partie doit commencer par une voyelle ou une *h* muette :

1 2 3 4 5 6 — 1 2 3 4 5 6
Oui, je viens dans son temple—adorer l'Éternel.

Racine n'aurait pu construire son vers :

1 2 3 4 5 6 — 1 2 3 4 5 6
Je viens dans son tem*ple* — pour prier l'Éternel.

C'est à cause de cette règle que nous avons dit, au chapitre de l'élision, que les formes plurielles, non élidables : *s* ou *nt*, ne pouvaient jamais se trouver à la césure d'un vers.

Dans le vers de 13 syllabes, la césure est habituellement après la cinquième. Le vers est donc décomposé en 5 + 8 syllabes.

1 2 3 4 5 1 2 3 4 5 6 7 8
A demi couché — sur le dos nu d'un éléphant.

Dans l'alexandrin, la césure est au milieu du vers : elle le coupe en deux parties qui prennent le nom d'hémistiches (du grec *hémi*, demi; *stichos*, vers) :

1 2 3 4 5 6 1 2 3 4 5 6
Pontife de Baal — excusez ma faiblesse

Le vers de onze syllabes est coupé par la césure après la cinquième syllabe :

1 2 3 4 5 1 2 3 4 5 6
Les sylphes légers — s'en vont dans la nuit brune

Dans les vers de dix syllabes, la césure est habituellement après la quatrième :

1 2 3 4 1 2 3 4 5 6
Viens, mon coursier, — noble ami du Cosaque.

On la voit cependant coupant le vers en deux hémistiches :

1 2 3 4 5 1 2 3 4 5
J'ai dit à mon cœur, — à mon faible cœur

Enfin le vers de neuf syllabes est également coupé de deux façons : 5 + 4 ou 3 + 3 + 3 :

1 2 3 4 5 1 2 3 4
La fleur en exil — qui te ressemble

1 2 3 1 2 3 1 2 3
Chère main — aux longs doigts — délicats

Outre la césure fixe, il peut en exister d'autres :

Forêt! — c'est dans votre ombre ═ et dans votre mystère
O poètes sacrés, ═ échevelés, — sublimes

La césure, quelle que soit sa place, doit être employée suivant certaines règles. Nous nous occuperons spécialement de la césure coupant les hémistiches d'un alexandrin, césure dont la place fixe en augmente l'importance; elle établit plus justement, pour l'ensemble de ce vers, la construction de deux vers de six syllabes, liés étroitement.

Il importe surtout que le sens du vers s'accorde parfaitement avec ce repos.

La place de la césure entre la sixième et la septième syllabe était à peu près absolue au XVIIe et surtout au XVIIIe siècle : non seulement un mot ne pouvait former ces deux syllabes, mais il fallait encore que l'arrêt entre les deux mots, dont ces syllabes faisaient partie, fût possible.

Cette règle a été moins rigoureusement observée à partir de la réforme romantique, depuis que Victor Hugo put dire :

J'ai disloqué ce grand niais d'alexandrin.

Aussi la césure de l'hémistiche a été affaiblie ou annulée lorsqu'on veut insister sur certains mots en reculant de quelques syllabes la césure principale, comme dans :

Sur le dernier sommet des monts — d'où le regard
Dans un double horizon se répand au hasard

Les mots *des monts* se rattachent au premier hémistiche qui, prolongé de deux syllabes, s'allonge pour atteindre, semble-t-il, le plus haut sommet.

Une des formes les plus fréquentes employées par les poètes contemporains divise l'alexandrin en trois parties :

Et l'oiseau bleu -- dans le maïs — en floraison
La faim sacrée — est un long meur — tre légitime

LECONTE DE LISLE.

Dans ce dernier exemple le temps fort de la seconde césure tombe sur la syllabe *meur* suivie d'une muette non élidée.

M. Catulle Mendès, dans Scarron, écrit :

1 2 3 4 ⁀1 2 3 4 1 2 3 4
Il est canaille — il est abject -- il est obscène,

1 2 3 4 1 2 3 4 1 2 3 4
Il est exquis! — Et quel acteur! — roi de la scène
L'égale?

et plus loin :

Dans la grimace parodique — qui jacasse.

Dans ce cas les temps forts tombent sur les syllabes *ma* et *di*, suivies toutes deux d'une muette. La fin du vers, ainsi détachée, produit un heureux effet d'harmonie imitative.

Il n'y a donc comme règle que celle exigeant au moins un repos ou *césure* dans les vers plus longs que huit syllabes. La place en est soumise, avant tout, à l'agrément de l'oreille, au sens et à la construction du vers.

DE L'ENJAMBEMENT

Il arrive souvent que le sens dépassant la mesure du vers se continue dans le suivant ; c'est ce qu'on appelle : ENJAMBEMENT.

Le repos final est alors supprimé, mais cependant, telle est l'individualité du vers français qu'on suppose encore ce repos, et qu'on peut passer outre aux règles de l'élision et de l'hiatus, à la fin du vers.

Au point de vue de la construction du vers l'enjambement est souvent une faute, mais, entraînant avec lui un repos plus marqué dans le vers suivant, il amène plus d'intérêt sur ces mots rejetés, et mis ainsi en relief :

> Vers le Midi, Juda, grand et stérile, éta*le*
> Ses sables où s'endort la mer occidentale

La syllabe *le* est élidée, bien qu'il n'y ait pas de repos entre *étale* et *ses sables*. Le vers semble s'étaler sur le suivant.

> O maison du Moustoir ! combien de fois la nuit,
> Ou quand j'erre le jour dans la foule et le bruit,
> Tu m'apparais !

Ces quatre syllabes brèves du troisième vers semblent bien une apparition.

Il en a été de l'enjambement comme de la césure fixe de l'alexandrin : très rare au XVIIe siècle, plus rare encore au XVIIIe, il est devenu très fréquent avec la réforme romantique et d'autant plus fréquent que la rime plus riche rendait plus sensible le rythme du vers.

DE LA RIME

La RIME est la particularité du vers français, qui consiste en l'homophonie de mots terminant deux vers ou plus.

C'est surtout la rime qui distingue la prose du vers ; l'oreille, habituée au rythme, guette le retour du son qui formera la rime et l'impressionnera, comme le ferait un chant. Le mot placé à la rime est mis ainsi en relief, et l'importance phonétique qui s'y rattache s'étend même à son sens propre : C'est le mot capital du vers.

RIME MASCULINE ET RIME FÉMININE

On distingue deux sortes de rimes : la rime *masculine*, dont la dernière syllabe est sonore et tonique; comme dans : **bonté**, **voix**, **amer**.

La rime *féminine*, dont la dernière syllabe est muette ; la tonique est alors l'avant-dernière; comme dans : **glo***be*, **géni***e*, ils **chan***tent*.

La rime est toujours sur la tonique.

Il est bon de remarquer que la rime féminine est plus douce ; elle rend la chute du vers moins brève. Suivant le ton général de l'œuvre, on doit commencer un poème en donnant la préférence à l'une ou à l'autre, et dans les rimes redoublées s'attacher également à ce que l'une domine.

DISPOSITION DES RIMES

Jusqu'à l'époque de Malherbe, on faisait succéder les unes aux autres des rimes masculines et féminines.

Je prie à Dieu qu'il vous doint pauvr*eté*,
Hiver sans feu, vieillesse sans mai*son*,
Grenier sans bled en l'arrière-sai*son*,
Cave sans vin tout le long de l'*été*.

MELIN DE SAINT-GELAIS.

Plus tard l'entrecroisement devint obligatoire, sauf dans certains poèmes à forme fixe, indiqués plus loin, et dans lesquels l'équivalence est moins rigoureuse.

Il y a plusieurs dispositions de rimes.

1° Les rimes *plates* ou *suivies*, qui sont les plus employées, où alternent deux rimes masculines et deux rimes féminines :

Dans le cours de nos ans, étroit et court passa*ge*,
Si le bonheur qu'on cherche est le prix du vrai **sa***ge*,
Qui pourra me donner ce trésor pré**cieux**?
Dépend-il de moi-même? Est-ce un présent des **cieux**?
Est-il, comme l'esprit, la beauté, la naissan*ce*,
Partage indépendant de l'humaine pruden*ce*?
Suis-je libre en effet? Où mon âme et mon **corps**
Sont-ils d'un autre agent les aveugles res**sorts**?

2° Les rimes entrelacées ou croisées, qui consistent en un groupe de quatre vers comprenant deux masculines et deux féminines : les unes au premier et au troisième vers, les autres au deuxième et au quatrième.

Quand le souffle divin qui flotte sur le monde
S'arrête sur mon âme ouverte au moindre vent,
Et la fait tout à coup frissonner comme une onde
Où le cygne s'abat dans un cercle mouvant;

Elles sont également croisées lorsque les deux rimes masculines ou féminines sont aux premier et quatrième vers et les deux autres au deuxième et au troisième :

De la dépouille de nos bois
L'automne avait jonché la terre :
Le bocage était sans mystère,
Le rossignol était sans voix.

3° Les rimes *mêlées* qui se succèdent tantôt par couple, tantôt isolément; c'est un mélange des plates et des croisées et la même rime peut exister trois fois au lieu de deux :

Calaïs est jeune et fidèle, 1
Et toi, poète, ton désir 1
Est plus léger que l'hirondelle, 2
Plus inconstant que le zéphyr; 2
Pourtant, s'il t'en prenait l'envie, 1
Avec toi j'aimerais la vie; 2
Avec toi je voudrais mourir. 3

4° Les *redoublées* n'ont qu'une forme masculine et une féminine dans tout le morceau de poésie; le placement de chacune ne dépend que de la volonté du poète, qui ne doit s'attacher qu'à leur nombre à peu près équivalent :

Les superbes géants armés contre les dieux
Ne nous donnent plus d'épouvante;
Ils sont ensevelis sous la masse pesante
Des monts qu'ils entassaient pour attaquer les cieux.
Nous avons vu tomber leur chef audacieux
Sous une montagne brûlante;
Jupiter l'a contraint de vomir à nos yeux
Les restes enflammés de sa rage mourante :
Jupiter est victorieux,
Et tout cède à l'effort de sa main foudroyante

Mes chers amis, quand je mourrai,
Plantez un saule au cimetière.
J'aime son feuillage éploré,
La pâleur m'en est douce et chère;
Et son ombre sera légère
A la terre où je dormirai.

RICHESSE DE LA RIME

L'homophonie des mots placés à la rime peut être plus ou moins parfaite et étendue; on dit alors la rime plus ou moins *riche*.

Elle est suffisante quand il y a uniformité du son de la syllabe tonique, dont la voyelle ou diphtongue peut ne pas être la même. Il importe seulement que le son soit identique et d'égale longueur, c'est-à-dire bref ou long :

> Heureux qui sans souci d'augmenter son domaine
> Erre sans y penser, où son désir le mène

Pour déterminer la richesse de la rime, nous envisagerons deux cas :

1er CAS. — La tonique est formée d'une voyelle, ou d'une diphtongue, terminant un mot, à rime masculine : facilité, acajou; ou, dans la rime féminine, n'étant plus suivie que de l'*e* muet : bienvenu*e*, ivrai*e*.

Il faut alors pour que la rime soit suffisante que la consonne qui précède, et sur laquelle s'appuie cette tonique, soit semblable d'articulation :

> Perfide, en abusant ce cœur préoccup*é*,
> Qui lui-même craignait de se voir détromp*é*.

> Souverain sur la terre, et roi par la pens*ée*
> Tu veux, et sous tes mains la nature est forc*ée*.

La rime est également suffisante lorsque cette tonique n'a pas de consonne d'appui et forme une syllabe détachée, à elle seule ou avec l'*e* muet; comme dans Gargantua et boa; nuée et tatouée; j'oubliai et Douai.

Cependant si on considère commme insuffisante une rime, se terminant par une voyelle, qui n'aurait pas la même consonne d'appui : facili*té* et trom*pé*, pen*sée* et tom*bée*, il est d'usage de la reconnaître bonne lorsqu'il s'agit d'une diphtongue. Ex. : acajou et bambou; ivraie et monnaie forment des rimes suffisantes.

Dans ce dernier cas, la rime est riche s'il y a même consonne d'appui : aca*jou* et bi*jou*; i*vraie* et *vraie*.

Si la tonique est composée d'une voyelle, la rime n'est riche que si l'homophonie s'étend sur la pénultième syllabe : facili*té* et amabilité; fen*due* et défen*due*, Gargantu*a* et effectu*a*, etc.

2e CAS. — La tonique est formée d'une voyelle, ou diphtongue, suivie d'une ou plusieurs consonnes finales et identiques, dans la rime masculine; et, dans un mot à rime féminine, séparée de la syllabe muette finale par une ou plusieurs mêmes consonnes :

masculines : n*i*d, somm*ei*l, enf*a*nt, s*ou*rd; féminines : s*a*ge, Made-l*ei*ne, aim*a*bles, rej*oi*gnent.

Dans ce cas la voyelle, ou la diphtongue, de la syllabe tonique n'a jamais besoin d'avoir la même consonne d'appui pour former une rime suffisante :

En*f*ant et le*v*ant; som*m*eil et so*l*eil; ai*m*able et du*r*able, Made-*l*eine et souve*r*aine.

La rime devient riche lorsque ces toniques ont le même appui :

Enf*ant*, bouff*ant* et éléph*ant*;

Somm*eil* et verm*eil*;

Aim*able* et inestim*able*;

Madel*eine*, hal*eine* et châtel*aine*.

Ces consonnes, finales dans la rime masculine, et précédant l'*e* muet dans la rime féminine, peuvent ne pas être identiques; mais elles doivent être **équivalentes.**

Dans la rime féminine l'équivalence de deux consonnes existe lorsque toutes deux offrent le même appui à l'*e* muet. Ex. : Les quatre mots : Thérè*s*e, trapè*z*e, ch*ai*se et se*i*ze riment bien; il en est de même des mots : logogr*i*phe, gr*i*ffe, apocr*y*phe et pont*i*fe.

M. Tobler (*Le vers français ancien et moderne*, p. 151) donne un ingénieux mécanisme permettant de distinguer les équivalentes dans la rime masculine : il suffit de supposer le mot suivant commençant par une voyelle; si la liaison formée est identique, il y a équivalence.

Sont donc consonnes équivalentes :

s et **x** dans ir*is* et d*ix*; pav*ois* et v*oix*.

s et **z** dans atl*as* et g*az*; élan*cés* et ass*ez*.

d et **t** dans n*id* et éd*it*.

c, **g**, **k**, **q** et **ch** dur dans br*ick*, alamb*ic* et Mun*ich*; ou dans bl*oc*, c*oq*, gr*og* et Mol*och*; ou dans tab*ac*, alman*ach* et ranel*agh*.

f et **ph** dans reli*ef* et Jos*eph*.

les nasales **m** et **n** dans renom et mon.

Ce qui donne encore plus de raison à la remarque de M. Tobler, c'est qu'il est admis de faire rimer deux mots terminés par des consonnes non équivalentes, mais à leur forme plurielle. En effet l'*s* ou l'*x* ajoutés donnent le même appui au mot suivant. Ainsi *doigt* et *voix*, qu'on ne pourrait accoupler, riment au pluriel :

> Le timon plonge et tremble, et déchire ses doigts;
> La femme parle aux bœufs du geste et de la voix;

De même, pour que deux mots à rime féminine puissent être accouplés il faut que la syllabe muette finale soit la même dans les deux cas : **e, es** ou **ent**. La finale différente, en effet, modifierait l'appui sur le mot supposé :

> J'irai dans les cités, au fond des solitudes,
> Rassembler contre toi toutes ces multitudes.

Non, non! l'on ne saura jamais ce qu'ils vous coûtent,
Ces fils qui vous ont pris l'âme, sans qu'ils s'en doutent!

Enfin deux mots, dont un seulement se termine par une consonne insonore : *loi* et *exploit*, ne peuvent rimer ensemble qu'à leur forme plurielle; en effet, au singulier *loi* fait partie du 1er cas de la rime, alors qu'au pluriel il entre dans le 2e cas et se termine par la même consonne qu'*exploits*.

Les autres, éblouis de ses moindres exploits,
Sont venus à genoux lui demander des lois;

Dans les deux cas, la rime, de riche, devient surabondante lorsque l'uniformité de son s'étend sur un plus grand nombre de syllabes encore :

Je fis souffler un vent révolu*tionnaire*,
Je mis un bonnet rouge au vieux dic*tionnaire*
V. Hugo.

On a vu que deux mots n'ayant pas la même orthographe riment parfaitement, s'ils ont une prononciation identique : es*pèce* et *épaisse*. Réciproquement, l'orthographe identique ne suffit pas toujours à la rime :

Dans les rimes masculines on ne peut accoupler deux mots terminés par la même consonne, qui ne serait sonore que dans un seul mot : ta*bac* et *bac*.

Dans les rimes féminines, un mot où deux *l* mouillées précèdent l'*e* final avec un autre où les *l* seraient sèches : coqu*ille* et v*ille*.

Lorsque *u* précède une voyelle finale, il ne faut pas que, dans un seul des mots, il soit précédé de *g* ou de *q*, consonnes avec lesquelles il s'unit : strénu*a* et légu*a* ne riment pas. Dans le premier mot *a* forme syllabe, dans l'autre il s'appuie sur *gu*; et le même appui est nécessaire à la suffisance de la rime.

En, se prononçant *an*, *ène* et *in*, dans Rou*en*, cyclam*en* et Europé*en* ne peut rimer.

Monsieur se rencontre parfois rimant avec *eur* sonore; on ne peut le conseiller.

Dans la liste complète des rimes du dictionnaire, nous avons étudié tous les cas particuliers qui se présentent, et indiqué ce qu'il est préférable de faire pour les nombreuses exceptions qui existent. On connaîtra vite ces exceptions, en le parcourant; et, de plus, on apprendra quelles sont les rimes nombreuses et riches, et quels mots très pauvres en rimes doivent être évités.

La rime étant l'homophonie de deux mots, on ne peut faire rimer un mot avec lui-même; exceptons cependant le cas où l'on veut le faire revenir comme un écho, pour donner plus de force, ou de beauté, au poème. Mais encore, doit-on sentir que le poète a voulu cette répétition et qu'il n'y a pas été contraint par la rareté de la rime :

Sa voix disait encore : Eurydice! Eurydice!
Et tout le fleuve au loin répétait : Eurydice!

Le pronom *je*, à la forme interrogative des verbes, peut se rencontrer deux fois à la rime. Ce pronom insonore ne paraît pas compter à cette place, car il n'ajoute rien à la richesse de la rime : les verbes qui le précèdent doivent contenir en eux une rime suffisante. Les terminaisons identiques : *ons*, *eriez*, etc., ajoutés à deux radicaux de verbes ne semblent pas augmenter la richesse de la rime; il en est même qu'il vaut mieux ne pas employer.

On comprend que ces formes n'ajoutent rien à la rime, et même, qu'on ne les accouple pas, car, non seulement un mot ne rime pas avec lui-même, mais encore on ne peut faire rimer le simple avec son composé : *dîner* et *après-dîner*, ou deux dérivés du même mot : *médire* et *prédire* (*dérivés de dire*).

Pour pouvoir le faire, il faut que ces mots se soient suffisamment éloignés de leur sens étymologique. Aussi pourra-t-on accoupler : *hautbois* et *bois*; *flamme* et *oriflamme*; *courir* et *secourir*; mais on ne fera pas rimer *flamme* avec je m'*enflamme*; *courir* avec *accourir*.

Les homonymes n'ayant aucun rapport dans leur origine, offrent des rimes parfaites :

Prends-moi le bon parti, laisse là tous tes livres.
Cent francs au denier cinq, combien font-ils? 20 livres!

Deux diphtongues, de quantité différente, peuvent très bien rimer ensemble. Dans la dissyllabique, bien que le dernier élément ait une articulation spéciale, il se ressent du son de la voyelle précédente, lui formant appui :

Plus de mot sénateur! plus de mot rotur*ier*!
Je fis une tempête au fond de l'encr*ier*.

De plus, les diphtongues, surtout dissyllabiques, peuvent être accouplées à d'autres mots ayant la même finale appuyée sur une consonne, à la condition, toutefois, que la diphtongue ne termine pas le mot, car ce mot serait alors du 1er cas de la rime, où il faut, pour la rime suffisante, même consonne d'appui :

Et sentant que la mort assiégeait sa vieillesse,
Voulut qu'on l'applaudît lorsqu'il finit sa pièce.

Mais on ne pourrait faire rimer *allié* et *tombé*.

MONOSYLLABES. — La rime des monosyllabes est astreinte à des règles moins sévères. La consonne d'appui identique n'est jamais obligatoire ; il s'ensuit que deux mots qui ne riment pas entre eux : *prévu* et *confondu*, peuvent rimer avec le même monosyllabe :

> Requérir notre cerf, comme s'ils l'eussent vu.
> Ils le relancent : mais ce coup est-il prévu ?

et

> Ils peuvent là-dessus dire ce qu'ils ont vu.
> Que dire ? — Juste ciel ! — Me voilà confondu.

De même *léthargie* et *attendrie* ne rimant pas :

> Ou quelque bonne rente au moins pendant ma vie ?
> Je ne m'en souviens point. — C'est votre léthargie.

et

> En les voyant pleurer mon âme est attendrie.
> Là, là, consolez-vous ; je suis encore en vie.

Pour les noms propres, la rime est également moins rigoureuse ; nombreux seraient les exemples de noms propres accouplés à la rime, et n'ayant ni la même orthographe, ni d'équivalentes, ou dont la forme fut modifiée suivant le besoin : *Athène* pour *Athènes*, licence qu'on ne peut conseiller.

Nous avons dit que le mot placé à la rime devenait le mot capital du vers ; aussi, pour ne pas lui refuser cette place importante, lorsqu'un mot a peu de rimes, on tolère une rime moins parfaite. Nous avons toujours, dans les renvois du dictionnaire, inscrit ces mots avec toutes les séries auxquelles on peut les accoupler, afin de ne pas les laisser dans l'oubli ; quelquefois même, ces séries ne doivent pas rimer entre elles.

La condition essentielle de la rime est que l'oreille soit satisfaite.

FORMES FIXES DE PETITS POÈMES

Un poème lyrique est toujours composé de STANCES dont les rimes sont croisées ou mêlées et que le sens remplit exactement : il ne peut donc y avoir enjambement d'une stance à l'autre. Elles sont *régulières* lorsqu'elles offrent la même disposition de rimes, et le même nombre de vers d'un mètre égal ; ou bien, *irrégulières*, si elles n'ont plus cette parfaite ressemblance ; ou enfin, *mixtes* quand de différentes formes alternent.

Dans la chanson, elles forment des *couplets*; dans l'ode, on les nomme *strophes.*

Les stances sont habituellement de douze vers, au plus, et de quatre, au moins; celles d'un nombre de vers impair comportent nécessairement une rime triple.

Quelques-unes ont reçu un nom spécial : le *dixain*, stance de dix vers; le *huitain*, de huit; le *sixtain*, de six; le *quatrain*, de quatre. Il y a enfin, le *tercet*, ou stance de trois vers.

Nous ne donnerons pas d'exemples de stances de différentes mesures; on conçoit que la plus grande variété puisse exister.

Nous définirons seulement les poèmes ayant une forme fixe et dont les règles de construction sont assez étroites.

Les TERZA RIMA sont des poèmes composés de tercets : le premier et le troisième vers riment ensemble, le deuxième rime avec le premier et le troisième du tercet suivant. Dans le dernier tercet le second vers est accouplé à un vers isolé qui termine le poème. Th. Gautier s'est servi de ce rythme avec un art parfait.

Le SONNET, *régulier* ou *irrégulier*, formé de deux quatrains et de deux tercets.

Dans le sonnet régulier, les premiers et quatrièmes vers des deux quatrains riment ensemble; l'autre rime se trouve aux deuxièmes et aux troisièmes vers. Dans le 1er tercet le premier et le second vers sont accouplés; mais dans le dernier tercet, le premier vers rime avec le troisième; enfin le troisième vers du 1er tercet rime avec le deuxième vers du second tercet. Chaque quatrain a deux rimes masculines et deux féminines. Si les quatrains commencent par la masculine, les tercets commencent par la féminine, et inversement :

Nourri dès le berceau près de la jeune Orante,
Et non moins par le cœur que par le sang lié,
A ses jeux innocents enfant associé,
Je goûtais les douceurs d'une amitié charmante.

Quand un faux Esculape, à cervelle ignorante,
A la fin d'un long mal vainement pallié,
Rompant de ses beaux jours le fil trop délié,
Pour jamais me ravit mon aimable parente.

Oh! qu'un si rude coup me fit verser de pleurs.
Bientôt la plume en main signalant mes douleurs,
Je demandai raison d'un acte aussi perfide.

Oui, j'en fis dès quinze ans ma plainte à l'univers,
Et l'ardeur de venger ce barbare homicide
Fut le premier démon qui m'inspira des vers.

BOILEAU.

Le sonnet est irrégulier dès que l'on modifie de façon quelconque la disposition des rimes. Celui qu'on rencontre le plus souvent est celui où, dans chaque tercet, le premier vers rime avec le deuxième, et les troisièmes entre eux.

Comme on void sur la branche au mois de may la rose
En sa belle jeunesse, en sa première fleur,
Rendre le ciel jaloux de sa vive couleur,
Quand l'aube de ses pleurs au point du jour l'arrose :

La grâce dans sa fueille et l'Amour se repose,
Embasmant les jardins et les arbres d'odeur;
Mais, batue ou de pluye ou d'excessive ardeur,
Languissante elle meurt, fueille à fueille desclose.

Ainsi, en ta première et jeune nouveauté,
Quand la terre et le ciel honoroient ta beauté,
La Parque t'a tuée, et cendre tu reposes.

Pour obseques reçoy mes larmes et mes pleurs,
Ce vase plein de laict, ce pannier plein de fleurs,
A fin que, vif et mort, ton corps ne soit que roses.

RONSARD.

Voici encore un sonnet irrégulier : les quatrains sont formés de rimes croisées :

Aux vitraux diaprés des sombres basiliques
Les flammes du couchant s'éteignent tour à tour;
D'un âge qui n'est plus, précieuses reliques,
Leurs dômes dans l'azur tracent un noir contour.

Et la lune paraît, de ses rayons obliques
Argentant à demi l'aiguille de la tour,
Et les derniers rameaux des pins mélancoliques
Dont l'ombre se balance et s'étend alentour.

Alors les vibrations de la cloche qui tinte
D'un monde aérien semblent la voix éteinte
Qui, par le vent portée, en ce monde parvient;

Et le poète, assis près des fleurs sur la grève,
Écoute ces accents fugitifs comme un rêve,
Lève les yeux au ciel, et triste se souvient.

TH. GAUTIER.

La BALLADE se compose de trois dixains ou de trois huitains et d'une strophe plus petite, nommée *envoi* (strophe de cinq vers lorsqu'elle suit des dixains et de quatre vers, après des huitains).

Chaque dixain ou huitain est écrit sur des rimes pareilles et l'envoi rime avec les cinq, ou les quatre derniers vers des grandes strophes qui le précèdent.

L'envoi, classiquement, commence par le mot *Prince*, car la ballade était dédiée à un roi, ou à un seigneur.

Enfin, presque toujours, les dixains étaient formés de vers de dix syllabes, et les huitains de vers de huit. Voici une ballade de F. Villon, qui en est le maître absolu, et dans laquelle cette dernière règle ne fut pas observée :

Rencontré soit de bestes feu gectans,
Que Jason vit, querant la Toison d'or;
Ou transmué d'homme en beste, sept ans,
Ainsi que fut Nabugodonosor;
Ou bien ait perte aussi griefve et villaine
Que les Troyens pour la prinse d'Heleine;
Ou avallé soit avec Tantalus
Et Proserpine aux infernaulx pallus,
Ou plus que Job soit en griefve souffrance,
Tenant prison en la court Dedalus,
Qui mal vouldroit au royaume de France!

Quatre mois soit en un vivier chantant,
La teste au fons, ainsi que le butor;
Ou au Grand-Turc vendu argent contant
Pour estre mis au harnois comme ung tor;
Ou trente ans soit, comme la Magdelaine,
Sans vestir drap de linge ne de laine;
Ou noyé soit, comme fut Narcisus;
Ou aux cheveux, comme Absalon, pendus,
Ou comme fut Judas par desperance,
Ou puist mourir comme Simon Magus,
Qui mal vouldroit au royaume de France!

D'Octovien puisse venir le temps :
C'est qu'on luy coule au ventre son trésor;
Ou qu'il soit mis entre meules flotans;
En un moulin, comme fut saint Victor;
Ou transgloutis en la mer, sans haleine,
Pis que Jonas au corps de la baleine;
Ou soit banny de la clarté Phœbus,
Des biens Juno et du soulas Venus,
Et du grant Dieu soit mauldit à outrance
Ainsi que fut roy Sardanapalus,
Qui mal vouldroit au royaume de France!

Envoi.

Prince, porté soit des clers Eolus,
En la forest où domine Glocus,
Ou privé soit de paix et d'espérance,
Car digne n'est de posseder vertus,
Qui mal vouldroit au royaume de France!

La DOUBLE BALLADE est une ballade formée de six, au lieu de trois, dixains ou huitains. Habituellement, il n'y a pas d'envoi.

Le CHANT ROYAL est un poème composé de cinq strophes de onze vers et d'un envoi de cinq. Chaque strophe est écrite sur la même rime et l'envoi se compose de rimes pareilles aux cinq derniers vers des strophes. Enfin, dans chaque strophe le premier vers rime avec le troisième; le deuxième avec le quatrième; le cinquième avec le sixième; le septième avec le huitième et le dixième, et le neuvième avec le onzième.

Le TRIOLET est écrit sur deux rimes. Il forme huit vers, mais le premier étant répété deux fois comme refrain, et le deuxième, une fois, il ne comporte, en fait, que cinq vers. Le premier vers est répété après le troisième et forme donc le quatrième du poème. Les deux premiers sont répétés à la fin, formant le septième et le huitième vers. Il commence soit par une rime masculine, soit par une rime féminine; celle qui commence se retrouve aux vers : 1, 3, 4, 5, et 7; l'autre aux vers 2, 6 et 8 :

Le premier jour du mois de mai
Fut le plus heureux de ma vie.
Le beau dessein que je formai
Le premier jour du mois de mai!
Je vous vis et je vous aimai :
Si ce dessein vous plut, Silvie,
Le premier jour du mois de mai
Fut le plus heureux de ma vie.

J. DE RANCHIN.

La VILLANELLE est un charmant poème écrit sur deux rimes également, et comprenant un nombre facultatif de tercets. Le premier et le troisième vers du premier tercet reviennent alternativement former le dernier vers des tercets suivants; enfin, l'un et l'autre forment le refrain final, et c'est donc un quatrain qui termine le poème. La villanelle commence par une rime féminine, répétée au premier vers et au troisième de chaque tercet. La rime masculine se trouve donc au milieu de chaque tercet et au deuxième vers du quatrain :

J'ai perdu ma tourterelle;
Est-ce point elle que j'oy? [1]
Je veux aller après elle.

Tu regrettes ta femelle;
Hélas! aussi fais-je moi.
J'ai perdu ma tourterelle.

1. J'entends?

Si ton amour est fidelle,
Aussi ferme est ma foy;
Je veux aller après elle.

Ta plainte se renouvelle,
Toujours plaindre je me doy;
J'ai perdu ma tourterelle.

En ne voyant plus la belle,
Plus rien de beau je ne voy;
Je veux aller après elle.

Mort, que tant de fois j'appelle,
Prends ce qui se donne à toy!
J'ai perdu ma tourterelle;
Je veux aller après elle.

PASSERAT.

Le RONDEAU est composé de trois strophes; la première et la troisième de cinq vers, et la deuxième de trois vers (de huit ou de dix syllabes). Il n'a que deux rimes et commence indifféremment par la masculine ou la féminine; celle qui ne commence pas le poème se trouve aux troisièmes et quatrièmes vers des strophes de cinq, et au troisième seulement du tercet.

En outre, les premiers mots du vers initial se retrouvent, ne rimant avec rien, après la deuxième et la troisième strophe. Voici un rondeau de Voiture qui en est incontestablement le maître :

Ma foi, c'est fait de moi, car Isabeau
M'a conjuré de lui faire un rondeau.
Cela me met en une peine extrême.
Quoi! treize vers, huit en eau, cinq en ème!
Je lui ferais aussitôt un bateau.

En voilà cinq pourtant en un morceau.
Faisons-en huit en invoquant Brodeau,
Et puis mettons, par quelque stratagème :
Ma foi, c'est fait.

Si je pouvais encor de mon cerveau
Tirer cinq vers, l'ouvrage serait beau;
Mais cependant je suis dedans l'onzième,
Et ci je crois que je fais le douzième;
En voilà treize ajustés au niveau.
Ma foi, c'est fait.

Le RONDEAU REDOUBLÉ est écrit sur deux rimes également et se compose de six quatrains. Les vers du premier viennent former le quatrième vers des quatrains 2, 3, 4 et 5. Enfin, après le dernier quatrain, les premiers mots du rondeau redoublé viennent former un refrain qui ne rime avec rien.

Dans chaque quatrain les rimes sont croisées (1 et 3, 2 et 4); le premier commence indifféremment par une rime masculine ou une féminine ; pour conserver ce croisement régulier, il faut, naturellement, que les strophes commencent alternativement par une masculine et une féminine.

Le RONDEL est composé de deux quatrains et d'une strophe de cinq vers. Le premier et le deuxième vers du premier quatrain forment le troisième et le quatrième vers du deuxième quatrain. Le dernier vers de la strophe finale n'est autre que le vers initial du poème.

Le rondel n'a que deux rimes et commence indifféremment par la masculine ou la féminine; celle du premier vers se trouve au quatrième, au cinquième, au septième, au neuvième, au douzième et au dernier :

Quelque chose derrière,
Convient toujours garder;
On ne peut pas monstrer
Sa voulenté entière.

Quand on est en frontière
De dangereux parler,
Quelque chose derrière,
Convient toujours garder.

Se penser légière
Veult mots trop despensier;
Raison doit espargnier
Comme trésorière
Quelque chose derrière.

CH. D'ORLÉANS.

Le LAI est un poème écrit sur deux rimes : d'abord la rime féminine sur deux vers de cinq syllabes, puis un vers de deux syllabes à rime masculine. Cet ordre se répète et on écrit et imprime le lai en alignant les vers sur la gauche, ce qui le fit appeler autrefois : arbre fourchu :

Sur l'appui du monde,
Que faut-il qu'on fonde
D'espoir?
Cette mer profonde,
En débris féconde,
Fait voir
Calme, au matin, l'onde;
Et l'orage y gronde,
Le soir.

Si on continue en faisant virer la rime, c'est-à-dire en prenant la rime masculine pour une nouvelle série de vers de cinq syllabes, entre lesquels on intercalera des vers de deux syllabes à rime féminine, on fera un VIRELAI ancien.

Aux formes traditionnelles de strophes, les poètes du XIXe siècle en ont ajouté de nouvelles. C'est ainsi que Baudelaire a souvent usé d'une strophe avec un vers refrain, qui a été très fréquemment reprise par la suite :

> Mère des souvenirs, maîtresse des maîtresses,
> O toi, tous mes plaisirs! ô toi, tous mes devoirs!
> Tu te rappelleras la beauté des caresses,
> La douceur du foyer et le charme des soirs,
> Mère des souvenirs, maîtresse des maîtresses.

Leconte de Lisle a beaucoup employé la strophe que voici, où deux vers refrains reviennent en ordre inversé :

> Au tintement de l'eau dans les porphyres roux
> Les rosiers de l'Iran mêlent leurs frais murmures
> Et les ramiers rêveurs leurs roucoulements doux.
> Tandis que l'oiseau grêle et le frelon jaloux,
> Sifflant et bourdonnant, mordent les figues mûres,
> Les rosiers de l'Iran mêlent leurs frais murmures
> Au tintement de l'eau dans les porphyres roux.

DE L'INVERSION

Chacun connaît sur l'INVERSION l'avis de Th. de Banville : il n'en faut jamais. Rien ne l'autorise en effet, et c'est un très mauvais moyen de vaincre une difficulté, le plus souvent causée par le manque de rime. Cet auteur conseille de chercher la rime dans sa mémoire ou dans un bon dictionnaire des rimes. Certainement, le poète qui trouve sa rime sans ouvrir un dictionnaire, peut faire de meilleurs vers; mais le seul moyen de connaître les rimes est d'étudier d'abord un dictionnaire.

L'inversion est une licence, et il ne doit pas exister de licences poétiques.

Au cours de ce petit traité, nous avons souvent indiqué ce qu'il était préférable de faire pour obtenir de bons vers, ou, tout au moins, des vers réguliers.

L'harmonie dépendra du choix heureux des mots, choix que seule l'oreille peut guider, et du soin que le poète apportera pour que son poème imite l'objet qu'il veut dépeindre : c'est ce qu'on appelle l'harmonie imitative, dont l'onomatopée est un des bons instruments; le vers dans sa construction en est un excellent aussi.

L'harmonie imitative doit indiquer au poète la forme et la longueur de son vers, la rime qu'il doit préférer, etc. Ainsi le vers d'une syllabe ne peut guère être employé ; et pourtant, nul ne convenait mieux que lui au sonnet que nous avons présenté au commencement de ce traité. Sa forme brève, un peu hachée, s'harmonise parfaitement avec la douleur que cause la mort d'une jeune fille. Le poème de Victor Hugo, *Les Djinns*, est un chef-d'œuvre d'harmonie imitative, pour la mesure du vers; avec les vers croissants en longueur, on sent approcher l'armée de vampires et de dragons, qui passe, s'éloigne, et disparaît, effacée par l'espace.

Nous avons fait remarquer l'heureux effet d'harmonie imitative qu'on peut obtenir par l'enjambement, ou la césure rejetée près de la fin du vers. Nous n'insisterons pas davantage. Il n'y a plus de règles; seuls des exemples, de La Fontaine surtout, pourraient être donnés (voir *La Fontaine et ses fables*, par H. TAINE).

ABRÉVIATIONS ET OBSERVATIONS

[B.] Bible.
[G.] Géographie.
[H.] Histoire.
[M.] Mythologie.
[O.] Œuvre célèbre.

[I.] Homme illustre.
[C.] Comédie (pièce ou personnage).
* Plusieurs sens.
- Après le mot : verbe.

* Avant, et - après le mot : substantif ou adjectif et verbe; ou encore, 2 verbes.

La plupart des séries sont suivies d'un renvoi indiquant les séries ou les mots qu'on peut accoupler à la rime; il faut observer si ces renvois sont en romain ou en italique, et, dans la série où on est renvoyé, ne prendre que les mots composés en même caractère.

On rencontrera des formes verbales pronominales à des personnes où elles n'existent pas; soit : *m'entre-visitasse*; ces verbes ne figurent là que pour les autres formes renvoyées à cette série. Ex. : la forme *ât* qui n'existe pas, page 231; on aura donc *s'entre-visitât*.

L'ordre alphabétique inversé des mots est toujours régulier : les titres en caractères gras n'existent que pour faciliter la recherche. Il s'est trouvé assez souvent que le premier mot d'une série rimait avec la série précédente, dans laquelle nous l'avons introduit sans rien changer à l'ordre alphabétique. Ex. : *femme*, dernier mot des *amme*, page 69.

Certains mots ont deux orthographes, différant parfois d'une seule lettre qui figure entre parenthèses. Lorsque l'orthographe est plus différente, les deux formes figurent à leur place respective, même si l'une est peu employée.

Les mots qui, par leur prononciation, ne peuvent rimer avec la série dans laquelle l'ordre alphabétique les place, sont entre parenthèses. Ils ont, habituellement, un renvoi en note. Ex. : page 143, 2 [qui].

Enfin, toutes les formes verbales en asse sont considérées comme *a* long, puisqu'on les rencontre souvent rimant avec âce. Leur quantité étant indéterminée, on peut les faire rimer avec *asse* et leurs renvois.

DICTIONNAIRE

DES RIMES

A

a

a
a-
à
[*G.*] Aa
[*M.*] Nausicaa
Voy. ha, éa
oa et ua non
précédé de
g ou de q.

ba

baba
Alibaba
syllaba-
[*G.*] Rabba
imbiba-
inhiba-
prohiba-
exhiba-
[*G.*] Alba
enjamba-
flamba-
regimba-
bomba-
succomba-
incomba-
plomba-
déplomba-
surplomba-
tomba-
retomba-
goba-
cohoba-
engloba-
déroba-
ébarba-
gerba-
engerba-
herba-
éherba-
enherba-
désherba-
absorba-
résorba-
débourba-
embourba-
désembourba-
courba-
recourba-
fourba-
kasba
dauba-
* Cuba-
macouba
adouba-
radouba-
simarouba
tuba-
dituba-

ca

caca
[*G.*] Malaca
alpaca
yucca
mica
harmonica
sonica
arnica
pica
spica
[*M.*] Marica
inca
coca
tapioca
Voy. ka, qua

ça

ça
effaça-
agaça-
laça-
entrelaça-
délaça-
glaça-
enlaça-
plaça-
replaça-
déplaça-
remplaça-
grimaça-
menaça-
espaça-
traça-
cabeça
deçà
au deçà
dépeça-
rapiéça-
dépiéça-
poliça-
épiça-
manigança-
fiança-
lança-
balança-
contre-balança-
relança-
s'élança-
forlança-
décontenança-
finança-
ordonnança-
Sancho-Pança
garança-
tança-
distança-
quittança-
nuança-
avança-
devança-
cadença-
agença-
ensemença-
réensemença-
commença-
recommença-
influença-
émiiça-
coinça-
pinça-
rinça-
grinça-
évinça-
fonça-
défonça-
enfonça-
renfonça-
engonça-
semonça-
renonça-
énonça-
dénonça-
annonça-
prononça-
ponça-
fronça-
défronça-
berça-
gerça-
tierça-
commerça-
perça-
reperça-
s'entre-perça-
transperça-
terça-
reterça-
exerça-
écorça-
força-
s'efforça-
renforça-
amorça-
divorça-
acquiesça-
immisça-
sauça-
exauça-
courrouça-
cpuça-
suça-
Voy. sa (dur),
et xa

da

gambada-
barricada-
débarricada-
estocada-
dada
embrigada-
escalada-
estafilada-
taillada-
pommada-
[*H.*] Armada
* Canada
se panada-
estrapada-
rada-
parada-
dérada-
dégrada-
rétrograda-
palissada-
persuada-
dépersuada-
dissuada-
s'évada-
[*G.*] Adda
[*L.*] Edda
bredi-breda
céda-
abcéda-
accéda-
succéda-
recéda-
décéda-
prédécéda-
précéda-
concéda-
procéda-
rétrocéda-
intercéda-
excéda-
[*M.*] Léda-
exhéréda-
obséda
réséda
posséda-
déposséda-
Véda
Ida
aida-
Aïda
plaida-
s'entr'aida-
décida-
homicida-
se suicida-
coïncida-
élucida-
spina-bifida
valida-
revalida-
invalida-
élida-
consolida-
reconsolida-
pyramida-
intimida-
nenni-da
lapida-

dilapida-
rida-
brida-
rebrida-
débrida-
olla-podrida
dérida-
résida-
présida-
assa-fœtida
cuida-
guida-
oui-da
liquida-
vida-
dévida-
survida-
Esméralda
solda-
banda-
rebanda-
débanda-
scanda-
briganda-
se déginganda-
marchanda-
affrianda-
vianda-
achalanda-
désachalanda-
brelanda-
hollanda-
enguirlanda-
manda-
demanda-
redemanda-
contremanda-
quémanda-
réprimanda-
commanda-
recommanda-
décommanda-
gourmanda-
véranda
faisanda-
truanda-
agenda
appréhenda-
amenda-
ramenda-
sous-amenda-
émenda-
vilipenda-
scinda-
rescinda-
blinda-
guinda-
bonda-
abonda-
vagabonda-
surabonda-
débonda-
seconda-
féconda-
fonda-
gonda-
monda-
émonda-
inonda-

fronda-
gronda-
sonda-
coda
inféoda-
goda-
démoda-
accommoda-
raccommoda-
incommoda-
broda-
éroda-
corroda-
soda
rôda-
barda-
débarda-
bombarda-
escobarda-
jobarda-
carda-
placarda-
recarda-
bocarda-
brocarda-
darda-
farda-
cafarda-
garda-
regarda-
entre-regarda-
sauvegarda-
harda-
moucharda-
liarda-
larda-
entrelarda-
billarda-
canarda-
renarda-
goguenarda-
cagnarda-
acagnarda-
mignarda-
poignarda-
hasarda-
nasarda-
musarda-
tarda-
retarda-
pétarda-
attarda-
bavarda-
se lézarda-
borda-
aborda-
reborda-
déborda-
transborda-
corda-
accorda-
raccorda-
s'entr'accorda-
désaccorda-
recorda-
décorda-
concorda-
discorda-
hourda-

clabauda-
badauda-
échafauda-
nigauda-
trigauda-
échauda-
baguenauda-
minauda-
marauda-
tarauda-
frauda-
levrauda-
bretauda-
courtauda-
ravauda-
marivauda-
galvauda-
Juda
éluda-
préluda-
dénuda-
bouda-
couda-
s'accouda-
souda-
dessouda-
ressouda-
transsuda-
exsuda-
oxyda-
suroxyda-
désoxyda-
aussi Bouddha

gea

pacagea-
saccagea-
encagea-
gagea-
dégagea-
engagea-
réengagea-
rengagea-
verbiagea-
treillagea-
grillagea-
soulagea-
ramagea-
imagea-
dédommagea-
endommagea-
hommagea-
nagea-
apanagea-
ménagea-
aménagea-
déménagea-
emménagea-
surnagea-
propagea-
ragea-
ombragea-
arréragea-
naufragea-
enragea-
fourragea-
affou(r)ragea-
outragea-
découragea-

encouragea-
ouvragea-
présagea-
dévisagea-
envisagea-
passagea-
étagea-
avantagea-
désavantagea-
partagea-
repartagea-
départagea-
copartagea-
quartagea-
ravagea-
voyagea-
siégea-
assiégea-
allégea-
arpégea-
abrégea-
agrégea-
désagrégea-
protégea-
rédigea-
neigea-
figea-
obligea-
s'entr'obligea-
désobligea-
affligea-
infligea-
négligea-
colligea-
fumigea-
érigea-
dirigea-
corrigea-
recorrigea-
transigea-
mitigea-
voltigea-
fustigea-
exigea-
vendangea-
changea-
rechangea-
échangea-
mélangea-
mangea-
remangea-
s'entre-mangea-
démangea-
rangea-
dérangea-
frangea-
engrangea-
arrangea-
essangea-
louangea-
vengea-
singea-
longea-
allongea-
rallongea-
prolongea-
plongea-
replongea-
forlongea-

épongea-
rongea-
songea-
logea-
délogea-
abrogea-
subrogea-
dérogea-
prorogea-
s'arrogea-
interrogea-
chargea-
rechargea-
déchargea-
surchargea-
margea-
émargea-
hébergea-
se gobergea-
submergea-
émergea-
immergea-
aspergea-
détergea-
abstergea-
vergea-
divergea-
envergea-
convergea-
forgea-
reforgea-
gorgea-
regorgea-
égorgea-
dégorgea-
s'entr'égorgea-
engorgea-
se rengorgea-
désengorgea-
purgea-
expurgea-
s'insurgea-
jaugea-
pataugea-
jugea-
subjugea-
adjugea-
se déjugea-
méjugea-
préjugea-
bougea-
grugea-
égrugea-
Voy. ja

éa

cobœa
althœa
cobéa
nymphéa
[*M.*] Rhéa
aléa
suppléa-
[*G.*] Nouméa
miscellanéa
alinéa
[*M.*] Carnéa
réa-
créa-

recréa-
récréa-
procréa-
gréa-
agréa-
ragréa-
désagréa-
dégréa-
maugréa-
guéa-

Voy. aa, ha, oa et ua non précédé de g ou de q

fa

fa
parafa-
agrafa-
ragrafa-
dégrafa-
gaffa-
piaffa-
[*G.*] Jaffa
fieffa-
greffa-
biffa-
se rebiffa-
coiffa-
recoiffa-
décoiffa-
griffa-
s'agriffa-
ébouriffa-
suiffa-
étoffa-
chauffa-
échauffa-
réchauffa-
surchauffa-
bouffa-
pouffa-
étouffa-
truffa-
tarifa-
attifa-
alfa
lofa-
sofa

Voy. pha

ga

aga
rutabaga
* Malaga
alpaga
saga
galéga
oméga
[*L.*] Lope de Véga
Olga
[*G.*] Volga
galanga
seringa
syringa
bécabunga

Voy. gua

ha

Ha!
cahin-caha
haha
brouhaha

Voy. a, éa, oa, et ua non précédé de g ou de q

cha

cacha-
écacha-
hacha-
contre-hacha-
panacha-
empanacha-
harnacha-
déharnacha-
enharnacha-
pacha
capitan-pacha
cracha-
recracha-
arracha-
amouracha-
ensacha-
tacha-
détacha-
entacha-
attacha-
rattacha-
soutacha-
cravacha-
bâcha-
rabâcha-
fâcha-
défâcha-
gâcha-
lâcha-
relâcha-
mâcha-
remâcha-
tâcha-
lécha-
allécha-
se pourlécha-
mécha-
pécha-
repécha-
ébrécha-
sécha-
asséchа-
desséchа-
bêcha-
pêcha-
dépêcha-
empêcha-
prêcha-
ficha-
afficha-
clicha-
nicha-
dénicha-
pleurnicha-
défricha-
tricha-
enticha-

se déhancha-
démancha-
s'endimancha-
emmancha-
remmancha-
désemmancha-
épancha-
brancha-
ébrancha-
embrancha-
trancha-
retrancha-
étancha-
revancha-
pencha-
joncha-
broncha-
décocha-
ricocha-
encocha-
hocha-
piocha-
clocha-
effilocha-
guillocha-
pignocha-
pocha-
dépocha-
empocha-
rempocha-
brocha-
débrocha-
embrocha-
accrocha-
raccrocha-
décrocha-
reprocha-
approcha-
rapprocha-
bavocha-
marcha-
chercha-
rechercha-
percha-
(1) *gutta-percha*
écorcha-
torcha-
fourcha-
affourcha-
désaffourcha-
enfourcha-
ébaucha-
débaucha-
embaucha-
faucha-
refaucha-
chevaucha-
bûcha-
débucha-
trébucha-
se rembucha-
s'embucha-
hucha-
cachucha
jucha-
déjucha-
pelucha-

1. Voy. ca, ka, qua.

éplucha-
boucha-
aboucha-
reboucha-
déboucha-
emboucha-
coucha-
accoucha-
recoucha-
découcha-
doucha-
loucha-
moucha-
remoucha-
émoucha-
escarmoucha-
effaroucha-
toucha-
retoucha-
rucha-

dha

Bouddha

Voy. da

pha

parapha-
alpha
triompha-
apostropha-
sopha
philosopha-

Voy. fa

rha

arrha-
Myrrha
[*M.*] Pyrrha

Voy. ra

tha

[*B.*] Golgotha
Martha
[*H.*] Jugurtha

Voy. ta

ïa

[*M.*] Maïa
raïa
charabia
tibia
acacia
gracia-
disgracia-
déprécia-
apprécia-
préjudicia-
bénéficia-
officia-
supplicia-
justicia-
vicia-
circonstancia-
licencia-
quintessencia-
négocia-
associa-
désassocia-

remercia-
scia-
se soucia
dia
radia-
irradia-
dédia-
congédia-
remédia-
intermédia-
expédia-
réexpédia-
incendia-
mendia-
stipendia-
amodia-
psalmodia-
parodia-
cardia
répudia-
étudia-
planchéia-
tafia
ratafia
se fia-
rubéfia-
défia-
madéfia-
se méfia-
tuméfia-
stupéfia-
raréfia-
torréfia-
putréfia-
liquéfia-
barbifia-
pacifia-
spécifia-
dulcifia-
crucifia-
édifia-
réédifia-
acidifia-
solidifia-
lapidifia-
mondifia-
codifia-
modifia-
déifia-
gazéifia-
palifia-
salifia-
qualifia-
disqualifia-
mollifia-
amplifia-
simplifia-
ramifia-
momifia-
panifia-
lénifia-
magnifia-
se lignifia-
signifia-
personnifia-
bonifia-
saponifia-
se carnifia-
unifia-

scarifia-
saccharifia-
clarifia-
lubrifia-
sacrifia-
vérifia-
scorifia-
glorifia-
corporifia-
terrifia-
pétrifia-
vitrifia-
purifia-
falsifia-
versifia-
diversifia-
classifia-
ossifia-
béatifia-
ratifia-
gratifia-
stratifia-
rectifia-
sanctifia-
fructifia-
acétifia-
identifia-
notifia-
certifia-
fortifia-
mortifia-
justifia-
mystifia-
vivifia-
revivifia-
solfia-
confia-
[*G.*] Sofia
plagia-
privilégia-
élogia-
se réfugia-
ratanhia
télégraphia-
calligraphia-
lithographia-
orthographia-
sténographia-
photographia-
autographia-
s'atrophia-
hypertrophia-
lia-
oublia-
publia-
republia-
relia-
délia-
camélia
dahlia
se domicilia-
concilia-
réconcilia-
affilia-
humilia-
résilia-
allia-
pallia-
rallia-

se mésallia-
enlia-
interfolia-
exfolia-
magnolia
spolia-
plia-
replia-
déplia-
multiplia-
remplia-
supplia-
émia-
nia-
[*G.*] Christiania
mania-
remania-
tœnia
renia-
dénia-
s'ingénia-
ténia
calomnia-
zinnia
bégonia
communia-
excommunia-
pétunia
paulownia
séquoia
épia-
pépia-
sépia
copia-
recopia-
estropia-
expia-
aria
caria-
vicaria-
cochléaria
malaria
ou mal'aria
salaria-
* Maria-
remaria-
démaria-
avé maria
* paria-
déparia-
apparia-
rapparia-
désapparia-
contraria-
varia-
avaria-
cria-
décria-
se récria-
s'écria-
excoria-
gloria
piloria-
coloria-
armoria-
sanatoria
* Victoria
inventoria-
historia-

pria-
dépria-
appropria-
se désappropria-
expropria-
charria-
tria-
rapatria-
expatria-
stria-
injuria-
rassasia-
fantasia
apostasia-
s'extasia-
Alésia
fuchsia
hortensia
thapsia
quassia
châtia-
initia-
transsubstantia-
différentia-
opuntia
[*G.*] Bastia
amnistia-
thuia
* alléluia
quia
dévia-
envia-
renvia-
convia-
ixia
asphyxia-
razzia

Voy. ya

ja

jà
naja
raja
navaja
déjà

Voy. goa

ka

troïka
* polka-
tonka
moka
* mazurka-
briska
Marie Leczinska
schapska
czapska

Voy. ca, qua

la

la
là
cabala-
falbala
brimbala-
trimbala-
cala-
écala-
décala-

intercala-
pédala-
affala-
gala
égala-
régala-
polygala
hala-
inhala-
exhala-
là là
Guatemala
signala-
empala-
sala-
dessala-
tala-
étala-
détala-
avala-
ravala-
chevala-
dévala-
Qui va là ?
hâla-
déhâla-
râla-
accabla-
chabla-
endiabla-
jabla-
sabla-
ensabla-
désensabla-
tabla-
établa-
s'attabla-
câbla-
hâbla-
cribla-
ambla-
trembla-
sembla-
assembla-
rassembla-
désassembla-
ressembla-
combla-
meubla-
remeubla-
démeubla-
affubla-
doubla-
redoubla-
dédoubla-
rendoubla-
troubla-
racla-
bâcla-
débâcla-
renâcla-
[*G.*] Hécla
sarcla-
cercla-
recercla-
décercla-
boucla-
déboucla-
puddla-

gabela-
* cela
décela-
ficela-
déficela-
chancela-
étincela-
amoncela-
harcela-
amorcela-
ensorcela-
désensorcela-
delà
modela-
cordela-
au delà
gela-
regela-
dégela-
congela-
dessemela-
ressemela-
se pommela-
grommela-
se grumela-
s'engrumela-
grenela-
crénela-
agnela-
annela-
cannela-
tonnela-
pela-
chapela-
épela-
appela-
réappela-
rappela-
s'entr'appela-
carrela-
recarrela-
décarrela-
bourrela-
cisela-
oisela-
ruissela-
bossela-
musela-
démusela-
batela-
râtela-
détela-
enchantela-
démantela-
pantela-
dentela-
écartela-
martela-
s'encastela-
attela-
réattela-
brettela-
bottela-
Venezuela
javela-
enjavela-
tavela-
déchevela-
nivela-

grivela-
cuvela-
renouvela-
recéla-
héla-
révéla-
bêla-
fêla-
mêla-
remêla-
entremêla-
démêla-
emmêla-
grêla-
engrêla-
vêla-
fla
rafla-
érafla-
siffla-
souffla-
essouffla-
insuffla-
gifla-
renifla-
écornifla-
rifla-
persifla-
enfla-
renfla-
désenfla-
gonfla-
regonfla-
dégonfla-
ronfla-
maroufla-
boursoufla-
emmitoufla-
régla-
dérégla-
bigla-
étrangla-
sangla-
dessangla-
cingla-
épingla-
tringla-
jongla-
beugla-
meugla-
aveugla-
désaveugla-
jubila-
fila-
défila-
tréfila-
affila-
effila-
enfila-
renfila-
désenfila-
profila-
parfila-
faufila-
éfaufila-
annihila-
Dalila
assimila-
s'étoila-

entoila-
rentoila-
voila-
voilà
revoilà
dévoila-
s'envoila-
pila-
épila-
dépila-
horripila-
empila-
compila-
opila-
désopila-
ensila-
ventila-
[*H.*] Attila
mutila-
huila-
exila-
alla-
balla-
déballa-
emballa-
remballa-
désemballa-
dalla-
[*M.*] Walhalla
talla-
installa-
réinstalla-
se rebella-
libella-
parcella-
scella-
descella-
contre-scella-
excella-
préexcella-
flagella-
emmiella-
* niella-
viella-
interpella-
coupella-
querella-
s'entre-querella-
sella-
dessella-
panatella
ruella-
bailla-
bâilla-
entre-bâilla-
cailla-
écailla-
médailla-
marchandailla-
godailla-
intrigailla-
piailla-
criailla-
mailla-
chamailla-
émailla-
rimailla-
remmailla-
encanailla-

grenailla-
tenailla-
sonnailla-
tournailla-
quoailla-
pailla-
dépailla-
empailla-
rempailla-
railla-
braill..-
se débrailla-
érailla-
dérailla-
grailla-
tirailla-
ferrailla-
hourrailla-
mitrailla-
cisailla-
grisailla-
gueusailla-
tailla-
batailla-
retailla-
s'entre-tailla-
détailla-
répétailla-
brétailla-
avitailla-
ravitailla-
entailla-
enfutailla-
disputailla-
fouailla-
gouailla-
jouailla-
travailla-
retravailla-
écrivailla-
babilla-
habilla-
rhabilla-
déshabilla-
gambilla-
dégobilla-
cilla-
vacilla-
sourcilla-
oscilla-
brandilla-
fendilla-
pendilla-
godilla-
mordilla-
herbeilla-
ensoleilla-
sommeilla-
dépareilla-
appareilla
rappareilla-
désappareilla-
conseilla-
déconseilla-
teilla-
veilla-
éveilla-
réveilla-
émerveilla-

surveilla-
chinchilla
fourmilla-
smilla-
échenilla-
cochenilla-
pilla-
grapilla-
estampilla-
éparpilla-
gaspilla-
houspilla-
roupilla-
toupilla-
étoupilla-
Camarilla
brilla-
guérilla
* *grilla-*
essorilla-
étrilla-
silla-
nasilla-
brasilla-
brésilla-
grésilla-
égosilla-
boursilla-
dessilla-
roussilla-
fusilla-
bousilla
pétilla-
frétilla-
vétilla-
titilla-
scintilla-
pointilla-
tortilla-
détortilla-
entortilla-
désentortilla-
embastilla-
encastilla-
distilla-
instilla-
apostilla-
émoustilla-
croustilla-
sautilla-
outilla-
feuilla-
défeuilla-
effeuilla-
aiguilla-
ouilla-
gribouilla-
barbouilla-
débarbouilla-
embarbouilla-
écarbouilla-
bredouilla-
débredouilla-
fouilla-
refouilla-
affouilla-
farfouilla-
gargouilla
mouilla-

remouill..-
s'agenouilla-
pouilla-
épouilla-
dépouilla-
rouilla-
brouilla-
débrouilla-
embrouilla-
dérouilla-
grouilla-
enrouilla-
verrouilla-
déverrouilla-
patrouilla-
souilla-
chatouilla-
gazouilla-
quilla-
se maquilla-
béquilla-
coquilla-
recoquilla-
écarquilla-
villa
chevilla-
se recroquevilla-
colla-
recolla-
décolla-
encolla-
équipolla-
grisolla-
[*G.*] Scylla
[*H.*] Sylla
branla-
ébranla-
carambola-
tombola
racola-
caracola-
accola-
récola-
bricola-
dola-
gondola-
flageola-
affola-
raffola-
batifola-
rigola-
dégringola-
holà
bariola-
cabriola-
affriola-
étiola-
viola-
cajola-
immola-
fignola-
quinola
interpola-
désola-
isola-
insola-
consola-
assola-
dessola-

rissola-
rafistola-
vola-
revola-
s'envola-
convola-
Zola
enjôla-
rôla-
frôla-
enrôla-
trôla-
contrôla-
tripla-
contempla-
décupla-
peupla-
repeupla-
dépeupla-
nonupla-
coupla-
accoupla-
désaccoupla-
découpla-
quadrupla-
octupla-
centupla-
quintupla-
septupla-
sextupla-
parla-
reparla-
ne déparla-
ferla-
déferla-
perla-
hurla-
ourla-
gaula-
chaula-
échaula-
miaula-
piaula-
épaula-
confabula-
démantibula-
déambula-
éjacula-
macula-
accula-
recula-
écula-
spécula-
immatricula-
articula-
désarticula-
gesticula-
calcula-
inocula-
circula-
bascula-
bouscula-
adula-
acidula-
ondula-
modula-
gueula-
égueula-
coagula-
[*H.*] Caligula
jugula-
pullula-
repullula-
simula-
dissimula-
stimula-
formula-
cumula-
accumula-
granula-
annula-
saboula-
éboula-
blackboula-
bamboula
coula-
écoula-
découla-
roucoula-
foula-
refoula-
débagoula-
engoula-
moula-
démoula-
se vermoula-
surmoula-
roula-
croula-
écroula-
déroula-
enroula-
soûla-
ou saoula-
dessoûla-
crapula-
manipula-
stipula-
brûla-
congratula-
capitula-
récapitula-
intitula-
postula-
styla-

ma

ma
dama-
dédama-
affama-
diffama-
amalgama-
Yokohama
lama
acclama-
déclama-
réclama-
proclama-
s'exclama-
Panama
rama-
brama-
géorama
diorama
cosmorama
panorama
trama-
étama-
rétama-
entama-
rentama-
blâma-
pâma-
sema-
parsema-
sursema-
ressema-
schéma
blasphéma-
uléma
créma-
écréma-
tréma
eczéma
se décarêma-
[*M.*] Brahma
rythma-
aima-
s'entr'aima-
essaima-
abîma-
écima-
décima-
dîma-
se rédima-
lima-
sublima-
s'élima-
mima-
anima-
ranima-
envenima-
à minima
rima-
brima-
escrima-
périma-
se grima-
dirima-
prima-
déprima-
réprima-
imprima-
réimprima-
comprima-
opprima-
supprima-
exprima-
arrima-
trima-
victima-
légitima-
intima-
estima-
mésestima-
* maxima-
[*H.*] Alma
calma-
spalma-
[*H.*] Talma
enflamma-
se renflamma-
Emma
comma
gomma-
dégomma-
nomma-
renomma-
dénomma-
surnomma-
pomma-
somma-
consomma-
assomma-
coma
zygoma
chôma-
arma-
se gendarma-
charma-
alarma-
désarma-
ferma-
referma-
afferma-
sous-afferma-
enferma-
renferma-
germa-
affirma-
infirma-
confirma-
forma-
reforma-
déforma-
réforma-
difforma-
informa-
conforma-
chloroforma-
transforma-
gourma-
onthousiasma-
embauma-
chauma-
déchauma-
pauma-
empauma-
écuma-
curcuma
fuma-
enfuma-
parfuma-
huma-
inhuma-
enrhuma-
désenrhuma-
transhuma-
exhuma-
alluma-
ralluma-
pluma-
dépluma-
empluma-
se rempluma-
embruma-
résuma-
présuma-
consuma-
assuma-
costuma-
apostuma-
accoutuma-
réaccoutuma-
se raccoutuma-
désaccoutuma-

na

ana
cabana-
haubana-
rubana-
[*B.*] Cana
chicana-
ricana-
cancana-
boucana-
fana-
effana-
acqua-toffana
profana-
ahana-
varsoviana
émana-
pana-
trépana-
safrana-
basana-
charlatana-
ipécacuana
se pavana-
[*M.*] Echidna
affena-
halena-
mena-
amena-
ramena-
remena-
se démena-
malmena-
emmena-
remmena-
promena-
surmena-
enchifrena-
grena-
égrena-
gangrena-
engrena-
désengrena-
assena-
ébéna-
morigéna-
oxygéna-
désoxygéna-
Iéna
aliéna-
abaliéna-
caréna-
créna-
rasséréna-
refréna-
rengréna-
[*H.*] Masséna
gêna-
gagna-
regagna-
accompagna-
régna-
imprégna-
baigna-
daigna-
dédaigna-
aplaigna-

saigna-
ressaigna-
indigna-
engeigna-
peigna-
enseigna-
renseigna-
rechigna-
aligna-
cligna-
enligna-
interligna-
forligna-
souligna-
éloigna-
témoigna-
empoigna-
soigna-
trépigna-
signa-
contresigna-
désigna-
résigna-
consigna-
assigna-
réassigna-
égratigna-
guigna-
barguigna-
provigna-
cogna-
recogna-
rencogna-
hogna-
rogna-
se refrogna-
se renfrogna-
grogna-
ivrogna-
besogna-
épargna-
éborgna-
lorgna-
répugna-
[*M.*] Krichna
mischna
dégaina-
engaina-
rengaina-
chaîna-
déchaîna-
enchaîna-
renchaîna-
désenchaîna-
laina-
draina-
égraina-
traîna-
entraîna-
rentraîna-
bina-
carabina-
rebina-
lambina-
combina-
bobina-
racina-
déracina-
enracina-

vaccina-
revaccina-
médecina-
vaticina-
calcina-
ratiocina-
fascina-
hallucina-
dîna-
badina-
dandina-
rondina-
se dodina-
jardina-
peina-
chanfreina-
veina-
affina-
raffina-
confina-
imagina-
pagina-
margina-
rugina-
china-
machina-
échina-
pinchina
câlina-
pralina-
déclina-
inclina-
dodelina-
patelina-
[*H.*] Catilina
zinzolina-
disciplina-
boulina-
moulina-
poulina-
mina-
gamina-
lamina-
contamina-
examina-
chemina-
achemina-
contre-mina-
effémina-
dissémina-
élimina-
récrimina-
incrimina-
culmina-
fulmina-
abomina-
domina-
prédomina-
termina-
détermina-
prédétermina-
extermina-
illumina-
enlumina-
rumina-
bitumina-
rapina-
opina-
préopina-

chopina-
clopina-
turlupina-
ocarina
enfarina-
marina-
amarina-
serina-
entérina-
chagrina-
endoctrina-
urina-
burina-
tambourina-
emmagasina-
lésina-
ensaisina-
voisina-
avoisina-
cuisina-
organsina-
bassina-
assassina-
dessina-
houssina-
ébousina-
cousina-
patina-
ratina-
gratina-
satina-
se ratatina-
piétina-
cabotina-
guillotina-
libertina-
s'obstina-
destina-
prédestina-
festina-
trottina
butina-
lutina-
agglutina-
conglutina-
se mutina-
embéguina-
embabouina-
fouina-
baragouina-
taquina-
emmannequina-
quinquina
acoquina-
maroquina-
damasquina-
bouquina-
ruina-
bruina-
vina-
avina-
ravina-
devina-
alevina-
[*H.*] Bérézina
damna-
dédamna-
condamna-
Anna

banna-
enrubanna-
empanna-
hosanna
tanna-
chouanna-
rouanna-
vanna-
empenna-
étrenna-
moyenna-
[*H.*] Cinna
abonna-
charbonna-
braconna-
gasconna-
façonna-
maçonna-
estramaçonna-
caparaçonna-
rançonna-
étançonna-
poinçonna-
tronçonna-
étronçonna-
soupçonna-
désarçonna-
donna-
prima-donna
s'adonna-
espadonna-
redonna-
fredonna-
s'entre-donna-
amidonna-
abandonna-
brandonna-
bondonna-
débondonna-
échardonna-
lardonna-
pardonna-
guerdonna-
ordonna-
subordonna-
cordonna-
coordonna-
bourdonna-
drageonna-
badigeonna-
bourgeonna-
ébourgeonna-
plafonna-
chiffonna-
griffonna-
bouffonna-
parangonna-
fourgonna-
bougonna-
mâchonna-
bichonna-
folichonna-
cochonna-
torchonna-
bouchonna-
s'encapuchonna-
gabionna-
camionna-
pionna-

espionna-
occasionna-
approvisionna-
émulsionna-
pensionna-
passionna-
impressionna-
démissionna-
commissionna-
permissionna-
soumissionna-
fusionna-
illusionna-
désillusionna-
contusionna-
collationna-
rationna-
stationna-
actionna-
fractionna-
affectionna-
désaffectionna-
confectionna-
perfectionna-
collectionna-
sectionna-
frictionna-
sanctionna-
fonctionna-
se concrétionna-
ambitionna-
additionna-
conditionna-
munitionna-
amunitionna-
perquisitionna-
pétitionna-
mentionna-
subventionna-
émotionna-
proportionna-
disproportionna-
bastionna-
congestionna-
questionna-
cautionna-
se précautionna-
révolutionna-
mixtionna-
galonna-
jalonna-
talonna-
étalonna-
sablonna-
houblonna-
échelonna-
pilonna-
ballonna-
bâillonna-
graillonna-
tourbillonna-
réveillonna-
vermillonna-
papillonna-
carillonna-
sillonna-
nasillonna-
étrésillonna-
tâtillonna-

échantillonna-
aiguillonna-
bouillonna-
brouillonna-
égravillonna-
écouvillonna-
boulonna-
marmonna-
sermonna-
ânonna-
canonna-
déguignonna-
maquignonna-
rognonna-
caponna-
friponna-
lantiponna-
cramponna-
tamponna-
pomponna-
harponna-
maronna-
escadronna-
godronna-
goudronna-
quarderonna-
chaperonna-
déchaperonna-
enchaperonna-
éperonna-
environna-
marronna-
patronna-
plastronna-
couronna-
découronna-
sonna-
blasonna-
résonna-
liaisonna-
raisonna-
déraisonna-
assaisonna-
dessaisonna-
foisonna-
cloisonna-
empoisonna-
grisonna-
emprisonna-
désemprisonna-
tisonna-
chansonna-
polissonna-
moissonna-
empoissonna-
rempoissonna-
frissonna-
écusonna-
tonna-
bâtonna-
tâtonna-
gueuletonna-
étonna-
bétonna-
détonna-
mitonna-
capitonna-
cantonna-
chantonna-

entonna-
se cotonna-
pelotonna-
cartonna-
festonna-
testonna-
boutonna-
reboutonna-
déboutonna-
moutonna-
savonna-
rayonna-
crayonna-
gazonna-
regazonna-
téléphona-
ramona-
époumona-
dissona-
zona
prôna-
trôna-
détrôna-
s'incarna-
acharna-
écharna-
décharna-
marna-
berna-
hiberna-
cerna-
décerna-
concerna-
discerna-
moderna-
caserna-
alterna-
lanterna-
interna-
consterna-
se prosterna-
hiverna-
baliverna-
gouverna-
orna-
borna-
aborna-
suborna-
corna-
écorna-
décorna-
flagorna-
défourna-
enfourna-
ajourna-
réajourna-
séjourna-
tourna-
atourna-
retourna-
détourna-
chantourna-
contourna-
bistourna-
[*G.*] Etna
auna-
sauna-
jeûna-
déjeuna-

aluna-
faluna-
importuna-

oa

boa
[*G.*] Guipuscoa
[*G.*] Goa
[*G.*] Bidassoa

Voy. aa, éa, ha et ua non précédé de g ou de q

pa

décapa-
enchapa-
lapa-
papa
râpa-
drapa-
dérapa-
étrapa-
attrapa-
rattrapa-
* sapa-
tapa-
retapa-
recépa-
crêpa-
anticipa-
participa-
émancipa-
excipa-
chipa-
pipa-
ripa-
fripa-
étripa-
dissipa-
constipa-
équipa-
scalpa-
palpa-
catalpa
méa-culpâ
inculpa-
disculpa-
pulpa-
campa-
décampa-
lampa-
pampa
rampa-
étampa-
estampa-
trempa-
retrempa-
détrempa-
grimpa-
pompa-
trompa-
détrompa-
estompa-
syncopa-
télescopa-
galopa-
éclopa-
topa-
happa-

échappa-
réchappa-
jappa-
clappa-
frappa-
refrappa-
s'entre-frappa-
égrappa-
nippa-
grippa-
* Agrippa-
choppa-
achoppa-
échoppa-
développa-
enveloppa-
renveloppa-
stoppa-
houppa-
escarpa-
harpa-
écharpa-
extirpa-
usurpa-
Spa
jaspa-
crispa-
occupa-
réoccupa-
préoccupa-
dupa-
coupa-
recoupa-
entrecoupa-
découpa-
surcoupa-
houpa-
ajoupa
groupa-
agroupa-
attroupa-
soupa-
étoupa-
stéréotypa-
daguerréotypa-

ra

ra
ara
[*H.*] Bara
baccara
effara-
gara-
égara-
tangara
[*G.*] Sahara
déclara-
[*G.*] Marmara
* para-
accapara-
dépara-
répara-
prépara-
sépara-
se rempara-
s'empara-
désempara-
compara-
tara-

se cabra-
abracadabra
délabra-
sabra-
célébra-
zébra-
calibra-
équilibra-
vibra-
ambra
cambra-
chambra-
démembra-
timbra-
ombra-
obombra-
décombra-
encombra-
désencombra-
nombra-
dénombra-
sombra-
marbra-
élucubra-
nacra-
sacra-
consacra-
massacra-
exécra-
ancra-
échancra
désancra-
encra-
vaincra-
convaincra-
sucra-
cadra-
encadra-
calandra-
épandra-
répandra-
descendra-
redescendra-
condescendra-
fendra-
refendra-
défendra-
pourfendra-
engendra-
tiendra-
obtiendra-
retiendra-
entretiendra-
détiendra-
maintiendra-
contiendra-
appartiendra-
s'abstiendra-
soutiendra-
viendra-
mésaviendra-
subviendra-
adviendra-
mésadviendra-
deviendra-
redeviendra-
reviendra-
contreviendra-
préviendra-

conviendra-
circonviendra-
disconviendra-
proviendra-
parviendra-
interviendra-
surviendra-
se souviendra-
se ressouviendra-
pendra-
rependra-
dépendra-
appendra-
suspendra-
rendra-
prendra-
reprendra-
entreprendra-
déprendra-
se méprendra-
s'éprendra-
comprendra-
apprendra-
rapprendra-
désapprendra-
surprendra-
tendra-
retendra-
étendra-
détendra-
prétendra-
entendra-
sous-entendra-
distendra-
sous-tendra-
attendra-
vendra-
revendra-
mévendra-
survendra-
plaindra-
craindra-
contraindra-
ceindra-
enceindra-
feindra-
geindra-
peindra-
repeindra-
dépeindra-
enfreindra-
épreindra-
empreindra-
étreindra-
astreindra-
restreindra-
teindra-
reteindra-
éteindra-
déteindra-
atteindra-
ratteindra-
aveindra-
cylindra-
oindra-
joindra-
adjoindra-
rejoindra-
déjoindra-

enjoindra-
conjoindra-
disjoindra-
poindra-
fondra-
refondra-
effondra-
confondra-
parfondra-
morfondra-
pondra-
répondra-
s'entre-répondra-
correspondra-
tondra-
retondra-
perdra-
reperdra-
mordra-
remordra-
démordra-
tordra-
retordra-
détordra-
distordra-
(1)* faudra-
vaudra-
revaudra-
prévaudra-
équivaudra-
coudra-
recoudra-
découdra-
moudra-
remoudra-
émoudra-
rémoudra-
poudra-
dépoudra-
saupoudra-
absoudra-
résoudra-
dissoudra-
voudra-
syllabera-
imbibera-
inhibera-
prohibera-
exhibera-
libera
enjambera-
flambera-
regimbera-
bombera-
succombera-
incombera-
plombera-
déplombera-
surplombera-
tombera-
retombera-
gobera-
cohobera-
englobera
dérobera-
ébarbera-

1. De falloir et de faillir.

gerbera-
engerbera-
herbera-
éherbera-
enherbera-
désherbera-
absorbera-
résorbera-
débourbera-
embourbera-
désembourbera-
courbera-
recourbera-
fourbera-
daubera-
cubera-
adoubera-
radoubera-
tubera
titubera-
effacera-
agacera-
lacera-
entrelacera-
délacera-
glacera-
enlacera-
placera-
replacera-
déplacera-
remplacera-
grimacera-
menacera-
espacera-
tracera-
retracera-
rapiécera-
dépiécera-
dépècera-
policera-
épicera-
manigancera-
fiancera-
lancera-
balancera-
contre-balancera-
relancera-
s'élancera-
forlancera-
décontenancera-
financera-
ordonnancera-
garancera-
tancera-
distancera-
quittancera-
nuancera-
avancera-
devancera-
cadencera-
agencera-
ensemencera-
réensemencera-
commencera-
recommencera-
influencera-
émincera-
coincera-
pincera-

rincera-
grincera-
évincera-
foncera-
défoncera-
enfoncera-
renfoncera-
engoncera-
semoncera-
renoncera-
énoncera-
dénoncera-
annoncera-
prononcera-
poncera-
froncera-
défroncera-
bercera-
gercera-
tiercera-
commercera-
percera-
repercera-
s'entre-percera-
transpercera-
tercera-
retercera-
exercera-
écorcera-
forcera-
s'efforcera-
renforcera-
amorcera-
divorcera-
acquiescera-
immiscera-
saucera-
exaucera-
courroucera-
épucera-
sucera-
gambadera-
barricadera-
débarricadera-
estocadera-
embrigadera-
escaladera-
estafiladera-
tailladera-
pommadera-
se panadera-
estrapadera-
radera-
paradera-
déradera-
dégradera-
rétrogradera-
palissadera-
persuadera-
dépersuadera-
dissuadera-
s'évadera-
cédera-
abcédera-
accédera-
succédera-
recédera-
décédera-
prédécédera-

précédera-
concédera-
procédera-
rétrocédera-
intercédera-
excédera-
exhérédera-
obsédera-
possédera-
dépossédera-
aidera-
plaidera-
s'entr'aidera-
décidera-
homicidera-
se suicidera-
coïncidera-
élucidera-
validera-
revalidera-
invalidera-
élidera-
consolidera-
reconsolidera-
pyramidera-
intimidera-
lapidera-
ridera-
bridera-
rebridera-
débridera-
déridera-
résidera-
présidera-
cuidera-
guidera-
liquidera-
videra-
dévidera-
survidera-
soldera-
bandera-
rebandera-
débandera-
scandera-
brigandera-
se dégingandera-
marchandera-
affriandera-
viandera-
achalandera-
désachalandera-
brelandera-
hollandera-
enguirlandera-
mandera-
demandera-
redemandera-
contremandera-
quémandera-
réprimandera-
commandera-
recommandera-
décommandera-
gourmandera-
faisandera-
truandera-
appréhendera-
amendera-

ramendera-
sous-amendera-
émendera-
vilipendera-
scindera-
rescindera-
blindera-
guindera-
bondera-
abondera-
vagabondera-
surabondera-
débondera-
secondera-
fécondera-
fondera-
gondera-
mondera-
émondera-
inondera-
frondera-
grondera-
sondera-
inféodera-
godera-
démodera-
accommodera-
raccommodera-
incommodera-
brodera-
érodera-
corrodera-
rôdera-
bardera-
débardera-
bombardera-
escobardera-
jobardera-
cardera-
placardera-
recardera-
bocardera-
brocardera-
dardera-
fardera-
cafardera-
gardera-
regardera-
s'entre-regardera-
sauvegardera-
hardera-
mouchardera-
liardera-
lardera-
entrelardera-
billardera-
canardera-
renardera-
goguenardera-
cagnardera-
accagnardera-
mignardera-
poignardera-
hasardera-
nasardera-
musardera-
tardera-
retardera-
pétardera-
attardera-
bavardera-
se lézardera-
bordera-
abordera-
rebordera-
débordera-
transbordera-
cordera-
accordera-
raccordera-
s'entr'accordera-
désaccordera-
recordera-
décordera-
concordera-
discordera-
hourdera-
clabaudera-
badaudera-
échafaudera-
nigaudera-
trigaudera-
échaudera-
baguenaudera-
minaudera-
maraudera-
taraudera-
fraudera-
levraudera-
bretaudera-
courtaudera-
ravaudera-
marivaudera-
galvaudera-
éludera-
préludera-
dénudera-
boudera-
coudera-
s'accoudera-
soudera-
dessoudera-
ressoudera-
transsudera-
exsudera-
oxydera-
suroxydera-
désoxydera-
suppléera-
réera-
créera-
recréera-
récréera-
procréera-
gréera-
agréera-
ragréera-
désagréera-
dégréera-
maugréera-
guéera-
fera-
parafera-
agrafera-
ragrafera-
dégrafera-
refera-
contrefera-
défera-
redéfera-
méfera-
gaffera-
piaffera-
fieffera-
greffera-
biffera-
coiffera-
recoiffera-
décoiffera-
griffera-
s'agriffera-
ébouriffera-
suiffera-
étoffera-
chauffera-
échauffera-
réchauffera-
surchauffera-
bouffera-
pouffera-
étouffera-
truffera-
tarifera-
attifera-
malfera-
lofera-
parfera-
surfera-
satisfera-
pacagera-
saccagera-
encagera-
gagera-
dégagera-
engagera-
réengagera-
verbiagera-
treillagera-
grillagera-
soulagera-
ramagera-
imagera-
dédommagera-
endommagera-
hommagera-
nagera-
apanagera-
ménagera-
aménagera-
déménagera-
emménagera-
surnagera-
propagera-
ragera-
ombragera-
arréragera-
naufragera-
enragera-
fourragera-
affourragera-
outragera-
découragera-
encouragera-
ouvragera-
présagera-
dévisagera-
envisagera-
passagera-
étagera-
avantagera-
désavantagera-
partagera-
repartagera-
départagera-
copartagera-
quartagera-
ravagera-
voyagera-
siégera-
assiégera-
allégera-
arpégera-
abrégera-
agrégera-
désagrégera-
protégera-
rédigera-
neigera-
figera-
obligera-
s'entr'obligera-
désobligera-
affligera-
infligera-
négligera-
colligera-
fumigera-
érigera-
dirigera-
corrigera-
recorrigera-
transigera-
mitigera-
voltigera-
fustigera-
exigera-
vendangera-
changera-
rechangera-
échangera-
mélangera-
mangera-
romangera-
s'entre-mangera-
démangera-
rangera-
dérangera-
frangera-
engrangera-
arrangera-
essangera-
louangera-
vengera-
singera-
longera-
allongera
rallongera-
prolongera-
plongera-
replongera-
forlongera-
épongera-
rongera-
songera-
logera-
délogera-
abrogera-
subrogera-
dérogera-
prorogera-
s'arrogera-
interrogera-
chargera-
rechargera-
déchargera-
surchargera-
margera-
émargera-
hébergera-
se gobergera-
submergera-
émergera-
immergera-
aspergera-
détergera-
abstergera-
vergera-
divergera-
envergera-
convergera-
forgera-
reforgera-
gorgera-
regorgera-
égorgera-
dégorgera-
s'entr'égorgera-
engorgera-
désengorgera-
se rengorgera-
purgera-
expurgera-
s'insurgera-
jaugera-
pataugera-
jugera-
subjugera-
adjugera-
se déjugera-
méjugera-
préjugera-
bougera-
grugera-
égrugera-
cachera-
écachera-
hachera-
contre-hachera-
panachera-
empanachera-
harnachera-
déharnachera-
enharnachera-
crachera-
recrachera-
arrachera-
amourachera-
ensachera-
tachera-
détachera-
entachera-
attachera-
rattachera-
soutachera-
cravachera-

bâchera-
rabâchera-
fâchera-
défâchera-
gâchera-
lâchera-
relâchera-
mâchera-
remâchera-
tâchera-
léchera-
alléchera-
pourléchera-
méchera-
péchera-
repéchera-
ébréchera-
séchera-
asséchera-
desséchera-
bêchera-
pêchera-
dépêchera-
empêchera-
prêchera-
fichera-
affichera-
clichera-
nichera-
dénichera-
pleurnichera-
défrichera-
trichera-
entichera-
se déhanchera-
démanchera-
s'endimanchera-
emmanchera-
remmanchera-
désemmanchera-
épanchera-
branchera-
ébranchera-
embranchera-
tranchera-
retranchera-
étanchera-
revanchera-
penchera-
jonchera-
bronchera-
décochera-
ricochera-
encochera-
hochera-
piochera-
clochera-
effilochera-
guillochera-
pignochera-
pochera-
dépochera-
empochera-
rempochera-
brochera-
débrochera-
embrochera-
accrochera-
raccrochera-
décrochera-
reprochera-
approchera-
rapprochera-
bavochera-
marchera-
cherchera-
recherchera-
perchera-
écorchera-
torchera-
fourchera-
affourchera-
enfourchera-
ébauchera-
débauchera-
embauchera-
fauchera-
refauchera-
chevauchera-
bûchera-
débuchera-
trébuchera-
se rembuchera-
s'embuchera-
huchera-
juchera-
déjuchera-
peluchera-
éplucheras-
bouchera-
abouchera-
rebouchera-
débouchera-
embouchera-
couchera-
accouchera-
recouchera-
découchera-
douchera-
louchera-
mouchera-
remouchera-
émouchera-
escarmourchera-
effarouchera-
touchera-
retouchera-
ruchera-
paraphera-
triomphera-
apostrophera-
philosophera-
arrhera-
graciera-
disgraciera-
dépréciera-
appréciera-
préjudiciera-
bénéficiera-
officiera-
suppliciera-
justiciera-
viciera-
circonstanciera-
licenciera-
quintessenciera-
négociera-
associera-
désassociera-
remerciera-
sciera-
se souciera-
radiera-
irradiera-
dédiera-
congédiera-
remédiera-
intermédiera-
expédiera-
réexpédiera-
incendiera-
mendiera-
stipendiera-
amodiera-
psalmodiera-
parodiera-
répudiera-
étudiera-
planchéiera-
grasseiera-
langueiera-
se fiera-
rubéfiera-
défiera-
madéfiera-
se méfiera-
tuméfiera-
stupéfiera-
raréfiera-
torréfiera-
putréfiera-
liquéfiera-
barbifiera-
pacifiera-
spécifiera-
dulcifiera-
crucifiera-
édifiera-
réédifiera-
acidifiera-
solidifiera-
lapidifiera-
mondifiera-
codifiera-
modifiera-
déifiera-
gazéifiera-
palifiera-
salifiera-
qualifiera-
disqualifiera-
mollifiera-
amplifiera-
simplifiera-
ramifiera-
momifiera-
panifiera-
lénifiera-
magnifiera-
se lignifiera-
signifiera-
personnifiera-
bonifiera-
saponifiera-
se carnifiera-
unifiera-
scarifiera-
saccharifiera-
clarifiera-
lubrifiera-
sacrifiera-
vérifiera-
scorifiera-
glorifiera-
corporifiera-
terrifiera-
pétrifiera-
vitrifiera-
purifiera-
falsifiera-
versifiera-
diversifiera-
classifiera-
ossifiera-
béatifiera-
ratifiera-
gratifiera-
stratifiera-
rectifiera-
sanctifiera-
fructifiera-
acétifiera-
identifiera-
notifiera-
certifiera-
fortifiera-
mortifiera-
justifiera-
mystifiera-
vivifiera-
revivifiera-
solfiera-
confiera-
plagiera-
privilégiera-
élogiera-
se réfugiera-
télégraphiera-
calligraphiera-
lithographiera-
orthographiera-
sténographiera-
photographiera-
autographiera-
s'atrophiera-
hypertrophiera-
liera-
oubliera-
publiera-
republiera-
reliera-
déliera-
se domiciliera-
conciliera-
réconciliera-
affiliera-
humiliera-
résiliera-
alliera-
palliera-
ralliera-
se mésalliera-
enliera-
interfoliera-
exfoliera-
spoliera-
pliera-
repliera-
dépliera-
multipliera-
rempliera-
suppliera-
émiera-
niera-
maniera-
remaniera-
reniera-
déniera-
s'ingéniera-
calomniera-
communiera-
excommuniera-
aboiera-
giboiera-
flamboiera-
ondoiera-
verdoiera-
coudoiera-
soudoiera-
rudoiera-
choiera-
ploiera-
reploiera-
déploiera-
emploiera-
remploiera-
larmoiera-
atermoiera-
noiera-
bornoiera-
tournoiera-
broiera-
foudroiera-
poudroiera-
charroiera-
guerroiera-
corroiera-
octroiera-
fossoiera-
grossoiera-
chatoiera-
fêtoiera-
apitoiera-
jointoiera-
rejointoiera-
côtoiera-
festoiera-
nettoiera-
tutoiera-
dégravoiera-
dévoiera-
convoiera-
fourvoiera-
louvoiera-
épiera-
pépiera-
copiera-
recopiera-
estropiera
expiera-
cariera-
vicariera-
salariera-
mariera-
remariera-

démariera-
pariera-
dépariera-
appariera-
rappariera-
désappariera-
contrariera-
variera-
avariera-
criera-
décriera-
se récriera-
s'écriera-
excoriera-
piloriera-
coloriera-
armoriera-
inventoriera-
historiera-
priera-
dépriera-
appropriera-
se désappropriera-
expropriera-
charriera-
triera-
rapatriera-
expatriera-
striera-
injuriera-
rassasiera-
apostasiera-
s'extasiera-
châtiera-
initiera-
transsubstantiera-
différentiera-
amnistiera-
ennuiera-
désennuiera-
appuiera-
essuiera-
ressuiera-
déviera-
enviera-
renviera-
conviera-
asphyxiera-
polkera-
mazurkera-
cabalera-
brimbalera-
trimbalera-
calera-
écalera-
décalera-
intercalera-
pédalera-
affalera-
égalera-
régalera-
halera-
hâlera-
déhâlera-
inhalera-
exhalera-
signalera-
empalera-
râlera-

salera-
dessalera-
talera-
étalera-
détalera-
avalera-
ravalera-
chevalera-
dévalera-
câblera-
accablera-
hâblera
chablera-
endiablera-
jablera-
sablera-
ensablera-
désensablera-
tablera-
établera
s'attablera-
criblera-
amblera-
tremblera-
semblera-
assemblera-
rassemblera-
désassemblera-
ressemblera-
comblera-
meublera-
démeublera-
remeublera-
affublera-
doublera-
redoublera-
dédoublera-
rendoublera-
troublera-
bâclera-
débâclera-
renâclera-
raclera-
sarclera-
cerclera-
recerclera-
bouclera-
débouclera-
puddlera-
recélera-
hélera
révélera-
cèlera-
décèlera-
harcèlera-
modèlera-
gèlera-
regèlera-
dégèlera-
congèlera-
agnèlera-
pèlera-
bourrèlera-
démantèlera-
écartèlera-
martèlera-
s'encastèlera-
bêlera
fêlera-

mêlera-
remêlera-
s'entremêlera-
démêlera-
emmêlera-
grêlera-
engrêlera-
vêlera-
raflera-
éraflera-
sifflera-
soufflera-
essoufflera-
insufflera-
giflera-
reniflera-
écorniflera-
riflera-
persiflera-
enflera-
renflera-
désenflera-
gonflera-
regonflera-
dégonflera-
ronflera-
marouflera-
boursouflera-
emmitouflera-
réglera-
déréglera-
biglera-
étranglera-
sanglera-
dessanglera-
cinglera-
épinglera-
tringlera-
jonglera-
beuglera-
meuglera-
aveuglera-
désaveuglera-
jubilera-
filera-
défilera-
tréfilera-
affilera-
effilera-
enfilera-
renfilera-
désenfilera-
profilera-
parfilera-
faufilera-
éfaufilera-
annihilera-
assimilera-
s'étoilera-
entoilera-
rentoilera-
voilera-
dévoilera-
s'envoilera-
pilera-
épilera-
dépilera-
horripilera-
empilera-

compilera-
opilera-
désopilera-
ensilera-
ventilera-
mutilera-
huilera-
exilera-
ballera-
déballera-
emballera-
remballera-
désemballera-
dallera-
tallera-
installera-
réinstallera-
gabellera-
se rebellera-
libellera-
ficellera-
déficellera-
chancellera-
étincellera-
amoncellera-
parcellera-
morcellera-
ensorcellera-
désensorcellera-
scellera-
descellera-
contre-scellera-
excellera-
préexcellera-
cordellera-
flagellera-
emmiellera-
* niellera-
viellera-
dessemellera-
ressemellera-
se pommellera-
grommellera-
se grumellera-
s'engrumellera-
grenellera-
crénellera-
agnellera-
annellera-
cannellera-
tournellera-
chapellera-
épellera-
appellera-
réappellera-
rappellera-
s'entr'appellera-
interpellera-
coupellera-
querellera-
s'entre-querellera-
carrellera-
recarrellera-
décarrellera-
sellera-
cisellera-
oisellera-
dessellera-
ruissellera-

bossellera-
musellera-
démusellera-
batellera-
râtellera-
détellera-
enchantellera-
pantellera-
dentellera-
attellera-
réattellera-
brettellera-
bottellera-
ruellera-
javellera-
enjavellera-
tavellera-
déchevellera-
nivellera-
grivellera-
cuvellera-
renouvellera-
baillera-
bâillera-
entre-bâillera-
caillera-
écaillera-
médaillera-
marchandaillera-
godaillera-
intrigaillera-
piaillera-
criaillera-
maillera-
chamaillera-
émaillera-
rimaillera-
remmaillera-
encanaillera-
grenaillera-
tenaillera-
sonnaillera-
tournaillera-
quoaillera-
paillera-
dépaillera-
empaillera-
rempaillera-
raillera-
braillera-
se débraillera-
éraillera-
déraillera-
graillera-
tiraillera-
ferraillera-
hourraillera-
mitraillera-
cisaillera-
grisaillera-
gueusaillera-
taillera-
bataillera-
retaillera-
s'entre-taillera-
détaillera-
répétaillera-
brétaillera-
avitaillera

ravitaillera-
entaillera-
enfutaillera-
disputaillera-
fouaillera-
gouaillera-
jouaillera-
travaillera-
retravaillera-
écrivaillera-
babillera-
habillera-
rhabillera-
déshabillera-
gambillera-
dégobillera-
cillera-
vacillera-
sourcillera-
oscillera-
brandillera-
se fendillera-
pendillera-
godillera-
mordillera-
herbeillera-
ensoleillera-
sommeillera-
dépareillera-
appareillera-
rappareillera-
désappareillera-
conseillera-
déconseillera-
teillera-
cueillera-
accueillera-
recueillera-
veillera-
éveillera-
réveillera-
émerveillera-
surveillera-
fourmillera-
smillera-
échenillera-
cochenillera-
pillera-
grapillera-
estampillera-
éparpillera-
gaspillera-
houspillera-
roupillera-
toupillera-
étoupillera-
brillera-
grillera-
essorillera-
étrillera-
sillera-
nasillera-
brasillera-
brésillera-
grésillera-
s'égosillera-
boursillera-
dessillera-
roussillera-

fusillera-
bousillera-
pétillera-
frétillera-
vétillera-
titillera-
scintillera-
pointillera-
tortillera-
détortillera-
entortillera-
désentortillera-
embastillera-
encastillera-
distillera-
instillera-
apostillera-
émoustillera-
croustillera-
sautillera-
outillera-
feuillera-
défeuillera-
effeuillera-
aiguillera-
ouillera-
gribouillera-
barbouillera-
débarbouillera-
embarbouillera-
écarbouillera-
bredouillera-
débredouillera-
fouillera-
refouillera-
affouillera-
farfouillera-
gargouillera-
mouillera-
remouillera-
s'agenouillera-
pouillera-
épouillera-
dépouillera-
rouillera-
brouillera-
débrouillera-
embrouillera-
dérouillera-
grouillera-
enrouillera-
verrouillera-
déverrouillera-
* patrouillera-
souillera-
chatouillera-
gazouillera-
quillera-
se maquillera-
béquillera-
coquillera-
recoquillera-
écarquillera-
chevillera-
se recroquevillera-
collera-
recollera-
décollera-
encollera-

équipollera-
grisollera-
branlera-
ébranlera-
carambolera-
racolera-
caracolera-
accolera-
bricolera-
dolera-
gondolera-
flageolera-
affolera-
raffolera-
batifolera-
rigolera-
dégringolera-
bariolera-
cabriolera-
affriolera-
étiolera-
violera-
cajolera-
enjôlera-
immolera-
fignolera-
interpolera-
rôlera-
frôlera-
enrôlera-
trôlera-
contrôlera-
désolera-
isolera-
insolera-
consolera-
assolera-
* dessolera-
rissolera-
rafistolera-
* volera-
revolera-
s'envolera-
convolera-
triplera-
contemplera-
décuplera-
peuplera-
repeuplera-
dépeuplera-
nonuplera-
couplera-
accouplera-
désaccouplera-
découplera-
quadruplera-
octuplera-
centuplera-
quintuplera-
septuplera-
sextuplera-
parlera-
reparlera-
ne déparlera-
ferlera-
déferlera-
perlera-
hurlera-
ourlera-

gaulera-
chaulera-
échaulera-
miaulera-
piaulera-
épaulera-
confabulera-
démantibulera-
déambulera-
éjaculera-
maculera-
acculera-
reculera-
éculera-
spéculera-
immatriculera-
articulera-
désarticulera-
gesticulera-
calculera-
inoculera-
circulera-
basculera-
bousculera-
adulera-
acidulera-
ondulera-
modulera-
gueulera-
égueulera-
coagulera-
jugulera-
pullulera-
repullulera-
simulera-
dissimulera-
stimulera-
formulera-
cumulera-
accumulera-
granulera-
annulera-
saboulera-
éboulera-
blackboulera-
coulera-
écoulera-
roucoulera-
foulera-
refoulera-
débagoulera-
engoulera-
moulera-
démoulera-
se vermoulera-
surmoulera-
roulera-
croulera-
écroulera-
déroulera-
enroulera-
soûlera-
dessoûlera-
crapulera-
manipulera-
stipulera-
brûlera-
congratulera-
capitulera-

récapitulera-
intitulera-
postulera-
stylera-
damera-
dédamera-
affamera-
diffamera-
amalgamera-
blâmera-
acclamera-
déclamera-
réclamera-
proclamera-
s'exclamera-
pâmera-
ramera-
bramera-
tramera-
étamera-
rétamera-
entamera-
rentamera-
blasphémera-
crémera-
écrémera-
sèmera-
parsèmera-
sursèmera-
ressèmera-
se décarêmera-
rythmera-
aimera-
s'entr'aimera-
essaimera-
abîmera-
écimera-
décimera-
dîmera-
se rédimera-
limera-
sublimera-
s'élimera-
mimera-
animera-
ranimera-
envenimera-
rimera-
brimera-
escrimera-
périmera-
se grimera-
dirimera-
primera-
déprimera-
réprimera-
imprimera-
réimprimera-
comprimera-
opprimera-
supprimera-
exprimera-
arrimera-
trimera-
victimera-
légitimera-
intimera-
estimera-
mésestimera-

maximera-
calmera-
spalmera-
enflammera-
se renflammera-
gommera-
dégommera-
nommera-
renommera-
dénommera-
surnommera-
pommera-
sommera-
consommera-
assommera-
chômera-
armera-
se gendarmera-
charmera-
alarmera-
désarmera-
fermera-
refermera-
affermera-
sous-affermera-
enfermera-
renfermera-
germera-
affirmera-
infirmera-
confirmera-
formera-
reformera-
déformera-
réformera-
difformera-
informera-
conformera-
chloroformera-
transformera-
gourmera-
enthousiasmera-
embaumera-
chaumera-
déchaumera-
paumera-
empaumera-
écumera-
fumera-
enfumera-
parfumera-
humera-
inhumera-
enrhumera-
désenrhumera-
transhumera-
exhumera-
allumera-
rallumera-
plumera-
déplumera-
emplumera-
se remplumera-
embrumera-
résumera-
présumera
consumera-
assumera-
costumera-

apostumera-
accoutumera-
réaccoutumera-
se raccoutumera-
désaccoutumera-
cabanera-
haubanera-
rubanera-
chicanera-
ricanera-
cancanera-
boucanera-
fanera-
effanera-
profanera-
ahanera-
flânera-
glanera-
planera-
aplanera-
émanera-
panera-
trépanera-
safranera-
basanera-
charlatanera-
se pavanera-
ébénera-
morigénera-
oxygénera-
désoxygénera-
aliénera-
abaliénera-
carénera-
crénera-
rassérénera-
refrénera-
rengrénera-
affènera-
halènera-
mènera-
amènera-
ramènera-
remènera-
se démènera-
malmènera-
remmènera-
promènera-
surmènera-
enchifrènera-
grènera-
égrènera-
gangrènera-
engrènera-
désengrènera-
assènera-
gênera-
gagnera-
regagnera-
accompagnera-
régnera-
imprégnera-
baignera-
daignera-
dédaignera-
aplaignera-
saignera-
ressaignera-
indignera-

engeignera-
peignera-
enseignera-
renseignera-
rechignera-
alignera-
clignera-
enlignera-
interlignera-
forlignera-
soulignera-
éloignera-
témoignera-
empoignera-
soignera-
trépignera-
signera-
contresignera-
désignera-
résignera-
consignera-
assignera-
réassignera-
égratignera-
guignera-
barguignera-
provignera-
cognera-
recognera-
rencognera-
hognera-
rognera-
se refrognera-
se renfrognera-
grognera-
ivrognera-
besognera-
épargnera-
éborgnera-
lorgnera-
répugnera-
dégainera-
engainera-
rengainera-
chaînera-
déchaînera-
enchaînera-
renchaînera-
désenchaînera-
lainera-
drainera-
égrainera-
traînera-
entraînera-
rentraînera-
binera-
carabinera-
rebinera-
lambinera-
combinera-
bobinera-
racinera-
déracinera-
enracinera-
vaccinera-
revaccinera-
médecinera-
vaticinera-
calcinera-

ratiocinera-
fascinera-
hallucinera-
dînera-
badinera-
dandinera-
rondinera-
se dodinera-
jardinera-
peinera-
chanfreinera-
veinera-
affinera-
raffinera-
confinera-
imaginera-
paginera-
marginera-
ruginera-
chinera-
machinera-
échinera-
câlinera-
prâlinera-
déclinera-
inclinera-
dodelinera-
patelinera-
zinzolinera-
disciplinera-
boulinera-
moulinera-
poulinera-
minera-
gaminera-
laminera-
contaminera-
examinera-
cheminera-
acheminera-
contre-minera-
efféminera-
disséminera-
éliminera-
récriminera-
incriminera-
culminera-
fulminera-
abominera-
dominera-
prédominera-
terminera-
déterminera-
prédéterminera-
exterminera-
illuminera-
enluminera-
ruminera-
bituminera-
rapinera-
opinera-
préopinera-
chopinera-
clopinera-
turlupinera-
enfarinera-
marinera-
amarinera-
serinera-

entérinera-
chagrinera-
endoctrinera-
urinera-
burinera-
tambourinera-
emmagasinera-
lésinera-
ensaisinera-
voisinera-
avoisinera-
cuisinera-
organsinera-
bassinera-
assassinera-
dessinera-
houssinera-
ébousinera-
cousinera-
patinera-
ratinera-
gratinera-
se ratatinera-
satinera-
piétinera-
cabotinera-
guillotinera-
libertinera-
s'obstinera-
destinera-
prédestinera-
festinera-
trottinera-
butinera-
lutinera-
agglutinera-
conglutinera-
se mutinera-
embéguinera-
embabouinera-
fouinera-
baragouinera-
taquinera-
emmanequinera-
acoquinera-
maroquinera-
damasquinera-
bouquinera-
ruinera-
bruinera-
vinera-
avinera-
ravinera-
devinera-
alevinera-
damnera-
dédamnera-
condamnera-
bannera-
enrubannera-
empannera-
tannera-
chouannera-
rouannera-
vannera-
empennera-
étrennera-
moyennera-
abonnera-

charbonnera-
braconnera-
gasconnera-
maçonnera-
estramaçonnera-
caparaçonnera-
rançonnera-
étançonnera-
poinçonnera-
tronçonnera-
étronçonnera-
soupçonnera-
désarçonnera-
façonnera-
donnera-
s'adonnera-
espadonnera-
redonnera-
fredonnera-
s'entre-donnera-
amidonnera-
abandonnera-
brandonnera-
bondonnera-
débondonnera-
échardonnera-
lardonnera-
pardonnera-
guerdonnera-
ordonnera-
subordonnera-
cordonnera-
coordonnera-
bourdonnera-
drageonnera-
badigeonnera-
bourgeonnera-
ébourgeonnera-
plafonnera-
chiffonnera-
griffonnera-
bouffonnera-
parangonnera-
fourgonnera-
bougonnera-
mâchonnera-
bichonnera-
folichonnera-
cochonnera-
torchonnera-
bouchonnera-
s'encapuchonnera-
gabionnera-
camionnera-
pionnera-
espionnera-
occasionnera-
approvisionnera-
émulsionnera-
pensionnera-
passionnera-
impressionnera-
démissionnera-
commissionnera-
permissionnera-
soumissionnera-
fusionnera-
illusionnera-
désillusionnera-

contusionnera-
collationnera-
rationnera-
stationnera-
actionnera-
fractionnera-
affectionnera-
désaffectionnera-
confectionnera-
perfectionnera-
collectionnera-
sectionnera-
frictionnera-
sanctionnera-
fonctionnera-
se concrétionnera-
ambitionnera-
additionnera-
conditionnera-
munitionnera-
amunitionnera-
perquisitionnera-
pétitionnera-
mentionnera-
subventionnera-
émotionnera-
proportionnera-
disproportionnera-
bastionnera-
congestionnera-
questionnera-
cautionnera-
se précautionnera-
révolutionnera-
mixtionnera-
galonnera-
jalonnera-
talonnera-
étalonnera-
sablonnera-
houblonnera-
échelonnera-
pilonnera-
ballonnera-
bâillonnera-
graillonnera-
tourbillonnera-
réveillonnera-
vermillonnera-
papillonnera-
carillonnera-
sillonnera-
nasillonnera-
étrésillonnera-
tâtillonnera-
échantillonnera-
aiguillonnera-
bouillonnera-
brouillonnera-
égravillonnera-
écouvillonnera-
boulonnera-
marmonnera-
sermonnera-
ânonnera-
canonnera-
déguignonnera-
maquignonnera-
rognonnera-

caponnera-
friponnera-
lantiponnera-
cramponnera-
tamponnera-
pomponnera-
harponnera-
maronnera-
escadronnera-
godronnera-
goudronnera-
quarderonnera-
chaperonnera-
déchaperonnera-
enchaperonnera-
éperonnera-
environnera-
marronnera-
patronnera-
plastronnera-
couronnera-
découronnera-
sonnera-
blasonnera-
résonnera-
liaisonnera-
raisonnera-
déraisonnera-
assaisonnera-
désassaisonnera-
foisonnera-
cloisonnera-
empoisonnera-
grisonnera-
emprisonnera-
désemprisonnera-
tisonnera-
chansonnera-
polissonnera-
moissonnera-
empoissonnera-
rempoissonnera-
frissonnera-
écussonnera-
tonnera-
bâtonnera-
tâtonnera-
guculetonnera-
étonnera-
bétonnera-
détonnera-
mitonnera-
capitonnera-
cantonnera-
chantonnera-
entonnera-
se cotonnera
peletonnera-
cartonnera-
festonnera-
testonnera-
boutonnera-
reboutonnera-
déboutonnera-
moutonnera-
savonnera-
rayonnera-
crayonnera-
gazonnera-

regazonnera-
téléphonera-
ramonera-
époumonera-
prônera-
trônera-
détrônera-
dissonera-
s'incarnera-
acharnera-
écharnera-
décharnera-
marnera-
bernera-
hibernera-
cernera-
décernera-
concernera-
discernera-
modernera-
casernera-
alternera-
lanternera-
internera-
consternera-
se prosternera-
hivernera-
balivernera-
gouvernera-
ornera-
bornera-
abornera-
subornera-
cornera-
écornera-
décornera-
flagornera-
défournera-
enfournera-
ajournera-
réajournera-
séjournera-
tournera-
atournera-
retournera-
détournera-
chantournera-
contournera-
bistournera-
aunera-
saunera-
jeûnera-
déjeunera-
alunera-
falunera-
importunera-
décapera-
enchapera-
lapera-
rapera-
drapera-
érapera-
étrapera-
attrapera-
rattrapera-
sapera-
tapera-
retapera-
recepera-

crêpera-
anticipera-
participera-
émancipera-
excipera-
chipera-
pipera-
ripera-
fripera-
étripera-
dissipera-
constipera-
équipera-
scalpera-
palpera-
inculpera-
disculpera-
pulpera-
campera-
décampera-
lampera-
rampera-
étampera-
estampera-
trempera-
retrempera-
détrempera-
grimpera-
pompera-
trompera-
détrompera-
estompera-
syncopera-
télescopera-
galopera-
éclopera-
topera-
happera-
échappera-
réchappera-
jappera-
clappera-
frappera-
refrappera-
s'entre-frappera-
égrappera-
nippera-
grippera-
agrippera-
choppera-
achoppera-
échoppera-
développera-
enveloppera-
renveloppera-
stoppera-
houppera-
escarpera-
harpera-
écharpera-
extirpera-
usurpera-
jaspera-
crispera-
occupera-
réoccupera-
préoccupera-
dupera-
coupera-

recoupera-
entrecoupera-
découpera-
surcoupera-
houpera-
groupera-
agroupera-
attroupera-
soupera-
étoupera-
stéréotypera-
effarera-
garera-
égarera-
déclarera-
parera-
accaparera-
déparera-
réparera-
préparera-
séparera-
se remparera-
s'emparera-
désemparera-
comparera-
tarera-
se cabrera-
délabrera-
sabrera-
célébrera-
zébrera-
calibrera-
équilibrera-
vibrera-
ambrera-
cambrera-
chambrera-
démembrera-
timbrera-
ombrera-
obombrera-
décombrera-
encombrera-
désencombrera-
nombrera-
dénombrera-
sombrera-
marbrera-
élucubrera-
nacrera-
sacrera-
consacrera-
massacrera-
exécrera-
ancrera-
échancrera-
désancrera-
encrera-
sucrera-
cadrera-
encadrera-
calandrera-
engendrera-
cylindrera-
effondrera-
poudrera-
dépoudrera-
saupoudrera-
aérera-

libérera-
délibérera-
obérera-
réverbérera-
exubérera-
acérera-
lacérera-
dilacérera-
macérera-
ulcérera-
exulcérera-
incarcérera-
fédérera-
confédérera-
considérera-
déconsidérera-
pondérera-
modérera-
déférera-
référera-
préférera-
différera-
vociférera-
légiférera-
inférera-
conférera-
proférera-
transférera-
gérera-
exagérera-
suggérera-
digérera-
ingérera-
jachérera-
adhérera-
aciérera-
arriérera-
accélérera-
tolérera-
agglomérera-
conglomérera-
énumérera-
régénérera-
vénérera-
incinérera-
exonérera-
rémunérera-
repérera-
tempérera-
obtempérera-
opérera-
coopérera-
exaspérera-
espérera-
désespérera-
prospérera-
se récupérera-
vitupérera-
insérera-
déblatérera-
s'invétérera-
réitérera-
oblitérera-
altérera-
désaltérera-
adultérera-
avérera-
révérera-
persévérera-

bafrera-
balafrera-
chiffrera-
déchiffrera-
empiffrera-
coffrera-
encoffrera-
engouffrera-
goinfrera-
gaufrera-
soufrera-
ensoufrera-
intégrera-
réintégrera-
vinaigrera-
émigrera-
immigrera-
transmigrera-
dénigrera-
camphrera-
airera-
éclairera-
flairera-
cirera-
adirera-
déchirera-
s'entre-déchirera-
délirera-
mirera-
admirera-
s'entre-admirera-
foirera-
moirera-
empirera-
aspirera-
respirera-
transpirera-
inspirera-
conspirera-
soupirera-
expirera-
désirera-
tirera-
retirera-
contre-tirera-
étirera-
détirera-
attirera-
soutirera-
virera-
chavirera-
revirera-
élaborera-
collaborera-
corroborera-
arborera-
décorera-
picorera-
édulcorera-
dorera-
adorera-
redorera-
dédorera-
odorera-
subodorera-
surdorera-
forera-
perforera-
améliorera-

détériorera-
majorera-
déflorera-
colorera-
décolorera-
déplorera-
implorera-
explorera-
remémorera-
commémorera-
ignorera-
honorera-
déshonorera-
évaporera-
incorporera-
réincorporera-
désincorporera-
essorera-
pérorera-
expectorera-
dévorera-
s'entre-dévorera-
diaprera-
épamprera-
empourprera-
barrera-
billebarrera-
débarrera-
rembarrera-
carrera-
contrecarrera-
bigarrera-
amarrera-
chamarrera-
démarrera-
narrera-
errera-
ferrera-
referrera-
déferrera-
enferrera-
épierrera-
empierrera-
serrera-
enserrera-
desserrera-
resserrera-
terrera-
déterrera-
enterrera-
atterrera-
abhorrera-
beurrera-
leurrera-
bourrera-
débourrera-
embourrera-
rembourrera-
fourrera-
s'opiniâtrera-
idolâtrera-
folâtrera-
plâtrera-
replâtrera-
métrera-
kilométrera-
pénétrera-
impétrera-
perpétrera-

dépêtrera-
salpêtrera-
empêtrera-
guêtrera-
enchevêtrera-
arbitrera-
récalcitrera-
cloîtrera-
chapitrera-
titrera-
vitrera-
filtrera-
s'infiltrera-
entrera-
concentrera-
rentrera-
éventrera-
cintrera-
décintrera-
rencontrera-
montrera-
remontrera-
démontrera-
cadastrera-
encastrera-
orchestrera-
séquestrera-
bistrera-
registrera-
enregistrera-
administrera-
lustrera-
délustrera-
illustrera-
frustrera-
se vautrera-
foutrera-
calfeutrera-
outrera-
accoutrera-
raccoutrera-
saurera-
restaurera-
instaurera-
curera-
écurera-
récurera-
procurera-
durera-
endurera-
fleurera-
affleurera-
effleurera-
pleurera-
demeurera-
écœurera-
figurera-
défigurera-
configurera-
transfigurera-
augurera-
inaugurera-
mâchurera-
jurera-
abjurera-
conjurera-
se parjurera-
murera-
armurera-

contre-murera-
claquemurera-
démurera-
murmurera-
labourera-
gourera-
s'énamourera-
entourera-
savourera-
apurera-
épurera-
dépurera-
suppurera-
mesurera-
remesurera-
censurera-
tonsurera-
assurera-
rassurera-
pressurera-
courbaturera-
caricaturera-
dénaturera-
pâturera-
raturera-
saturera-
facturera-
manufacturera-
fracturera-
conjecturera-
voiturera-
triturera-
aventurera-
peinturera-
clôturera-
capturera-
torturera-
bouturera-
couturera-
azurera-
navrera-
sevrera-
enfiévrera-
livrera-
délivrera-
enivrera-
désenivrera-
poivrera-
cuivrera-
manœuvrera-
désœuvrera-
ouvrera-
recouvrera-
sera-
basera-
casera-
jasera-
blasera-
rasera-
arasera-
brasera-
ébrasera-
embrasera-
écrasera-
phrasera-
paraphrasera-
périphrasera-
s'extravasera-
évasera-

transvasera-
diésera-
lésera-
alésera-
blésera-
pèsera-
empèsera-
désempèsera-
soupèsera-
baisera-
s'entre-baisera-
biaisera-
niaisera-
déniaisera-
falaisera-
glaisera-
anglaisera-
apaisera-
braisera-
fraisera-
graisera-
mortaisera-
emmortaisera-
judaïsera-
hébraïsera-
prosaïsera-
bisera-
tabisera-
grécisera-
précisera-
laïcisera-
francisera-
incisera-
exorcisera-
excisera-
catéchisera-
sympathisera-
balisera-
verbalisera-
alcalisera-
localisera-
vocalisera-
scandalisera-
idéalisera-
réalisera-
égalisera-
légalisera-
spécialisera-
matérialisera-
immatérialisera-
trivialisera-
animalisera-
se formalisera-
canalisera-
criminalisera-
nationalisera-
dénationalisera-
se coalisera-
fédéralisera-
généralisera-
minéralisera-
moralisera-
démoralisera-
centralisera-
décentralisera-
neutralisera-
pluralisera-
naturalisera-
nasalisera-

capitalisera-
totalisera-
brutalisera-
actualisera-
dévalisera-
rivalisera-
fleurdelisera-
évangélisera-
caramélisera-
mobilisera-
immobilisera-
stérilisera-
volatilisera-
subtilisera-
fertilisera-
utilisera-
tranquillisera-
métallisera-
cristallisera-
symbolisera-
bémolisera-
nolisera-
alcoolisera-
monopolisera-
ridiculisera-
macadamisera-
tamisera-
remisera-
économisera-
anatomisera-
phlébotomisera-
uniformisera-
chloroformisera-
anisera-
mécanisera-
vulcanisera-
organisera-
réorganisera-
désorganisera-
italianisera-
christianisera-
germanisera-
humanisera-
tympanisera-
botanisera-
galvanisera-
féminisera-
latinisera-
crétinisera-
divinisera-
indemnisera-
tyrannisera-
solennisera-
carbonisera-
préconisera-
adonisera-
agonisera-
colonisera-
s'harmonisera-
canonisera-
impatronisera-
intronisera-
platonisera-
modernisera-
fraternisera-
éternisera-
subalternisera-
boisera-
reboisera-

déboisera-
framboisera-
dégoisera-
moisera-
chamoisera-
croisera-
s'entre-croisera-
décroisera-
toisera-
patoisera-
pavoisera-
apprivoisera-
solidarisera-
pindarisera-
vulgarisera-
se gargarisera-
familiarisera-
polarisera-
sécularisera-
régularisera-
se singularisera-
popularisera-
militarisera-
charivarisera-
brisera-
éthérisera-
caractérisera-
cautérisera-
pulvérisera-
frisera-
refrisera-
défrisera-
grisera-
égrisera-
dégrisera-
s'irisera-
satirisera-
herborisera-
météorisera-
allégorisera-
vaporisera-
temporisera-
terrorisera-
autorisera-
favorisera-
prisera-
reprisera-
déprisera-
méprisera-
cicatrisera-
électrisera-
symétrisera-
maîtrisera-
thésaurisera-
monseigneurisera-
porphyrisera-
martyrisera-
médiatisera-
dramatisera-
systématisera-
stigmatisera-
dogmatisera-
aromatisera-
achromatisera-
fanatisera-
démocratisera-
pactisera-
prophétisera-

synthétisera-
émétisera-
magnétisera-
démonétisera-
poétisera-
pédantisera-
galantisera-
cotisera-
baptisera-
rebaptisera-
débaptisera-
expertisera-
courtisera-
attisera-
aiguisera-
déguisera-
menuisera-
amenuisera-
puisera-
épuisera-
visera-
avisera-
slavisera-
se ravisera-
dévisera-
revisera-
divisera-
subdivisera-
improvisera-
valsera-
compulsera-
expulsera-
dansera-
pansera-
acensera-
accensera-
recensera-
encensera-
condensera-
offensera-
pensera-
repensera-
dépensera-
compensera-
récompensera-
dispensera-
osera-
dosera-
métamorphosera-
glosera
ankylosera-
s'anastomosera-
ecchymosera-
posera-
juxtaposera-
reposera-
entreposera-
déposera-
préposera-
imposera-
composera-
recomposera-
décomposera-
proposera-
apposera-
réapposera-
opposera-
supposera-
présupposera-

superposera-
interposera-
disposera-
prédisposera-
indisposera-
transposera-
exposera-
nécrosera-
couperosera-
arrosera-
éclipsera-
hersera-
dispersera-
tersera-
retersera-
versera-
traversera-
retraversera-
bouleversera-
reversera-
déversera-
tergiversera-
malversera-
renversera-
conversera-
controversera-
déboursera-
emboursera-
remboursera-
cassera-
jacassera-
fracassera-
tracassera-
recassera-
fricassera-
concassera-
avocassera-
chassera-
rechassera-
enchâssera-
pourchassera-
lassera-
échalassera-
classera-
déclassera-
matelassera-
délassera-
se prélassera-
brouillassera-
massera-
amassera-
damassera-
ramassera-
cadenassera-
traînassera-
finassera-
coassera-
croassera-
passera-
estrapassera-
repassera-
contrepassera-
outrepassera-
dépassera-
trépassera-
compassera-
surpassera-
harassera-
brassera-
embrassera-
crassera-
décrassera-
encrassera-
paperassera-
tirassera-
cuirassera-
s'encuirassera-
débarrassera-
embarrassera-
terrassera-
sassera-
ressassera-
tassera-
rapetassera-
entassera-
crevassera-
rêvassera-
cessera-
fessera-
confessera-
professera-
blessera-
caressera-
paressera-
dressera-
adressera-
redressera-
intéressera-
désintéressera-
progressera-
transgressera-
pressera-
s'empressera-
oppressera-
tressera-
vessera-
baissera-
abaissera-
rabaissera-
rebaissera-
décaissera-
encaissera-
rencaissera-
affaissera-
laissera-
délaissera-
graissera-
dégraissera-
engraissera-
rengraissera-
bissera-
mégissera-
hissera-
lissera-
palissera-
dépalissera-
éclissera-
glissera-
treillissera-
plissera-
replissera-
déplissera-
vernissera-
poissera-
empoissera-
froissera-
pissera-
tapissera-
épissera-
lambrissera-
crissera-
se hérissera-
tissera-
pâtissera-
ratissera-
apetissera-
rapetissera-
détissera-
écuissera-
esquissera-
vissera-
dévissera-
embossera-
cossera-
écossera-
adossera-
endossera-
rossera-
brossera-
crossera-
désossera-
faussera-
se défaussera-
se gaussera-
haussera-
chaussera-
rechaussera-
déchaussera-
enchaussera-
rehaussera-
surhaussera-
exhaussera-
se mussera-
éclaboussera-
houssera-
glousséra-
moussera-
* émoussera-
se trémoussera-
poussera-
repoussera-
rebroussera-
troussera-
retroussera-
détroussera-
toussera-
usera-
causera-
pausera-
abusera-
désabusera-
arquebusera-
accusera-
récusera-
excusera-
gracieusera-
creusera-
recreusera-
gueusera-
fusera-
refusera-
infusera-
transfusera-
musera-
amusera-
jalousera-
blousera-
épousera-
ventousera-
rusera-
décrusera-
mesurera-
dépaysera-
analysera-
paralysera-
bâtera-
débâtera-
embâtera-
datera-
antidatera-
mandatera-
postdatera-
calfatera-
gâtera-
hâtera-
éclatera-
relatera-
frelatera-
dilatera-
translatera-
matera-
mâtera-
démâtera-
acclimatera-
déclimatera-
colmatera-
épatera-
empâtera-
appâtera-
ratera-
ératera-
dératera-
piratera-
tâtera-
retâtera-
constatera-
ouatera-
cravatera-
réfractera-
détractera-
rétractera-
contractera-
affectera-
infectera-
désinfectera-
objectera-
injectera-
délectera-
humectera-
respectera-
inspectera-
suspectera-
dictera-
édictera-
hébétera-
végétera-
piétera-
empiétera-
inquiétera-
reflétera-
complétera-
décomplétera-
admonétera-
pétera-
répétera-
compétera-
appétera-
barétera-
sécrétera-
décrétera-
concrétera-
frétera-
affrétera-
interprétera-
mésinterprétera-
achètera-
rachètera-
crochètera-
filètera-
décollètera-
époussètera-
becquètera-
ou béquètera-
étiquètera-
brevètera-
embêtera-
fêtera-
tempêtera-
écrêtera-
prêtera-
apprêtera-
arrêtera-
têtera-
étêtera-
entêtera-
quêtera-
acquêtera-
requêtera-
s'enquêtera-
doigtera-
affaitera-
enfaîtera-
renfaîtera-
souhaitera-
allaitera-
traitera-
retraitera-
maltraitera-
sous-traitera-
habitera-
cohabitera-
débitera-
citera-
récitera-
licitera-
félicitera-
sollicitera-
incitera-
suscitera-
ressuscitera-
excitera-
surexcitera-
éditera-
rééditera-
méditera-
préméditera-
créditera-
accréditera-
décréditera-
discréditera-
commanditera-
profitera-
gîtera-
agitera-
ingurgitera-

alitera-
périclitera-
délitera-
habilitera-
réhabilitera-
débilitera-
facilitera-
militera-
imitera-
limitera-
délimitera-
boitera-
déboîtera-
emboîtera-
remboîtera-
exploitera-
miroitera-
convoitera-
décapitera-
dépitera-
crépitera-
décrépitera-
précipitera-
palpitera-
abritera-
héritera-
cohéritera-
déshéritera-
méritera-
déméritera-
effritera-
irritera-
hésitera-
visitera-
transitera-
nécessitera-
s'aquitera-
ébruitera-
effruitera-
gravitera-
évitera-
invitera-
réinvitera-
désinvitera-
exaltera-
veltera-
récoltera-
voltera-
révoltera-
auscultera-
résultera-
insultera-
consultera-
exultera-
décantera-
brocantera-
fainéantera-
enfantera-
gantera-
dégantera-
hantera-
chantera-
rechantera-
déchantera-
enchantera-
désenchantera-
ensanglantera-
brillantera-
plantera-

replantera-
déplantera-
implantera-
supplantera-
transplantera-
diamantera-
aimantera-
plaisantera-
vantera-
épouvantera-
soixantera-
entera-
innocentera-
édentera-
accidentera-
incidentera-
endentera-
régentera-
diligentera-
argentera-
désargentera-
fientera-
orientera-
désorientera-
patientera-
impatientera-
violentera-
médicamentera-
se lamentera-
réglementera-
parlementera-
ornementera-
passementera-
cémentera-
agrémentera-
fragmentera-
augmentera-
cimentera-
enrégimentera-
alimentera-
complimentera-
expérimentera-
commentera-
fomentera-
fermentera-
assermentera-
tourmentera-
argumentera-
instrumentera-
arpentera-
charpentera-
serpentera-
rentera-
apparentera-
arrentera-
s'absentera-
présentera-
représentera-
tentera-
patentera-
intentera-
contentera-
mécontentera-
sustentera-
attentera-
fréquentera-
ventera-
éventera-
inventera-

éreintera-
teintera-
s'accointera-
ajointera-
pointera-
contre-pointera-
épointera-
appointera-
désappointera-
pintera-
tintera-
suintera-
contera-
racontera-
montera-
remontera-
démontera-
surmontera-
pontera-
affrontera-
confrontera-
empruntera-
ôtera-
cabotera-
jabotera-
rabotera-
sabotera-
ribotera-
barbotera-
cotera-
accotera-
chicotera-
délicotera-
picotera-
fricotera-
tricotera-
asticotera-
suçotera-
dotera-
radotera-
fagotera-
dégotera-
gigotera-
ravigotera-
argotera-
gargotera-
ergotera-
cahotera-
crachotera-
chuchotera-
agiotera-
foliotera-
riotera-
mijotera-
tremblotera-
pelotera-
amatelotera-
sanglotera-
glouglotera-
pilotera-
démaillotera-
emmaillotera-
remmaillotera-
papillotera-
complotera-
dorlotera-
escamotera-
notera-
canotera-

dénotera-
clignotera-
mignotera-
grignotera-
annotera-
clapotera-
tapotera-
dépotera-
chipotera-
galipotera-
tripotera-
empotera-
rempotera-
rotera-
numérotera-
sirotera-
chevrotera-
baisotera-
assotera-
rassotera-
pissotera-
votera-
pivotera-
vivotera-
buvotera-
captera-
adaptera-
acceptera-
interceptera-
exceptera-
sculptera-
exemptera-
comptera-
recomptera-
décomptera-
mécomptera-
escomptera-
domptera-
optera-
adoptera-
écartera-
encartera-
essartera-
concertera-
déconcertera-
désertera-
dissertera-
flirtera-
escortera-
confortera-
déconfortera-
réconfortera-
exhortera-
portera-
reportera-
déportera-
colportera-
emportera-
remportera-
importera-
réimportera-
comportera-
apportera-
rapportera-
supportera-
transportera-
exportera-
réexportera-
avortera-

heurtera-
s'aheurtera-
écourtera-
toastera-
contrastera-
dévastera-
estera-
manifestera-
infestera-
lestera-
délestera-
molestera-
admonestera-
pestera-
empestera-
restera-
testera-
détestera-
contestera-
protestera-
attestera-
zestera-
dépistera-
contristera-
attristera-
subsistera-
se désistera-
résistera-
insistera-
consistera-
persistera-
assistera-
existera-
préexistera-
coexistera-
accostera-
postera-
apostera-
dépostera-
ripostera-
tostera-
tarabustera-
flibustera-
dégustera-
ajustera-
rajustera-
désajustera-
incrustera-
s'enkystera-
chattera-
lattera-
délattera-
flattera-
nattera-
dénattera-
barattera-
grattera-
regrattera-
gobettera-
facettera-
rapiécettera-
endettera-
se rendettera-
vergettera-
cachettera-
recachettera-
décachettera-
tachettera-
pochettera-

mouchettera-
démouchettera-
émiettera-
jettera-
rejettera-
se déjettera-
projettera-
interjettera-
forjettera-
surjettera-
halettera-
valettera-
soufflettera-
caillettera-
feuillettera-
refeuilletera-
collettera-
volettera-
guillemettera-
rénettera-
trompettera-
frettera-
regrettera-
furettera-
guettera-
muguettera-
fouettera-
brouettera-
pirouettera-
caquettera-
claquettera-
paquettera-
dépaquettera-
empaquettera-
craquettera-
déchiquettera-
cliquettera-
encliquettera-
briquettera-
banquettera-
coquettera-
marquettera-
parquettera-
savettera-
louvettera-
quittera-
acquittera-
se racquittera-
bottera-
caillebottera-
se rebottera-
débottera-
marcottera-
ligottera-
gringottera-
calottera-
décalottera-
gobelottera-
grelottera-
flottera-
ballottera-
culottera-
déculottera-
émottera-
marmottera-
emmenottera-
carottera-
crottera-
décrottera-

frottera-
garrottera-
trottera-
frisottera-
chênevottera-
buttera-
se huttera-
luttera-
gouttera-
égouttera-
dégouttera-
panneautera-
biseautera-
sautera-
ressautera-
tuyautera-
butera-
rebutera-
débutera-
culbutera-
persécutera-
exécutera-
charcutera-
percutera-
répercutera-
discutera-
ameutera-
queutera-
réfutera-
affûtera-
chutera-
verjutera-
lutera-
talutera-
blutera-
délutera-
flûtera-
permutera-
minutera-
aoûtera-
boutera-
aboutera-
reboutera-
contre-boutera-
déboutera-
coûtera-
écoutera
doutera-
redoutera-
goûtera-
ragoûtera-
dégoûtera-
caoutchoutera-
joutera-
ajoutera-
rajoutera-
surajoutera-
cloutera-
veloutera-
glougloutera-
filoutera-
cailloutera-
broutera-
écroûtera-
encroûtera-
déroutera-
voûtera-
envoûtera-
députera-

réputera-
amputera-
imputera-
supputera-
disputera-
recrutera-
scrutera-
prétextera-
rétribuera-
contribuera-
distribuera-
attribuera-
écobuera-
évacuera-
graduera-
baguera-
daguera-
blaguera-
élaguera-
draguera-
vaguera-
extravaguera-
divaguera-
léguera-
déléguera-
subdéléguera-
reléguera-
préléguera-
alléguera-
endiguera-
prodiguera-
liguera-
briguera-
irriguera-
intriguera-
fatiguera-
instiguera-
naviguera-
promulguera-
divulguera-
écanguera-
haranguera-
tanguera-
ralinguera-
étalinguera-
seringuera-
fringuera-
bastinguera-
distinguera-
zinguera-
dialoguera-
cataloguera-
droguera-
voguera-
arguera-
carguera-
rédarguera-
larguera-
alarguera-
narguera-
se targuera-
enverguera-
morguera-
subjuguera-
conjuguera-
huera-
saluera-
évaluera-
abluera-

fluera-
refluera-
affluera-
influera-
confluera-
gluera-
dégluera-
engluera-
diluera-
polluera-
évoluera-
muera-
remuera-
commuera-
transmuera-
nuera-
dénuera-
atténuera-
exténuera-
diminuera-
insinuera-
continuera-
discontinuera-
éternuera-
embouera-
accouera-
secouera-
racouera-
douera-
amadouera-
bafouera-
engouera-
houera-
échouera-
déchouera-
jouera-
rejouera-
déjouera-
louera-
clouera-
reclouera-
déclouera-
enclouera-
désenclouera-
relouera-
flouera-
afflouera-
renflouera-
allouera-
sous-louera-
nouera-
renouera-
énouera-
dénouera-
rouera-
rabrouera-
ébrouera-
écrouera-
frouera-
enrouera-
désenrouera-
trouera-
touera-
tatouera-
vouera-
avouera-
désavouera-
dévouera-
puera-

conspuera-
caquera-
encaquera-
claquera-
flaquera-
plaquera-
s'estomaquera-
baraquera-
braquera-
craquera-
traquera-
détraquera-
taquera-
attaquera-
bivouaquera-
vaquera-
macquera-
pacquera-
abecquera-
embecquera-
abéquera-
se rebéquera-
déféquera-
hypothéquera-
réséquera-
disséquera-
alambiquera-
abdiquera-
revendiquera-
indiquera-
trafiquera-
chiquera-
obliquera-
répliquera-
impliquera-
compliquera-
appliquera-
expliquera-
forniquera-
communiquera-
piquera-
repiquera-
dépiquera-
prévariquera-
fabriquera-
étriquera-
musiquera-
métaphysiquera-
tiquera-
pratiquera-
politiquera-
critiquera-
authentiquera-
décortiquera-
excortiquera-
astiquera-
mastiquera-
domestiquera-
sophistiquera-
diagnostiquera-
pronostiquera-
encaustiquera-
rustiquera-
calquera-
contre-calquera-
décalquera-
défalquera-
inculquera-
débanquera-

flanquera-
efflanquera-
manquera-
trinquera-
se requinquera-
tronquera-
s'emberlucoquera-
suffoquera-
choquera-
bloquera-
débloquera-
effiloquera-
colloquera-
ploquera-
interloquera-
disloquera-
se moquera-
roquera-
croquera-
escroquera-
défroquera-
enfroquera-
troquera-
toquera-
évoquera-
révoquera-
équivoquera-
invoquera-
convoquera-
provoquera-
arquera-
débarquera-
embarquera-
rembarquera-
désembarquera-
marquera-
remarquera-
contre-marquera-
démarquera-
parquera-
déparquera-
remorquera-
détorquera-
rétorquera-
extorquera-
bifurquera-
masquera-
démasquera-
bisquera-
confisquera-
risquera-
busquera-
débusquera-
embusquera-
offusquera-
musquera-
brusquera-
éduquera-
reluquera-
débouquera-
embouquera-
ruera-
décruera-
obstruera-
désobstruera-
suera-
ressuera-
bossuera-
tuera-

infatuera-
désinfatuera-
statuera-
effectuera-
ponctuera-
perpétuera-
habituera-
réhabituera-
déshabituera-
situera-
substituera-
destituera-
restituera-
constituera-
reconstituera-
prostituera-
accentuera-
s'évertuera-
tortuera-
bavera-
cavera-
décavera-
encavera-
excavera-
gavera-
lavera-
emblavera-
remblavera-
enclavera-
désenclavera-
relavera-
délavera-
pavera-
repavera-
dépavera-
bravera-
gravera-
aggravera-
engravera-
dépravera-
entravera-
désentravera-
achèvera-
parachèvera-
lèvera-
relèvera-
élèvera-
prélèvera-
surélèvera-
enlèvera-
champlèvera-
soulèvera-
crèvera-
grèvera-
dégrèvera-
endêvera-
rêvera-
récidivera-
salivera-
clivera-
enjolivera-
connivera-
rivera-
dérivera-
privera-
arrivera-
mésarrivera-
lessivera-
activera-

invectivera-
cultivera-
motivera-
captivera-
esquivera-
suivera-
avivera-
ravivera-
rénovera-
innovera-
nervera-
énervera-
observera-
réservera-
préservera-
conservera-
sauvera-
cuvera-
décuvera-
encuvera-
abreuvera-
treuvera-
couvera-
louvera-
mouvera-
prouvera-
réprouvera-
éprouvera-
réprouvera-
improuvera-
approuvera-
désapprouvera-
trouvera-
retrouvera-
controuvera-
étuvera-
interviewera-
malaxera-
relaxera-
taxera-
surtaxera-
annexera-
vexera-
fixera-
phylloxera
luxera-
bayera-
égayera-
bégayera-
layera-
balayera-
déblayera-
remblayera-
relayera-
délayera-
monnayera-
payera-
surpayera-
rayera-
brayera-
frayera-
défrayera-
effrayera-
enrayera-
désenrayera-
essayera-
ressayera-
étayera-
cartayera-

aiguayera-
zézayera-
grasseyera-
langueyera-
gazera-
s'enlizera-
bronzera-
aéra-
libéra-
délibéra-
obéra-
reverbéra-
exubéra-
acéra-
lacéra-
dilacéra-
macéra-
ulcéra-
exulcéra-
incarcéra-
fédéra-
confédéra-
considéra-
déconsidéra-
pondéra-
modéra-
déféra-
référa-
préféra-
différa-
vociféra-
légiféra-
inféra-
conféra-
proféra-
transféra-
géra-
exagéra-
suggéra-
digéra-
ingéra-
jachéra-
adhéra-
aciéra-
arriéra-
siéra-
sursiéra-
assiéra-
rassiéra-
accéléra-
choléra
toléra-
aggloméra-
congloméra-
énuméra-
régénéra-
vénéra-
incinéra-
exonéra-
rémunéra-
repéra-
tempéra-
obtempéra-
* opéra-
coopéra-
exaspéra-
espéra-
désespéra-
prospéra-

se récupéra-
vitupéra-
inséra-
déblatéra-
et cætera-
s'invétéra-
réitéra-
oblitéra-
altéra-
désaltéra-
adultéra-
avéra-
révéra-
persévéra-
bafra-
balafra-
chiffra-
déchiffra-
empiffra-
coffra-
encoffra-
engouffra-
goinfra-
gaufra-
soufra-
ensoufra-
intégra-
réintégra-
vinaigra-
émigra-
immigra-
transmigra-
dénigra-
camphra-
[*M.*] Ethra
ira-
aira-
haïra-
éclaira-
flaira-
plaira-
déplaira-
complaira-
raira-
braira-
traira-
retraira-
rentraira-
portraira-
abstraira-
distraira-
soustraira-
extraira-
taira-
fourbira-
subira-
cira-
étrécira-
rétrécira-
chancira-
rancira-
amincira-
circoncira-
farcira-
éclaircira-
noircira-
renoircira-
enforcira-
obscurcira-

durcira-
endurcira-
rendurcira-
accourcira-
raccourcira-
doucira-
adoucira-
radoucira-
dira-
adira-
affadira-
redira-
contredira-
dédira-
tiédira-
attiédira-
médira-
prédira-
enlaidira-
désenlaidira-
raidira-
déraidira-
roidira-
déroidira-
froidira-
refroidira-
candira-
brandira-
grandira-
agrandira-
ragrandira-
resplendira-
bondira-
rebondira-
approfondira-
arrondira-
enhardira-
agaillardira-
ragaillardira-
abâtardira-
interdira-
verdira-
reverdira-
ourdira-
dégourdira-
engourdira-
alourdira-
abalourdira-
abasourdira-
assourdira-
étourdira-
rebaudira-
s'ébaudira-
se gaudira-
applaudira-
maudira-
obéira-
désobéira-
bouffira-
suffira-
confira-
déconfira-
agira-
réagira-
assagira-
vagira-
allégira-
régira-
élargira-

rélargira-
surgira-
mugira-
rougira-
dérougira-
rugira-
s'ébahira-
s'avachira-
déchira-
s'entre-déchira-
fléchira-
réfléchira-
infléchira-
fraîchira-
rafraîchira-
défraîchira-
enrichira-
blanchira-
reblanchira-
franchira-
affranchira-
gauchira-
dégauchira-
lira-
pâlira-
salira-
établira-
préétablira-
rétablira-
faiblira-
affaiblira-
anoblira-
ennoblira-
ameublira-
relira-
ensevelira-
désensevelira-
élira-
réélira-
délira-
avilira-
ravilira-
embellira-
faillira-
défaillira-
jaillira-
rejaillira-
saillira-
assaillira-
tressaillira-
vieillira-
envieillira-
enorgueillira-
bouillira-
rebouillira-
mollira-
amollira-
ramollira-
abolira-
raffolira-
démolira-
polira-
repolira-
dépolira-
emplira-
remplira-
désemplira-
accomplira-
assouplira-

mira-
admira-
s'entr'admira-
gémira-
blêmira-
frémira-
vomira-
revomira-
affermira-
raffermira-
dormira-
redormira-
endormira-
rendormira-
renformira-
aplanira-
bénira-
rebénira-
assainira-
finira-
définira-
préfinira-
bannira-
honnira-
abonnira-
rabonnira-
honnira-
agonira-
garnira-
regarnira-
dégarnira-
ternira-
vernira-
racornira-
fournira-
parfournira-
unira-
jaunira-
rajeunira-
réunira-
munira-
démunira-
prémunira-
punira-
brunira-
rembrunira-
désunira-
boira-
reboira-
s'emboira-
foira-
moira-
croira-
mécroira-
sursoira-
assoira-
rassoira-
prévoira-
pourvoira-
se clapira-
glapira-
tapira-
crépira-
recrépira-
décrépira-
échampira-
réchampira-
empira-
déguerpira-

aspira-
respira-
transpira-
inspira-
conspira-
croupira-
s'accroupira-
soupira-
assoupira-
expira-
rira-
tarira-
assombrira-
écrira-
décrira-
récrira-
prescrira-
transcrira-
retranscrira-
inscrira-
circonscrira-
proscrira-
souscrira-
attendrira-
amoindrira-
ramoindrira-
chérira-
enchérira-
renchérira-
surenchérira-
périra-
dépérira-
guérira-
frira-
offrira-
mésoffrira-
souffrira-
aigrira-
maigrira-
amaigrira-
ramaigrira-
démaigrira-
emmaigrira-
rabougrira-
endolorira-
équarrira-
terrira-
atterrira-
aguerrira-
nourrira-
pourrira-
flétrira-
pétrira-
meurtrira-
fleurira-
refleurira-
défleurira-
ahurira-
mûrira-
sourira-
surira-
appauvrira-
ouvrira-
couvrira-
recouvrira-
découvrira-
rouvrira-
entr'ouvrira-
désira-

saisira-
se dessaisira-
ressaisira-
choisira-
moisira-
transira-
épaissira-
grossira-
dégrossira-
réussira-
roussira-
tira-
bâtira-
rebâtira-
catira-
décatira-
aplatira-
amatira-
pâtira-
compatira-
retira-
contre-tira-
étira-
détira-
assujétira-
abêtira-
rabêtira-
vêtira-
revêtira-
se dévêtira-
ramoitira-
anéantira-
nantira-
se dénantira-
garantira-
appesantira-
empuantira-
ralentira-
mentira-
démentira-
se repentira-
sentira-
consentira-
assentira-
ressentira-
pressentira-
retentira-
rapointira-
appointira-
cotira-
lotira-
rôtira-
partira-
repartira-
départira-
répartira-
sertira-
dessertira-
avertira-
subvertira-
divertira-
invertira-
convertira-
pervertira-
intervertira-
amortira-
* sortira-
assortira-
rassortira-

désassortira-
* ressortira-
travestira-
investira-
désinvestira-
attira-
assujettira-
blettira-
se blottira-
aboutira-
raboutira-
emboutira-
engloutira-
soutira-
abrutira-
débrutira-
cuira-
recuira-
traduira-
déduira-
réduira-
séduira-
enduira-
renduira-
induira-
conduira-
reconduira-
éconduira-
produira-
reproduira-
introduira-
bleuira-
fuira-
s'enfuira-
languira-
alanguira-
luira-
reluira-
entre-luira-
nuira-
ouïra-
fouira-
enfouira-
serfouira-
jouira-
réjouira-
éblouira-
épanouira-
s'évanouira-
rouira-
brouira-
écrouira-
détruira-
instruira-
construira-
reconstruira-
vira-
havira-
chavira-
ravira-
gravira-
revira-
sévira-
servira-
asservira-
desservira-
resservira-
chauvira-
assouvira-

élabora-
collabora-
corrobora-
arbora-
décora-
picora-
édulcora-
dora-
adora-
redora-
dédora-
odora-
subodora-
[*H.*] Théodora
surdora-
fora-
perfora-
agora
angora
doryphora
améliora-
détériora-
majora-
clora-
éclora-
déclora-
enclora-
forclora-
Flora
déflora-
colora-
décolora-
déplora-
implora-
explora-
[*G.*] Zamora
remémora-
commémora-
rémora
ignora-
honora-
déshonora-
évapora-
incorpora-
réincorpora-
désincorpora-
pérora-
psora
essora-
expectora-
dévora-
diapra-
épampra-
rompra-
interrompra-
corrompra-
empourpra-
barra-
billebarra-
débarra-
rembarra-
carra-
contrecarra-
bigarra-
amarra-
chamarra-
démarra-
narra-
erra-

ferra-
referra-
déferra-
enferra-
écherra-
décherra-
épierra-
empierra-
serra-
enserra-
desserra-
resserra-
terra-
déterra-
enterra-
atterra-
acquerra-
requerra-
s'enquerra-
conquerra-
reconquerra-
verra-
reverra-
entreverra-
enverra-
renverra-
abhorra-
beurra-
leurra-
bourra-
débourra-
embourra-
rembourra-
courra-
accourra-
recourra-
secourra-
encourra-
concourra-
parcourra-
discourra-
fourra-
hourra
mourra-
pourra-

(1)

embatra-
mohatra
s'opiniâtra-
idolâtra-
folâtra-
plâtra-
replâtra-
métra-
kilométra-
pénétra-
dépétra-
impétra-
perpétra-
salpêtra-
empêtra-
guêtra-
enchevêtra-
naîtra-
renaîtra-

1. Aussi arrha, Myrrha et Pyrrha.

connaîtra-
reconnaîtra-
méconnaîtra-
paîtra-
repaîtra-
forpaîtra-
paraîtra-
reparaîtra-
comparaîtra-
apparaîtra-
disparaîtra-
arbitra-
récalcitra-
cloîtra-
croîtra-
accroîtra-
recroîtra-
décroîtra-
chapitra-
titra-
vitra-
filtra-
s'infiltra-
ultra
entra-
concentra-
rentra-
éventra-
cintra-
décintra-
semen-contra
rencontra-
montra-
remontra-
démontra-
encastra-
cadastra-
orchestra-
séquestra-
bistra-
registra-
enregistra-
administra-
lustra-
délustra-
illustra-
frustra-
battra-
abattra-
rabattra-
rebattra-
débattra-
s'ébattra-
combattra-
mettra-
admettra-
réadmettra-
remettra-
s'entremettra-
émettra-
démettra-
commettra-
promettra-
compromettra-
permettra-
transmettra-
soumettra-
se vautra-
feutra-

calfeutra-
outra-
accoutra-
raccoutra-
extra
aura-
(1) * saura-
restaura-
instaura-
cura-
écura-
récura-
procura-
dura-
endura-
fleura-
affleura-
effleura-
pleura-
demeura-
écœura-
figura-
défigura-
configura-
transfigura-
augura-
inaugura-
mâchura-
[*G.*] * Jura
abjura-
adjura-
conjura-
se parjura-
inclura-
conclura-
exclura-
mura-
amura-
contre-mura-
claquemura-
démura-
murmura-
laboura-
goura-
s'énamoura-
entoura-
savoura-
apura-
épura-
dépura-
suppura-
mesura-
remesura-
censura-
tonsura-
assura-
rassura-
pressura-
courbatura-
caricatura-
datura
dénatura-
pâtura-
ratura-
satura-
factura-

1. Du verbe saurer, du verbe savoir.

manufactura-
fractura-
conjectura-
voitura-
tritura-
aventura-
peintura-
clôtura-
captura-
tortura-
boutura-
coutura-
azura-
navra-
recevra-
décevra-
concevra-
préconcevra-
percevra-
apercevra-
devra-
redevra-
sevra-
enfiévra-
livra-
délivra-
enivra-
désenivra-
poivra-
cuivra-
suivra-
s'ensuivra-
poursuivra-
vivra-
revivra-
survivra-
pleuvra-
manœuvra-
désœuvra-
ouvra-
recouvra-
mouvra-
émouvra-
Voy. rha

sa

Voy. de valsa à dispensa, d'éclipsa à toussa, ça et xa

basa-
casa-
jasa-
blasa-
rasa-
arasa-
brasa-
ébrasa-
embrasa-
écrasa-
phrasa-
paraphrasa-
périphrasa-
s'extravasa-
évasa-
transvasa-
pesa-
empesa-
désempesa-
soupesa-
diésa-
lésa-
alésa-
blésa-
baisa-
biaisa-
niaisa-
déniaisa-
falaisa-
glaisa-
anglaisa-
apaisa-
braisa-
fraisa-
graisa-
mortaisa-
emmortaisa-
judaïsa-
hébraïsa-
prosaïsa-
bisa-
tabisa-
grécisa-
précisa-
laïcisa-
francisa-
incisa-
exorcisa-
excisa-
catéchisa-
sympathisa-
balisa-
verbalisa-
alcalisa-
localisa-
vocalisa-
scandalisa-
idéalisa-
réalisa-
égalisa-
légalisa-
spécialisa-
matérialisa-
immatérialisa-
trivialisa-
animalisa-
se formalisa-
analisa-
criminalisa-
nationalisa-
dénationalisa-
se coalisa-
fédéralisa-
généralisa-
minéralisa-
moralisa-
démoralisa-
centralisa-
décentralisa-
neutralisa-
pluralisa-
naturalisa-
dénaturalisa-
nasalisa-
universalisa-
capitalisa-
totalisa-
brutalisa-
actualisa-
spiritualisa-
dévalisa-
rivalisa-
fleurdelisa-
Elisa
évangélisa-
caramélisa-
mobilisa-
immobilisa-
stérilisa-
volatilisa-
subtilisa-
fertilisa-
utilisa-
civilisa-
métallisa-
cristallisa-
tranquillisa-
symbolisa-
bémolisa-
nolisa-
alcoolisa-
monopolisa-
ridiculisa-
macadamisa-
tamisa-
remisa-
économisa-
anatomisa-
phlébotomisa-
uniformisa-
chloroformisa-
anisa-
mécanisa-
républicanisa-
vulcanisa-
organisa-
réorganisa-
désorganisa-
italianisa-
christianisa-
germanisa-
humanisa-
tympanisa-
botanisa-
galvanisa-
féminisa-
latinisa-
crétinisa-
divinisa-
indemnisa-
tyrannisa-
solennisa-
carbonisa-
préconisa-
adonisa-
agonisa-
colonisa-
s'harmonisa-
canonisa-
impatronisa-
intronisa-
platonisa-
modernisa-
fraternisa-
éternisa-
subalternisa-
boisa-
reboisa-
déboisa-
framboisa-
dégoisa-
moisa-
chamoisa-
croisa-
s'entre-croisa-
décroisa-
toisa-
patoisa-
pavoisa-
apprivoisa-
solidarisa-
pindarisa-
vulgarisa-
gargarisa-
familiarisa-
polarisa-
sécularisa-
particularisa-
régularisa-
se singularisa-
popularisa-
dépopularisa-
militarisa-
charivarisa-
brisa-
éthérisa-
caractérisa-
cautérisa-
pulvérisa-
frisa-
refrisa-
défrisa-
grisa-
égrisa-
dégrisa-
s'irisa-
satirisa-
herborisa-
météorisa-
allégorisa-
vaporisa-
temporisa-
terrorisa-
autorisa-
favorisa-
prisa-
reprisa-
déprisa-
méprisa-
cicatrisa-
électrisa-
symétrisa-
maîtrisa-
thésaurisa-
monseigneurisa-
caricaturisa-
porphyrisa-
martyrisa-
médiatisa-
dramatisa-
anathématisa-
systématisa-
stigmatisa-
dogmatisa-
aromatisa-
achromatisa-
fanatisa-
démocratisa-
pactisa-
prophétisa-
synthétisa-
émétisa-
magnétisa-
démonétisa-
poétisa-
dépoétisa-
pédantisa-
galantisa-
cotisa-
baptisa-
rebaptisa-
débaptisa-
expertisa-
courtisa-
attisa-
déguisa-
aiguisa-
menuisa-
amenuisa-
puisa-
épuisa-
* visa-
avisa-
slavisa-
se ravisa-
devisa-
revisa-
divisa-
subdivisa-
improvisa-

Voy. de osa à spina-ventosa, de usa à paralysa et za

sa

valsa-
compulsa-
expulsa-
dansa-
pansa-
acensa-
accensa-
recensa-
encensa-
condensa-
offensa-
pensa-
repensa-
dépensa-
compensa-
récompensa-
dispensa-

Voy. de éclipsa à toussa, ça, xa, aussi sa

sa

osa-
dosa-

métamorphosa-
glosa-
ankylosa-
mimosa
s'anastomosa-
ecchymosa-
Spinosa
posa-
juxtaposa-
reposa-
entreposa-
déposa-
préposa-
imposa-
composa-
recomposa-
décomposa-
proposa-
apposa-
réapposa-
opposa-
supposa-
présupposa-
superposa-
interposa-
disposa-
indisposa-
transposa-
exposa-
Cimarosa
nécrosa-
couperosa-
arrosa-
spina-ventosa

Voy. de basa à improvisa, de usa à paralysa et za

sa

éclipsa-
dispersa-
tersa-
retersa-
versa-
traversa-
retraversa-
vice-versa
bouleversa-
reversa-
déversa-
tergiversa-
malversa-
renversa-
conversa-
controversa-
déboursa-
embourssa-
remboursa-
cassa-
jacassa-
fracassa-
tracassa-
recassa-
fricassa-
concassa-
avocassa-
chassa-
rechassa-
enchâssa-
pourchassa-
lassa-
échalassa-
classa-
déclassa-
matelassa-
délassa-
se prélassa-
brouillassa-
massa-
amassa-
damassa-
ramassa-
cadenassa-
traînassa-
finassa-
coassa-
croassa-
passa-
estrapassa-
repassa-
contre-passa-
outrepassa-
dépassa-
trépassa-
compassa-
surpassa-
harassa-
brassa-
embrassa-
crassa-
décrassa-
encrassa-
paperassa-
tirassa-
cuirassa-
s'encuirassa-
débarrassa-
embarrassa-
terrassa-
sassa-
ressassa-
tassa-
rapetassa-
entassa-
crevassa-
rêvassa-
cessa-
fessa-
confessa-
professa-
blessa-
caressa-
paressa-
dressa-
adressa-
redressa-
intéressa-
désintéressa-
progressa-
transgressa-
pressa-
s'empressa-
oppressa-
tressa-
vessa-
baissa-
abaissa-
rabaissa-
rebaissa-
décaissa-
encaissa-
rencaissa-
affaissa-
laissa-
délaissa-
graissa-
dégraissa-
engraissa-
rengraissa-
bissa-
mégissa-
hissa-
lissa-
palissa-
dépalissa-
éclissa-
glissa-
treillissa-
plissa-
replissa-
déplissa-
vernissa-
poissa-
empoissa-
froissa-
pissa-
tapissa-
épissa-
lambrissa-
crissa-
se hérissa-
tissa-
pâtissa-
ratissa-
apetissa-
rapetissa-
détissa-
écuissa-
esquissa-
vissa-
dévissa-
embossa-
cossa-
écossa-
adossa-
endossa-
rossa-
brossa-
crossa-
désossa-
faussa-
se gaussa-
haussa-
chaussa-
rechaussa-
déchaussa-
enchaussa-
rehaussa-
surhaussa-
exhaussa-
se mussa-
éclaboussa-
houssa-
gloussa-
moussa-
émoussa-
trémoussa-
poussa-
repoussa-
rebroussa-
troussa-
retroussa-
détroussa-
toussa-

Voy. de valsa à dispensa, ça, xa, aussi sa

sa

usa-
causa-
pausa-
abusa-
désabusa-
arquebusa-
accusa-
récusa-
excusa-
gracieusa-
creusa-
recreusa-
gueusa-
fusa-
refusa-
infusa-
transfusa-
musa-
amusa-
jalousa-
blousa-
épousa-
ventousa-
rusa-
décrusa-
mésusa-
dépaysa-
analysa-
paralysa-

Voy. de basa à improvisa, de osa à spina-ventosa et za

ta

ta
triplicata
duplicata
data-
antidata-
mandata-
postdata-
calfata-
éclata-
relata-
frelata-
dilata-
chipolata
[*G.*] Plata
translata-
mata-
casemata-
acclimata-
déclimata-
colmata-
épata-
* rata-
érata-
dérata-
pirata-
prorata
errata
constata-
ouata-
cravata-
bâta-
débâta-
embâta-
gâta-
hâta-
mâta-
démâta-
empâta-
appâta-
tâta-
retâta-
réfracta-
détracta-
rétracta-
contracta-
affecta-
infecta-
désinfecta-
objecta-
injecta-
délecta-
humecta-
inspecta-
suspecta-
recta
dicta-
édicta-
gobeta-
rapiéceta-
vergeta-
acheta-
cacheta-
recacheta-
décacheta-
racheta-
tacheta-
pocheta-
crocheta-
moucheta-
démoucheta-
jeta-
rejeta-
se déjeta-
projeta-
interjeta-
forjeta-
surjeta-
haleta-
valeta-
souffleta-
fileta-
cailleta-
feuilleta-
refeuilleta-
colleta-
décolleta-
voleta-

guillemeta-
trompeta-
fureta-
peseta
épousseta-
mugueta-
caqueta-
claqueta-
paqueta-
dépaqueta-
empaqueta-
craqueta-
becqueta-
ou béqueta-
déchiqueta-
cliqueta-
encliqueta-
briqueta-
étiqueta-
banqueta-
coqueta-
marqueta-
parqueta-
saveta-
breveta-
louveta-
hébéta-
végéta-
piéta-
empiéta-
inquiéta-
refléta-
compléta-
décompléta-
admonéta-
péta-
répéta-
compéta-
appéta-
baréta-
sécréta-
décréta-
concréta-
fréta-
affréta-
interpréta-
mésinterpréta-
téta-
bêta-
embêta-
fêta-
tempêta-
écrêta-
prêta-
apprêta-
arrêta-
étêta-
entêta-
quêta-
acquêta-
requêta-
s'enquêta-
doigta-
affaita-
enfaîta-
renfaîta-
souhaita-
allaita-
traita-

retraita-
maltraita-
sous-traita-
habita-
cohabita-
débita-
cita-
récita-
licita-
félicita-
sollicita-
incita-
suscita-
ressuscita-
excita-
surexcita-
édita-
réédita-
médita-
prémédita-
crédita-
accrédita-
décrédita-
discrédita-
commendita-
profita-
gîta-
agita-
ingurgita-
alita-
périclita-
délita-
habilita-
réhabilita-
débilita-
facilita-
milita-
imita-
limita-
délimita-
boita-
déboîta-
emboîta-
remboîta-
exploita-
miroita-
convoita-
décapita-
dépita-
crépita-
décrépita-
précipita-
palpita-
abrita-
hérita-
cohérita-
déshérita-
mérita-
démérita-
effrita-
irrita-
hésita-
visita-
transita-
nécessita-
s'anuita-
ébruita-
effruita-
gravita-

évita-
invita-
réinvita-
désinvita-
exalta-
delta
velta-
récolta-
* Volta-
révolta-
ausculta-
résulta-
insulta-
consulta-
exulta-
décanta-
brocanta-
fainéanta-
enfanta-
ganta-
déganta-
hanta-
chanta-
rechanta-
déchanta-
enchanta-
désenchanta-
ensanglanta-
brillanta-
planta-
replanta-
déplanta-
implanta-
supplanta-
transplanta-
diamanta-
aimanta-
plaisanta-
vanta-
épouvanta-
soixanta-
enta-
placenta
innocenta-
édenta-
accidenta-
incidenta-
endenta-
[*H.*] Magenta
régenta-
diligenta-
argenta-
désargenta-
fienta-
orienta-
désorienta-
patienta-
impatienta-
violenta-
polenta
médicamenta-
se lamenta-
réglementa-
parlementa-
ornementa-
passementa-
cémenta-
agrémenta-
fragmenta-

augmenta-
cimenta-
enrégimenta-
alimenta-
complimenta-
expérimenta-
commenta-
fomenta-
fermenta-
assermenta-
tourmenta-
argumenta-
instrumenta-
arpenta-
charpenta-
serpenta-
renta-
apparenta-
arrenta-
s'absenta-
présenta-
représenta-
tenta-
patenta-
contenta-
mécontenta-
sustenta-
attenta-
fréquenta-
venta-
éventa-
inventa-
éreinta-
teinta-
s'accointa-
ajointa-
pointa-
contre-pointa-
épointa-
appointa-
désappointa-
pinta-
tinta-
aqua-tinta
suinta-
conta-
raconta-
monta-
remonta-
démonta-
surmonta-
ponta-
affronta-
confronta-
emprunta-
ôta-
cabota-
jabota-
rabota-
sabota-
ribota-
barbota-
cota-
accota-
chicota-
délicota-
picota-
fricota-
tricota-

asticota-
suçota-
dota-
radota-
fagota-
dégota-
gigota-
ravigota-
argota-
gargota-
ergota-
cahota-
crachota-
chuchota-
iota
agiota-
foliota-
riota-
mijota-
tremblota-
pelota-
amatelota-
sanglota-
glouglota-
pilota-
démaillota-
emmaillota-
remmaillota-
papillota-
complota-
dorlota-
escamota-
* nota-
canota-
dénota-
clignota-
mignota-
grignota-
annota-
clapota-
tapota-
dépota-
chipota-
galipota-
tripota-
empota-
rempota-
rota-
numérota-
sirota-
chevrota-
baisota-
assota-
rassota-
pissota-
vota-
pivota-
vivota-
buvota-
capta-
adapta-
accepta-
intercepta-
excepta-
sculpta-
exempta-
compta-
recompta-
décompta-

se mécompta-
escompta-
dompta-
opta-
adopta-
écarta-
encarta-
essarta-
concerta-
déconcerta-
déserta-
disserta-
flirta-
escorta-
conforta-
déconforta-
réconforta-
exhorta-
porta-
reporta-
déporta-
colporta-
emporta-
remporta-
importa-
réimporta-
comporta-
apporta-
rapporta-
supporta-
transporta-
exporta-
réexporta-
avorta-
heurta-
s'aheurta-
écourta-
toasta-
contrasta-
dévasta-
esta-
manifesta-
infesta-
lesta-
délesta-
molesta-
admonesta-
pesta-
empesta-
resta-
testa-
détesta-
contesta-
protesta-
attesta-
[*M.*] Vesta
zend-avesta
zesta-
dépista-
contrista-
attrista-
subsista-
se désista-
résista-
insista-
consista-
persista-
assista-
exista-

préexista-
coexista-
accosta-
posta-
aposta-
déposta-
riposta-
tosta-
tarabusta-
flibusta-
dégusta-
Augusta
ajusta-
rajusta-
désajusta-
incrusta-
s'enkysta-
chatta-
latta-
délatta-
flatta-
natta-
dénatta-
baratta-
gratta-
regratta-
[*H.*] Gambetta
facetta-
endetta-
se rendetta-
vendetta
fetta
émietta-
rénetta-
fretta-
regretta-
guetta-
fouetta-
brouetta-
pirouetta-
quitta-
acquitta-
se racquitta-
botta-
caillebotta-
se rebotta-
débotta-
marcotta-
ligotta-
gringotta-
calotta-
décalotta-
gobelotta-
grelotta-
flotta-
balotta-
culotta-
déculotta-
émotta-
marmotta-
emmenotta-
carotta-
crotta-
décrotta-
frotta-
garrotta-
trotta-
chènevrotta-
frisotta-

butta-
[*G.*] Calcutta
se hutta-
lutta-
goutta-
égoutta-
dégoutta-
panneauta-
biseauta-
sauta-
ressauta-
tuyauta-
buta-
rebuta-
débuta-
culbuta-
persécuta-
exécuta-
charcuta-
percuta-
répercuta-
discuta-
ameuta-
queuta-
réfuta-
affûta-
chuta-
verjuta-
luta-
taluta-
bluta-
déluta-
flûta-
permuta-
minuta-
aoûta-
bouta-
abouta-
rebouta-
contre-bouta-
débouta-
coûta-
écouta-
douta-
redouta-
goûta-
ragoûta-
dégoûta-
caoutchouta-
jouta-
ajouta-
rajouta-
surajouta-
clouta-
velouta-
glouglouta-
filouta-
caillouta-
brouta-
écrouta-
encroûta-
dérouta-
voûta-
envoûta-
députa-
réputa-
amputa-
imputa-
supputa-

disputa-
recruta-
scruta-
prétexta-
aussi Martha
Golgotha
Jugurtha

ua

rétribua-
contribua-
distribua-
attribua-
écobua-
évacua-
gradua-
bagua-
dagua-
blagua-
élagua-
dragua-
vagua-
extravagua-
divagua-
légua-
relégua-
délégua-
subdélégua-
prélégua-
allégua-
endigua-
prodigua-
ligua-
brigua-
irrigua-
intrigua-
fatigua-
instigua-
navigua-
promulgua-
divulgua-
écangua-
harangua-
tangua-
ralingua-
étalingua-
seringua-
fringua-
bastingua-
distingua-
zingua-
dialogua-
catalogua-
épilogua-
homologua-
drogua-
vogua-
argua-
cargua-
rédargua-
largua-
alargua-
nargua-
se targua-
envergua-
morgua-
subjugua-
conjugua-
hua-

salua-
évalua-
ablua-
flua-
reflua-
afflua-
influa-
conflua-
glua-
déglua-
englua-
dilua-
pollua-
évolua-
mua-
remua-
commua-
transmua-
nua-
dénua-
[*M.*] Strénua
atténua-
exténua-
diminua-
insinua-
continua-
discontinua-
éternua-
emboua-
accoua-
secoua-
rocoua-
doua-
amadoua-
bafoua-
engoua-
houa-
échoua-
déchoua-
joua-
rejoua-
déjoua-
loua-
cloua-
recloua-
décloua-
encloua-
désencloua-
reloua-
floua-
affloua-
renfloua-
alloua-
sous-loua-
noua-
renoua-
énoua-
dénoua-
roua-
rabroua-
ébroua-
écroua-
froua-
enroua-
désenroua-
troua-
toua-
tatoua-
voua-

désavoua-
dévoua-
pua-
conspua-
caqua-
encaqua-
claqua-
flaqua-
plaqua-
s'estomaqua-
baraqua-
braqua-
craqua-
traqua-
détraqua-
taqua-
attaqua-
bivouaqua-
vaqua-
macqua-
abecqua-
embecqua-
abéqua-
se rebéqua-
déféqua-
hypothéqua-
réséqua-
disséqua-
alambiqua-
abdiqua-
revendiqua-
indiqua-
trafiqua-
chiqua-
obliqua-
répliqua-
impliqua-
compliqua-
appliqua-
expliqua-
forniqua-
communiqua-
piqua-
repiqua-
dépiqua-
prévariqua-
fabriqua-
étriqua-
musiqua-
métaphysiqua-
tiqua-
pratiqua-
politiqua-
critiqua-
authentiqua-
décortiqua-
excortiqua-
astiqua-
mastiqua-
domestiqua-
sophistiqua-
diagnostiqua-
pronostiqua-
encaustiqua-
rustiqua-
calqua-
contre-calqua-
décalqua-
défalqua-
inculqua-
débanqua-
flanqua-
efflanqua-
manqua-
trinqua-
se requinqua-
tronqua-
s'emberlucoqua-
suffoqua-
choqua-
bloqua-
débloqua-
effiloqua-
colloqua-
ploqua-
interloqua-
disloqua-
se moqua-
roqua-
croqua-
escroqua-
défroqua-
enfroqua-
troqua-
toqua-
évoqua-
révoqua-
équivoqua-
invoqua-
convoqua-
provoqua-
arqua-
débarqua-
embarqua-
rembarqua-
désembarqua-
marqua-
remarqua-
contre-marqua-
démarqua-
parqua-
déparqua-
remorqua-
détorqua-
rétorqua-
extorqua-
bifurqua-
masqua-
démasqua-
bisqua-
confisqua-
risqua-
busqua-
débusqua-
embusqua-
offusqua-
musqua-
brusqua-
éduqua-
reluqua-
débouqua-
embouqua-
rua-
décrua-
obstrua-
désobstrua-
sua-
ressua-
bossua-
tua-
infatua-
désinfatua-
statua-
effectua-
ponctua-
perpétua-
habitua-
réhabitua-
déshabitua-
situa-
substitua-
destitua-
restitua-
institua-
constitua-
reconstitua-
prostitua-
Gargantua
accentua-
s'évertua-
tortua-

Les mots en italique riment : les *gua* entre eux, les *qua* avec ca et ka ; avec les autres voy. aa, ha, éa et oa

va

va-
bava-
cava-
décava-
encava-
excava-
gava-
[*G.*] Java
lava-
emblava-
remblava-
enclava-
désenclava-
relava-
délava-
pava-
repava-
dépava-
brava-
grava-
aggrava-
engrava-
déprava-
entrava-
désentrava-
acheva-
paracheva-
leva-
releva-
éleva-
préleva-
suréleva-
enleva-
champleva-
souleva-
creva-
[*G.*] Néva
gréva-
dégréva-
endêva-
rêva-
diva
récidiva-
saliva-
cliva-
enjoliva-
conniva-
riva-
dériva-
priva-
arriva-
mésarriva-
lessiva-
activa-
invectiva-
cultiva-
motiva-
captiva-
esquiva-
suiva-
aviva-
raviva-
rénova-
innova-
nerva-
énerva-
observa-
réserva-
préserva-
conserva-
sauva-
cuva-
décuva-
encuva-
abreuva-
treuva-
couva-
louva-
mouva-
prouva-
reprouva-
éprouva-
réprouva-
improuva-
approuva-
désapprouva-
trouva-
retrouva-
controuva-
étuva-
interviewa-
[*H.*] Sadowa
rédowa

aussi Jéhovah

xa

malaxa-
relaxa-
taxa-
surtaxa-
annexa-
vexa-
fixa-
moxa
luxa-

Voy. ça et sa précédé d'une consonne.

ya

baya-
égaya-
bégaya-
laya-
balaya-
[*G.*] Himalaya
déblaya-
remblaya-
relaya-
délaya-
monnaya-
paya-
surpaya-
raya-
braya-
fraya-
défraya-
effraya-
enraya-
désenraya-
essaya-
ressaya-
étaya-
cartaya-
aiguaya-
zézaya-
grasseya-
langueya-
aboya-
giboya-
flamboya-
ondoya-
verdoya-
coudoya-
soudoya-
rudoya-
choya-
ploya-
reploya-
déploya-
employa-
remploya-
larmoya-
atermoya-
noya-
bornoya-
tournoya-
broya-
foudroya-
poudroya-
charroya-
guerroya-
corroya-
octroya-
fossoya-
grossoya-
chatoya-
fêtoya-
apitoya-
jointoya-
rejointoya-

côtoya-
festoya-
nettoya-
tutoya-
dégravoya-
dévoya-
envoya-
renvoya-
convoya-
fourvoya-
louvoya-
thuya
ennuya-
désennuya-
appuya-
essuya-
ressuya-
Voy. ia

za
gaza-
s'enliza-
colza
influenza
bronza-
coryza

Voy. sa précédé d'une voyelle

B

ab
Kaab
[*G.*] Raab
nabab
baobab
cab
Rahab
[*B.*] Achab
Mab
[*B.*] Joab
[*B.*] Moab

omb
Christophe Colomb
plomb
aplomb
surplomb

Par licence, à cause du petit nombre de ces mots, *Voy.* om et aussi on

umb
rhumb

ob
Jacob
Job
larme de Job
snob
* rob

ub
[*B.*] Baalzébub
club

oub
radoub
caroub

ub
(1) tub
(1) club

C

ac
[*B.*] *Isaac*
bac
tabac
scubac
ab hoc et ab hac
gaïac
[*H.*] *Tolbiac*
sangiac
ammoniac
lac
flic-flac
[*G.*] *Aurillac*
tillac
catillac
hamac
micmac
estomac
sumac
Armagnac
polignac
cotignac
[*G.*] *Cognac*
jarnac
cornac
azédarac
bric-à-brac
crac
[*G.*] *Bergerac*
cétérac
frac
trac
trictrac
vrac
sac
cul-de-sac
havresac
ressac
bissac
[*I.*] *Gay-Lussac*
tac
tac tac
tic-tac
bivouac
bivac
[*L.*] *Balzac*

Les mots en italique dont le c est sonore riment avec ach, ag, ak sonores; avec les autres dont le c est insonore, aussi almanach et ranelagh.

a b c
Voy. cé

1. Prononcer eub.

ec
bec
blanc-bec
[*G.*] Caudebec
chebec
rebec
arrière-bec
[*G.*] Québec
gros-bec
avant-bec
échec
salamalec
pec
arec
varec
[*G.*] Grec
néo-grec
gallo-grec
fenugrec
sec
martin-sec
avec

Voy. ech, eck, eg, eik, et par licence de infect à incorrect et Y.

ic
alambic
syndic
fic
trafic
hic
chic
public
déclic
ombilic
basilic
panic
uranic
arsenic
[*I.*] Copernic
* pic
repic
porc-épic
spic
* aspic
ric-à-ric
agaric
[*H.*] Alaric
lombric
* cric
Frédéric
tic
astic
mastic
diagnostic
pronostic
loustic

Voy. ich et ick et ig

alc
talc

anc
banc
blanc
cul-blanc
bouillon-blanc
fer-blanc
flanc
* franc

Voy. ang

inc
vainc-
convainc-
zinc

Voy. ing; aussi cinq

onc
onc
donc
adonc
jonc
ajonc
tronc

Voy. ong et Monck

oc
oc
[*G.*] Languedoc
médoc
foc
hoc
choc
ad hoc
manioc
bloc
ploc
roc
[*G.*] Maroc
broc
croc
accroc
raccroc
escroc
froc
troc
soc
mastoc
estoc

Les mots en italique ne riment qu'entre eux. Avec les autres dont le c est sonore *voy.* aussi och, ock, coq et même og.

arc
arc
[*H.*] Jeanne d'Arc
* Marc
(1) *marc*
parc

Aussi Danemark et Bismarck.

erc
clerc
Mauclerc

1. Prononcez marc.

orc
porc
Aussi York et New-York

urc
* turc

isc
fisc

usc
busc
musc

uc
duc
caduc
viaduc
* Grand-duc
[*G.*] Bar-le-Duc
aqueduc
archiduc
(*G. Saint-Brieuc*)
Luc
bouc
caoutchouc
rouc
touc
* truc
suc
stuc

Avec les uc *voy.* uck et volapuk, aussi thug; avec les mots en italique, diphtongue ouc, *voy.* ook, ouk et uck en plus joug, Marbrough et farouch.

D

ad
[*G.*] Galaad
[*M.*] Adad
[*G.*] Bagdad
hermandad
[*G.*] Gad
[*B.*] Joad
Arphaxad

aussi Cronstadt

ied
pied
cou-de-pied
d'arrache-pied
à cloche-pied
marchepied
rogne-pied
tire-pied
contre-pied
chèvre-pied
couvre-pied

chausse-pied
trépied
sous-pied
* sied-
sursied-
assied-
rassied-
messied-
Voy. iait et iet

ed

taled
[*G.*] Amed
Jared
Alfred
Manfred
Et quelques noms d'hommes et de lieux dont le d est sonore

id

caïd
(1) [plaid laid]
[*G.*] *Port-Saïd*
[*L.*] *Cid*
[*G.*] *Valladolid*
nid
celluloïd
(2) [froid *sang-froid]
crid
[*G.*] Madrid
muid
[*B.*] *David*
Avec les mots en italique dont le d est sonore *voy.* ith, it sonore; avec les autres *voy.* it insonore

ald

Romuald

old

Léopold
[*I.*] *Hérold*

auld

[*L.*]LaRochefoucauld
Voy. ault, aut et ôt

ould

[*G.*]Sainte Menehould

and

[*G.*] Gand
brigand
marchand
[*L.*] Chateaubriand
* chaland

1. Avec ces deux mots *voy.* êt, ait et est.
2. Avec ces deux mots *voy.*oit et doigt.

[*H.*] Friedland
goéland
gland
[*G.*] Groënland
[*H.*] Roland
maryland
[*G.*] Flamand
[*G.*] Allemand
command
Armand
[*G.*] Normand
gourmand
Ferdinand
ordinand
épand-
répand-
tisserand
grand
[*G.*]Clermont-Ferrand
stand
quand
truand
descend-
redescend-
condescend-
fend-
*refend
défend-
pourfend-
pend-
rependd-
dépend-
append-
suspend-
rend-
différend
révérend
prend-
reprend-
entreprend-
déprend-
se méprend-
s'éprend-
comprend-
apprend-
rapprend-
désapprend-
surprend-
tend-
retend-
étend-
détend-
prétend-
entend-
sous-entend-
distend-
sous-tend-
vend-
revend-
mévend-
survend-
*Voy.*ant et ent, aussi Rembrandt et exempt

end

zend
(pron. zaindo)

ond

bond
nauséabond
vagabond
pudibond
moribond
furibond
second
fécond
infécond
rubicond
* fond-
plafond
refond-
tire-fond
confond-
profond
parfond-
morfond-
bas-fond
haut-fond
gond
blond
[*H.*] Pharamond
Edmond
Raymond
pond-
répond-
s'entre-répond-
correspond-
rond
tond-
retond-
Voy. ont et ompt

od

éphod
palinod
[*I.*] Gounod
[*M.*] *Nemrod*
Avec ces mots en italique *voy.* ot sonore et oth; Gounodrime avec ot insonore.

ard

bard
Lombard
jobard
* placard
[*G.*] Picard
rancard
bocard
brocard
frocard
pinçard
dard
Médard
pendard
étendard
porte-étendard
soudard
fard
cafard
blafard

[*G.*] Gard
hagard
regard
égard
[*G.*] Stuttgard
* Richard
pochard
louchard
mouchard
[*G.*] Saint-Gothard
liard
milliard
[*G.*] Briard
criard
lard
tranchelard
pelard
papelard
[*H.*] Abélard
riflard
mouflard
gaillard
colin-maillard
paillard
braillard
billard
babillard
corbillard
vieillard
oreillard
pillard
égrillard
chevrillard
nasillard
catillard
vétillard
tortillard
feuillard
brouillard
souillard
béquillard
épaulard
gueulard
cumulard
foulard
soûlard
camard
homard
pomard
nard
canard
panard
penard
renard
goguenard
traquenard
cagnard
campagnard
montagnard
mignard
poignard
guignard
grognard
traînard
épinard
Léonard
Bernard
cornard
bézoard

guépard
léopard
caméléopard
chat-pard
poupard
Gérard
pleurard
surard
hasard
nasard
isard
camisard
puisard
pensard
[*L.*] Ronsard
brassard
poissard
cuissard
hussard
busard
gueusard
musard
housard
tard
bâtard
patard
retard
pôtard
têtard
plantard
vantard
moutard
huard
gadouard
Edouard
couard
Jacquard
bavard
boulevard
buvard
yard
[*H.*] Bayard
boyard
[*G.*] Savoyard
fuyard
lézard
balbuzard
Voy. art

erd

perd-
reperd-
laird
Voy. ert

ord

bord
abord
bâbord
sabord
franc-bord
rebord
débord
tribord
vibord
[*G.*] Chambord
plat-bord
accord
raccord

désaccord
record
discord
gord
[G.] Périgord
fiord
lord
milord
mord-
remord-
démord-
nord
tord-
retord-
détord-
bitord
distord-

Voy. ort

ourd

gourd
lourd
balourd
* sourd-
tourd

Voy. ourt

aud

baud
clabaud
ribaud
moricaud
badaud
lourdaud
sourdaud
[H.] Bugeaud
[G.] Limougeaud
rougeaud
échafaud
saligaud
nigaud
attrape-nigaud
trigaud
chaud
réchaud
fer chaud
salaud
cabillaud
grimaud
penaud
finaud
Grippeminaud
quinaud
crapaud
faraud
maraud
taraud
noiraud
pataud
pétaud
courtaud
rustaud

Voy. aut et ôt et en plus Hérault, levrault et La Rochefoucauld

œud

nœud
entre-nœud

Voy. eut

ud

talmud
coud-
recoud-
découd-
moud-
remoud-
émoud-
rémoud-
sud

Avec ces mots en italique voy. ut sonore, upt et uth; avec les autres voy. out insonore

yd

lloyd

É

abe

* syllabe-
décasyllabe
(h) endécasyllabe
quadrisyllabe
monosyllabe
dissyllabe
trissyllabe
polysyllabe
cosmolabe
astrolabe
arabe
carabe
mozarabe
crabe
[G.] Souabe

obbe

gobbe

Voy. obe,

èbe

Ebe
cubèbe
éphèbe
glèbe
plèbe
erèbe
grèbe
[H.] Eusèbe

ibe

[G.] Caraïbe
imbibe-
inhibe-
prohibe-
exhibe-
bribe
scribe
diatribe

albe

Albe
galbe

elbe

[G.] Elbe

ulbe

bulbe

ambe

ambe
ingambe
ïambe
choriambe
jambe
enjambe-
croc-en-jambe
* flambe-
dithyrambe

imbe

regimbe-
limbe
nimbe
aussi corymbe

ombe

* bombe-
combe
succombe-
incombe-
rhombe
palombe
colombe
plombe-
déplombe-
surplombe-
trombe
strombe
* tombe-
hécatombe
retombe-
outre-tombe

ymbe

corymbe

Voy. imbe

obe

gobe-
cohobe-
anglophobe
gallophobe
hydrophobe
lobe
globe
englobe-
robe
a(r)robe
microbe
garde-robe
dérobe-
orobe
probe
improbe
aussi gobbe

arbe

barbe
ébarbe-
Sainte-Barbe
sous-barbe
rhubarbe
joubarbe

erbe

imberbe
acerbe
* gerbe-
engerbe-
* herbe-
[H.] Faidherbe
éherbe-
[L.] Malherbe
enherbe-
désherbe-
superbe
Serbe
* Verbe
adverbe
proverbe

orbe

orbe
t(h)éorbe
euphorbe
sorbe
absorbe-
résorbe-

ourbe

bourbe
débourbe-
embourbe-
désembourbe-
* courbe-
recourbe-
* fourbe-
tourbe

aube

* Aube
* daube-

ube

bube
* cube-
succube
incube
jujube
[G.] Danube
adoube-
radoube-
caroube
marrube
* tube-
titube-

ce

La forme: est-ce, rime avec èce, esse, aisse, aussi acquiesce-et vesce

ace

[L.] Boccace
dédicace
efficace
inefficace
perspicace
dace
thridace
audace
galéace
face
volte-face
préface
efface-
Boniface
surface
postface
* agace-
sagace
fugace
coriace
[L.] Curiace
lace-
entrelace-
lovelace
délace-
* glace-
brise-glace
fallace
Wallace
enlace-
* place-
replace-
déplace-
remplace-
populace
limace
* grimace
contumace
* menace-
tenace
Ignace
pinace
bonace
rapace
carapace
* espace-
race
Pancrace
[G.] Thrace
Horace
vorace
* trace-
retrace-
besace
[G.] Alsace
rosace
fouace
loquace
vivace

Voy. asse et aussi fasce

grâce
disgrâce

Voy. asse

èce

nièce
arrière-nièce
petite-nièce
pièce
rapièce-
emporte-pièce

dépièce-
dépèce-
espèce
[*L.*] Lucrèce
[*G.*] Grèce
[*H.*] Lutèce

Voy. esse et aisse, aussi acquiesce-vesce et est-ce

ice

exercice
appendice
indice
immondice
préjudice
Eurydice
maléfice
bénéfice
vénéfice
* office
saint-office
édifice
sacrifice
orifice
artifice
* lice
Alice
calice
malice
songe-malice
cardinalice
La Palice
hélice
cilice
milice
silice
* police-
complice
supplice
* Nice
lanice
* épice-
toute-épice
précipice
Sulpice
propice
frontispice
hospice
auspice
aruspice
varice
ambassadrice
dentifrice
caprice
nourrice
réprobatrice
improbatrice
approbatrice
désapprobatrice
perturbatrice
cicatrice
indicatrice
adjudicatrice
pacificatrice
justificatrice
fornicatrice
communicatrice
provocatrice
éducatrice
déprédatrice
intimidatrice
dilapidatrice
fondatrice
retardatrice
créatrice
négatrice
investigatrice
instigatrice
divulgatrice
interrogatrice
objurgatrice
dépréciatrice
renonciatrice
dénonciatrice
négociatrice
médiatrice
amodiatrice
conciliatrice
réconciliatrice
spoliatrice
calomniatrice
expiatrice
initiatrice
propitiatrice
délatrice
révélatrice
zélatrice
assimilatrice
violatrice
désolatrice
consolatrice
contemplatrice
législatrice
spéculatrice
calculatrice
inoculatrice
adulatrice
modulatrice
régulatrice
émulatrice
dissimulatrice
accumulatrice
matrice
blasphématrice
formatrice
réformatrice
profanatrice
sénatrice
accompagnatrice
fascinatrice
examinatrice
dominatrice
exterminatrice
divinatrice
abandonnatrice
ordonnatrice
donatrice
* Patrice
émancipatrice
dissipatrice
usurpatrice
réparatrice
quadratrice
libératrice
pondératrice
exagératrice
accélératrice
génératrice
régénératrice
rémunératrice
impératrice
coopératrice
admiratrice
aspiratrice
inspiratrice
conspiratrice
collaboratrice
adoratrice
perforatrice
narratrice
administratrice
restauratrice
curatrice
procuratrice
vocalisatrice
généralisatrice
moralisatrice
démoralisatrice
centralisatrice
décentralisatrice
civilisatrice
organisatrice
réorganisatrice
désorganisatrice
vulgarisatrice
herborisatrice
temporisatrice
improvisatrice
dispensatrice
accusatrice
spectatrice
interprétatrice
incitatrice
excitatrice
imitatrice
cantatrice
commentatrice
fomentatrice
tentatrice
importatrice
dévastatrice
testatrice
continuatrice
dépravatrice
novatrice
rénovatrice
observatrice
préservatrice
conservatrice
vexatrice
actrice
injectrice
lectrice
inspectrice
rectrice
directrice
sous-directrice
bissectrice
tectrice
protectrice
abductrice
séductrice
conductrice
reproductrice
introductrice
destructrice
bienfaitrice
débitrice
codébitrice
monitrice
détentrice
inventrice
locomotrice
électromotrice
automotrice
corruptrice
fautrice
distributrice
persécutrice
exécutrice
interlocutrice
coadjutrice
tutrice
institutrice
Maurice
statice
factice
adventice
notice
obreptice
subreptice
armistice
solstice
interstice
justice
injustice
vice
novice
service

Voy. isse, ysse, aussi imisce- et bombyce

olce

dolce

Voy. ché

ulce

bisulce
[*H.*] Trivulce

Voy. ulse

ance

bombance
vacance
outrecuidance
ascendance
descendance
condescendance
transcendance
dépendance
indépendance
tendance
intendance
surintendance
sous-intendance
abondance
surabondance
redondance
correspondance
concordance
discordance
allégeance
obligeance
désobligeance
engeance
vengeance
dérogeance
échéance
déchéance
condoléance
suppléance
créance
recréance
mécréance
séance
préséance
bienséance
surséance
messéance
enfance
extravagance
élégance
inélégance
* manigance-
arrogance
chance
malchance
insouciance
fiance-
défiance
méfiance
insignifiance
confiance
alliance
Sainte Alliance
mésalliance
* lance-
* balance-
contre-balance-
nonchalance
vraisemblance
invraisemblance
ressemblance
dissemblance
relance-
s'élance-
vigilance
défaillance
vaillance
malveillance
bienveillance
surveillance
forlance-
ambulance
pétulance
ornithomance
romance
oniromance
performance
transhumance
accoutumance
contenance
décontenance-
appartenance
lieutenance
sous-lieutenance
soutenance
prévenance
convenance

inconvenance
disconvenance
provenance
survenance
souvenance
répugnance
* finance-
prédominance
* ordonnance-
résonance
consonance
assonance
dissonance
rance
* garance-
remembrance
protubérance
exubérance
prépondérance
gérance
vice-gérance
tolérance
intolérance
tempérance
intempérance
espérance
G. Bonne-Espérance
désespérance
vétérance
persévérance
France
souffrance
ignorance
remontrance
à outrance
assurance
délivrance
aisance
malfaisance
bienfaisance
plaisance
déplaisance
complaisance
médisance
suffisance
insuffisance
naissance
renaissance
connaissance
reconnaissance
méconnaissance
obéissance
désobéissance
croissance
décroissance
excroissance
jouissance
réjouissance
non-jouissance
cojouissance
puissance
toute-puissance
impuissance
usance
tance-
jactance
laitance
concomitance
pitance

repentance
accointance
partance
inadvertance
importance
stance
substance
prestance
* distance-
subsistance
résistance
insistance
consistance
inconsistance
persistance
assistance
instance
* Constance
inconstance
circonstance
* quittance-
muance
* nuance-
* avance-
devance-
redevance
chevance
survivance
observance
inobservance
mouvance
croyance
prévoyance
imprévoyance
clairvoyance
[*G.*] Byzance
décence
indécence
magnificence
munificence
licence
réticence
innocence
pubescence
acescence
marcescence
incandescence
recrudescence
turgescence
alcalescence
convalescence
adolescence
tumescence
intumescence
dégénérescence
phosphorescence
efflorescence
inflorescence
putrescence
délitescence
déliquescence
effervescence
déhiscence
indéhiscence
réminiscence
résipiscence
concupiscence
* cadence-
décadence

intercadence
crédence
incidence
coïncidence
confidence
résidence
non-résidence
présidence
vice-présidence
dissidence
évidence
Providence
impudence
* Prudence
imprudence
jurisprudence
* agence-
régence
indigence
négligence
diligence
intelligence
inintelligence
mésintelligence
exigence
indulgence
tangence
contingence
émergence
divergence
convergence
urgence
faïence
science
prescience
omniscience
conscience
inconscience
obédience
audience
sapience
expérience
inexpérience
* patience
impatience
* Valence
équivalence
[*G.*] Coblence
silence
pestilence
excellence
préexcellence
équipollence
indolence
violence
somnolence
insolence
turbulence
succulence
féculence
opulence
corpulence
pulvérulence
virulence
purulence
semence
ensemence-
réensemence-
démence

véhémence
* Clémence
inclémence
commence-
recommence-
immanence
permanence
éminence
prééminence
proéminence
imminence
désinence
continence
incontinence
pertinence
impertinence
abstinence
(1) *pence*
carence
apparence
transparence
déférence
référence
préférence
différence
équidifférence
indifférence
conférence
circonférence
interférence
ingérence
adhérence
inhérence
cohérence
incohérence
déshérence
révérence
irrévérence
* Florence
occurrence
concurrence
Laurence
absence
présence
essence
quintessence
compétence
incompétence
appétence
inappétence
pénitence
impénitence
rénitence
sentence
potence
omnipotence
impotence
existence
préexistence
coexistence
intermittence
affluence
* influence-
fréquence
séquence
conséquence
inconséquence

1. Prononcez penn-ce.

éloquence
connivence
Provence
Jouvence
fayence
Mayence

Voy. anse et ense

ince

mince
émince-
coince-
* pince-
rince-
grince-
prince
évince-
province

Voy. insse

once

* once
quinconce
fonce-
défonce-
enfonce-
renfonce-
engonce-
* semonce-
nonce
* renonce-
énonce-
dénonce-
* annonce-
prononce-
internonce
* ponce-
raiponce
ronce
* fronce-
défronce-

Voy. onse

oce

précoce
sacerdoce
négoce
véloce
noce
féroce
atroce

Voy. osse

arce

farce

Voy. arse

erce

berce-
* gerce-
* tierce-
* commerce-
* perce-
* reperce-
s'entre-perce-
transperce-
terce-

retercesesterce
quinquerce
exerce-

Voy. erse

orce

* écorce-
* force-
s'efforce-
renforce-
* amorce-
* divorce-

Voy. orse

ource

source
ressource

Voy. ourse

asce

fasce

Voy. ace
et *asse*

esce

acquiesce-
vesce

Voy. èce, esse,
aisse
est-ce et S

isce

immisce-

Voy. ice, isse,
ysse,
plus bombyce

auce

Beauce
* sauce-
fripe-sauce
gâte-sauce
exauce-

Voy. osse long
et ausse

uce

Luce
aumuce
douce
taille-douce
aigre-douce
pouce
courrouce-
puce
capuce
épuce-
prépuce
suce-
astuce

Avec les mots en italique, *voy.* ousse; avec les autres, usse

yce

bombyce

Voy. ice, isse,
ysse
et immisce-

de

ade

Bade
* gambade-
aubade
cade
cacade
estacade
saccade
décade
* barricade-
débarricade-
alcade
cavalcade
* estocade-
arcade
cascade
embuscade
muscade
façade
alidade
débandade
brandade
orangeade
oréade
fade
griffade
rebuffade
étouffade
gade
rhagade
brigade
demi-brigade
embrigade-
bourgade
bambochade
pochade
naïade
[*H.*] Alcibiade
[*H.*] Eurybiade
annonciade
[*H.*] Hérodiade
[*L.*] Iliade
jérémiade
* asclépiade
olympiade
triade
myriade
[*H.*] Miltiade
jade
calade
* escalade-
régalade
malade
garde-malade
salade
marmelade
pelade
raflade
sanglade
* estafilade-
défilade

enfilade
ballade
aillade
mitraillade
* taillade-
poincillade
œillade
grillade
persillade
fusillade
aiguillade
anguillade
accolade
dégringolade
rémolade
peuplade
reculade
bousculade
rémoulade
roulade
chamade
brimade
* pommade-
nomade
gourmade
esplanade
* (se) panade-
promenade
* Grenade
ménade
sérénade
capucinade
trivelinade
turlupinade
marinade
mazarinade
satinade
arlequinade
berquinade
pasquinade
carbonnade
gasconnade
pantalonnade
colonnade
canonnade
fanfaronnade
cotonnade
bastonnade
monade
limonade
caronade
cassonade
cantonade
escapade
* estrapade-
galopade
échappade
croupade
* rade-
mascarade
bigarade
algarade
charade
camarade
* parade-
pétarade
dérade-
grade
dégrade-

centigrade
[*G.*] Belgrade
* rétrograde-
tirade
dorade
bourrade
estrade
balustrade
daurade
poivrade
rasade
croisade
septembrisade
torsade
ambassade
passade
rassade
embrassade
anspessade
* palissade-
glissade
maussade
arquebusade
soufflelade
mousquetade
pintade
rodomontade
capilotade
incartade
stade
caristade
boutade
aiguade
saluade
escouade
moscouade
toquade
ruade
persuade-
dépersuade-
dissuade-
vade
bravade
s'évade-
thyade
noyade
dryade
hamadryade
Schéhérazade
cruzade

ède

aède
cède-
abcède-
accède-
succède-
recède-
décède-
prédécède-
précède-
concède-
procède-
rétrocède-
intercède-
excède-
tiède
[*G.*] Tolède
remède

[*H.*] Archimède
[*H.*] Nicomède
intermède
avelanède
[*I.*] Lacépède
bipède
vélocipède
solipède
palmipède
parallélipipède
fissipède
lagopède
quadrupède
exhérède-
obsède-
possède-
dépossède-
guède
[*G.*] Suède
* aide-
thébaïde
laide
plaide-
raide
s'entr'aide-
sous-aide

Tous ces mots riment ensemble plus Leyde et Z, à l'exception de thébaïde qui rime avec les mots en ide qui suivent et aussi yde

ide

tabide
morbide
acide
* Placide-
hydracide
décide
déicide
régicide
* homicide-
tyrannicide
parricide
fratricide
insecticide
infanticide
liberticide
*(se) suicide-
coïncide-
lucide
élucide-
translucide
candide
splendide
sordide
ophicléide
seide
bifide
quadrifide
trifide
perfide
égide

rigide
algide
arachide
sylphide
chrysalide
* valide-
revalide-
* invalide-
oxalide
élide-
éphélide
bolide
solide
consolide-
reconsolide-
épulide
amide
* pyramide-
cnémide
timide
intimide-
gnomide
humide
* Numide
[*M.*] Océanide
alfénide
saronide
amphictyonide
roide
froide
rhomboïde
ficoïde
hélicoïde
conchoïde
scaphoïde
siphoïde
xiphoïde
scorphoïde
typhoïde
alcaloïde
amygdaloïde
cycloïde
épicycloïde
métalloïde
cristalloïde
sigmoïde
ethmoïde
sphénoïde
glénoïde
arachnoïde
* conoïde
coronoïde
anthropoïde
androïde
héroïde
sphéroïde
astéroïde
choroïde
ellipsoïde
mastoïde
ovoïde
hyoïde
ichtyoïde
trapézoïde
lapide-
dilapide-
rapide
sapide
intrépide

Euripide
insipide
limpide
hispide
cupide
stupide
* ride-
aride
ascaride
cantharide
* bride-
tournebride
rebride-
débride-
hybride
déride-
doride
Floride
La Floride
putride
antiputride
torride
cariatide
fétide
carotide
parotide
bastide
[*H.*] Aristide
sans-culottide
abside
subside
réside-
préside-
apside
cuide-
* guide-
fluide
* liquide-
druide
* vide-
avide
dévide-
livide
survide-

Voy. yde

alde

Alde
scalde

ilde

Mathilde
tilde
Ste-Clotilde

olde

* solde-
demi-solde

ande

* bande-
sarabande
rebande-
contrebande
plate-bande
débande-
multiplicande
scande-
propagande
brigande-

se dégingande-
* marchande-
friande
affriande-
* viande-
lande
chalande
achalande-
désachalande-
houppelande
brelande-
glande
* Hollande-
Finlande
Irlande
guirlande
enguirlande-
Islande
mande-
amande
flamande
* demande-
redemande-
contremande-
* Allemande
quémande-
limande
* réprimande-
calmande
* commande-
recommande-
décommande-
Armande
normande
* gourmande-
Ferdinande
épande-
répande-
brande
offrande
grande
réintégrande
girande
jurande
faisande-
* truande-
lavande
prébende
descende-
redescende-
condescende-
dividende
fende-
refende-
défende-
pourfende-
légende
appréhende-
blende
* amende-
ramende-
sous-amende-
émende-
commende
pende-
vilipende-
repende-
dépende-
appende-

suspende-
rende-
révérende
tende-
retende-
étende-
détende-
prétende-
entende-
sous-entende-
distende-
sous-tende-
vende-
revende-
mévende-
provende
survende-

Inde

Inde
scinde-
rescinde-
dinde
poule d'Inde
blinde-
Olinde
pinde
brinde
* guinde-

onde

onde
* bonde-
abonde-
nauséabonde
* vagabonde-
surabonde-
débonde-
pudibonde
moribonde
furibonde
faconde
* seconde-
* féconde-
inféconde
rubiconde
* fonde-
refonde-
confonde-
profonde
parfonde-
morfonde-
gonde-
Frédégonde
Cunégonde
blonde
* monde-
mappemonde
émonde-
immonde
osmonde
Raymonde
inonde-
ponde-
réponde-
s'entre-réponde-
corresponde-
* ronde-
aronde
queue-d'aronde

* fronde-
gronde-
* Gironde
* sonde-
tonde-
retonde-
rotonde

ode

ode
code
diacode
inféode-
gode-
pagode
méthode
iode
voïode
périodo
mode
démode-
* commode
accommode-
raccommode-
* incommode-
synode
apode
myriapode
épode
dipode
antipode
lycopode
céphalopode
chénopode
gastéropode
(1) *rôde*-
brode-
érode-
Hérode
corrode-
électrode
épisode
rapsode
custode
vayvode
exode
voyode

arde

* barde-
hallebarde
débarde-
guimbarde
* bombarde-
lombarde
escobarde-
jobarde-
* carde-
placarde-
recarde-
Picarde
péricarde
bocarde-
cocarde
endocarde
brocarde-
darde-

1. *Voy.* aude.

pendarde
farde-
* cafarde-
blafarde
* garde-
hagarde
grand'garde
regarde-
arrière-garde
s'entre-regarde-
contre-garde
* sauvegarde
par mégarde
sous-garde
avant-garde
* harde-
écharde
pocharde
loucharde
* moucharde-
liarde-
briarde
criarde
jarde
larde-
papelarde
entrelarde-
mouflarde
gaillarde
paillarde
braillarde
billarde-
babillarde
oreillarde
pillarde
égrillarde
nasillarde
vétillarde
souillarde
gueularde
poularde
soularde
camarde
canarde-
panarde
* renarde-
* goguenarde-
bénarde
* cagnarde-
m'acagnarde-
campagnarde
montagnarde
* mignarde-
poignarde-
grognarde
hasarde-
* nasarde-
mansarde
pansarde
poissarde
* musarde-
tarde-
bâtarde
retarde-
pétarde-
vantarde
attarde-
outarde
moutarde
couarde
* bavarde-
savoyarde
fuyarde
* (se) lézarde-

erde

merde
perde-
saperde
reperde-

orde

* borde-
aborde-
reborde-
déborde-
transborde-
* corde-
tétracorde
pentacorde
heptacorde
hexacorde
accorde-
raccorde-
s'entr'accorde-
désaccorde-
recorde-
décorde-
miséricorde
* concorde-
monocorde
* discorde-
horde
morde-
remorde-
démorde-
torde-
retorde-
détorde-
distorde-
exorde

ourde

bourde
lambourde
gourde
hourde-
lourde
balourde
falourde
happelourde
coquelourde
sourde

urde

[G.] Kurde
absurde

esde

Dresde

aude

Aude
clabaude-
billebaude
thibaude
ribaude
moricaude
* badaude-
lourdaude
sourdaude
Limougeaude
rougeaude
échafaude-
gaude
* nigaude-
saligaude
* trigaude-
chaude
échaude-
main-chaude
salaude
blaude
* Claude
reine-claude
grimaude
penaude
* baguenaude-
chiquenaude
finaude
minaude-
quinaude
maraude-
taraude-
émeraude
* fraude-
noiraude
levraude-
pataude
bretaude-
* courtaude-
rustaude
ravaude-
marivaude-
galvaude-
aussi rôde-

eude

leude

ude

alude
élude-
* prélude-
postlude
dénude-
boude-
* *coude-*
s'accoude-
* *soude-*
consoude
dessoude-
ressoude-
rude
prude
Gertrude
transsude-
exsude-
étude
quiétude
inquiétude
désuétude
mansuétude
habitude
inhabitude
sollicitude
longitude
similitude
dissimilitude
solitude
amplitude
plénitude
décrépitude
lippitude
turpitude
lassitude
vicissitude
béatitude
latitude
platitude
gratitude
ingratitude
exactitude
inexactitude
rectitude
altitude
multitude
aptitude
inaptitude
promptitude
certitude
incertitude
attitude
servitude
bastude

yde

Leyde
Voy. ède et aide
chlamyde
* oxyde-
bioxyde
peroxyde
suroxyde-
désoxyde-
Voy. ide et thébaïde

bée

bée
abée
[*B.*] Machabée
syllabée-
scarabée
trabée
[*B.*] Bethsabée
imbibée
inhibée
prohibée
exhibée
jambée
* enjambée-
* flambée-
bombée-
incombée-
plombée-
déplombée-
surplombée-
tombée-
* retombée-
cobée
jacobée
gobée-
cohobée-
lobée
englobée-
bilobée
quadrilobée
trilobée
* (à la) dérobée-
ébarbée-
* gerbée-
engerbée-
herbée-
éherbée-
enherbée-
désherbée-
absorbée-
résorbée-
débourbée-
embourbée-
désembourbée-
courbée-
recourbée-
fourbée-
sigisbée
daubée-
cubée-
adoubée-
radoubée-
tubée-

cée

sébacée
herbacée
micacée
effacée-
agacée-
alliacée
foliacée
ammoniacée
farniacée
opiacée
jacée
lacée-
entrelacée-
délacée-
glacée-
enlacée-
violacée
placée-
replacée-
déplacée-
remplacée-
amylacée
grimacée
panacée
avénacée
saponacée
napacée
espacée-
poracée
tracée-
ostracée
papyracée
cétacée
crétacée
cucurbitacée
fromentacée
testacée
dépecée-
cavecée
rapiécée-
dépiécée-
gynécée
théodicée
policée-

[*G.*] Nicée
épicée-
Alcée
manigancée-
fiancée-
lancée-
balancée-
contre-balancée-
relancée-
* (s'est) élancée-
forlancée-
décontenancée-
financée-
ordonnancée-
garancée-
tancée-
distancée-
quittancée-
nuancée-
avancée-
devancée-
cadencée-
agencée-
ensemencée-
réensemencée-
commencée-
recommencée-
influencée-
émincée-
coincée-
pincée-
rincée-
grincée-
évincée-
foncée-
défoncée-
enfoncée-
renfoncée-
engoncée-
semoncée-
énoncée-
dénoncée-
annoncée-
prononcée-
poncée-
froncée-
défroncée-
[*M.*] Lyncée
[*G.*] Phocée
bercée-
gercée-
tiercée-
commercée-
* percée-
repercée-
entre-percée-
transpercée-
tercée-
retercée-
* exercée-
écorcée-
forcée-
s'efforcée-
renforcée-
amorcée-
divorcée-
fascée
immiscée-
saucée-
exaucée-
caducée
courroucée-
épucée-
sucée-
lycée
corycée

Voy. sée précédé d'une consonne et xée

dée

saccadée
barricadée-
débarricadée-
embrigadée-
escaladée-
estafiladée-
tailladée-
pommadée-
s'est panadée-
estrapadée-
radée-
dégradée-
palissadée-
persuadée-
dépersuadée-
dissuadée-
s'est évadée-
cédée-
abcédée-
recédée-
* décédée-
prédécédée-
précédée-
concédée-
rétrocédée-
excédée-
[*M.*] Médée
Amédée
exhérédée-
obsédée-
possédée-
dépossédée-
idée
aidée-
plaidée-
entr'aidée-
homicidée-
s'est suicidée-
élucidée-
affidée
validée-
revalidée-
invalidée-
élidée-
consolidée-
reconsolidée-
pyramidée-
intimidée-
lapidée-
dilapidée-
cuspidée-
ridée-
bridée-
rebridée-
débridée-
déridée-
floridée
guidée-
liquidée-
vidée-
dévidée-
survidée-
aldée
soldée-
bandée-
rebandée-
débandée-
scandée-
brigandée-
s'est dégingandée-
marchandée-
affriandée-
achalandée-
désachalandée-
glandée
hollandée-
enguirlandée-
mandée-
demandée-
redemandée-
contremandée-
quémandée-
réprimandée-
commandée-
recommandée-
décommandée-
gourmandée-
faisandée-
truandée-
appréhendée-
amendée-
ramendée-
sous-amendée-
émendée-
vilipendée-
[*G.*] Vendée
scindée-
rescindée-
blindée-
guindée-
* ondée
bondée-
débondée-
secondée-
fécondée-
fondée-
gondée-
dévergondée
mondée-
émondée-
inondée-
spondée
frondée-
grondée-
sondée-
inféodée-
godée-
iodée
démodée-
accommodée-
raccommodée-
incommodée-
[*M.*] Asmodée
brodée-
érodée-
corrodée-
* bardée-
débardée-
bombardée-
jobardée-
cardée-
placardée-
recardée-
bocardée-
brocardée-
dardée-
fardée-
cafardée-
gardée-
regardée-
entre-regardée-
sauvegardée-
hardée-
mouchardée-
lardée-
entrelardée-
billardée-
canardée-
s'est acagnardée-
mignardée-
poignardée-
hasardée-
nasardée-
mansardée
retardée-
pétardée-
attardée-
s'est lézardée-
vordée
* bordée-
abordée-
rebordée-
débordée-
transbordée-
cordée-
accordée-
raccordée-
entr'accordée-
désaccordée-
recordée-
décordée-
concordée-
discordée-
hourdée-
clabaudée-
échafaudée-
* échaudée-
maraudée-
taraudée-
fraudée-
levraudée-
bretaudée-
courtaudée-
ravaudée-
galvaudée-
[*G.*] Judée
éludée-
préludée-
dénudée-
boudée-
* coudée-
s'est accoudée-
soudée-
dessoudée-
ressoudée-
[*M.*] Tydée
oxydée-
suroxydée-
désoxydée-
protoxydée

éée

réée-
créée-
recréée-
récréée-
incréée
procréée-
gréée-
agréée-
ragréée-
désagréée-
dégréée-
guéée-

fée

fée
parafée-
agrafée-
ragrafée-
dégrafée-
gaffée-
fieffée-
greffée-
biffée-
s'est rebiffée-
coiffée-
recoiffée-
décoiffée-
griffée-
s'est agriffée-
ébouriffée-
suiffée-
étoffée-
chauffée-
échauffée-
réchauffée-
surchauffée-
* bouffée-
* étouffée-
truffée
tarifée-
attifée-
lofée-

Voy. phée

gée

agée
saccagée-
encagée-
gagée-
dégagée-
engagée-
réengagée-
rengagée-
treillagée-
grillagée-
soulagée-
imagée-
dédommagée-
endommagée-
hommagée-
apanagée-

ménagée-
aménagée-
déménagée-
emménagée-
surnagée-
propagée-
ombragée-
arréragée-
dragée
naufragée-
enragée-
fourragée-
affourragée-
outragée-
découragée-
encouragée-
ouvragée-
présagée-
dévisagée-
envisagée-
passagée-
étagée-
avantagée-
désavantagée-
partagée-
repartagée-
départagée-
copartagée-
quartagée-
ravagée-
[M.] Egée
assiégée-
allégée-
arpégée-
abrégée-
agrégée-
désagrégée-
protégée-
Aggée
rédigée-
figée-
obligée-
coobligée
entr'obligée-
désobligée-
affligée-
infligée-
négligée-
colligée-
fumigée-
érigée-
périgée
dirigée-
corrigée-
recorrigée-
mitigée-
fustigée-
exigée-
vendangée-
changée-
rechangée-
échangée-
mélangée-
mangée-
remangée-
entre-mangée-
démangée-
rangée-
dérangée-

frangée-
grangée
engrangée-
orangée
arrangée-
essangée-
louangée-
vengée-
singée-
longée-
allongée-
rallongée-
prolongée-
* plongée-
replongée-
forlongée-
épongée-
rongée-
songée-
laryngée
logée-
délogée-
apogée
hypogée
abrogée-
subrogée-
[M.] Androgée
prorogée-
s'est arrogée-
interrogée-
chargée-
rechargée-
déchargée-
surchargée-
lithargée
margée-
émargée-
hébergée-
s'est gobergée-
submergée-
émergée-
immergée-
aspergée-
détergée-
abstergée-
vergée-
divergée-
envergée-
forgée-
reforgée-
* gorgée-
égorgée-
dégorgée-
entr'égorgée-
engorgée-
désengorgée-
s'est rengorgée-
augée
escourgée
purgée-
expurgée-
s'est insurgée-
jaugée-
saugée
jugée-
subjugée-
adjugée-
s'est déjugée-
méjugée-

préjugée-
bougée-
grugée-
égrugée-

chée

cachée-
écachée-
hachée-
contre-hachée-
panachée-
empanachée-
harnachée-
enharnachée-
déharnachée-
crachée-
recrachée-
arrachée-
trachée
amourachée-
sachée
ensachée-
tachée-
détachée-
entachée-
attachée-
rattachée-
soutachée-
cravachée-
bâchée-
rabâchée-
fâchée-
défâchée-
gâchée-
lâchée-
relâchée-
mâchée-
remâchée-
tâchée-
léchée-
alléchée-
s'est pourléchée-
méchée-
repéchée-
ébréchée-
séchée-
asséchée-
desséchée-
bêchée-
pêchée-
dépêchée-
empêchée-
prêchée-
fichée-
affichée-
clichée-
* nichée-
dénichée-
défrichée-
trichée-
entichée-
s'est déhanchée-
démanchée-
s'est endimanchée-
emmanchée-
remmanchée-
désemmanchée-
épanchée-
ébranchée-

embranchée-
tranchée-
retranchée-
étanchée-
revanchée-
penchée-
* jonchée-
décochée-
encochée-
hochée-
piochée-
effilochée-
guillochée-
pochée-
dépochée-
empochée-
rempochée-
* brochée-
débrochée-
embrochée-
accrochée-
raccrochée-
décrochée-
reprochée-
approchée-
rapprochée-
* trochée
bavochée-
archée
cherchée-
recherchée-
perchée-
écorchée-
torchée-
fourchée-
affourchée-
enfourchée-
ébauchée-
débauchée-
embauchée-
* fauchée-
refauchée-
* chevauchée-
buchée-
débuchée-
s'est rembuchée-
s'est embuchée-
huchée-
juchée-
déjuchée-
peluchée-
épluchée-
* bouchée-
abouchée-
rebouchée-
débouchée-
embouchée-
* couchée-
accouchée-
recouchée-
douchée-
mouchée-
remouchée-
émouchée-
effarouchée-
touchée-
retouchée-
ruchée-
cruchée

phée

paraphée-
nymphée
trophée
apostrophée-
[M.] Orphée
[M.] Morphée
coryphée
[M.] Typhée

Voy. fée

rhée

[M.] Rhée
arrhée-
diarrhée

Voy. rée

thée

athée
[M.] Galathée
[M.] Épiméthée
[M.] Prométhée
[M.] Amalthée
[M.] Anthée
[M.] Timothée
Dorothée

Voy. tée

iée

labiée
bilabiée
stibiée
émaciée
graciée-
disgraciée-
dépréciée-
appréciée-
maléficiée
officiée-
suppliciée-
justiciée-
viciée-
circonstanciée-
licenciée-
quintessenciée-
négociée-
associée-
coassociée
désassociée-
remerciée-
sciée-
fasciée
s'est souciée-
radiée-
irradiée-
dédiée-
congédiée
intermédiée-
* expédiée-
réexpédiée-
incendiée-
mendiée-
stipendiée-
amodiée-
psalmodiée-
parodiée-
répudiée-

étudiée-
planchéiée-
s'est fiée-
rubéfiée-
défiée-
madéfiée-
s'est méfiée-
tuméfiée-
stupéfiée-
raréfiée-
torréfiée-
• putréfiée-
liquéfiée-
barbifiée-
pacifiée-
spécifiée-
dulcifiée-
* crucifiée-
édifiée-
réédifiée-
acidifiée-
solidifiée-
lapidifiée-
mondifiée-
codifiée-
modifiée-
déifiée-
gazéifiée-
palifiée-
salifiée-
qualifiée-
disqualifiée-
mollifiée-
amplifiée-
simplifiée-
ramifiée-
momifiée-
panifiée-
lénifiée-
magnifiée-
se lignifiée-
signifiée-
personnifiée-
bonifiée-
saponifiée-
s'est carnifiée-
unifiée-
scarifiée-
saccharifiée-
clarifiée-
lubrifiée-
sacrifiée-
vérifiée-
scorifiée-
glorifiée-
corporifiée-
terrifiée-
pétrifiée-
vitrifiée-
purifiée-
falsifiée-
versifiée-
diversifiée-
classifiée-
ossifiée-
béatifiée-
ratifiée-
gratifiée-
stratifiée-

rectifiée-
sanctifiée-
fructifiée-
acétifiée-
identifiée-
notifiée-
certifiée-
fortifiée-
mortifiée
immortifiée
justifiée-
mystifiée-
vivifiée-
revivifiée-
solfiée-
confiée-
plagiée-
privilégiée-
élogiée-
s'est réfugiée-
télégraphiée-
calligraphiée-
lithographiée-
orthographiée-
sténographiée-
photographiée-
autographiée-
s'est atrophiée-
hypertrophiée-
liée-
oubliée-
publiée-
republiée-
reliée-
déliée-
ciliée
s'est domiciliée-
conciliée-
réconciliée-
affiliée-
humiliée-
résiliée-
* alliée-
palliée-
ralliée-
s'est mésalliée-
enliée-
foliée
parvifoliée
perfoliée
interfoliée-
exfoliée-
spoliée-
pliée-
repliée-
dépliée-
multipliée-
rempliée-
suppliée-
émiée-
niée-
maniée-
remaniée-
reniée-
déniée-
s'est ingéniée-
arséniée-
laciniée
calomniée-

antimoniée
excommuniée-
épiée-
copiée-
recopiée-
estropiée-
expiée-
inexpiée
cariée-
salariée-
* mariée-
remariée-
démariée-
pariée-
dépariée-
appariée-
rappariée-
désappariée-
contrariée-
notariée
variée-
avariée-
* criée-
décriée-
s'est récriée-
s'est écriée-
fériée
excoriée-
piloriée-
coloriée-
armoriée-
inventoriée-
historiée-
priée-
dépriée-
appropriée-
s'est désappropriée-
expropriée-
charriée-
triée-
rapatriée-
expatriée-
* striée-
injuriée-
qu'il siée-
rassasiée-
s'est extasiée-
châtiée-
initiée-
transsubstantiée-
différentiée-
amnistiée-
déviée-
enviée-
* conviée-

Voy. yée

kée

polkée-
masurkée-
Voy. quée

lée

cabalée-
brimbalée-
trimbalée-
calée-
écalée-
décalée-

intercalée-
affalée-
galée
égalée-
régalée-
halée-
inhalée-
exhalée-
signalée-
palée
empalée-
salée-
dessalée-
talée-
étalée-
détalée-
avalée-
ravalée-
chevalée-
dévalée-
azalée
hâlée-
déhâlée-

Avec ces mots tous les lée mais de préférence précédés d'une voyelle ou d'un r

blée

accablée-
chablée-
endiablée-
jablée-
sablée-
ensablée-
désensablée-
tablée
établée-
s'est attablée-
câblée-
râblée-
criblée-
amblée-
d'emblée
tremblée-
* assemblée-
rassemblée-
désassemblée-
comblée-
meublée-
remeublée-
démeublée-
affublée-
doublée-
redoublée-
dédoublée-
rendoublée-
troublée-

clée

* raclée-
bâclée-
débâclée-
sarclée-
cerclée-
recerclée-

décerclée-
bouclée-
débouclée-
[*M.*] Euryclée

dlée

puddlée-

elée

barbelée
celée-
décelée-
ficelée-
déficelée-
amoncelée-
harcelée-
morcelée-
ensorcelée-
désensorcelée-
modelée-
cordelée-
* gelée-
regelée-
* dégelée-
congelée-
dessemelée-
ressemelée-
s'est pommelée-
grommelée-
jumelée
s'est grumelée-
s'est engrumelée-
grenelée-
crénelée-
annelée-
cannelée-
tonnelée-
pelée-
chapelée-
épelée-
appelée-
réappelée-
rappelée-
s'est entr'appelée-
carrelée-
recarrelée-
décarrelée-
bourrelée-
ciselée-
boisselée
bosselée-
fuselée
muselée-
démuselée-
* batelée-
* râtelée-
dételée-
gantelée-
enchantelée-
démantelée-
dentelée-
potelée
côtelée
écartelée-
martelée-
s'est encastelée-
attelée-
réattelée-
brettelée-

bottelée-
craquelée
javelée-
enjavelée-
* clavelée
gravelée
tavelée-
échevelée
déchevelée-
nivelée-
* grivelée-
écervelée
cuvelée-
renouvelée-

Avec ces mots ainsi que les suivants, tous les lée mais de préférence précédés d'une voyelle ou d'un r

sphacélée
recélée-
hélée-
[*M.*] Pélée
révélée-
zélée
fêlée-
mêlée-
remêlée-
entremêlée-
démêlée-
emmêlée-
* grêlée-
engrêlée-

flée

raflée-
éraflée-
afflée
mafflée-
sifflée-
soufflée-
essoufflée-
insufflée
giflée-
écorniflée-
riflée-
persiflée-
enflée-
renflée-
désenflée-
gonflée-
regonflée-
dégonflée-
giroflée
marouflée-
boursouflée-
emmitouflée-

glée

réglée-
déréglée-
étranglée-
sanglée-
dessanglée-
cinglée-
épinglée-
tringlée-
onglée
aveuglée-
désaveuglée-

ilée

ailée
filée-
défilée-
tréfilée-
affilée-
d'affilée
effilée-
enfilée-
renfilée-
désenfilée-
profilée-
parfilée-
faufilée-
éfaufilée-
annihilée-
[*G.*] Galilée
assimilée-
étoilée
s'étoilée-
entoilée-
rentoilée-
voilée-
dévoilée-
s'est envoilée-
pilée-
épilée-
dépilée-
horripilée-
empilée-
compilée-
opilée-
désopilée-
[*M.*] Penthésilée
ensilée-
ventilée-
mutilée-
huilée-
ruilée-
exilée-

Avec ces mots tous les lée, mais de préférence précédés d'une voyelle ou d'un r

llée

* allée-
ballée-
déballée-
emballée-
remballée-
désemballée-
dallée-
contre-allée
tallée-
installée-
réinstallée-
vallée
s'est rebellée-
libellée-
pédicellée
parcellée-
scellée-
descellée-
contre-scellée-
flagellée-
emmiellée-
niellée-
lamellée
pellée
interpellée-
coupellée-
querellée-
s'est entre-querellée-
sellée-
ensellée
dessellée-
écuellée
ruellée-
truellée
baillée-
entre-bâillée-
caillée-
écaillée-
médaillée-
marchandaillée-
maillée-
chamaillée-
émaillée-
rimaillée-
remmaillée-
encanaillée-
dépenaillée-
grenaillée-
tenaillée-
sonnaillée-
tournaillée-
paillée-
dépaillée-
empaillée-
rempaillée-
raillée-
* *s'est débraillée-*
éraillée-
déraillée-
tiraillée-
hourraillée-
mitraillée-
cisaillée-
grisaillée-
gueusaillée-
taillée-
retaillée-
s'est entre-taillée-
détaillée-
répétaillée-
avitaillée-
ravitaillée-
entaillée-
enfutaillée-
disputaillée-
fouaillée-
gouaillée-
jouaillée-
travaillée-
retravaillée-
écrivaillée-
babillée-
habillée-
rhabillée-
déshabillée-
dégobillée-
cillée-
pénicillée
verticillée
oscillée-
brandillée-
s'est fendillée-
mordillée-
corbeillée-
ensoleillée-
dépareillée-
appareillée-
rappareillée-
désappareillée-
conseillée-
déconseillée-
teillée-
* *veillée-*
éveillée-
réveillée-
émerveillée-
surveillée-
sigillée
achillée
smillée-
échenillée-
cochenillée-
pillée-
grapillée-
estampillée-
éparpillée-
gaspillée-
houspillée-
étoupillée-
grillée-
essorillée-
étrillée-
nasillée-
brasillée-
brésillée-
grésillée-
s'égosillée-
persillée-
boursillée-
dessillée-
roussillée-
fusillée-
bousillée-
titillée-
pointillée-
artillée-
tortillée-
détortillée-
entortillée-
désentortillée-
bastillée-
embastillée-
encastillée-
distillée-
instillée-
apostillée-
émoustillée-
sautillée-
outillée-
* *feuillée-*
défeuillée-
effeuillée-
aiguillée-
ouillée-
gribouillée-
barbouillée-
débarbouillée-
embarbouillée-
écarbouillée-
bredouillée-
débredouillée-
fouillée-
refouillée-
affouillée-
farfouillée-
mouillée-
remouillée-
s'est agenouillée-
quenouillée
pouillée-
épouillée-
dépouillée-
rouillée-
brouillée-
débrouillée-
embrouillée-
dérouillée-
enrouillée-
verrouillée-
déverrouillée-
souillée-
chatouillée-
gazouillée-
quillée-
s'est maquillée-
coquillée-
recoquillée-
écarquillée-
chevillée-
s'est recroquevillée-
collée-
recollée-
décollée-
encollée-
équipollée-
branlée-
ébranlée-
carambolée-
racolée-
accolée-
récolée-
bricolée-
dolée-
gondolée-
lancéolée
urcéolée
alvéolée
affolée-
dégringolée-
bariolée-
affriolée-
vitriolée
étiolée-
pétiolée
violée-
cajolée-
enjôlée-
immolée-
fignolée-
interpolée-
cassorolée

désolée-
isolée-
insolée
consolée-
inconsolée
assolée-
dessolée-
rissolée-
mausolée
rafistolée-
* volée-
revolée-
s'envolée-
frôlée-
enrôlée-
trôlée-
contrôlée-

Avec ces mots tous les lée, de préférence ceux précédés d'une voyelle ou d'un r

plée

triplée-
contemplée-
décuplée-
peuplée-
repeuplée-
dépeuplée-
nonuplée-
couplée-
accouplée-
désaccouplée-
* découplée-
quadruplée-
octuplée-
centuplée-
quintuplée-
septuplée-
sextuplée-

rlée

parlée-
reparlée-
ferlée-
déferlée-
perlée-
hurlée-
ourlée-

Avec ces mots tous les lée, de préférence ceux précédés d'une voyelle

ulée

gaulée-
chaulée-
échaulée-
* épaulée-
démantibulée-
subulée
tubulée
culée
éjaculée-
maculée-
immaculée
acculée-
reculée-
éculée-
fasciculée
pédiculée
vermiculée
paniculée
immatriculée-
auriculée
réticulée
articulée-
biarticulée
inarticulée
désarticulée-
onguiculée
claviculée
calculée-
pédonculée
inoculée-
operculée
basculée-
bousculée-
adulée-
acidulée-
ondulée-
modulée-
esculée
* gueulée-
égueulée-
coagulée-
ongulée-
jugulée-
simulée-
dissimulée-
stimulée-
formulée-
cumulée-
accumulée-
campanulée
granulée-
annulée-
saboulée-
éboulée-
giboulée
blackboulée-
échauboulée
* coulée-
écoulée-
découlée-
roucoulée-
* foulée-
refoulée-
goulée
engoulée-
moulée-
démoulée-
s'est vermoulée-
surmoulée-
ampoulée
roulée-
croulée-
écroulée-
déroulée-
enroulée-
soûlée-
ou saoulée-
dessoûlée-
manipulée-
stipulée-
brûlée-
congratulée-
récapitulée-
intitulée-
postulée-
stylée-

Avec ces mots tous les lée, de préférence ceux précédés d'une voyelle ou d'un r

mée

amée
camée
damée-
dédamée-
famée
affamée-
diffamée-
malfamée
amalgamée-
lamée
blâmée-
acclamée-
déclamée-
réclamée-
proclamée-
s'est exclamée-
plamée
* ramée-
framée
tramée-
étamée-
rétamée-
entamée-
rentamée-
pâmée-
semée-
parsemée-
clairsemée
sursemée-
ressemée-
blasphémée-
[*H.*] Ptolémée
[*M.*] Némée
crémée-
écrémée-
s'est décarêmée-
pygmée
rythmée-
* aimée-
bien-aimée
s'est entr'aimée-
essaimée-
abîmée-
écimée-
décimée-
dîmée-
s'est rédimée-
limée-
sublimée-
s'est élimée-
mimée-
animée-
inanimée-
ranimée-
envenimée-
rimée-
brimée-
[*G.*] Crimée
escrimée-
périmée-
s'est grimée-
dirimée-
primée-
déprimée-
réprimée-
imprimée-
réimprimée-
comprimée-
opprimée-
supprimée-
exprimée-
arrimée-
victimée-
légitimée-
intimée-
estimée-
mésestimée-
maximée-
almée
calmée-
accalmée
palmée
spalmée-
enflammée-
s'est renflammée-
gommée-
dégommée-
nommée-
* renommée-
dénommée-
prénommée
surnommée-
susnommée
pommée-
sommée-
consommée-
assommée-
innomée
chômée-
diplômée
* armée-
s'est gendarmée-
charmée-
alarmée-
désarmée-
fermée-
refermée-
affermée-
sous-affermée-
enfermée-
renfermée-
germée-
affirmée-
infirmée-
confirmée-
formée-
reformée-
déformée-
réformée-
difformée-
informée-
conformée-
chloroformée-
transformée-
* gourmée-
enthousiasmée-
embaumée-
chaumée-
déchaumée-
paumée-
empaumée-
écumée-
[*M.*] Eumée
* fumée-
enfumée-
parfumée-
humée-
inhumée-
enrhumée-
désenrhumée-
transhumée-
exhumée-
allumée-
rallumée-
* plumée-
déplumée-
emplumée-
s'est remplumée-
embrumée-
résumée-
présumée-
consumée-
assumée-
costumée-
apostumée-
accoutumée-
réaccoutumée-
inaccoutumée-
désaccoutumée

née

née-
haubanée-
* rubanée-
chicanée-
boucanée-
succédanée
fanée-
effanée-
profanée-
ahanée-
glanée-
aplanée-
émanée-
panée-
trépanée-
safranée-
Méditerranée
basanée-
charlatanée-
satanée
simultanée
instantanée
momentanée
spontanée
cutanée
intercutanée
sous-cutanée
prytanée

s'est pavanée-
ânée
forcenée
affenée-
* halenée-
aveugle-née
* menée-
amenée-
ramenée-
remenée-
s'est démenée-
malmenée-
emmenée-
remmenée-
promenée-
surmenée-
Renée
enchifrenée-
grenée-
égrenée-
* gangrenée-
engrenée-
désengrenée-
assenée-
[*H.*] Enée
ébénée-
morigénée-
hydrogénée-
oxygénée-
désoxygénée-
athénée
aliénée-
abaliénée-
[*M.*] Idoménée
* Hyménée
carénée-
crénée-
rassérénée-
refrénée-
effrênée
rengrénée-
haquenée
gênée-
gagnée-
regagnée-
accompagnée-
imprégnée-
ignée
baignée-
daignée-
dédaignée-
aplaignée-
araignée
* *saignée-*
ressaignée-
indignée-
engeignée-
* *peignée-*
malpeignée
enseignée-
renseignée-
lignée
alignée-
clignée-
enlignée-
interlignée-
forlignée-
soulignée-
éloignée-
témoignée-
poignée-
empoignée-
soignée-
signée-
contresignée-
désignée-
résignée-
consignée-
assignée-
réassignée-
soussignée
égratignée-
guignée-
provignée-
* *cognée-*
recognée-
rencognée-
hognée-
rognée-
s'est refrognée-
s'est renfrognée-
grognée-
embesognée
épargnée-
éborgnée-
lorgnée-
aînée
dégainée-
engainée-
rengainée-
chaînée-
déchaînée-
enchaînée-
renchaînée-
désenchaînée-
lainée
drainée-
égrainée-
* traînée-
entraînée-
rentraînée-
binée-
carabinée-
robinée-
combinée-
bobinée-
turbinée
racinée
déracinée-
enracinée-
vaccinée-
revaccinée-
médecinée-
calcinée-
Dulcinée
fascinée-
hallucinée-
dînée
rondinée-
s'est dodinée-
jardinée-
baleinée
peinée-
chanfreinée-
veinée-
affinée-
raffinée-
imaginée-
paginée-
marginée-
albuginée
ruginée-
chinée-
machinée-
* échinée-
câlinée-
pralinée-
déclinée-
inclinée-
dodelinée-
zinzolinée-
disciplinée-
indisciplinée
boulinée-
moulinée-
minée-
laminée-
foraminée
contaminée-
examinée-
géminée
cheminée
acheminée-
parcheminée
contre-minée-
efféminée-
disséminée-
éliminée-
incriminée-
fulminée-
abominée-
dominée-
prédominée-
innominée
carminée-
terminée-
déterminée-
prédéterminée-
indéterminée
exterminée-
acuminée
illuminée
enluminée-
ruminée-
bituminée-
rapinée-
chopinée-
inopinée
taupinée
turlupinée-
oscarinée-
enfarinée-
marinée-
amarinée-
serinée-
entérinée-
chagrinée-
terrinée
endoctrinée-
burinée-
tambourinée
emmagasinée-
ensaisinée-
avoisinée-
envoisinée
cuisinée-
organsinée-
bassinée-
assassinée-
dessinée-
houssinée-
ébousinée-
cousinée-
matinée
ratinée-
gratinée-
s'est ratatinée-
satinée-
piétinée-
guillotinée-
s'est obstinée-
* destinée-
prédestinée
festinée
butinée-
lutinée-
agglutinée-
conglutinée-
s'est mutinée-
routinée
* Guinée
embéguinée-
embabouinée-
baragouinée-
puinée
quinée
taquinée-
mannequinée
emmannequinée-
acoquinée-
maroquinée-
damasquinée-
bouquinée-
ruinée-
bruinée-
* vinée-
avinée-
ravinée-
devinée-
alevinée-
envinée
* damnée-
dédamnée-
condamnée-
année
bannée-
enrubannée-
cannée
empannée-
surannée
tannée-
rouannée-
vannée-
pennée
empennée-
étrennée-
moyennée-
innée
pinnée
abonnée-
charbonnée-
braconnée-
gasconnée-
façonnée-
maçonnée-
caparaçonnée-
rançonnée-
charançonnée-
étançonnée-
poinçonnée-
tronçonnée-
étronçonnée-
soupçonnée-
désarçonnée-
façonnée-
* donnée-
s'est adonnée-
redonnée-
fredonnée-
s'est entre-donnée-
amidonnée-
abandonnée-
randonnée
brandonnée-
bondonnée-
débondonnée-
échardonnée-
lardonnée-
pardonnée-
guerdonnée-
ordonnée-
subordonnée-
insubordonnée-
cordonnée-
coordonnée-
bourdonnée-
drageonnée-
badigeonnée-
bourgeonnée-
ébourgeonnée-
plafonnée-
chiffonnée-
griffonnée-
bouffonnée-
parangonnée-
fourgonnée-
bougonnée-
mâchonnée-
bichonnée-
folichonnée-
* cochonnée-
torchonnée-
bouchonnée-
capuchonnée-
s'est encapuchonnée-
gabionnée-
camionnée-
espionnée-
occasionnée-
approvisionnée-
émulsionnée-
pensionnée-
passionnée-
impressionnée-
commissionnée-
permissionnée-
soumissionnée-
fusionnée-
illusionnée-
désillusionnée-
contusionnée-
collationnée-
rationnée-
actionnée-
fractionnée-

affectionnée-
désaffectionnée-
confectionnée-
perfectionnée-
collectionnée-
sectionnée-
frictionnée-
sanctionnée-
s'est concrétionnée-
ambitionnée-
additionnée-
conditionnée-
munitionnée-
amunitionnée-
perquisitionnée-
mentionnée-
susmentionnée
intentionnée
malintentionnée
attentionnée
subventionnée-
émotionnée-
proportionnée-
disproportionnée-
bastionnée-
congestionnée-
questionnée-
cautionnée-
s'est précautionnée-
révolutionnée-
mixtionnée-
galonnée-
jalonnée-
talonnée-
étalonnée-
sablonnée-
houblonnée-
échelonnée-
mamelonnée
poêlonnée
pilonnée-
ballonnée-
bâillonnée-
vermillonnée-
carillonnée-
émérillonnée
sillonnée-
nasillonnée-
étrésillonnée-
tâtillonnée-
échantillonnée-
aiguillonnée-
bouillonnée-
brouillonnée-
égravillonnée-
écouvillonnée-
boulonnée-
marmonnée-
sermonnée-
ânonnée-
canonnée-
déguignonnée-
maquignonnée-
friponnée-
cramponnée-
tamponnée-
pomponnée-
harponnée-
godronnée-

chaudronnée
goudronnée-
quarderonnée-
chaperonnée-
déchaperonnée-
enchaperonnée-
éperonnée-
environnée-
marronnée-
patronnée-
citronnée
plastronnée-
fleuronnée
couronnée-
découronnée-
sonnée-
blasonnée-
liaisonnée-
maisonnée
déraisonnée-
assaisonnée-
dessaisonnée-
cloisonnée-
empoisonnée-
grisonnée-
emprisonnée-
désemprisonnée-
chansonnée-
personnée
moissonnée-
empoissonnée-
rempoissonnée-
écussonnée-
tonnée-
bâtonnée-
tâtonnée-
étonnée-
bétonnée-
mitonnée-
capitonnée-
cantonnée-
chantonnée-
entonnée-
s'est cotonnée-
pelotonnée-
cartonnée-
festonnée-
testonnée-
boutonnée-
reboutonnée-
déboutonnée-
moutonnée-
savonnée-
rayonnée-
crayonnée-
gazonnée-
regazonnée-
carbonée
bicarbonée
cotylédonée
* acotylédonée
téléphonée-
[M.] Dionée
ramonée-
scammonée
saumonée
époumonée-
macaronée
erronée

prônée-
détrônée-
dissonée-
* zonée-
ozonée
dyspnée
carnée
incarnée
s'est incarnée-
acharnée-
écharnée-
décharnée-
marnée-
bernée-
cernée-
décernée-
concernée-
discernée-
modernée-
casernée-
alternée-
internée-
consternée-
s'est prosternée-
gouvernée-
ornée-
bornée-
abornée-
subornée
* cornée-
écornée-
décornée-
encornée
flagornée-
fournée
défournée-
enfournée-
journée
ajournée-
réajournée-
* tournée-
atournée-
retournée-
détournée-
chantournée-
contournée-
bistournée-
mort-née
* aunée-
alunée-
falunée-
* Fortunée
infortunée
importunée-

pée

décapée-
enchapée-
lapée-
napée
drapée-
étrapée-
attrapée-
rattrapée-
râpée-
sapée-
* tapée-
retapée-
* recepée-

épée
cépée
porte-épée
crêpée-
anticipée-
émancipée-
chipée-
* pipée-
ripée-
fripée-
étripée-
dissipée-
constipée-
* équipée-
scalpée-
palpée-
inculpée-
disculpée-
pulpée-
campée-
décampée-
* lampée-
étampée-
estampée-
* trempée-
retrempée-
détrempée-
grimpée-
* Pompée-
trompée-
détrompée-
estompée-
parmacopée
syncopée-
télescopée-
éthopée
Cassiopée
éclopée-
mélopée
épopée
ripopée
prosopopée
onomatopée
happée-
* échappée-
réchappée-
frappée-
refrappée-
s'est entre frappée-
égrappée-
lippée
nippée-
grippée-
agrippée-
choppée-
échoppée-
développée-
enveloppée-
renveloppée-
[H.] Poppée
stoppée-
huppée
houppée
escarpée
* harpée-
écharpée-
extirpée-
usurpée-
jaspée-

crispée-
occupée-
réoccupée-
préoccupée-
inoccupée-
désoccupée
dupée-
coupée-
recoupée-
entrecoupée-
découpée-
surcoupée-
houpée-
poupée
groupée-
agroupée-
attroupée-
étoupée-
stéréotypée-
daguerréotypée-

rée

rée-
effarée-
garée-
égarée-
déclarée-
marée
raz-de-marée
contre-marée
chasse-marée
parée-
accaparée-
déparée-
réparée-
préparée-
séparée-
s'est emparée-
s'est remparée-
désemparée-
comparée-
tarée-

Avec ces mots tous les rée, de préférence ceux précédés d'une voyelle ou d'un r plus arrhée et Rhée,

brée

s'est cabrée-
délabrée-
sabrée-
célébrée-
invertébrée
zébrée-
calibrée-
équilibrée-
déséquilibrée
ambrée-
cambrée-
* chambrée-
membrée
démembrée-
timbrée-
ombrée-
obombrée-

décombrée-
encombrée-
désencombrée-
nombrée-
dénombrée-
sombrée-
marbrée-
élucubrée-

crée

crée-
nacrée-
sacrée-
consacrée-
massacrée-
recrée-
récrée-
exécrée-
ancrée-
échancrée-
désancrée-
encrée-
procrée-
involucrée
sucrée-

drée

encadrée-
madrée
Andrée
calandrée-
germandrée
* cendrée
engendrée-
cylindrée-
bondrée
effondrée-
poudrée-
dépoudrée-
saupoudrée-

erée

pallerée
cuillerée
panerée

Avec ces mots et les suivants tous les rée, mais de préférence ceux précédés d'une voyelle ou d'un r aussi arrhée et Rhée

aérée-
libérée-
délibérée-
indélibérée
obérée-
réverbérée-
acérée-
lacérée-
délacérée-
macérée-
ulcérée-
exulcérée-
incarcérée-
* fédérée-
confédérée-
considérée-
déconsidérée-
inconsidérée
modérée-
immodérée
déférée-
référée-
préférée-
différée-
vociférée-
pestiférée
inférée
conférée
proférée
transférée-
gérée-
exagérée-
suggérée-
digérée-
ingérée-
jachérée-
éthérée
[M.] Cythérée
aciérée-
maniérée
* arriérée-
aiguiérée
accélérée-
tolérée-
agglomérée-
conglomérée-
énumérée-
[M.] Nérée
régénérée-
vénérée-
incinérée-
exonérée-
rémunérée-
repérée-
tempérée-
intempérée
opérée-
exaspérée-
espérée-
inespérée-
désespérée-
s'est récupérée-
vitupérée-
insérée-
déblatérée-
s'est invétérée-
réitérée-
oblitérée-
altérée-
inaltérée
désaltérée-
adultérée-
avérée-
révérée-

frée

balafrée-
galimafrée
* bâfrée-
chiffrée-
déchiffrée-
empiffrée-
coffrée-
encoffrée-
engouffrée-
gaufrée-
ensoufrée-
aussi camphrée-

grée

grée-
agrée-
simagrée
ragrée-
désagrée-
dégrée-
réintégrée-
vinaigrée-
émigrée-
immigrée-
dénigrée-
tigrée
maugrée-

phrée

* camphrée-

Voy. frée

rée

airée
affairée
éclairée-
flairée-
cirée-
adirée-
déchirée-
s'est entre-déchirée-
mirée-
admirée-
s'est entr'admirée-
moirée-
poirée
soirée
[G.] Le Pirée
empirée-
spirée
aspirée-
respirée-
inspirée-
conspirée-
soupirée-
expirée-
* Désirée-
tirée-
retirée-
contre-tirée-
étirée-
détirée-
attirée-
soutirée-
chavirée-

Avec ces mots et les suivants tous les rée de préférence ceux précédés d'une voyelle ou d'un autre r plus Rhée et arrhée

denrée
orée
[M.] Borée
élaborée-
corroborée-
arborée-
hyperborée
[G.] Corée
décorée-
chicorée
* picorée-
édulcorée
* dorée-
adorée-
redorée-
dédorée-
odorée-
subodorée-
mordorée
surdorée-
forée-
perforée-
imperforée
chorée
phosphorée
protophosphorée
améliorée-
détériorée-
majorée-
déflorée-
chlorée
colorée-
décolorée-
éplorée
déplorée-
implorée-
explorée-
inexplorée
[G.] Morée
remémorée-
commémorée-
timorée
ignorée-
honorée-
déshonorée-
évaporée-
incorporée-
réincorporée-
désincorporée-
essorée-
expectorée-
dévorée-
s'est entre-dévorée-

prée

diaprée-
épamprée-
pourprée
empourprée-

rée

barrée-
billebarrée-
débarrée-
rembarrée-
carrée-
contrecarrée-
bicarrée
bigarrée-
charrée
amarrée-
chamarrée-
démarrée-
narrée-
ferrée-
referrée-
déferrée-
enferrée-
pierrée
épierrée-
empierrée-
serrée-
enserrée-
desserrée-
resserrée-
terrée-
déterrée-
enterrée-
atterrée-
verrée
abhorrée-
* beurrée-
leurrée-
* bourrée-
débourrée-
embourrée-
rembourrée-
* fourrée-

Avec ces mots tous les rée mais de préférence ceux précédés d'une voyelle plus Rhée et arrhée

trée

s'est opiniâtrée-
idolâtrée-
plâtrée-
replâtrée-
métrée-
kilométrée-
pénétrée-
pétrée
dépétrée-
impétrée-
perpétrée-
salpêtrée-
empêtrée-
guêtrée-
enchevêtrée-
arbitrée-
récalcitrée-
mitrée-
chapitrée-
titrée-
attitrée
vitrée-
filtrée-
s'est infiltrée-
* entrée-
concentrée-
* rentrée-
ventrée
éventrée-

cintrée-
décintrée-
contrée
rencontrée-
montrée-
remontrée-
démontrée-
encastrée-
cadastrée-
orchestrée-
séquestrée-
bistrée-
registrée-
enregistrée-
administrée-
lustrée-
délustrée-
illustrée-
frustrée-
lettrée
illettrée
s'est vautrée-
feutrée-
calfeutrée-
outrée-
accoutrée-
raccoutrée-

rée

urée
mijaurée
saurée-
centaurée
restaurée-
instaurée-
protocarburée
* curée-
écurée-
récurée-
procurée-
* durée-
endurée-
indurée
iodurée
fleurée-
affleurée-
effleurée-
pleurée-
demeurée-
écœurée-
apeurée
épeurée
figurée-
défigurée-
configurée-
transfigurée-
augurée-
inaugurée-
machurée-
jurée-
abjurée-
adjurée-
conjurée-
s'est parjurée-
délurée
murée-
armurée-
contre-murée-
claquemurée-
démurée-
murmurée-
labourée-
échauffourée
gourée-
ajourée
s'est énamourée-
entourée-
savourée-
purée
apurée-
épurée-
dépurée-
protochlorurée
mesurée-
démesurée
remesurée-
censurée-
tonsurée-
assurée-
rassurée-
pressurée-
courbaturée-
caricaturée-
prématurée
dénaturée-
raturée-
saturée-
facturée-
manufacturée-
fracturée-
conjecturée-
voiturée-
triturée-
aventurée-
peinturée-
clôturée-
capturée-
torturée-
bouturée-
couturée-
azurée-

Avec ces mots tous les rée mais de préférence ceux précédés d'une voyelle ou d'un r plus Rhée et arrhée

vrée

navrée-
sevrée-
enfiévrée-
* livrée-
délivrée-
enivrée-
désenivrée-
poivrée-
cuivrée-
manœuvrée-
* désœuvrée-
* ouvrée-
recouvrée-

rée

empyrée
Voy. irée

sée

basée-
casée-
blasée-
rasée-
arasée-
brasée-
ébrasée-
embrasée-
écrasée-
paraphrasée-
s'est extravasée-
évasée-
transvasée-
* pesée-
empesée-
désempesée-
soupesée-
billevesée
[*M.*] Thésée
diésée-
lésée-
alésée-
blésée-
aisée
baisée-
s'est entre-baisée-
biaisée-
déniaisée-
malaisée
glaisée-
anglaisée-
apaisée-
braisée-
fraisée-
graisée-
mortaisée-
emmortaisée-
hébraïsée-
bisée-
tabisée-
grécisée-
précisée-
laïcisée-
* francisée-
incisée-
exorcisée-
excisée-
catéchisée-
balisée-
alcalisée-
localisée-
vocalisée-
scandalisée-
idéalisée-
réalisée-
égalisée-
légalisée-
spécialisée-
matérialisée-
immatérialisée-
trivialisée-
animalisée-
s'est formalisée-
canalisée-
criminalisée-
nationalisée-
dénationalisée-
s'est coalisée-
fédéralisée-
généralisée-
minéralisée-
moralisée-
démoralisée-
centralisée-
décentralisée-
neutralisée-
pluralisée-
naturalisée-
dénaturalisée-
nasalisée-
universalisée-
capitalisée-
totalisée-
brutalisée-
individualisée-
actualisée-
spiritualisée-
dévalisée-
fleurdelisée-
[*B.*] Elisée
évangélisée-
caramélisée-
mobilisée-
immobilisée-
stérilisée-
volatilisée-
subtilisée-
fertilisée-
utilisée-
inutilisée
civilisée-
incivilisée
métallisée-
cristallisée-
tranquillisée-
symbolisée-
[*H.*] Colisée
bémolisée-
nolisée-
alcoolisée-
monopolisée-
ridiculisée-
macadamisée-
tamisée-
remisée-
économisée-
anatomisée-
phlébotomisée-
uniformisée-
chloroformisée-
anisée-
mécanisée-
républicanisée-
volcanisée
vulcanisée-
organisée-
réorganisée-
désorganisée-
italianisée-
christianisée-
germanisée-
humanisée-
tympanisée-
botanisée-
galvanisée-
féminisée-
latinisée-
crétinisée-
divinisée-
indemnisée-
tyrannisée-
solennisée-
carbonisée-
préconisée-
adonisée-
colonisée-
s'est harmonisée-
canonisée-
impatronisée-
intronisée-
modernisée-
éternisée-
subalternisée-
boisée-
reboisée-
déboisée-
framboisée-
ardoisée
dégoisée-
moisée-
chamoisée-
* croisée-
s'est entre-croisée-
décroisée-
toisée-
patoisée-
pavoisée-
apprivoisée-
sinapisée
risée
solidarisée-
vulgarisée-
s'est gargarisée-
familiarisée-
polarisée-
sécularisée-
particularisée-
régularisée-
s'est singularisée-
popularisée-
dépopularisée-
militarisée-
charivarisée-
brisée-
éthérisée-
caractérisée-
cautérisée-
pulvérisée-
frisée-
refrisée-
défrisée-
grisée-
* égrisée-
dégrisée-
vert-de-grisée
s'est irisée-
satirisée-
elléborisée
herborisée-
météorisée-
allégorisée-
vaporisée-

temporisée-
terrorisée-
autorisée-
favorisée-
* prisée-
reprisée-
déprisée-
méprisée-
cicatrisée-
électrisée-
symétrisée-
maîtrisée-
monseigneurisée-
caricaturisée-
porphyrisée-
martyrisée-
médiatisée-
dramatisée-
anathématisée-
systématisée-
stigmatisée-
aromatisée-
achromatisée-
rhumatisée
fanatisée-
démocratisée-
prophétisée-
synthétisée-
émétisée-
magnétisée-
démonétisée-
poétisée-
dépoétisée-
galantisée-
cotisée-
baptisée-
rebaptisée-
débaptisée-
expertisée-
courtisée-
attisée-
déguisée-
aiguisée-
amenuisée-
puisée-
épuisée-
* visée-
avisée-
malavisée
slavisée-
s'est ravisée-
revisée-
divisée-
subdivisée-
improvisée-

Voy. les sée précédés de voyelle et zée

sée

valsée-
compulsée-
expulsée-
convulsée
dansée-
pansée-
censée
acensée-
accensée-
recensée-
encensée-
condensée-
offensée-
* pensée-
repensée-
dépensée-
arrière-pensée
compensée-
récompensée-
dispensée-
sensée
insensée

Voy. sée précédé de consonne cée et xée

sée

osée-
dosée-
métamorphosée-
glosée-
* ankylosée-
s'est anastomosée-
ecchymosée-
posée-
juxtaposée-
reposée-
entreposée-
déposée-
préposée-
imposée-
composée-
recomposée-
décomposée-
surcomposée
proposée-
apposée-
réapposée-
opposée-
supposée-
présupposée-
superposée
s'est interposée-
disposée-
prédisposée-
indisposée-
transposée-
exposée-
rosée
nécrosée-
couperosée-
arrosée-

Voy. sée précédé de voyelle et zée

sée

éclipsée-
hersée-
* Persée
dispersée-
tersée-
retersée-
versée-
traversée-
retraversée-
bouleversée-
reversée-
déversée-
malversée-
renversée-
controversée-
corsée
déboursée-
emboursée-
remboursée-
cassée-
fracassée-
tracassée-
recassée-
* fricassée-
concassée-
avocassée-
chassée-
rechassée-
enchâssée-
pourchassée-
lassée-
échalassée-
classée-
* déclassée-
matelassée-
délassée-
s'est prélassée-
massée-
amassée-
damassée-
ramassée-
cadenassée-
traînassée-
* passée-
estrapassée-
repassée-
contre-passée-
outrepassée-
dépassée-
trépassée-
compassée-
surpassée-
harassée-
* brassée-
embrassée-
crassée-
décrassée-
encrassée-
tirassée-
cuirassée-
s'est encuirassée-
débarrassée-
embarrassée-
terrassée-
sassée-
ressassée-
tassée-
rapetassée-
entassée-
crevassée-
cessée-
* fessée-
confessée-
professée-
blessée-
caressée-
dressée-
adressée-
redressée-
intéressée-
coïntéressée
désintéressée-
transgressée-
pressée-
empressée
s'est empressée-
oppressée-
tressée-
baissée-
abaissée-
rabaissée-
rebaissée-
surbaissée
décaissée-
encaissée-
rencaissée-
affaissée-
laissée-
délaissée-
graissée-
dégraissée-
engraissée-
rengraissée-
bissée-
mégissée-
hissée-
lissée-
palissée-
dépalissée-
clissée
éclissée-
glissée-
treillissée-
plissée-
replissée-
déplissée-
coulissée
vernissée-
poissée-
empoissée-
froissée-
tapissée-
épissée-
lambrissée-
s'est hérissée-
tissée-
pâtissée-
ratissée-
apetissée-
rapetissée-
détissée-
écuissée-
esquissée-
vissée-
dévissée-
embossée-
cossée-
écossée-
adossée-
extradossée
* rossée-
* brossée-
* crossée-
carrossée
désossée-
faussée-
s'est défaussée-
s'est gaussée-
haussée-
* chaussée-
rez-de-chaussée
déchaussée-
sénéchaussée
rechaussée-
maréchaussée
enchaussée-
rehaussée-
surhaussée-
exhaussée-
s'est mussée-
éclaboussée-
houssée-
émoussée-
s'est trémoussée-
poussée-
repoussée-
s'est entre-poussée-
rebroussée-
troussée-
retroussée-
détroussée-
odyssée

Voy. sée précédé d'une consonne cée et xée

sée

usée-
causée-
nausée
pausée-
abusée-
désabusée-
arquebusée-
accusée-
coaccusée
s'entr'accusée-
récusée-
excusée-
gracieusée-
creusée-
recreusée-
gueusée-
* fusée-
refusée-
infusée-
transfusée-
éclusée-
* musée-
amusée-
jalousée-
blousée-
* épousée-
ventousée-
rusée-
décrusée-
dépaysée-
analysée-
paralysée-
Elysée
Colysée

Voy. sée précédé de voyelle et zée

tée
abatée
datée-
antidatée-
mandatée-
postdatée-
calfatée
sulfatée
phosphatée
[*M.*] Galatée
éclatée-
relatée-
frelatée-
dilatée-
platée
translatée-
matée-
casematée-
acclimatée-
déclimatée-
colmatée-
épatée-
ratée-
hydratée
dératée-
constatée-
ouatée-
cravatée-
bâtée-
débâtée-
embâtée-
gâtée-
hâtée-
mâtée-
démâtée-
pâtée
empâtée-
appâtée-
tâtée-
retâtée-
* lactée-
* bractée-
réfractée-
détractée-
rétractée-
contractée-
affectée-
infectée-
désinfectée-
objectée-
injectée-
délectée-
humectée-
respectée-
inspectée-
suspectée-
* dictée
édictée-
gobetée-
rapiécetée-
vergetée-
achetée-
cachetée-
décachetée-
rachetée-
tachetée-
pochetée-
crochetée-
fourchetée
mouchetée-
démouchetée-
* jetée-
rejetée-
s'est déjetée-
projetée-
interjetée-
forjetée-
surjetée-
soufflетée-
filetée-
pelletée
pailletée
feuilletée-
refeuilletée-
colletée-
décolletée-
guillemetée-
trompetée-
charretée
jarretée
époussetée-
claquetée-
paquetée-
dépaquetée-
empaquetée-
craquetée-
béquetée-
déchiquetée-
encliquetée-
briquetée-
tiquetée
étiquetée-
marquetée-
parquetée-
savetée-
brévetée-
hébétée-
empiétée-
inquiétée-
reflétée-
complétée-
décomplétée-
admonétée-
répétée-
appétée-
barétée-
décrétée-
sécrétée-
concrétée-
frétée-
affrétée-
interprétée-
mésinterprétée-
têtée-
embêtée-
fêtée-
écrêtée-
prêtée-
apprêtée-
arrêtée-
étêtée-
* entêtée-
quêtée-
acquêtée-
requêtée-
s'enquêtée-
doigtée-
affaîtée-
enfaîtée-
renfaîtée-
souhaitée-
laitée
allaitée-
traitée-
retraitée-
maltraitée-
sous-traitée-
habitée-
inhabitée
cohabitée-
débitée-
citée-
récitée-
précitée
licitée-
félicitée-
sollicitée-
incitée-
suscitée-
ressuscitée-
excitée-
surexcitée-
éditée-
rééditée-
méditée-
préméditée-
créditée-
accréditée-
décréditée-
discréditée-
commanditée-
gîtée-
agitée-
digitée
ingurgitée-
litée
alitée-
délitée-
habilitée-
réhabilitée-
débilitée-
facilitée-
poplitée
imitée-
limitée-
délimitée-
illimitée
nitée-
déboîtée-
emboîtée-
remboîtée-
exploitée-
inexploitée
convoitée-
décapitée-
dépitée-
précipitée-
abritée-
inabritée
déshéritée-
méritée-
imméritée
effritée-
irritée-
hésitée-
visitée-
s'est entre-visitée-
transitée-
nécessitée-
usitée
inusitée
nuitée
s'est anuitée-
ébruitée-
effruitée-
truitée
gravitée-
* évitée-
invitée-
réinvitée-
désinvitée-
exaltée-
veltée-
récoltée-
révoltée-
auscultée-
résultée-
insultée-
consultée-
[*M.*] Antée
décantée-
brocantée-
enfantée-
gantée-
dégantée-
hantée-
chantée-
rechantée-
enchantée-
désenchantée-
ensanglantée-
brillantée-
plantée-
replantée-
déplantée-
implantée-
supplantée-
transplantée-
diamantée-
aimantée-
vantée-
épouvantée-
entée-
innocentée-
* dentée
édentée-
accidentée-
incidentée-
endentée-
rudentée
régentée-
diligentée-
argentée-
désargentée-
fientée-
orientée-
désorientée-
impatientée-
violentée-
médicamentée-
s'est lamentée-
réglementée-
ornementée-
passementée-
mouvementée
cémentée-
agrémentée-
fragmentée-
augmentée-
cimentée-
enrégimentée-
alimentée-
complimentée-
expérimentée-
inexpérimentée
commentée-
fomentée-
fermentée-
assermentée-
tourmentée-
argumentée-
instrumentée-
arpentée-
charpentée-
serpentée-
rentée-
apparentée-
arrentée-
s'est absentée-
présentée-
représentée-
tentée-
patentée-
intentée-
contentée-
mécontentée-
sustentée-
fréquentée-
infréquentée
ventée-
éventée-
inventée-
reintée
éreintée-
teintée-
s'est accointée-
jointée
ajointée-
court-jointée
pointée-
contre-pointée-
épointée-
appointée-
désappointée-
tintée-
contée-
racontée-
éhontée
déhontée
* montée-
remontée-
démontée-
surmontée-
affrontée-
effrontée
confrontée-
empruntée-
ôtée-
rabotée-
sabotée-
ribotée-
barbotée-
cotée-
accotée-

chicotée-
délicotée-
picotée-
fricotée-
tricotée-
asticotée-
suçotée-
dotée-
fagotée-
dégotée-
ravigotée-
argotée-
cahotée-
crachotée-
chuchotée-
foliotée-
mijotée-
tremblotée-
pelotée-
amatelotée-
sanglotée-
* pilotée-
démaillotée-
emmaillotée-
remmaillotée-
complotée-
dorlotée-
escamotée-
notée-
dénotée-
mignotée-
grignotée-
annotée-
potée
clapotée-
tapotée-
dépotée-
chipotée-
galipotée-
tripotée-
empotée-
rempotée-
tarotée
numérotée-
sirotée-
* Protée
chevrotée-
baisotée-
assotée-
rassotée-
votée-
buvotée-
azotée
captée-
adaptée-
acceptée-
interceptée-
exceptée-
sculptée-
exemptée-
comptée-
recomptée-
décomptée-
s'est mécomptée-
escomptée-
domptée-
indomptée-
adoptée-
écartée-

encartée-
essartée-
concertée-
déconcertée-
désertée-
escortée-
confortée-
déconfortée-
réconfortée-
exhortée-
* portée-
reportée-
* déportée-
colportée-
emportée-
remportée-
importée-
réimportée-
comportée-
apportée-
rapportée-
supportée-
transportée-
exportée-
réexportée-
avortée-
heurtée-
s'est aheurtée-
s'est entre-aheurtée-
écourtée-
contrastée-
dévastée-
estée-
manifestée-
infestée-
lestée-
délestée-
molestée-
admonestée-
empestée-
restée-
détestée-
contestée-
protestée-
attestée-
zestée-
dépistée-
contristée-
attristée-
s'est désistée-
assistée-
coexistée-
accostée-
postée-
apostée-
dépostée-
ripostée-
tarabustée-
flibustée-
dégustée-
ajustée-
rajustée-
désajustée-
incrustée-
enkystée
s'est enkystée-
chattée-
jattée
lattée-

délattée-
flattée-
nattée-
dénattée-
barattée-
grattée-
regrattée-
facettée-
endettée-
s'est rendettée-
émiettée-
assiettée
rénettée-
frettée-
regrettée-
aigrettée
levrettée
guettée-
fouettée-
* brouettée-
sagittée
quittée-
acquittée-
s'est racquittée-
bottée-
caillebottée-
s'est rebottée-
débottée-
marcottée-
ligottée-
hottée
calottée-
décalottée-
flottée-
ballottée-
culottée-
déculottée-
émottée-
emmottée
marmottée-
emmenottée-
carottée-
crottée-
décrottée-
* frottée-
garrottée-
frisottée-
* buttée-
s'est huttée-
gouttée-
égouttée-
dégouttée-
panneautée-
biseautée-
sautée-
ressautée-
tuyautée-
* butée-
rebutée-
culbutée-
persécutée-
exécutée-
inexécutée
charcutée-
percutée-
répercutée-
discutée-
ameutée-
futée

réfutée-
irréfutée
affûtée-
chutée-
verjutée-
lutée-
talutée-
blutée-
délutée-
flûtée-
involutée
convolutée-
minutée-
aoûtée-
boutée-
aboutée-
reboutée-
contre-boutée-
déboutée-
coûtée-
écoutée-
redoutée-
goûtée-
ragoûtée-
dégoûtée-
caoutchoutée-
ajoutée-
rajoutée-
cloutée-
veloutée-
filoutée-
* cailloutée-
broutée-
écroûtée-
encroûtée-
déroutée-
voûtée-
envoûtée-
députée-
réputée-
amputée-
imputée-
supputée-
disputée-
recrutée-
scrutée-
prétextée-

Voy. thée

uée

buée
rétribuée-
distribuée-
attribuée-
écobuée-
évacuée-
graduée-

Voy. huée, luée, **muée**, nuée, puée, ruée, suée, tuée et aussi ouée.

guée

guée-
baguée-
daguée-
blaguée-
élaguée-
draguée-
léguée-
déléguée-
subdéléguée-
reléguée-
préléguée-
alléguée-
endiguée-
prodiguée-
liguée-
briguée-
irriguée-
intriguée-
fatiguée-
instiguée-
promulguée-
divulguée-
écanguée-
haranguée-
ralinguée-
étalinguée-
seringuée-
bastinguée-
distinguée-
zinguée-
dialoguée-
cataloguée-
homologuée-
droguée-
arguée-
carguée-
rédarguée-
larguée-
narguée-
s'est targuée-
enverguée-
morguée-
subjuguée-
conjuguée-

uée

* huée-
saluée-
évaluée-
abluée-
fluée-
influée-
gluée-
dégluée-
engluée-
diluée-
polluée-
évoluée-
remuée-
commuée
transmuée-
* nuée-
dénuée-
atténuée-
exténuée-
diminuée-
sinuée
insinuée-
continuée-
discontinuée-

Voy. buée, cuée, duée,

puée, ruée,
suée, tuée et
aussi ouée

ouée

bouée
embouée-
accouée-
secouée-
rocouée-
douée-
amadouée-
fouée
bafouée-
engouée-
houée-
échouée-
déchouée-
* jouée-
rejouée-
déjouée-
enjouée
louée-
clouée-
reclouée-
déclouée-
enclouée-
désenclouée-
relouée-
s'est entre-louée-
flouée-
afflouée-
renflouée-
allouée-
sous-louée-
nouée-
* renouée-
énouée-
dénouée-
* rouée-
rabrouée-
ébrouée-
écrouée-
encrouée
enrouée-
désenrouée-
* trouée-
pimpesouée
* touée-
tatouée-
vouée-
avouée-
désavouée-
dévouée-

Voy. tous les uée non précédés de g et de q

puée

conspuée-

Voy. uée

quée

caquée-
encaquée-
claquée-
* flaquée-
plaquée-
s'est estomaquée-
baraquée-
braquée-
craquée-
traquée-
détraquée-
taquée-
attaquée-
macquée-
pacquée-
becquée-
abecquée-
embecquée-
béquée-
abéquée-
s'est rebéquée-
déféquée-
hypothéquée-
réséquée-
disséquée-
alambiquée-
abdiquée-
revendiquée-
indiquée-
trafiquée-
chiquée-
obliquée-
ombiliquée
répliquée-
impliquée-
compliquée-
appliquée-
inappliquée
expliquée-
inexpliquée
communiquée-
piquée-
repiquée-
dépiquée-
fabriquée-
imbriquée
étriquée-
pratiquée-
politiquée-
critiquée-
authentiquée-
décortiquée-
excortiquée-
astiquée-
mastiquée-
domestiquée-
sophistiquée-
diagnostiquée-
pronostiquée-
encaustiquée-
rustiquée-
calquée-
contre-calquée-
décalquée-
défalquée-
inculquée-
débanquée-
flanquée-
efflanquée-
manquée-
s'est requinquée-
tronquée-
s'est emberlucoquée-
suffoquée-
choquée-
s'est entre-choquée-
bloquée-
débloquée-
effiloquée-
colloquée-
ploquée-
interloquée-
disloquée-
s'est moquée-
croquée-
escroquée-
défroquée-
enfroquée-
troquée-
toquée-
évoquée-
révoquée-
invoquée-
convoquée-
provoquée-
* arquée-
débarquée-
embarquée-
rembarquée-
désembarquée-
marquée-
remarquée-
contre-marquée-
démarquée-
parquée-
déparquée-
remorquée-
détorquée-
rétorquée-
extorquée-
casquée
masquée-
démasquée-
confisquée-
risquée-
mosquée
busquée-
débusquée-
offusquée-
musquée-
brusquée-
éduquée-
reluquée-
embouquée-

Voy. kée

uée

décruée-
obstruée-
désobstruée-
* suée-
bossuée-
tuée-
infatuée-
désinfatuée-
statuée-
effectuée-
ponctuée-
s'est entre-tuée-
perpétuée-
habituée-
réhabituée-
déshabituée-
située-
substituée-
destituée-
restituée-
instituée-
constituée-
reconstituée-
prostituée-
accentuée-
s'est évertuée-
tortuée-

Voy. buée, cuée, duée, huée, luée, muée, nuée, puée et aussi ouée

vée

bavée-
* cavée-
décavée-
encavée-
excavée-
gavée-
lavée-
emblavée-
remblavée-
enclavée-
désenclavée-
relavée-
délavée-
pavée-
repavée-
dépavée-
bravée-
gravée-
aggravée-
engravée-
dépravée-
travée
entravée-
désentravée-
achevée-
inachevée
parachevée-
* levée-
relevée-
élevée-
prélevée-
surélevée-
enlevée-
mainlevée-
champlevée-
soulevée-
crevée-
grevée-
dégrevée-
rêvée-
clivée-
enjolivée-
rivée-
dérivée-
privée-
* arrivée-
mésarrivée-
lessivée-
activée-
invectivée-
cultivée-
motivée-
captivée-
esquivée-
suivée-
avivée-
ravivée-
lovée-
rénovée-
innovée-
[*H.*] Mérovée
nervée-
énervée-
observée-
inobservée
réservée-
préservée-
conservée-
corvée
uvée
sauvée-
* cuvée-
décuvée-
encuvée-
œuvée
abreuvée-
treuvée-
* couvée-
louvée-
mouvée-
prouvée-
reprouvée-
éprouvée-
réprouvée-
improuvée-
approuvée-
désapprouvée-
trouvée-
retrouvée-
controuvée-
* étuvée-
interviewée-

xée

malaxée-
relaxée-
taxée-
surtaxée-
annexée-
vexée-
fixée-
luxée-

Voy. cée et sée précédé de consonne

yée

égayée-
bégayée-
layée-
balayée-
déblayée-
remblayée-
relayée-
délayée-
monnayée-
payée-
impayée
surpayée-

rayée-
brayée-
frayée-
défrayée-
effrayée-
enrayée-
désenrayée-
essayée-
ressayée-
étayée-
cartayée-
aiguayée-
zézayée-
grasseyée-
langueyée-
ondoyée-
coudoyée-
soudoyée-
rudoyée-
choyée-
ployée-
reployée-
éployée
déployée-
employée-
remployée-
atermoyée-
noyée-
bornoyée-
tournoyée-
broyée-
foudroyée-
charroyée-
corroyée-
octroyée-
fossoyée-
grossoyée-
chatoyée-
fêtoyée-
apitoyée-
jointoyée-
rejointoyée-
côtoyée-
festoyée-
nettoyée-
tutoyée-
dégravoyée-
dévoyée-
* envoyée-
renvoyée-
convoyée-
fourvoyée-
ennuyée-
désennuyée-
appuyée-
essuyée-
ressuyée-

zée

gazée-
s'est enlizée-
bronzée-
Voy. sée précédé d'une voyelle

afe

carafe
* parafe-
patarafe
* agrafe-
ragrafe-
dégrafe-
girafe
* gaffe-
* piaffe-
naffe
Voy. aphe

effe

fieffe-
* greffe-
Voy. èphe, aussi F

iffe

biffe-
rebiffe-
chiffe
* *coiffe-*
recoiffe-
décoiffe-
* griffe-
s'agriffe-
escogriffe
hippogriffe
ébouriffe-
suiffe-
Voy. ife, iphe et yphe

offe

goffe
* étoffe-
Voy. ophe et aussi lofe et par licence les quatre suivants

auffe

* chauffe-
échauffe-
réchauffe-
surchauffe-

ouffe

* bouffe-
pouffe-
touffe
étouffe-
rouffe

uffe

* truffe-
aussi Tartufe

ife

calife
tarife-
pontife
attife-
Voy. iffe iphe et yphe

elfe

elfe
Guelfe
Voy. elphe

olfe

golfe
aussi Adolphe

ofe

lofe-
Voy. offe, et ophe

ufe

Tartufe
aussi truffe

age

* âge
bibâge
jambage
flambage
colombage
plombage
déplombage
gerbage
engerbage
herbage
cubage
eubage
tubage
cage
placage
* pacage-
* saccage-
marécage
applicage
encage-
bocage
blocage
déblocage
parcage
laçage
glaçage
rapiéçage
lançage
garançage
pinçage
rinçage
défonçage
ponçage
perçage
reterçage
écorçage
forçage
amorçage
adage
dévidage
bandage
marchandage
brigandage
achalandage
désachalandage
glandage
étendage
blindage
guindage
vagabondage
dévergondage
émondage
sondage
tendage
accommodage
raccommodage
débardage
cardage
bocardage
bavardage
bordage
abordage
cordage
accordage
tordage
hourdage
clabaudage
échafaudage
échaudage
taraudage
ravaudage
marivaudage
forgeage
jaugeage
manéage
péage
biffage
chauffage
réchauffage
attifage
* gage-
bagage
élagage
dégage-
langage
tangage
engage-
r(é)engage-
bastingage
zingage
mort-gage
rebâchage
gâchage
arrachage
séchage
affichage
clichage
branchage
piochage
guillochage
brochage
ébauchage
embauchage
fauchage
épluchage
bouchage
couchage
sarcophage
créophage
xylophage
zoophage
anthropophage
hippophage
œsophage
ichtyophage
[*G.*] Carthage
* verbiage-
sciage
planchéiage
reliage
alliage
bailliage
pliage
épiage
mariage
remariage
criage
coloriage
charriage
triage
rapatriage
seigneuriage
étiage
calage
halage
salage
étalage
détalage
avalage
établage
criblage
assemblage
doublage
débâclage
sarclage
cerclage
puddlage
gabelage
modelage
ressemelage
crénelage
pelage
carrelage
décarrelage
vasselage
bosselage
batelage
dételage
martelage
attelage
bottelage
javelage
cuvelage
démêlage
vêlage
soufflage
persiflage
boursouflage
réglage
cinglage
mucilage
filage
tréfilage
affilage
effilage
parfilage
entoilage
rentoilage
cartilage
ensilage
tussilage
huilage
déballage
emballage
remballage
désemballage
dallage
hallage
énallage
hypallage
niellage
écaillage
remmaillage

empaillage
rempaillage
babillage
habillage
rhabillage
mordillage
appareillage
désappareillage
* treillage-
teillage
cueillage
échenillage
cochenillage
pillage
estampillage
grappillage
gaspillage
* grillage-
sillage
bousillage
tillage
enfantillage
pointillage
tortillage
entortillage
pastillage
outillage
feuillage
effeuillage
aiguillage
ouillage
gribouillage
barbouillage
débarbouillage
mouillage
patrouillage
quillage
maquillage
coquillage
village
chevillage
collage
encollage
carambolage
racolage
accolage
écolage
gondolage
geôlage
batifolage
bariolage
volage
plage
remplage
parlage
ferlage
déferlage
gaulage
chaulage
naulage
maculage
coulage
foulage
moulage
remoulage
démoulage
surmoulage
roulage
* soulage-
brûlage
mage
* ramage-
étamage
rétamage
écrémage
* image-
essaimage
écimage
primage
arrimage
dommage
dédommage-
endommmage-
gommage
dégommage
* hommage-
chômage
fromage
fermage
affermage
chaumage
écumage
fumage
allumage
plumage
bitumage
* nage-
fanage
glanage
lamanage
panage
* apanage-
grenage
égrenage
engrenage
sassenage
* ménage-
aménage-
remue-ménage
déménage-
emménage-
carénage
crénage
gagnage
peignage
lignage
témoignage
barguignage
provignage
éborgnage
chaînage
lainage
drainage
parrainage
traînage
binage
robinage
concubinage
racinage
fascinage
badinage
baladinage
jardinage
finage
affinage
raffinage
chinage
salinage
patelinage
moulinage
minage
laminage
tabarinage
amarinage
pèlerinage
tambourinage
magasinage
emmagasinage
voisinage
organsinage
limosinage
cousinage
platinage
patinage
satinage
cabotinage
libertinage
béguinage
baragouinage
maroquinage
damasquinage
vinage
alevinage
échevinage
cannage
tannage
vannage
pennage
charbonnage
braconnage
maçonnage
poinçonnage
échardonnage
badigeonnage
plafonnage
griffonnage
parangonnage
camionnage
espionnage
étalonnage
billonnage
tatillonnage
canonnage
compagnonnage
maquignonnage
lantiponnage
baronnage
godronnage
goudronnage
charronnage
marronnage
cloisonnage
personnage
tonnage
bétonnage
cartonnage
savonnage
clayonnage
tabellionage
ramonage
patronage
pontonage
carnage
marnage
hivernage
bornage
cornage
fournage
enfournage
chantournage
surnage-
aunage
saunage
alunage
falunage
page
décapage
tapage
recepage
cépage
équipage
étampage
estampage
trempage
aréopage
propage-
frappage
égrappage
jaspage
coupage
découpage
stéréotypage
daguerréotypage
* rage-
garage
* parage
calibrage
timbrage
* ombrage-
ancrage
encrage
calandrage
cylindrage
passerage
aérage
aciérage
commérage
compérage
arrérage-
stérage
suffrage
saxifrage
gaufrage
* naufrage-
soufrage
éclairage
cirage
déchirage
mirage
moirage
tirage
étirage
soutirage
enrage-
orage
dorage
forage
épamprage
barrage
amarrage
démarrage
ferrage
déferrage
épierrage
terrage
atterrage
* fourrage-
affou(r)rage-
plâtrage
replâtrage
métrage
kilométrage
fenêtrage
salpêtrage
arbitrage
titrage
vitrage
filtrage
décintrage
ceintrage
cadastrage
lustrage
feutrage
calfeutrage
* outrage-
curage
écurage
récurage
affleurage
murage
labourage
courage
décourage-
encourage-
entourage
mesurage
pressurage
pâturage
voiturage
peinturage
bouturage
sevrage
cuivrage
* ouvrage-
sage
pesage
empesage
alésage
* présage-
balisage
macadamisage
tamisage
remisage
boisage
puisage
visage
dévisage-
envisage-
pansage
dosage
posage
rosage
arrosage
hersage
retersage
corsage
cassage
massage
* passage-
repassage
brassage
message
dressage
pressage
rencaissage

graissage
dégraissage
ourdissage
blanchissage
lissage
palissage
dépalissage
débouillissage
polissage
repolissage
dépolissage
plissage
déplissage
remplissage
garnissage
vernissage
brunissage
crépissage
décrépissage
lambrissage
équarrissage
atterrissage
nourrissage
pourrissage
pétrissage
dégrossissage
tissage
catissage
décatissage
ratissage
apprentissage
rôtissage
bleuissage
serfouissage
rouissage
vissage
dévissage
bossage
embossage
brossage
déchaussage
houssage
usage
creusage
non-usage
décrusage
paysage
[*G.*] Tage
abatage
embatage
calfatage
frelatage
dématage
colmatage
factage
rapiécetage
décachetage
brochetage
souchetage
valetage
cailletage
feuilletage
décolletage
furetage
époussetage
caquetage
paquetage
empaquetage
encliquetage
briquetage
parquetage
sauvetage
* étage-
apprêtage
étêtage
faîtage
renfaîtage
laitage
ermitage
héritage
évitage
veltage
décantage
brocantage
chantage
plantage
déplantage
* avantage-
davantage
* désavantage-
arpentage
parentage
pointage
épointage
racontage
montage
remontage
démontage
otage
cabotage
jabotage
barbotage
tricotage
radotage
fagotage
gargotage
ergotage
cahotage
agiotage
pelotage
amatelotage
* pilotage
ballotage
papillotage
escamotage
canotage
potage
clapotage
dépotage
tripotage
empotage
rempotage
numérotage
* partage-
repartage-
départage-
copartage-
quartage-
portage
colportage
courtage
stage
lestage
délestage
ajustage
battage
rebattage
lattage
grattage
regrattage
cottage
marcottage
flottage
culottage
émottage
marmottage
décrottage
frottage
garrottage
buttage
égouttage
biseautage
sautage
tuyautage
affûtage
ajutage
talutage
blutage
ajoutage
cailloutage
écobuage
remuage
nuage
fouage
affouage
échouage
louage
clouage
enclouage
désenclouage
afflouage
renflouage
rouage
touage
tatouage
caquage
pacquage
repiquage
dépiquage
remorquage
ressuage
lavage
emblavage
esclavage
délavage
pavage
repavage
dépavage
* ravage-
élevage
balivage
clivage
rivage
arrivage
lessivage
salvage
servage
sauvage
cuvage
décuvage
encuvage
breuvage
abreuvage
veuvage
balayage
délayage
monnayage
métayage
quayage
broyage
corroyage
fossoyage
nettoyage
* voyage-
essuyage
bronzage

odge

[*G.*] Cambodge

ège

solfège
* Liège
piège
[*G.*] Ariège
* siège-
assiège-
Saint-Siège
lège
spicilège
sacrilège
sortilège
privilège
* allège-
collège
manège
* arpège-
barège
abrège-
grège
agrège-
désagrège-
chorège
stratège
protège-
cortège
[*G.*] Norvège

Voy. *eige*, plus la forme interrogative de verbes à la 1re personne du singulier :
aimé-je
aimerai-je
finirai-je
ferai-je
croirai-je
etc.

ige

rédige-
prodige
beige
pleige
* *neige-*
perce-neige
fige-
lige
calige
oblige-
s'entr'oblige-
désoblige-
afflige-
inflige-
néglige-
collige-
volige
fumige-
quadrige
érige-
dirige-
corrige-
recorrige-
strige
transige-
tige
litige
mitige-
* voltige-
vertige
prestige
vestige
fustige-
exige-

Avec les mots en italique *voy.* ège, la forme interrogative de certains verbes : tombé-je, etc. — Avec ige, la même forme de verbes en is : dis-je...

elge

[*G.*] Belge

ange

ange
vidange
* vendange-
fange
* change-
* rechange-
* échange-
libre-échange
contre-échange
archange
lange
phalange
[*I.*] Michel-Ange
* mélange-
mange-
remange-
s'entre-mange-
démange-
range-
dérange-
* frange-
grange
engrange-
orange
arrange-
étrange
parasange
mésange
losange
essange-
fontange
* louange-

alkékenge
venge-
Plus la forme interrogative de verbes se terminant en ends : entends-je, etc...

inge
linge
Cominge
méninge
[*G.*] Thuringe
* singe-

onge
conge
* longe-
plate-longe
* allonge-
* rallonge-
* prolonge-
plonge-
replonge-
forlonge-
surlonge
[*I.*] Monge
* éponge-
* ronge-
oronge
* songe-
mensonge
[*G.*] Saintonge
axonge

oge
doge
paragoge
* loge-
éloge
déloge-
eucologe
nécrologe
martyrologe
horloge
Euloge
abroge-
allobroge
subroge-
déroge-
proroge-
s'arroge-
interroge-
toge
épitoge
Voy. auge

arge
* charge-
recharge-
* décharge-
* surcharge-
litharge
large
* marge-
émarge-
targe

erge
berge
* héberge-
alberge
flamberge
* goberge-
auberge
cierge
concierge
vierge
clerge
submerge-
émerge-
immerge-
* asperge-
serge
déterge-
absterge-
* verge-
porte-verge
diverge-
envergo-
converge-

orge
orge
* forge-
reforge-
* gorge-
rouge-gorge
coupe-gorge
regorge-
égorge-
dégorge-
s'entr'égorge-
engorge-
désengorge-
se rengorge-
sous-gorge
salorge

urge
Panurge
courge
* purge-
épurge
expurge-
s'insurge-
dramaturge
mélodramaturge
thaumaturge

auge
auge
bauge
* jauge-
sauge
patauge-
Voy. oge

uge
grabuge
refuge
vermifuge
fébrifuge
centrifuge
hydrofuge
subterfuge
transfuge
* juge-
subjuge-
franc-juge
adjuge-
se déjuge-
méjuge-
préjuge-
déluge
muge
* *bouge-*
gouge
rouge
carouge
infra-rouge
queue-rouge
gruge-
égruge-
Plus la forme interrogative de verbes en **us** : dus-je.

ache
ache
* cache-
cache-cache
écache-
rondache
mordache
[*G.*] Malgache
* hache-
contre-hache
porte-hache
ganache
* panache-
empanache-
grenache
barnache
harnache-
déharnache-
enharnache-
crache-
recrache-
arrache-
bourrache-
amourache-
sache-
ensache-
* tache-
patache
sabretache
détache-
entache-
pistache
Eustache
moustache
* attache-
rattache-
* soutache-
gouache
vache
bravache
* cravache-
aussi H

âche
* bâche-
rabâche-
fâche-
défâche-
* gâche-
* lâche-
* relâche-
* mâche-
remâche-
* tâche-

èche
bobèche
[*G.*] *Ardèche*
pie-grièche
calèche
flèche
[*G.*] La Flèche
allèche-
se pourlèche-
* *mèche-*
émèche-
flammèche
pèche-
repèche-
brèche
ébrèche-
crèche
drèche
* *sèche-*
assèche-
dessèche-
* bêche-
tête-bêche
pimbêche
* pêche-
garde-pêche
* dépêche-
campêche
empêche-
rêche
* prêche-
revêche
laîche
fraîche
quaiche

iche
biche
pied-de-biche
barbiche
godiche
seiche
* fiche-
contre-fiche
* affiche-
étanfiche
chiche
cliche-
pouliche
miche
* niche-
caniche
déniche-
péniche
corniche
pleurniche-
riche
friche
défriche-
bourriche
triche
[*G.*] Autriche
fétiche
entiche-
potiche
pastiche
hémistiche
postiche
acrostiche
derviche

elche
velche
ou welche

anche
anche
orobanche
hanche
se déhanche-
avalanche
* Blanche
éclanche
planche
* Manche
démanche-
dimanche
s'endimanche-
emmanche-
remmanche-
désemmanche-
épanche-
ranche
* branche-
Malebranche
ébranche-
embranche-
franche
[*G.*] Villefranche
* tranche-
retranche-
tanche
* étanche-
* revanche-
clenche
penche-
pervenche

onche
jonche-
* bronche-

oche
caboche
bamboche
* coche
sacoche
décoche-
ricoche-
* encoche-
* hoche-
[*H.*] Hoche
mioche
* pioche-
brioche
loche
baloche
galoche
taloche
* cloche-

floche
filoche
effiloche-
mailloche
guilloche-
aristoloche
médianoche
pignoche-
épinoche
* poche-
dépoche-
empoche-
rempoche-
roche
* broche-
tourne-broche
débroche-
embroche-
croche
accroche-
raccroche-
double croche
triple croche
quadruple croche
décroche-
anicroche
bancroche
proche
* reproche-
* approche-
rapproche-
arroche
basoche
bavoche-

arche
* arche
patriarche
* marche-
contre-marche
démarche

erche
cherche-
* recherche-
* perche-

orche
écorche-
porche
* torche-

ourche
* fourche-
affourche-
désaffourche-
enfourche-

auche
* ébauche-
* débauche-
embauche-
* fauche-
refauche-
gauche
chevauche-

uche
* bûche-
débuche-
trébuche-
embûche
se rembûche-
s'embûche-
* huche-
juche-
déjuche-
* peluche-
freluche
fanfreluche
coqueluche
pluche
épluche-
merluche
grenuche
* *bouche-*
abouche-
babouche
mouille-bouche
rebouche-
arrière-bouche
débouche-
embouche-
croquembouche
* *couche-*
accouche-
recouche-
découche-
* *douche-*
piédouche
* *louche-*
* *mouche-*
scaramouche
attrape-mouche
remouche-
émouche-
* *escarmouche-*
oiseau-mouche
* *farouche*
effarouche-
souche
* *touche-*
* *retouche-*
nitouche
* *cartouche*
capuche
* ruche-
lambruche
cruche
baudruche
perruche
autruche

aphe
pyroscaphe
* paraphe-
paragraphe
télégraphe
chorégraphe
calligraphe
épigraphe
micographe
lexicographe
chalcographe
géographe
paléographe
néographe
lithographe
orthographe
mythographe
biographe
hagiographe
bibliographe
historiographe
cristallographe
olographe
dactylographe
xylographe
sphygmographe
arithmographe
homographe
cosmographe
scénographe
sténographe
ichnographe
ethnographe
iconographe
phonographe
démonographe
pornographe
topographe
typographe
hydrographe
pantographe
photographe
cartographe
chartographe
autographe
phytographe
tachygraphe
polygraphe
épitaphe
cénotaphe
Voy. afe et affe

èphe
synalèphe
[*M.*] Télèphe
Josèphe
Voy. effe aussi F

iphe
[*B.*] Caïphe
logogriphe
Voy ife, iffe et yphe

elphe
diadelphe
monadelphe
didelphe
Voy. elfe

olphe
Adolphe
Voy. olfe

ylphe
sylphe

omphe
agomphe
* triomphe-

ymphe
lymphe
* nymphe

ophe
céphalophe
limitrophe
strophe
anastrophe
catastrophe
antistrophe
* apostrophe-
théosophe
* philosophe-
Voy. offe et aussi lofe

orphe
amorphe
anthropomorphe
isomorphe
polymorphe

yphe
triglyphe
hiéroglyphe
apocryphe
[*M.*] Sisyphe
Voy. ife, iffe et iphe

arrhe
arrhe-
catarrhe
Voy. are et arre

orrhe
[*B.*] Gomorrhe
Voy. ore et aure plus Bigorre et abhorre-

yrrhe
myrrhe
Voy. ire et yre, plus cirre, squire et Shakespeare

athe
Sainte-Agathe
prognathe
homéopathe
allopathe
spathe
Voy. ate et atte brefs.

œthe
[*I.*] Gœthe
Voy. eute

ithe
phyllithe
ostéolithe
zéolithe
phonolithe
monolithe
oolithe
zoolithe
hippolithe
aérolithe
chrysolithe
ichtyolithe
Voy. ite, itte, yte et aussi mythe

anthe
acanthe
pyracanthe
hélianthe
édrianthe
périanthe
[*M.*] Euryanthe
menthe
Voy. ante, ente et exempte-

inthe
térébinthe
jacinthe
Hyacinthe
plinthe
helminthe
[*G.*] Corinthe
labyrinthe
absinthe
Voy. inte

arthe
Marthe
[*G.*] Parthe
[*G.*] Sarthe
Voy. arte

erthe
Berthe
Voy. erte

eurthe
[*G.*] Meurthe
Voy. eurte, aussi flirte-

uthe
anacoluthe
Voy. ute bref et utte

ythe
mythe
Voy. ithe, ite, itte et yte

aie
aie-
* baie-
gaie
pagaie
zagaie
égaie-
bégaie-
haie
jonchaie
* laie-
balaie-
déblaie-
remblaie-
tremblaie

claie
prunelaie
relaie-
fontelaie
délaie-
plaie
saulaie
boulaie
maie
ormaie
chênaie
frênaie
au(l)naie
cannaie
* monnaie-
porte-monnaie
paie-
surpaie-
* raie-
* braie-
craie
coudraie
fougeraie
peupleraie
pommeraie
châtaigneraie
noiseraie
oseraie
roseraie
fraie-
défraie-
* effraie-
orfraie
enraie-
désenraie-
traie-
retraie-
rentraie-
portraie-
abstraie-
distraie-
soustraie-
extraie-
vraie
ivraie
fresaie
cerisaie
essaie-
ressaie-
saussaie
houssaie
taie
étaie-
cartaie-
futaie
aiguaie-
zézaie-
Voy. aye

aïe

aïe !
haïe-
entre-haïe-
[*B.*] Isaïe
Voy. ahie, uie, plus obéie et abbaye

bie

nababie
[*G.*] Arabie
amphibie
anglophobie
gallophobie
hydrophobie
aérobie
anaérobie
[*B.*] Tobie
[*G.*] Serbie
fourbie-
ébaubie
lubie
[*G.*] Nubie
subie-

cie

malacie
pharmacie
alopécie
étrécie-
rétrécie-
préjudicie-
bénéficie-
officie-
superficie
[*G.*] Galicie
Félicie
supplicie-
justicie-
vicie-
chancie-
rabdomancie
ornithomancie
arithmomancie
bibliomancie
alomancie
œnomancie
nécromancie
aéromancie
chiromancie
oniromancie
gyromancie
cartomancie
esquinancie
cynancie
rancie
circonstancie-
licencie-
quintessencie-
amincie-
négocie-
associe-
désassocie-
farcie-
remercie-
* éclaircie-
noircie-
renoircie-
enforcie-
obscurcie-
durcie-
endurcie-
rendurcie-
accourcie-
raccourcie-
turcie
* scie-
Lucie
doucie-
adoucie-
radoucie-
se soucie-

Voy. les sie précédés d'une consonne tie doux et xie

die

affadie-
maladie
radie-
irradie-
dédie-
tragédie
congédie-
tiédie-
attiédie-
remédie-
comédie
tragi-comédie
intermédie-
callipédie
orthopédie
encyclopédie
expédie-
réexpédie-
enlaidie-
désenlaidie-
raidie-
déraidie-
perfidie
[*G.*] Numidie
roidie-
déroidie-
froidie-
refroidie-
* Candie-
[*G.*] Normandie
brandie
grandie
agrandie
ragrandie
* incendie-
mendie-
stipendie-
rebondie-
approfondie-
arrondie-
mélodie
amodie-
* psalmodie-
palinodie
* parodie-
prosodie
rapsodie
vayvodie
[*G.*] Lombardie
[*G.*] Picardie
hardie
enhardie-
agaillardie-
ragaillardie-
abâtardie-
verdie-
reverdie-
ourdie-
dégourdie-
engourdie-
alourdie-
abalourdie-
abasourdie-
assourdie-
* étourdie-
rebaudie-
s'ébaudie-
se gaudie-
applaudie-
répudie-
étudie-
[*G.*] Lydie

éie

obéie-

Voy. aïe, ahie, uie et abbaye

planchéie-

Voy. eye et aye

fie

se fie-
rubéfie-
défie-
madéfie-
se méfie-
tuméfie-
stupéfie-
raréfie-
torréfie-
putréfie-
liquéfie-
bouffie-
barbifie-
pacifie-
spécifie-
dulcifie-
crucifie-
édifie-
réédifie-
acidifie-
solidifie-
lapidifie-
inondifie-
codifie-
modifie-
déifie-
gazéifie-
palifie-
salifie-
qualifie-
disqualifie-
mollifie-
amplifie-
simplifie-
ramifie-
momifie-
panifie-
lénifie-
magnifie-
se lignifie-
signifie-
personnifie-
bonifie-
saponifie-
se carnifie-
unifie-
scarifie-
saccharifie-
clarifie-
lubrifie-
sacrifie-
vérifie-
scorifie-
glorifie-
corporifie-
terrifie-
pétrifie-
vitrifie-
purifie-
falsifie-
versifie-
diversifie-
classifie-
ossifie-
béatifie-
ratifie-
gratifie-
stratifie-
rectifie-
sanctifie-
fructifie-
acétifie-
identifie-
notifie-
certifie-
fortifie-
mortifie-
justifie-
mystifie-
vivifie-
revivifie-
solfie-
confie-

Voy. phie

gie

tabagie
créophagie
zoophagie
antropophagie
hippophagie
xérophagie
ichtyophagie
phléborragie
plagie-
magie
hémorragie
assagie-
gabegie
élégie
privélégie-
allégie
hémiplégie
mégie
scénopégie
* régie-
stratégie
effigie
vigie
cardialgie
céphalalgie
encéphalalgie
entéralgie

gastralgie
névralgie
pancréatalgie
odontalgie
otalgie
nostalgie
coxalgie
[*G.*] Lotharingie
pédagogie
démagogie
anagogie
généalogie
analogie
minéralogie
tétralogie
élogie-
trilogie
antilogie
amphibologie
cacologie
lexicologie
toxicologie
sarcologie
idéologie
géologie
archéologie
théologie
néologie
phraséologie
ostéologie
psychologie
graphologie
pathologie
éthologie
lithologie
ornithologie
anthologie
orthologie
mythologie
biologie
sociologie
séméiologie
angiologie
conchyliologie
parémiologie
craniologie
artériologie
physiologie
étiologie
philologie
dactylologie
mimologie
homologie
pomologie
éntomologie
cosmologie
étymologie
zymologie
cranologie
œnologie
phrénologie
technologie
splanchnologie
ethnologie
terminologie
iconologie
démonologie
chronologie
zoologie

apologie
anthropologie
nécrologie
chondrologie
hydrologie
aérologie
météorologie
patrologie
métrologie
astrologie
névrologie
nosologie
périssologie
climatologie
pneumatologie
tératologie
oryctologie
erpétologie
ontologie
odontologie
paléontologie
aviceptologie
histologie
battologie
tautologie
phytologie
myologie
ichtyologie
léthargie
élargie-
rélargie-
clergie
énergie
orgie
[*G.*] Géorgie
théurgie
halurgie
hyalurgie
métallurgie
sidérurgie
chirurgie
surgie-
thaumaturgie
liturgie
se réfugie-
bougie
rougie-
dérougie-
rugie-
arrugie
[*M.*] Hygie
syzygie

hie

hie
s'est ébahie-
trahie-
envahie-

Voy. aïe, uie, aussi obéie et abbaye

chie

logomachie
tauromachie
gigantomachie
naumachie
s'est avachie-
fléchie-
réfléchie-
irréfléchie
infléchie
fraîchie-
rafraîchie-
défraîchie-
* enrichie-
blanchie-
reblanchie-
franchie-
affranchie-
oligarchie
anarchie
ethnarchie
monarchie
hiérarchie
tétrarchie
pentarchie
heptarchie
gauchie-
dégauchie-

phie

* télégraphie-
chorégraphie
* calligraphie-
épigraphie
pasigraphie
phlébographie
cacographie
lexicographie
chalcographie
idéographie
géographie
paléographie
néo-graphie
stéréographie
oréographie
ostéographie
* lithographie-
chromolithographie
* orthographie-
biographie
autobiographie
hagiographie
bibliographie
héliographie
ampélographie
métallographie
cristallographie
dactylographie
xylographie
ophtalmographie
cosmographie
stéganographie
uranographie
scénographie
sélénographie
* sténographie-
ichnographie
ethnographie
iconographie
monographie
démonographie
pornographie
zoographie
topographie
typographie
micrographie
hydrographie
aérographie
orographie
horographie
chorographie
nosographie
oryctographie
* photographie-
cryptographie
cartographie
chartographie
* autographie-
phytographie
myographie
tachygraphie
diadelphie
[*G.*] Philadelphie
monadelphie
polyadelphie
* s'atrophie-
* hypertrophie-
Sophie
théosophie
philosophie

Voy. fie

thie

(1) *chrestomathie*
apathie
antipathie
sympathie
homéopathie
idiopathie
allopathie
[*M.*] Pythie

Voy. tie dur

lie

* lie-
didascalie
ordalie
algalie
acéphalie
hydrocéphalie
[*M.*] Thalie
[*H.*] Athalie
Nathalie
Eulalie
anomalie
pâlie-
salie-
Rosalie
[*G.*] Italie
établie-
préétablie-
connétablie
rétablie-
affaiblie-
anoblie-
ennoblie-
ameublie-
oublie-
publie-
republie-
relie-
ensevelie-
désensevelie-

1. Voy. cie, sie et xie.

[*B.*] Elie
délie-
périhélie
aphélie
Ophélie
par(h)élie
homélie
Cornélie
se domicilie-
concilie-
réconcilie-
affilie-
Emilie
humilie-
résilie-
avilie-
ravilie-
allie-
pallie-
rallie-
se mésallie-
* embellie-
jaillie-
* *saillie-*
assaillie-
vieillie-
envieillie-
cueillie-
accueillie-
recueillie-
enorgueillie-
* *bouillie-*
rebouillie-
mollie-
amollie-
ramollie-
enlie-
abolie-
embolie
ancolie
mélancolie
scolie
folie
raffolie-
interfolie-
exfolie-
jolie
démolie-
coolie
* polie-
repolie-
dépolie-
impolie
spolie-
[*G.*] Anatolie
* *plie-*
replie-
déplie-
multiplie-
emplie-
* *remplie-*
désemplie-
accomplie-
panoplie
supplie-
assouplie-
dulie
hyperdulie
Julie

poulie
parulie
[*G.*] Kabylie

Tous ces mots riment ensemble, sauf les trois groupes en italique qui ne riment qu'entre eux, groupe à groupe.

mie

* mie
amie
vidamie
infamie
agamie
bigamie
cryptogamie
polygamie
lamie
dynamie
adynamie
didynamie
Mésopotamie
cadmie
demie
ennemie
émie-
académie
épidémie
endémie
gémie-
Euphémie
anémie
trémie
eurythmie
chimie
alchimie
électro-chimie
boulimie
accalmie
ophtalmie
lagophtalmie
sclérophtalmie
xérophtalmie
exophtalmie
prudhomie
bonhomie
dolomie
momie
antinomie
économie
physionomie
zoonomie
agronomie
astronomie
gastronomie
autonomie
laxodromie
orthodromie
lithochromie
latomie
anatomie
strabotomie
phlébotomie
trachéotomie
stéréotomie
dichotomie
bronchotomie
lithotomie
artériotomie
ténotomie
zootomie
névrotomie
cystotomie
myotomie
vomie-
revomie-
affermie-
raffermie-
endormie-
rendormie-
renformie-
cacochymie
pseudonymie
homonymie
synonymie
métonymie
antonymie

nie

nie-
[*G.*] Océanie
Epiphanie
Mélanie
aplanie-
* manie-
remanie-
potichomanie
bibliomanie
mélomanie
anglomanie
monomanie
démonomanie
métromanie
[*G.*] Germanie
[*G.*] Birmanie
[*G.*] Roumanie
[*M.*] Uranie
sanie
vésanie
avanie
zizanie
vilenie
chapellenie
châtellenie
renie-
bénie-
rebénie-
dénie-
génie
[*M.*] Iphigénie
s'ingénie-
embryogénie
Eugénie
asthénie
néoménie
[*G.*] Arménie
[*G.*] Messénie
compagnie
halotechnie
mnémotechnie
zymotechnie
zootechnie
pyrotechnie
assainie-
finie-
définie-
indéfinie
préfinie-
infinie
* Virginie
ignominie
chanoinie
[*G.*] Abyssinie
* calomnie-
insomnie
[*M.*] Polymnie
bannie-
tyrannie
abonnie-
rabonnie-
honnie-
baronnie
[*G.*]N[lle]-Calédonie
Léonie
* agonie-
théogonie
cosmogonie
aphonie
téléphonie
symphonie
cacophonie
homophonie
euphonie
[*G.*] Ionie
colonie
[*G.*] Babylonie
hégémonie
cérémonie
parcimonie
acrimonie
quérimonie
Simonie
prestimonie
pulmonie
physiognomonie
harmonie
lucumonie
pneumonie
péripneumonie
pleuropneumonie
ironie
atonie
monotonie
amphictyonie
garnie-
regarnie-
dégarnie-
[*G.*] Gavarnie
hernie
ternie-
vernie-
racornie-
[*G.*] Californie
fournie-
parfournie-
[*G.*] Bosnie
unie-
jaunie-
rajeunie-
réunie-
munie-
démunie-
prémunie-
communie-
excommunie-
punie-
impunie-
brunie-
rembrunie-
désunie-

oie

oie
aboie-
giboie-
flamboie-
patte d'oie
ondoie-
verdoie-
coudoie-
soudoie-
rudoie-
foie
choie-
échoie-
déchoie-
joie
rabat-joie
mont-joie
ploie-
reploie-
déploie-
emploie-
charmoie
larmoie-
atermoie-
ormoie
noie-
bornoie-
tournoie-
* broie-
croie-
mécroie-
foudroie-
poudroie-
proie
lamproie
charroie-
guerroie-
corroie-
courroie
[*M.*] Troie
octroie-
soie
pou-de-soie
sursoie-
assoie-
rassoie-
fossoie-
grossoie-
chatoie-
fêtoie-
apitoie-
jointoie-
rejointoie-
côtoie-
festoie-
nettoie-
tutoie-
* voie-
[*G.*] Savoie
revoie-
claire-voie
entrevoie-
entre-voie
dévoie-
prévoie-
envoie-
renvoie-
convoie-
fourvoie-
pourvoie-
louvoie-

pie

pie
s'est clapie-
hydrothérapie
satrapie
s'est tapie-
épie-
* pépie-
crépie-
recrépie-
décrépie-
chipie
échampie-
réchampie-
impie
[*M.*] Olympie
* copie-
recopie-
cranioscopie
métoposcopie
hydroscopie
[*G.*] Éthiopie
nyctalopie
diplopie
lycanthropie
philanthropie
théophilanthropie
misanthropie
estropie-
utopie
amblyopie
myopie
harpie
charpie
élupie
roupie
croupie-
s'est accroupie-
assoupie-
toupie
expie-
stéréotypie
daguerréotypie

rie

que je rie-
barbarie
* carie-
vicarie-
[*G.*] Bulgarie
St Zacharie
salarie-
* Marie-
remarie-
démarie-

parie-
déparie-
apparie-
rapparie-
désapparie-
contrarie-
tarie-
otarie
[*G.*] Tartarie
varie-
* avarie-

Voy. tous les rie précédés d'une voyelle ou d'un r

brie

[*G.*] Brie
assombrie-

crie

crie-
décrie-
se récrie-
s'écrie-

drie

diandrie
monandrie
polyandrie
[*G.*] Alexandrie
attendrie-
amoindrie-
ramoindrie-
hypocondrie

rie

plomberie
fourberie
agacerie
glacerie
grimacerie
épicerie
faïencerie
pénitencerie
mercerie
camaraderie
maussaderie
taillanderie
commanderie
dinanderie
tisseranderie
faisanderie
buanderie
truanderie
fenderie
fonderie
gronderie
broderie
escobarderie
carderie
cafarderie
goguenarderie
musarderie
bavarderie
verderie
corderie
courderie
étourderie

clabauderie
ribauderie
badauderie
nigauderie
trigauderie
baguenauderie
minauderie
rustauderie
boyauderie
ravauderie
bouderie
pruderie
féerie
chefferie
chaufferie
tartuferie
gagerie
saisie-gagerie
imagerie
fromagerie
ménagerie
messagerie
sauvagerie
boulangerie
mangerie
orangerie
lingerie
singerie
horlogerie
bergerie
conciergerie
sergerie
rabâcherie
fâcherie
vacherie
pêcherie
clicherie
pleurnicherie
tricherie
supercherie
écorcherie
porcherie
gaucherie
boucherie
loucherie
cartoucherie
lutherie
scierie
soierie
crierie
galerie
maréchalerie
cavalerie
chevalerie
hâblerie
diablerie
sensiblerie
chasublerie
grivèlerie
soufflerie
reniflerie
écornifllerie
espièglerie
épinglerie
jonglerie
filerie
tréfilerie
affilerie
toilerie

voilerie
huilerie
tuilerie
cristallerie
vermicellerie
chancellerie
sorcellerie
chandellerie
somellerie
tonnellerie
chapellerie
bourrellerie
sellerie
oisellerie
vaissellerie
boissellerie
batellerie
hôtellerie
coutellerie
quincaillerie
piaillerie
canaillerie
joaillerie
raillerie
tiraillerie
gouaillerie
vieillerie
pillerie
pointillerie
artillerie
distillerie
marguillerie
brouillerie
vitriolerie
cajolerie
drôlerie
tôlerie
volerie
parlerie
féculerie
bégueulerie
veulerie
foulerie
brûlerie
capsulerie
crémerie
imprimerie
rhum(m)erie
gentilhommerie
momerie
gendarmerie
parfumerie
ânerie
rubanerie
chicanerie
ricanerie
flânerie
magnanerie
crânerie
courtisanerie
charlatanerie
vénerie
grognerie
ivrognerie
lorgnerie
lainerie
gainerie
capitainerie
badinerie

gredinerie
affinerie
raffinerie
câlinerie
gaminerie
laminerie
parcheminerie
moinerie
lésinerie
mutinerie
faquinerie
taquinerie
coquinerie
maroquinerie
damasquinerie
mesquinerie
bouquinerie
paysannerie
tannerie
[*H.*] Chouannerie
vannerie
rouennerie
charbonnerie
fauconnerie
maçonnerie
franc-maçonnerie
amidonnerie
cordonnerie
bouffonnerie
cochonnerie
canonnerie
friponnerie
fanfaronnerie
chaudronnerie
goudronnerie
ferronnerie
poltronnerie
sonnerie
polissonnerie
poissonnerie
cotonnerie
cartonnerie
gloutonnerie
moutonnerie
savonnerie
aumônerie
ferronerie
lanternerie
flagornerie
saunerie
meunerie
draperie
piperie
friperie
triperie
tremperie
tromperie
saloperie
duperie
marbrerie
sucrerie
ladrerie
maladrerie
poudrerie
[*G.*] Cafrerie
goinfrerie
négrerie
vinaigrerie
apothicairerie

secrétairerie
ivoirerie
trésorerie
sénatorerie
factorerie
coadjutorerie
bizarrerie
verrerie
folâtrerie
piètrerie
vitrerie
armurerie
serrurerie
confiturerie
teinturerie
orfèvrerie
mièvrerie
jaserie
niaiserie
confiserie
tamiserie
boiserie
chamoiserie
chinoiserie
sournoiserie
matoiserie
grivoiserie
menuiserie
closerie
léproserie
jacasserie
tracasserie
avocasserie
plumasserie
finasserie
bonasserie
brasserie
rêvasserie
gresserie
mégisserie
blanchisserie
tapisserie
porte-tapisserie
pâtisserie
rôtisserie
huisserie
brosserie
grosserie
carrosserie
peausserie
gausserie
tousserie
causerie
arquebuserie
gueuserie
daterie
frelaterie
baraterie
piraterie
buffleterie
pelleterie
fumeterie
paneterie
grèneterie
bonneterie
papeterie
caqueterie
briqueterie

marqueterie
parqueterie
mousqueterie
louveterie
afféterie
laiterie
literie
boiterie
miroiterie
fruiterie
malterie
pédanterie
infanterie
forfanterie
ganterie
galanterie
ferblanterie
plaisanterie
vanterie
argenterie
menterie
passementerie
charpenterie
dysenterie
affronterie
effronterie
coterie
picoterie
radoterie
cagoterie
bigoterie
indigoterie
ergoterie
chuchoterie
loterie
bimbeloterie
minoterie
dominoterie
poterie
verroterie
sparterie
fumisterie
ébénisterie
lampisterie
herboristerie
flibusterie
batterie
contre-batterie
chatterie
flatterie
regratterie
tabletterie
gailletterie
coquetterie
cachotterie
sauterie
charcuterie
lienterie
bluterie
bijouterie
clouterie
filouterie
figurerie
viguerie
zinguerie
droguerie
flouerie
rouerie
ja(c)querie
craquerie
moquerie
escroquerie
brusquerie
tuerie
braverie
rêverie
juiverie
louverie
bronzerie
[G.] Sibérie
férie
[G.] Algérie
chérie-
enchérie-
renchérie-
surenchérie-
périphérie
aciérie
valisnérie
intempérie
[G.] Hespérie
confrérie
archi-confrérie
série
bactérie
diphtérie
astérie
hystérie
guérie-

Voy. tous les rie précédés d'une voyelle ou d'un r

grie

aigrie-
maigrie-
amaigrie-
ramaigrie-
emmaigrie-
[G.] Autriche-Hongrie
rabougrie-

rie

vicairie
mairie
pairie
librairie
frairie
ségrairie
prairie
métairie
plaidoirie
boirie
carroirie
voirie
scorie
excorie-
* théorie
fantasmagorie
allégorie
catégorie
calorie
pilorie-
colorie-
endolorie-
armorie-
sorie
inventorie-
historie-

Voy. tous les rie précédés d'une voyelle ou d'un r

prie

prie-
déprie-
approprie-
se désapproprie-
exproprie-

rie

charrie-
marrie
équarrie-
aguerrie-
nourrie-
pourrie-

Voy. tous les rie précédés d'une voyelle

trie

trie
chimiatrie
latrie
patrie
rapatrie
expatrie
idolâtrie
iconolâtrie
zoolâtrie
flétrie-
longimétrie
planimétrie
colorimétrie
géométrie
anémométrie
aréométrie
stéréométrie
échométrie
eudiométrie
goniométrie
actinométrie
trigonométrie
* anthropométrie
hydrométrie
aérométrie
hygrométrie
horométrie
hypsométrie
symétrie
asymétrie
pétrie-
meurtrie-
* strie-
industrie
[G.] Neustrie

rie

curie
écurie
décurie
incurie
fleurie-
refleurie-
défleurie
seigneurie
furie
strangurie
ahurie-
injurie-
mûrie-
pénurie
albuminurie
[G.] Mandchourie
sourie-
tourie
surie-
dysurie
hématurie
centurie

Voy. tous les rie précédés d'une voyelle ou d'un r

vrie

orfèvrie
appauvrie-

rie

valkyrie
[G.] Assyrie

Voy. tous les rie précédés d'une voyelle ou d'un r

sie

[G.] Asie
[G.] Caucasie
iconoclasie
scénélasie
phlegmasie
docimasie
paronomasie
métonomasie
idiosyncrasie
xérasie
Euphrasie
[G.] Austrasie
rassasie-
* apostasie-
s'extasie-
géodésie
anesthésie
palingénésie
frénésie
magnésie
amnésie
[G.] Polynésie
poésie
hérésie
pleurésie
tanaisie
punaisie
* saisie-
dessaisie-
ressaisie-
fantaisie
[G.] Tunisie
bourgeoisie
choisie-
moisie-
ambroisie
courtoisie
discourtoisie
malvoisie
hydropisie
hypocrisie
hectisie
étisie
phtisie
transie-
géognosie
sosie
catalepsie
épilepsie
apepsie
dyspepsie
bradypepsie
athrepsie
autopsie
parsie
[G.] *Circassie*
chassie
Messie
vessie
épaissie-
grossie-
dégrossie-
* *réussie-*
roussie-
[G.] *Russie*
jalousie
paralysie
hémoptysie

Avec les mots en italique, *voy.* cie, tie doux et xie

tie

catie-
décatie-
aplatie-
amatie-
suprématie
primatie
diplomatie
théocratie
démocratie
aristocratie
autocratie
ploutocratie
bureaucratie
procuratie
bâtie-
rebâtie-
débâtie-
malbâtie
châtie-
facétie
prophétie
assujétie-
La Boétie
goétie
péripétie
abêtie-
rabêtie-
initie-

ramoitie-
onirocritie
impéritie
lithotritie
calvitie
anéantie-
nantie-
s'est dénantie-
* garantie-
appesantie-
transubstantie-
empuantie-
ralentie-
démentie-
s'est repentie-
différentie-
apprentie
sentie-
consentie-
ressentie-
pressentie-
rapointie-
appointie-
cotie-
scotie
idiotie
* lotie-
épizootie
sotie
* rôtie-
ineptie
* partie-
* repartie-
contre-partie
départie-
répartie-
mi-partie
inertie
sertie-
dessertie-
avertie-
s'est entr'avertie-
subvertie-
divertie-
invertie-
* convertie-
pervertie-
intervertie-
ortie
amortie-
* sortie-
assortie-
rassortie-
désassortie-
ressortie-
galvanoplastie
rhinoplastie
autoplastie-
dynastie
modestie
immodestie
travestie-
investie-
désinvestie-
* amnistie-
eucharistie
sacristie
hostie
starostie

assujettie-
blettie-
s'est blottie-
argutie
minutie
raboutie-
emboutie-
engloutie-
abrutie-
débrutie-
tutie

Avec les mots en italique dont le t est doux *voy.* cie, sie en italique et xie, avec les autres thie

ie

bleuie-
* fuie-
s'est enfuie-
alanguie-
pluie
parapluie
ennuie-
désennuie-
* ouïe-
fouie-
enfouie-
serfouie-
réjouie-
éblouie-
épanouie-
s'est évanouie-
inouïe
rouie-
brouie-
écrouie-
appuie-
[*G.*] *Turquie*
truie
suie
essuie-
ressuie-

Voy. aïe, ahie plus obéie et abbaye

vie

vie
havie-
[*G.*] Pavie
ravie-
gravie-
Octavie
eau-de vie
sauve-vie
dévie-
suivie-
entre-suivie-
s'est ensuivie-
poursuivie-
pehlvie
Sylvie
* envie-

renvie-
convie-
[*G.*] Cracovie
[*G.*] Gergovie
synovie
[*G.*] Varsovie
servie-
asservie-
desservie-
resservie-
survie
chauvie-
assouvie-
inassouvie

xie

galaxie
prophylaxie
ataraxie
ataxie
cachexie
phleborrhexie
hémiplexie
apoplexie
ixie
orthodoxie
hétérodoxie
* asphyxie-

Voy. cie, *sie* et *tie*

Je

Je

Ce pronom personnel placé après certains verbes en e ou ai, is, onds, us, à la forme interrogative donne la rime avec les consonances: ège, ige, ange, uge. — Les verbes en ois n'ont pas de consonances qu'on puisse assimiler

ake

keepsake

Voy. èque et ecque

olke

polke-

oke

coke

Voy. oque et auque et ocque

urke

Burke
mazurke-

Aussi bifurque- et Turque

le

le

ale

(1) *ale*
bale
* cabale-
cannibale
brimbale-
trimbale-
* timbale-
tombale
cymbale
verbale
bubale
* cale-
zodiacale
ammoniacale
thériacale
stomacale
monacale
buccale
* écale-
décale-
fécale
radicale
médicale
syndicale
pontificale
chirurgicale
ombilicale
amicale
arsenicale
dominicale
tropicale
intertropicale
cléricale
vésicale
musicale
grammaticale
verticale
corticale
cervicale
bancale
focale
locale
chrysocale
vocale
patriarcale
percale
intercale-
pascale
escale
fiscale
ducale
grand-ducale
archiducale
provençale
dédale
* pédale-

1. *Voy.* èle et aile.

amygdale
* pyramidale
rhomboïdale
conchoïdale
ethmoïdale
sphénoïdale
glénoïdale
sphéroïdale
hémorroïdale
trapézoïdale
scandale
sandale
vandale
féodale
modale
synodale
caudale
rixdale
(1) *pale-ale*
idéale
féale
linéale
pinéale
réale
céréale
boréale
rafale
affale-
gale
astragale
* égale-
légale
illégale
inégale
* régale-
cigale
[*G.*] Bengale
fringale
espringale
martingale
ornithogale
théologale
jugale
conjugale
frugale
polygale
hale-
sénéchale
inhale-
acéphale
bicéphale
encéphale
dolichocéphale
mégalocéphale
pycnocéphale
trigonocéphale
cynocéphale
acrocéphale
microcéphale
hydrocéphale
[H.] Bucéphale
brachycéphale
[*M.*] Omphale
triomphale
catarrhale
zénithale
exhale-

1. *Voy.* èle et aile.

labiale
tibiale
adverbiale
proverbiale
faciale
trifaciale
glaciale
spéciale
bénéficiale
solsticiale
provinciale
onciale
quinconciale
unciale
sociale
antisociale
commerciale
cruciale
radiale
médiale
présidiale
allodiale
cordiale
précordiale
primordiale
collégiale
brachiale
bronchiale
filiale
familiale
domaniale
géniale
coloniale
matrimoniale
patrimoniale
antimoniale
testimoniale
canoniale
marsupiale
vicariale
notariale
fériale
* impériale
immémoriale
censoriale
sensoriale
dimissoriale
sénatoriale
dictatoriale
équatoriale
directoriale
tinctoriale
monitoriale
territoriale
inquisitoriale
historiale
consistoriale
curiale
* mercuriale
seigneuriale
paroissiale
abbatiale
primatiale
initiale
nuptiale
martiale
partiale
impartiale
bestiale
triviale
joviale
synoviale
équinoxiale
fluviale
alluviale
pluviale
jale
hiémale
décimale
duodécimale
animale
quadragésimale
sexagésimale
infinitésimale
centésimale
anomale
thermale
normale
anormale
sous-normale
anévrismale
rhumatismale
baptismale
[G.] Aumale
brumale
tithymale
lacrymale
anale
banale
décanale
bacchanale
génale
phénoménale
pénale
rénale
surrénale
vénale
signale-
médicinale
officinale
vicinale
nundinale
cardinale
ordinale
longitudinale
* finale
originale
marginale
virginale
machinale
séminale
abdominale
nominale
pronominale
terminale
spinale
doctrinale
matinale
intestinale
matutinale
inguinale
automnale
annale
décennale
vicennale
biennale
triennale
quatriennale
septennale
quinquennale
diaconale
diagonale
pentagonale
heptagonale
hexagonale
orthogonale
octogonale
polygonale
méridionale
obsidionale
régionale
septentrionale
nationale
antinationale
internationale
coronale
patronale
cantonale
hibernale
infernale
vernale
hivernale
communale
pale
sardanapale
papale
sépale
disépale
municipale
principale
empale-
opale
épiscopale
archiépiscopale
palpébrale
cérébrale
vertébrale
sépulcrale
cathédrale
libérale
ultra-libérale
viscérale
fédérale
sidérale
rudérale
humérale
numérale
* générale
puerpérale
latérale
bilatérale
unilatérale
quadrilatérale
trilatérale
équilatérale
collatérale
littérale
presbytérale
archiprésbytérale
intégrale
amirale
spirale
décomvirale
triumvirale
contumvirale
duumvirale
orale
chorale
florale
* morale
fémorale
immorale
humorale
temporale
professorale
préfectorale
électorale
pectorale
rectorale
doctorale
préceptorale
* pastorale
théâtrale
spectrale
diamétrale
géométrale
arbitrale
chapitrale
centrale
ventrale
astrale
cadastrale
magistrale
rostrale
australe
claustrale
lustrale
augurale
inaugurale
murale
rurale
crurale
caricaturale
conjecturale
architecturale
picturale
scripturale
sculpturale
gutturale
pyrale
* sale-
nasale
transversale
dorsale
bursale
succursale
vassale
dessale-
colossale
causale
[L.] Chrysale
tale-
fatale
palatale
natale
* étale-
détale-
végétale
pariétale
pétale
apétale
dipétale
monopétale
polypétale
cubitale
* digitale
sex-digitale
congénitale
* capitale
occipitale
sincipitale
maritale
vitale
dentale
occidentale
transcendentale
orientale
mentale
fondamentale
sacramentale
gouvernementale
départementale
expérimentale
sentimentale
monumentale
instrumentale
continentale
frontale
horizontale
dotale
sacerdotale
crotale
totale
prévôtale
[M.] Vestale
costale
intercostale
postale
sagittale
azimutale
brutale
* scytale
linguale
sublinguale
squale
avale-
cavale
navale
ravale-
chevale-
dévale-
prévale-
ogivale
rivale
estivale
ovale
novale
orvale
coxale
paradoxale
loyale
déloyale
noyale
royale
Voy. alle plus Dombasle

âle

Bâle
* hâle-
châle
déhâle-
mâle
pâle
* râle-

able
able
probable
improbable
absorbable
imperturbable
implacable
accable-
peccable
impeccable
sécable
insécable
applicable
inapplicable
explicable
inexplicable
communicable
incommunicable
inextricable
praticable
impraticable
vocable
évocable
révocable
irrévocable
convocable
confiscable
éducable
effaçable
ineffaçable
prononçable
commerçable
plaidable
intimidable
formidable
recommandable
défendable
indéfendable
amendable
pendable
vendable
invendable
insondable
accommodable
inaccommodable
perdable
imperdable
abordable
inabordable
accordable
innaccordable
oxydable
inoxydable
dommageable
partageable
impartageable
vendangeable
changeable
échangeable
mangeable
immangeable
logeable
forgeable
congéable
malléable
perméable
imperméable
agréable
désagréable
guéable
corvéable
fable
affable
ineffable
irréfragable
irrigable
infatigable
navigable
innavigable
conjugable
chable-
reprochable
irréprochable
approchable
graciable
appréciable
inappréciable
préjudiciable
justiciable
négociable
sociable
insociable
diable
remédiable
irrémédiable
endiable-
raréfiable
putréfiable
liquéfiable
acidifiable
salifiable
qualifiable
inqualifiable
saponifiable
vitrifiable
falsifiable
rectifiable
justifiable
injustifiable
conciliable
réconciliable
irréconciliable
inconciliable
inalliable
pliable
multipliable
amiable
niable
maniable
reniable
indéniable
inexpiable
mariable
variable
invariable
friable
insatiable
viable
enviable
serviable
* jable-
préalable
valable
semblable
vraisemblable
invraisemblable
dissemblable
congelable
renouvelable
sifflable
taillable
mortaillable
assimilable
indébrouillable
inébranlable
inviolable
consolable
inconsolable
volable
calculable
incalculable
annulable
blâmable
aimable
décimable
réprimable
imprimable
comprimable
exprimable
inexprimable
estimable
inestimable
inflammable
chômable
réformable
irréformable
présumable
consumable
prenable
imprenable
tenable
intenable
soutenable
insoutenable
convenable
oxygénable
aliénable
inaliénable
gagnable
imprégnable
contraignable
assignable
inexpugnable
drainable
combinable
déracinable
indéracinable
vaccinable
calcinable
imaginable
inimaginable
déclinable
indéclinable
disciplinable
indisciplinable
minable
incriminable
abominable
déterminable
indéterminable
interminable
devinable
damnable
condamnable
soupçonnable
pardonnable
impardonnable
impressionnable
raisonnable
déraisonnable
irraisonnable
fashionable
bernable
discernable
gouvernable
ingouvernable
incunable
capable
incapable
palpable
impalpable
coupable
rable
arable
réparable
irréparable
séparable
inséparable
comparable
incomparable
innombrable
exécrable
érable
libérable
considérable
pondérable
impondérable
préférable
tolérable
intolérable
vénérable
vulnérable
invulnérable
opérable
inespérable
misérable
altérable
inaltérable
quérable
requérable
déchiffrable
indéchiffrable
intégrable
admirable
respirable
irrespirable
transpirable
désirable
adorable
déplorable
mémorable
honorable
favorable
défavorable
exorable
inexorable
inénarrable
pénétrable
impénétrable
impétrable
montrable
démontrable
curable
incurable
durable
labourable
secourable
mesurable
censurable
commensurable
incommensurable
saturable
triturable
livrable
ouvrable
recouvrable
irrécouvrable
* sable-
faisable
infaisable
réalisable
irréalisable
canalisable
capitalisable
mobilisable
fertilisable
utilisable
civilisable
cristallisable
organisable
colonisable
canonisable
apprivoisable
brisable
pulvérisable
prisable
méprisable
cicatrisable
électrisable
maîtrisable
épuisable
inépuisable
revisable
ensable-
condensable
compensable
indispensable
désensable-
responsable
irresponsable
imposable
décomposable
indécomposable
proposable
opposable
supposable
transposable
inversable
controversable
remboursable
passable
abaissable
connaissable
reconnaissable
méconnaissable
haïssable
franchissable
infranchissable
abolissable
définissable
indéfinissable
bannissable
punissable
tarissable
intarissable

chérissable
périssable
impérissable
guérissable
inguérissable
pétrissable
saisissable
insaisissable
convertissable
amortissable
carrossable
accusable
récusable
irrécusable
excusable
inexcusable
refusable
amusable
inusable
analysable
* table-
dilatable
délectable
respectable
inéluctable
indécachetable
rachetable
irrachetable
crochetable
rejetable
retable
* étable-
végétable
connétable
décrétable
interprétable
souhaitable
traitable
intraitable
habitable
inhabitable
indubitable
excitable
profitable
imitable
inimitable
exploitable
inexploitable
convoitable
charitable
véritable
irritable
équitable
évitable
inévitable
chantable
transplantable
épouvantable
lamentable
fermentable
patentable
présentable
surmontable
insurmontable
notable
potable
acceptable
inacceptable
comptable

domptable
indomptable
adoptable
cartable
confortable
mainmortable
* portable
rapportable
supportable
insupportable
transportable
sortable
stable
détestable
contestable
incontestable
instable
constable
accostable
inaccostable
s'attable-
mettable
regrettable
acquittable
flottable
indécrottable
trottable
exécutable
inexécutable
discutable
indiscutable
réfutable
irréfutable
commutable
incommutable
permutable
impermutable
redoutable
imputable
disputable
inscrutable
contribuable
distribuable
attribuable
évaluable
muable
immuable
commuable
transmuable
jouable
injouable
louable
allouable
avouable
inavouable
désavouable
attaquable
inattaquable
critiquable
immanquable
remarquable
rétorquable
risquable
tuable
destituable
restituable
recevable
décevable
concevable

inconcevable
percevable
apercevable
inapercevable
redevable
cultivable
solvable
insolvable
observable
buvable
réprouvable
trouvable
introuvable
payable
impayable
ployable
employable
croyable
incroyable
effroyable
pitoyable
impitoyable

âble

* câble-
hâble-

èble

hièble
rièble
yèble
faible

ible

bible
cible
indicible
invincible
coercible
incoercible
irascible
vitrescible
putrescible
imputrescible
fermentescible
miscible
concupiscible
éligible
rééligible
inéligible
intelligible
inintelligible
corrigible
incorrigible
exigible
inexigible
réfrangible
tangible
intangible
fongible
faillible
infaillible
pénible
disponible
indisponible
* crible-
terrible
horrible
paisible
lisible

illisible
loisible
risible
traduisible
intraduisible
nuisible
visible
divisible
indivisible
invisible
expansible
répréhensible
irrépréhensible
compréhensible
sensible
insensible
ostensible
extensible
inextensible
explosible
inexplosible
submersible
insubmersible
réversible
passible
impassible
cessible
accessible
inaccessible
successible
incessible
immarcessible
irrépressible
compressible
incompressible
scissible
amissible
inamissible
admissible
inadmissible
rémissible
irrémissible
transmissible
possible
impossible
plausible
fusible
infusible
compatible
incompatible
défectible
indéfectible
perfectible
imperfectible
réductible
irréductible
conductible
reproductible
destructible
indestructible
conceptible
perceptible
imperceptible
susceptible
indescriptible
prescriptible
imprescriptible
corruptible
incorruptible

convertible
inconvertible
comestible
irrésistible
combustible
incombustible
inextinguible
amovible
inamovible
flexible
réflexible
inflexible

amble

* amble-
* tremble-
semble-
ensemble
assemble-
rassemble-
désassemble-
ressemble-
G. Nouvelle-Zemble

omble

* comble-
umble
[pr. omble]

umble

humble

oble

noble
[*G.*] Grenoble
ignoble
vignoble

euble

* meuble-
garde-meuble
remeuble-
démeuble-
immeuble

uble

affuble-
soluble
résoluble
insoluble
dissoluble
indissoluble
* *double-*
redouble-
dédouble-
rendouble-
gras-double
rouble
* *trouble-*
truble
chasuble

acle

macle
cénacle
pinacle
barnacle
bernacle
tabernacle
* racle-
miracle

oracle
spectacle
habitacle
réceptacle
obstacle

âcle
* bâcle-
* débâcle-
renâcle-

ècle
Thècle
siècle

icle
manicle
bernicle
sicle
article

Voy. ycle

oncle
oncle
carboncle
grand'oncle
furoncle
bisoncle
pétoncle

ocle
[*H.*] Sophocle
binocle
monocle
[*M.*] Patrocle
socle
Thémistocle

arcle
sarcle-

ercle
* cercle-
recercle-
décercle-
demi-cercle
couvercle

uscle
muscle

oucle
* boucle-
déboucle-
escarboucle

ycle
* cycle
hémicycle
épicycle
tricycle

Voy. icle

uddle
puddle-

èle
[*M.*] Cybèle
cèle-
sphacèle
recèle-
décèle-
varicocèle
sarcocèle
hydrocèle
isocèle
hématocèle
harcèle-
Adèle
fidèle
infidèle
cicindèle
asphodèle
* modèle-
gèle-
regèle-
dégèle-
Angèle
congèle-
hèle-
* parallèle
Philomèle
agnèle-
pèle-
érésipèle
prèle
bourrèle-
Marc-Aurèle
Gisèle
atèle
Praxitèle
clientèle
écartèle-
martèle-
démantèle-
stèle
s'encastèle-
cautèle
loquèle
révèle-
zèle

Voy. elle et aile plus de Nesle et presle, aussi L

êle
bêle-
* fêle-
mêle-
pêle-mêle
remêle-
s'entre-mêle-
démêle-
emmêle-
(1) *poêle*
frêle
* grêle-
engrêle-
vêle-

afle
* rafle-
érafle-

èfle
nèfle
trèfle

1. Voy. oile et oille.

iffle
siffle-
Voy. ifle

uffle
buffle-
* *souffle-*
essouffle-
insuffle-

Avec les deux mots en italique, *voy.* oufle; avec les deux autres, aussi mufle

ifle
* gifle-
renifle-
écornifle-
mornifle
rifle-
persifle-
aussi siffle

enfle
enfle-
renfle-
désenfle-

onfle
gonfle-
regonfle-
dégonfle-
ronfle-

ofle
girofle

ufle
mufle
* *moufle*
* *maroufle-*
boursoufle-
emmitoufle-
pantoufle

Avec ces mots en italique aussi souffle et essouffle; avec mufle, aussi buffle et insuffle-

ègle
espiègle
* règle-
dérègle-
aigle
* *bigle-*
seigle
sigle

angle
angle
triangle
équiangle
mangle
étrangle-
* sangle-
dessangle-
obtusangle
rectangle
acutangle

ingle
cingle-
* épingle-
* tringle-

ongle
ongle
jongle-
strongle
jungle

eugle
beugle-
meugle-
* aveugle-
désaveugle-

ugle
mugle
remugle

île
île
(1) [*aile* / *à tire d'aile*]
bile
habile
malhabile
inhabile
atrabile
(2) *cantabile*
débile
délébile
indélébile
sébile
alibile
mobile
immobile
locomobile
automobile
strobile
jubile-
volubile
nubile
bacile
facile
imbécile
Ste Cécile
pœcile
difficile
domicile
Sicile
ancile
concile
docile
indocile
Lucile
édile
crocodile
* file-
tranche-file
serre-file

1. Voy. èle et elle plus de Nesle et Presle et L
2. pron. lè

défile-
tréfile-
affile-
effile-
enfile-
renfile-
désenfile-
profile-
parfile-
faufile-
éfaufile-
agile
fragile
strigile
vigile
évangile
argile
Virgile
hile
annihile-
Théophile
bibliophile
œnophile
hydrophile
négrophile
Émile
assimile-
campanile
sénile
juvénile
poile
toile
entretoile
(s') * *étoile-*
entoile-
rentoile-
* *voile-*
dévoile-
s'envoile-
zoïle
fébrile
antifébrile
stérile
puérile
virile
* pile
épile
dépile
primipile
horripile-
empile-
compile-
opile
ægagropile
désopile-
asile
Basile
ensile-
ustensile
sessile
fissile
fossile
fluviatile
pluviatile
volatile
versatile
aquatile
saxatile
subtile

rétractile
contractile
tactile
intactile
projectile
ductile
mercantile
ventile-
ruptile
fertile
infertile
hostile
utile
nautile
futile
mutile-
inutile
sextile
bissextile
textile
* huile-
presqu'île
tuile
vile
civile
incivile
servile
exile-

Avec oile, aussi oille et poële; avec ile, *Voy.* yle, ylle, et ille non mouillés

alle

* balle-
tire-balle
porte-balle
triqueballe
déballe-
emballe-
remballe-
désemballe-
hémérocalle
* dalle-
galle
halle
malle
salle
* talle-
stalle
installe-
réinstalle-
faim-valle
intervalle
noyalle

Voy. ale plus Dombasle

elle

elle
belle
escabelle
* Gabelle-
mirabelle
* Isabelle
* (se) rebelle-
* libelle-
ribambelle
ombelle
celle
nacelle
crécelle
icelle
radicelle
pédicelle
* ficelle-
déficelle-
vermicelle
varicelle
chancelle-
balancelle
mancelle
jouvencelle
* étincelle-
violoncelle
amoncelle-
protosyncelle
escarcelle
Marcelle
* parcelle-
sarcelle
morcelle-
ensorcelle-
désensorcelle-
scelle-
descelle-
contre-scelle-
involucelle
excelle-
préexcelle-
citadelle
mortadelle
ridelle
haridelle
chandelle
rondelle
hirondelle
* cordelle-
réelle
felle
flagelle-
tourangelle
margelle
lumachelle
échelle
G. La Rochelle
bielle
préjudicielle
officielle
artificielle
superficielle
cicatricielle
circonstancielle
révérencielle
emmielle-
* nielle-
vénielle
Gabrielle
matérielle
immatérielle
artérielle
ministérielle
semestrielle
trimestrielle
industrielle
mercurielle
plurielle
kyrielle
excrémentitielle
substantielle
consubstantielle
confidentielle
présidentielle
providentielle
obédientielle
pestilentielle
anti-pestilentielle
récrémentielle
exponentielle
différentielle
torrentielle
essentielle
partielle
* vielle-
lixivielle
scorpiojelle
gamelle
chamelle
lamelle
mamelle
canamelle
femelle
semelle
dessemelle-
ressemelle-
* pommelle-
grommelle-
formelle
paumelle
jumelle
alumelle
se grumelle-
s'engrumelle-
soldanelle
flanelle
villanelle
fontanelle
soutanelle
cenelle
* Grenelle-
pimprenelle
quenelle
venelle
crénelle-
* agnelle-
coccinelle
originelle
polichinelle
criminelle
spinelle
sentinelle
fraxinelle
annelle-
* cannelle-
solennelle
occasionnelle
provisionnelle
ascensionnelle
passionnelle
processionnelle
professionnelle
rationnelle
irrationnelle
sensationnelle
correctionnelle
insurrectionnelle
juridictionnelle
fonctionnelle
traditionnelle
additionnelle
conditionnelle
intentionnelle
conventionnelle
reconventionnelle
exceptionnelle
proportionnelle
constitutionnelle
inconstitutionnelle
péronnelle
citronnelle
personnelle
impersonnelle
* tonnelle-
colonelle
charnelle
maternelle
paternelle
fraternelle
éternelle
coéternelle
sempiternelle
ritournelle
* prunelle
moelle
tire-moelle
pelle
* chapelle-
[*G.*] Aix-la-Chapelle
épelle-
appelle-
réappelle-
rappelle-
s'entr'appelle-
carpelle
interpelle-
coupelle-
albarelle
marelle
saltarelle
aquarelle
ombrelle
crécerelle
passerelle
chanterelle
tourterelle
sauterelle
* querelle-
s'entre-querelle-
airelle
morelle
temporelle
corporelle
incorporelle
carrelle-
recarrelle-
décarrelle-
poutrelle
tourelle
pastourelle
naturelle
surnaturelle
* selle-
boute-selle
ciselle-
oiselle-
damoiselle
* demoiselle
mademoiselle
filoselle
piloselle
G. Meurthe-et-Moselle
universelle
desselle-
aisselle
vaisselle
ruisselle-
bosselle-
muselle-
démuselle-
touselle
telle
batelle-
brocatelle
cascatelle
bagatelle
rapatelle
curatelle
râtelle-
bretelle
dételle-
enchantelle-
pantelle-
* dentelle-
accidentelle
sacramentelle
tarentelle
mortelle
immortelle
Estelle
* attelle-
réattelle-
grattelle
brettelle-
bottelle-
sautelle
tutelle
écuelle
graduelle
individuelle
manuelle
continuelle
annuelle
bisannuelle
trisannuelle
douelle
rouelle
* ruelle-
cruelle
truelle
quelle
laquelle
séquelle
casuelle
visuelle
censuelle
mensuelle
bimensuelle
sensuelle
consensuelle
usuelle
actuelle
contractuelle
intellectuelle

ponctuelle
perpétuelle
habituelle
spirituelle
éventuelle
conventuelle
virtuelle
mutuelle
textuelle
sexuelle
unisexuelle
bissexuelle
*javelle-
enjavelle-
caravelle
gravelle
tavelle-
bartavelle
déchevelle-
nivelle-
manivelle
grivelle-
cervelle
cuvelle-
nouvelle
*renouvelle-
voyelle
gazelle
bonzelle
donzelle

Voy. aile et èle plus de Nesle, presle et L

aille

aille-
baille-
bâille-
entre-bâille-
*caille-
racaille
*écaille-
quincaille
blocaille
rocaille
*médaille-
marchandaille-
truandaille
tondaille
*godaille-
mangeaille
*faille-
défaille-
intrigaille-
gogaille
blanchaille
piaille-
criaille-
volaille
*maille-
chamaille-
pince-maille
semaille
émaille-
limaille
rimaille-
remmaille-
marmaille
canaille
encanaille-
*grenaille-
*tenaille-
cochonnaille
*sonnaille-
poissonnaille
tournaille-
quoaille-
*paille-
hache-paille
dépaille-
ripaille
tripaille
empaille-
rempaille-
raille-
braille-
se débraille-
éraille-
déraille-
graille-
tiraille-
*ferraille-
pierraille
hourraille-
traille
prêtraille
*mitraille-
muraille
représaille
bisaille
*cisaille-
*grisaille-
assaille-
tressaille-
*gueusaille-
*taille-
*bataille-
valetaille
*retaille-
*entretaille-
basse-taille
haute-taille
détaille-
répétaille-
brétaille-
avitaille-
ravitaille-
*entaille-
intaille
prétintaille
futaille
enfutaille-
disputaille-
menuaille
ouaille
*fouaille-
gouaille-
jouaille-
touaille
antiquaille
victuaille
vaille-
travaille-
retravaille-
revaille-
écrivaille-
équivaille-
trouvaille

ille

bille
babille-
habille-
rhabille-
déshabille-
gambille-
brusquembille
gobille
dégobille-
escarbille
bisbille
cille-
bacille
motacille
vacille-
codicille
verticille
sourcille-
scille
oscille-
faucille
peccadille
armadille
grenadille
spadille
cédille
séguidille
brandille-
se fendille-
pendille-
brindille
*godille-
mordille-

Avec les mots en italique *voy.* les autres *ille* précédés de consonnes, ile, yle et ylle; avec les autres tous les ille

eille

abeille
herbeille-
corbeille
ensoleille-
sommeille-
vermeille
* *Corneille*
pareille
salsepareille
dépareille-
* *nonpareille*
appareille-
rappareille-
désappareille-
oreille
perce-oreille
tourne-oreille
cure-oreille
treille
seille
conseille-
déconseille-
oseille
groseille
[*G.*] *Marseille*
orseille
* *teille-*
bouteille
vide-bouteille
(1) [*cueille-* / *accueille-* / *recueille-*]
* *veille-*
éveille-
réveille-
merveille
émerveille-
* *surveille-*
avant-veille

ille

fille
belle-fille
petite-fille
belle-petite-fille
arrière-petite-fille
gille
[*M.*] *Achille*
[*G.*] *Lille*
mille
Camille
famille
[*G.*] *Vintimille*
camomille
charmille
ormille
fourmille-
*smille-
*manille
vanille
chenille
échenille-
*cochenille-
guenille
souquenille
coronille
Pétronille
(2) [*oille*]
pille-
papille
grapille-
*estampille-
éparpille-
torpille
gaspille-
houspille-
goupille
roupille-
toupille-
étoupille-
pupille
brille-
fibrille
drille
drille
escadrille
espadrille
quadrille
*grille-
morille
gorille
essorille-
trille
*étrille-
vrille
Cyrille
*sille-
nasille-
brasille-
résille
brésille-
grésille-
s'égosille-
boursille
dessille-
roussille-
fusille-
bousille-
tille
volatille
cantatille
cannetille
pétille-
frétille-
*vétille-
titille-
mantille
gentille
lentille
tormentille
scintille-
pointille-
pacotille
*tortille-
détortille-
entortille-
désentortille-
La Courtille
myrtille
bastille
embastille-
*Castille
encastille-
pastille
distille-
instille-
*apostille-
émoustille-
*croustille-
flottille
sautille-
outille-
écoutille
broutille

Avec les mots en italique *voy.* les autres *ille* précédés de consonnes, ile, yle et ylle; avec les autres, tous les ille

1. Voy. *euille*
2. Voy. oile, aussi poêle.

euille
* *feuille-*
perce-feuille
mille-feuille
quintefeuille
portefeuille
chèvrefeuille
défeuille-
effeuille-
breuille-
veuille-
aussi cueille-
accueille-
recueille-

ille
* aiguille-
anguille

Voy. tous les ille

ouille
ouille-
bouille-
rebouille-
* *Gribouille-*
barbouille-
débarbouille-
embarbouille-
écarbouille-
douille
* *bredouille-*
débredouille-
andouille
* *fouille-*
refouille-
affouille-
farfouille-
* *gargouille-*
houille
mouille-
remouille-
s'agenouille-
grenouille
quenouille
cornouille
pouille-
picpouille
épouille-
* *dépouille-*
* *rouille-*
* *brouille-*
débrouille-
embrouille-
dérouille-
grouille-
enrouille-
verrouille-
déverrouille-
* *patrouille-*
citrouille
* *souille-*
chatouille-
ratatouille
gazouille-

ille
* quille-
se maquille-
* béquille-
tranquille
jonquille
* coquille-
recoquille-
roquille
écarquille-
esquille
ville
naville
[G.] *Abbeville*
vaudeville
* cheville-
recroqueville-
[G.] *Lunéville*
[G.] *Contrexéville*
calville
[G.] *Joinville*
[I.] *Tourville*
[G.] *Trouville*

Avec les mots en italique voy. *ille* précédés de consonnes ile, yle et ylle; avec les autres tous les ille

olle
* colle-
recolle-
décolle-
encolle-
ostéocolle
ichtyocolle
folle
archifolle
travaïolle
molle
équipolle-
barcarolle
moucherolle
fumerolle
rousserolle
muserolle
bouterolle
barquerolle
grolle
girolle
corolle
genestrolle
grisolle-

Voy. ole

ulle
bulle
[L.] Tibulle
nulle
[G.] Tulle
[L.] Catulle

Voy. ule

ylle
sibylle
idylle
aphylle
monophylle
chlorophylle
psylle

Voy. ile, *ille* précédé d'une consonne et yle

aule
* branle-
ébranle
chambranle

ole
* parabole
métabole
fariboie
rocambole
carambole-
symbole
obole
discobole
taurobole
hyperbole
barbacole
racole-
* caracole-
accole-
école
récole-
séricicole
Nicole
régnicole
ignicole
vinicole
* bricole-
aéricole
agricole
floricole
viticole
horticole
saxicole
protocole
[H.] Arcole
dyscole
dole-
cadole
idole
farandole
girandole
* gondole-
flageole-
rougeole
[M.] Eole
malléole
aréole
créole
auréole
lauréole
faséole
roséole
alvéole
affole-
raffole-
batifole-
* rigole-
espingole
dégringole-
mongole
babiole
rabiole
luciole
fiole
foliole
torgniole
bariole-
escariole
dariole
variole
* cabriole-
gaudriole
artériole
affriole-
gloriole
carriole
gratiole
étiole-
pétiole
bestiole
* viole-
cajole-
remole
immole-
carmagnole
[G.] Espagnole
fignole-
brignole
croquignole
échantignole
torgnole
pentapole
hélépole
pharmacopole
monopole
acropole
nécropole
métropole
interpole-
coupole
scarole
parole
passe-parole
banderole
flammerole
casserole
féverole
azerole
vérole
virole
pétrole
sole
désole-
isole-
camisole
insole-
* console-
assole-
* dessole-
rissole-
boussole
Anatole
pactole
étole
[H.] Capitole
diastole
rafistole-
pistole
systole
périsystole
* vole-
revole-
dévole
malévole
bénévole
frivole
s'envole-
convole-
yole

Voy. olle

ôle
geôle
enjôle-
môle
cure-môle
* rôle-
drôle
frôle-
enrôle-
* trôle-
* contrôle-
tôle

Voy. aule

iple
disciple
condisciple
périple
* triple-
multiple
sous-multiple

ample
ample
temple
contemple-
exemple

imple
simple

ople
sinople
[C.] Constantinople

uple
* décuple-
* *peuple-*
repeuple-
dépeuple-
* nonuple-
* *couple-*
* *accouple-*
désaccouple-
* *découple-*
souple
ensouple
* quadruple-
* octuple-
* centuple-
* quintuple-
* septuple-
* sextuple-

Tous ces mots riment ensemble, à l'exception des deux groupes en italique qui riment chacun entre eux

arle
parle-
reparle-
ne déparle-

erle
berle
ferle-
déferle-
merle
* perle-

orle
orle

urle
hurle-

ourle
ourle-

asle
Dombasle
Voy. ale et alle

esle
de Nesle
presle
Voy. èle, aile et elle

aule
acaule
* Gaule-
chaule-
échaule-
miaule-
piaule-
Paule
* épaule-
saule
Voy. ôle

ule
conciliabule
confabule-
mandibule
fibule
démantibule-
vestibule
déambule-
préambule
somnambule
funambule
noctambule
lobule
globule
éjacule-
* macule-
tentacule
accule-
recule
écule
fécule
molécule
pécule
spécule
fascicule
radicule
édicule
pédicule
ridicule
forficule
véhicule
silicule
pellicule
follicule
canicule
panicule
sanicule
adminicule
funicule
principicule
matricule
* immatricule-
ventricule
utricule
auricule
versicule
denticule
conventicule
monticule
articule-
particule
désarticule-
gesticule-
cuticule
clavicule
calcule-
animalcule
pédoncule
portioncule
renoncule
caroncule
inocule-
tubercule
* Hercule
opercule
circule-
* bascule-
duriuscule
majuscule
minuscule
bouscule-
crépuscule
opuscule
corpuscule
cucule
adule-
cédule
crédule
incrédule
* acidule-
camaldule
glandule
* pendule
ondule-
Théodule
* module-
aïeule
bisaïeule
trisaïeule
filleule
meule
épagneule
seule
éteule
* *gueule-*
égueule-
bégueule
veule
coagule-
régule
spergule
virgule
jugule-
pilule
libellule
cellule
pullule-
répullule-
mule
* émule
simule-
dissimule-
stimule-
* formule-
cumule-
accumule-
plumule
canule
campanule
ranule
* granule-
veinule
annule-
pinnule
lunule
* *boule*
saboule-
éboule-
ciboule
blackboule-
coule-
écoule-
découle-
roucoule-
* *foule-*
refoule-
goule
débagoule-
cagoule
barigoule
engoule-
(1) * *moule-*
remoule-
semoule
émoule-
démoule-
rémoule-
se vermoule-
surmoule-
* *poule*
picpoule
ampoule
roule-
croule-
écroule-
déroule-
enroule-
* *soûle-*
dessoule-

(1) De mouler et le moudre.

papule
* crapule-
* manipule-
* stipule-
copule
cupule
* scrupule
brûle-
férule
glomérule
aspérule
sporule
curule
péninsule
capsule
Ursule
spatule
congratule-
* capitule-
récapitule-
intitule-
plantule
tarentule
notule
rotule
septule
sportule
ergastule
fistule
postule-
pustule
valvule
ovule
Voy. ulle sauf pour les groupes en italique qui riment chacun entre eux

yle
[*G.*] Kabyle
condyle
spondyle
chyle
éolipyle
dactyle
ptédoractyle
cotyle
* style-
tétrastyle
épistyle
péristyle
aérostyle
prostyle
octostyle
polystyle
Voy. ile, *ille* précédés de consonne et ylle

me
me

ame
came
* dame-
madame
tripe-madame
cuisse-madame
trou-madame
belle-dame
bonne-dame
notre-dame
dédame-
vidame
affame-
diffame-
agame
* bigame
* amalgame
phanérogame-
cryptogame
polygame
carthame
jusquiame
lame
épithalame
acclame-
déclame-
* réclame-
proclame-
s'exclame-
igname
cinname
* rame-
* brame-
* drame
mélodrame
prame
* trame-
dictame
étame-
rétame-
* entame-
rentame-
hippopotame
estame
Voy. amme

âme
âme
infâme
* blâme-
pâme-
Aussi brahme, flamme et oriflamme

Edme
Edme

ème
dème
diadème
œdème
nicodème
stratagème
schème
Bohême
* blasphème-
Polyphème
thème
anathème
hélianthème
chrysanthème
exanthème
apothème

millième
millionième
unième
quatrième
troisième
vingtième
quatre-vingtième
huitième
dix-huitième
pénultième
antépénultième
nonantième
quarantième
quantième
cinquantième
soixantième
centième
trentième
septième
dix-septième
cinquième
neuvième
dix-neuvième
dixième
sixième
deuxième
troizième
seizième
quinzième
onzième
quatorzième
douzième
blême
emblême
problème
Angoulême
même
épiphonème
poème
barème
carême
se décarême-
mi-carême
brême
* crème-
écrème-
épichérème
quinquérème
chrême
birème
trirème
théorème
suprême
extrême
sème-
parsème-
sursème-
ressème-
emphysème
baptême
abstème
apostème
système
empyème

Voy. aime et emme plus seime et M

agme

malagme
diaphragme
Voy. achme

egme

flegme
phlegme
apophtegme

igme

paradigme
énigme
borborygme

ogme

dogme

ahme

brahme
Voy. âme, aussi flamme et oriflamme

achme

drachme
tétradrachme
Voy. agme

echme

ménechme

ehme

vehme

ithme

(1) logarithme

asthme

asthme
Voy. asme

isthme

isthme
Voy. isme et ysme

ythme

(1) * rythme-

aime

aime-
s'entr'aime-
essaime-
Voy. ème, emme plus seime et M

ime

cime
écime-
* décime-
se rédime-
(2) *seime*
infime
régime
* lime-
* sublime-

1. Ces deux mots riment entre eux
2. *Voy.* ème, aime emme et M.

s'élime-
millime
* mime-
pantomime
anime-
pusillanime
magnanime
unanime
ranime-
envenime-
minime
* rime-
brime-
crime
* escrime-
périme-
frime
* se grime-
dirime-
monorime
* prime-
déprime-
réprime-
imprime-
réimprime-
comprime-
opprime-
supprime-
exprime-
arrime-
trime-
nonagésime
quadragésime
quinquagésime
septuagésime
sexagésime
millésime
Onésime
grandissime
richissime
généralissime
sérénissime
rarissime
illustrissime
ignorantissime
savantissime
excellentissime
éminentissime
* victime-
* légitime-
illégitime
maritime
centime
* intime-
(1) *optime*
* estime-
* mésestime-
* Maxime-
Voy. yme

îme

abîme-
dîme-

alme

* calme-
scalme

1. pron. mé.

* palme
* spalme-

elme

Anselme
feu St-Elme

amme

gamme
flamme
oriflamme
enflamme-
se renflamme-
gramme
décagramme
diagramme
myriagramme
filagramme
anagramme
métagramme
télégramme
décigramme
milligramme
épigramme
centigramme
cablogramme
parallélogramme
kilogramme
monogramme
chronogramme
programme
hectogramme
tautogramme
femme
sage-femme
Avec les mots en italique, *voy.* âme et brahme; avec les autres *voy.* ame

emme

gemme
lemme
dilemme
maremme
Voy. ème, aime, seime et M

omme

comme
* gomme-
dégomme-
rogomme
homme
prud'homme
gentilhomme
bonhomme
nomme-
renomme-
dénomme-
surnomme-
* pomme-
* somme-
consomme-

assomme-
plus Rome

ome

vidrecome
sarcome
glaucome
majordome
idiome
axiome
condylome
cinnamome
nome
gnome
carcinome
économe
sous-économe
agronome
métronome
astronome
gastronome
autonome
[*G.*] *Rome*
arome
brome
vélodrome
hippodrome
prodrome
chrome
lithochrome
monochrome
polychrome
tome
atome
phlébotome
dichotome
lithotome
cystotome
Chrysostome
ignivome
dôme
Vendôme
chôme-
diplôme
staphylôme
binôme
quadrinôme
trinôme
monôme
polynôme
[*G.*] Drôme
Jérôme
stéatôme
fantôme
symptôme
Voy. aume; *Rome* avec omme

arme

* arme-
carme
vacarme
* [se] gendarme-
* charme-
larme
* alarme-
[G.] Parme
désarme-

erme
berme
derme
épiderme
pachyderme
* ferme-
referme-
afferme-
sous-afferme-
enferme-
renferme-
sous-ferme
* germe-
isotherme
[*G.*] Palerme
inerme
sperme
épisperme
endosperme
[*M.*] * Terme

irme
affirme-
* infirme-
confirme-
plus diasyrme

orme
orme
corme
dorme-
redorme-
endorme-
rendorme-
* forme-
reforme-
plate-forme
déforme-
* réforme-
* difforme-
corymbiforme
pisciforme
cruciforme
cordiforme
théiforme
aculéiforme
cunéiforme
caséiforme
gazéiforme
filiforme
vermiforme
uniforme
dériforme
piriforme
puriforme
multiforme
myrtiforme
fusiforme
* informe-
* conforme-
* chloroforme-
transforme-
énorme

ourme
* gourme-
chiourme
garde-chiourme

yrme
diasyrme
Voy. irme

asme
sarcasme
miasme
* enthousiasme-
iconoclasme
cataplasme
métaplasme
pléonasme
spasme
marasme
lus asthme

esme
ténesme

ïsme
judaïsme
archaïsme
hébraïsme
pharisaïsme
mosaïsme
prosaïsme
strabisme
snobisme
ostracisme
iotacisme
mutacisme
solécisme
anglicisme
gallicisme
catholicisme
néo-catholicisme
stoïcisme
criticisme
scepticisme
gnosticisme
mysticisme
atticisme
exorcisme
druidisme
méthodisme
hermaphrodisme
sabéisme
saducéisme
déisme
manichéisme
théisme
athéisme
panthéisme
monothéisme
polythéisme
magisme
pédagogisme
dialogisme
analogisme
paralogisme
illogisme
syllogisme
néologisme
monachisme
catéchisme
fétichisme
monarchisme
schisme
boudhisme

sophisme
philosophisme
anthropomorphisme
éréthisme
cannibalisme
radicalisme
cléricalisme
vandalisme
idéalisme
réalisme
provincialisme
socialisme
impérialisme
matérialisme
industrialisme
-sialisme
formalisme
nominalisme
nationalisme
rationalisme
journalisme
libéralisme
fédéralisme
naturalisme
fatalisme
italisme
orientalisme
sentimentalisme
dualisme
individualisme
spiritualisme
sensualisme
royalisme
ptyalisme
monothélisme
parallélisme
aristotélisme
pantagruélisme
machiavélisme
probabilisme
immobilisme
automobilisme
nihilisme
mercantilisme
servilisme
embolisme
alcoolisme
carlisme
sômnambulisme
noctambulisme
Islamisme
dynamisme
euphémisme
animisme
pessimisme
légitimisme
optimisme
atomisme
transformisme
mécanisme
républicanisme
anglicanisme
gallicanisme
vulcanisme
orléanisme
paganisme
congréganisme
organisme
pélagianisme

italianisme
sabellianisme
socinianisme
newtonianisme
arianisme
presbytérianisme
voltairianisme
nestorianisme
cartésianisme
Christianisme
M. Brahmanisme
germanisme
pangermanisme
hispanisme
luthéranisme
charlatanisme
puritanisme
ultramontanisme
galvanisme
galénisme
héllénisme
philhellénisme
jansénisme
rabbinisme
albinisme
jacobinisme
molinisme
féminisme
déterminisme
illuminisme
alpinisme
latinisme
crétinisme
calvinisme
chauvinisme
darwinisme
protectionnisme
laconisme
gasconisme
napoléonisme
antagonisme
pyrrhonisme
saint-simonisme
zénonisme
anachronisme
parachronisme
métachronisme
synchronisme
prochronisme
isochronisme
tautochronisme
platonisme
néo-platonisme
daltonisme
abolitio(n)nisme
communisme
opportunisme
cynisme
égoïsme
héroïsme
sinapisme
papisme
barbarisme
pindarisme
gargarisme
particularisme
doctrinarisme
carbonarisme
césarisme

militarisme
unitarisme
parlementarisme
quakerisme
maniérisme
évhémérisme
mesmérisme
paupérisme
astérisme
empirisme
météorisme
pythagorisme
rigorisme
gongorisme
aphorisme
humorisme
porisme
terrorisme
prisme
épicurisme
figurisme
purisme
anévrisme
lyrisme
molinosisme
spinosisme
datisme
dogmatisme
achromatisme
automatisme
rhumatisme
fanatisme
hippocratisme
éclectisme
ascétisme
piétisme
quiétisme
mahométisme
magnétisme
galvano-magnétisme
électro-magnétisme
syncrétisme
péripatétisme
cénobitisme
banditisme
rachitisme
méphitisme
cosmopolitisme
sybaritisme
spiritisme
favoritisme
jésuitisme
parasitisme
pédantisme
kantisme
romantisme
modérantisme
tolérantisme
intolérantisme
obscurantisme
protestantisme
dilettantisme
tarentisme
indifférentisme
narcotisme
scotisme
béotisme
cagotisme
bigotisme

idiotisme
patriotisme
hypnotisme
népotisme
despotisme
anabaptisme
bonapartisme
don quichottisme
absolutisme
mutisme
presbytisme
prosélytisme
altruisme
panslavisme
atavisme
civisme
incivisme
exclusivisme
collectivisme
positivisme
babouvisme

Voy. ysme plus isthme

osme

microcosme

ysme

dandysme
cataclysme
torysme
paroxysme

Voy. isme plus isthme

aume

baume
embaume-
heaume
* chaume-
déchaume-
Guillaume
* paume-
agripaume
empaume-
psaume
royaume

Voy. ome

ume

* écume-
fume-
enfume-
parfume-
légume
hume-
inhume-
rhume
enrhume-
désenrhume-
transhume-
posthume
exhume-
enclume
glume
allume-
rallume-
* plume-
taille-plume
porte-plume
déplume-
emplume-
se remplume-
volume
afioume
brume
embrume-
grume
résume-
présume-
consume-
assume-
bitume
amertume
* costume-
* apostume-
coutume
accoutume-
réaccoutume-
se raccoutume-
désaccoutume-

yme

cyme
didyme
chyme
parenchyme
cacochyme
pseudonyme
homonyme
anonyme
synonyme
éponyme
paronyme
antonyme
azyme

Voy. ime

ne

ne

ane

* cabane-
hanebane
haubane-
rubane-
cane
barbacane
sarbacane
bec-de-cane
* chicane-
anglicane
gallicane
ricane-
cancane-
tocane
arcane
toscane
boucane-
cispadane
transpadane
bédane
bardane
océane
* fane-
effane-
* profane-
tzigane
salangane
organe
gourgane
ahane-
diaphane
colophane
[I.] Aristophane
* *Diane*
badiane
médiane
obsidiane
liane
piane-piano
valériane
gentiane
strontiane
nicotiane
catalane
* glane-
castillane
pouzzolane
* plane-
aplane-
émane-
[M.] *Brahmane*
bimane
pédimane
musulmane
bibliomane
mélomane
* anglomane
monomane
romane
métromane
ottomane
[G.] Birmane
quadrumane
banane
rhénane
cirrhénane
transrhénane
pane-
trépane-
frangipane
campane
membrane
safrane-
filigrane
bugrane
mezzo-soprane
urane
cisjurane
transjurane
* basane-
parmesane
cresane
faisane
pisane
tisane
cartisane
courtisane
pertuisane
Persane
crassane
bressane
platane
charlatane-
tarlatane
mahométane
capitane
titane
sultane
transmontane
tartane
soutane
prytane
iguane
douane
padouane
mantouane
[G.] la Havane
* (se) pavane-
caravane
savane
[G.] Guyane
alezane
balzane

Les mots en italique riment avec âne, *anne* et amne, plus paonne; avec les autres *Voy.* anne

âne

âne
bec-d'âne
pas-d'âne
guide-âne
coq-à-l'âne
flâne-
* crâne
épicrâne
péricrâne

Voy. ane, anne et amne, plus paonne

ène

* ébène-
cène
mécène
épicène
éocène
pliocène
scène
[G.] Damascène
obscène
avant-scène
cadène
molybdène
affène-
indigène
aborigène
morigène-
mélongène
[H.] Diogène
homogène
cyanogène
hydrogène
hétérogène
pyrogène
gazogène
bourgène
Eugène
* oxygène-
désoxygène-
saphène
[H.] Démosthène
hygiène
aliène-
abaliène-
akène
alène
scalène
halène-
phalène
galène
Hélène
parasélène
glène
[G.] Madrilène
[M.] Silène
cantilène
[G.] Mytilène
philhellène
molène
mène-
amène-
ramène-
se démène-
[L.] Chimène
malmène-
emmène-
remmène-
Philomène
phénomène
[M.] Melpomène
promène-
anadyomène
surmène-
Ismène
énergumène
catéchumène
enthymène
troène
arène
* carène-
crène-
[M.] Hippocrène
rassérène-
réfrène-
enchifrène-
grène-
égrène-
* gangrène-
engrène-
rengrène-
désengrène-
sirène
murène
Arsène
assène-
[G.] *Messène*
patène
tungstène
pyroxène
hyène

Avec les mots en italique *voy.* êne, aine, eine

et *enne*, plus chevesne et Aisne; avec les autres *voy*. enne. Aussi N

êne
* gêne-
chêne
pêne
rêne
frêne

Voy. *ène*, *aine*, *enne* et *aine* plus chevesne, Aisne et N

agne
bagne
cagne
cocagne
gagne-
regagne-
[*G.*] Allemagne
[*H.*]Charlemagne
faire Charlemagne
pagne
campagne
[*G.*] * Champagne
compagne
accompagne-
[*G.*] Espagne
aragne
[*G.*] Bretagne
montagne
tranche-montagne

ègne
[*G.*] Compiègne
* règne-
imprègne-
interrègne
duègne
baigne-
daigne-
dédaigne-
bréhaigne
plaigne-
aplaigne-
musaraigne
varaigne
craigne-
contraigne-
saigne-
ressaigne-
châtaigne

Voy. eigne

igne
bigne
[*G.*] * Digne
* indigne-

Voy. igne précédé de consonne et de u, plus cygne

eigne
ceigne-
enceigne-
feigne-
geigne-
engeigne-
peigne
(1) * peigne-
repeigne-
dépeigne-
empeigne
enfroigne-
épreigne-
empreigne-
étreigne-
astreigne-
restreigne-
* enseigne-
porte-enseigne
renseigne-
* teigne-
reteigne-
éteigne-
déteigne-
atteigne-
ratteigne-
aveigne-

Voy. ègne et aigne

igne
rechigne-
ligne
aligne-
maligne
cligne-
tire-ligne
entre-ligne
rectiligne
mixtiligne
curviligne
enligne-
* interligne-
forligne-
souligne-
bénigne

Voy. igne précédé de consonne et de u, plus cygne

oigne
oigne-
joigne-
adjoigne-
rejoigne-
déjoigne-
enjoigne-
conjoigne-
disjoigne-
éloigne-
témoigne-
* poigne-

1. Du verbe peindre et du v. peigner.

empoigne-
soigne-

igne
trépigne-
érigne
* signe-
contresigne-
désigne-
résigne-
* insigne
* consigne-
assigne-
réassigne-
égratigne-
* guigne-
barguigne-
vigne
provigne-

Voy. igne précédé de consonne, plus cygne

ogne
cogne-
recogne-
rencogne-
[*G.*] Gascogne
[*G.*] Dordogne
hogne-
cigogne
gigogne
vigogne
vergogne
[*G.*] Bourgogne
[*G.*] Cologne
[*G.*] Pologne
[*G.*] Boulogne
* rogne-
carogne
charogne
se refrogne-
se renfrogne-
grogne-
trogne
* ivrogne-
* besogne-
embesogne-

argne
* épargne-

ergne
vergne
[*G.*] Auvergne

orgne
borgne
éborgne-
lorgne-

ugne
répugne-
impugne-

ygne
cygne

Voy. igne précédé de consonne et de u

aine
aine
thébaine
urbaine
suburbaine
aubaine
républicaine
antirépublicaine
dominicaine
Américaine
[*G.*] Africaine
Armoricaine
[*G.*] Mexicaine
[*G.*] Marocaine
Franciscaine
daine
bedaine
calembredaine
fredaine
mondaine
bourdaine
soudaine
faîne
gaine
* dégaine-
engaine-
* rengaine-
haine
* chaîne-
déchaîne-
enchaîne-
renchaîne-
désenchaîne-
prochaine
* laine-
porcelaine
tire-laine
châtelaine
vilaine
[*G.*] Ille-et-Vilaine
marjolaine
* plaine
poulaine
[*G.*] Maine
semaine
domaine
* Romaine
gréco-romaine
gallo-romaine
* Germaine
humaine
anti-humaine
inhumaine
surhumaine
roumaine
naine
raine
* draine-
riveraine
souveraine
suzeraine
acéraine
[*G.*] Montpelliéraine
graine
égraine-

migraine
foraine
moraine
contemporaine
marraine
souterraine
[*G.*] Lorraine
* traîne-
entraîne-
rentraîne-
[*G.*] Chartraine
[*G.*] Touraine
saine
diocésaine
archidiocésaine
misaine
malsaine
[*G.*] Toulousaine
tiretaine
thibétaine
vingtaine
[*G.*] Auscitaine
[*G.*] Napolitaine
métropolitaine
mitaine
croque-mitaine
[*G.*]Palermitaine
capitaine
Samaritaine
puritaine
huitaine
[*G.*] Aquitaine
quarantaine
pretantaine
cinquantaine
soixantaine
centaine
trentaine
lointaine
quintaine
fontaine
La Fontaine
borne-fontaine
ultramontaine
certaine
incertaine
[*G.*] Belfortaine
hautaine
futaine
[*G.*] Jamaïquaine
vaine
chevaine
[*G.*]Transylvaine
neuvaine
[*H.*] Bazaine
dizaine
quinzaine
douzaine

Voy. *ène*, *êne*, *eine* et *enne*, plus chevesne, Aisne et N

ine
cocaïne
bine
babine
cabine

* carabine-
sabine
rebine-
débine
bambine
* lambine-
combine-
colombine
* bobine-
jacobine
turbine
concubine
* Racine-
déracine-
enracine-
* vaccine-
revaccine-
buccine
* médecine-
officine
salicine
vaticine-
calcine-
balencine
semencine
ratiocine-
porcine
* fascine-
piscine
hallucine-
doucine
capucine
glycine
dîne-
* badine-
grenadine
incarnadine
citadine
gredine
se dandine-
brigandine
burgandine
gourgandine
visitandine
ondine
blondine
rondine-
* Girondine
se dodine-
anodine
jardine-
* Bernardine
sardine
* Périgourdine
sourdine
Claudine
crapaudine

Voy. ine précédé d'une consonne, de é ou de u, plus androgyne et Mnémosyne

eine

baleine
haleine
* Madeleine
Marie-Madeleine
pleine
* peine-
reine
vice-reine
sereine
chanfreine-
* Seine
* veine-
aveine
porte-veine
verveine

Voy. *ène*, ène, aine et *enne* plus chevesne, Aisne et N

ine

codéine
oléine
quinoléine
caséine
ostéine
fine
affine-
raffine-
paraffine
confine-
superfine
plombagine
imagine-
pagine-
sauvagine
[*G.*] Egine
origine
angine
margine-
aubergine
* rugine-
* Chine-
* machine-
échine-
trichine
[*G.*] Cochinchine
[*G.*] Indo-Chine
[*G.*] Briochine
Joséphine
morphine
dauphine
murrhine
térébenthine
Aline
alcaline
percaline
tourmaline
cornaline
opaline
* praline-
* saline
naphtaline
digitaline
chevaline
* câline-
décline-
dicline
encline
incline-
gibeline
zibeline
marceline
dodeline-
geline
morgeline
orpheline
cameline
carmeline
agneline
capeline
popeline
vaseline
mousseline
* pateline-
archipateline
Jacqueline
aveline
javeline
féline
aniline
* coralline
cristalline
colline
Apolline
bandoline
mandoline
violine
crinoline
santoline
zinzoline-
* discipline-
indiscipline
berline
Pauline
masculine
figuline
* bouline-
mouline-
pouline-
ursuline
fistuline
* mine-
cardamine
famine
* gamine-
Benjamine
lamine-
calamine
flamine
bramine
balsamine
étamine
contamine-
examine-
chemine-
achemine-
* contre-mine-
efféminе-
hémine
dissémine-
élimine-
récrimine-
incrimine-
Wilhelmine
culmine-
fulmine-
abomine-
domine-
prédomine-
hermine
termine-
détermine-
prédétermine-
(1) *mezzo-termine*
extermine-
vermine
chaumine
albumine
alumine
illumine-
enlumine-
rumine-
bitumine-
canine
mezzanine
strychnine
féminine
quinine
fescennine
[*G.*] Lisbonnine
* léonine
saponine
[*H.*] Éponine
santonine
saturnine

Voy. ine précédé d'une consonne, ou de u plus androgyne et Mnémosyne

oine

[*G.*] * Macédoine
calcédoine
idoine
chélidoine
sardoine
moine
aigremoine
patrimoine
antimoine
chanoine
bétoine
cétoine
péritoine
Antoine
[*H.*] Marc-Antoine
avoine
* pivoine

ïne

héroïne
lapine
* rapine-
sapine
épine
aubépine
alépine
crépine
alpine
cisalpine
transalpine
opine-
préopine-
* chopine-
clopine-
Philippine
[*H.*] Agrippine
[*M.*] Proserpine
turlupine-
poupine
mandarine
stéarine
farine
enfarine-
margarine
saccharine
clarine
* marine-
amarine-
pinne-marine
christe-marine
aigue-marine
sous-marine
narine
tsarine
czarine
alizarine
[*G.*] fibrine
Alexandrine
Catherine
* pèlerine
ballerine
* serine-
Séverine
érine
glycérine
nitroglycérine
cholérine
* vipérine
Prospérine
adultérine
entérine-
utérine
vérine
[*G.*] Transtévérine
* chagrine-
saphirine
elléborine
Honorine
Victorine
castorine
fluorine
caprine
terrine
verrine
trine
doctrine
endoctrine-
citrine
quercitrine
poitrine
vitrine
lettrine
lustrine
dextrine
* urine-
burine-
figurine
tambourine-

1. Pron. et *voy.* né.

purpurine-
aventurine
coulevrine
antipyrine
butyrine
asine
emmagasine-
* sarrasine
gésine
* lésine-
résine
gomme-résine
poix-résine
fuchsine
raisine
saisine
ensaisine-
* voisine-
avoisine-
circonvoisine
* cuisine-
alsine
organsine-
stérensine
Alphonsine
Rosine
pepsine
[G.] Cahorsine
branche-ursine
oursine
* bassine-
cassine
bécassine
* assassine-
dessine-
[G.] Messine
moissine
* houssine-
crapoussine
abyssine
usine
ébousine-
* cousine-
* limousine
tine
sabbatine
pancréatine
latine
* palatine
gélatine
néo-latine
* platine
scarlatine
* patine-
* ratine-
gratine-
buratine
satine-
se ratatine-
cavatine
pectine
bénédictine
diétine
piétine-
fétine
tétine
cantine
enfantine
brigantine

galantine
églantine
[I.] Fabre d'Églantine
adamantine
diamantine
aimantine
[G.] Constantine
levantine
Byzantine
argentine
Rép. Argentine
Valentine
serpentine
[G.] Florentine
[G.] Trentine
sentine
Sagontine
Bisontine
tontine
cabotine-
nicotine
narcotine
indigotine
* guillotine-
chevrotine
Martine
[I.] Lamartine
tartine
* libertine-
Albertine
[G.] Belfortine
courtine
castine
s'obstine-
destine-
prédestine-
clandestine
festine-
[G]. Palestine
Célestine
Ernestine
intestine
trappistine
sacristine
Augustine
Justine
bottine
trottine-
butine-
lutine-
agglutine-
conglutine-
(se) * mutine-
routine
béguine
embéguine-
sanguine
consanguine
doguine
embabouine-
bédouine
* fouine-
* chafouine
baragouine-
Malouine
puine
quine
* taquine-
Arlequine

emmannequine-
coquine
acoquine-
maroquine-
[G.] Minorquine
squine
basquine
damasquine-
molesquine
mesquine
bouquine-
* ruine-
* bruine-
vine-
avine-
* ravine-
dovine-
angevine
alevine-
poitevine
divine
alvine
ovine
bovine
[G.] Herzégovine
benzine

Voy. ine précédé d'une consonne, et de é, plus androgyne et Mnémosyne

aulne

aulne

Voy. one, ône et aune, plus crosne

damne

damne-
dédamne-
condamne-

Voy. ane, âne et *anne* plus paonne

emne

indemne

imne

(1) médimne

omne

automne

Voy. one et onne

umne

chitumne
[M.] Vertumne

ymne

(1) hymne
[G.](1) Méthymne

(1) Ces trois mots riment entre eux.

Anne

Anne
* banne-
enrubanne-
canne
Jeanne
dame-jeanne
Marianne
* *manne*
* panne
empanne-
[G.] Lausanne
paysanne
* tanne-
kahouanne
chouanne-
* rouanne-
vanne-
Suzanne

Avec les mots en italique *voy. ane*, âne et amne, pluspaonne, avec les autres *voy.* ane

enne

Sabéenne
Ajacéenne
Nancéenne
Phocéenne
saducéenne
lycéenne
Vendéenne
paludéenne
eutychéenne
galiléenne
herculéenne
pygméenne
Dahoméenne
iduméenne
méditerranéenne
pyrénéenne
cyclopéenne
Européenne
indo-européenne
nazaréenne
hyperboréenne
Coréenne
marmoréenne
élyséenne
(1) *géhenne*
biscaïenne
païenne
[G.] Nubienne
danubienne
pubienne
[G.] Ajaccienne
[G.] Annecienne
magicienne
[G.] Galicienne
Félicienne
aristotélicienne
mécanicienne

(1) *Voy.* ène en italique, ène eine et aine, plus chevesne et Aisne.

[G.] Phénicienne
platonicienne
néo-platonicienne
[G.] Ebroïcienne
stoïcienne
théoricienne
patricienne
praticienne
arithméticienne
péripatéticienne
musicienne
ancienne
rabdomancienne
nécromancienne
chiromancienne
cartomancienne
cistercienne
cadurcienne
antiscienne
Lucienne
[G.] Canadienne
tragédienne
comédienne
[G.] Phocidienne
proboscidienne
rachidienne
ophidienne
mastoïdienne
méridienne
[G.] Floridienne
obsidienne
quotidienne
[G.] * Indienne
gardienne
pardienne
mordienne
lydienne
plébéienne
[G.] Nancéienne
[H.] Tarpéienne
[H.] Véienne
pélagienne
[G.] Cambodgienne
[G.] Norvégienne
carlovingienne
mérovingienne
pharyngienne
laryngienne
théologienne
[G.] Géorgienne
pélasgienne
vosgienne
phrygienne
chienne
[G.] Autrichienne
basochienne
corinthienne
olynthienne
[G.] Spinalienne
[G.] Australienne
[G.] Ouralienne
végétalienne
[G.] Italienne
[G.] Thessalienne
cornélienne
[G.] Sicilienne
[G.] Chilienne
Emilienne
Maximilienne

[G.] Brésilienne
éolienne
Tyrolienne
étolienne
Julienne
conchylienne
la mienne
bohémienne
[G.]Amstellodanienne
cranienne
iranienne
touranienne
[G.] Lithuanienne
[G.] Pensylvanienne
[G.] Athénienne
[G.] Arménienne
essénienne
messénienne
racinienne
socinienne
[G.]Abyssinienne
[G.] Londonnienne
bourbonienne
draconienne
[G.] Macédonienne
[G.] Calédonienne
néo-Calédonienne
[G.] Londonienne
napoléonienne
pyrrhonienne
[G.] Ionienne
[G.]Babylonienne
saint-simonienne
pannonienne
cicéronienne
byronienne
tritonienne
neutonienne
plutonienne
[G.]Californienne
saturnienne
[G.] Bosnienne
neptunienne
olympienne
éthiopienne
métacarpienne
arienne
carienne
césarienne
végétarienne
czarienne
Adrienne
aérienne
ibérienne
[G.] Sibérienne
Chambérienne
[G.] Algérienne
luthérienne
phalanstérienne
presbytérienne
grammairienne
voltairienne
[G.] Nazairienne
elzévirienne
Pétrocorienne
dorienne
thermidorienne
grégorienne
sénatorienne

Victorienne
prétorienne
questorienne
Cyprienne
terrienne
daguerrienne
Neustrienne
vaurienne
épicurienne
ligurienne
silurienne
faubourienne
[G.] Asturienne
[G.] Hanovrienne
Bucnos-Ayrienne
Saint-Cyrienne
[G.] Illyrienne
[G.] Syrienne
[G.] Assyrienne
[G]. Tyrienne
[G.] Caucasienne
la sienne
vespasienne
[G.] Austrasienne
[G.] Ephésienne
[G.] Milésienne
[G.] * Silésienne
[G.] Arlésienne
[G.] Cambrésienne
cartésienne
[G.] Calaisienne
rabelaisienne
[G.] Cambraisienne
[G.] Beauvaisienne
[G.] Tunisienne
[G.] Parisienne
Savoisienne
ambroisienne
tarsienne
persienne
[G.] Circassienne
paroissienne
[G.] Calvadossienne
[G.] Prussienne
tienne-
la tienne
obtienne-
retienne-
entretienne-
détienne-
capétienne
chrétienne
anti-chrétienne
Saint-Etienne
Helvétienne
[G.] Haïtienne
[G.] Vénitienne
tribunitienne
antienne
octantienne
maintienne-
contienne-
béotienne
appartienne-
[G.] Égyptienne
Sébastienne
s'abstienne-
soutienne-
lilliputienne

palsanguienne
* Vienne-
mésavienne-
subvienne-
advienne-
mésadvienne-
devienne-
redevienne-
revienne-
contrevienne-
prévienne-
pelvienne
convienne-
circonvienne-
disconvienne-
[G.] Cracovienne
provienne-
parvienne-
intervienne-
survienne-
diluvienne
antédiluvienne
alluvienne
se souvienne-
se ressouvienne-
[G.] Péruvienne
penne
empenne-
renne
garenne
varenne
prenne-
reprenne-
entreprenne-
déprenne-
se méprenne-
s'éprenne-
comprenne-
apprenne-
rapprenne-
désapprenne-
surprenne-
* étrenne-
Turenne
empyrenne
senne
* antenne
morguenne
couenne
[G.] Cayenne
[G.] Mayenne
payenne
doyenne
* moyenne-
[H.] Troyenne
citoyenne
concitoyenne
mitoyenne
Aryenne
[G.] Guyenne

Voy. ène, aussi N

aonne

paonne

Voy. ane, âne, amne et *anne*

onne

* bonne
abonne-
louise-bonne
toute-bonne
bonbonne
charbonne-
Narbonne
sorbonne
Lisbonne
chaconne
braconne-
* gasconne-
façonne-
maçonne-
estramaçonne-
caparaçonne-
brabançonne
rançonne-
étançonne-
poinçonne-
tronçonne-
étronçonne-
soupçonne-
désarçonne-
* donne-
s'adonne-
espadonne-
redonne-
fredonne-
s'entre-donne-
amidonne-
maldonne
abandonne-
brandonne-
bondonne-
débondonne-
échardonne-
lardonne-
pardonne-
guerdonne-
ordonne-
subordonne-
cordonne-
coordonne-
bourdonne-
drageonne-
badigeonne-
bourgeonne-
ébourgeonne-
plafonne-
chiffonne-
griffonne-
* bouffonne-
aragonne
[G.] Patagonne
parangonne-
[G.] Argonne
fourgonne-
* bougonne-
mâchonne-
* bichonne-
* folichonne-
[G.] Berrichonne
cochonne-
torchonne-
bouchonne-
s'encapuchonne-
gabionne-

lionne
camionne-
pionne-
* espionne-
occasionne-
approvisionne-
émulsionne-
pensionne-
passionne-
impressionne-
démissionne-
commissionne-
permissionne-
soumissionne-
fusionne-
illusionne-
désillusionne-
contusionne-
collationne-
rationne-
stationne-
actionne-
fractionne-
affectionne-
désaffectionne-
confectionne-
perfectionne-
collectionne-
sectionne-
frictionne-
sanctionne-
fonctionne-
se concrétionne-
ambitionne-
additionne-
conditionne-
munitionne-
amunitionne-
perquisitionne-
pétitionne-
mentionne-
subventionne-
émotionne-
proportionne-
disproportionne-
bastionne-
congestionne-
questionne-
cautionne-
se précautionne-
révolutionne-
mixtionne-
galonne-
jalonne-
talonne-
étalonne-
sablonne-
houblonne-
échelonne-
félonne
aiglonne
pilonne-
ballonne-
[G.] Wallonne
bâillonne-
graillonne-
tourbillonne-
réveillonne-
vermillonne-

papillonne-
carillonne-
négrillonne
sillonne-
nasillonne-
étrésillonne-
* tâtillonne-
échantillonne-
aiguillonne-
bouillonne-
* brouillonne-
égravillonne-
écouvillonne-
colonne
entre-colonne
boulonne-
marmonne-
sermonne-
mormonne
nonne
ânonne-
canonne-
mignonne
déguignonne-
[G.] Bourguignonne
maquignonne-
rognonne-
* caponne-
[G.] Laponne
* friponne-
archifriponne
lantiponne-
cramponne-
tamponne-
pomponne-
harponne-
pouponne
baronne
fanfaronne
[G.] Garonne
[G.] Lot-et-Garonne
maronne
Cambronne
escadronne-
godronne-
goudronne-
biberonne-
beauceronne
quarderonne-
percheronne
bûcheronne
vigneronne
chaperonne-
déchaperonne-
enchaperonne-
éperonne-
quarteronne
environne-
* marronne-
* patronne-
poltronne
plastronne-
luronne
* couronne-
porte-couronne
découronne-
sonne-
blasonne-
résonne-

liaisonne-
raisonne-
déraisonne-
assaisonne-
dessaisonne-
foisonne-
cloisonne-
empoisonne-
frisonne
* grisonne-
emprisonne-
désemprisonne-
tisonne-
chansonne-
consonne
personne
Carcassonne
bessonne
* polissonne-
moissonne-
empoissonne-
rempoissonne-
frissonne-
écussonne-
* tonne-
bâtonne-
tâtonne-
gueuletonne-
[G.] Bretonne
cretonne
étonne-
bétonne-
détonne-
mitonne-
capitonne-
cantonne-
chantonne-
entonne-
se cotonne-
pelotonne-
cartonne-
festonne-
testonne-
teutonne
boutonne-
reboutonne-
déboutonne-
gloutonne
moutonne-
esclavonne
slavonne
savonne-
[G.] Saxonne
anglo-saxonne
[G.] Yonne
[G.] Bayonne
rayonne-
crayonne-
gazonne-
regazonne-
trombone
carbone
belladone
madone
acotylédone
monocotylédone
décagone
pentadécagone
(h)endécagone

quindécagone
dodécagone
ennéagone
tétragone
pentagone
heptagone
hexagone
[H.] Antigone
isogone
octogone
gorgone
polygone
aphone
* téléphone-
[M.] Tisiphone
saxophone
[G.] Castiglione
hémione
cyclone
[G.] Barcelone
[M.] Bellone
[H.] *Babylone*
ramone-
anémone
crémone
Simone
[M.] Pomone
époumone-
none
annone
lazarone
[(1) *cicérone*]
Vérone
synchrone
isochrone
tautochrone
matrone
[H.] Pétrone
dissone-
atone
autochtone
monotone
bryone
zone
amazone
[(1) *canzone*]
ozone

Les mots en italique riment avec ône et aune, plus aulne et crosne

ône

Saône
[G.] Bône
cône
Rhône
pylône
aumône
crône
* prône-
* trône-
détrône-
osmazône

Voy. one, aune,

(1) Prononcez é.

plus aulne et crosne

arne

carne
s'incarne-
lucarne
darne
acharne-
écharne-
décharne-
* Marne-
Châlons-sur-Marne

erne

* Berne-
giberne
hiberne-
* cerne-
décerne-
concerne-
discerne-
[G.] Lucerne
baderne
* moderne-
Holopherne
falerne
galerne
hydre de Lerne
* caserne-
* terne
alaterne
paterne
quaterne
citerne
* alterne-
subalterne
* lanterne-
* interne-
poterne
basterne
consterne-
prosterne-
sauterne
externe
verne
caverne
taverne
hiverne-
* baliverne-
* gouverne-
luzerne

orne

* Orne-
* borne-
aborne-
suborne-
* corne-
écorne-
décorne-
bicorne
licorne
salicorne
capricorne
tricorne
sadorne
flagorne-
bigorne
viorne

morne
cromorne
litorne
malitorne
maritorne
ristorne

urne

urne
cothurne
diurne
défourne-
enfourne-
ajourne-
réajourne-
séjourne-
tourne-
atourne-
* *retourne-*
détourne-
chantourne-
contourne-
bistourne-
ristourne
Saturne
nocturne
taciturne

yrne

[G.] Smyrne

esne

chevesne
[G.] Aisne

Voy. ène, êne, aine, eine, plus géhenne et N

osne
aune

crosne
aune-
faune
jaune
béjaune
saune-

Voy. one, ône, plus aulne

une

une
tribune
chacune
lacune
placune
pécune
rancune
aucune
dune
jeune
* *jeûne-*
déjeune-
lagune
hune
lune
alune-
falune-
demi-lune

commune
brune
prune
Neptune
fortune
demi-fortune
infortune
importune-
opportune
quelqu'une

yne
androgyne
Mnémosyne

Voy ine, inne et ynne

ape
cape
décape-
escape
agape
chape
porte-chape
enchape-
[*M.*] Priape
lape-
[*M.*] Esculape
pape
antipape
soupape
rape-
drape-
dérape-
trape
satrape
chausse-trape
* étrape-
* attrape-
rattrape-
* sape-
* tape-
retape-
étape

Voy. appe

âpe
râpe

èpe
cèpe
recèpe-

Voy. eppe et par licence les deux suivants.

êpe
* crêpe-
guêpe

ipe
municipe
anticipe-
* participe-
émancipe-
principe
excipe-
[*M.*] Œdipe
chipe-
tulipe
guenipe
* pipe-
* ripe-
fripe-
tripe
étripe-
dissipe-
stipe
constipe-
* équipe-

Voy. ippe et ype

alpe
scalpe-
* palpe-

ulpe
inculpe-
disculpe-
coulpe
poulpe
* pulpe-

ampe
campe-
décampe-
hippocampe
hampe
* lampe-
cul-de-lampe
pampe
* rampe-
crampe
étampe-
* estampe-
* trempe-
retrempe-
* détrempe-
tempe

impe
(1) grimpe-
(1) guimpe

ompe
* pompe-
clysopompe
rompe-
interrompe-
corrompe-
* trompe-
détrompe-
* estompe-

ympe
[*M.*] (1) Olympe

ope
écope
* syncope-
apocope
escope
* télescope-
kaléidoscope
stéréoscope
stéthoscope
hélioscope
anémoscope
ophtalmoscope
thermoscope
microscope
hydroscope
aéroscope
horoscope
électroscope
pyroscope
chope
[*M.*] Calliope
[*M.*] Antiope
escalope
galope-
salope
nyctalope
éclope-
[*M.*] Cyclope
[*M.*] Pénélope
antilope
varlope
interlope
pope
[*M.*] Mérope
lycanthrope
philanthrope
théophilanthrope
misanthrope
trope
héliotrope
Europe
Esope
hysope
* tope-
métope
myope

Voy. oppe et même aupe

appe
* happe-
échappe-
réchappe-
jappe-
clappe-
nappe
* frappe-
refrappe-
s'entre-frappe-
grappe
égrappe-
trappe

Voy. ape

eppe
Dieppe
steppe

Voy. èpe

ippe
cippe
lippe
Philippe
* nippe-
* grippe-
agrippe-

Voy. ipe et ype

oppe
choppe-
achoppe-
* échoppe-
développe-
* enveloppe-
renveloppe-
stoppe-

Voy. ope et aupe

uppe
huppe

Voy. upe

ouppe
* houppe-

Voy. oupe

arpe
carpe
métacarpe
épicarpe
péricarpe
endocarpe
pycnocarpe
* escarpe-
contrescarpe
* harpe-
* écharpe-

erpe
serpe
[*M.*] Euterpe

irpe
extirpe-

urpe
usurpe-

aspe
[*G.*] Hydaspe
* jaspe-
[*H.*] Campaspe

ispe
crispe-

aupe
gaupe
taupe

Voy. ope et oppe

upe
occupe-
réoccupe-
préoccupe-
* dupe-
jupe
sous-jupe
* *coupe-*
* *recoupe-*
entre-coupe-
découpe-
surcoupe-
catadoupe
houpe-
loupe
chaloupe
Guadeloupe
poupe
taroupe
croupe
groupe-
agroupe-
troupe
attroupe-
* *soupe-*
* *étoupe-*
drupe

Avec les mots en italique *voy.* ouppe, avec les autres *voy.* uppe

ype
polype
type
archétype
* stéréotype-
* daguerréotype-
prototype

Voy. ipe et ippe

are
are
gabare
barbare
[*M.*] Icare
scare
dare-dare
[(1) *Shakspeare*]
effare-
fanfare
* gare (!)-
égare-
[*G.*] Bulgare
cigare
phare
cithare
déciare
tiare
centiare
palikare
lare
déclare-
mare
ténare
ignare
pare-
accapare-
dépare-
répare-
prépare-
sépare-
fissipare
vivipare
ovovivipare
ovipare
se rempare-
s'empare-
désempare-
compare-

1. Ces trois mots riment entre eux.

1. *Voy.* yrrhe, ire, yre plus cirre et squire

spare
rare
tarare
[*G.*] Carrare
curare
* tare-
solfatare
hectare
guitare
[*G.*] Tartare
square
vare
avare
[*B.*] Lazare

Voy. arrhe et arre

abre
macabre
se cabre-
[*G.*] Calabre
palabre
délabre-
candélabre
[*G.*] Vélabre
glabre
cinabre
* sabre-
cantabre

èbre
[*G.*] Èbre
algèbre
[*G.*] Hèbre
* célèbre-
funèbre
vertèbre
* zèbre-

ibre
fibre
libre
* calibre-
félibre
* équilibre-
[*G.*] Tibre
vibre-

ambre
* ambre-
cambre-
* chambre-
antichambre
décembre
gingembre
membre
démembre-
septembre
novembre

imbre
[*H.*] Cimbre
[*G.*] Coïmbre
* timbre-
Aussi sisymbre

ombre
* ombre-
obombre-
décombre-
* encombre-
désencombre-
concombre
scombre
hombre
* nombre-
dénombre-
pénombre
* sombre-

ymbre
sisymbre

Voy. imbre

obre
robre
opprobre
sobre
octobre

arbre
arbre
* marbre-

ubre
élucubre-
lugubre
salubre
insalubre

acre
acre
diacre
archidiacre
sous-diacre
fiacre
simulacre
macre
* nacre-
* sacre-
consacre-
* massacre-
pouacre
âcre

ècre
exècre-

Par une licence que nous ne conseillons pas quelques noms propres comme Necker,..

ulcre
sépulcre

ancre
* ancre-
cancre
chancre
échancre-
désancre-
* encre-

incre
vaincre-
convaincre-

ocre
ocre
médiocre

ucre
lucre
involucre
* sucre-

adre
* cadre-
encadre-
escadre
ladre

èdre
décaèdre
dodécaèdre
tétraèdre
icosaèdre
octaèdre
pentaèdre
heptaèdre
hexaèdre
cèdre
Phèdre
dièdre
trièdre
rhomboèdre
polyèdre

idre
cidre

Voy. ydre

andre
méandre
scaphandre
coriandre
* calandre-
malandre
esclandre
filandre
solandre
salamandre
épandre-
répandre-
Cassandre
palissandre
Alexandre
cendre
descendre-
redescendre-
condescendre-
fendre-
refendre-
défendre-
pourfendre-
gendre
engendre-
pendre-
rependre-
dépendre-
scolopendre
appendre-
suspendre-
rendre-
prendre-
reprendre-
entreprendre-
déprendre-
se méprendre-
s'éprendre-
comprendre-
apprendre-
rapprendre-
désapprendre-
surprendre-
* tendre-
retendre-
étendre-
détendre-
prétendre-
entendre-
sous-entendre-
distendre-
sous-tendre-
attendre-
vendre-
revendre-
mévendre-
survendre-

indre
[*G.*] Indre
plaindre-
craindre-
contraindre-
ceindre-
enceindre-
feindre-
geindre-
peindre-
repeindre-
dépeindre-
enfreindre-
épreindre-
empreindre-
étreindre-
astreindre-
restreindre-
teindre-
reteindre-
éteindre-
déteindre-
atteindre-
ratteindre-
aveindre-
gindre
* cylindre-
oindre-
joindre-
adjoindre-
rejoindre-
déjoindre-
enjoindre-
conjoindre-
disjoindre-
moindre
poindre-

ondre
hypocondre
fondre-
refondre-
effondre-
confondre-
parfondre-
morfondre-
périchondre
pondre-
répondre-
s'entre-répondre-
correspondre-
tondre-
retondre-

ardre
ardre-

perdre
perdre-
reperdre-

ordre
ordre
contre-ordre
mordre-
remordre-
démordre-
désordre
sous-ordre
tordre-
retordre-
détordre-
distordre-

ourdre
sourdre-

oudre
* coudre-
recoudre-
découdre-
foudre
moudre-
remoudre-
émoudre-
rémoudre-
* poudre-
dépoudre-
coton-poudre
saupoudre-
absoudre-
résoudre-
dissoudre-

ydre
hydre
anhydre
clepsydre
Aussi cidre

ère
ère
aère-
libère-
délibère-
Tibère
obère-
berbère
[*M.*] Cerbère
* réverbère-
aubère
pubère
impubère
exubère-
acère-
lacère-
dilacère-
macère-
* ulcère-

CÈRE [Erèc] — IÈRE [Ereì]

exulcère-
sincère
incarcère-
viscère
débarcadère
embarcadère
Madère
bayadère
fédère-
confédère-
belvédère
considère-
déconsidère-
pondère-
modère-
cardère
défère-
réfère-
préfère-
diffère-
corymbifère
baccifère
vocifère-
légifère-
léthifère
gallifère
métallifère
ombellifère
mellifère
chylifère
conchylifère
squamifère
mammifère
lanifère
somnifère
carbonifère
conifère
saccharifère
aérifère
sudorifère
calorifère
florifère
soporifère
aurifère
lactifère
fructifère
diamantifère
argentifère
mortifère
pestifère
infère-
confère-
profère-
transfère-
gère-
bocagère
bailliagère
imagère
fromagère
ménagère
fourragère
passagère
messagère
étagère
potagère
affouagère
exagère-
légère
mégère

suggère-
digère-
boulangère
frangère
orangère
étrangère
(1) [noli me tangere]
harengère
ingère-
lingère
mensongère
bergère
fougère
hère
chère
* jachère-
vachère
enchère
surenchère
cochère
porchère
torchère
gauchère
bouchère
adhère-
sphère
hémisphère
planisphère
atmosphère
photosphère
anthère
panthère
Cythère
* bière
la Canebière
jambière
gerbière
herbière
tourbière
daubière
acière-
glacière
populacière
grimacière
gibecière
épicière
nourricière
souricière
créancière
ambulancière
romancière
tenancière
financière
garancière
devancière
redevancière
audiencière
faïencière
princière
foncière
mercière
sorcière
saucière
hebdomadière
grenadière
limonadière
civadière

1. *Voy.* ré.

bandière
contrebandière
brelandière
filandière
buandière
lavandière
vivandière
canardière
renardière
chaudière
baguenaudière
minaudière
crapaudière
pétaudière
caféière
théière
fière
truffière
montgolfière
tufière
frangière
cartouchière
journalière
salière
étalière
hospitalière
inhospitalière
cavalière
chevalière
sablière
bélière
chancelière
cordelière
mâchelière
sommelière
muselière
batelière
hôtelière
épinglière
mobilière
immobilière
sourcilière
filière
familière
fourmilière
toilière
courtilière
[*H.*] La Vallière
tellière
dentellière
serpillière
coquillière
écolière
geôlière
[*L.*] Molière
épistolière
volière
perlière
culière
séculière
particulière
régulière
irrégulière
singulière
meulière
bandoulière
croulière
première
crémière

trémière
gentilhommière
fermière
sous-fermière
infirmière
chaumière
légumière
lumière
coutumière
ânière
rubanière
chicanière
cancanière
lanière
manière
safranière
casanière
tanière
printanière
douanière
plénière
lainière
grainière
capucinière
jardinière
boudinière
baleinière
linière
poulinière
minière
sapinière
épinière
pépinière
taupinière
marinière
crinière
cuisinière
poussinière
cousinière
matinière
cantinière
tontinière
routinière
bannière
bonbonnière
charbonnière
fauconnière
façonnière
garçonnière
dindonnière
cordonnière
talonnière
sablonnière
houblonnière
melonnière
canonnière
champignonnière
caponnière
chaponnière
chaudronnière
héronnière
* ferronnière
prisonnière
cressonnière
* poissonnière
buissonnière
cantonnière
mentonnière
cotonnière

boutonnière
moutonnière
limonière
aumônière
oignonière
charnière
dernière
avant-dernière
tavernière
luzernière
ornière
cornière
fournière
saunière
rancunière
meunière
alunière
falunière
rapière
fripière
tripière
paupière
croupière
soupière
tarière
chambrière
combrière
marbrière
sucrière
fondrière
poudrière
cellérière
camérière
soufrière
clairière
douairière
trésorière
prière
cyprière
* arrière-
barrière
garde-barrière
* carrière
derrière
ferrière
guerrière
verrière
beurrière
avant-courrière
fourrière
plâtrière
salpêtrière
nitrière
huîtrière
vitrière
ventrière
sous-ventrière
* *meurtrière*
procédurière
verdurière
ordurière
tourière
usurière
manufacturière
confiturière
friturière
aventurière
teinturière
roturière

couturière
poivrière
chanvrière
ouvrière
manouvrière
rasière
glaisière
braisière
fraisière
lisière
chemisière
ardoisière
croisière
sottisière
visière
censière
dépensière
rosière
traversière
boursière
tracassière
avocassière
matelassière
filassière
finassière
* carnassière
brassière
fessière
baissière
caissière
* tapissière
pâtissière
dossière
grossière
gargoussière
poussière
tabatière
chatière
chocolatière
matière
ratière
cafetière
tabletière
giletière
pelletière
molletière
cimetière
panetière
bonnetière
papetière
canepetière
cabaretière
charretière
jarretière
corsetière
bouquetière
sorbétière
têtière
laitière
litière
héritière
cohéritière
* fruitière
usufruitière
altière
gantière
pantière
devantière
entière

passementière
parmentière
pentière
rentière
frontière
cacaotière
sabotière
sarbotière
turbotière
côtière
lingotière
gargotière
chipotière
tripotière
pissotière
* portière
tourtière
forestière
regrattière
condottière
cachottière
culottière
carottière
gouttière
prime-sautière
charcutière
bijoutière
routière
banqueroutière
aiguière
acquière-
requière-
banquière
s'enquière-
conquière-
reconquière-
busquière
perruquière
[*G.*] Bavière
sous-clavière
ravière
chènevière
civière
rivière
étrivière
épervière
bouvière
gazière
rizière
galère
accélère-
écaillère
crémaillère
joaillère
œillère
conseillère
tortillère
cuillère
rabouillère
houillère
genouillère
grenouillère
colère
tolère-
* mère
amère
douce-amère
pentamère
grand'mère

pie-mère
belle-mère
dure-mère
éphémère
[*M.*] Chimère
commère
[*H.*] Homère
agglomère-
conglomère-
isomère
énumère-
régénère-
congénère
vénère-
incinère-
scorsonère
exonère-
valisnère
rémunère-
père
grand-père
* repère-
vipère
* Ampère
tempère-
obtempère-
compère
opère-
coopère-
exaspère-
espère-
désespère-
* prospère-
Saint-Père
beau-père
se récupère-
vitupère-
frère
confrère
beau-frère
[*G.*] Isère
misère
pleure-misère
insère-
déblatère-
quadrilatère
trilatère
équilatère
patère
cratère
statère
caractère
ictère
délétère
urétère
s'invétère-
réitère-
oblitère-
altère-
haltère
désaltère-
* adultère-
mésentère
acrotère
aptère
diptère
hémiptère
périptère
phénicoptère

coléoptère
orthoptère
diploptère
monoptère
artère
trachée-artère
stère
décastère
monastère
estère
décistère
magistère
[*G.*] Finistère
ministère
sphéristère
centistère
baptistère
phalanstère
zostère
austère
clystère
mystère
cautère
presbytère
guère
naguère
rastaquouère
avère-
primevère
révère-
sévère
persévère-
trouvère
clayère
rayère
métayère
cacoyère
caloyère
cloyère
écuyère
bruyère
[*L.*] La Bruyère
gruyère
[*G.*] Berruyère
tuyère
[*G*]. Lozère

Nous avons mis en italique les mots où ière est trissyllabique; sans y être astreint il est mieux de les faire rimer entre eux; *Voy.* aire erre; aussi R

afre

[*G.*] Cafre
* balafre-
[*G.*] Vénafre
safre
* *bâfre*-
affre

iffre

* chiffre-
déchiffre-
empiffre-

Voy. ifre

offre

* offre-
* coffre-
encoffre-
mésoffre-

Aussi gaufre

ouffre

gouffre
engouffre-
souffre-

Voy. oufre

ifre

fifre

Voy. iffre

infre

* goinfre-

aufre

* gaufre-

Voy. offre

oufre

* soufre-
ensoufre-

Voy. ouffre

agre

podagre
[*M.*] Méléagre
[*M.*] Œagre
pellagre
onagre
chiragre
rachissagre
mentagre

ègre

allègre
nègre
* intègre-
réintègre-
aigre
maigre
* vinaigre-
besaigre
staphisaigre

igre

émigre-
immigre-
transmigre-
dénigre-
[*G.*] * Tigre
chat-tigre

ingre

malingre
pingre

ongre

congre
hongre

ogre
ogre
dogre

ougre
bougre
lougre

amphre
* camphre-

èthre
pyrèthre

Voy. être et ettre

aire
* aire-
syllabaire
lombaire
Robert-Macaire
bibliothécaire
sous-bibliothécaire
hypothécaire
précaire
suburbicaire
ficaire
apothicaire
salicaire
matricaire
sicaire
persicaire
urticaire
vicaire
calcaire
hebdomadaire
dromadaire
lampadaire
abécédaire
solidaire
lapidaire
légendaire
récipiendaire
référendaire
secondaire
soléaire
linéaire
interlinéaire
balnéaire
* faire-
refaire-
contrefaire-
défaire-
redéfaire-
méfaire-
affaire
malfaire-
parfaire-
savoir-faire
* forfaire-
surfaire-
satisfaire-
vulgaire
haire
chaire
chirographaire
[*H.*] Lothaire
glaciaire
judiciaire
extrajudiciaire
bénéficiaire
fiduciaire
radiaire
intermédiaire
subsidiaire
incendiaire
stipendiaire
plagiaire
stagiaire
congiaire
évangéliaire
biliaire
mobiliaire
nobiliaire
domiciliaire
conciliaire
miliaire
auxiliaire
milliaire
foliaire
vendémiaire
herniaire
pécuniaire
triaire
rétiaire
pénitentiaire
plénipotentiaire
tertiaire
bestiaire
vestiaire
bréviaire
cymbalaire
intercalaire
salaire
ovalaire
* Claire
* éclaire-
tutélaire
flaire-
glaire
atrabilaire
jubilaire
filaire
Hilaire
similaire
fac-similaire
dissimilaire
pilaire
principilaire
parcellaire
lamellaire
stellaire
codicillaire
sigillaire
mamillaire
armillaire
capillaire
papillaire
pupillaire
brillaire
fritillaire
axillaire
maxillaire
sous-maxillaire
vaxillaire
corollaire
médullaire
scolaire
alvéolaire
molaire
polaire
circompolaire
solaire
luni-solaire
épistolaire
plaire-
déplaire-
exemplaire
complaire-
vocabulaire
mandibulaire
patibulaire
globulaire
tubulaire
moléculaire
spéculaire
séculaire
orbiculaire
pédiculaire
pandiculaire
perpendiculaire
folliculaire
vermiculaire
caniculaire
funiculaire
matriculaire
utriculaire
auriculaire
vésiculaire
réticulaire
lenticulaire
articulaire
claviculaire
naviculaire
pédonculaire
oculaire
biloculaire
quadriloculaire
binoculaire
circulaire
vasculaire
musculaire
intermusculaire
crépusculaire
corpusculaire
glandulaire
scrofulaire
angulaire
triangulaire
quadrangulaire
rectangulaire
jugulaire
pilulaire
cellulaire
nummulaire
formulaire
tumulaire
granulaire
annulaire
scapulaire
manipulaire
populaire
impopulaire
insulaire
péninsulaire
consulaire
proconsulaire
capsulaire
bicapsulaire
capitulaire
titulaire
cartulaire
valvulaire
ovulaire
maire
lord-maire
intérimaire
frimaire
primaire
victimaire
légitimaire
palmaire
ulmaire
mammaire
grammaire
sommaire
brumaire
mercenaire
quarantenaire
centenaire
partenaire
dénaire
nonagénaire
quadragénaire
quinquagénaire
septuagénaire
sexagénaire
octogénaire
millénaire
septénaire
binaire
ordinaire
extraordinaire
valétudinaire
imaginaire
originaire
linaire
catilinaire
disciplinaire
indisciplinaire
culinaire
séminaire
liminaire
préliminaire
luminaire
vétérinaire
doctrinaire
poitrinaire
urinaire
sanguinaire
quinaire
vinaire
débonnaire
légionnaire
régionnaire
religionnaire
coreligionnaire
ganglionnaire
millionnaire
visionnaire
divisionnaire
convulsionnaire
pensionnaire
demi-pensionnaire
cessionnaire
concessionnaire
rétrocessionnaire
scissionnaire
missionnaire
démissionnaire
commissionnaire
soumissionnaire
concussionnaire
réclusionnaire
stationnaire
actionnaire
réactionnaire
factionnaire
fractionnaire
dictionnaire
fonctionnaire
discrétionnaire
expéditionnaire
munitionnaire
pétitionnaire
rétentionnaire
tortionnaire
questionnaire
révolutionnaire
fluxionnaire
sermonnaire
embryonnaire
antiphonaire
* pulmonaire
saponaire
coronaire
ternaire
quaternaire
* lunaire
sublunaire
paire
repaire
impaire
non-paire
raire-
araire
laraire
braire-
libraire
thuriféraire
téméraire
[*H.*] Charles-le-Téméraire
numéraire
surnuméraire
* cinéraire
itinéraire
onéraire
funéraire
littéraire
agraire
stercoraire
horaire
honoraire
temporaire
traire-
retraire-
arbitraire
rentraire-
contraire
portraire-
abstraire-
distraire-
soustraire-
extraire-
usuraire

garnisaire
dispensaire
rosaire
adversaire
anniversaire
corsaire
nécessaire
émissaire
commissaire
fidéicommissaire
sous-commissaire
janissaire
glossaire
faussaire
(se) taire-
grabataire
célibataire
cataire
adjudicataire
locataire
sous-locataire
dataire
mandataire
commendataire
retardataire
concordataire
caudataire
feudataire
légataire
colégataire
obligataire
amodiataire
collataire
signataire
résignataire
consignataire
nominataire
destinataire
abandonnataire
donataire
codonataire
stellionataire
protestataire
reliquataire
réfractaire
nectaire
sectaire
mousquetaire
budgétaire
sociétaire
pariétaire
propriétaire
copropriétaire
pamphlétaire
prolétaire
cométaire
planétaire
monétaire
secrétaire
sous-secrétaire
orbitaire
plébiscitaire
héréditaire
commanditaire
sex-digitaire
égalitaire
militaire
utilitaire
solitaire
humanitaire
sanitaire
dignitaire
trinitaire
indemnitaire
unitaire
autoritaire
censitaire
dépositaire
entrepositaire
universitaire
ubiquitaire
pituitaire
[*L.*] Voltaire
indultaire
plantaire
diamantaire
covenantaire
placentaire
dentaire
sédentaire
incidentaire
confidentaire
médicamentaire
testamentaire
réglementaire
parlementaire
élémentaire
complémentaire
supplémentaire
fragmentaire
segmentaire
sédimentaire
condimentaire
rudimentaire
régimentaire
alimentaire
commentaire
instrumentaire
serpentaire
éventaire
inventaire
volontaire
involontaire
[*H.*] Clotaire
notaire
protonotaire
hastaire
baptistaire
sagittaire
tributaire
cicutaire
salutaire
statutaire
belluaire
annuaire
douaire
ripuaire
reliquaire
antiquaire
moustiquaire
suaire
ossuaire
statuaire
électuaire
sanctuaire
usufructuaire
obituaire
tumultuaire
somptuaire
voluptuaire
mortuaire
estuaire
textuaire
clavaire
[*B.*] Calvaire
salivaire
olivaire
ovaire
[*G.*]Saint-Nazaire

Voy. ère et erre, aussi R

ire

ire
[*B.*] Jaïre
sbire
* cire-
occire-
circoncire-
poncire
* dire-
adire-
c'est-à-dire
redire-
contredire-
dédire-
médire-
prédire-
ouï-dire
bien-dire
interdire-
maudire-
suffire-
confire-
déconfire-
hégire
déchire-
s'entre-déchire-
zéphire
lire-
relire-
tirelire
élire-
* délire-
réélire-
* mire-
admire-
s'entr'admire-
cachemire
[*M.*] Déjanire

Voy. aussi de pire à revire, yre, yrrhe, plus cirre, squirre et Shakespeare

oire

* boire-
reboire-
déboire
ciboire
s'emboire-
pourboire
balançoire
radoire
lardoire
nageoire
mangeoire
* foire-
clifoire
Grégoire
Gringoire
mâchoire
Loire
avaloire
jabloire
racloire
atteloire
gloire
brandilloire
bouilloire
branloire
doloire
[*G.*] Maine-et-Loire
[*G.*] Indre-et-Loire
couloire
* moire-
* mémoire
grimoire
armoire
écumoire
* noire
baignoire
bassinoire
poire
croire-
faire accroire-
mécroire-
ducroire
décisoire
rescisoire
dérisoire
provisoire
compulsoire
suspensoire
ostensoire
récursoire
passoire
accessoire
possessoire
glissoire
polissoire
dimissoire
commissoire
pâtissoire
ratissoire
rôtissoire
illusoire
collusoire
imprécatoire
dédicatoire
sacrificatoire
scorificatoire
purificatoire
mâchicatoire
vésicatoire
masticatoire
évocatoire
révocatoire
invocatoire
aléatoire
obligatoire
fumigatoire
rogatoire
subrogatoire
dérogatoire
surérogatoire
interrogatoire
purgatoire
expurgatoire
conciliatoire
expiatoire
propitiatoire
dilatoire
épilatoire
dépilatoire
vacillatoire
oscillatoire
distillatoire
ambulatoire
jaculatoire
circulatoire
adulatoire
ondulatoire
congratulatoire
diffamatoire
déclamatoire
blasphématoire
sublimatoire
inflammatoire
lacrymatoire
dînatoire
déclinatoire
récriminatoire
comminatoire
divinatoire
condamnatoire
échappatoire
aratoire
déclaratoire
préparatoire
rémunératoire
impératoire
opératoire
giratoire
aspiratoire
respiratoire
oratoire
laboratoire
frustratoire
juratoire
dépuratoire
natatoire
fulmitatoire
invitatoire
cémentatoire
attentatoire
rotatoire
captatoire
sternutatoire
observatoire
conservatoire
vexatoire
satisfactoire
réfectoire
trajectoire
directoire
contradictoire
* Victoire
émonctoire
sécrétoire
excrétoire
prétoire

rédhibitoire
auditoire
vomitoire
écritoire
méritoire
territoire
réquisitoire
pétitoire
promontoire
notoire
péremptoire
offertoire
répertoire
histoire
consistoire
décrottoire
exécutoire
interlocutoire
absolutoire
résolutoire
exutoire
voire
ivoire

ire

pire
vampire
* empire-
spire
aspire-
respire-
transpire-
inspire-
conspire-
soupire-
expire-
* rire-
écrire-
décrire-
récrire-
prescrire-
inscrire-
transcrire-
retranscrire-
circonscrire-
proscrire-
souscrire-
frire-
pince-sans-rire
* sourire-
sire
désire-
messire
tire-
satire
retire-
contre-tire-
étire-
détire-
attire-
soutire-
buire
cuire-
recuire-
duire-
traduire-
déduire-
réduire-
séduire
enduire-
renduire-
induire-
conduire-
reconduire-
éconduire-
produire-
reproduire-
introduire-
luire-
reluire-
entreluire-
muire
nuire-
s'entre-nuire-
esquire
bruire-
détruire-
s'entre-détruire-
instruire-
construire-
reconstruire-
vire-
chavire-
navire
revire-

Voy. aussi de ire à Déjanire, yre, yrrhe et cirre, squirre et Shakespeare

akre

quakre

enre

genre
sous-genre

ore

bore
élabore-
collabore-
ellébore
corrobore-
arbore-
accore
décore-
pécore
picore-
édulcore-
encore
dore-
adore-
matadore
redore-
dédore-
Isidore
messidore
mandore
pandore
lendore
odore-
subodore-
Théodore
commodore
inodore
surdore-
météore
fore-
perfore-
Pythagore
mandragore
[*M.*] Terpsichore
sémaphore
métaphore
éphore
canéphore
choëphore
amphore
lampadophore
œnophore
zoophore
nécrophore
électrophore
pyrophore
sophore
[*G.*] Bosphore
phosphore
doryphore
pléthore
améliore-
détériore-
majore-
clore-
éclore-
déclore-
enclore-
forclore-
* Flore
déflore-
mirliflore
uniflore
passiflore
multiflore
parviflore
chlore
colore-
décolore-
bicolore
omnicolore
unicolore
tricolore
multicolore
incolore
déplore-
implore-
explore-
pylore
more
matamore
remémore-
commémore-
rémore
sycomore
claymore
ignore-
Eléonore
honore-
déshonore-
sonore
pore
évapore-
millépore
madrépore
incorpore-
réincorpore-
désincorpore-
spore
pérore-
aurore
psore
massore
essore-
tore
expectore-
store
dévore-
s'entre-dévore-
herbivore
fugivore
fumivore
granivore
omnivore
carnivore
insectivore

Voy. orrhe, aure, et aussi Bigorre et abhorre-

âpre

âpre
câpre
diapre-
malapre

èpre

lèpre
* vêpre

ampre

pampre
épampre-

ompre

rompre-
interrompre-
corrompre-

opre

propre
malpropre
impropre
amour-propre

ourpre

pourpre
empourpre-

aspre

aspre

upre

stupre

arre

* barre-
billebarre-
débarre-
rembarre-
* carre-
bécarre
contre-carre-
escarre
bagarre
bigarre-
jarre
* amarre-
chamarre-
tintamarre
démarre-
simarre
narre-
foarre
[*G.*] Navarre
bizarre

Voy. arrhe et are

erre

* erre-
ferre-
referre-
déferre-
enferre-
lierre
* Pierre
épierre-
perce-pierre
casse-pierre
passe-pierre
empierre-
Robespierre
tonnerre
paratonnerre
foerre
* serre-
enserre-
* desserre-
resserre-
* terre-
pied-à-terre
[*G.*] Angleterre
cimeterre
déterre-
[*G.*] Nanterre
enterre-
parterre
guerre
équerre
verre
[*G.*] Auxerre

Voy. ère, aire aussi R

irre

cirre
squirre

Voy. yrrhe, ire, yre et Shakespeare

orre

[*G.*] Bigorre
abhorre-

Voy. orrhe, ore et aure

urre

saburre

Voy. ure

eurre

* beurre-
babeurre

feurre
* leurre-

Voy. eure

ourre
* bourre-
tire-bourre
débourre-
embourre-
rembourre-
à courre
fourre
mourre

Voy. oure

atre
embatre-
hippiatre
quatre
deux-quatre

Voy. attre

âtre
âtre
albâtre
verdâtre
douceâtre
rougeâtre
théâtre
amphithéâtre
blanchâtre
opiniâtre
s'opiniâtre-
acariâtre
bellâtre
gentillâtre
écolâtre
* idolâtre-
* folâtre-
violâtre
iconolâtre
zoolâtre
* plâtre-
replâtre-
emplâtre
mulâtre
saumâtre
jaunâtre
brunâtre
pâtre
[*H.*] Cléopâtre
marâtre
noirâtre
grisâtre
roussâtre
bleuâtre
olivâtre

ectre
[*M.*] Électre
spectre

ètre
piètre
* mètre-
décamètre
diamètre
myriamètre
paramètre
pentamètre
taxamètre
hexamètre
décimètre
millimètre
saccharimètre
polarimètre
périmètre
isopérimètre
calorimètre
plessimètre
centimètre
taximètre
kilogrammètre
gleucomètre
odomètre
udomètre
géomètre
tachéomètre
anéomètre
aréomètre
échomètre
graphomètre
radiomètre
eudiomètre
héliomètre
goniomètre
pluviomètre
* kilomètre-
sillomètre
alcoolomètre
dynamomètre
arithmomètre
thermomètre
manomètre
galvanomètre
œnomètre
actinomètre
phonomètre
chronomètre
alcoomètre
baromètre
micromètre
hydromètre
aéromètre
sphéromètre
élatéromètre
hygromètre
spiromètre
électromètre
pyromètre
galactomètre
hectomètre
pantomètre
photomètre
gazomètre
tachymètre
pénètre
dépètre-
impètre-
glossopètre
perpètre-
urètre

Voy. ettre, plus
pyrèthre

être
* être-
ancêtre
hêtre
mal-être
fenêtre
bien-être
non-être
* salpêtre-
champêtre
empêtre-
rêtre
prêtre
archiprêtre
peut-être
* guêtre-
chevêtre
enchevêtre-
maître
contremaître
quartier-maître
sous-maître
petit-maître
naître-
renaître-
connaître-
reconnaître-
méconnaître-
paître-
repaître-
forpaître-
paraître-
reparaître-
comparaître-
apparaître-
disparaître-
traître

itre
* arbitre-
sur-arbitre
récalcitre-
(1) *reitre*
* litre
décalitre
bélitre
décilitre
millilitre
centilitre
kilolitre
hectolitre
mitre
nitre
goitre
* *cloitre-*
croitre-
accroître-
recroître-
décroître-
pitre
* chapitre-
épître
accipitre
pupitre
ritre
* titre-
huître

1. *Voy.* être.

* vitre-
Aussi élytre

iltre
* filtre-
s'infiltre-
philtre

antre
antre
chantre
diantre!
* entre-
centre
concentre-
rentre-
ventre
éventre-
bas-ventre

intre
* cintre-
décintre-
peintre

ontre
contre
basse-contre
haute-contre
à l'encontre
malencontre
* rencontre-
* montre-
remontre-
porte-montre
démontre-

otre
notre
votre

ôtre
la nôtre
le nôtre
patenôtre
apôtre
la vôtre
le vôtre

Voy. autre

eptre
sceptre

artre
dartre
chartre
martre
Montmartre
tartre

ertre
tertre

eurtre
meurtre

astre
astre
encastre-
* cadastre-
épigastre
hypogastre
piastre
palastre
pilastre
pinastre
désastre

estre
sebestre
pédestre
* orchestre-
palestre
mestre
semestre
vaguemestre
bourgmestre
trimestre
quartier-mestre
sénestre
œstre
alpestre
terrestre
équestre
* séquestre-
* Sylvestre

istre
* bistre-
* registre-
enregistre-
ministre
administre-
sinistre
sistre
tistre-
cuistre

onstre
monstre

ostre
colostre
rostre
conirostre

ustre
lacustre
* lustre-
balustre
palustre
délustre-
* illustre-
rustre
frustre-

attre
battre-
abattre-
rabattre-
rebattre-
s'entre-battre
débattre-
s'ébattre
combattre

Voy. atre

ettre
lettre
contre-lettre
mettre
admettre
réadmettre
remettre
s'entre-mettre

émettre-
démettre-
commettre-
promettre-
compromettre-
permettre-
transmettre-
soumettre-
Voy. être plus pyrèthre

autre
autre
épeautre
se vautre-
Voy. ôtre

eutre
* feutre-
calfeutre-
pleutre
neutre

outre
* outre-
coutre
accoutre-
raccoutre-
loutre
poutre

extre
dextre
ambidextre

ytre
élytre
Voy. itre

aure
Faure
gaure
Laure
maure
* saure-
plésiosaure
mégalosaure
ichtyosaure
taure
Centaure
hippocentaure
bucentaure
[*M.*] Minotaure
restaure-
instaure-
Voy. orrhe, ore, plus Bigorre et abhorre-

ure
ure
bure
ébarbure
carbure
bicarbure
hydrocarbure
protocarbure
garbure
courbure
fourbure
* cure-
écure-
sinécure
récure-
pédicure
manicure
Epicure
procure-
* Mercure
obscure
effaçure
glaçure
rinçure
enfonçure
gerçure
* dure-
procédure
froidure
endure-
morfondure
gras-fondure
iodure
verdure
ordure
bordure
soudure
[*G.*] *Eure*
gageure
mangeure
vergeure
heure
quart d'heure
demi-heure
inférieure
supérieure
citérieure
ultérieure
antérieure
intérieure
postérieure
extérieure
prieure
majeure
fleure-
affleure-
effleure-
meilleure
pleure-
chante-pleure
meure-
* *demeure-*
mineure
écœure-
coiffure
échauffure
surchauffure
sulfure
hydrosulfure
deutosulfure
protosulfure
* figure-
défigure-
configure-
transfigure-
envergure
* augure-
inaugure-
hure
hachure
contre-hachure
panachure
mâchure-
emmanchure
brochure
bavochure
mémarchure
écorchure
fourchure
enfourchure
enchevauchure
épluchure
embouchure
mouchure
phosphure
protophosphure
sciure
chiure
liure
reliure
pliure
jure-
abjure-
adjure-
injure
conjure-
(se) * parjure-
salure
encâblure
criblure
doublure
raclure
reclure
inclure-
conclure-
sarclure
exclure-
engelure
crénelure
annelure
cannelure
pelure
chapelure
carrelure
turelure
ciselure
bosselure
dentelure
encastelure
craquelure
gravelure
tavelure
chevelure
fêlure
engrêlure
éraflure
soufflure
enflure
désenflure
boursouflure
réglure
filure
faufilure
voilure
silure
allure
emmiellure
niellure
tellure
émaillure
éraillure
entre-taillure
entaillure
feuillure
mouillure
rouillure
souillure
colure
accolure
encolure
tubulure
échauboulure
coulure
foulure
moulure
vermoulure
roulure
brûlure
mûre
mure-
* amure-
ramure
étamure
entamure
contre-mure-
claquemure-
démure-
limure
bromure
protobromure
armure
* murmure-
paumure
empaumure
saumure
fumure
glanure
planure
cyanure
engrenure
égratignure
encognure
rognure
enchaînure
rainure
enluminure
damasquinure
ruinure
léonure
charnure
écharnure
écornure
tournure
entournure
Avec les mots en italique *voy.* eurre ; avec les autres *voy.* de pure à azure et aussi saburre

oure
laboure-
coure-
accoure-
recoure-
secoure-
s'entre-secoure-
encoure-
concoure-
parcoure-
discoure-
* goure-
s'énamoure-
anoure
entoure-
bravoure
savoure-
Voy. ourre

ure
pure
apure-
râpure
* épure-
dépure-
guipure
étampure
impure
suppure-
jaspure
coupure
découpure
piqûre
parure
zébrure
cambrure
membrure
marbrure
échancrure
madrure
hydrure
nerf-férure
gaufrure
cirure
déchirure
dorure
mordorure
forure
chlorure
deutochlorure
protochlorure
perchlorure
fluorure
diaprure
carrure
bigarrure
chamarrure
ferrure
serrure
embourrure
fourrure
enchevêtrure
sure
sûre
masure
brasure
embrasure
évasure
* mesure-
remesure-
demi-mesure
céruse
présure
baisure
croisure

brisure
frisure
* censure-
* tonsure-
morsure
assure-
cassure
enchâssure
damassure
rassure-
blessure
fressure
pressure-
fourbissure
chancissure
rancissure
noircissure
scissure
fissure
boufissure
élargissure
salissure
polissure
plissure
commissure
ternissure
vernissure
brunissure
froissure
épissure
crépissure
flétrissure
meurtrissure
moisissure
tissure
ratissure
sertissure
brouissure
chaussure
éclaboussure
voussure
arrière-voussure
* usure
décousure
solbature
* courbature-
cubature
judicature
sacrificature
* caricature-
cléricature
arcature
candidature
créature
ligature
nonciature
villégiature
appogiature
miniature
interventiature
tablature
nomenclature
prélature
filature
colature
législature
maculature
musculature
armature

mâture
nature
dénature-
modénature
signature
* pâture-
* rature-
cadrature
quadrature
température
littérature
magistrature
sature-
ossature
dictature
stature
* facture-
* manufacture-
* fracture-
contracture
préfecture
sous-préfecture
* conjecture-
projecture
lecture
architecture
conjoncture
acuponcture
structure
moucheture
fermeture
déchiqueture
tiqueture
préture
propréture
vêture
forfaiture
rentraiture
fortraiture
portraiture
confiture
déconfiture
géniture
primogéniture
progéniture
garniture
fourniture
emboîture
droiture
toiture
* voiture-
écriture
friture
floriture
nourriture
pourriture
* triture-
investiture
désinvolture
culture
sériciculture
pisciculture
ostréiculture
apiculture
agriculture
arboriculture
floriculture
viticulture
horticulture

aquiculture
aviculture
sylviculture
inculture
sépulture
devanture
enture
denture
rudenture
argenture
penture
tenture
* aventure-
Bonaventure
mésaventure
ceinture
* peinture-
teinture
pointure
monture
tonture
roture
* clôture-
capture-
sculpture
rupture
ouverture
couverture
réouverture
entr'ouverture
* torture-
questure
posture
imposture
batture
abatture
égoutture
future
* bouture-
* couture-
mouture
pouture
suture
texture
contexture
mixture
enclouure
nouure
bavure
lavure
emblavure
gravure
photo-gravure
levure
élevure
gélivure
enjolivure
rivure
nervure
luxure
rayure
enrayure
nettoyure
azure-

Voy. de ure à entournure et aussi saburre

avre

[*G.*] Avre
cadavre
[*H.*] Favre
havre
[*G.*] Le Havre
navre-

èvre

orfèvre
* chèvre
pied-de-chèvre
Bièvre
fièvre
enfièvre-
lièvre
bec-de-lièvre
mièvre
[*G.*] Nièvre
genièvre
lèvre
balèvre
plèvre
sèvre-

ivre

ivre
givre
* livre-
grand-livre
délivre-
enivre-
désenivre-
* *poivre-*
* cuivre-
suivre-
s'entre-suivre-
s'ensuivre-
poursuivre-
* vivre-
revivre-
savoir-vivre
survivre-

anvre

chanvre
[*G.*] Vanvre

ovre

[*G.*] Hanovre
pauvre

euvre

pieuvre
couleuvre
œuvre
chef-d'œuvre
main-d'œuvre
hors-d'œuvre
* manœuvre-
désœuvre-
sous-œuvre

ouvre

* ouvre-
couvre-
(1) * recouvre-
découvre-

1. de recouvrer et de recouvrir

Louvre-
* rouvre
s'entr'ouvre-

yre

porphyre
lyre
collyre
apyre
lampyre
satyre
martyre

Voy. yrrhe, ire aussi cirre squirre et Shakespeare

se

se

ase

* base-
* case-
[*G.*] Caucase
[*M.*] Pégase
hase
steeple-chase
phase
emphase
jase-
ukase
blase-
antanaclase
paranomase
métonomase
antonomase
Athanase
gymnase
* rase-
arase-
brase-
ébrase-
embrase-
crase
écrase-
* phrase-
* paraphrase-
métaphrase
* périphrase-
antiphrase
pétase
protase
diastase
Anastase
métastase
hémostase
hypostase
Eustase
extase
vase
m'extravase-
évase-
transvase-

aussi gaze et topaze

èse

obèse
diocèse
exégèse

catéchèse
thèse
diathèse
métathèse
antithèse
épenthèse
parenthèse
synthèse
hypothèse
prothèse
* dièse-
* lèse-
alèse-
blèse-
genèse
[G.] Péloponèse
[I.] Véronèse
[G.] Chersonèse
[H.] Farnèse
pèse-
empèse-
désempèse-
soupèse-
aphérèse
Thérèse
diérèse
synérèse
exérèse
catachrèse
antichrèse
aise
b aise-
s'entre-baise-
[G.] Tarbaise
[G.] Française
[G.] Gapençaise
fadaise
[G.] Hollandaise
[G.] Groënlandaise
[G.] Finlandaise
[G.] Néerlandaise
[G.] Irlandaise
[G.] Islandaise
[G.] Portugaise
chaise
biaise-
* niaise-
déniaise-
New-Yorkaise
* falaise-
malaise
Blaise
[G.] Bordelaise
[G.] Rochelaise
* glaise-
* Anglaise-
Marseillaise
[G.] Antillaise
[G.] Congolaise
plaise-
déplaise-
complaise-
cimaise
[G.] Albanaise
[G.] Montalbanaise
[G.] Sedanaise
[G.] Orléanaise
[G.] Milanaise
[G.] Séquanaise

[G.] Javanaise
[G.] Agenaise
[G.] Perpignannaise
[G.] Caennaise
[G.] Ardennaise
[G.] Rouennaise
[G.] Cayennaise
[G.] Bourbonnaise
[G.] Mâconnaise
[G.] Alençonnaise
[G.] Argonnaise
[G.] Dijonnaise
[G.] Châlonnaise
[G.] Avallonnaise
[G.] Toulonnaise
[G.] Avignonnaise
[G.] Carcassonnaise
mayonnaise
[G.] Lyonnaise
[G.] Barcelonaise
[G.] * Polonaise
[G.] Boulonaise
[G.] Japonaise
[G.] Béarnaise
[G.] Nivernaise
fournaise
* punaise
apaise-
* braise-
[G.] Calabraïse
* fraise-
graise-
[G.] Navarraise
[G.] Havraise
mésaise
[G.] Ecossaise
taise-
[G.] Vannetaise
[G.] Maltaise
[G.] Nantaise
[G.] Charentaise
[G.] Piémontaise
[G.] Chairmontaise
* mortaise-
emmortaise-
mauvaise

Voy. de alèze à seize

ise

judaïse-
hébraïse-
prosaïse-
* bise-
tabise-
accise
occise-
indécise
grécise-
* précise-
laïcise-
francise-
* incise-
concise
circoncise-
incirconcise
exorcise-
* excise-
dise-
redise-
contredise-
dédise-
médise-
prédise-
marchandise
friandise
chalandise
gourmandise
cafardise
papelardise
gaillardise
paillardise
cagnardise
mignardise
bâtardise
vantardise
couardise
interdise-
balourdise
maudise-
suffise-
confise-
déconfise-
catéchise-
franchise
sympathise-
* lise-
[G.] Alise
* balise-
verbalise-
alcalise-
localise-
* vocalise-
scandalise-
idéalise-
réalise-
égalise-
légalise-
spécialise-
matérialise-
immatérialise-
trivialise-
animalise-
se formalise-
canalise-
criminalise-
nationalise-
dénationalise-
se coalise-
fédéralise-
généralise-
minéralise-
moralise-
démoralise-
centralise-
décentralise-
neutralise-
pluralise-
naturalise-
dénaturalise-
nasalise-
universalise-
capitalise-
totalise-
brutalise-
individualise-
actualise-
spiritualise-

valise
dévalise-
rivalise-
relise-
fleurdelise-
* Elise-
réélise-
évangélise-
caramélise-
église
mobilise-
immobilise-
stérilise-
volatilise-
subtilise-
fertilise-
utilise-
civilise-
métallise-
cristallise-
tranquillise-
symbolise-
bémolise-
nolise-
alcoolise-
monopolise-
ridiculise-
* mise-
macadamise-
[G.] * Tamise-
admise-
réadmise-
chemise
* remise-
(s') * entremise-
émise-
démise-
commise-
mainmise
économise-
promise-
compromise-
anatomise-
phlébotomise-
permise-
uniformise-
chloroformise-
transmise-
soumise-
insoumise
anise-
mécanise-
républicanise-
vulcanise-
organise-
réorganise-
désorganise-
italianise-
christianise-
germanise-
humanise-
tympanise-
botanise-
galvanise-
Denise
[G.] Venise
féminise-
latinise-
crétinise-

divinise-
indemnise-
tyrannise-
solennise-
carbonise-
préconise-
adonise-
agonise-
colonise-
s'harmonise-
canonise-
impatronise-
intronise-
platonise-
modernise-
fraternise-
éternise-
subalternise-

Voy. de Héloïse à improvise, yse et aussi s'enlize-

oise

[G.] Oise
boise-
reboise-
déboise-
* framboise-
gerboise
[G.] Niçoise
Françoise
badoise
[G.] Privadoise
[G.] Suédoise
vandoise
ardoise
[G.] Vaudoise
villageoise
[G.] Arrageoise
[G.] Liégeoise
[G.] Ariégeoise
[H.] Albigeoise
[G.] * Bourgeoise
[G.] Brandebourgeoise
franc-bourgeoise
[G.] Fribourgeoise
[G.] Hambourgeoise
[G.] Luxembourgeoise
[G.] Cherbourgeoise
[G.] Strasbourgeoise
[G.] Péters bourgeoise
goise-
dégoise
[G.] Ardéchoise
[G.] Zurichoise
[G.] Auchoise
[G.] Cauchoise
[G.] Bâloise
[G.] Grenobloise
[G.] Bruxelloise
[G.] Lilloise
[G.] Abbevilloise
[H.] Gauloise
* moise-
[G.] Amstellodamoise

chamoise-
[G.] Siamoise
[G.] Rémoise
[G.] Nimoise
armoise
[G.] Angoumoise
noise
[G.] Danoise
[G.] Stéphanoise
[G.] Agenoise
[G.] Champenoise
[G.] Dracénoise
[G.] Amiénoise
[G.] Gênoise
[H.] Carthaginoise
[G.] Chinoise
[G.] Cochinchinoise
[G.] Dauphinoise
[G.] Tonkinoise
[G.] Berlinoise
[G.] Constantinoise
[G.] Valentinoise
[G.] Valenciennoise
[G.] Viennoise
[G.] Rennoise
[G.] Finnoise
[G.] Laonnoise
[G.] Bernoise
sournoise
[G.] Mélunoise
[G.] Melodunoise
[G.] Verdunoise
[G.] Autunoise
[G.] Dieppoise
[G.] Audomaroise
[G.] * Bavaroise
Ambroise
croise-
s'entre-croise-
décroise-
[G.] Quimperoise
[G.] Hongroise
[G.] Barroise
[G.] Auxerroise
[G.] Blaisoise
[G.] Anversoise
* toise-
matoise
patoise-
entretoise
[G.] Crétoise
[G.] Franc-Comtoise
[G.] Gantoise
[G.] Clermontoise
[G.] Pontoise
courtoise
discourtoise
[G.] Brestoise
[G.] Cettoise
[G.] Aurillaquoise
souriquoise
[G.] Iroquoise
[G.] Dunkerquoise
turquoise
pavoise-
[G.] Genevoise
grivoise
apprivoise-
cervoise

ise

Héloïse
[B.] Moïse
solidarise-
pindarise-
vulgarise-
se gargarise-
familiarise-
polarise-
sécularise-
particularise-
régularise-
se singularise-
popularise-
dépopularise-
militarise-
charivarise-
* brise-
crise
cerise
merise
éthérise-
caractérise-
cautérise-
pulvérise-
* frise-
refrise-
défrise-
* grise-
égrise-
dégrise-
s'irise-
satirise-
herborise-
météorise-
allégorise-
vaporise-
temporise-
terrorise-
autorise-
favorise-
* prise-
* reprise-
* entreprise-
* déprise-
(se) * méprise-
s'est éprise-
comprise-
incomprise
* apprise-
malapprise
rapprise-
désapprise-
* surprise-
cicatrise-
électrise-
symétrise-
prêtrise
* maîtrise-
thésaurise-
monseigneurise-
caricaturise-
porphyrise-
martyrise-
* sise-
sursise-
* assise-
* rassise-
médiatise-

dramatise-
anathématise-
systématise-
stigmatise-
dogmatise-
aromatise-
achromatise-
fanatise-
démocratise-
pactise-
prophétise-
synthétise-
émétise-
magnétise-
démonétise-
poétise-
dépoétise-
bêtise
convoitise
pédantise-
fainéantise
hantise
galantise-
vaillantise
puantise
feintise
cotise-
mignotise
baptise-
rebaptise-
débaptise-
apertise
* expertise-
contre-expertise
accortise
courtise-
attise-
sottise
cytise
cuise-
recuise-
traduise-
déduise-
réduise-
séduise-
enduise-
renduise-
induise-
conduise-
reconduise-
éconduise-
produise-
reproduise-
introduise-
* Guise
déguise-
aiguise-
luise-
reluise-
entre-luise-
nuise-
menuise-
amenuise-
s'entre-nuise-
Louise
puise-
épuise-
acquise-
requise-

banquise
s'est enquise-
conquise-
reconquise-
marquise
exquise
détruise-
s'entre-détruise-
instruise-
construise-
reconstruise-
vise-
avise-
slavise-
se ravise-
* devise-
revise-
divise-
indivise
subdivise-
improvise-
Voy. de judaïse à subalternise, yse et aussi s'enlize-

alse

* valse-

use

compulse-
expulse-
Voy. ulce

anse

anse
* danse-
contre-danse
ganse
hanse
manse
* panse-
transe
acense-
accense-
recense-
encense-
dense
condense-
* offense-
mense
immense
pense-
repense-
* dépense-
impense
compense-
* récompense-
* dispense-
suspense
intense
Hortense
Voy. ance, ence

onse

Alphonse
réponse
Voy. once

ose

ose-
narcose
glucose
ou glycose
métempsycose
* dose-
apothéose
emphythéose
phlogose
chose
gonphose
anamorphose
* métamorphose-
grandiose
alose
* close-
éclose-
déclose-
enclose-
forclose-
* glose-
buglose
tuberculose
cellulose
* ankylose-
(s') * anastomose-
endosmose
* ecchymose-
enchymose
trichinose
* pose-
juxtapose-
repose-
entrepose-
dépose-
prépose-
impose-
compose-
recompose-
décompose-
propose-
appose-
réappose-
oppose-
suppose-
présuppose-
superpose-
interpose-
dispose-
prédispose-
indispose-
transpose-
expose-
hypotypose
* Rose
saccharose
* nécrose-
synchondrose
* couperose-
passe-rose
chlorose
morose
prose
arrose-
amaurose
névrose
aponévrose
synévrose

hématose
dermatose
pneumatose
périostose
exostose
virtuose
pluviôse
ventôse
nivôse
Voy. ause

apse
lapse
relapse

epse
métalepse
syllepse
prolepse

ipse
* éclipse-
ellipse
gypse
apocalypse
paralypse

arse
darse
parse
éparse
comparse
tarse
métatarse
Voy. arce

erse
erse
* herse-
Perse
disperse-
terse-
reterse-
* verse-
averse
* traverse-
retraverse-
adverse
bouleverse-
reverse-
* déverse-
diverse
tergiverse-
malverse-
renverse-
à la renverse
inverse
* converse-
* controverse-
perverse
transverse
Voy. erce

orse
morse
torse
retorse
détorse
entorse
Voy. orce

ourse
ourse
bourse
rebourse
débourse-
embourse-
rembourse-
course
Voy. ource

yrse
thyrse

basse
basse
syllabasse-
calebasse
* contrebasse
imbibasse-
inhibasse-
prohibasse-
exhibasse-
enjambasse-
flambasse-
régimbasse-
bombasse
succombasse-
incombasse-
plombasse-
déplombasse-
surplombasse-
tombasse-
retombasse-
gobasse-
cohobasse-
englobasse-
dérobasse-
ébarbasse-
gerbasse-
engerbasse-
herbasse-
éherbasse-
enherbasse-
désherbasse-
absorbasse-
résorbasse-
débourbasse-
embourbasse-
désembourbasse-
courbasse-
recourbasse-
fourbasse-
daubasse-
cubasse-
adoubasse-
radoubasse-
tubasse-
titubasse-

Avec *calebasse voy.* ace, fasce et tous les *asse*; avec les autres aussi grâce et disgrâce

casse
* *casse-*
* *jacasse-*
* *Fracasse-*
tracasse-
recasse-
bécasse
madécasse
fricasse-
concasse-
cocasse
avocasse-
arcasse
carcasse

Avec les mots en italique *voy.* ace, fasce et tous les *asse*; avec madécasse *voy.* quasse, kasse, grâce et disgrâce

çasse
effaçasse-
agaçasse-
laçasse-
entrelaçasse-
délaçasse-
glaçasse-
enlaçasse-
plaçasse-
replaçasse-
déplaçasse-
remplaçasse-
grimaçasse-
menaçasse-
espaçasse-
traçasse-
retraçasse-
dépeçasse-
rapiéçasse-
dépiéçasse-
poliçasse-
épiçasse-
manigançasse-
fiançasse-
lançasse-
balançasse-
contre-balançasse-
relançasse-
s'élançasse-
forlançasse-
décontenançasse-
finançasse-
ordonnançasse-
garançasse-
tançasse-
distançasse-
quittançasse-
nuançasse-
avançasse-
devançasse-
cadençasse-
agençasse-
ensemençasse-
réensemençasse-
commençasse-
recommençasse-
influençasse-
éminçasse-
coinçasse-
pinçasse-
rinçasse-
grinçasse-
évinçasse-
fonçasse-
défonçasse-
enfonçasse-
renfonçasse-
engonçasse-
semonçasse-
renonçasse-
énonçasse-
dénonçasse-
annonçasse-
prononçasse-
ponçasse-
fronçasse-
défronçasse-
berçasse-
gerçasse-
tierçasse-
commerçasse-
perçasse-
reperçasse-
s'entre-perçasse-
transperçasse-
terçasse-
reterçasse-
exerçasse-
écorçasse-
forçasse-
s'efforçasse-
renforçasse-
amorçasse-
divorçasse-
acquiesçasse-
immisçasse-
sauçasse-
exauçasse-
courrouçasse-
épuçasse-
suçasse-

Voy. sasse précédé d'une consonne, xasse, grâce et disgrâce

dasse
gambadasse-
barricadasse-
débarricadasse-
estocadasse-
fadasse
embrigadasse-
escaladasse-
estafiladasse-
tailladasse-
pommadasse-
se panadasse-
estrapadasse-
radasse-
paradasse-
déradasse-
dégradasse-
rétrogradasse-
palissadasse-
persuadasse-
dépersuadasse-
dissuadasse-
s'évadasse-
cédasse-
abcédasse-
accédasse-
succédasse-
recédasse-
décédasse-
prédécédasse-
précédasse-
concédasse-
procédasse-
rétrocédasse-
intercédasse-
excédasse-
exhérédasse-
obsédasse-
possédasse-
dépossédasse-
aidasse-
plaidasse-
s'entr'aidasse-
décidasse-
homicidasse-
se suicidasse-
coïncidasse-
élucidasse-
validasse-
revalidasse-
invalidasse-
élidasse-
consolidasse-
reconsolidasse-
pyramidasse-
intimidasse-
lapidasse-
dilapidasse-
ridasse-
bridasse-
rebridasse-
débridasse-
déridasse-
résidasse-
présidasse-
cuidasse-
guidasse-
liquidasse-
vidasse-
dévidasse-
survidasse-
soldasse-
bandasse-
rebandasse-
débandasse-
scandasse-
brigandasse-
se dégingandasse-
marchandasse-
affriandasse-
viandasse-
achalandasse-
désachalandasse-
brelandasse-
hollandasse-
enguirlandasse-
mandasse-

demandasse-
redemandasse-
contremandasse-
quémandasse-
réprimandasse-
commandasse-
recommandasse-
décommandasse-
gourmandasse-
faisandasse-
truandasse-
appréhendasse-
amendasse-
ramendasse-
sous-amendasse-
émendasse-
villipendasse-
scindasse-
rescindasse-
blindasse-
guindasse-
bondasse-
abondasse-
vagabondasse-
surabondasse-
débondasse-
secondasse-
fécondasse-
fondasse-
gondasse-
blondasse
mondasse-
émondasse-
inondasse-
frondasse-
grondasse-
sondasse-
inféodasse-
godasse-
démodasse-
accommodasse-
raccommodasse-
incommodasse-
brodasse-
érodasse-
corrodasse-
rôdasse-
bardasse-
débardasse-
bombardasse-
escobardasse-
jobardasse-
cardasse-
placardasse-
recardasse-
bocardasse-
brocardasse-
dardasse-
fardasse-
cafardasse-
gardasse-
regardasse-
s'entre-regardasse-
sauvegardasse-
hardasse-
mouchardasse-
liardasse-
lardasse-
entrelardasse-
billardasse-
canardasse-
renardasse-
goguenardasse-
cagnardasse-
acagnardasse-
mignardasse-
poignardasse-
hasardasse-
nasardasse-
musardasse-
tardasse-
retardasse-
pétardasse-
attardasse-
bavardasse-
se lézardasse-
bordasse-
abordasse-
rebordasse-
débordasse-
transbordasse-
cordasse-
accordasse-
raccordasse-
s'entr'accordasse-
désaccordasse-
recordasse-
décordasse-
concordasse-
discordasse-
hourdasse-
clabaudasse-
badaudasse-
échafaudasse-
nigaudasse-
trigaudasse-
échaudasse-
baguenaudasse-
minaudasse-
maraudasse-
taraudasse-
fraudasse-
levraudasse-
bretaudasse-
courtaudasse-
ravaudasse-
marivaudasse-
galvaudasse-
éludasse-
préludasse-
dénudasse-
boudasse-
coudasse-
s'accoudasse-
soudasse-
dessoudasse-
ressoudasse-
transsudasse-
exsudasse-
oxydasse-
suroxydasse-
désoxydasse-
Aussi grâce et disgrâce

geasse

pacageasse-
saccageasse-
encageasse-
gageasse-
dégageasse-
engageasse-
r(é)engageasse-
verbiageasse-
treillageasse-
grillageasse-
soulageasse-
ramageasse-
imageasse-
dédommageasse-
endommageasse-
hommageasse-
nageasse-
apanageasse-
ménageasse-
aménageasse-
déménageasse-
emménageasse-
surnageasse-
propageasse-
rageasse-
ombrageasse-
arrérageasse-
naufrageasse-
enrageasse-
fourrageasse-
affourageasse-
outrageasse-
décourageasse-
encourageasse-
ouvrageasse-
présageasse-
dévisageasse-
envisageasse-
passageasse-
étageasse-
avantageasse-
désavantageasse-
partageasse-
repartageasse-
départageasse-
copartageasse-
quartageasse-
ravageasse-
voyageasse-
siégeasse-
assiégeasse-
allégeasse-
arpégeasse-
abrégeasse-
agrégeasse-
désagrégeasse-
protégeasse-
rédigeasse-
neigeasse-
figeasse-
obligeasse-
s'entr'obligeasse-
désobligeasse-
affligeasse-
infligeasse-
négligeasse-
colligeasse-
fumigeasse-
érigeasse-
dirigeasse-
corrigeasse-
recorrigeasse-
transigeasse-
mitigeasse-
voltigeasse-
fustigeasse-
exigeasse-
vendangeasse-
changeasse-
rechangeasse-
échangeasse-
mélangeasse-
mangeasse-
remangeasse-
s'entre-mangeasse-
démangeasse-
rangeasse-
dérangeasse-
frangeasse-
engrangeasse-
arrangeasse-
essangeasse-
louangeasse-
vengeasse-
singeasse-
longeasse-
allongeasse-
rallongeasse-
prolongeasse-
plongeasse-
replongeasse-
forlongeasse-
épongeasse-
rongeasse-
songeasse-
logeasse-
délogeasse-
abrogeasse-
subrogeasse-
dérogeasse-
prorogeasse-
s'arrogeasse-
interrogeasse-
chargeasse-
rechargeasse-
déchargeasse-
surchargeasse-
margeasse-
émargeasse-
hébergeasse-
se gobergeasse-
submergeasse-
émergeasse-
immergeasse-
aspergeasse-
détergeasse-
abstergeasse-
vergeasse-
divergeasse-
envergeasse-
convergeasse-
forgeasse-
reforgeasse-
gorgeasse-
regorgeasse-
égorgeasse-
dégorgeasse-
s'entr'égorgeasse-
engorgeasse-
se rengorgeasse-
désengorgeasse-
purgeasse-
expurgeasse-
s'insurgeasse-
jaugeasse-
pataugeasse-
jugeasse-
subjugeasse-
adjugeasse-
se déjugeasse-
méjugeasse-
préjugeasse-
bougeasse-
grugeasse-
égrugeasse-
Aussi grâce et disgrâce

éasse

galéasse
suppléasse-
réasse-
créasse-
recréasse-
récréasse-
procréasse-
gréasse-
agréasse-
ragréasse-
désagréasse-
dégréasse-
maugréasse-
guéasse-
Voy. oasse, uasse non précédé de g ou de q; grâce et disgrâce

fasse

fasse-
parafasse-
agrafasse-
ragrafasse-
dégrafasse-
refasse-
contrefasse-
défasse-
redéfasse-
méfasse-
gaffasse-
piaffasse-
fieffasse-
greffasse-
biffasse-
se rebiffasse-
coiffasse-
recoiffasse-
décoiffasse-
griffasse-
s'agriffasse-
ébouriffasse-
suiffasse-
étoffasse-
chauffasse-
échauffasse-
réchauffasse-
surchauffasse-

bouffasse-
pouffasse-
étouffasse-
truffasse-
tarifasse-
attifasse-
malfasse-
lofasse-
parfasse-
surfasse-
satisfasse-

Avec les mots en italique, voy. ace et fasce et tous les *asse*, av. les autres voy. phase, grâce et disgrâce

gasse

agasse
bagasse
sargasse
fougasse

Voy. guasse, aussi grâce et disgrâce

chasse

* *chasse-*
châsse
cachasse-
écachasse-
hachasse-
contre-hachasse-
panachasse-
empanachasse-
harnachasse-
déharnachasse-
enharnachasse-
crachasse-
recrachasse-
arrachasse-
amourachasse-
ensachasse-
tachasse-
détachasse-
entachasse-
attachasse-
rattachasse-
soutachasse-
cravachasse-
bâchasse-
rabâchasse-
fâchasse-
défâchasse-
gâchasse-
lâchasse-
relâchasse-
mâchasse-
remâchasse-
tâchasse-
garde-chasse
rechasse-
échasse
léchasse-
alléchasse-
se pourléchasse-
méchasse-
péchasse-
repéchasse-
ébréchasse-
séchasse-
asséchasse-
desséchasse-
bêchasse-
pêchasse-
dépêchasse-
empêchasse-
prêchasse-
fichasse-
affichasse-
élichasse-
nichasse-
dénichasse-
pleurnichasse-
défrichasse-
trichasse-
entichasse-
se déhanchasse-
démanchasse-
s'endimanchasse-
emmanchasse-
remmanchasse-
désemmanchasse-
épanchasse-
branchasse-
ébranchasse-
embranchasse-
tranchasse-
retranchasse-
étanchasse-
revanchasse-
enchâsse-
penchasse-
jonchasse-
bronchasse-
décochasse-
ricochasse-
encochasse-
hochasse-
piochasse-
clochasse-
effilochasse-
guillochasse-
pignochasse-
pochasse-
dépochasse-
empochasse-
rempochasse-
brochasse-
débrochasse-
embrochasse-
accrochasse-
raccrochasse-
décrochasse-
reprochasse-
approchasse-
rapprochasse-
bavochasse-
marchasse-
cherchasse-
recherchasse-
perchasse-
écorchasse-
torchasse-
fourchasse-
affourchasse-
désaffourchasse-
enfourchasse-
pourchasse-
ébauchasse-
débauchasse-
embauchasse-
fauchasse-
refauchasse-
chevauchasse-
bûchasse-
débuchasse-
trébuchasse-
se rembuchasse-
s'embuchasse-
huchasse-
juchasse-
déjuchasse-
peluchasse-
épluchasse-
bouchasse-
abouchasse-
rebouchasse-
débouchasse-
embouchasse-
couchasse-
accouchasse-
recouchasse-
découchasse-
douchasse-
louchasse-
mouchasse-
remouchasse-
émouchasse-
escarmouchasse-
effarouchasse-
touchasse-
retouchasse-
ruchasse-

Avec les mots en italique, *voy.* ace et fasce et tous les *asse*; avec les autres, *voy.* grâce et disgrâce

phasse

paraphasse-
triomphasse-
apostrophasse-
philosophasse-

Voy. fasse, grâce et disgrâce

rhasse

arrhasse

Voy. rasse, grâce et disgrâce

iasse

graciasse-
disgraciasse-
dépréciasse-
appréciasse-
préjudiciasse-
bénéficiasse-
officiasse-
suppliciasse-
justiciasse-
viciasse-
circonstanciasse-
licenciasse-
quintessenciasse-
négociasse-
associasse-
désassociasse-
remerciasse-
sciasse-
se souciasse-
radiasse-
irradiasse-
dédiasse-
congédiasse-
remédiasse-
intermédiasse-
expédiasse-
réexpédiasse-
incendiasse-
mendiasse-
stipendiasse-
amodiasse-
psalmodiasse-
parodiasse-
répudiasse-
étudiasse-
planchéiasse-
se fiasse-
rubéfiasse-
défiasse-
madéfiasse-
se méfiasse-
tuméfiasse-
stupéfiasse-
raréfiasse-
torréfiasse-
putréfiasse-
liquéfiasse-
barbifiasse-
pacifiasse-
spécifiasse-
dulcifiasse-
crucifiasse-
édifiasse-
réédifiasse-
acidifiasse-
solidifiasse-
lapidifiasse-
mondifiasse-
codifiasse-
modifiasse-
déifiasse-
gazéifiasse-
palifiasse-
salifiasse-
qualifiasse-
disqualifiasse-
mollifiasse-
amplifiasse-
simplifiasse-
ramifiasse-
momifiasse-
panifiasse-
lénifiasse-
magnifiasse-
se lignifiasse-
signifiasse-
personnifiasse-
bonifiasse-
saponifiasse-
se carnifiasse-
unifiasse-
scarifiasse-
saccharifiasse-
clarifiasse-
lubrifiasse-
sacrifiasse-
vérifiasse-
scorifiasse-
glorifiasse-
corporifiasse-
terrifiasse-
pétrifiasse-
vitrifiasse-
purifiasse-
falsifiasse-
versifiasse-
diversifiasse-
classifiasse-
ossifiasse-
béatifiasse-
ratifiasse-
gratifiasse-
stratifiasse-
ratifiasse-
sanctifiasse-
fructifiasse-
acétifiasse-
identifiasse-
notifiasse-
certifiasse-
fortifiasse-
mortifiasse-
justifiasse-
mystifiasse-
vivifiasse-
revivifiasse-
solfiasse-
confiasse-
plagiasse-
privilégiasse-
élogiasse-
se réfugiasse-
chiasse
télégraphiasse-
calligraphiasse-
lithographiasse-
orthographiasse-
sténographiasse-
photographiasse-
autographiasse-
s'atrophiasse-
hypertrophiasse-
liasse
liasse-
oubliasse-
publiasse-
republiasse-
roliasse-
déliasse-
se domiciliasse-

conciliasse-
réconciliasse-
affiliasse-
humiliasse-
résiliasse-
alliasse-
palliasse-
ralliasse-
se mésalliasse-
milliasse
enliasse-
interfoliasse-
exfoliasse-
spoliasse-
pliasse-
repliasse-
dépliasse-
multipliasse-
rempliasse-
suppliasse-
émiasse-
niasse-
maniasse-
remaniasse-
reniasse-
déniasse-
s'ingéniasse-
calomniasse-
communiasse-
excommuniasse-
épiasse-
pépiasse-
copiasse-
recopiasse-
estropiasse-
expiasse-
cariasse-
vicariasse-
salariasse-
mariasse-
remariasse-
démariasse-
pariasse-
dépariasse-
appariasse-
rappariasse-
désappariasse-
contrariasse-
variasse-
avariasse-
criasse-
décriasse-
se récriasse-
s'écriasse-
excoriasse-
piloriasse-
coloriasse-
armoriasse-
inventoriasse-
historiasse-
priasse-
dépriasse-
appropriasse-
se désappropriasse-
expropriasse-
charriasse-
triasse-
rapatriasse-
expatriasse-

striasse-
injuriasse-
rassasiasse-
apostasiasse-
s'extasiasse-
châtiasse-
initiasse-
transsubstantiasse-
différentiasse-
bestiasse
amnistiasse-
déviasse-
enviasse-
renviasse-
conviasse-
asphyxiasse-

Avec les mots en italique, *voy.* ace, fasce et tous les *asse*, avec les autres yasse, grâce et disgrâce

kasse

polkasse-
masurkasse-

Voy. casse, quasse, grâce et disgrâce

lasse

* *lasse-*
cabalasse-
brimbalasse-
trimbalasse-
* calasse-
écalasse-
décalasse-
intercalasse-
pédalasse-
affalasse-
égalasse-
régalasse-
halasse-
échalasse-
inhalasse-
exhalasse-
signalasse-
empalasse-
salasse-
dessalasse-
talasse-
étalasse-
détalasse-
avalasse-
ravalasse-
chevalasse-
dévalasse-
hâlasse-
déhâlasse-
râlasse-
accablasse-
chablasse-
endiablasse-
jablasse-
sablasse-

ensablasse-
désensablasse-
tablasse-
établasse-
s'attablasse-
câblasse-
hâblasse-
criblasse-
amblasse-
tremblasse-
semblasse-
assemblasse-
rassemblasse-
désassemblasse-
ressemblasse-
comblasse-
meublasse-
remeublasse-
démeublasse-
affublasse-
doublasse-
redoublasse-
dédoublasse-
rendoublasse-
troublasse-
* *classe-*
raclasse-
bâclasse-
débâclasse-
renâclasse-
déclasse-
sarclasse-
cerclasse-
recerclasse-
décerclasse-
bouclasse-
débouclasse-
puddlasse-
gabelasse-
celasse-
décelasse-
ficelasse-
déficelasse-
chancelasse-
étincelasse-
amoncelasse-
harcelasse-
morcelasse-
ensorcelasse-
désensorcelasse-
modelasse-
cordelasse-
gelasse-
dégelasse-
congelasse-
dessemelasse-
ressemelasse-
me pommelasse-
grommelasse-
me grumelasse-
m'engrumelasse-
grenelasse-
crénelasse-
agnelasse-
annelasse-
cannelasse-
tonnelasse-
pelasse-
chapelasse-

épelasse-
appelasse-
réappelasse-
rappelasse-
m'entr'appelasse-
carrelasse-
recarrelasse-
décarrelasse-
bourrelasse-
ciselasse-
oiselasse-
ruisselasse-
bosselasse-
muselasse-
démuselasse-
batelasse-
matelasse-
râtelasse-
dételasse-
enchantelasse-
démantelasse-
pantelasse-
dentelasse-
écartelasse-
martelasse-
m'encastelasse-
attelasse-
réattelasse-
brettelasse-
bottelasse-
javelasse-
enjavelasse-
tavelasse-
déchevelasse-
nivelasse-
grivelasse-
cuvelasse-
renouvelasse-
recélasse-
délasse-
hélasse-
mélasse
se prélasse-
révélasse-
bêlasse-
fêlasse-
mêlasse-
remêlasse-
m'entremêlasse-
démêlasse-
emmêlasse-
grêlasse-
engrêlasse-
vêlasse-
raflasse-
éraflasse-
sifflasse-
soufflasse-
essoufflasse-
insufflasse-
giflasse-
reniflasse-
écorniflasse-
riflasse-
persiflasse-
enflasse-
renflasse-
désenflasse-
gonflasse-

regonflasse-
dégonflasse-
ronflasse-
marouflasse-
boursouflasse-
emmitouflasse-
réglasse-
déréglasse-
biglasse-
étranglasse-
sanglasse-
dessanglasse-
cinglasse-
épinglasse-
tringlasse-
jonglasse-
beuglasse-
meuglasse-
aveuglasse-
désaveuglasse-
jubilasse-
filasse-
filasse
défilasse-
tréfilasse-
affilasse-
effilasse-
enfilasse-
renfilasse-
désenfilasse-
profilasse-
parfilasse-
faufilasse-
éfaufilasse-
annihilasse-
assimilasse-
m'étoilasse-
entoilasse-
rentoilasse-
voilasse-
dévoilasse-
m'envoilasse-
pilasse-
épilasse-
dépilasse-
horripilasse-
empilasse-
compilasse-
opilasse-
désopilasse-
ensilasse-
ventilasse-
mutilasse-
huilasse-
exilasse-
allasse-
ballasse-
déballasse-
emballasse-
remballasse-
désemballasse-
dallasse-
tallasse-
installasse-
réinstallasse-
me rebellasse-
libellasse-
parcellasse-
scellasse-

LLASSE [Essall] — ULASSE [Essalu]

descellasse-
contre-scellasse-
excellasse-
préexcellasse-
flagellasse-
emmiellasse-
niellasse-
viellasse-
interpellasse-
coupellasse-
querellasse-
m'entre-querellasse-
sellasse-
dessellasse-
ruellasse-
baillasse-
bâillasse-
m'entre-bâillasse-
caillasse-
écaillasse-
médaillasse-
marchandaillasse-
godaillasse-
intrigaillasse-
piaillasse-
criaillasse-
maillasse-
chamaillasse-
émaillasse-
rimaillasse-
remmaillasse-
encanaillasse-
grenaillasse-
tenaillasse-
sonnaillasse-
tournaillasse-
quoaillasse-
paillasse-
paillasse
dépaillasse-
empaillasse-
rempaillasse-
raillasse-
braillasse-
me débraillasse-
éraillasse-
déraillasse-
graillasse-
tiraillasse-
ferraillasse-
hourraillasse-
mitraillasse-
cisaillasse-
grisaillasse-
gueusaillasse-
taillasse-
bataillasse-
retaillasse-
m'entre-taillasse-
détaillasse-
répétaillasse-
bretaillasse-
avitaillasse-
ravitaillasse-
entaillasse-
enfutaillasse-
disputaillasse-
fouaillasse-
gouaillasse-

jouaillasse-
travaillasse-
retravaillasse-
écrivaillasse-
babillasse-
habillasse-
rhabillasse-
déshabillasse-
gambillasse-
dégobillasse-
cillasse-
vacillasse-
sourcillasse-
oscillasse-
brandillasse-
me fendillasse-
pendillasse-
godillasse-
mordillasse-
herbeillasse-
ensoleillasse-
sommeillasse-
dépareillasse-
appareillasse-
rappareillasse-
désappareillasse-
conseillasse-
déconseillasse-
teillasse-
veillasse-
éveillasse-
réveillasse-
émerveillasse-
surveillasse-
fourmillasse-
smillasse-
échenillasse-
cochenillasse-
pillasse-
grapillasse-
estampillasse-
éparpillasse-
gaspillasse-
houspillasse-
roupillasse-
toupillasse-
étoupillasse-
brillasse-
* grillasse-
essorillasse-
étrillasse-
sillasse-
nasillasse-
brasillasse-
brésillasse-
grésillasse-
m'égosillasse-
boursillasse-
dessillasse-
roussillasse-
fusillasse-
bousillasse-
pétillasse-
frétillasse-
vétillasse-
titillasse-
scintillasse-
pointillasse-
tortillasse-

détortillasse-
entortillasse-
désentortillasse-
embastillasse-
encastillasse-
distillasse-
instillasse-
apostillasse-
émoustillasse-
croustillasse-
sautillasse-
outillasse-
feuillasse-
défeuillasse-
effeuillasse-
aiguillasse-
ouillasse-
gribouillasse-
barbouillasse-
débarbouillasse-
embarbouillasse-
écarbouillasse-
bredouillasse-
débredouillasse-
fouillasse-
refouillasse-
affouillasse-
farfouillasse-
gargouillasse-
mouillasse-
remouillasse-
s'agenouillasse-
pouillasse-
épouillasse-
dépouillasse-
rouillasse-
brouillasse-
brouillasse
débrouillasse-
embrouillasse-
dérouillasse-
grouillasse-
enrouillasse-
verrouillasse-
déverrouillasse-
patrouillasse-
souillasse-
chatouillasse-
gazouillasse-
quillasse-
maquillasse-
béquillasse-
coquillasse-
recoquillasse-
écarquillasse-
chevillasse-
me recroquevillasse-
collasse-
recollasse-
décollasse-
encollasse-
mollasse
équipollasse-
grisollasse-
branlasse-
ébranlasse-
carambolasse-
racolasse-
caracolasse-

accolasse-
récolasse-
bricolasse-
dolasse-
gondolasse-
flageolasse-
affolasse-
raffolasse-
batifolasse-
rigolasse-
dégringolasse-
bariolasse-
cabriolasse-
affriolasse-
étiolasse-
violasse-
cajolasse-
immolasse-
fignolasse-
interpolasse-
désolasse-
isolasse-
insolasse-
consolasse-
assolasse-
* dessolasse-
rissolasse-
rafistolasse-
volasse-
revolasse-
s'envolasse-
convolasse-
enjôlasse-
rôlasse-
frôlasse-
enrôlasse-
trôlasse-
contrôlasse-
triplasse-
contemplasse-
décuplasse-
peuplasse-
repeuplasse-
dépeuplasse-
nonuplasse-
couplasse-
accouplasse-
désaccouplasse-
découplasse-
quadruplasse-
octuplasse-
centuplasse-
quintuplasse-
septuplasse-
sextuplasse-
parlasse-
reparlasse-
ne déparlasse-
ferlasse-
déferlasse-
perlasse-
hurlasse-
ourlasse-
gaulasse-
chaulasse-
échaulasse-
miaulasse-
piaulasse-
épaulasse-

confabulasse-
démantibulasse-
déambulasse-
culasse
éjaculasse-
maculasse-
acculasse-
reculasse-
éculasse-
spéculasse-
immatriculasse-
articulasse-
désarticulasse-
gesticulasse-
calculasse-
inoculasse-
circulasse-
basculasse-
bousculasse-
adulasse-
acidulasse-
ondulasse-
modulasse-
gueulasse-
égueulasse-
coagulasse-
jugulasse-
pullulasse-
répullulasse-
simulasse-
dissimulasse-
stimulasse-
formulasse-
cumulasse-
accumulasse-
granulasse-
annulasse-
saboulasse-
éboulasse-
blackboulasse-
coulasse-
écoulasse-
découlasse-
roucoulasse-
foulasse-
refoulasse-
débagoulasse-
engoulasse-
moulasse-
démoulasse-
me vermoulasse-
surmoulasse-
roulasse-
croulasse-
écroulasse-
déroulasse-
enroulasse-
soûlasse-
dessoulasse-
crapulasse-
manipulasse-
stipulasse-
brûlasse-
congratulasse-
capitulasse-
récapitulasse-
intitulasse-
postulasse-

stylasse
Avec les mots en italique, *voy.* ace, fasce et tous les *asse*; avec les autres *voy.* grâce et disgrâce

masse

* *masse*-
amasse-
damasse-
damasse-
dédamasse-
affamasse-
diffamasse-
amalgamasse-
acclamasse-
déclamasse-
réclamasse-
proclamasse-
s'exclamasse-
ramasse-
ramasse-
bramasse-
tramasse-
étamasse-
rétamasse-
entamasse-
rentamasse-
blâmasse-
pâmasse-
semasse-
parsemasse-
sursemasse-
ressemasse-
blasphémasse-
crémasse-
écrémasse-
me décarêmasse-
rythmasse-
aimasse-
m'entr'aimasse-
essaimasse-
abîmasse-
écimasse-
décimasse-
dîmasse-
me rédimasse-
limasse-
sublimasse-
m'élimasse-
mimasse-
animasse-
ranimasse-
envenimasse-
rimasse-
brimasse-
escrimasse-
périmasse-
me grimasse-
dirimasse-
primasse-
déprimasse-
réprimasse-
imprimasse-
réimprimasse-
comprimasse-
opprimasse-
supprimasse-
exprimasse-
arrimasse-
trimasse-
victimasse-
légitimasse-
intimasse-
estimasse-
mésestimasse-
maximasse-
calmasse-
spalmasse-
enflammasse-
me renflammasse-
gommasse-
dégommasse-
hommasse
nommasse-
renommasse-
dénommasse-
surnommasse-
pommasse-
sommasse-
consommasse-
assommasse-
chômasse-
armasse-
me gendarmasse-
charmasse-
alarmasse-
désarmasse-
fermasse-
refermasse-
affermasse-
sous-affermasse-
enfermasse-
renfermasse-
germasse-
affirmasse-
infirmasse-
confirmasse-
formasse-
reformasse-
déformasse-
réformasse-
difformasse-
informasse-
conformasse-
chloroformasse-
transformasse-
gourmasse-
enthousiasmasse-
embaumasse-
chaumasse-
déchaumasse-
paumasse-
empaumasse-
écumasse-
fumasse-
enfumasse-
parfumasse-
humasse-
inhumasse-
enrhumasse-
désenrhumasse-
transhumasse-
exhumasse-
allumasse-
rallumasse-
plumasse-
déplumasse-
emplumasse-
me remplumasse-
embrumasse-
résumasse-
présumasse-
consumasse-
assumasse-
costumasse-
apostumasse-
accoutumasse-
réaccoutumasse-
me raccoutumasse-
désaccoutumasse-
Avec les mots en italique *voy.* ace, fasce et tous les *asse*, avec les autres *voy.* grâce et disgrâce

nasse

nasse
cabanasse-
haubanasse-
rubanasse-
chicanasse-
ricanasse-
cancanasse-
boucanasse-
fanasse-
effanasse-
profanasse-
ahanasse-
glanasse-
planasse-
aplanasse-
émanasse-
panasse-
trépanasse-
safranasse-
basanasse-
charlatanasse-
me pavanasse-
flânasse-
cadenasse-
affenasse-
halenasse-
menasse-
amenasse-
ramenasse-
remenasse-
me démenasse-
malmenasse-
emmenasse-
remmenasse-
promenasse-
surmenasse-
enchifrenasse-
grenasse-
égrenasse-
gangrenasse-
engrenasse-
désengrenasse-
assenasse-
ébénasse-
morigénasse-
oxygénasse-
désoxygénasse-
aliénasse-
abaliénasse-
carénasse-
crénasse-
rassérénasse-
refrénasse-
rengrénasse-
gênasse-
gagnasse-
regagnasse-
accompagnasse-
régnasse-
imprégnasse-
baignasse-
daignasse-
dédaignasse-
aplaignasse-
saignasse-
ressaignasse-
indignasse-
engeignasse-
peignasse-
enseignasse-
renseignasse-
teignasse
rechignasse-
alignasse-
clignasse-
enlignasse-
interlignasse-
forlignasse-
soulignasse-
éloignasse-
témoignasse-
empoignasse-
soignasse-
trépignasse-
signasse-
contresignasse-
désignasse-
résignasse-
consignasse-
assignasse-
réassignasse-
tignasse
égratignasse-
guignasse-
baraguignasse-
provignasse-
* cognasse-
recognasse-
rencognasse-
hognasse-
rognasse-
me refrognasse-
me renfrognasse-
grognasse-
ivrognasse-
besognasse-
épargnasse-
éborgnasse-
lorgnasse-
répugnasse-
dégainasse-
engainasse-
rengainasse-
chaînasse-
déchaînasse-
enchaînasse-
renchaînasse-
désenchaînasse-
lainasse-
drainasse-
égrainasse-
traînasse-
traînasse-
entraînasse-
rentraînasse-
binasse-
carabinasse-
rebinasse-
lambinasse-
combinasse-
bobinasse-
racinasse-
déracinasse-
enracinasse-
vaccinasse-
revaccinasse-
médecinasse-
vaticinasse-
calcinasse-
ratiocinasse-
fascinasse-
hallucinasse-
dînasse-
badinasse-
dandidasse-
me dodinasse-
rodinasse-
jardinasse-
peinasse-
chamfreinasse-
veinasse-
finasse-
affinasse-
raffinasse-
confinasse-
imaginasse-
paginasse-
marginasse-
ruginasse-
chinasse-
machinasse-
échinasse-
câlinasse-
pralinasse-
déclinasse-
inclinasse-
dodelinasse-
patelinasse-
zinzolinasse-
disciplinasse-
boulinasse-
moulinasse-
poulinasse-
minasse-
gaminasse-
laminasse-
contaminasse-
examinasse-
cheminasse-
acheminasse-

contre-minasse-
efféminasse-
disséminasse-
éliminasse-
récriminasse-
incriminasse-
culminasse-
fulminasse-
abominasse-
dominasse-
prédominasse-
terminasse-
déterminasse-
prédéterminasse-
exterminasse-
illuminasse-
enluminasse-
ruminasse-
bituminasse-
pinasse
rapinasse-
opinasse-
préopinasse-
chopinasse-
clopinasse-
turlupinasse-
enfarinasse-
marinasse-
amarinasse-
serinasse-
entérinasse-
chagrinasse-
endoctrinasse-
urinasse-
burinasse-
tambourinasse-
emmagasinasse-
lésinasse-
ensaisinasse-
voisinasse-
avoisinasse-
cuisinasse-
organsinasse-
bassinasse-
assassinasse-
dessinasse-
houssinasse-
ébousinasse-
cousinasse-
patinasse-
ratinasse-
gratinasse-
satinasse-
me ratatinasse-
piétinasse-
cabotinasse-
guillotinasse-
libertinasse-
m'obstinasse-
destinasse-
prédestinasse-
festinasse-
trottinasse-
butinasse-
lutinasse-
agglutinasse-
conglutinasse-
me mutinasse-
embéguinasse-
embabouinasse-
fouinasse-
baragouinasse-
taquinasse-
emmannequinasse-
acoquinasse-
maroquinasse-
damasquinasse-
bouquinasse-
ruinasse-
bruinasse-
vinasse-
avinasse-
ravinasse-
devinasse-
alevinasse-
damnasse-
dédamnasse-
condamnasse-
bannasse-
enrubannasse-
empannasse-
tannasse-
chouannasse-
rouannasse-
vannasse-
empennasse-
étrennasse-
moyennasse-
abonnasse-
charbonnasse-
braconnasse-
gasconnasse-
façonnasse-
maçonnasse-
estramaçonnasse-
caparaçonnasse-
rançonnasse-
étançonnasse-
poinçonnasse-
tronçonnasse-
étronçonnasse-
soupçonnasse-
désarçonnasse-
donnasse-
m'adonnasse-
espadonnasse-
redonnasse-
fredonnasse-
m'entre-donnasse-
amidonnasse-
abandonnasse-
brandonnasse-
bondonnasse-
débondonnasse-
échardonnasse-
lardonnasse-
pardonnasse-
guerdonnasse-
ordonnasse-
subordonnasse-
cordonnasse-
coordonnasse-
bourdonnasse-
drageonnasse-
badigeonnasse-
bourgeonnasse-
ébourgeonnasse-
plafonnasse-
chiffonnasse-
griffonnasse-
bouffonnasse-
parangonnasse-
fourgonnasse-
bougonnasse-
mâchonnasse-
bichonnasse-
folichonnasse-
cochonnasse-
torchonnasse-
bouchonnasse-
s'encapuchonnasse-
gabionnasse-
camionnasse-
pionnasse-
espionnasse-
occasionnasse-
approvisionnasse-
émulsionnasse-
pensionnasse-
passionnasse-
impressionnasse-
démissionnasse-
commissionnasse-
permissionnasse-
soumissionnasse-
fusionnasse-
illusionnasse-
désillusionnasse-
contusionnasse-
collationnasse-
rationnasse-
stationnasse-
actionnasse-
fractionnasse-
affectionnasse-
désaffectionnasse-
confectionnasse-
perfectionnasse-
collectionnasse-
sectionnasse-
frictionnasse-
sanctionnasse-
fonctionnasse-
me concrétionnasse-
ambitionnasse-
additionnasse-
conditionnasse-
munitionnasse-
amunitionnasse-
perquisitionnasse-
pétitionnasse-
mentionnasse-
subventionnasse-
émotionnasse-
proportionnasse-
disproportionnasse-
bastionnasse-
congestionnasse-
questionnasse-
cautionnasse-
me précautionnasse-
révolutionnasse-
mixtionnasse-
galonnasse-
jalonnasse-
talonnasse-
étalonnasse-
sablonnasse-
houblonnasse-
échelonnasse-
pilonnasse-
ballonnasse-
baîllonnasse-
graillonnasse-
tourbillonnasse-
réveillonnasse-
vermillonnasse-
papillonnasse-
carillonnasse-
sillonnasse-
nasillonnasse-
étrésillonnasse-
tâtillonnasse-
échantillonnasse-
aiguillonnasse-
bouillonnasse-
brouillonnasse-
égravillonnasse-
écouvillonnasse-
boulonnasse-
marmonnasse-
sermonnasse-
ânonnasse-
canonnasse-
déguignonnasse-
maquignonnasse-
rognonnasse-
caponnasse-
friponnasse-
lantiponnasse-
cramponnasse-
tamponnasse-
pomponnasse-
harponnasse-
maronnasse-
escadronnasse-
godronnasse-
goudronnasse-
quarderonnasse-
chaperonnasse-
déchaperonnasse-
enchaperonnasse-
éperonnasse-
environnasse-
marronnasse-
patronnasse-
plastronnasse-
couronnasse-
découronnasse-
sonnasse-
blasonnasse-
résonnasse-
liaisonnasse-
raisonnasse-
déraisonnasse-
assaisonnasse-
dessaisonnasse-
foisonnasse-
cloisonnasse-
empoisonnasse-
grisonnasse-
emprisonnasse-
désemprisonnasse-
tisonnasse-
chansonnasse-
polissonnasse-
moissonnasse-
empoissonnasse-
rempoissonnasse-
frissonnasse-
écussonnasse-
tonnasse-
bâtonnasse-
tâtonnasse-
gueuletonnasse-
étonnasse-
bétonnasse-
détonnasse-
mitonnasse-
capitonnasse-
cantonnasse-
chantonnasse-
* entonnasse-
me cotonnasse-
pelotonnasse-
cartonnasse-
festonnasse-
testonnasse-
boutonnasse-
reboutonnasse-
déboutonnasse-
moutonnasse-
savonnasse-
rayonnasse-
crayonnasse-
gazonnasse-
regazonnasse-
bonasse
téléphonasse-
ramonasse-
époumonasse-
dissonasse-
prônasse-
trônasse-
détrônasse-
m'incarnasse-
acharnasse-
écharnasse-
décharnasse-
marnasse-
[*M.*] *Parnasse*
bernasse-
hibernasse-
cernasse-
décernasse-
concernasse-
discernasse-
modernasse-
casernasse-
alternasse-
lanternasse-
internasse-
consternasse-
me prosternasse-
hivernasse-
balivernasse-
gouvernasse-
ornasse-
bornasse-
abornasse-
subornasse-
cornasse-
écornasse-
décornasse-
flagornasse-

défournasse-
enfournasse-
ajournasse-
réajournasse-
séjournasse-
tournasse-
atournasse-
retournasse-
détournasse-
chantournasse-
contournasse-
bistournasse-
aunasse-
saunasse-
jeûnasse-
déjeunasse-
alunasse-
falunasse-
importunasse-
Avec les mots en italique *voy.* ace, fasce et tous les *asse*; avec les autres *voy.* grâce et disgrâce

oasse

coasse-
croasse-
Voy. ace, fasce et tous les *asse*

passe

* *passe-*
décapasse-
enchapasse-
lapasse-
rapasse-
drapasse-
dérapasse-
étrapasse-
estrapasse-
attrapasse-
rattrapasse-
sapasse-
tapasse-
retapasse-
recepasse-
repasse-
contre-passe-
outrepasse-
outrepasse
passe-passe
dépasse-
trépasse-
crêpasse-
anticipasse-
participasse-
émancipasse-
excipasse-
chipasse-
pipasse-
ripasse-
fripasse-
étripasse-
dissipasse-
constipasse-
équipasse-
scalpasse-
palpasse-
inculpasse-
disculpasse-
pulpasse-
campasse-
décampasse-
lampasse-
rampasse-
étampasse-
estampasse-
trempasse-
retrempasse-
détrempasse-
impasse
grimpasse-
compasse-
pompasse-
trompasse-
détrompasse-
estompasse-
syncopasse-
me télescopasse-
galopasse-
éclopasse-
topasse-
happasse-
échappasse-
réchappasse-
jappasse-
clappasse-
frappasse-
refrappasse-
s'entre-frappasse-
égrappasse-
nippasse-
grippasse-
agrippasse-
choppasse-
achoppasse-
échoppasse-
développasse-
enveloppasse-
renveloppasse-
stoppasse-
houppasse-
escarpasse-
harpasse-
écharpasse-
extirpasse-
surpasse-
usurpasse-
jaspasse-
crispasse-
occupasse-
réoccupasse-
préoccupasse-
dupasse-
coupasse-
recoupasse-
entre-coupasse-
découpasse-
surcoupasse-
houpasse-
groupasse-
agroupasse-
attroupasse-
soupasse-
étoupasse-
stéréotypasse-
daguerréotypasse-
Avec les mots en italique ace, fasce et tous les *asse*; avec les autres *voy.* grâce et disgrâce

rasse

rasse
effarasse-
égarasse-
* *harasse-*
déclarasse-
parasse-
accaparasse-
déparasse-
réparasse-
préparasse-
séparasse-
m'emparasse-
me remparasse-
désemparasse-
comparasse-
* *brasse-*
me cabrasse-
délabrasse-
sabrasse-
célébrasse-
zébrasse-
calibrasse-
équilibrasse-
vibrasse-
ambrasse-
cambrasse-
chambrasse-
* *embrasse-*
démembrasse-
timbrasse-
ombrasse-
abombrasse-
décombrasse-
encombrasse-
désencombrasse-
nombrasse-
dénombrasse-
sombrasse-
marbrasse-
élucubrasse-
* *crasse-*
nacrasse-
sacrasse-
consacrasse-
massacrasse-
décrasse-
exécrasse-
ancrasse-
échancrasse-
désancrasse-
encrasse-
encrasse-
sucrasse-
cadrasse-
encadrasse-
calandrasse-
engendrasse-
cylindrasse-
effondrasse-
poudrasse-
dépoudrasse-
saupoudrasse-
* *paperasse-*
aérasse-
libérasse-
délibérasse-
obérasse-
réverbérasse-
exubérasse-
acérasse-
lacérasse-
délacérasse-
macérasse-
ulcérasse-
exulcérasse-
incarcérasse-
fédérasse-
confédérasse-
considérasse-
déconsidérasse-
pondérasse-
modérasse-
déférasse-
référasse-
préférasse-
différasse-
vociférasse-
légiférasse-
inférasse-
conférasse-
proférasse-
transférasse-
gérasse-
exagérasse-
suggérasse-
digérasse-
ingérasse-
jachérasse-
adhérasse-
aciérasse-
arriérasse-
accélérasse-
tolérasse-
agglomérasse-
conglomérasse-
énumérasse-
régénérasse-
vénérasse-
incinérasse-
exonérasse-
rémunérasse-
repérasse-
tempérasse-
obtempérasse-
opérasse-
coopérasse-
exaspérasse-
espérasse-
désespérasse-
prospérasse-
me recupérasse-
vitupérasse-
insérasse-
déblatérasse-
m'invétérasse-
réitérasse-
oblitérasse-
altérasse-
désaltérasse-
adultérasse-
avérasse-
révérasse-
persévérasse-
bafrasse-
balafrasse-
chiffrasse-
déchiffrasse-
empiffrasse-
coffrasse-
encoffrasse-
engouffrasse-
goinfrasse-
gaufrasse-
soufrasse-
ensouffrasse-
grasse
intégrasse-
réintégrasse-
vinaigrasse-
émigrasse-
immigrasse-
transmigrasse-
dénigrasse-
camphrasse-
airasse-
éclairasse-
flairasse-
cirasse-
adirasse-
déchirasse-
m'entre-déchirasse-
délirasse-
mirasse-
admirasse-
m'entr'admirasse-
foirasse-
moirasse-
empirasse-
aspirasse-
respirasse-
transpirasse-
inspirasse-
conspirasse-
soupirasse-
expirasse-
désirasse-
* *tirasse-*
tirasse-
retirasse-
contre-tirasse-
étirasse-
détirasse-
attirasse-
soutirasse-
* *cuirasse-*
m'encuirasse-
virasse-
chavirasse-
revirasse-
élaborasse-
collaborasse-
corroborasse-
arborasse-
décorasse-
picorasse-

édulcorasse-
dorasse-
adorasse-
redorasse-
dédorasse-
odorasse-
subodorasse-
surdorasse-
forasse-
perforasse-
améliorasse-
détériorasse-
majorasse-
déflorasse-
colorasse-
décolorasse-
déplorasse-
implorasse-
explorasse-
remémorasse-
commémorasse-
ignorasse-
honorasse-
déshonorasse-
évaporasse-
incorporasse-
réincorporasse-
désincorporasse-
pérorasse-
essorasse-
expectorasse-
dévorasse-
m'entre-dévorasse-
diaprasse-
épamprasse-
empourprasse-
barrasse-
billebarrasse-
débarrasse-
débarrasse-
embarrasse-
rembarrasse-
carrasse-
contre-carrasse-
bigarrasse-
amarrasse-
chamarrasse-
démarrasse-
narrasse-
errasse-
ferrasse-
referrasse-
déferrasse-
enferrasse-
épierrasse-
empierrasse-
serrasse-
enserrasse-
desserrasse-
resserrasse-
terrasse-
* *terrasse-*
contre-terrasse
déterrasse-
enterrasse-
atterrasse-
abhorrasse-
beurrasse-
leurrasse-

bourrasse-
débourrasse-
embourrasse-
rembourrasse-
fourrasse-
m'opiniâtrasse-
idolâtrasse-
folâtrasse-
plâtrasse-
replâtrasse-
métrasse-
kilométrasse-
pénétrasse-
dépétrasse-
impétrasse-
perpétrasse-
salpêtrasse-
empêtrasse-
guêtrasse-
enchevêtrasse-
arbitrasse-
récalcitrasse-
cloîtrasse-
chapitrasse-
titrasse-
vitrasse-
filtrasse-
m'infiltrasse-
entrasse-
concentrasse-
rentrasse-
éventrasse-
cintrasse-
décintrasse-
rencontrasse-
montrasse-
remontrasse-
démontrasse-
strasse
encastrasse-
cadastrasse-
orchestrasse-
séquestrasse-
bistrasse-
registrasse-
enregistrasse-
administrasse-
lustrasse-
délustrasse-
illustrasse-
frustrasse-
me vautrasse-
foutrasse-
calfeutrasse-
outrasse-
accoutrasse-
raccoutrasse-
saurasse-
restaurasse-
instaurasse-
curasse-
écurasse-
récurasse-
procurasse-
durasse-
endurasse-
fleurasse-
affleurasse-
effleurasse-

pleurasse-
demeurasse-
écœurasse-
figurasse-
défigurasse-
configurasse-
transfigurasse-
augurasse-
inaugurasse-
mâchurasse-
jurasse-
abjurasse-
adjurasse-
conjurasse-
me parjurasse-
murasse-
amurasse-
contre-murasse-
claquemurasse-
démurasse-
murmurasse-
labourasse-
gourasse-
m'énamourasse-
entourasse-
savourasse-
apurasse-
épurasse-
dépurasse-
suppurasse
mesurasse-
remesurasse-
censurasse-
tonsurasse-
assurasse-
rassurasse-
pressurasse-
courbaturasse-
caricaturasse-
dénaturasse-
pâturasse-
raturasse-
saturasse-
facturasse-
manufacturasse-
fracturasse-
conjecturasse-
voiturasse-
triturasse-
aventurasse-
peinturasse-
clôturasse-
capturasse-
torturasse-
bouturasse-
couturasse-
azurasse-
navrasse-
sevrasse-
enfiévrasse-
livrasse-
délivrasse-
enivrasse-
désenivrasse-
poivrasse-
cuivrasse-
manœuvrasse-
désœuvrasse-
ouvrasse-

recouvrasse-
Avec les mots en italique *voy.* ace, fasce, arhasse et tous les *asse*; avec les autres *voy.* grâce et disgrâce

sasse

* *sasse-*

Voy. ace, fasce et tous les *asse*

sasse

basasse-
casasse-
jasasse-
blasasse-
rasasse-
arasasse-
brasasse-
ébrasasse-
embrasasse-
écrasasse-
phrasasse-
paraphrasasse-
périphrasasse-
m'extravasasse-
évasasse-
transvasasse-
pesasse-
empesasse-
désempesasse-
soupesasse-
diésasse-
lésasse-
alésasse-
blésasse-
baisasse-
m'entre-baisasse-
biaisasse-
niaisasse-
déniaisasse-
falaisasse-
glaisasse-
anglaisasse-
apaisasse-
braisasse-
fraisasse-
graisasse-
mortaisasse-
emmortaisasse-
judaïsasse-
hébraïsasse-
prosaïsasse-
bisasse-
tabisasse-
grécisasse-
précisasse-
laïcisasse-
francisasse-
incisasse-
exorcisasse-
excisasse-
catéchisasse-

sympathisasse-
balisasse-
verbalisasse-
alcalisasse-
localisasse-
vocalisasse-
scandalisasse-
idéalisasse-
réalisasse-
égalisasse-
légalisasse-
spécialisasse-
matérialisasse-
immatérialisasse-
trivialisasse-
animalisasse-
me formalisasse-
canalisasse-
criminalisasse-
nationalisasse-
dénationalisasse-
me coalisasse-
fédéralisasse-
généralisasse-
minéralisasse-
moralisasse-
démoralisasse-
centralisasse-
décentralisasse-
neutralisasse-
pluralisasse-
naturalisasse-
dénaturalisasse-
nasalisasse-
universalisasse-
capitalisasse-
totalisasse-
brutalisasse
actualisasse-
spiritualisasse-
dévalisasse-
rivalisasse-
fleurdelisasse-
évangélisasse-
caramélisasse-
mobilisasse-
immobilisasse-
stérilisasse-
volatilisasse-
subtilisasse-
fertilisasse-
utilisasse-
civilisasse-
métallisasse-
cristallisasse-
tranquillisasse-
symbolisasse-
bémolisasse-
nolisasse-
alcoolisasse-
monopolisasse-
ridiculisasse-
macadamisasse-
tamisasse-
remisasse-
économisasse-
anatomisasse-
phlébotomisasse-
uniformisasse-

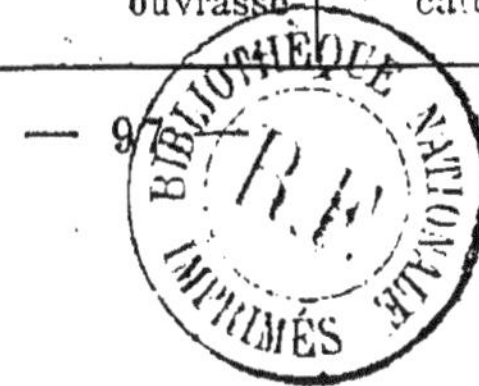

chloroformisasse-
anisasse-
mécanisasse-
républicanisasse-
vulcanisasse-
organisasse-
réorganisasse-
désorganisasse-
italianisasse-
christianisasse-
germanisasse-
humanisasse-
tympanisasse-
botanisasse-
galvanisasse-
féminisasse-
latinisasse-
crétinisasse-
divinisasse-
indemnisasse-
tyrannisasse-
solennisasse-
carbonisasse-
préconisasse-
adonisasse-
agonisasse-
colonisasse-
m'harmonisasse-
canonisasse-
impatronisasse-
intronisasse-
platonisasse-
modernisasse-
fraternisasse-
éternisasse-
subalternisasse-
boisasse-
reboisasse-
déboisasse-
framboisasse-
dégoisasse-
moisasse-
chamoisasse-
croisasse-
m'entre-croisasse-
décroisasse-
toisasse-
patoisasse-
pavoisasse-
apprivoisasse-
solidarisasse-
pindarisasse-
vulgarisasse-
me gargarisasse-
familiarisasse-
polarisasse-
sécularisasse-
particularisasse-
régularisasse-
me singularisasse-
popularisasse-
dépopularisasse-
militarisasse-
charivarisasse-
brisasse-
éthérisasse-
caractérisasse-
cautérisasse-
pulvérisasse-

frisasse-
refrisasse-
défrisasse-
grisasse-
égrisasse-
dégrisasse-
m'irisasse-
satirisasse-
herborisasse-
météorisasse-
allégorisasse-
vaporisasse-
temporisasse-
terrorisasse-
autorisasse-
favorisasse-
prisasse-
reprisasse-
déprisasse-
méprisasse-
cicatrisasse-
électrisasse-
symétrisasse-
maîtrisasse-
thésaurisasse-
monseigneurisasse-
caricaturisasse-
porphyrisasse-
martyrisasse-
médiatisasse-
dramatisasse-
anathématisasse-
systématisasse-
stigmatisasse-
dogmatisasse-
aromatisasse-
achromatisasse-
fanatisasse-
démocratisasse-
pactisasse-
prophétisasse-
synthétisasse-
émétisasse-
magnétisasse-
démonétisasse-
poétisasse-
dépoétisasse-
pédantisasse-
galantisasse-
cotisasse-
baptisasse-
rebaptisasse-
débaptisasse-
expertisasse-
courtisasse-
attisasse-
déguisasse-
aiguisasse-
menuisasse-
amenuisasse-
puisasse-
épuisasse-
visasse-
avisasse-
slavisasse-
me ravisasse-
devisasse-
revisasse-
divisasse-

subdivisasse-
improvisasse-

Voy. sasse précédé d'une voyelle, zasse, grâce et disgrâce

sasse

valsasse-
compulsasse-
expulsasse-
dansasse-
pansasse-
acensasse-
accensasse-
recensasse-
encensasse-
condensasse-
offensasse-
pensasse-
repensasse-
dépensasse-
compensasse-
récompensasse-
dispensasse-

Voy. sasse précédé d'une consonne, çasse ace, grâce et disgrâce

osasse

osasse-
dosasse-
métamorphosasse-
glosasse-
ankylosasse-
m'anastomosasse-
ecchymosasse-
posasse-
juxtaposasse-
reposasse-
entre-posasse-
déposasse-
préposasse-
imposasse-
composasse-
recomposasse-
décomposasse-
proposasse-
apposasse-
réapposasse-
opposasse-
supposasse-
présupposasse-
superposasse-
interposasse-
disposasse-
prédisposasse-
indisposasse-
transposasse-
exposasse-
nécrosasse-
couperosasse-

arrosasse-

Voy. sasse précédé d'une voyelle, zasse, grâce et disgrâce

sasse

éclipsasse-
hersasse-
dispersasse-
tersasse-
retersasse-
versasse-
traversasse-
retraversasse-
bouleversasse-
reversasse-
déversasse-
tergiversasse-
malversasse-
renversasse-
conversasse-
controversasse-
déboursasse-
embourssasse-
rembourssasse-
cassasse-
jacassasse-
fracassasse-
tracassasse-
recassasse-
fricassasse-
concassasse-
avocassasse-
chassasse-
rechassasse-
enchâssasse-
pourchassasse-
lassasse-
échalassasse-
classasse-
déclassasse-
matelassasse-
délassasse-
me prélassasse-
brouillassasse-
massasse-
amassasse-
damassasse-
ramassasse-
cadenassasse-
traînassasse-
finassasse-
coassasse-
croassasse-
passasse-
estrapassasse-
repassasse-
contre-passasse-
outrepassasse-
dépassasse-
trépassasse-
compassasse-
surpassasse-
harassasse-
brassasse-
embrassasse-

crassasse-
décrassasse-
encrassasse-
paperassasse-
tirassasse-
cuirassasse-
m'encuirassasse-
débarrassasse-
embarrassasse-
terrassasse-
sassasse-
ressassasse-
tassasse-
rapetassasse-
entassasse-
crevassasse-
rêvassasse-
cessasse-
fessasse-
confessasse-
professasse-
blessasse-
ressasse-
caressasse-
paressasse-
dressasse-
adressasse-
redressasse-
intéressasse-
désintéressasse-
progressasse-
transgressasse-
pressasse-
m'empressasse-
oppressasse-
tressasse-
vessasse-
baissasse-
abaissasse-
rabaissasse-
rebaissasse-
décaissasse-
encaissasse-
rencaissasse-
affaissasse-
laissasse-
délaissasse-
graissasse-
dégraissasse-
engraissasse-
rengraissasse-
bissasse-
mégissasse-
hissasse-
lissasse-
palissasse-
dépalissasse-
éclissasse-
glissasse-
treillissasse-
plissasse-
replissasse-
déplissasse-
vernissasse-
poissasse-
empoissasse-
froissasse-
pissasse-
tapissasse-

épissasse-
lambrissasse-
crissasse-
me hérissasse-
tissasse-
pâtissasse-
ratissasse-
apetissasse-
rapetissasse-
détissasse-
écuissasse-
esquissasse-
vissasse-
dévissasse-
embossasse-
cossasse-
écossasse-
adossasse-
endossasse-
rossasse-
brossasse-
crossasse-
désossasse-
faussasse-
me défaussasse-
me gaussasse-
haussasse-
chaussasse-
rechaussasse-
déchaussasse-
enchaussasse-
rehaussasse-
surhaussasse-
exhaussasse-
me mussasse-
éclaboussasse-
houssasse-
gloussasse-
moussasse-
émoussasse-
trémoussasse-
poussasse-
repoussasse-
m'entre-poussasse-
rebroussasse-
troussasse-
retroussasse-
détroussasse-
toussasse-

Voy. sasse précédé d'une consonne, çasse, ace, grâce et disgrâce

sasse

usasse-
causasse-
pausasse-
abusasse-
désabusasse-
arquebusasse-
accusasse-
m'entr'accusasse-
récusasse-
excusasse-
gracieusasse-
creusasse-
recreusasse-
gueusasse-
fusasse-
refusasse-
infusasse-
transfusasse-
musasse-
amusasse-
jalousasse-
blousasse-
épousasse-
ventousasse-
rusasse-
décrusasse-
mésusasse-
dépaysasse-
analysasse-
paralysasse-

Voy. sasse précédé d'une voyelle, zasse, ace grâce et disgrâce

tasse

* *Tasse-*
bâtasse-
débâtasse-
embâtasse-
datasse-
antidatasse-
mandatasse-
postdatasse-
caffatasse-
gâtasse-
hâtasse-
éclatasse-
pelatasse-
relatasse-
dilatasse-
translatasse-
matasse-
mâtasse-
casematasse-
démâtasse-
acclimatasse-
déclimatasse-
colmatasse-
épatasse-
empâtasse-
appâtasse-
ratasse-
ératasse-
dératasse-
piratasse-
tâtasse-
retâtasse-
constatasse-
ouatasse-
cravatasse-
réfractasse-
détractasse-
rétractasse-
contractasse-
affectasse-
infectasse-
désinfectasse-
objectasse-
injectasse-
délectasse-
humectasse-
respectasse-
inspectasse-
suspectasse-
dictasse-
édictasse-
gobetasse-
rapiécetasse-
vergetasse-
achetasse-
cachetasse-
recachetasse-
décachetasse-
rachetasse-
tachetasse-
pochetasse-
crochetasse-
mouchetasse-
démouchetasse-
jetasse-
rejetasse-
me déjetasse-
projetasse-
interjetasse-
forjetasse-
surjetasse-
haletasse-
valetasse-
soufflletasse-
filetasse-
cailletasse-
feuilletasse-
refeuilletasse-
colletasse-
décolletasse-
voletasse-
guillemetasse-
rapetasse-
trompetasse-
furetasse-
époussetasse-
muguetasse-
caquetasse-
claquetasse-
paquetasse-
dépaquetasse-
empaquetasse-
craquetasse-
becquetasse-
ou béquetasse-
déchiquetasse-
cliquetasse-
encliquetasse-
briquetasse-
étiquetasse-
banquetasse-
coquetasse-
marquetasse-
parquetasse-
savetasse-
brevetasse-
louvetasse-
hébétasse-
végétasse-
piétasse-
empiétasse-
inquiétasse-
reflétasse-
complétasse-
décomplétasse-
admonétasse-
pétasse-
répétasse-
compétasse-
appétasse-
barétasse-
secrétasse-
décrétasse-
concrétasse-
frétasse-
affrétasse-
interprétasse-
mésinterprétasse-
tétasse-
embêtasse-
fêtasse-
tempêtasse-
écrêtasse-
prêtasse-
apprêtasse-
arrêtasse-
étêtasse-
entêtasse-
quêtasse-
acquêtasse-
requêtasse-
m'enquêtasse-
doigtasse-
affaitasse-
enfaîtasse-
renfaîtasse-
souhaitasse-
allaitasse-
traitasse-
retraitasse-
maltraitasse-
sous-traitasse-
habitasse-
cohabitasse-
débitasse-
citasse-
récitasse-
licitasse-
félicitasse-
sollicitasse-
incitasse-
suscitasse-
ressuscitasse-
excitasse-
surexcitasse-
éditasse-
rééditasse-
méditasse-
préméditasse-
créditasse-
accréditasse-
décréditasse-
discréditasse-
commanditasse-
profitasse-
gîtasse-
agitasse-
ingurgitasse-
alitasse-
périclitasse-
délitasse-
habilitasse-
réhabilitasse-
débilitasse-
facilitasse-
militasse-
imitasse-
limitasse-
délimitasse-
boitasse-
déboîtasse-
emboîtasse-
remboîtasse-
exploitasse-
miroitasse-
convoitasse-
décapitasse-
dépitasse-
crépitasse-
décrépitasse-
précipitasse-
palpitasse-
abritasse-
héritasse-
cohéritasse-
déshéritasse-
méritasse-
déméritasse-
effritasse-
irritasse-
hésitasse-
visitasse-
m'entre-visitasse-
transitasse-
nécessitasse-
m'anuitasse-
ébruitasse-
effruitasse-
gravitasse-
évitasse-
invitasse-
réinvitasse-
désinvitasse-
exaltasse-
veltasse-
récoltasse-
voltasse-
révoltasse-
auscultasse-
résultasse-
insultasse-
consultasse-
exultasse-
décantasse-
brocantasse-
fainéantasse-
enfantasse-
gantasse-
dégantasse-
hantasse-
chantasse-
rechantasse-
déchantasse-
enchantasse-
désenchantasse-
ensanglantasse-
brillantasse-
plantasse-
replantasse-

déplantasse-
implantasse-
supplantasse-
transplantasse-
diamantasse-
aimantasse-
plaisantasse-
vantasse-
savantasse
épouvantasse-
soixantasse-
* entasse-
entasse-
innocentasse-
édentasse-
accidentasse-
incidentasse-
endentasse-
régentasse-
diligentasse-
argentasse-
désargentasse-
fientasse-
orientasse-
désorientasse-
patientasse-
impatientasse-
violentasse-
médicamentasse-
me lamentasse-
réglementasse-
parlementasse-
ornementasse-
passementasse-
cémentasse-
agrémentasse-
fragmentasse-
augmentasse-
cimentasse-
enrégimentasse-
alimentasse-
complimentasse-
expérimentasse-
commentasse-
fomentasse-
fermentasse-
assermentasse-
tourmentasse-
argumentasse-
instrumentasse-
arpentasse-
charpentasse-
serpentasse-
rentasse-
apparentasse-
arrentasse-
m'absentasse-
présentasse-
représentasse-
tentasse-
patentasse-
intentasse-
contentasse-
mécontentasse-
sustentasse-
attentasse-
fréquentasse-
ventasse-
éventasse-

inventasse-
éreintasse-
teintasse-
m'accointasse-
ajointasse-
pointasse-
contre-pointasse-
épointasse-
appointasse-
désappointasse-
pintasse-
tintasse-
suintasse-
contasse-
racontasse-
montasse-
remontasse-
démontasse-
surmontasse-
pontasse-
affrontasse-
confrontasse-
empruntasse-
cabotasse-
jabotasse-
rabotasse-
sabotasse-
ribotasse-
barbotasse-
cotasse-
accotasse-
chicotasse-
délicotasse-
picotasse-
fricotasse-
tricotasse-
asticotasse-
suçotasse-
dotasse-
radotasse-
fagotasse-
dégotasse-
gigotasse-
ravigotasse-
argotasse-
gargotasse-
ergotasse-
cahotasse-
crachotasse-
chuchotasse-
agiotasse-
foliotasse-
riotasse-
mijotasse-
tremblotasse-
pelotasse-
amatelotasse-
sanglotasse-
glouglotasse-
* pilotasse-
démaillotasse-
emmaillotasse-
remmaillotasse-
papillotasse-
complotasse-
dorlotasse-
escamotasse-
notasse-
canotasse-

dénotasse-
clignotasse-
mignotasse-
grignotasse-
annotasse-
potasse
clapotasse-
tapotasse-
dépotasse-
chipotasse-
galipotasse-
tripotasse-
empotasse-
rempotasse-
rotasse-
numérotasse-
sirotasse-
chevrotasse-
baisotasse-
assotasse-
rassotasse-
pissotasse-
votasse-
pivotasse-
vivotasse-
buvotasse-
ôtasse-
captasse-
adaptasse-
acceptasse-
interceptasse-
exceptasse-
sculptasse-
exemptasse-
comptasse-
recomptasse-
décomptasse-
mécomptasse-
escomptasse-
domptasse-
optasse-
adoptasse-
écartasse-
encartasse-
essartasse-
concertasse-
déconcertasse-
désertasse-
dissertasse-
flirtasse-
escortasse-
confortasse-
déconfortasse-
réconfortasse-
exhortasse-
portasse-
déportasse-
reportasse-
colportasse-
emportasse-
remportasse-
importasse-
réimportasse-
comportasse-
apportasse-
rapportasse-
supportasse-
transportasse-
exportasse-

réexportasse-
avortasse-
heurtasse-
m'aheurtasse-
m'entre-heurtasse-
écourtasse-
toastasse-
contrastasse-
dévastasse-
estasse-
manifestasse
infestasse-
lestasse-
délestasse-
molestasse-
admonestasse-
pestasse-
empestasse-
restasse-
testasse-
détestasse-
contestasse-
protestasse-
attestasse-
zestasse-
dépistasse-
contristasse-
attristasse-
subsistasse-
me désistasse-
résistasse-
insistasse-
consistasse-
persistasse-
assistasse-
existasse-
préexistasse-
coexistasse-
accostasse-
postasse-
apostasse-
dépostasse-
repostasse-
tostasse-
tarabustasse-
flibustasse-
dégustasse-
ajustasse-
rajustasse-
désajustasse-
incrustasse-
m'enkystasse-
chattasse-
lattasse-
délattasse-
flattasse-
nattasse-
dénattasse-
barattasse-
grattasse-
regrattasse-
facettasse-
endettasse-
me rendettasse-
émiettasse-
rénettasse-
frettasse-
regrettasse-
guettasse-

fouettas
brouettas
pirouettas
quittas
acquittas
me racquittas
bottas
caillebottas
me rebottas
débottas
marcottas
ligottas
gringottas
calottas
décalottas
gobelottas
grelottas
flottas
ballottas
culottas
déculottas
émottas
marmottas
emmenottas
carottas
crottas
décrottas
frottas
garrottas
trottas
frisottas
chènevottas
buttas
me huttas
luttas
gouttas
égouttas
dégouttas
panneautas
biseautas
sautas
ressautas
tuyautas
butas
rebutas
débutas
culbutas
persécutas
exécutas
charcutas
percutas
répercutas
discutas
ameutas
queutas
réfutas
affûtas
chutas
verjutas
lutas
talutas
blutas
délutas
flûtas
permutas
minutas
aoûtas
boutas
aboutas

reboutasse-
contre-boutasse-
déboutasse-
coûtasse-
écoutasse-
doutasse-
redoutasse-
goûtasse-
regoûtasse-
dégoûtasse-
caoutchoutasse-
joutasse-
ajoutasse-
rajoutasse-
surajoutasse-
cloutasse-
veloutasse-
glougloutasse-
filoutasse-
cailloutasse-
broutasse-
écroûtasse-
encroûtasse-
déroutasse-
voûtasse-
envoûtasse-
députasse-
réputasse-
amputasse-
imputasse-
supputasse-
disputasse-
recrutasse-
scrutasse-
prétextasse-

Avec les mots en italique *voy.* ace, fasce et tous les *asse*; avec tous les autres *voy.* grâce et disgrâce

uasse

rétribuasse-
contribuasse-
distribuasse-
attribuasse-
écobuasse-
évacuasse-
graduasse-

Voy. éasse, uasse non précédé de g ou de q, grâce et disgrâce

guasse

baguasse-
daguasse-
blaguasse-
élaguasse-
chaguasse-
vaguasse-
extravaguasse-
divaguasse-
léguasse-
reléguasse-
déléguasse-
subdéléguasse-
préléguasse-
alléguasse-
endiguasse-
prodiguasse-
liguasse-
briguasse-
irriguasse-
intriguasse-
fatiguasse-
instiguasse-
naviguasse-
promulguasse-
divulguasse-
écanguasse-
haranguasse-
tanguasse-
ralinguasse-
étalinguasse-
seringuasse-
fringuasse-
bastinguasse-
distinguasse-
zinguasse-
dialoguasse-
cataloguasse-
épiloguasse-
homologuasse-
droguasse-
voguasse-
arguasse-
carguasse-
redarguasse-
larguasse-
alarguasse-
narguasse-
targuasse-
enverguasse-
morguasse-
subjuguasse-
conjuguasse-

Voy. gasse, grâce et disgrâce

uasse

huasse-
saluasse-
évaluasse-
abluasse-
fluasse-
refluasse-
affluasse-
influasse-
confluasse-
gluasse-
dégluasse-
engluasse-
diluasse-
polluasse-
évoluasse-
muasse-
remuasse-
commuasse-
transmuasse-
nuasse-
dénuasse-
atténuasse-
exténuasse-
diminuasse-
insinuasse-
continuasse-
discontinuasse-
éternuasse-
embouasse-
accouasse-
secouasse-
rocouasse-
douasse-
amadouasse-
bafouasse-
engouasse-
houasse-
échouasse-
déchouasse-
jouasse-
rejouasse-
déjouasse-
louasse-
clouasse-
reclouasse-
déclouasse-
enclouasse-
désenclouasse-
relouasse-
m'entrelouasse-
flouasse-
afflouasse-
renflouasse-
allouasse-
sous-louasse-
nouasse-
renouasse-
énouasse-
rouasse-
rabrouasse-
ébrouasse-
écrouasse-
frouasse-
enrouasse-
désenrouasse-
trouasse-
touasse-
tatouasse-
vouasse-
avouasse-
désavouasse-
dévouasse-
puasse-
conspuasse-

Voy. éasse, uasse non précédé de g ou de q, grâce et disgrâce

quasse

caquasse-
encaquasse-
claquasse-
flaquasse-
plaquasse-
m'estomaquasse-
baraquasse-
braquasse-
craquasse-
traquasse-
détraquasse-
taquasse-
attaquasse-
bivouaquasse-
vaquasse-
macquasse-
pacquasse-
abecquasse-
embecquasse-
abéquasse-
me rebéquasse-
déféquasse-
hypothéquasse-
réséquasse-
disséquasse-
alambiquasse-
abdiquasse-
revendiquasse-
indiquasse-
trafiquasse-
obliquasse-
répliquasse-
impliquasse-
compliquasse-
appliquasse-
expliquasse-
forniquasse-
communiquasse-
piquasse-
repiquasse-
dépiquasse-
prévariquasse-
fabriquasse-
étriquasse-
musiquasse-
métaphysiquasse-
tiquasse-
pratiquasse-
politiquasse-
critiquasse-
authentiquasse-
décortiquasse-
excortiquasse-
astiquasse-
mastiquasse-
domestiquasse-
sophistiquasse-
diagnostiquasse-
pronostiquasse-
encaustiquasse-
rustiquasse-
calquasse-
contrecalquasse-
décalquasse-
défalquasse-
inculquasse-
débanquasse-
flanquasse-
efflanquasse-
manquasse-
trinquasse-
me requinquasse-
tronquasse-
m'emberlucoquasse-
suffoquasse-
choquasse-
m'entrechoquasse-
bloquasse-
débloquasse-
effiloquasse-
colloquasse-
ploquasse-
interloquasse-
disloquasse-
me moquasse-
roquasse-
croquasse-
escroquasse-
défroquasse-
enfroquasse-
troquasse-
toquasse-
évoquasse-
révoquasse-
équivoquasse-
invoquasse-
convoquasse-
provoquasse-
arquasse-
débarquasse-
embarquasse-
rembarquasse-
désembarquasse-
marquasse-
remarquasse-
contremarquasse-
démarquasse-
parquasse-
déparquasse-
remorquasse-
détorquasse-
rétorquasse-
extorquasse-
bifurquasse-
masquasse-
démasquasse-
bisquasse-
confisquasse-
risquasse-
busquasse-
débusquasse-
embusquasse-
offusquasse-
musquasse-
brusquasse-
éduquasse-
reluquasse-
débouquasse-
embouquasse-

Voy. casse, kasse, grâce et disgrâce

uasse

ruasse-
décruasse-
obstruasse-
désobstruasse-
suasse-
ressuasse-
bossuasse-
tuasse-
infatuasse-
désinfatuasse-
statuasse-
effectuasse-
ponctuasse-

s'entre-tuasse-
perpétuasse-
habituasse-
réhabituasse-
déshabituasse-
situasse-
substituasse-
destituasse-
restituasse-
instituasse-
constituasse-
reconstituasse-
prostituasse-
accentuasse-
m'évertuasse-
tortuasse-

Voy. éasse, uasse non précédé de g ou de q, grâce et disgrâce

vasse

bavasse-
cavasse-
décavasse-
encavasse-
excavasse-
gavasse-
lavasse-
lavasse
emblavasse-
remblavasse-
enclavasse-
désenclavasse-
relavasse-
délavasse-
pavasse-
repavasse-
dépavasse-
bravasse-
gravasse-
aggravasse-
ingravasse-
dépravasse-
entravasse-
désentravasse-
achevasse-
parachevasse-
levasse-
relevasse-
élevasse-
prélevasse-
surélevasse-
enlevasse-
champlevasse-
soulevasse-
crevasse-
crevasse-
grevasse-
dégrevasse-
endêvasse-
rêvasse-
rêvasse-
récidivasse-
salivasse-
clivasse-
enjolivasse-
connivasse-
rivasse-
dérivasse-
privasse-
arrivasse-
mésarrivasse-
lessivasse-
activasse-
invectivasse-
cultivasse-
motivasse-
captivasse-
esquivasse-
suivasse-
avivasse-
ravivasse-
rénovasse-
innovasse-
nervasse-
énervasse-
observasse-
réservasse-
préservasse-
conservasse-
sauvasse-
cuvasse-
décuvasse-
encuvasse-
abreuvasse-
treuvasse-
couvasse-
louvasse-
mouvasse-
prouvasse-
reprouvasse-
éprouvasse-
réprouvasse-
improuvasse-
approuvasse-
désapprouvasse-
trouvasse-
retrouvasse-
controuvasse-
étuvasse-
interviewasse-

Avec les mots en italique *voy.* ace, fasce et tous les *asse*, avec les autres *voy.* grâce et disgrâce

xasse

malaxasse-
relaxasse-
taxasse-
surtaxasse-
annexasse-
vexasse-
fixasse-
luxasse-

Voy. çasse, sasse précédé d'une consonne, grâce et disgrâce

yasse

bayasse-
égayasse-
bégayasse-
layasse-
balayasse-
déblayasse-
remblayasse-
relayasse-
délayasse-
monnayasse-
payasse-
surpayasse-
rayasse-
brayasse-
frayasse-
défrayasse-
effrayasse-
enrayasse-
désenrayasse-
essayasse-
ressayasse-
étayasse-
cartayasse-
aiguayasse-
zézayasse-
grasseyasse-
langueyasse-
aboyasse-
giboyasse-
flamboyasse-
ondoyasse-
verdoyasse-
coudoyasse-
soudoyasse-
rudoyasse-
choyasse-
ployasse-
reployasse-
déployasse-
employasse-
remployasse-
larmoyasse-
atermoyasse-
noyasse-
bornoyasse-
tournoyasse-
broyasse-
foudroyasse-
poudroyasse-
charroyasse-
guerroyasse-
corroyasse-
octroyasse-
fossoyasse-
grossoyasse-
châtoyasse-
fêtoyasse-
apitoyasse-
jointoyasse-
rejointoyasse-
côtoyasse-
festoyasse-
nettoyasse-
tutoyasse-
dégravoyasse-
dévoyasse-
envoyasse-
renvoyasse-
convoyasse-
fourvoyasse-
louvoyasse-
ennuyasse-
désennuyasse-
appuyasse-
essuyasse-
ressuyasse-

Voy. iasse, grâce et disgrâce

zasse

gazasse-
m'enlizasse-
bronzasse-

Voy. sasse précédé d'une voyelle grâce et disgrâce

esse

esse
abbesse
* *cesse-*
princesse
[*G.*] *Edesse*
morbidesse
druidesse
grandesse
rudesse
déesse
* fesse-
* *confesse-*
* *professe-*
gesse
sagesse
sauvagesse
largesse
[*G.*] Hesse
richesse
duchesse
grande-duchesse
archi-duchesse
hardiesse
liesse
lesse
blesse-
diablesse
faiblesse
noblesse
vieillesse
gentillesse
mollesse
drôlesse
simplesse
souplesse
messe
grand'messe
promesse
kermesse
permesse
vanesse
ânesse
ivrognesse
borgnesse
aînesse
finesse
chanoinesse
larronnesse
patronnesse
diaconesse
jeunesse
* caresse-
dogaresse
* paresse-
dresse-
* adresse-
maladresse
redresse-
tendresse
demanderesse
défenderesse
venderesse
vengeresse
pêcheresse
sécheresse
bailleresse
devineresse
chasseresse
enchanteresse
forteresse
intéresse-
désintéresse-
allégresse
négresse
tigresse
ogresse
progresse-
transgresse-
mairesse
pairesse
* *presse-*
s'empresse-
compresse
oppresse-
expresse
* tresse-
détresse
prêtresse
maîtresse
contre-maîtresse
sous-maîtresse
traîtresse
ivresse
pauvresse
bassesse
Suissesse
grossesse
délicatesse
indélicatesse
scélératesse
prophétesse
poétesse
politesse
impolitesse
étroitesse
petitesse
vitesse
altesse
comtesse
vicomtesse
hôtesse
prestesse
tristesse
justesse
hautesse
prouesse

* vesse-
bonzesse
baisse-
abaisse-
bouillabaisse
rabaisse-
rebaisse-
caisse
décaisse-
* encaisse-
rencaisse-
affaisse-
* laisse-
délaisse-
sot-l'y-laisse
naisse-
renaisse-
connaisse-
reconnaisse-
méconnaisse-
paisse-
repaisse-
épaisse
forpaisse-
paraisse-
reparaisse-
comparaisse-
apparaisse-
disparaisse-
* graisse-
dégraisse-
engraisse-
rengraisse-

Voy. èce plus acquiesce, vesce, est-ce et S.

isse

bisse-
fourbisse-
subisse-
étrécisse-
rétrécisse-
chancisse-
rancisse-
amincisse-
circoncisse-
farcisse-
* Narcisse
éclaircisse-
noircisse-
renoircisse-
enforcisse-
obscurcisse-
durcisse-
endurcisse-
rendurcisse-
accourcisse-
raccourcisse-
abscisse
saucisse
doucisse-
adoucisse-
radoucisse-
disse-
affadisse-
redisse-
contredisse-
dédisse-
tiédisse-
attiédisse-
médisse-
prédisse-
enlaidisse-
désenlaidisse-
raidisse-
déraidisse-
roidisse-
déroidisse-
froidisse-
refroidisse-
candisse-
épandisse-
répandisse-
brandisse-
grandisse-
agrandisse-
ragrandisse-
descendisse-
redescendisse-
condescendisse-
fendisse-
refendisse-
défendisse-
pourfendisse-
resplendisse-
pendisse-
rependisse-
dépendisse-
appendisse-
suspendisse-
rendisse-
tendisse-
retendisse-
étendisse-
détendisse-
prétendisse-
entendisse-
sous-entendisse-
distendisse-
sous-tendisse-
vendisse-
revendisse-
mévendisse-
survendisse-
bondisse-
rebondisse-
fondisse-
refondisse-
confondisse-
approfondisse-
parfondisse-
morfondisse-
pondisse-
répondisse-
s'entre-répondisse-
arrondisse-
tondisse-
retondisse-
enhardisse-
agaillardisse-
ragaillardisse-
abâtardisse-
perdisse-
reperdisse-
interdisse-
verdisse-
reverdisse-
mordisse-
remordisse-
démordisse-
tordisse-
retordisse-
distordisse-
ourdisse-
dégourdisse-
engourdisse-
alourdisse-
abalourdisse-
abasourdisse-
assourdisse-
étourdisse-
rebaudisse-
s'ébaudisse-
se gaudisse-
applaudisse-
maudisse-
obéisse-
désobéisse-
fisse-
refisse-
contrefisse-
défisse-
redéfisse-
méfisse-
bouffisse-
suffisse-
malfisse-
confisse-
déconfisse-
parfisse-
surfisse-
satisfisse-
agisse
réagisse-
assagisse-
vagisse-
allégisse-
mégisse-
régisse-
élargisse-
rélargisse-
surgisse-
mugisse-
rougisse-
dérougisse-
hisse-
s'ébahisse-
trahisse-
envahisse-
s'avachisse-
fléchisse-
réfléchisse-
infléchisse-
fraîchisse-
rafraîchisse-
défraîchisse-
enrichisse-
blanchisse-
reblanchisse-
franchisse-
affranchisse-
gauchisse-
dégauchisse-
* lisse-
* palisse-
dépalisse-
salisse-
établisse-
préétablisse-
rétablisse-
faiblisse-
affaiblisse-
anoblisse-
ennoblisse-
ameublisse-
clisse
* éclisse-
pelisse
ensevelisse-
désensevelisse-
mélisse
glisse-
réglisse
avilisse-
ravilisse-
embellisse-
jaillisse-
rejaillisse-
saillisse-
assaillisse-
tressaillisse-
vieillisse-
envieillisse-
treillisse-
cueillisse-
accueillisse-
recueillisse-
enorgueillisse-
bouillisse-
rebouillisse-
mollisse-
amollisse-
ramollisse-
abolisse-
raffolisse-
démolisse-
polisse-
repolisse-
dépolisse-
plisse-
replisse-
déplisse-
emplisse-
remplisse-
désemplisse-
accomplisse-
assouplisse-
coulisse
misse-
admisse-
réadmisse-
remisse-
s'entre-misse-
émisse-
démisse-
gémisse-
blémisse-
frémisse-
prémisse
commisse-
promisse-
compromisse-
vomisse-
revomisse-
affermisse-
raffermisse
permisse-
dormisse-
redormisse-
endormisse-
rendormisse-
renformisse-
transmisse-
soumisse-
aplanisse-
bénisse-
rebénisse-
génisse
plaignisse-
craignisse-
contraignisse-
ceignisse-
enceignisse-
feignisse-
geignisse-
peignisse-
repeignisse-
dépeignisse-
enfreignisse-
épreignisse-
empreignisse-
étreignisse-
astreignisse-
restreignisse-
teignisse-
reteignisse-
éteignisse-
déteignisse-
atteignisse-
ratteignisse-
aveignisse-
oignisse-
joignisse-
adjoignisse-
rejoignisse-
déjoignisse-
enjoignisse-
conjoignisse-
disjoignisse-
poignisse-
asssainisse-
finisse-
définisse-
préfinisse-
bannisse-
hennisse-
abonnisse-
rabonnisse-
honnisse-
agonisse-
pythonisse
garnisse-
regarnisse-
dégarnisse-
ternisse-
* vernisse-
racornisse-
fournisse-
parfournisse-
unisse-
* jaunisse-
rajeunisse-
réunisse-

munisse-
démunisse-
prémunisse-
punisse-
brunisse-
rembrunisse-
désunisse-
angoisse
poisse-
empoisse-
paroisse
croisse-
accroisse-
recroisse-
décroisse-
froisse-
* pisse-
me clapisse-
glapisse-
(me) * tapisse-
épisse-
crépisse-
recrépisse-
décrépisse-
échampisse-
réchampisse-
rompisse-
interrompisse-
corrompisse-
déguerpisse-
croupisse-
s'accroupisse-
assoupisse-
risse-
sarisse
tarisse-
lambrisse-
assombrisse-
crisse-
Jocrisse
drisse
attendrisse-
amoindrisse-
ramoindrisse-
me hérisse-
chérisse-
enchérisse-
renchérisse-
surenchérisse-
périsse-
dépérisse-
guérisse-
offrisse-
mésoffrisse-
souffrisse-
aigrisse-
maigrisse-
amaigrisse-
ramaigrisse-
démaigrisse-
emmaigrisse-
rabougrisse-
endolorisse-
prisse-
reprisse-
entreprisse-
déprisse-
me méprisse-
m'éprisse-

comprisse-
apprisse-
rapprisse-
désapprisse-
surprisse-
équarrisse-
terrisse-
atterrisse-
aguerrisse-
nourrisse-
pourrisse-
flétrisse-
pétrisse-
meurtrisse-
fleurisse-
refleurisse-
défleurisse-
ahurisse-
mûrisse-
sourisse-
surisse-
appauvrisse-
ouvrisse-
couvrisse-
recouvrisse-
découvrisse-
rouvrisse-
entr'ouvrisse-
saisisse-
me dessaisisse-
ressaisisse-
choisisse-
moisisse-
cuisisse-
recuisisse-
traduisisse-
déduisisse-
réduisisse-
séduisisse-
enduisisse-
renduisisse-
induisisse-
conduisisse-
reconduisisse-
éconduisisse-
produisisse-
reproduisisse-
introduisisse-
nuisisse-
m'entre-nuisisse-
détruisisse-
s'entre-détruisisse-
instruisisse-
construisisse-
reconstruisisse-
transisse-
sursisse-
assisse-
rassisse-
épaississe-
grossisse-
dégrossisse-
réussisse-
roussisse-
cousisse-
recousisse-
décousisse-
tisse-
* bâtisse-

rebâtisse-
débâtisse-
embâtisse-
catisse-
décatisse-
aplatisse-
amatisse-
* patisse-
compatisse-
ratisse-
apetisse-
rapetisse-
détisse-
assujétisse-
métisse
abêtisse-
rabêtisse-
vêtisse-
revêtisse-
me dévêtisse-
ramoitisse-
anéantisse-
nantisse-
me dénantisse-
garantisse-
appesantisse-
empuantisse-
ralentisse-
mentisse-
démentisse-
me repentisse-
sentisse-
consentisse-
assentisse-
ressentisse-
pressentisse-
retentisse-
rapointisse-
appointisse-
tontisse
cotisse-
lotisse-
rôtisse-
partisse-
repartisse-
départisse-
répartisse-
sertisse-
dessertisse-
avertisse-
s'entr'avertisse-
subvertisse-
divertisse-
invertisse-
convertisse-
pervertisse-
intervertisse-
amortisse-
* sortisse-
assortisse-
rassortisse-
désassortisse-
* ressortisse-
travestisse-
investisse-
désinvestisse-
battisse-
abattisse-
rabattisse-

rebattisse-
m'entre-battisse-
débattisse-
m'ébattisse-
combattisse-
assujettisse-
blettisse-
me blottisse-
boutisse
raboutisse-
emboutisse-
engloutisse-
abrutisse-
débrutisse-
cuisse
écuisse-
bleuisse-
fuisse-
m'enfuisse-
languisse-
alanguisse-
fouisse-
enfouisse-
serfouisse-
jouisse-
réjouisse-
éblouisse-
épanouisse-
s'évanouisse-
rouisse-
brouisse-
écrouisse-
puisse-
naquisse-
renaquisse-
acquisse-
requisse-
m'enquisse-
vainquisse-
convainquisse-
conquisse-
reconquisse-
* esquisse-
* Suisse
* visse-
revisse-
écrevisse
entrevisse-
dévisse-
prévisse-
écrivisse-
décrivisse-
récrivisse-
prescrivisse-
transcrivisse-
retranscrivisse-
inscrivisse-
circonscrivisse-
proscrivisse-
souscrivisse-
suivisse-
(s')entre-suivisse-
poursuivisse-
clovisse
servisse-
asservisse-
desservisse-
resservisse-
chauvisse-

Voy. ice, ysse plus immisce et bombyce

insse

tinsse-
obtinsse-
retinsse-
entretinsse-
détinsse-
maintinsse-
continsse-
appartinsse-
m'abstinsse-
soutinsse-
vinsse-
mésavinsse-
subvinsse-
advinsse-
mésadvinsse-
devinsse-
redevinsse-
revinsse-
contrevinsse-
prévinsse-
convinsse-
circonvinsse-
disconvinsse-
provinsse-
parvinsse-
intervinsse-
survinsse-
se souvinsse-
se ressouvinsse-
Voy. ince

osse

bosse
Carabosse
ronde-bosse
embosse-
* cosse-
* Ecosse-
adosse-
* *endosse-*
fosse
basse-fosse
cul de basse-fosse
gosse
Saragosse
losse
cynoglosse
hypoglosse
colosse
molosse
* rosse-
jarosse
* brosse-
* crosse-
porte-crosse
grosse
carrosse
désosse-

Avec les mots en italique *voy.* auce et aussé ; avec les autres *voy.* oce

ausse
* fausse-
me défausse-
me gausse-
* hausse-
* chausse-
haut-de-chausse
rechausse-
déchausse-
enchausse-
rehausse-
surhausse-
exhausse-

Voy. auce et osse en italique

usse
busse-
rebusse-
m'embusse-
vécusse-
revécusse-
survécusse-
reçusse-
déçusse-
conçusse-
préconçusse-
perçusse-
aperçusse-
dusse-
redusse-
eusse-
fusse-
échusse-
déchusse-
lusse-
valusse-
revalusse-
prévalusse-
équivalusse-
inclusse-
conclusse-
exclusse-
relusse-
élusse-
réélusse-
résolusse-
plusse-
déplusse-
complusse-
moulusse-
remoulusse-
émoulusse-
rémoulusse-
voulusse-
mûsse-
me musse-
émusse-
aumusse
connusse-
reconnusse-
méconnusse-
secousse
escousse
rescousse
gousse
gargousse
* *housse-*
glousse-
* *mousse-*
pamplemousse
* *émousse-*
me trémousse-
frimousse
* *pousse-*
repousse-
m'entre-pousse-
rousse
jarousse
* *brousse*
rebrousse-
* *trousse-*
retrousse-
détrousse-
tousse-
pusse-
Russe
parusse-
reparusse-
comparusse-
apparusse-
disparusse-
* crusse-
accrusse-
recrusse-
décrusse-
mécrusse-
Prusse
courusse-
accourusse-
recourusse-
secourusse-
m'entre-secourusse-
encourusse-
concourusse-
parcourusse-
discourusse-
mourusse-
susse-
tusse-
pourvusse-

Avec les mots en italique *voy.* ouce; avec les autres uce

ysse
bysse
Ulysse

Voy. ice, isse, aussi immisce et bombyce

use
use-
* *cause-*
ayant-cause
clause
* *pause-*
buse
abuse-
désabuse-
* arquebuse-
porte-arquebuse
cambuse
accuse-
m'entr'accuse-
récuse-
* excuse-
* Méduse

Avec les mots en italique *voy.* ose; avec les autres *voy.* de fuse à contuse non en italique

euse
gibbeuse
bulbeuse
gobeuse
herbeuse
verbeuse
bourbeuse
tourbeuse
daubeuse
glaceuse
placeuse
siliceuse
chanceuse
recommenceuse
noceuse
farceuse
berceuse
gambadeuse
plaideuse
hideuse
dévideuse
marchandeuse
demandeuse
quémandeuse
vendeuse
revendeuse
pondeuse
grondeuse
tondeuse
brodeuse
cardeuse
gardeuse
hasardeuse
clabaudeuse
fraudeuse
ravaudeuse
boudeuse
caséeuse
nauséeuse
coiffeuse
marécageuse
gageuse
nageuse
rageuse
ombrageuse
orageuse
outrageuse
courageuse
avantageuse
désavantageuse
nuageuse
voyageuse
liégeuse
neigeuse
vendangeuse
fangeuse
mangeuse
frangeuse
louangeuse
songeuse
logeuse
margeuse
pataugeuse
grugeuse
cracheuse
rabâcheuse
fâcheuse
gâcheuse
mâcheuse
lécheuse
pécheuse
dénicheuse
pleurnicheuse
tricheuse
grincheuse
bambocheuse
effilocheuse
rocheuse
brocheuse
marcheuse
chercheuse
percheuse
débaucheuse
faucheuse
pelucheuse
éplucheuse
coucheuse
accoucheuse
loucheuse
catarrheuse
scabieuse
audacieuse
fallacieuse
spacieuse
* gracieuse-
malgracieuse
disgracieuse
spécieuse
précieuse
judicieuse
officieuse
inofficieuse
artificieuse
malicieuse
délicieuse
pernicieuse
avaricieuse
capricieuse
vicieuse
licencieuse
consciencieuse
silencieuse
sentencieuse
révérencieuse
irrévérencieuse
soucieuse
insoucieuse
astucieuse
radieuse
insidieuse
fastidieuse
dispendieuse
odieuse
mélodieuse
miséricordieuse
studieuse
contagieuse
prodigieuse
religieuse
antireligieuse
irréligieuse
litigieuse
prestigieuse
spongieuse
élogieuse
oublieuse
bilieuse
plieuse
sanieuse
ingénieuse
sélénieuse
ignominieuse
calomnieuse
cérémonieuse
parcimonieuse
acrimonieuse
harmonieuse
pécunieuse
pieuse
copieuse
roupieuse
rieuse
marieuse
parieuse
crieuse
impérieuse
sérieuse
mystérieuse
laborieuse
glorieuse
victorieuse
trieuse
industrieuse
curieuse
furieuse
injurieuse
luxurieuse
chassieuse
factieuse
facétieuse
ambitieuse
séditieuse
superstitieuse
prétentieuse
contentieuse
dévotieuse
captieuse
minutieuse
obséquieuse
envieuse
pluvieuse
anxieuse
polkeuse
cabaleuse
scandaleuse
galeuse
saleuse
avaleuse
sableuse
hâbleuse
cribleuse
trembleuse

assembleuse
doubleuse
sarcleuse
receleuse
ficeleuse
ensorceleuse
grumeleuse
bateleuse
râteleuse
gratteleuse
cauteleuse
graveleuse
siffleuse
souffleuse
renifleuse
écornifleuse
ronfleuse
angleuse
fileuse
argileuse
épileuse
frileuse
huileuse
calleuse
mielleuse
vielleuse
lamelleuse
moelleuse
querelleuse
bâilleuse
écailleuse
rocailleuse
intrigailleuse
piailleuse
criailleuse
pailleuse
empailleuse
rempailleuse
railleuse
brailleuse
mitrailleuse
tailleuse
batailleuse
disputailleuse
gouailleuse
travailleuse
habilleuse
sourcilleuse
orgueilleuse
veilleuse
merveilleuse
grappilleuse
gaspilleuse
roupilleuse
périlleuse
casilleuse
nasilleuse
vétilleuse
pointilleuse
croustilleuse
gribouilleuse
bredouilleuse
houilleuse
pouilleuse
rouilleuse
chatouilleuse
coquilleuse
bulleuse
médulleuse
racoleuse
batifoleuse
varioleuse
cajoleuse
pétroleuse
voleuse
enjôleuse
contrôleuse
parleuse
fabuleuse
nébuleuse
globuleuse
tubuleuse
miraculeuse
siliculeuse
pelliculeuse
vésiculeuse
méticuleuse
calculeuse
tuberculeuse
vasculeuse
flosculeuse
musculeuse
glanduleuse
onduleuse
frauduleuse
scrofuleuse
antiscrofuleuse
anguleuse
celluleuse
granuleuse
virgouleuse
rouleuse
crapuleuse
populeuse
scrupuleuse
brûleuse
fistuleuse
pustuleuse
Meuse
fameuse
rameuse
squameuse
semeuse
crémeuse
mimeuse
venimeuse
gommeuse
charmeuse
* dormeuse
endormeuse
écumeuse
fumeuse
parfumeuse
spumeuse
brumeuse
strumeuse
chicaneuse
ricaneuse
faneuse
glaneuse
membraneuse
flâneuse
promeneuse
gangreneuse
preneuse
entrepreneuse
vénéneuse
cagneuse
aplagneuse
montagneuse
baigneuse
dédaigneuse
aplaigneuse
saigneuse
peigneuse
teigneuse
ligneuse
soigneuse
barguigneuse
* rogneuse
grogneuse
besogneuse
hargneuse
lorgneuse
haineuse
laineuse
bobineuse
farcineuse
dîneuse
libidineuse
tendineuse
jardineuse
veineuse
oléagineuse
mucilagineuse
cartilagineuse
porrigineuse
prurigineuse
vertigineuse
angineuse
albugineuse
lanugineuse
érugineuse
ferrugineuse
patelineuse
lamineuse
vermineuse
antivermineuse
albumineuse
légumineuse
lumineuse
alumineuse
enlumineuse
volumineuse
cérumineuse
bitumineuse
épineuse
farineuse
urineuse
lésineuse
résineuse
gélatineuse
matineuse
patineuse
glutineuse
baragouineuse
ruineuse
vineuse
devineuse
couenneuse
charbonneuse
floconneuse
rançonneuse
soupçonneuse
donneuse
confectionneuse
collectionneuse
questionneuse
sablonneuse
graillonneuse
sermonneuse
goudronneuse
raisonneuse
empoisonneuse
tisonneuse
moissonneuse
poissonneuse
buissonneuse
bâtonneuse
cotonneuse
moutonneuse
savonneuse
crayonneuse
gazonneuse
flegmoneuse
limoneuse
prôneuse
marneuse
caverneuse
suborneuse
flagorneuse
jeûneuse
attrapeuse
adipeuse
chipeuse
pulpeuse
pompeuse
trompeuse
frappeuse
découpeuse
loupeuse
sirupeuse
polypeuse
sacchareuse
accapareuse
tartareuse
vareuse
scabreuse
ténébreuse
fibreuse
ombreuse
nombreuse
marbreuse
* creuse-
macreuse
recreuse-
chancreuse
ocreuse
malandreuse
filandreuse
cendreuse
poudreuse
doucereuse
dangereuse
subéreuse
tubéreuse
ulcéreuse
cancéreuse
poussiéreuse
généreuse
onéreuse
séreuse
véreuse
cadavéreuse
bâfreuse
affreuse
glaireuse
foireuse
désireuse
tireuse
doreuse
nidoreuse
ichoreuse
hypophosphoreuse
chloreuse
poreuse
vaporeuse
soporeuse
liquoreuse
preuse
lépreuse
pierreuse
terreuse
squirreuse
plâtreuse
salpêtreuse
nitreuse
goitreuse
vitreuse
malencontreuse
montreuse
dartreuse
antidartreuse
* chartreuse
Grande-Chartreuse
désastreuse
écureuse
procureuse
froidureuse
heureuse
malheureuse
bienheureuse
chaleureuse
valeureuse
pleureuse
peureuse
sulfureuse
coureuse
discoureuse
rigoureuse
vigoureuse
langoureuse
douloureuse
amoureuse
savoureuse
plantureuse
aventureuse
sevreuse
fiévreuse
cuivreuse
ouvreuse
butyreuse
jaseuse
paraphraseuse
vaseuse
emposeuse
faiseuse
biaiseuse
glaiseuse
diseuse
rediseuse
confiseuse
liseuse
moraliseuse
dévaliseuse

oiseuse
boiseuse
ardoiseuse
charivariseuse
priseuse
repriseuse
thésauriseuse
aiguiseuse
valseuse
danseuse
gloseuse
gypseuse
chasseuse
amasseuse
finasseuse
repasseuse
brasseuse
embrasseuse
crasseuse
fesseuse
paresseuse
tresseuse
vesseuse
abaisseuse
connaisseuse
graisseuse
ourdisseuse
blanchisseuse
ensevelisseuse
polisseuse
remplisseuse
brunisseuse
poisseuse
pisseuse
surenchérisseuse
rôtisseuse
avertisseuse
abrutisseuse
osseuse
écosseuse
interosseuse
gausseuse
mousseuse
tousseuse
causeuse
couseuse
gâteuse
érésipélateuse
œdémateuse
exanthémateuse
comateuse
sarcomateuse
parenchymateuse
pâteuse
tâteuse
acheteuse
souffreteuse
caqueteuse
duveteuse
acéteuse
péteuse
prêteuse
quêteuse
aphteuse
laiteuse
antilaiteuse
débiteuse
solliciteuse
haliteuse

calamiteuse
marmiteuse
vaniteuse
séléniteuse
boiteuse
convoiteuse
piteuse
capiteuse
maupiteuse
pyriteuse
nécessiteuse
pituiteuse
brocanteuse
chanteuse
argenteuse
menteuse
médicamenteuse
ligamenteuse
cémenteuse
récrémenteuse
excrémenteuse
condimenteuse
alimenteuse
complimenteuse
tomenteuse
sarmenteuse
tourmenteuse
arpenteuse
venteuse
quinteuse
conteuse
raconteuse
honteuse
affronteuse
emprunteuse
jaboteuse
raboteuse
riboteuse
fricoteuse
tricoteuse
radoteuse
ergoteuse
chuchoteuse
rioteuse
clapoteuse
azoteuse
porteuse
rapporteuse
schisteuse
kysteuse
batteuse
flatteuse
entremetteuse
prometteuse
disetteuse
fouetteuse
hotteuse
marmotteuse
carotteuse
goutteuse
antigoutteuse
sauteuse
juteuse
flûteuse
coûteuse
écouteuse
douteuse
cailllouteuse
* gueuse-

blagueuse
brigueuse
fougueuse
rugueuse
remueuse
sinueuse
éternueuse
boueuse
amadoueuse
joueuse
loueuse
noueuse
rabroueuse
aqueuse
caqueuse
encaqueuse
laqueuse
craqueuse
siliqueuse
belliqueuse
piqueuse
variqueuse
tiqueuse
talqueuse
moqueuse
escroqueuse
troqueuse
remorqueuse
extorqueuse
visqueuse
muqueuse
verruqueuse
rueuse
monstrueuse
flatueuse
anfractueuse
défectueuse
affectueuse
respectueuse
irrespectueuse
délictueuse
onctueuse
fluctueuse
fructueuse
infructueuse
tempétueuse
impétueuse
spiritueuse
difficultueuse
tumultueuse
torrentueuse
montueuse
somptueuse
présomptueuse
voluptueuse
vertueuse
tortueuse
fastueuse
incestueuse
majestueuse
flexueuse
luxueuse
yeuse
bayeuse
balayeuse
payeuse
crayeuse
rentrayeuse
mareyeuse

giboyeuse
joyeuse
larmoyeuse
soyeuse
ennuyeuse
baveuse
laveuse
receveuse
rêveuse
nerveuse
morveuse
buveuse
couveuse
gazeuse
quartzeuse
aussi Greuze

use

fuse-
refuse-
diffuse
* infuse-
confuse
transfuse-
recluse
écluse
percluse
Vaucluse
* muse-
amuse-
camuse
cornemuse
hypoténuse
bouse
arbouse
Mulhouse
andalouse
* *jalouse-*
* *blouse-*
pelouse
Toulouse
talmouse
* *épouse-*
La Pérouse
* *ventouse-*
* ruse-
décruse-
céruse
contre-ruse
intruse
abstruse
mésuse-
obtuse
contuse

Voy. de use à Méduse non en italique; avec les ouse *voy.* ouze

yse

payse
dépayse-
apophyse
symphyse
* analyse-
paralyse-

électrolyse

Voy. ise et s'enlize

te

te

ate

embate-
stéréobate
stylobate
acrobate
hyperbate
[*M.*] Hécate
délicate
indélicate
silicate
* date-
[*H.*] Mithridate
* antidate-
mandate-
* postdate-
béate
calfate-
sulfate
hyposulfate
agate
renégate
vulgate
régate
frégate
phosphate
pyrophosphate
médiate
immédiate
intermédiate
séléniate
arséniate
muriate
prussiate
Spartiate
galate
oxalate
éclate-
relate-
frelate-
dilate-
Pilate
plate
omoplate
écarlate
translate
* mate-
* casemate-
stigmate
acclimate-
déclimate-
dalmate
colmate-
aromate
chromate
bichromate
tomate
automate
numismate
fidénate
auvergnate
fulminate
carbonate

bicarbonate
hydrocarbonate
sous-carbonate
sonate
incarnate
aunate
croate
benzoate
épate-
rate
saccharate
disparate
picrate
théocrate
démocrate
Hippocrate
Socrate
Isocrate
aristocrate
autocrate
bureaucrate
Polycrate
hydrate
sulfhydrate
chlorhydrate
érate-
dérate-
scélérate
ingrate
Euphrate
* pirate-
borate
chlorate
hydrochlorate
perchlorate
citrate
nitrate
tartrate
Pisistrate
Erostrate
urate
patate
lactate
acétate
cantate
azotate
constate-
* ouate-
adéquate
* cravate-
savate

Voy. athe et atte

âte

bâte-
débâte-
embâte-
gâte-
* hâte-
mâte-
démâte-
pâte
gâte-pâte
empâte-
appâte-
tâte-
retâte-

acte

acte
pacte
épacte
compacte
cataracte
réfracte-
détracte-
rétracte-
entr'acte
* contracte-
exacte
inexacte

ecte

affecte-
* infecte-
désinfecte-
abjecte
objecte-
injecte-
dialecte
délecte-
collecte
humecte-
respecte-
inspecte-
circonspecte
* suspecte-
directe
indirecte
correcte
incorrecte
secte
insecte
gallinsecte
architecte

icte

dicte-
édicte-
vindicte
stricte

incte

succincte
distincte
indistincte

octe

docte

ucte

oviducte

eucte

Polyeucte

ète

gypaète
diabète
malebète
ascète
musagète
exégète
indigète
achète-
rachète-
crochète-
prophète
épithète
thesmothète
agonothète
diète
quiète
inquiète
blète
athlète
filète-
décollète-
replète
complète
incomplète
comète
orcanète
planète
porphyrogénète
proxénète
saynète
poète
centripète
Crète
secrète
discrète
indiscrète
concrète
anachorète
massorète
époussète-
Philoctète
claquète-
becquète-
ou béquète-
étiquète-
brevète-
olivète

Voy. ette

ête

bête
malebête
hébête-
embête-
* fête-
trouble-fête
obsolète
honnête
malhonnête
déshonnête
* tempête-
arête
crête
écrête-
* prête-
apprête-
arrête-
tête
tête-à-tête
étête-
coupe-tête
serre-tête
casse-tête
tue-tête
entête-
en tête
* quête-
acquête-
* requête-
[m'] * enquête-
contre-enquête
conquête
vête-
revête-
se dévête-

Voy. aite

aphte

aphte
naphte

ophte

cophte

aite

faite-
refaite-
entrefaite
contrefaite-
* défaite-
redéfaite-
méfaite-
stupéfaite
malfaite-
parfaite-
imparfaite
surfaite-
satisfaite-
souhaite-
laite
allaite-
* traite-
* retraite-
maltraite-
rentraite-
fortraite
portraite-
abstraite-
distraite-
soustraite-
sous-traite-
extraite-
faîte
enfaîte-
renfaîte-
sous-faîte

Voy. ête

ite

caraïte
habite-
cohabite-
barnabite
débite-
phlébite
cénobite
orbite
cucurbite
subite
cite-
anthracite
ostracite
tacite
récite-
* licite-
félicite-
illicite
sollicite-
implicite
incite-
ascite
plébiscite
suscite-
ressuscite-
alucite
excite-
surexcite-
dite-
* redite-
contredite-
édite-
dédite-
réédite-
(1) * médite-
prémédite-
inédite
crédite-
accrédite-
décrédite-
discrédite-
prédite-
smaragdite
* commandite-
[M.] Aphrodite
hermaphrodite
cardite
péricardite
endocardite
interdite-
susdite
* maudite-
érudite
pyrénéite
graffite
soffite
sulfite
confite-
déconfite-
profite-
* gîte-
agite-
aréopagite
phalangite
méningite
spongite
pharyngite
laryngite
pharyngo-laryngite
ingurgite-
malachite
melchite
conchite
bronchite
graphite
ophite
phosphite
alite-
amygdalite
encéphalite
causalite
périclite-
hétéroclite
élite
israélite
délite-
monothélite

1. De médire et de méditer

carmélite
vélite
pyélite
habilite-
réhabilite-
débilite-
facilite-
milite-
volatilite
satellite
faillite
cosmopolite
insolite
hoplite
lazulite
stylite
mite
calamite
dynamite
chattemite
stalagmite
imite-
* limite-
délimite-
palmite
dolomite
ermite
termite
hiéronymite
tympanite
bénite-
rebénite-
sélénite
solénite
splénite
phléghyménite-
arsénite
lignite
turbinite
mélinite
rétinite
bélemnite
sunnite
gabaonite
ammonite
maronite
péritonite
* *boite-*
coite
exploite-
moite
droite
adroite
maladroite
miroite-
étroite
convoite-
boîte
déboîte-
emboîte-
remboîte-
* *Benoîte*
pite
décapite-
dépite-
pépite
crépite-
* décrépite-
précipite-
palpite-
rite
Zanzibarite
sybarite
abrite-
écrite-
décrite-
récrite-
hypocrite
proscrite-
transcrite-
retranscrite-
sanscrite
inscrite-
circonscrite-
proscrite-
souscrite-
archimandrite
dendrite
* Marguerite
reine-marguerite
hérite-
cohérite-
déshérite-
* mérite-
émérite
* démérite-
nérite
entérite
guérite
frite
lèchefrite
effrite-
néphrite
arthrite
spirite
quirite
stercorite
chlorite
hypochlorite
sorite
favorite
irrite-
amphitrite
nitrite
contrite
gastrite
pyrite
site
parasite
hésite-
* visite-
s'entre-visite-
transite-
composite
opposite
marcassite
nécessite-
glossite
réussite
non-réussite
hussite
stéatite
hématite
clématite
hépatite
stalactite
petite
aétite
azotite
cystite
* cuite-
recuite-
traduite-
déduite-
réduite-
séduite-
enduite-
renduite-
induite-
conduite-
* reconduite-
éconduite-
inconduite
produite-
reproduite-
introduite-
fuite
refuite
s'anuite-
ébruite-
effruite-
truite
détruite-
(s')entre-détruite-
instruite-
construite-
reconstruite-
suite
jésuite
ensuite
poursuite
gratuite
pituite
fortuite
vite
gravite-
évite-
lévite
* invite-
réinvite-
désinvite-
Moscovite

Voy. ithe, ythe, yte et itte, et avec les mots en italique coitte

alte

halte
asphalte
malte
basalte
exalte-

elte

[*H.*] Celte
pelte
* velte-
svelte

olte

* récolte-
* volte-
virevolte
* révolte-
archivolte

ulte

culte
occulte
inculte
ausculte-
adulte
tumulte
soulte
catapulte
résulte-
* insulte-
* consulte-
jurisconsulte
sénatus-consulte
exulte-
aussi sculpte-

omte

comte
vicomte

Voy. onte et ompte

ante

flambante
tombante
probante
absorbante
Corybante
vacante
peccante
décante-
sécante
cosécante
mordicante
alicante
communicante
capricante
vésicante
urticante
convaincante
brocante-
provocante
perçante
agaçante
glaçante
remplaçante
grimaçante
menaçante
traçante
commençante
commerçante
Dante
dégradante
cédante
rétrocédante
excédante
pédante
plaidante
résidante
outrecuidante
andante
commandante
ascendante
descendante
redescendante
condescendante
transcendante
pendante
rependante
dépendante
indépendante
appendante
suspendante
rendante
tendante
prétendante
intendante
surintendante
contendante
sous-tendante
abondante
surabondante
fécondante
redondante
fondante
correspondante
grondante
contondante
accommodante
incommodante
corrodante
regardante
concordante
discordante
mordante
engageante
enrageante
outrageante
décourageante
encourageante
copartageante
obligeante
désobligeante
affligeante
dirigeante
intransigeante
voltigeante
exigeante
changeante
mangeante
arrangeante
plongeante
regorgeante
béante
géante
* fainéante-
séante
malséante
bienséante
messéante
ébouriffante
échauffante
bouffante
étouffante
enfante-
infante
gante-
adragante
extravagante
dégante-
élégante
inélégante
intrigante
fatigante
litigante
fringante
arrogante

hante-
chante-
relâchante
tachante
attachante
Bacchante
rechante-
déchante-
alléchante
méchante
desséchante
tranchante
enchante-
penchante
désenchante-
approchante
chevauchante
trébuchante
touchante
sycophante
hiérophante
ambiante
insouciante
adiante
médiante
mendiante
étudiante
rubéfiante
défiante
méfiante
stupéfiante
raréfiante
putréfiante
édifiante
amplifiante
signifiante
insignifiante
pétrifiante
purifiante
sanctifiante
fructifiante
fortifiante
mortifiante
justifiante
vivifiante
confiante
liante
conciliante
humiliante
pliante
suppliante
amiante
communiante
riante
contrariante
variante
criante
souriante
luxuriante
asphyxiante
jante
galante
régalante
nonchalante
exhalante
accablante
tremblante
ressemblante
meublante

chancelante
étincelante
ruisselante
pantelante
renouvelante
sifflante
ronflante
sanglante
ensanglante-
aveuglante
ailante
sibilante
jubilante
filante
vigilante
désopilante
ballante
appellante
défaillante
saillante
détaillante
vaillante
vacillante
malveillante
bienveillante
surveillante
sémillante
* brillante-
pétillante
frétillante
scintillante
croustillante
sautillante
feuillante
bouillante
collante
branlante
mirobolante
guignolante
désolante
isolante
consolante
volante
* plante-
replante-
déplante-
implante-
supplante-
transplante-
parlante
hurlante
atlante
ambulante
ondulante
stimulante
coulante
foulante
roulante
croulante
stipulante
brûlante
pétulante
postulante
mante
amante
diffamante
infamante
diamante-
réclamante

* aimante-
dirimante
réprimante
calmante
assommante
charmante
alarmante
fermante
dormante
endormante
écumante
fumante
consumante
gênante
prenante
entreprenante
surprenante
tenante
contenante
appartenante
attenante
avenante
revenante
contrevenante
prévenante
inconvenante
provenante
intervenante
survenante
gagnante
stagnante
régnante
plaignante
saignante
geignante
enseignante
joignante
poignante
répugnante
lancinante
déclinante
culminante
fulminante
dominante
prédominante
sous-dominante
déterminante
prédéterminante
ruminante
rossinante
agglutinante
conglutinante
traînante
entraînante
tannante
donnante
tourbillonnante
bouillonnante
guignonnante
environnante
sonnante
résonnante
grisonnante
malsonnante
frissonnante
tonnante
étonnante
bretonnante
boutonnante

rayonnante
gazonnante
nonante
consonante
assonante
dissonante
détonante
hibernante
gouvernante
sous-gouvernante
tournante
participante
pimpante
grimpante
galopante
frappante
enveloppante
occupante
coupante
garante
hilarante
amarante
comparante
quarante
ténébrante
vibrante
ombrante
encombrante
consacrante
massacrante
délibérante
exhubérante
protubérante
prépondérante
déférante
odoriférante
gérante
belligérante
réfrigérante
tolérante
intolérante
tempérante
intempérante
desespérante
altérante
désaltérante
requérante
conquérante
persévérante
souffrante
flagrante
intégrante
émigrante
immigrante
dénigrante
déchirante
délirante
amirante
aspirante
conspirante
expirante
attirante
corroborante
odorante
perforante
détériorante
colorante
ignorante
déshonorante

essorante
expectorante
dévorante
errante
pénétrante
impétrante
récalcitrante
filtrante
restaurante
comburante
endurante
figurante
fulgurante
murmurante
courante
mourante
rassurante
navrante
enivrante
ouvrante
écrasante
pesante
judaïsante
malfaisante
bienfaisante
satisfaisante
* plaisante-
déplaisante
malplaisante
complaisante
contredisante
médisante
maldisante
bien-disante
suffisante
insuffisante
gisante
démoralisante
élisante
fertilisante
tranquillisante
agonisante
méprisante
électrisante
cuisante
séduisante
luisante
reluisante
dansante
offensante
pensante
déposante
imposante
composante
opposante
prédisposante
exposante
versante
bouleversante
cassante
lassante
croassante
passante
embarrassante
cessante
incessante
blessante
caressante
Bressante

intéressante
pressante
naissante
renaissante
reconnaissante
méconnaissante
adoucissante
resplendissante
bondissante
blondissante
assourdissante
étourdissante
obéissante
désobéissante
agissante
vagissante
mugissante
rugissante
envahissante
réfléchissante
rafraîchissante
pâlissante
salissante
faiblissante
affaiblissante
avilissante
jaillissante
rejaillissante
vieillissante
amollissante
ramollissante
gémissante
frémissante
jaunissante
croissante
glapissante
croupissante
assoupissante
attendrissante
florissante
nourrissante
flétrissante
fleurissante
saisissante
pâtissante
compatissante
assujétissante
apétissante
retentissante
divertissante
assortissante
ressortissante
aboutissante
abrutissante
languissante
jouissante
réjouissante
éblouissante
puissante
toute-puissante
impuissante
bruissante
gravissante
asservissante
repoussante
causante
gueusante
amusante
tante
éclatante
dilatante
contractante
infectante
désinfectante
humectante
expectante
octante
grand'tante
haletante
inquiétante
habitante
débitante
exhorbitante
récitante
fébricitante
incitante
excitante
profitante
débilitante
militante
concomitante
miroitante
crépitante
palpitante
méritante
irritante
hésitante
nécessitante
gravitante
révoltante
résultante
insultante
impatientante
tourmentante
repentante
consentante
tentante
éreintante
montante
tremblotante
clignotante
chevrotante
pivotante
septante
concertante
confortante
portante
importante
sortante
contrastante
restante
contestante
protestante
distante
équidistante
attristante
résistante
consistante
inconsistante
persistante
assistante
existante
préexistante
coexistante
instante
constante
inconstante
battante
dilettante
compromettante
grelottante
flottante
dégouttante
rebutante
persécutante
percutante
ragoutante
dégoutante
évacuante
concluante
gluante
remuante
atténuante
insinuante
puante
aliquante
piquante
pratiquante
flanquante
manquante
vainquante
convainquante
cinquante
délinquante
choquante
croquante
marquante
tonitruante
obstruante
désobstruante
suante
tuante
fluctuante
constituante
vante-
aggravante
dépravante
savante
décevante
suivante
ensuivante
vivante
survivante
résolvante
dissolvante
servante
desservante
adjuvante
mouvante
émouvante
* épouvante-
vexante
* soixante-
égayante
payante
effrayante
distrayante
attrayante
aboyante
flamboyante
ondoyante
verdoyante
larmoyante
tournoyante
* croyante
mécroyante
foudroyante
guerroyante
chatoyante
voyante
prévoyante
imprévoyante
clairvoyante
fuyante
ennuyante
bruyante
* ente-
jacente
adjacente
sous-jacente
pubécente
rubécente
décente
indécente
récente
Vincente
* innocente-
acescente
marcescente
descente
incandescente
turgescente
alcalescente
convalescente
adolescente
tumescente
intumescente
arborescente
phosphorescente
efflorescente
latescente
frutescente
déliquescente
effervescente
déhiscente
indéhiscente
intercadente
édente-
précédente
antécédente
accidente-
* incidente-
coïncidente
confidente
présidente
dissidente
évidente
endente-
ardente
pudente
prudente
imprudente
fente
gente
* régente-
indigente
négligente
* diligente-
intelligente
inintelligente
indulgente
émulgente
tangente
contangente
sous-tangente
réfringente
astringente
restringente
constringente
contingente
argente-
désargente-
émergente
détergente
abstergente
convergente
urgente
efficiente
presciente
consciente
inconsciente
* fiente-
cliente
émolliente
farniente
oriente-
désoriente-
* patiente-
* impatiente-
lente
équivalente
pestilente
excellente
équipollente
dolente
indolente
* violente-
sanguinolente
somnolente
insolente
turbulente
succulente
féculente
truculente
opulente
corpulente
pulvérulente
virulente
purulente
mente-
médicamente-
se lamente-
réglemente-
parlemente-
ornemente-
passemente-
cémente-
véhémente
clémente
inclémente
agrémente-
fragmente-
augmente-
cimente-
enrégimente-
alimente-
complimente-
expérimente-
commente-
fomente-
fermente-
assermente-
* tourmente-
argumente-
instrumente-

permanente
éminente
préhéminente
prohéminente
suréminente
imminente
continente
incontinente
pertinente
impertinente
abstinente
pente
arpente-
* charpente-
* serpente-
soupente
* rente-
Charente
parente
* apparente-
transparente
afférente
différente
indifférente
interférente
adhérente
inhérente
cohérente
incohérente
irrévérente
arrente-
concurrente
intercurrente
occurrente
trente
sente
(s') * absente-
* présente-
représente-
* tente-
latente
* patente-
détente
compétente
incompétente
pénitente
impénitente
rénitente
entente
sous-entente
intente-
* contente-
* mécontente-
malcontente
impotente
sustente-
* attente-
rémittente
intermittente
affluente
effluente
influente
* fréquente-
subséquente
conséquente
inconséquente
éloquente
congruente
* vente-
revente
évente-
mévente
connivente
invente-
fervente
sirvente
survente

Voy. anthe, plus exempte

inte

* plainte-
complainte
mainte
* crainte-
* contrainte-
sainte
sacro-sainte
ceinte-
préceinte
* enceinte-
* feinte-
peinte-
repeinte-
dépeinte-
éreinte-
* épreinte-
* empreinte-
* étreinte-
astreinte-
restreinte-
* teinte-
reteinte-
éteinte-
déteinte-
demi-teinte
* atteinte-
ratteinte
aveinte
ointe-
s'accointe-
jointe-
ajointe-
adjointe-
rejointe-
déjointe-
enjointe-
conjointe-
disjointe-
* pointe-
tire-pointe
* contre-pointe-
courtepointe
épointe-
trépointe
appointe-
désappointe-
* pinte-
tinte-
quinte
coloquinte
suinte-

Voy. inthe

onte

conte-
raconte-
mastodonte
fonte
refonte
archonte
honte
* monte-
* remonte-
démonte-
surmonte-
* ponte-
* Géronte
affronte-
confronte-
tonte
junte

Voy. omte et ompte

unte

défunte
emprunte-

ote

cabote-
jabote-
nabote
rabote-
sabote-
* ribote-
barbote-
* cote-
accote-
chicote-
délicote-
picote-
fricote-
tricote-
asticote-
suçote-
dote-
radote-
anecdote
antidote
Hérodote
emphythéote
cagote
fagote-
ragote
dégote-
bigote
gigote-
* ravigote-
redingote
ostrogote
argote-
* gargote-
ergote-
cahote-
crachote-
chuchote-
idiote
candiote
agiote-
galiote
foliote-
riote-
patriote
compatriote
cheviote
mijote-
falote
échalote
tremblote-
camelote
* pelote-
matelote
amatelote-
sanglote-
gouglote-
ilote
* pilote-
démaillote-
emmaillote-
remmaillote-
* papillote-
complote-
parlote
dorlote-
escamote-
bergamote
* note-
canote-
garde-note
huguenote
croque-note
dénote-
clignote-
mignote-
grignote-
bank-note
gymnote
annote-
pote
capote
clapote-
tapote-
dépote-
chipote-
galipote-
tripote-
empote-
rempote-
compote
despote
* rote-
fiérote
numérote-
épirote
sirote-
prote
chevrote-
créosote
baisote-
assote-
rassote-
pissote-
litote
Hottentote
asymptote
[*H.*] Aristote
aliquote
* vote-
dévote
indévote
pivote-
vivote-
velvote
buvote
azote

Voy. otte

ôte

ôte
* côte
garde-côte
entre-côte
Pentecôte
hôte
maltôte

Voy. aute

apte

apte
capte
adapte
inapte

epte

accepte
précepte
intercepte
excepte
adepte
inepte

ulpte

sculpte

Voy. ulte

empt

* exempt

Voy. anthe, et ante

ompt

* compt
acompt
recompt
* décompt
(se) * mécompt
* escompt
domp
prompt

Voy. omte et onte

opt

op
copt
sarcop
adop

upt

abrup

ypt

Egyp
eucalyp
cryp

art

car
écar
pancar
encar
char

marte
parte-
Bonaparte-
reparte-
départe-
réparte-
Sparte
essarte-
tarte
quarte

Voy. arthe

erte

[*M.*] Laërte
Gilberte
Roberte
concerte-
déconcerte-
offerte-
soufferte-
fierte
alerte
inerte
perte
experte
* déserte-
diserte
desserte
disserte-
verte
ouverte-
couverte-
recouverte-
* découverte-
rouverte
entr'ouverte
Bizerte
aussi Berthe

irte

flirte-

Voy. eurte aussi Meurthe

orte

aorte
accorte
* escorte-
forte
(1) *forte*
main-forte
conforte-
déconforte-
réconforte-
eau-forte
cohorte
exhorte-
* morte-
feuille-morte
mainmorte
* porte-
reporte-
contre-porte
déporte-
colporte-
emporte-

1. Prononcer forté

remporte-
* importe-
réimporte-
comporte-
cloporte
apporte-
rapporte-
supporte-
transporte-
exporte-
réexporte-
* sorte-
ressorte
torte
retorte
avorte-

eurte

heurte-
s'aheurte-
s'entre-heurte-
aussi Meurthe
et flirte-

ourte

courte
écourte-
tourte

yrte

agyrte
myrte
[*G.*] Syrte
[*M.*] Absyrte

aste

baste
caste
[*M.*] Jocaste
faste
néfaste
haste
chaste
héliaste
scoliaste
piaste
enthousiaste
laste
iconoclaste
méloplaste
gymnaste
dynaste
(1) *toaste*
céraste
paraphraste
* contraste-
vaste
dévaste-

este

este-
asbeste
ceste
[M.] Alceste
inceste
* Modeste
immodeste
* manifeste-

1. Prononcez et *voy.* oste

infeste-
geste
almageste
digeste
indigeste
sieste
* leste-
céleste
déleste-
moleste-
admoneste-
funeste
* peste-
anapeste
malepeste
empeste-
* reste-
agreste
preste
bupreste
palimpseste
teste-
déteste-
* conteste-
proteste-
atteste-
veste
soubreveste
* zeste-

iste

mozaïste
clubiste
ciste
publiciste
atticiste
exorciste
orthopédiste
encyclopédiste
propagandiste
bollandiste
méthodiste
mélodiste
modiste
parodiste
rapsodiste
feudiste
talmudiste
sudiste
déiste
théiste
panthéiste
monothéiste
polythéiste
turfiste
bandagiste
gagiste
engagiste
étalagiste
apanagiste
paysagiste
esclavagiste
légiste
trismégiste
stratégiste
échangiste
libre-échangiste
orangiste
logiste
généalogiste
minéralogiste
élogiste
néologiste
psychologiste
pathologiste
ornithologiste
mythologiste
biologiste
conchyliologiste
physiologiste
ichtyologiste
pomologiste
entomologiste
étymologiste
phrénologiste
iconologiste
chronologiste
zoologiste
apologiste
anthropologiste
météorologiste
métrologiste
ontologiste
paléontologiste
aubergiste
métallurgiste
liturgiste
catéchiste
fétichiste
anarchiste
monarchiste
schiste
micaschiste
boudhiste
télégraphiste
épigraphiste
sophiste
philosophiste
gymnosophiste
anthropomorphiste
allopathiste
liste
baliste
cabaliste
idéaliste
réaliste
spécialiste
socialiste
impérialiste
matérialiste
formaliste
cardinaliste
criminaliste
nominaliste
annaliste
nationaliste
internationaliste
rationaliste
journaliste
fédéraliste
moraliste
buraliste
naturaliste
succursaliste
fataliste
capitaliste
orientaliste
dualiste
individualiste
sensualiste
ritualiste
spiritualiste
royaliste
ultra-royaliste
cycliste
bicycliste
évangéliste
pantagruéliste
machiavéliste
infaillibiliste
automobiliste
nihiliste
libelliste
violoncelliste
aquarelliste
duelliste
nouvelliste
médailliste
évantailliste
vaudevilliste
Tulliste
soliste
[*H.*] Carliste
fabuliste
oculiste
styliste
académiste
polémiste
chimiste
alchimiste
animiste
pessimiste
légitimiste
optimiste
palmiste
psalmiste
économiste
physionomiste
atomiste
anatomiste
phlébotomiste
lithotomiste
alarmiste
réformiste
conformiste
non-conformiste
fumiste
rabbaniste
orléaniste
congréganiste
organiste
pianiste
laniste
ornemaniste
humaniste
plataniste
botaniste
ébéniste
aliéniste
galéniste
helléniste
janséniste
rabbiniste
claveciniste
machiniste
féministe
alpiniste

latiniste
bouquiniste
calviniste
sorbonniste
orphéonniste
excursionniste
fusionniste
illusionniste
protectionniste
prohibitionniste
abstentionniste
bâtonniste
antagoniste
symphoniste
violoniste
physiognomoniste
harmoniste
canoniste
feuilletoniste
corniste
communiste
opportuniste
égoïste
piste
lapiste
dépiste-
alpiste
lampiste
copiste
utopiste
trappiste
harpiste
particulariste
mariste
séminariste
mékhitariste
guitariste
lazariste
algébriste
équilibriste
maniériste
pépiniériste
camériste
empiriste
aoriste
arboriste
herboriste
allégoriste
rigoriste
choriste
coloriste
humoriste
terroriste
rédemptoriste
liquoriste
triste
contriste-
attriste-
fleuriste
jardinier-fleuriste
figuriste
juriste
calembouriste
touriste
puriste
caricaturiste
miniaturiste
panégyriste
résiste-
fantaisiste
insiste-
consiste-
spinosiste
persiste-
controversiste
assiste-
bassiste
contre-bassiste
progressiste
batiste
dogmatiste
grammatiste
épigrammatiste
donatiste
séparatiste
piétiste
quiétiste
arrêtiste
portraitiste
spiritiste
kantiste
modérantiste
obscurantiste
dentiste
instrumentiste
contrapontiste
scotiste
Baptiste
anabaptiste
artiste
Bonapartiste
aquafortiste
clarinettiste
librettiste
duettiste
thérapeutiste
flûtiste
absolutiste
linguiste
droguiste
ubiquiste
banquiste
casuiste
conclaviste
récidiviste
archiviste
positiviste
à l'improviste
réserviste
babouviste
étuviste
existe-
préexiste-
coexiste-

Voy. yste

oste
accoste-
périoste
harmoste
* poste-
aposte-
malle-poste
timbre-poste
déposte-
* riposte-
imposte
avant-poste
staroste
toste-

Voy. auste

erste
verste

auste
holocauste
Fauste
balauste

Voy. oste

uste
buste
tarabuste-
* flibuste-
robuste
arbuste
aduste
déguste-
Auguste
juste
ajuste-
rajuste-
désajuste-
injuste
langouste
mangouste
incruste-
fruste

yste
améthyste
kyste
s'enkyste-
analyste
xyste

Voy. iste

atte
* batte-
abatte-
rabatte-
rebatte-
s'entre-batte-
débatte-
s'ébatte-
combatte-
datte
* chatte-
jatte
cul-de-jatte
* latte-
blatte
délatte-
flatte-
chanlatte
matte
* natte-
dénatte-
patte
* baratte-
gratte-
regratte-
mahratte

Voy : athe et ate

ette
bette
jambette
gobette-
barbette
herbette
courbette
* Cette
* facette-
recette
piécette
rapiécette-
lancette
garcette
esparcette
bourcette
doucette
dette
cadette
vedette
endette-
se rendette-
estafette
bouffette
mofette
moufette
sagette
tigette
logette
targette
* vergette-
Georgette
bougette
rougette
* cachette-
recachette-
décachette-
gâchette
hachette
tachette
bichette
planchette
manchette
branchette
clochette
* pochette-
brochette
fourchette
bûchette
couchette
mouchette-
émouchette
démouchette-
joliette
Juliette
miette
émiette-
ariette
Henriette
gloriette
historiette
sarriette
assiette
pique-assiette
serviette
mauviette
jette-
rejette-
se déjette-
projette-
interjette-
forjette-
surjette-
sujette
galette
halette-
palette
valette-
blette
ablette
griblette
gimblette
raclette
bouclette
bicyclette
belette
bandelette
grandelette
rondelette
verdelette
cordelette
bachelette
échelette
femmelette
omelette
goélette
aigrelette
maigrelette
carrelette
côtelette
tartelette
quartelette
goutelette
croutelette
squelette
soufflette-
réglette
reginglette
épinglette
tringlette
onglette
à l'aveuglette
ailette
toilette
voilette
mallette
psallette
sellette
* caillette-
paillette
billette
œillette
oreillette
cueillette
fillette
gentillette
* feuillette-
refeuillette-
aiguillette
gribouillette
douillette
andouillette
mouillette
fenouillette
grenouillette
grassouillette
quillette

villette
la Villette
chevillette
collette-
follette
mollette
Colette
violette
ultra-violette
molette
espagnolette
escarpolette
cassolette
volette-
emplette
tremplette
merlette
* Paulette
épaulette
contre-épaulette
seulette
amulette
boulette
ciboulette
goulette
poulette
roulette
mette-
ramette
admette-
réadmette-
guillemette-
remette-
s'entremette-
émette-
démette-
palmette
commette-
pommette
promette-
compromette-
permette-
gourmette
transmette-
allumette
soumette-
nette
canette
cadenette
genette
pichenette
* rénette-
venette
castagnette
lignette
vignette
lorgnette
chaînette
rainette
binette
bobinette
dînette
blondinette
reinette
finette
minette
(h)erminette
Antoinette
Marie-Antoinette

sapinette
épinette
clarinette
serinette
tinette
devinette
épine-vinette
bannette
* Jeannette
mannette
rouannette
vannette
Étiennette
bonnette
cardonnette
chardonnette
marionnette
barcelonnette
ou bercelonnette
baillonnette
colonnette
nonnette
mignonnette
bergeronnette
sonnette
maisonnette
chansonnette
savonnette
cornette
tournette
jaunette
cunette
dunette
jeunette
lunette
brunette
tapette
pipette
tripette
escampette
* trompette-
escopette
* carpette
serpette
recoupette
cigarette
brette
ambrette
chambrette
soubrette
coudrette
poudrette
chaufferette
bergerette
gorgerette
guillerette
collerette
pâquerette
opérette
* frette-
regrette-
aigrette
maigrette
vinaigrette
clairette
lorette
proprette
barrette
charrette

sarrette
* Pierrette
serrette
Perrette
strette
burette
durette
fleurette
sœurette
furette-
amourette
surette
chevrette
levrette
pauvrette
fraisette
bisette
disette
chemisette
anisette
noisette
casse-noisette
croisette
risette
cerisette
grisette
épuisette
rosette
assette
bassette
cassette
massette
amassette
grassette
tassette
essette
bossette
fossette
crossette
chaussette
poussette
époussette-
roussette
causette
musette
amusette
clignemusette
tette
quintette
guette-
baguette
porte-baguette
languette
ginguette
guinguette
longuette
échauguette
muguette-
huette
luette
bluette
fluette
muette
sourde-muette
couette
fouette-
serfouette
chouette
silhouette

alouette
pied-d'alouette
mouette
* brouette-
girouette
* pirouette-
caquette-
jaquette
* claquette-
plaquette
maquette
paquette-
dépaquette-
empaquette-
raquette
craquette-
biquette
déchiquette-
* cliquette-
encliquette-
piquette
* briquette-
étiquette
banquette
blanquette
franquette
trinquette
* coquette-
loquette
moquette
roquette
broquette
croquette
barquette
* marquette-
parquette-
torquette
turquette
casquette
frisquette
suette
statuette
bavette
lavette
clavette
navette
savette-
crevette
ivette
civette
divette
corvette
fauvette
buvette
cuvette
* louvette-
éprouvette
Yvette
La Fayette
layette
brayette
sayette
moyette
gazette
mazette
mozette

Voy. ète

itte

brigitte
(1) *coitte*
fritte
* quitte-
acquitte-
se racquitte-

Voy. ithe, ythe, ite et yte

otte

* botte-
caillebotte
se rebotte-
tire-botte
courte-botte
débotte-
cotte
cocotte
* marcotte-
biscotte
Bernadotte
ligotte-
gringotte-
hotte
don Quichotte
manchotte
riotte
griotte
cypriotte
lotte
* calotte-
décalotte-
palotte
gibelotte
gobelotte
grelotte-
vitelotte
* flotte-
épiglotte
polyglotte
ballotte-
bellotte
vieillotte
bouillotte
* Charlotte
* culotte-
déculotte-
sans-culotte
hulotte
boulotte
goulotte
motte
émotte-
* marmotte-
menotte
emmenotte-
quenotte
cagnotte
linotte
* carotte-
marotte
* crotte-
garde-crotte
décrotte-
frotte-
* garrotte-

1. *Voy.* oite

* trotte-
fiévrotte
sotte
frisotte-
gavotte
* chènevotte-
[*G.*] Mayotte

Voy. ote

utte

* butte-
gomme-gutte
(se) * hutte-
* lutte-

Voy. ute et anacoluthe

outte

* goutte-
égoutte-
dégoutte-

Voy. oute

aute

panneaute-
biseaute-
faute
haute
argonaute
aéronaute
* saute-
ressaute
tuyaute-

Voy. ôte

ute

* bute-
rebute-
débute-
* culbute-
persécute-
exécute-
charcute-
percute-
répercute-
discute-
cuscute
ameute-
émeute
queute-
réfute-
affute-
cahute
* chute-
parachute
chape-chute
rechute
jute
verjute-
lute-
alute
talute-
blute-
délute-
* flûte-
volute
permute-
* minute-
hernute

Les mots en italique riment entre eux et de plus Gœthe ; avec les autres *voy.* utte, de députe à scrute et aussi anacoluthe

oute

boute-
aboute-
reboute-
contre-boute-
déboute-
* écoute-
* doute-
* redoute-
caoutchoute-
* joute-
ajoute-
rajoute-
surajoute-
cloute-
veloute-
glougloute-
filoute-
cailloute-
route
broute-
choucroute
déroute-
à-vau-de-route
banqueroute
soute
absoute-
résoute-
dissoute-
toute

Voy. outte

oûte

aoûte-
coûte-
goûte-
ragoûte-
dégoûte-
croûte
écroûte-
encroûte-
* voûte-
envoûte-

ute

députe-
répute-
ampute-
impute-
suppute-
* dispute-
brute
recrute-
scrute-

Voy. de bute à hernute, utte, et aussi anacoluthe

exte

sexte
bisexte
texte
* prétexte-
contexte

ixte

mixte
sixte

ouxte

jouxte

yte

presbyte
troglodyte
néophyte
prosélyte
acolyte
Hippolyte
baryte

Voy. ithe, ythe, ite et itte

ue

bue-
rebue-
rétribue-
contribue-
distribue-
attribue-
s'est embue-
imbue
* écobue-
barbue
herbue
fourbue

cue

évacue-
vaincue-
invaincue
convaincue-

çue

reçue-
déçue-
conçue-
préconçue-
perçue-
aperçue-
inaperçue-

Voy. sue dur

due

due-
gradue-
redue-
assidue
épandue-
répandue-
descendue-
redescendue-
condescendue-
fendue-
refendue-
défendue-
pourfendue-
pendue-
rependue-
dépendue-
appendue-
suspendue-
rendue-
* tendue-
retendue-
* étendue-
détendue-
prétendue-
entendue-
sous-entendue-
distendue-
sous-tendue-
attendue-
inattendue
vendue-
revendue-
mévendue-
invendue
survendue-
indue
* fondue-
refondue-
confondue-
parfondue-
morfondue-
pondue-
répondue-
tondue-
retondue-
dodue
ardue
perdue-
reperdue-
éperdue
mordue-
remordue-
tordue-
retordue-
détordue-
distordue-

eue

(1) eue

eue

feue
lieue
banlieue
bleue
queue
rouge-queue
hochequeue
trousse-queue
paille-en-queue

fue

touffue

ague

* bague-
* dague-
Copenhague
* blague-
élague-
schlague
* drague-
madrague
ossifrague
Prague
* vague-
extravague-
divague-

ègue

bègue
lègue-
délègue-
subdélègue-
relègue-
prélègue-
allègue-
collègue
grègue

igue

bigue
digue
contre-digue
endigue-
* prodigue-
bordigue
figue
becfigue
gigue
* ligue-
garigue
sarigue
* brigue-
irrigue-
* intrigue-
bésigue
* fatigue-
instigue-
navigue-

algue

algue

ulgue

divulgue-
promulgue-

angue

cangue
écangue-
gangue
langue
mangue
* harangue-
varangue
exsangue
tangue

ingue

poudingue
* ralingue-
étalingue-
bilingue
trilingue
carlingue
camerlingue
ramingue

1. Monosyllabe rimant avec les ue précédés d'une consonne sauf g et q.

meringue
* seringue-
fringue-
bastringue
* bastingue-
distingue-
zingue-

ongue
longue
oblongue
barlongue
diphtongue
triphtongue

ogue
bogue
dogue
bouledogue
pédagogue
sialagogue
démagogue
synagogue
mystagogue
décalogue
* dialogue-
analogue
* catalogue-
églogue
* épilogue-
lexicologue
toxicologue
idéologue
géologue
archéologue
néologue
psychologue
lithologue
ornithologue
mythologue
biologue
séméiologue
philologue
* homologue-
phrénologue
sinologue
iconologue
monologue
démonologue
zoologue
apologue
hydrologue
météorologue
prologue
métrologue
astrologue
paléontologue
rogue
* drogue-
pirogue
* vogue-

argue
* argue-
* cargue-
subrécargue
rédargue-
pygargue
* largue-
alargue-

Camargue
* nargue-
se targue-

ergue
vergue
envergue-
exergue

orgue
orgue
* morgue-

ugue
fugue
contre-fugue
subjugue-
conjugue-

ougue
fougue

guë
bégue
aiguë
suraiguë
bisaiguë
ambiguë
ciguë
contiguë
exiguë

hue
hue!
hue-
chue-
échue-
déchue
fichue
branchue
crochue
fourchue
cohue

lue
lue-
salue-
value-
revalue-
évalue-
plus-value
ablue
râblue
reclue
inclue-
conclue-
exclue-
mamelue
pelue
patte-pelue
relue-
velue
chevelue
élue-
réélue-
flue-
reflue-
afflue-
mafflue
joufflue
influe-

conflue-
superflue
glue
déglue-
englue-
dilue-
poilue
feuillue
pollue-
absolue
résolue-
irrésolue
dissolue
évolue-
dévolue
révolue
plue-
complue-
berlue
hurluberlue
goulue
moulue-
remoulue-
émoulue-
rémoulue-
vermoulue
voulue-
malvoulue

Dans *feuillue* les deux l sont mouillées

mue
* mue-
remue-
émue-
commue-
promue
transmue-

nue
* nue-
chenue
menue
grenue
saugrenue
* tenue-
obtenue-
* retenue-
entretenue-
détenue-
codétenue
* maintenue-
contenue-
appartenue-
s'est abstenue-
soutenue-
* venue-
avenue
mésavenue-
advenue-
mésadvenue-
devenue-
redevenue-
* revenue-
contrevenue-
* prévenue-
bienvenue

convenue-
déconvenue
circonvenue-
disconvenue-
provenue-
parvenue-
intervenue-
survenue-
s'est ressouvenue-
s'est souvenue-
dénue-
ingénue
ténue
atténue-
exténue-
diminue-
insinue-
* continue-
* discontinue-
connue-
inconnue
charnue
éternue-
cornue
biscornue

oue
boue
emboue-
accoue-
secoue-
recoue-
doue-
gadoue
amadoue-
Saint Antoine de Padoue
indoue
Hindoue
baffoue-
fagoue
engoue-
* houe-
Mandchoue
échoue-
déchoue-
* joue-
bajoue
abajoue
rejoue-
déjoue-
loue-
cloue-
recloue-
décloue-
encloue-
désencloue-
reloue-
s'entre-loue-
floue-
affloue-
renfloue-
alloue-
sous-loue-
moue
* noue-
renoue-
énoue-
dénoue-

* roue-
rabroue-
ébroue-
écroue-
froue-
enroue-
désenroue-
proue
troue-
soue
* toue-
tatoue-
voue-
avoue-
désavoue-
dévoue-

pue
pue-
trapue
* repue-
crépue
rompue-
interrompue-
ininterrompue
corrompue-
lippue
conspue-

que
que
parce que
tandis que
pourvu que

aque
abaque
* caque-
macaque
encaque-
[*M.*] Eaque
chaque
Ithaque
zodiaque
cardiaque
élégiaque
orgiaque
céliaque
héliaque
iliaque
maniaque
démoniaque
ammoniaque
Bosniaque
hypocondriaque
thériaque
syriaque
génésiaque
isiaque
paradisiaque
aphrodisiaque
jaque
laque
valaque
* claque-
* flaque-
polaque
* plaque-
Télémaque

iconomaque
Andromaque
s'estomaque-
alexipharmaque
Canaque
cloaque
pâque
opaque
* baraque-
caraque
sandaraque
* braque-
(s)chabraque
* craque-
* traque-
matraque
patraque
détraque-
casaque
cosaque
taque-
* attaque-
bivouaque-
vaque-
* macque-
* pacque-

ecque

abecque-
embecque-
[*G.*] la Mecque
grecque
néo-grecque

Voy. èque et aussi keepsake

ocque

socque

Voy. oque, auque et aussi coke

èque

abèque-
se rebèque-
défèque-
chèque
tchèque
cercopithèque
galéopithèque
pinacothèque
bibliothèque
* hypothèque-
sapèque
résèque-
intrinsèque
extrinsèque
dissèque-
pastèque
Aztèque
évêque
archevêque

Voy. ecque et aussi keepsake

ique

caïque
alcaïque
chaldaïque
spondaïque
judaïque
trochaïque
archaïque
laïque
Jamaïque
romaïque
hébraïque
saïque
pharisaïque
mosaïque
prosaïque
altaïque
voltaïque
-bique
syllabique
décasyllabique
parisyllabique
imparisyllabique
quadrisyllabique
monosyllabique
dissyllabique
polysyllabique
rabique
arabique
antirabique
ïambique
alambique
dithyrambique
bombique
cubique
sébacique
cacique
thoracique
silicique
bombycique
sporadique
abdique-
médique
orthopédique
encyclopédique
védique
véridique
juridique
fatidique
druidique
héraldique
revendique-
indique-
méthodique
iodique
périodique
mélodique
modique
spasmodique
antispasmodique
synodique
épisodique
prosodique
péricardique
talmudique
pudique
impudique
oléique
trafique-
maléfique
morbifique
pacifique
spécifique
lapidifique
prolifique
magnifique
mirifique
sudorifique
frigorifique
calorifique
honorifique
saporifique
soporifique
béatifique
scientifique
hippophagique
pélagique
magique
hémorragique
tragique
stratégique
céphalalgique
gastralgique
névralgique
antalgique
odontalgique
otalgique
nostalgique
[*G.*] Belgique
pédagogique
démagogique
anagogique
paragogique
logique
généalogique
dialogique
analogique
minéralogique
illogique
amphibologique
cacologique
lexicologique
toxicologique
idéologique
géologique
archéologique
théologique
néologique
ostéologique
psychologique
pathologique
orthologique
mythologique
sociologique
séméiologique
craniologique
phrasiologique
physiologique
entomologique
cosmologique
étymologique
œnologique
phrénologique
technologique
ethnologique
iconologique
chronologique
zoologique
apologique
anthropologique
tropologique
nécrologique
hydrologique
météorologique
métrologique
astrologique
climatologique
tautologique
ontologique
paléontologique
énergique
géorgique
théurgique
métallurgique
chirurgique
thaumaturgique
liturgique
pélasgique
* chique-
bachique
logomachique
tauromachique
stomachique
bêchique
colchique
bronchique
oligarchique
anarchique
monarchique
antimonarchique
hiérarchique
psychique
boudhique
séraphique
graphique
télégraphique
chorégraphique
calligraphique
épigraphique
cacographique
lexicographique
chalcographique
idéographique
géographique
paléographique
stéréographique
or(é)ographique
lithographique
chromolithographique
orthographique
biographique
autobiographique
hagiographique
bibliographique
cristallographique
dactylographique
xylographique
cosmographique
stéganographique
uranographique
scénographique
sélénographique
sténographique
ichnographique
ethnographique
iconographique
monographique
topographique
typographique
hydrographique
chorographique
photograhique
autographique
tachygraphique
saphique
philosophique
antiphilosophique
orphique
hiéroglyphique
typhique
pyrrhique
philomathique
apathique
antipathique
sympathique
homéopathique
idiopathique
allopathique
feldspathique
éthique
mégalithique
oolithique
zoolithique
anthelminthique
gothique
parthique
mythique
céphalique
encéphalique
malique
salique
italique
oxalique
biblique
* oblique-
publique
république
clique
cyclique
encyclique
relique
gaélique
angélique
archangélique
évangélique
famélique
pantagruélique
pentélique
aristotélique
machiavélique
silique
basilique
gallique
métallique
idyllique
diabolique
parabolique
symbolique
hyperbolique
colique
mélancolique
bucolique
éolique
catholique
néocatholique
variolique
vitriolique
majolique
alcoolique

apostolique
ichtyolique
plique
* réplique-
implique-
complique-
* applique-
supplique
explique-
aulique
hydraulique
salicylique
dactylique
adamique
cryptogamique
dynamique
adynamique
hydrodynamique
électro-dynamique
céramique
panoramique
balsamique
académique
épidémique
endémique
euphémique
polémique
anémique
vehmique
logarithmique
rythmique
chimique
alchimique
électro-chimique
mimique
ophtalmique
comique
opéra-comique
tragi-comique
gnomique
économique
agronomique
astronomique
gastronomique
loxodromique
chromique
atomique
anatomique
vomique
dermique
formique
embolismique
cosmique
synonymique
patronymique
nique
mécanique
volcanique
océanique
organique
inorganique
messianique
ossianique
manique
brahmanique
germanique
talismanique
panique
hispanique

satanique
tétanique
titanique
botanique
galvanique
cyanique
pique-nique
sarracénique
scénique
embryogénique
phénique
hygiénique
galénique
sélénique
hellénique
splénique
phrénique
arsénique
technique
philotechnique
mnémotechnique
pyrotechnique
polytechnique
splanchnique
ethnique
inique
rabbinique
clinique
fulminique
Dominique
gymnique
tyrannique
britannique
maçonnique
pharaonique
carbonique
sorbonique
conique
laconique
adonique
sardonique
théogonique
cosmogonique
phonique
cacophonique
euphonique
ionique
pylônique
mnémonique
pulmonique
gnomonique
pathognomonique
physiognomonique
harmonique
philharmonique
enharmonique
pneumonique
canonique
protocanonique
macaronique
* Véronique
* chronique
synchronique
ironique
tonique
atonique
diatonique
platonique
architectonique

aérotectonique
teutonique
amphictyonique
arnique
bernique
fornique-
unique
communique-
punique
runique
tunique
cynique
dioïque
héroïque
stoïque
quoique
benzoïque
* pique-
hydrothérapique
repique-
épique
dépique-
alpique
olympique
télescopique
périscopique
stéréoscopique
métoposcopique
microscopique
éthiopique
hydropique
philanthropique
misanthropique
tropique
topique
utopique
hippique
philippique
typique
darique
pindarique
stéarique
margarique
falarique
prévarique-
charivarique
brique
* fabrique-
algébrique
cimbrique
lubrique
rubrique
crique
picrique
polyédrique
cylindrique
sulfhydrique
cyanhydrique
chlorhydrique
fluorhydrique
féerique
hémisphérique
atmosphérique
synanthérique
colérique
cholérique
anti-cholérique
[*G.*] Amérique
chimérique

homérique
mesmérique
numérique
générique
sciatérique
climatérique
ictérique
entérique
lientérique
gastro-entérique
mésentérique
dysentérique
ésotérique
exotérique
hystérique
cadavérique
[*G.*] Afrique
empirique
cynirique
satirique
kymrique
borique
dorique
théorique
météorique
fantasmagorique
allégorique
catégorique
métaphorique
zoophorique
pyrophorique
phosphorique
pyrophosphorique
calorique
chlorique
hydrochlorique
perchlorique
pylorique
madréporique
psorique
antipsorique
rhétorique
historique
préhistorique
cuprique
barrique
bourrique
trique
hippiatrique
idolâtrique
électrique
thermo-électrique
étrique-
métrique
géométrique
aréométrique
stéréométrique
eudiométrique
kilométrique
thermométrique
trigonométrique
barométrique
hydrométrique
hygrométrique
hypsométrique
symétrique
asymétrique
obstétrique
citrique

nitrique
géocentrique
héliocentrique
homocentrique
concentrique
excentrique
dioptrique
catadioptrique
catoptrique
tartrique
gastrique
épigastrique
hypogastrique
palestrique
urique
sulfurique
hydrosulfurique
tellurique
amphigourique
panégyrique
lyrique
pyrique
satyrique
butyrique
basique
bibasique
caucasique
triasique
géodésique
anesthésique
palingénésique
phtisique
persique
classique
jurassique
prussique
* musique-
physique
* métaphysique-
hémoptysique
* tique-
sabbatique
probatique
éléatique
pancréatique
anséatique
hanséatique
emphatique
lymphatique
sciatique
[*G.*] Adriatique
muriatique
[*G.*] Asiatique
viatique
drôlatique
dramatique
mélodramatique
mathématique
exanthématique
emblématique
problématique
systématique
synallagmatique
diaphragmatique
pragmatique
flegmatique
ou phlegmatique
énigmatique
dogmatique

asthmatique
antiasthmatique
dalmatique
épigrammatique
zygomatique
diplomatique
aromatique
chromatique
achromatique
symptomatique
automatique
miasmatique
schismatique
numismatique
prismatique
traumatique
pneumatique
hydropneumatique
empyreumatique
polymatique
fanatique
morganatique
agnatique
lunatique
hépatique
théocratique
démocratique
hippocratique
socratique
aristocratique
autocratique
bureaucratique
hiératique
* pratique-
erratique
statique
hémostatique
hypostatique
hydrostatique
aérostatique
extatique
aquatique
didactique
lactique
parallactique
prophylactique
tactique
hectique
cachectique
dialectique
éclectique
apoplectique
antiapoplectique
arctique
antarctique
étique
alphabétique
diabétique
acétique
poliorcétique
ascétique
cynégétique
exégétique
transgangétique
apologétique
prophétique
pathétique
épithétique
antithétique

épenthétique
synthétique
hypothétique
esthétique
athlétique
émétique
arithmétique
hermétique
cosmétique
frénétique
magnétique
phonétique
aloétique
poétique
herpétique
hérétique
néphrétique
antinéphrétique
massorétique
pleurétique
diurétique
diététique
zététique
helvétique
cénobitique
rachitique
méphitique
enclitique
scillitique
* politique-
impolitique
érémitique
sémitique
granitique
* critique-
hypercritique
arthritique
antiarthritique
névritique
parasitique
jésuitique
basaltique
péristaltique
celtique
antique
cantique
[G.] Atlantique
transatlantique
romantique
identique
* authentique-
anacréontique
chaotique
narcotique
anecdotique
emphytéotique
séméiotique
patriotique
antipatriotique
épulotique
démotique
hypnotique
épizootique
despotique
escarotique
marotique
érotique
sclérotique
chlorotique

aponévrotique
exotique
azotique
sceptique
analeptique
cataleptique
épileptique
antiépileptique
sylleptique
proleptique
septique
antiseptique
écliptique
elliptique
optique
synoptique
apocalyptique
glyptique
styptique
cathartique
aortique
décortique-
excortique-
portique
astique-
sarcastique
ecclésiastique
élastique
scolastique
plastique
galvanoplastique
mastique-
gymnastique
monastique
dynastique
épispastique
drastique
fantastique
* domestique-
anapestique
distique
panthéistique
sphragistique
phlogistique
antiphlogistique
syllogistique
* sophistique-
balistique
cabalistique
atomistique
agonistique
eucharistique
sphéristique
caractéristique
humoristique
statistique
artistique
linguistique
casuistique
gnostique
* diagnostique-
géonostique
monostique
* pronostique-
ou prognostique-
caustique
* encaustique-
acoustique
catacoustique

moustique
* rustique-
cystique
kystique
mystique
xystique
attique
nautique
scorbutique
antiscorbutique
pharmaceutique
alieutique
herméneutique
thérapeutique
boutique
garde-boutique
arrière-boutique
analytique
paralytique
antiparalytique
batavique
civique
incivique
ataxique
sataxique
lexique
[G.] Mexique
toxique

Voy. yque

alque

* calque-
contre-calque-
* décalque-
catafalque
défalque-
orichalque

elque

quelque

ulque

inculque-

oulque

foulque

anque

banque
débanque-
saltimbanque
palanque
blanque
flanque-
efflanque-
* manque-

inque

vainque-
convainque-
scinque
pinque
trinque-
se requinque-
aussi ornithorynque

onque

conque
quiconque
quelconque

adonque
jonque
tronque-

ynque

ornithorynque

Voy. inque

oque

coque
bicoque
salicoque
s'emberlucoque-
synecdoque
suffoque-
choque-
s'entre-choque-
phoque
baïoque
loque
bloque-
débloque-
cloque
pendeloque
breloque
effiloque-
soliloque
ventriloque
* colloque-
ploque-
berloque
interloque-
disloque-
se moque-
époque
roque
baroque
croque-
escroque-
* défroque-
enfroque-
réciproque
troque-
* toque-
évoque-
révoque-
univoque
* équivoque-
invoque-
convoque-
provoque-

Voy. ocque, auque et aussi coke

arque

arque-
barque
débarque-
embarque-
rembarque-
désembarque-
asiarque
gymnasiarque
hérésiarque
* marque-
* remarque-
* contre-marque-
démarque-

polémarque
ethnarque
monarque
[M.] * Parque-
déparque-
[L.] Pétrarque
tétrarque
anasarque
[L.] Aristarque
[L.] Plutarque
exarque

erque
[H.] Steinkerque
Dunkerque
luperque

irque
cirque

orque
orque
* remorque-
détorque-
rétorque-
extorque-

urque
bifurque-
hourque
[G.] Turque
Aussi mazurke
et Burke

asque
casque
basque
monagasque
monégasque
flasque
* masque-
bergamasque
démasque-
tarasque
frasque
bourrasque
fantasque
vasque

esque
arabesque
tudesque
simiesque
sardanapalesque
carnavalesque
burlesque
aristophanesque
romanesque
courtisanesque
charlatanesque
barbaresque
picaresque
chevaleresque
fresque
moresque
pittoresque
presque
soldatesque
dantesque
pédantesque

gigantesque

isque
* bisque-
francisque
disque
tandis que
confisque-
odalisque
obélisque
ménisque
* risque-
brisque
astérisque
lentisque
puisque

osque
[G.] Osque
kiosque
manosque

orsque
lorsque

usque
busque-
débusque-
embusque-
offusque-
jusque
musque-
* brusque-
lambrusque
[H.] Etrusque

auque
Pédauque
glauque
rauque

Voy. oque, ocque et aussi coke

uque
caduque
éduque-
[B.] *Pentateuque*
reluque-
nuque
eunuque
débouque-
chibouque
embouque-
felouque
perruque
fétuque

yque
acronyque
diptyque
polyptyque
triptyque

Voy. ique

rue
* rue-
parue
reparue-
comparue-
apparue-

disparue-
membrue-
(1) * crue-
accrue-
* recrue-
écrue-
(2) * décrue-
mécrue-
drue
férue
grue
coquecigrue
congrue
incongrue
enrue
morue
charrue
verrue
bourrue
ventrue
malotrue
obstrue-
désobstrue-
courue-
accourue-
recourue-
secourue-
s'est entre-secourue
encourue-
parcourue-
discourue-

sue
(3) sue-
sangsue
pansue
massue
fessue
ressue-
* issue-
tissue-
* bossue-
cossue
moussue

Voy. çue

cousue-
recousue-
* *décousue-*

tue
(4) * tue-
solbatue
embatue-
courbatue
infatue-
désinfatue-
* statue-
effectue-
ponctue-
s'entre-tue-
perpétue-

1. Du verbe croire, du verbe croître.
2. Du verbe décroître, du verbe décruer.
3. Du verbe suer du verbe savoir.
4. Du verbe tuer, du verbe taire.

têtue
vêtue-
revêtue-
s'est dévêtue-
laitue
habitue-
réhabitue-
déshabitue-
situe-
substitue-
destitue-
restitue-
institue-
constitue-
reconstitue-
prostitue-
accentue-
pointue
s'évertue-
* tortue-
* battue-
abattue-
rabattue-
rebattue-
s'est entre-battue-
débattue-
s'est ébattue-
combattue-
pattue

vue
* vue-
garde-vue
à boulevue
* revue-
* entrevue-
longue-vue
bévue
prévue-
imprévue
non-vue
pourvue-
dépourvue

ave
* bave-
* cave-
décave-
encave-
concave
bi-concave
excave-
[G.] Moldave
* gave-
agave
* lave-
emblave-
remblave-
laticlave
angusticlave
* enclave-
désenclave-
conclave
autoclave
esclave
relave-
délave-
[G.] Slave
[G.] Scandinave

pave-
repave-
épave
dépave-
rave
* brave-
betterave
* grave-
landgrave
* aggrave-
engrave-
rhingrave
margrave
burgrave
déprave-
étrave
architrave
* entrave-
désentrave-
cassave
* Octave
zouave
suave
goyave

âve
hâve

ève
[B.] Eve
[G.] Lodève
fève
achève-
parachève-
briève
griève
Geneviève
lève-
relève-
* élève-
prélève-
surélève-
enlève-
champlève-
soulève-
[G.] Genève
brève
crève-
* grève-
dégrève-
sève

êve
endêve-
* rêve-
trêve
glaive

ive
ive
naïve
cive
gencive
nocive
lascive
dive
maladive
khédive
* récidive-
endive

tardive
ogive
* salive-
clive-
déclive
gélive
baillive
olive
enjolive-
solive
[H.] Ninive
connive-
boive-
reboive-
s'emboive-
reçoive-
déçoive-
conçoive-
préconçoive-
perçoive-
aperçoive-
doive-
redoive-
* rive-
[G.] Tananarive
écrive-
décrive-
prescrive-
transcrive-
retranscrive-
inscrive-
circonscrive-
proscrive-
souscrive-
* dérive-
grive
prive-
arrive-
mésarrive-
persuasive
dissuasive
évasive
adhésive
décisive
incisive
oisive
émulsive
impulsive
expulsive
évulsive
révulsive
convulsive
expansive
censive
défensive
offensive
inoffensive
répréhensive
compréhensive
appréhensive
pensive
suspensive
intensive
extensive
responsive
dolosive
explosive
corrosive
détersive
abstersive
subversive
cursive
discursive
massive
passive
successive
processive
rétrocessive
excessive
* lessive-
agressive
progressive
répressive
compressive
oppressive
expressive
inexpressive
missive
répercusssive
poussive
abusive
conclusive
exclusive
approbative
rébarbative
siccative
déprécative
indicative
vindicative
adjudicative
modificative
qualificative
significative
rectificative
justificative
reduplicative
explicative
communicative
dessiccative
locative
démarcative
éducative
dative
déprédative
sédative
laudative
récréative
négative
électro-négative
prérogative
prorogative
interrogative
purgative
appréciative
énonciative
palliative
ampliative
initiative
abréviative
relative
corrélative
dépilative
opilative
appellative
collative
contemplative
consolative
législative
translative
spéculative
cumulative
annulative
copulative
récapitulative
exclamative
estimative
approximative
affirmative
infirmative
confirmative
native
désignative
imaginative
nominative
dénominative
carminative
germinative
déterminative
illuminative
glutinative
agglutinative
alternative
inchoative
déclarative
comparative
lucrative
délibérative
exulcérative
fédérative
confédérative
exagérative
réfrigérative
énumérative
générative
impérative
coopérative
itérative
admirative
roborative
corroborative
décorative
péjorative
mémorative
remémorative
commémorative
soporative
narrative
pénétrative
administrative
démonstrative
curative
figurative
épurative
dépurative
suppurative
maturative
pulsative
adversative
causative
expectative
végétative
interprétative
dubitative
excitative
méditative
qualitative
imitative
limitative
quantitative
facultative
consultative
augmentative
représentative
tentative
fréquentative
optative
portative
gustative
commutative
putative
colliquative
gravative
dérivative
privative
préservative
laxative
hâtive
* active-
réactive
stupéfactive
raréfactive
putréfactive
olfactive
inactive
coactive
rétroactive
réfractive
abstractive
attractive
extractive
défective
affective
effective
objective
subjective
projective
interjective
élective
collective
respective
rétrospective
perspective
détective
* invective-
fictive
afflictive
restrictive
distinctive
instinctive
conjonctive
disjonctive
réductive
inductive
productive
reproductive
improductive
introductive
obstructive
désobstructive
destructive
instructive
chétive
complétive
supplétive
explétive
rétive
prohibitive
coercitive
expéditive
auditive
gingitive
fugitive
primitive
vomitive
dormitive
lénitive
définitive
apéritive
nutritive
transitive
intransitive
sensitive
positive
prépositive
électro-positive
suppositive
transpositive
partitive
intuitive
cultive-
contentive
attentive
inattentive
adventive
préventive
inventive
plaintive
craintive
jointive
motive-
locomotive
votive
* captive-
conceptive
perceptive
descriptive
présomptive
consomptive
adoptive
éruptive
ortive
abortive
furtive
suggestive
digestive
intempestive
fautive
contributive
distributive
attributive
consécutive
exécutive
résolutive
dissolutive
dévolutive
révolutive
involutive
diminutive
constitutive
juive
esquive-
suive-
s'ensuive-
poursuive-
* vive-

avive-
ravive-
revive-
qui vive?
convive
survive-

ove
ove
rénove-
quinquenove
innove-

ôve
alcôve

Voy. auve

alve
salve
valve
bivalve
univalve
multivalve

olve
absolve-
résolve-
dissolve-

arve
larve

erve
conferve
nerve-
énerve-
Minerve
serve-
observe-
* réserve-
préserve-
conserve-
desserve-
resserve-
verve

orve
morve

auve
fauve
chauve
mauve
guimauve
* sauve-
Aussi alcôve

uve
* cuve-
découve-
encuve-
Avec uve précédé d'une consonne

euve
Ste-Beuve
fleuve
pleuve-
meuve-
émeuve-
neuve
Terre-Neuve
abreuve-
preuve
épreuve
contre-épreuve
treuve-
veuve

uve
effluve
pédiluve

Voy. cuve

ouve
couve-
douve
* louve-
mouve-
prouve-
reprouve-
éprouve-
réprouve-
improuve-
approuve-
désapprouve-
trouve-
retrouve-
controuve-
Aussi inter-
viewe-

uve
[*I.*] Vitruve
Vésuve
* étuve-

Voy. cuve

iewe
interviewe

Voy. ouve

axe
axe
malaxe-
relaxe-
parallaxe
[*G.*] Saxe
* taxe-
syntaxe
* surtaxe-

exe
réflexe
circonflexe
implexe
complexe
incomplexe
perplexe
* annexe-
connexe
sexe
vexe-
convexe
bi-convexe

ixe
* fixe-
préfixe
affixe
prolixe
rixe
aussi X

oxe
boxe
paradoxe
orthodoxe
hétérodoxe
équinoxe

uxe
* luxe-

aye
baye-
abbaye
cobaye
égaye-
bégaye-
la Haye
laye-
balaye-
déblaye-
remblaye-
relaye-
délaye-
[*G.*] Saint-Germain-en-Laye
monnaye-
* paye-
morte-paye
cipaye
* surpaye-
raye-
braye-
fraye-
défraye-
effraye-
enraye-
désenraye-
essaye-
ressaye-
étaye-
cartaye-
aiguaye-
zézaye-
surseye-
asseye-
rasseye-
grasseye-
langueye-

Voy. aie, eie; abbaye rime avec obéie, aïe, uie et ahie

oye
moye

aze
* gaze-
topaze

Voy. ase

èze
alèse
mélèze
trapèze
laize
treize
seize
in-seize

Voy. èse et aise

ize
s'enlize-

Voy. ise

inze
quinze

onze
onze
bonze
* bronze-

orze
quatorze

euze
[*I.*] Greuse

Voy. euse

ouze
douze
in-douze

Voy. ouse

É

aé
[*M.*] Pasiphaé
[*M.*] Aglaé
[*M.*] Danaé

Voy. é formant syllabe comme dans éé, ié, oé, ué non précédé de g ou de q, yé et hé.

bé
syllabé-
Barnabé
carabé
abbé
Bébé
[*M.*] Hébé
[*M.*] Phébé
imbibé-
inhibé-
prohibé-
exhibé-
jambé
enjambé-
flambé-
regimbé-
bombé-
succombé-
incombé-
plombé-
déplombé-
surplombé-
tombé-
retombé-
gobé-
cohobé-
[*M.*] Niobé
lobé
englobé-
bilobé
trilobé
dérobé-
ébarbé-
gerbé-
engerbé-
herbé-
éherbé-
enherbé-
desherbé-
absorbé-
résorbé-
débourbé-
embourbé-
désembourbé-
courbé-
recourbé-
fourbé-
sigisbé
[*M.*] Thisbé
daubé-
cubé-
jubé
adoubé-
radoubé-
tubé-
titubé-
aussi B

cé
sébacé
herbacé
micacé
effacé-
agacé-
galiacé
alliacé
foliacé
magnoliacé
ammoniacé
farniacé
opiacé
lacé-
violacé
entrelacé-
délacé-
glacé-
enlacé-
placé-
replacé-
déplacé-
remplacé-
amylacé
grimacé-
menacé-
gallinacé
papillonacé
saponacé
espacé-
poracé
tracé-
retracé-
ostracé

papyracé
cétacé
crétacé
testacé
crustacé
dépecé-
cavecé
rapiécé-
dépiécé-
policé-
épicé-
manigancé-
fiancé-
lancé-
balancé-
contre-balancé-
relancé-
élancé
s'élancé-
forlancé-
décontenancé-
financé-
ordonnancé-
garancé-
tancé-
distancé-
quittancé-
nuancé-
avancé-
devancé-
cadencé-
agencé-
ensemencé-
réensemencé-
commencé-
recommencé-
influencé-
* émincé-
coincé-
pincé-
rincé-
grincé-
évincé-
foncé-
défoncé-
enfoncé-
renfoncé-
engoncé-
semoncé-
* énoncé-
renoncé-
dénoncé-
annoncé-
prononcé-
poncé-
froncé-
défroncé-
bercé-
gercé-
tiercé-
commercé-
percé-
repercé-
s'entre-percé-
transpercé-
tercé-
retercé-
exercé-
inexercé

[*M.*] Circé
[*M.*] Dircé
écorcé-
forcé-
efforcé-
renforcé-
amorcé-
divorcé-
fascé
acquiescé-
immiscé-
exaucé-
courroucé-
épucé-
sucé-

Voy. sé dur et xé, aussi a b c.

dé

dé
gambadé-
saccadé
barricadé-
estocadé-
embrigadé-
escaladé-
estafiladé-
tailladé-
pommadé-
panadé-
estrapadé-
radé-
paradé-
déradé-
gradé
dégradé-
rétrogradé-
palissadé-
persuadé-
dépersuadé-
dissuadé-
s'évadé-
cédé-
abcédé-
accédé-
succédé-
recédé-
* décédé-
prédécédé-
précédé-
concédé-
* procédé-
rétrocédé-
intercédé-
excédé-
exhérédé-
obsédé-
possédé-
dépossédé-
aidé-
plaidé-
s'entr'aidé-
décidé-
homicidé-
suicidé-
coïncidé-
élucidé-
affidé
* validé-
revalidé-
invalidé-
élidé-
consolidé-
reconsolidé-
Amidé
pyramidé-
intimidé-
lapidé-
dilapidé-
cuspidé
ridé-
bridé-
rebridé-
débridé-
déridé-
floridé
résidé-
présidé-
cuidé-
guidé-
liquidé-
vidé-
dévidé-
survidé-
soldé-
bandé-
rebandé-
débandé-
scandé-
brigandé-
dégingandé-
marchandé-
viandé-
achalandé-
désachalandé-
brelandé-
hollandé-
enguirlandé-
mandé-
demandé-
redemandé-
contremandé-
quémandé-
réprimandé-
commandé-
recommandé-
décommandé-
gourmandé-
faisandé-
truandé-
prébendé
appréhendé-
amendé-
ramendé-
sous-amendé-
émendé-
vilipendé-
scindé-
rescindé-
blindé-
guindé-
ondé
bondé-
abondé-
vagabondé-
surabondé-
débondé-
[*B.*] Condé
secondé-
fécondé-
* fondé-
gondé-
dévergondé
mondé-
émondé-
inondé-
frondé-
grondé-
sondé-
inféodé-
godé-
iodé
lobé
bilobé
quadrilobé
trilobé
démodé-
accommodé-
raccommodé-
incommodé-
brodé-
errodé-
corrodé-
rôdé-
* bardé-
débardé-
bombardé-
escobardé-
jobardé-
cardé-
placardé-
recardé-
bocardé-
brocardé-
dardé-
fardé-
cafardé-
gardé-
regardé-
(s'est) entre-regardé-
sauvegardé-
hardé-
mouchardé-
liardé-
lardé-
entrelardé-
billardé-
canardé-
renardé-
goguenardé-
cagnardé-
(s'est) acagnardé-
mignardé-
poignardé-
hasardé-
nasardé-
mansardé
musardé-
tardé-
retardé-
pétardé-
attardé-
bavardé-
lézardé-
* bordé-
abordé-
rebordé-
débordé
transbordé
cordé
accordé
raccordé
(s'est) entr'accordé
désaccordé
recordé
décordé
concordé
discordé
hourdé
clabaudé
badaudé
échafaudé
nigaudé
trigaudé
* échaudé
baguenaudé
minaudé
maraudé
taraudé
fraudé
levraudé
brotaudé
courtaudé
ravaudé
marivaudé
galvaudé
éludé
préludé
dénudé
boudé
coudé
accoudé
soudé
dessoudé
ressoudé
transsudé
exsudé
oxydé
suroxydé
désoxydé
protoxydé

aussi D

éé

suppléé
réé
créé
recréé
récréé
incréé
procréé
gréé
agréé
ragréé
désagréé
dégréé
maugréé
guéé

Voy. é formant syllabe comme dans aé, ié, oé, ué non précédé de g ou de q, yé et hé

fé
café
autodafé
nafé
parafé-
agrafé-
ragrafé-
dégrafé-
gaffé-
piaffé-
fieffé-
greffé-
biffé-
(s'est) rebiffé-
coiffé-
recoiffé-
décoiffé-
griffé-
agriffé-
ébouriffé-
suiffé-
étoffé-
chauffé-
* échauffé-
réchauffé-
surchauffé-
bouffé-
pouffé-
étouffé-
truffé-
tarifé-
attifé-
lofé-
[*L.*] d'Urfé
Voy. phé

gé
pacagé-
saccagé-
encagé-
gagé-
dégagé-
* engagé-
rengagé-
verbiagé-
treillagé-
grillagé-
soulagé-
ramagé-
imagé-
dédommagé-
endommagé-
hommagé-
nagé-
apanagé-
ménagé-
aménagé-
déménagé-
emménagé-
surnagé-
propagé-
ragé-
ombragé-
arréragé-
naufragé-
enragé-
fourragé-
affou(r)ragé-
outragé-
découragé-
encouragé-
ouvragé-
présagé-
dévisagé-
envisagé-
passagé-
étagé-
avantagé-
désavantagé-
partagé-
repartagé-
départagé-
copartagé-
quartagé-
ravagé-
voyagé-
âgé-
siégé-
assiégé-
allégé-
arpégé-
* abrégé-
* agrégé-
désagrégé-
protégé-
rédigé-
neigé-
figé-
obligé-
coobligé
(s'est) entr'obligé-
désobligé-
affligé-
infligé-
* négligé-
colligé-
fumigé-
mal-pigé
érigé-
dirigé-
* corrigé-
recorrigé-
transigé-
mitigé-
voltigé-
fustigé-
exigé-
vendangé-
changé-
rechangé-
échangé-
mélangé-
mangé-
remangé-
(s'est) entre-mangé-
démangé-
rangé-
dérangé-
frangé-
engrangé-
orangé
arrangé-
essangé-
louangé-
vengé-
singé-
congé
longé-
allongé-
rallongé-
prolongé-
plongé-
replongé-
forlongé-
épongé-
rongé-
songé
laryngé
logé-
délogé-
abrogé-
subrogé-
dérogé-
prorogé-
(s'est) arrogé-
interrogé-
chargé-
rechargé-
déchargé-
surchargé-
lithargé
margé-
émargé-
hébergé-
(s'est) gobergé-
submergé-
émergé-
immergé-
aspergé-
détergé-
abstergé-
vergé-
divergé-
envergé-
convergé-
forgé-
reforgé-
gorgé-
regorgé-
égorgé-
dégorgé-
(s'est)entr'égorgé-
engorgé-
(s'est) rengorgé-
désengorgé-
purgé-
expurgé-
(s'est) insurgé-
jaugé-
saugé
pataugé-
* jugé-
subjugé-
adjugé-
(s'est) déjugé-
- méjugé-
* préjugé-
grugé-
égrugé-
aussi G

hé
hé!

ché
caché-
écaché-
haché-
contre-haché-
panaché-
empanaché-
harnaché-
déharnaché-
enharnaché-
craché-
recraché-
arraché-
amouraché-
ensaché-
taché-
détaché-
entaché-
attaché-
rattaché-
soutaché-
cravaché-
bâché-
rabâché-
fâché-
défâché-
gâché-
lâché-
relâché-
mâché-
remâché-
tâché-
léché-
alléché-
(s'est) pourléché-
méché-
* péché-
repéché-
ébréché-
séché-
asséché-
desséché-
bêché-
pêché-
dépêché-
empêché-
prêché-
archevêché
évêché
fiché-
affiché-
* cliché-
niché-
déniché-
pleurniché-
défriché-
triché-
entiché-
déhanché-
démanché-
endimanché-
emmanché-
remmanché-
désemmanché-
épanché-
branché-
ébranché-
embranché-
tranché-
retranché-
étanché-
revanché-
penché-
jonché-
bronché-
décoché-
ricoché-
encoché-
hoché-
pioché-
cloché-
effiloché-
guilloché-
pignoché-
poché-
dépoché-
empoché-
rempoché-
broché-
débroché-
embroché-
accroché-
raccroché-
décroché-
reproché-
approché-
rapproché-
bavoché-
* marché-
cherché-
recherché-
perché-
* écorché-
torché-
fourché-
affourché-
enfourché-
ébauché-
débauché-
embauché-
fauché-
refauché-
chevauché-
bûché-
débuché-
trébuché-
rembuché-
(s'est) embuché-
duché
grand-duché
archiduché
huché-
juché-
déjuché-
peluché-
épluché-
bouché-
abouché-
rebouché-
* débouché-
embouché-
couché-
accouché-
recouché-
découché-
douché-
louché-
mouché-
remouché-
émouché-
escarmouché-
effarouché-

touché-
retouché-
ruché-
[*M.*] * Psyché
plus dolce

hé

ohé!

Voy. é précédé d'une voyelle

phé

paraphé-
triomphé-
apostrophé-
philosophé-

Voy. fé

rhé

arrhé-

Voy. ré

thé

thé

Voy. té, aussi T

vhé

[*B.*] Iavhé

Voy. vé

ié

labié
bilabié
stibié
émacié-
gracié-
disgracié-
déprécié-
apprécié-
maléficié
bénéficié-
préjudicié-
officié-
supplicié-
justicié-
vicié-
circonstancié-
licencié-
quintessencié-
négocié-
* associé-
coassocié
désassocié-
remercié-
scié-
fascié
(s'est) soucié-
radié-
irradié-
dédié-
congédié-
remédié-
intermédié-
expédié-
réexpédié-
incendié-
mendié-
stipendié-
amodié-
psalmodié-
parodié-
répudié-
étudié-
planchéié-
(s'est) fié-
rubéfié-
défié-
madéfié-
(s'est) méfié-
tuméfié-
stupéfié-
raréfié-
torréfié-
putréfié-
liquéfié-
barbifié-
pacifié-
spécifié-
dulcifié-
* crucifié-
édifié-
réédifié-
acidifié-
solidifié-
lapidifié-
mondifié-
codifié-
modifié-
déifié-
gazéifié-
palifié-
salifié-
qualifié-
disqualifié-
mollifié-
amplifié-
simplifié-
ramifié-
momifié-
panifié-
lénifié-
magnifié-
lignifié-
signifié-
personnifié-
bonifié-
saponifié-
carnifié-
unifié-
scarifié-
saccharifié-
clarifié-
lubrifié-
sacrifié-
vérifié-
scorifié-
glorifié-
corporifié-
terrifié-
pétrifié-
vitrifié-
purifié-
falsifié-
versifié-
diversifié-
classifié-
ossifié-
béatifié-
ratifié-
gratifié-
stratifié-
rectifié-
sanctifié-
fructifié-
acétifié-
identifié-
notifié-
certifié-
fortifié-
mortifié-
immortifié
justifié-
mystifié-
vivifié-
revivifié-
solfié-
confié-
plagié-
privilégié-
élogié-
réfugié-
télégraphié-
calligraphié-
lithographié-
orthographié-
sténographié-
photographié-
autographié-
atrophié-
hypertrophié-
lié-
oublié-
publié-
republié-
relié-
délié-
cilié
domicilié-
concilié-
réconcilié-
affilié-
humilié-
résilié-
* allié-
pallié-
rallié-
mésallié-
enlié-
folié
parvifolié
perfolié
interfolié-
exfolié-
spolié-
plié-
replié-
déplié-
multiplié-
remplié-
supplié-
émié-
nié-
manié-
remanié
renié-
dénié-
(s'est) ingénié-
arsénié
lacinié
calomnié-
antinomié
communié-
excommunié-
épié-
pépié-
copié-
recopié-
estropié-
expié-
inexpié
carié-
vicarié-
salarié-
marié-
remarié-
démarié-
parié-
déparié-
apparié-
rapparié-
désapparié-
contrarié-
notarié
varié-
avarié-
crié-
décrié-
(s'est) récrié-
(s'est) écrié-
férié
pilorié-
colorié-
armorié-
inventorié-
historié-
prié-
déprié-
approprié-
désapproprié-
exproprié-
charrié-
trié-
rapatrié-
expatrié-
* strié-
injurié-
kyrié
rassasié-
apostasié-
(s'est) extasié-
châtié-
amitié
inimitié
initié-
moitié
pitié
transsubstantié-
différentié-
amnistié-
dévié-
envié-
renvié-
convié-
asphyxié-

Avec les mots en italique dont ié est monosyllabique *voy.* yé; avec les autres *voy.* é formant syllabe comme dans aé, éé, oé, ué non précédé de g ou de q, yé et hé

ké

polké-
mazurké-

Voy. qué

lé

lé
cabalé-
brimbalé-
trimbalé-
calé-
écalé-
décalé-
intercalé-
pédalé-
affalé-
égalé-
régalé-
halé-
inhalé-
exhalé-
signalé-
empalé-
salé-
pré-salé
dessalé-
talé-
étalé-
détalé-
avalé-
ravalé-
chevalé-
dévalé-
hâlé-
déhâlé-
râlé-
blé
accablé-
chablé-
endiablé-
jablé-
sablé-
ensablé-
désensablé-
tablé
établé
attablé-
* câblé
hâblé
râblé
criblé
amblé
tremblé
semblé

* assemblé-
rassemblé-
désassemblé-
ressemblé-
comblé-
meublé-
remeublé-
démeublé-
affublé-
* doublé-
redoublé-
dédoublé-
rendoublé-
troublé-
clé
raclé-
bâclé-
débâclé-
renâclé-
sarclé-
cerclé-
recerclé-
décerclé-
bouclé-
débouclé-
puddlé-
gabelé-
barbelé
celé-
* recelé-
décelé-
ficelé-
déficelé-
chancelé-
étincelé-
amoncelé-
harcelé-
morcelé-
ensorcelé-
désensorcelé-
* modelé-
cordelé-
gelé-
regelé-
dégelé-
congelé-
dessemelé-
ressemelé-
pommelé-
grommelé-
jumelé-
grumelé-
engrumelé-
grenelé-
crénelé-
agnelé-
annelé-
cannelé-
tonnelé-
pelé-
chapelé-
épelé-
appelé-
réappelé-
rappelé-
(s'est) entr'appelé-
carrelé-
recarrelé-
décarrelé-

bourrelé-
ciselé-
oiselé-
ruisselé-
bosselé-
fuselé
muselé-
démuselé-
batelé-
râtelé-
dételé-
enchantelé-
démantelé-
pantelé-
dentelé-
potelé
côtelé
écartelé-
martelé-
encastelé-
attelé-
réattelé-
brettelé-
bottelé-
craquelé
javelé-
enjavelé-
clavelé
gravelé
tavelé-
échevelé
déchevelé-
nivelé-
grivelé-
écervelé
cuvelé-
renouvelé-
sphacélé
hélé-
révélé-
zélé
bêlé-
fêlé-
mêlé-
remêlé-
entremêlé-
* démêlé-
emmêlé-
grêlé-
engrêlé-
vêlé-
raflé-
éraflé-
afflé
mafflé
sifflé-
* soufflé-
essoufflé-
insufflé-
giflé-
reniflé-
écorniflé-
riflé-
persiflé-
enflé-
renflé-
désenflé-
gonflé-
regonflé-

dégonflé-
ronflé-
marouflé-
boursouflé-
emmitouflé-
réglé-
déréglé-
biglé-
étranglé-
sanglé-
dessanglé-
cinglé-
épinglé-
tringlé-
jonglé-
beuglé-
meuglé-
aveuglé-
désaveuglé-
ailé
* jubilé-
* filé-
* défilé-
tréfilé-
affilé-
* effilé-
enfilé-
renfilé-
désenfilé-
profilé-
parfilé-
faufilé-
éfaufilé-
annihilé-
fac-similé
assimilé-
* étoilé-
entoilé-
rentoilé-
voilé-
dévoilé-
envoilé-
pilé-
épilé-
dépilé-
horripilé-
empilé-
compilé-
opilé-
désopilé-
ensilé-
ventilé-
narguilé
huilé-
exilé
allé-
ballé-
déballé-
emballé-
remballé-
désemballé-
dallé-
tallé-
installé-
réinstallé-
rebellé-
* libellé-
pédicellé
parcellé-

* scellé-
descellé-
contre-scellé-
excellé-
préexcellé-
flagellé-
Hellé
emmiellé-
* niellé-
viellé-
lamellé
interpellé-
coupellé-
querellé-
(s'est) entre-querellé-
sellé-
ensellé
dessellé-
constellé
ruellé-
baillé-
bâillé-
entre-bâillé-
* *caillé-*
écaillé-
médaillé-
marchandaillé-
godaillé-
intrigaillé-
piaillé-
criaillé-
maillé-
chamaillé-
émaillé-
rimaillé-
remmaillé-
encanaillé-
dépenaillé
grenaillé-
tenaillé-
sonnaillé-
tournaillé-
quoaillé-
paillé-
dépaillé-
empaillé-
rempaillé-
raillé-
braillé-
* *débraillé-*
éraillé-
déraillé-
graillé-
tiraillé-
ferraillé-
hourraillé-
mitraillé-
cisaillé-
grisaillé-
gueusaillé-
taillé-
bataillé-
retaillé-
(*s'est*)*entre-taillé-*
détaillé-
répétaillé-
brétaillé-
avitaillé-
ravitaillé-

entaillé-
enfutaillé-
disputaillé-
fouaillé-
gouaillé-
jouaillé-
travaillé-
retravaillé-
écrivaillé-
babillé-
habillé-
rhabillé-
* *déshabillé-*
gambillé-
dégobillé-
cillé-
vacillé-
pénicillé
verticillé
sourcillé-
oscillé-
brandillé-
fendillé-
pendillé-
godillé-
mordillé-
herbeillé-
ensoleillé-
sommeillé-
dépareillé-
appareillé-
rappareillé-
désappareillé-
conseillé-
déconseillé-
teillé-
veillé-
éveillé-
réveillé-
émerveillé-
surveillée-
sigillé
fourmillé-
smillé-
échenillé-
cochenillé-
pillé-
grapillé-
estampillé-
éparpillé-
gaspillé-
houspillé-
roupillé-
toupillé-
étoupillé-
brillé-
quadrillé
grillé-
essorillé-
étrillé-
sillé-
nasillé-
brasillé-
brésillé-
grésillé-
égosillé-
persillé
boursillé-
dessillé-

roussillé-
fusillé-
bousillé-
pétillé-
frétillé-
vétillé-
titillé-
scintillé-
pointillé
artillé
tortillé-
détortillé-
entortillé-
désentortillé-
bastillé-
embastillé-
encastillé-
distillé-
instillé-
apostillé-
émoustillé-
croustillé-
sautillé-
outillé-
* *feuillé-*
défeuillé-
effeuillé-
aiguillé-
ouillé-
gribouillé-
barbouillé-
débarbouillé-
embarbouillé-
écarbouillé-
bredouillé-
débredouillé-
fouillé-
refouillé-
affouillé-
farfouillé-
gargouillé-
mouillé-
remouillé-
agenouillé-
pouillé-
épouillé-
dépouillé-
rouillé-
brouillé-
débrouillé-
embrouillé-
dérouillé-
grouillé-
enrouillé-
verrouillé-
déverrouillé-
patrouillé-
souillé-
chatouillé-
gazouillé-
quillé-
maquillé-
béquillé-
coquillé-
recoquillé-
écarquillé-
chevillé-
recroquevillé-
collé-

recollé-
décollé-
encollé-
équipollé-
grisollé-
tollé
branlé-
ébranlé-
carambolé-
racolé-
caracolé-
accolé-
récolé-
bricolé-
dolé-
gondolé-
flageolé-
lancéolé
urcéolé
alvéolé
affolé-
raffolé-
batifolé-
rigolé-
dégringolé-
bariolé-
cabriolé-
affriolé-
vitriolé
étiolé-
pétiolé
violé-
cajolé-
immolé-
fignolé-
interpolé-
désolé-
insolé-
consolé-
inconsolé
assolé-
dessolé-
rissolé-
rafistolé-
volé-
revolé-
(s'est) envolé-
convolé-
enjôlé-
rôlé-
frôlé-
* enrôlé-
trôlé-
contrôlé-
triplé-
contemplé-
décuplé-
peuplé-
repeuplé-
dépeuplé-
nonuplé-
couplé-
accouplé-
désaccouplé-
* découplé-
quadruplé-
octuplé-
centuplé-
quintuplé-

septuplé-
sextuplé-
parlé-
reparlé-
(ne) déparlé-
ferlé-
déferlé-
perlé-
hurlé-
ourlé-
gaulé-
chaulé-
échaulé-
miaulé-
piaulé-
épaulé-
confabulé-
démantibulé-
déambulé-
subulé
tubulé
éjaculé-
maculé-
immaculé
acculé-
reculé-
éculé-
spéculé-
fasciculé
pédiculé
vermiculé
paniculé
immatriculé-
auriculé
réticulé
articulé-
biarticulé
inarticulé
désarticulé-
gesticulé-
onguiculé
claviculé
calculé-
pédonculé
inoculé-
operculé-
circulé-
basculé-
bousculé-
adulé-
acidulé
ondulé-
modulé-
esseulé
gueulé-
égueulé-
coagulé-
ongulé
jugulé-
pullulé-
repullulé-
simulé-
dissimulé-
stimulé-
formulé-
cumulé-
accumulé-
campanulé
granulé-

annulé-
saboulé-
éboulé-
blackboulé-
échauboulé
* coulé-
écoulé-
découlé-
roucoulé-
foulé-
refoulé-
débagoulé-
engoulé-
moulé-
démoulé-
vermoulé-
surmoulé-
ampoulé
roulé-
croulé-
écroulé-
déroulé-
enroulé-
soûlé-
dessoûlé-
crapulé-
manipulé-
stipulé-
* brûlé-
congratulé-
capitulé-
récapitulé-
* intitulé-
postulé-
stylé-
Aussi cantabile

mé

amé
damé-
dédamé-
vidamé
famé
affamé-
diffamé-
mal famé
amalgamé-
lamé
acclamé-
déclamé-
réclamé-
proclamé-
(s'est) exclamé-
ramé-
bramé-
tramé-
étamé-
rétamé-
entamé-
rentamé-
blâmé-
pâmé-
semé-
parsemé-
clairsemé
sursemé-
ressemé-
blasphémé-

crémé
écrémé
s'est décarêmé
Lakmé
rythmé
* aimé
bien aimé
(s'est) entr'aimé
essaimé
abîmé
écimé
décimé
dîmé
(s'est) rédimé
limé
* sublimé
élimé
mimé
animé
inanimé
ranimé
envenimé
rimé
brimé
escrimé
périmé
grimé
dirimé
primé
déprimé
réprimé
* imprimé
réimprimé
comprimé
opprimé
supprimé
exprimé
arrimé
trimé
victimé
légitimé
intimé
estimé
mésestimé
maximé
calmé
palmé
spalmé
enflammé
renflammé
gommé
dégommé
nommé
renommé
dénommé
prénommé
surnommé
susnommé
pommé
sommé
consommé
assommé
innomé
Gérome
épitomé
chômé
diplômé
armé
s'est gendarmé

charmé-
alarmé-
désarmé-
fermé-
refermé-
affermé-
sous-affermé-
* enfermé-
* renfermé-
germé-
affirmé-
infirmé-
confirmé-
formé-
reformé-
déformé-
réformé-
difformé-
* informé-
conformé-
chloroformé-
transformé-
* gourmé-
enthousiasmé-
embaumé-
chaumé-
déchaumé-
paumé-
empaumé-
écumé-
* fumé-
enfumé-
parfumé-
humé-
inhumé-
enrhumé-
désenrhumé-
transhumé-
exhumé-
allumé-
rallumé-
plumé-
déplumé-
emplumé-
s'est remplumé-
embrumé-
* résumé-
présumé-
consumé-
assumé-
costumé-
apostumé-
accoutumé-
réaccoutumé-
inaccoutumé
(s'est) raccoutumé-
désaccoutumé-

né

né-
cabané-
haubané-
* rubané-
chicané-
ricané-
cancané-
boucané-
succédané
fané-
profané-
ahané-
glané-
plané-
aplané-
émané-
pané-
trépané-
safrané-
méditerrané
basané-
charlatané-
satané
simultané
instantané
momentané
spontané
cutané
intercutané
sous-cutané
(s'est) pavané-
flâné-
acné
échidné
forcené
affené-
halené-
aveugle-né
mené-
amené-
ramené-
remené-
(s'est) démené-
malmené-
emmené-
remmené-
promené-
surmené-
René
effrené
enchifrené-
grené-
égrené-
* gangrené-
engrené-
désengrené-
Gros-René
asséné-
ébéné-
morigéné-
hydrogéné
oxygéné-
désoxygéné-
aliéné-
abaliéné-
caréné-
créné-
rasséréné-
réfréné-
rengréné-
séné
gêné-
gagné-
regagné-
accompagné-
régné-
imprégné-
igné
baigné-
daigné-
dédaigné-
aplaigné-
saigné-
ressaigné-
[*L.*] *d'Aubigné*
indigné-
engeigné-
* *peigné-*
malpeigné
enseigné-
renseigné-
rechigné-
aligné-
cligné-
enligné-
interligné-
forligné-
souligné-
éloigné-
témoigné-
empoigné-
soigné-
trépigné-
signé-
contresigné-
désigné-
résigné-
consigné-
assigné-
réassigné-
* *soussigné-*
égratigné-
guigné-
barguigné-
[*L.*] *de Sévigné*
provigné-
cogné-
recogné-
encogné-
rencogné-
hogné-
rogné-
(*s'est*) *refrogné-*
renfrogné-
grogné-
[*M.*] Progné
ivrogné-
besogné-
embesogné
épargné-
éborgné-
lorgné-
répugné-
[*M.*] Arachné
[*M.*] * Daphné
aîné
dégainé-
engainé-
rengainé-
chaîné-
déchaîné-
enchaîné-
renchaîné-
désenchaîné-
lainé-
drainé-
égrainé-
traîné-
entraîné-
rentraîné-
biné-
carabiné
rebiné-
lambiné-
combiné-
bobiné-
turbiné
raciné-
déraciné-
enraciné-
vacciné-
revacciné-
médeciné-
vaticiné-
calciné-
ratiociné-
fasciné-
halluciné-
dîné-
badiné-
dandiné-
rondiné-
(s'est) dodiné-
jardiné-
baleiné
peiné-
chanfreiné-
veiné-
affiné-
raffiné-
confiné-
imaginé-
paginé-
marginé-
albuginé
ruginé-
chiné-
machiné-
échiné-
[*G.*] Dauphiné
câliné-
praliné-
décliné-
incliné-
dodeliné-
pateliné-
zinzoliné-
discipliné-
indiscipliné
bouliné-
mouliné-
pouliné-
miné-
gaminé-
laminé-
foraminé
contaminé-
examiné-
cheminé-
acheminé-
parcheminé
contreminé-
efféminé-
géminé
disséminé-
éliminé-
récriminé-
incriminé-
culminé
fulminé-
abominé-
dominé-
prédominé-
innominé
carminé
terminé-
déterminé-
prédéterminé-
indéterminé
exterminé-
acuminé
illuminé-
enluminé-
ruminé-
bituminé-
rapiné-
préopiné-
chopiné-
clopiné-
inopiné
turlupiné-
enfariné-
mariné-
amariné-
seriné-
entériné-
chagriné-
endoctriné-
uriné-
buriné-
tambouriné-
emmagasiné-
lésiné-
ensaisiné-
voisiné-
avoisiné-
envoisiné
cuisiné-
organsiné-
bassiné-
assassiné-
dessiné-
houssiné-
ébousiné-
cousiné-
patiné-
ratiné-
gratiné-
satiné-
(s'est) ratatiné-
piétiné-
cabotiné-
guillotiné-
libertiné-
(s'est) obstiné-
destiné-
prédestiné-
festiné-
trottiné-
butiné-
lutiné-
agglutiné-
conglutiné-
(s'est) mutiné-
routiné
embéguiné-

embabouiné-
fouiné-
baragouiné-
puiné
quiné
taquiné-
mannequiné
emmannequiné-
acoquiné-
maroquiné-
damasquiné-
bouquiné-
ruiné-
bruiné-
viné-
aviné-
raviné-
deviné-
aleviné-
* damné-
dédamné-
condamné-
banné-
enrubanné-
canné
empanné-
suranné
* tanné-
chouanné-
rouanné-
vanné-
penné
empenné-
étrenné-
moyenné-
inné
abonné-
charbonné-
braconné-
gasconné-
façonné-
maçonné-
estramaçonné-
caparaçonné-
rançonné-
charançonné
étançonné-
poinçonné-
tronçonné-
étronçonné-
soupçonné-
désarçonné-
donné-
(s'est) adonné-
espadonné-
redonné-
fredonné-
(s'est)entre-donné-
amidonné-
abandonné-
brandonné-
bondonné-
débondonné-
échardonné-
lardonné-
pardonné-
guerdonné-
ordonné-
subordonné-
insubordonné
cordonné-
coordonné-
bourdonné-
drageonné-
badigeonné-
bourgeonné-
ébourgeonné-
plafonné-
chiffonné-
griffonné-
bouffonné-
parangonné-
fourgonné-
bougonné-
mâchonné-
bichonné-
folichonné-
cochonné-
torchonné-
bouchonné-
capuchonné
encapuchonné-
gabionné-
camionné-
pionné-
espionné-
occasionné-
approvisionné-
émulsionné-
pensionné-
passionné-
impressionné-
démissionné-
commissionné-
permissionné-
soumissionné-
fusionné-
illusionné-
désillusionné-
contusionné-
collationné-
rationné-
stationné-
actionné-
fractionné-
affectionné-
désaffectionné-
confectionné-
perfectionné-
collectionné-
sectionné-
frictionné-
sanctionné-
fonctionné-
(s'est) concrétionné-
ambitionné-
additionné-
conditionné-
munitionné-
amunitionné-
perquisitionné-
pétitionné-
mentionné-
susmentionné
intentionné
malintentionné
attentionné
subventionné-
émotionné-
proportionné-
disproportionné-
bastionné-
congestionné-
questionné-
cautionné-
précautionné-
révolutionné-
mixtionné-
galonné-
jalonné-
talonné-
étalonné-
sablonné-
houblonné-
échelonné-
mamelonné
pilonné-
ballonné-
baillonné-
graillonné-
tourbillonné-
réveillonné-
vermillonné-
papillonné-
carillonné-
émerillonné
sillonné-
nasillonné-
étrésillonné-
tâtillonné-
échantillonné-
aiguillonné-
bouillonné-
brouillonné-
égravillonné-
écouvillonné-
boulonné-
marmonné-
sermonné-
ânonné-
canonné-
déguignonné-
maquignonné-
rognonné-
caponné-
friponné-
lantiponné-
cramponné-
tamponné-
pomponné-
harponné-
maronné-
escadronné-
godronné-
goudronné-
quarderonné-
chaperonné-
déchaperonné-
enchaperonné-
éperonné-
environné-
marronné-
patronné-
citronné
plastronné-
fleuronné
couronné-
découronné-
sonné-
blasonné-
résonné-
liaisonné-
raisonné-
déraisonné-
assaisonné-
dessaisonné-
foisonné-
cloisonné-
empoisonné-
grisonné-
emprisonné-
désemprisonné-
tisonné-
chansonné-
personné
polissonné-
moissonné-
empoissonné-
rempoissonné-
frissonné-
écussonné-
tonné-
bâtonné-
tâtonné-
gueuletonné-
étonné-
bétonné-
détonné-
mitonné-
capitonné-
cantonné-
chantonné-
entonné-
(s'est) cotonné-
pelotonné-
cartonné-
festonné-
testonné-
boutonné-
reboutonné-
déboutonné-
moutonné-
savonné-
rayonné-
crayonné-
gazonné-
regazonné-
carboné
protocarboné
archidiaconé
cotylédoné
acotylédoné
téléphoné-
[*M.*] Dioné
ramoné-
saumoné
époumoné-
péroné
erroné
dissoné-
zoné
ozoné
prôné-
trôné-
détrôné-
carné
* incarné-
acharné-
écharné-
décharné-
marné
berné
hiberné
cerné
décerné
concerné
discerné
moderné
premier-né
dernier-né
caserné
alterné
lanterné
interné
consterné
prosterné
hiverné
baliverné
gouverné
orné
borné
aborné
suborné
* corné
écorné
décorné
encorné
flagorné
défourné
enfourné
ajourné
réajourné
séjourné
tourné
atourné
retourné
détourné
chantourné
contourné
bistourné
mort-né
auné
nouveau-né
sauné
jeûné
déjeuné
aluné
faluné
* Fortuné
infortuné
importuné
[*M.*] Phryné
Aussi mezzo termine, cicerone, canzone

oé

Chloé
[*B.*] Noé
[*M.*] Arsinoé
Robinson Crusoé
Zoé

Voy. é formant syllabe comme dans aé, éé, ié, ué non précédé de g ou de q, yé et hé

pé
décapé-
enchapé-
lapé-
canapé
rapé-
drapé-
dérapé-
étrapé-
attrapé-
rattrapé-
sapé-
tapé-
retapé-
recépé-
* crêpé-
récipé
anticipé-
participé-
émancipé-
excipé-
chipé-
pipé-
ripé-
fripé-
étripé-
dissipé-
constipé-
équipé-
scalpé-
palpé-
inculpé-
disculpé-
pulpé-
campé-
décampé-
lampé-
rampé-
étampé-
estampé-
trempé-
retrempé-
détrempé-
[*G.*] Tempé
grimpé-
pompé-
trompé-
détrompé-
estompé-
syncopé-
télescopé-
galopé-
éclopé-
topé-
happé-
* échappé-
réchappé-
jappé-
clappé-
frappé-
refrappé-
(s'est) entre-frappé-
égrappé-
nippé-
grippé-
agrippé-
choppé-
achoppé-
échoppé-
développé-
enveloppé-
renveloppé-
stoppé-
huppé
houppé-
escarpé-
* harpé-
écharpé-
extirpé-
usurpé-
jaspé-
crispé-
occupé-
réoccupé-
préoccupé-
inoccupé
désoccupé
dupé-
* coupé-
recoupé-
s'est entrecoupé-
découpé-
surcoupé-
houpé-
groupé-
agroupé-
attroupé-
soupé-
étoupé-
stéréotypé-
daguerréotypé-
aussi P

ré
ré
effaré-
garé-
déclaré-
paré-
accaparé-
déparé-
réparé-
séparé-
désemparé-
(s'est) remparé-
(s'est) emparé-
comparé-
taré-
(s'est) cabré-
délabré-
sabré-
célébré-
vertébré
invertébré
zébré-
calibré-
équilibré-
déséquilibré
vibré-
ambré-
cambré-
chambré-
membré
démembré-
timbré-
ombré-
obombré-
décombré-
encombré-
désencombré-
nombré-
dénombré-
sombré-
marbré-
élucubré-
nacré-
sacré-
consacré-
massacré-
exécré-
ancré-
échancré-
désancré-
encré-
involucré
sucré-
cadré-
encadré-
madré
André
calandré-
cendré
engendré-
cylindré-
effondré-
poudré-
dépoudré-
saupoudré-
aéré-
libéré-
délibéré-
indélibéré
obéré-
reverbéré-
exubéré-
acéré-
lacéré-
dilacéré-
macéré-
ulcéré-
exulcéré-
incarcéré-
* fédéré-
confédéré-
considéré-
déconsidéré-
inconsidéré
pondéré-
modéré-
immodéré
déféré-
* référé-
préféré-
différé-
vociféré-
légiféré-
pestiféré
inféré-
conféré-
proféré-
transféré-
géré-
exagéré-
suggéré-
digéré-
ingéré-
jachéré-
adhéré-
éthéré
aciéré-
maniéré
* arriéré-
accéléré-
toléré-
réméré
aggloméré-
congloméré-
énuméré-
régénéré-
vénéré-
incinéré-
exonéré-
rémunéré-
repéré-
tempéré-
obtempéré-
intempéré
opéré-
coopéré-
exaspéré-
espéré-
inespéré
désespéré-
prospéré-
(s'est) récupéré-
vitupéré-
miséréré
liséré
inséré-
déblatéré-
invétéré-
réitéré-
oblitéré-
altéré-
inaltéré
désaltéré-
adultéré-
cœlentéré
avéré-
révéré-
persévéré-
bafré-
balafré-
[*H.*] Galimafré
chiffré-
déchiffré-
empiffré-
coffré-
encoffré-
engouffré-
goinfré-
gaufré-
soufré-
ensoufré-
gré
degré
intégré-
réintégré-
vinaigré-
émigré-
immigré-
transmigré-
dénigré-
tigré
malgré
camphré-
airé-
affairé
éclairé-
flairé-
ciré-
adiré-
lithargiré
déchiré
(s'est) entre-déchiré-
déliré-
miré-
admiré-
(s'est) entr'admiré-
foiré-
moiré-
poiré
empiré-
aspiré
respiré
transpiré-
inspiré
conspiré-
soupiré-
expiré-
* Désiré-
tiré-
retiré-
contre-tiré-
étiré-
détiré-
attiré-
soutiré-
viré-
chaviré-
reviré-
élaboré-
collaboré-
corroboré-
arboré-
décoré-
picoré-
édulcoré-
* doré-
adoré-
redoré-
dédoré-
odoré-
subodoré-
mordoré
surdoré-
foré-
perforé-
phosphoré
protophosphoré
amélioré-
détérioré-
majoré-
défloré-
chloré
coloré-
décoloré-
éploré
déploré-
imploré-
exploré-
inexploré
remémoré-
commémoré-
timoré
ignoré-
* Honoré-
déshonoré-
évaporé-
incorporé-

réincorporé-
péroré-
sosoré
essoré-
expectoré-
dévoré-
s'est) entre-dévoré-
pré
diapré-
épampré-
pourpré
empourpré-
beaupré
barré-
billebarré-
débarré-
rembarré-
* carré-
contrecarré-
bi-carré
bigarré-
amarré-
chamarré-
démarré-
narré-
erré-
ferré-
referré-
déferré-
enferré-
épierré-
empierré-
serré-
enserré-
desserré-
resserré-
terré-
déterré-
enterré-
atterré-
abhorré-
* beurré-
leurré-
bourré-
débourré-
embourré-
rembourré-
* fourré-
(s'est) opiniâtré-
idolâtré-
folâtré-
plâtré-
replâtré-
* métré-
kilométré-
pénétré-
pétré
dépétré-
impétré-
perpétré-
salpêtré-
empêtré-
guêtré-
enchevêtré-
arbitré-
récalcitré-
mitré
cloîtré-
chapitré-
titré-

attitré
vitré-
filtré-
infiltré-
entré-
concentré-
rentré-
éventré-
cintré-
décintré-
rencontré-
montré-
remontré-
démontré-
encastré-
cadastré-
orchestré-
fenestré
séquestré-
bistré-
registré-
enregistré-
administré-
lustré-
délustré-
illustré-
frustré-
lettré
illettré
vautré-
feutré-
calfeutré-
outré-
accoutré-
raccoutré-
sauré-
restauré-
instauré-
protocarburé
* curé-
écuré-
récuré-
procuré-
duré-
enduré-
induré
ioduré
prieuré
fleuré-
affleuré-
effleuré-
pleuré-
demeuré-
écœuré-
apeuré
épeuré
sulfuré
figuré-
défiguré-
configuré-
transfiguré-
auguré-
inauguré-
machuré-
* juré-
abjuré-
adjuré-
conjuré-
(s'est) parjuré-
déluré

muré-
amuré-
contre-muré-
claquemuré-
démuré-
murmuré-
labouré-
gouré-
ajouré
(s'est) énamouré-
entouré-
savouré-
apuré-
épuré-
dépuré-
suppuré-
protochloruré
mesuré-
remesuré-
démesuré
censuré-
tonsuré-
assuré-
rassuré-
pressuré-
courbaturé-
caricaturé-
prématuré
dénaturé-
pâturé-
raturé-
saturé-
facturé-
manufacturé-
fracturé-
conjecturé-
voituré-
trituré-
aventuré-
peinturé-
clôturé-
capturé-
torturé-
bouturé-
couturé-
azuré-
navré-
sevré-
enfiévré-
livré-
délivré-
enivré-
désenivré-
poivré-
cuivré-
manœuvré-
* désœuvré-
ouvré-
recouvré-
aussi arrhé

sé

basé-
casé-
jasé-
blasé-
rasé-
arasé-
brasé-
ébrasé-

embrasé-
écrasé-
phrasé-
paraphrasé-
périphrasé-
extravasé-
évasé-
transvasé-
pesé-
empesé-
désempesé-
soupesé-
diésé-
lésé-
alésé-
blésé-
aisé
baisé-
(s'est) entre-baisé-
biaisé-
niaisé-
déniaisé-
falaisé-
malaisé
glaisé-
anglaisé-
apaisé-
braisé-
fraisé-
graisé-
mortaisé-
emmortaisé-
judaïsé-
hébraïsé-
prosaïsé-
bisé-
tabisé-
grécisé-
précisé-
laïcisé-
* francisé-
incisé-
exorcisé-
excisé-
catéchisé-
sympathisé-
balisé-
verbalisé-
alcalisé-
localisé-
vocalisé-
scandalisé-
idéalisé-
réalisé-
égalisé-
légalisé-
spécialisé-
matérialisé-
immatérialisé-
trivialisé-
animalisé-
(s'est) formalisé-
canalisé-
criminalisé-
nationalisé-
dénationalisé-
coalisé-
fédéralisé-
généralisé-
minéralisé-

moralisé-
démoralisé-
centralisé-
décentralisé-
neutralisé-
pluralisé-
naturalisé-
dénaturalisé-
nasalisé-
universalisé-
capitalisé-
totalisé-
brutalisé-
individualisé-
actualisé-
spiritualisé-
dévalisé-
rivalisé-
fleurdelisé-
évangélisé-
caramélisé-
mobilisé-
immobilisé-
stérilisé-
volatilisé-
subtilisé-
fertilisé-
utilisé-
inutilisé
civilisé-
incivilisé
métallisé-
cristallisé-
tranquillisé-
symbolisé-
bémolisé-
nolisé-
alcoolisé-
monopolisé-
ridiculisé-
macadamisé-
tamisé-
remisé-
économisé-
anatomisé-
phlébotomisé-
uniformisé-
chloroformisé-
anisé-
mécanisé-
républicanisé-
volcanisé
vulcanisé-
organisé-
réorganisé-
désorganisé-
italianisé-
christianisé-
germanisé-
humanisé-
tympanisé-
botanisé-
galvanisé-
féminisé-
latinisé-
crétinisé-
divinisé-
indemnisé-
tyrannisé-
solennisé-

carbonisé-
préconisé-
adonisé-
agonisé-
colonisé-
harmonisé-
canonisé-
impatronisé-
intronisé-
platonisé-
modernisé-
fraternisé-
éternisé-
subalternisé-
boisé-
reboisé-
déboisé-
framboisé-
ardoisé
dégoisé-
moisé-
chamoisé-
* croisé-
(s'est)entre-croisé-
décroisé-
chassé-croisé
toisé-
patoisé-
pavoisé-
apprivoisé-
pisé
sinapisé
solidarisé-
pindarisé-
vulgarisé-
(s'est) gargarisé-
familiarisé-
polarisé-
sécularisé-
particularisé-
régularisé-
(s'est) singularisé-
popularisé-
dépopularisé-
militarisé-
charivarisé-
brisé-
éthérisé-
caractérisé-
cautérisé-
pulvérisé-
frisé-
refrisé-
défrisé-
grisé-
vert-de-grisé
égrisé-
dégrisé-
irisé-
satirisé-
elléborisé
herborisé-
météorisé-
allégorisé-
vaporisé-
temporisé-
terrorisé-
autorisé-
favorisé-
* prisé-

reprisé-
déprisé-
méprisé-
cicatrisé-
électrisé-
symétrisé-
maîtrisé-
thésaurisé-
monseigneurisé-
caricaturisé-
porphyrisé-
martyrisé-
médiatisé-
dramatisé-
anathématisé-
systématisé-
stigmatisé-
dogmatisé-
aromatisé-
achromatisé-
rhumatisé
fanatisé-
démocratisé-
pactisé-
prophétisé-
synthétisé-
émétisé-
magnétisé-
démonétisé-
poétisé-
dépoétisé-
pédantisé-
galantisé-
cotisé-
baptisé-
rebaptisé-
débaptisé-
expertisé-
courtisé-
attisé-
déguisé-
aiguisé-
menuisé-
amenuisé-
puisé-
épuisé-
visé-
avisé-
malavisé
slavisé-
(s'est) ravisé-
devisé-
revisé-
divisé-
subdivisé-
improvisé-
valsé-
compulsé-
expulsé-
convulsé
dansé-
pansé-
censé
acensé-
accensé-
recensé-
encensé-
condensé-
offensé-
pensé-

repensé-
dépensé-
compensé-
récompensé-
dispensé-
sensé
insensé
pétunsé
osé-
dosé-
métamorphosé-
glosé-
* ankylosé-
(s'est) anastomosé-
ecchymosé-
posé-
juxtaposé-
reposé-
(s'est) entreposé-
déposé-
préposé-
imposé-
composé-
recomposé-
décomposé-
surcomposé
proposé-
apposé-
réapposé-
opposé-
supposé-
présupposé-
superposé-
interposé-
disposé-
prédisposé-
indisposé-
transposé-
* exposé-
rosé
nécrosé-
couperosé-
arrosé-
éclipsé-
hersé-
dispersé-
tersé-
retersé-
versé-
traversé-
retraversé-
bouleversé-
reversé-
déversé-
tergiversé-
malversé-
renversé-
conversé-
controversé-
corsé
* *déboursé-*
emboursé-
remboursé-
cassé-
jacassé-
fracassé-
tracassé-
recassé-
fricassé-
concassé-

avocassé-
* *chassé-*
rechassé-
enchâssé-
pourchassé-
lassé-
échalassé-
* *classé-*
déclassé-
matelassé-
délassé-
(s'est) prélassé-
brouillassé-
massé-
amassé-
* *damassé-*
ramassé-
[*B.*] *Manassé*
cadenassé-
traînassé-
finassé-
coassé-
croassé-
passé-
estrapassé-
repassé-
contre-passé-
outrepassé-
dépassé-
trépassé-
compassé-
surpassé-
harassé-
brassé-
embrassé-
crassé-
décrassé-
encrassé-
paperassé-
tirassé-
cuirassé-
encuirassé-
débarrassé-
embarrassé-
terrassé-
sassé-
ressassé-
tassé-
rapetassé-
entassé-
crevassé-
rêvassé-
cessé-
fessé-
confessé-
professé-
blessé-
caressé-
paressé-
dressé-
adressé-
redressé-
intéressé-
co-intéressé
désintéressé-
progressé-
transgressé-
pressé-
* *empressé-*
oppressé-

tressé-
vessé-
baissé-
abaissé-
rabaissé-
rebaissé-
surbaissé
décaissé-
encaissé-
rencaissé-
affaissé-
laissé-
relaissé
délaissé-
graissé-
dégraissé-
engraissé-
rengraissé-
bissé-
mégissé-
hissé-
lissé-
palissé-
dépalissé-
clissé
éclissé-
glissé-
treillissé-
plissé-
replissé-
déplissé-
coulissé
vernissé-
poissé-
empoissé-
froissé-
pissé-
tapissé-
épissé-
récépissé
lambrissé-
crissé-
hérissé-
tissé-
pâtissé-
ratissé-
apetissé-
rapetissé-
détissé-
écuissé-
esquissé-
vissé-
dévissé-
embossé-
cossé-
écossé-
adossé-
extradossé-
endossé-
fossé
rossé-
brossé-
* *crossé-*
désossé-
faussé-
défaussé-
(s'est) gaussé-
haussé-
chaussé-
rechaussé-

déchaussé-
enchaussé-
rehaussé-
surhaussé-
exhaussé-
(*s'est*) *mussé-*
éclaboussé-
houssé-
glousse-
moussé-
* *émoussé-*
(*s'est*) *trémoussé-*
poussé-
repoussé-
(*s'est*)*entre-poussé-*
rebroussé-
troussé-
retrousse-
détroussé-
toussé-
usé-
causé-
pausé-
abusé-
désabusé-
arquebusé-
accusé-
co-accusé
(s'est) entr'accusé-
récusé-
excusé-
gracieusé-
creusé-
recreusé-
gueusé-
fusé-
refusé-
infusé-
transfusé-
musé-
amusé-
jalousé-
blousé-
épousé-
ventousé-
rusé-
décrusé-
mesusé-
dépaysé-
analysé-
paralysé-

Les mots en italique sont durs et riment avec cé et xé et aussi a b c, avec les autres, *voy.* zé

té

té
daté-
antidaté-
mandaté-
postdaté-
calfaté-
sulfaté
phosphaté
éclaté-
relaté-
frelaté-
dilaté-
translaté-
maté-
casematé-
acclimaté-
déclimaté-
colmaté-
épaté-
raté-
hydraté
ératé-
* dératé-
piraté-
constaté-
ouaté-
cravaté-
bâté-
débâté-
embâté-
gâté-
hâté-
mâté-
démâté-
pâté
empâté-
appâté-
tâté-
retâté-
lacté
réfracté-
détracté-
rétracté-
contracté-
affecté-
infecté-
désinfecté-
objecté-
injecté-
délecté-
humecté-
respecté-
inspecté-
suspecté-
dicté-
édicté-
gobeté-
rapiéceté-
méchanceté
étrangeté
vergeté-
acheté-
cacheté-
recacheté-
décacheté-
lâcheté
racheté-
tacheté-
pocheté-
crocheté-
moucheté-
démoucheté-
gaieté
* jeté-
rejeté-
déjeté-
projeté-
interjeté-
forjeté-
surjeté-
haleté-
saleté
valeté-
souffleté-
habileté
malhabileté
inhabileté
fileté-
vileté
nouvelleté
cailleté-
pailleté
feuilleté-
refeuilleté-
colleté-
décolleté-
voleté-
guillemeté-
fermeté
plumeté
soudaineté
souveraineté
suzeraineté
ancienneté
mitoyenneté
trompeté-
rareté
âcreté
tendreté
légèreté
débonnaireté
âpreté
propreté
malpropreté
jarreté
opiniâtreté
acariâtreté
dureté
fureté-
pureté
impureté
sûreté
mièvreté
pauvreté
fausseté
époussété-
gracieuseté
joyeuseté
honnêteté
malhonnêteté
deshonnêteté
sainteté
chasteté
netteté
mugueté-
caqueté-
claqueté-
paqueté-
dépaqueté-
empaqueté-
craqueté-
becqueté-
ou béqueté-
déchiqueté-
cliqueté-
encliqueté-
briqueté-
tiqueté
étiqueté-
banqueté-
coqueté-
marqueté-
parqueté-
saveté-
breveté-
brièveté
grièveté
naïveté
lasciveté
tardiveté
joliveté
oisiveté
passiveté
hâtiveté
louveté-
* été-
hébété-
végété-
* piété-
mont-de-piété
empiété-
impiété
contrariété
variété
ébriété
sobriété
notoriété
propriété
impropriété
copropriété
satiété
inquiété-
anxiété
reflété-
complété-
décomplété-
admonété-
pété-
répété-
compété-
appété-
baré
té-
sécrété-
décrété-
concrété-
frété-
affrété-
interprété-
mésinterprété-
tété-
embêté-
fêté-
tempêté-
écrêté-
* prêté-
apprêté-
* arrêté-
étêté-
* entêté-
quêté-
acquêté-
requêté-
enquêté-
doigté-
affaité-
enfaîté-
renfaîté-
gaîté
souhaité-
laité
allaité-
* traité-
retraité-
maltraité-
sous-traité-
habité-
inhabité
cohabité-
débité-
probité
improbité
acerbité
* cité-
efficacité-
inefficacité
perspicacité
mordacité
sagacité
ténacité
capacité
incapacité
rapacité
compacité
opacité
véracité
voracité
loquacité
vivacité
siccité
cécité
récité-
précité
sporadicité
bénédicité
véridicité
mendicité
immondicité
périodicité
modicité
pudicité
impudicité
licité-
publicité
* félicité-
sollicité-
catholicité
apostolicité
triplicité
multiplicité
simplicité
complicité
duplicité
explicité
œcuménicité
canonicité
chronicité
lubricité
sphéricité
caloricité
électricité
thermo-électricité
hygrométricité
excentricité
héréticité
authenticité
ellipticité
élasticité
plasticité
domesticité

causticité
rusticité
mysticité
rancité
incité-
précocité
vélocité
férocité
réciprocité
atrocité
suscité-
ressuscité-
caducité
excité-
surexcité-
édité-
réédité-
médité-
prémédité-
crédité-
accrédité-
décrédité-
discrédité-
hérédité
acidité
placidité
flaccidité
rancidité
lucidité
translucidité
sordidité
rigidité
frigidité
validité
invalidité
solidité
timidité
humidité
rapidité
sapidité
intrépidité
insipidité
limpidité
cupidité
stupidité
aridité
putridité
fétidité
fluidité
liquidité
avidité
lividité
commandité-
fécondité
infécondité
rotondité
commodité
incommodité
surdité
absurdité
nudité
crudité
déité
velléité
diaphanéité
simultanéité
instantanéité
spontanéité
homogénéité
profité-
gîté-
agité-
digité
ingurgité-
alité-
verticalité
localité
fiscalité
féodalité
modalité
idéalité
réalité
égalité
légalité
illégalité
inégalité
prodigalité
frugalité
adverbialité
spécialité
officialité
allodialité
cordialité
primordialité
matérialité
partialité
impartialité
bestialité
trivialité
jovialité
animalité
formalité
banalité
pénalité
vénalité
vicinalité
originalité
criminalité
triennalité
septennalité
personnalité
nationalité
tonalité
municipalité
libéralité
généralité
littéralité
intégralité
moralité
immoralité
temporalité
incorporalité
neutralité
pluralité
naturalité
nasalité
commensalité
universalité
vassalité
fatalité
hospitalité
inhospitalité
vitalité
sentimentalité
totalité
mortalité
immortalité
brutalité
dualité
annualité
qualité
casualité
sensualité
actualité
ponctualité
spiritualité
éventualité
conventualité
virtualité
mutualité
rivalité
périclité-
délité-
fidélité
infidélité
probabilité
improbabilité
implacabilité
peccabilité
impeccabilité
praticabilité
révocabilité
éducabilité
malléabilité
perméabilité
affabilité
ineffabilité
navigabilité
* habilité-
* réhabilité-
inhabilité
sociabilité
variabilité
friabilité
* viabilité
valabilité
amabilité
inflammabilité
impalpabilité
culpabilité
pondérabilité
vulnérabilité
altérabilité
intégrabilité
honorabilité
pénétrabilité
curabilité
incurabilité
saturabilité
condensabilité
responsabilité
dilatabilité
respectabilité
irritabilité
notabilité
comptabilité
stabilité
instabilité
mutabilité
immutabilité
transmutabilité
recevabilité
solvabilité
insolvabilité
* débilité-
indélébilité
invincibilité
coërcibilité
irascibilité
putrescibilité
miscibilité
crédibilité
incrédibilité
élégibilité
exigibilité
réfrangibilité
tangibilité
alibilité
faillibilité
infaillibilité
disponibilité
visibilité
divisibilité
invisibilité
expansibilité
sensibilité
insensibilité
extensibilité
réversibilité
passibilité
impassibilité
cessibilité
accessibilité
successibilité
incessibilité
compressibilité
amissibilité
admissibilité
possibilité
impossibilité
plausibilité
fusibilité
compatibilité
perfectibilité
réductibilité
conductibilité
destructibilité
conceptibilité
perceptibilité
susceptibilité
corruptibilité
convertibilité
combustibilité
amovibilité
flexibilité
réflexibilité
inflexibilité
mobilité
immobilité
locomobilité
solubilité
insolubilité
volubilité
nubilité
* facilité-
gracilité
docilité
indocilité
édilité
agilité
fragilité
milité-
humilité
sénilité
juvénilité
stérilité
puérilité
virilité
versatilité
subtilité
rétractilité
contractilité
tactilité
ductilité
gentilité
fertilité
infertilité
hostilité
utilité
futilité
inutilité
tranquilité
vilité
civilité
incivilité
servilité
imbécillité
nullité
frivolité
poplité
crédulité
incrédulité
calamité
extrémité
imité-
limité-
sublimité
délimité-
illimité
longanimité
pusillanimité
magnanimité
unanimité
légitimité
illégitimité
intimité
proximité
sommité
comité
difformité
uniformité
conformité
énormité
urbanité
mondanité
humanité
inhumanité
inanité
insanité
vanité
obscénité
aménité
sérénité
dignité
indignité
malignité
bénignité
affinité
infinité
virginité
alcalinité
masculinité
pérégrinité
trinité
latinité
clandestinité
consanguinité
divinité
indemnité
solennité

pérennité
maternité
paternité
fraternité
confraternité
éternité
coéternité
sempiternité
subalternité
taciturnité
unité
immunité
importunité
opportunité
inopportunité
boité-
déboîté-
emboîté-
remboîté-
exploité-
inexploité
miroité-
convoité-
décapité-
dépité-
crépité-
décrépité-
précipité-
palpité-
solidarité
vulgarité
charité
familiarité
hilarité
capillarité
scolarité
polarité
sécularité
particularité
régularité
irrégularité
singularité
popularité
impopularité
parité
imparité
disparité
abrité-
inabrité
célébrité
salubrité
insalubrité
médiocrité
sincérité
hérité-
cohérité-
déshérité-
célérité
mérité-
démérité-
témérité
immérité
aspérité
prospérité
postérité
austérité
dextérité
vérité
contre-vérité
sévérité

effrité-
intégrité
infériorité
supériorité
antériorité
postériorité
priorité
majorité
minorité
sonorité
autorité
irrité-
sécurité
insécurité
obscurité
maturité
prématurité
obésité
hésité-
blésité
visité-
(s'est) entre-visité-
transité-
densité
immensité
intensité
gibbosité
verbosité
viscosité
muscosité
nodosité
fongosité
rugosité
préciosité
inofficiosité
religiosité
spongiosité
ingéniosité
curiosité
incuriosité
obséquiosité
callosité
nébulosité
méticulosité
animosité
spumosité
tubérosité
générosité
sérosité
morosité
porosité
ventosité
sinuosité
flatuosité
anfractuosité
défectuosité
onctuosité
impétuosité
somptuosité
virtuosité
tortuosité
monstruosité
flexuosité
adversité
diversité
université
perversité
* nécessité-
usité
inusité

quantité
entité
identité
quotité
surdi-mutité
acuité
vacuité
perspicuité
nocuité
innocuité
promiscuité
assiduité
viduité
ambiguité
contiguité
exiguité
superfluité
saugrenuité
ingénuité
ténuité
continuité
discontinuité
(s'est) anuité-
annuité
équité
ubiquité
obliquité
iniquité
antiquité
ébruité-
effruité-
congruité
incongruité
truité
fatuité
gratuité
perpétuité
cavité
concavité
* gravité-
suavité
évité-
longévité
déclivité
passivité
relativité
nativité
activité
inactivité
non-activité
coactivité
rétroactivité
électivité
objectivité
subjectivité
collectivité
improductivité
destructivité
captivité
* invité-
réinvité-
désinvité-
complexité
perplexité
connexité
convexité
fixité
prolixité
[B.] Jephté
exalté-

velté-
récolté-
volté-
* révolté-
faculté
difficulté
ausculté-
résulté-
insulté-
consulté-
exulté-
comté
décanté-
brocanté-
andanté
fainéanté-
enfanté-
ganté-
déganté-
hanté-
chanté-
rechanté-
déchanté-
enchanté-
désenchanté-
ensanglanté-
brillanté-
planté-
replanté-
déplanté-
implanté-
supplanté-
transplanté-
diamanté-
aimanté-
santé
plaisanté-
vanté-
épouvanté-
soixanté-
enté-
innocenté-
denté
* édenté-
accidenté-
incidenté-
endenté-
rudenté
régenté-
diligenté-
argenté-
désargenté-
fienté-
orienté-
désorienté-
patienté-
impatienté-
chrétienté
violenté-
médicamenté-
(s'est) lamenté-
réglementé-
parlementé-
ornementé-
passementé-
mouvementé
cémenté-
agrémenté-
fragmenté-
augmenté-

cimenté
enrégimenté
alimenté
complimenté
expérimenté
inexpérimenté
commenté
fomenté
fermenté
assermenté
inassermenté
tourmenté
argumenté
instrumenté
arpenté
charpenté
serpenté
renté
parenté
apparenté
arrenté
(s'est) absenté
présenté
représenté
tenté
patenté
intenté
contenté
mécontenté
sustenté
attenté
fréquenté
infréquenté
venté
éventé
inventé
reinté
éreinté
teinté
(s'est) accointé
jointé
ajointé
court-jointé
pointé
contre-pointé
épointé
appointé
désappointé
pinté
tinté
suinté
bonté
conté
raconté
éhonté
déhonté
volonté
monté
remonté
démonté
surmonté
ponté
affronté
effronté
confronté
emprunté
caboté
jaboté
raboté
saboté

riboté-
barboté-
coté-
accoté-
chicoté-
délicoté-
picoté-
fricoté-
tricoté-
asticoté-
suçoté-
doté-
radoté-
fagoté-
dégoté-
gigoté-
ravigoté-
argoté-
gargoté-
ergoté-
cahoté-
crachoté-
chuchoté-
agioté-
folioté-
rioté-
mijoté-
trembloté-
peloté-
amateloté-
sangloté-
glougloté-
* piloté-
démailloté-
emmailloté-
remmailloté-
papilloté-
comploté-
dorloté-
escamoté-
noté-
canoté-
dénoté-
clignoté-
mignoté-
grignoté-
annoté-
clapoté-
tapoté-
dépoté-
chipoté-
galipoté-
tripoté-
empoté-
rempoté-
roté-
taroté
numéroté-
siroté-
chevroté-
baisoté-
assoté-
rassoté-
pissoté-
voté-
pivoté-
vivoté-
buvoté-
azoté
ôté-

côté
prévôté
capté-
adapté-
accepté-
intercepté-
* excepté-
sculpté-
exempté-
compté-
recompté-
décompté-
(s'est) mécompté-
escompté-
dompté-
indompté
opté-
adopté-
volupté
* écarté-
encarté-
clarté
aparté
essarté-
liberté
puberté
concerté-
déconcerté-
cherté
fierté
déserté-
disserté-
flirté-
escorté-
conforté-
déconforté-
réconforté-
exhorté-
porté-
reporté-
* déporté-
colporté-
emporté-
remporté-
importé-
réimporté-
comporté-
apporté-
rapporté-
supporté-
transporté-
exporté-
réexporté-
avorté-
heurté-
aheurté-
(s'est) entre-heurté-
écourté-
hasté
toasté-
contrasté-
dévasté-
esté-
manifesté-
infesté-
majesté
lesté-
délesté-
molesté-
admonesté-

pesté-
empesté-
resté-
testé-
détesté-
contesté-
incontesté
protesté-
attesté-
zesté-
dépisté-
contristé-
attristé-
subsisté-
(s'est) désisté-
résisté-
insisté-
consisté-
persisté-
assisté-
existé-
préexisté-
coexisté-
accosté-
posté-
aposté-
déposté-
riposté-
tosté-
tarabusté-
flibusté-
dégusté-
ajusté-
rajusté-
désajusté-
incrusté-
* enkysté-
chatté-
latté-
dolatté-
flatté-
natté-
dénatté-
baratté-
gratté-
regratté-
facetté-
endetté-
(s'est) rendetté-
émietté-
renetté-
fretté-
regretté-
aigretté
levretté
guetté-
fouetté-
brouetté-
pirouetté-
sagitté
quitté-
acquitté-
(s'est) racquitté-
botté-
caillebotté-
rebotté-
débotté-
marcotté-
ligotté-
gringotté-

calotté-
décalotté-
gobelotté-
grelotté-
flotté-
ballotté-
culotté-
déculotté-
émotté-
emmotté
marmotté-
emmenotté-
carotté-
crotté-
décrotté-
frotté-
garrotté-
trotté-
frisotté-
chènevotté-
butté-
(s'est) hutté-
lutté-
goutté-
égoutté-
dégoutté-
beauté
panneauté-
biseauté-
nouveauté
primauté
communauté
papauté
principauté
amirauté
vice-amirauté
sauté-
ressauté-
privauté
loyauté
déloyauté
royauté
tuyauté-
buté-
rebuté-
débuté-
culbuté-
persécuté-
exécuté-
inexécuté
charcuté-
percuté-
répercuté-
discuté-
ameuté-
queuté-
futé
réfuté-
irréfuté
affûté-
chuté-
verjuté-
luté
taluté-
bluté-
déluté-
flûté-
involuté
convoluté
permuté-

minuté-
aoûté-
bouté-
abouté-
rebouté-
contre-bouté-
* débouté-
coûté-
écouté-
douté-
redouté-
goûté-
ragoûté-
dégoûté-
caoutchouté-
jouté-
ajouté-
rajouté-
surajouté-
clouté-
* velouté
glouglouté-
filouté
caillouté-
brouté-
écroûté-
encroûté-
dérouté-
voûté-
envoûté-
* député-
réputé-
amputé-
imputé-
supputé-
disputé-
recruté-
scruté-
prétexté-
Aussi thé forte et T.

ué

rétribué-
contribué-
distribué-
attribué-
écobué-
évacué-
* gradué-
gué
bagué-
dagué-
blagué-
élagué-
ragué
dragué-
vagué-
extravagué-
divagué-
légué-
délégué-
* *subdélégué-*
sous-délégué
relégué-
prélégué-
allégué-
endigué-
prodigué-
ligué-

brigué-
irrigué-
intrigué-
fatigué-
instigué-
navigué-
promulgué-
divulgué-
écangué-
harangué-
palsangué
tangué-
ralingué-
étalingué-
seringué-
fringué-
bastingué-
distingué-
zingué-
dialogué-
catalogué-
épilogué-
homologué-
drogué-
vogué-
argué-
cargué-
rédargué-
largué-
alargué-
nargué-
s'est targué-
envergué-
* *morgué-*
subjugué-
conjugué-
hué-
salué-
évalué-
ablué-
flué-
reflué-
afflué-
influé-
conflué-
glué-
déglué-
englué-
dilué-
pollué-
évolué-
mué-
remué-
commué-
transmué-
nué-
dénué-
atténué-
exténué-
diminué-
sinué
insinué-
continué-
discontinué-
emboué-
accoué-
secoué-
rocoué-
doué-
amadoué-

bafoué-
engoué-
houé-
échoué-
déchoué-
joué-
rejoué-
déjoué-
enjoué
loué-
cloué-
recloué-
décloué-
encloué-
désencloué-
reloué-
s'entre-loué-
floué-
affloué-
renfloué-
alloué-
sous-loué-
noué-
renoué-
énoué-
dénoué-
* roué-
rabroué-
ébroué-
écroué-
encroué
froué-
enroué-
désenroué-
troué-
toué-
tatoué-
voué-
* avoué-
désavoué-
dévoué-
pué-
conspué-
caqué-
encaqué-
claqué-
flaqué-
* *plaqué-*
estomaqué-
baraqué-
braqué-
craqué-
traqué-
détraqué-
taqué-
attaqué-
bivouaqué-
vaqué-
macqué-
pacqué-
abecqué-
abéqué-
s'est rebéqué-
déféqué-
hypothéqué-
reséqué-
disséqué-
alambiqué-
abdiqué-
revendiqué-

indiqué-
trafiqué-
chiqué-
obliqué-
ombiliqué
répliqué-
impliqué-
compliqué-
appliqué-
inappliqué
expliqué-
inexpliqué
forniqué-
* *communiqué-*
* *piqué-*
repiqué-
dépiqué-
prévariqué-
fabriqué-
imbriqué
étriqué-
musiqué-
métaphysiqué-
tiqué-
pratiqué-
politiqué-
critiqué-
authentiqué-
décortiqué-
excortiqué-
astiqué-
mastiqué-
domestiqué-
sophistiqué-
diagnostiqué-
pronostiqué-
encaustiqué-
rustiqué-
calqué-
contre-calqué-
décalqué-
défalqué-
inculqué-
débanqué-
flanqué-
efflanqué-
manqué-
trinqué-
requinqué-
tronqué-
s'est emberlucoqué-
suffoqué-
choqué-
s'entre-choqué-
bloqué-
débloqué-
effiloqué-
colloqué-
ploqué-
interloqué-
disloqué-
s'est moqué-
roqué-
croqué-
escroqué-
défroqué-
enfroqué-
troqué-
toqué-
évoqué-

révoqué-
équivoqué-
invoqué-
convoqué-
provoqué-
* *arqué-*
débarqué-
embarqué-
rembarqué-
désembarqué-
marqué-
remarqué-
contremarqué-
démarqué-
parqué-
déparqué-
remorqué-
détorqué-
rétorqué-
extorqué-
bifurqué-
casqué
masqué-
démasqué-
bisqué-
confisqué-
risqué-
busqué-
débusqué-
embusqué-
offusqué-
musqué-
brusqué-
éduqué-
reluqué-
débouqué-
embouqué-
rué-
décrué-
obstrué-
désobstrué-
sué-
[*B.*] Josué
ressué-
bossué-
tué-
infatué-
désinfatué-
statué-
effectué-
ponctué-
s'est entre-tué-
perpétué-
habitué-
réhabitué-
déshabitué-
situé-
substitué-
destitué-
restitué-
institué-
constitué-
reconstitué-
prostitué-
accentué-
s'est évertué-
tortué-

Les mots en italique riment : les *gué* entre eux ; les *qué* entre eux et avec polké, mazurké. Avec les autres voy. é précédés d'une voyelle et aussi ohé.

vé

ave
bavé-
cavé-
décavé-
encavé-
excavé-
gavé-
agavé
lavé-
emblavé-
remblavé-
enclavé-
désenclavé-
délavé-
* pavé-
repavé-
dépavé-
bravé-
gravé-
aggravé-
engravé-
dépravé-
entravé-
désentravé-
achevé-
inachevé
parachevé-
levé-
relevé-
élevé-
prélevé-
surélevé-
enlevé-
champlevé-
soulevé-
sénevé
crevé-
dégrevé-
hévé
névé
endêvé-
rêvé-
récidivé-
salivé-
clivé-
enjolivé-
connivé-
rivé-
* dérivé-
privé-
arrivé-
mésarrivé-
lessivé-
activé-
invectivé-
cultivé-
motivé-

captivé-
esquivé-
suivé-
avivé-
ravivé-
salvé
lové
rénové-
innové-
nervé-
énervé-
observé-
inobservé
réservé-
préservé-
conservé-
sauvé-
cuvé-
décuvé-
encuvé-
œuvé
abreuvé-
treuvé-
couvé-
louvé-
mouvé-
prouvé-
reprouvé-
éprouvé-
réprouvé-
improuvé-
approuvé-
désapprouvé-
trouvé-
retrouvé-
controuvé-
étuvé-
interviewé-
Aussi Iavhé, V et W.

xé

malaxé-
relaxé-
taxé-
surtaxé-
annexé-
vexé-
fixé-
boxé-
luxé-
Voy. cé, sé dur, aussi a b c

yé

bayé-
égayé-
bégayé-
layé-
balayé-
déblayé-
remblayé-
relayé-
délayé-
monnayé-
payé-
impayé
surpayé-
rayé-
brayé-
frayé-
défrayé-
effrayé-
enrayé-
désenrayé-
essayé-
ressayé-
étayé-
cartayé-
aiguayé-
zézayé-
grasseyé-
langueyé-
aboyé-
giboyé-
flamboyé-
ondoyé-
verdoyé-
coudoyé-
soudoyé-
rudoyé-
choyé-
ployé-
reployé-
éployé
déployé-
* employé-
remployé-
larmoyé-
atermoyé-
noyé-
bornoyé-
tournoyé-
broyé-
foudroyé-
poudroyé-
charroyé-
guerroyé-
corroyé-
octroyé-
fossoyé-
grossoyé-
chatoyé-
fêtoyé-
apitoyé-
jointoyé-
rejointoyé-
côtoyé-
festoyé-
nettoyé-
tutoyé-
dégravoyé-
dévoyé-
* envoyé-
renvoyé-
convoyé-
fourvoyé-
louvoyé-
ennuyé-
désennuyé-
appuyé-
essuyé-
ressuyé-
Yé, qui est monosyllabique, rime avec *ié*.

zé

gazé-
alizé
enlizé-
chimpanzé
bronzé-
pétunzé
Voy. sé doux

F

ef

chef
derechef
couvre-chef
méchef
sous-chef
bief
fief
arrière-fief
relief
bas-relief
brief
grief
clef
contre-clef
nef
[*H.*] Senef
bref
Aussi Joseph et F.

aff

[*L.*] Falstaff

off

bichoff
[*H.*] Malakoff
stoff
Aussi lof et sauf.

if

if
naïf
rosbif
* récif
nocif
lascif
rescif
maladif
gérondif
tardif
gélif
canif
soif
tarif
chérif
hatti-chérif
schérif
shérif
persuasif
dissuasif
évasif
adhésif
décisif
incisif
oisif
émulsif
répulsif
impulsif
expulsif
évulsif
révulsif
convulsif
expansif
défensif
offensif
inoffensif
répréhensif
compréhensif
appréhensif
pensif
suspensif
intensif
extensif
responsif
dolosif
explosif
corrosif
détersif
abstersif
subversif
cursif
discursif
* massif
* passif
successif
processif
rétrocessif
excessif
ressif
agressif
progressif
répressif
compressif
oppressif
expressif
inexpressif
possessif
répercussif
poussif
abusif
conclusif
exclusif
approbatif
rébarbatif
siccatif
dessiccatif
déprécatif
indicatif
adjudicatif
modificatif
qualificatif
significatif
rectificatif
justificatif
réduplicatif
explicatif
communicatif
locatif
vocatif
démarcatif
éducatif
datif
déprédatif
sédatif
laudatif
récréatif
négatif
électro-négatif
prorogatif
interrogatif
purgatif
hâtif
appréciatif
énonciatif
palliatif
ampliatif
abréviatif
ablatif
relatif
corrélatif
dépilatif
opilatif
appellatif
collatif
consolatif
contemplatif
superlatif
législatif
translatif
spéculatif
cumulatif
annulatif
copulatif
récapitulatif
exclamatif
estimatif
approximatif
affirmatif
infirmatif
confirmatif
natif
désignatif
imaginatif
nominatif
dénominatif
carminatif
germinatif
déterminatif
illuminatif
glutinatif
agglutinatif
alternatif
inchoatif
nuncupatif
déclaratif
préparatif
comparatif
lucratif
délibératif
exulcératif
fédératif
confédératif
exagératif
réfrigératif
énumératif
génératif
impératif
coopératif
itératif
admiratif
roboratif
corroboratif
décoratif
péjoratif
mémoratif
remémoratif
commémoratif
pignoratif
minoratif
soporatif

narratif
pénétratif
administratif
démonstratif
curatif
figuratif
épuratif
dépuratif
suppuratif
maturatif
pulsatif
adversatif
causatif
accusatif
expectatif
végétatif
interprétatif
dubitatif
récitatif
excitatif
méditatif
qualitatif
imitatif
limitatif
quantitatif
facultatif
consultatif
augmentatif
représentatif
fréquentatif
optatif
portatif
gustatif
commutatif
putatif
colliquatif
gravatif
dérivatif
privatif
préservatif
laxatif
actif
réactif
stupéfactif
raréfactif
putréfactif
olfactif
inactif
coactif
rétroactif
réfractif
abstractif
attractif
extractif
défectif
affectif
* effectif
objectif
subjectif
adjectif
projectif
interjectif
électif
collectif
respectif
rétrospectif
perspectif
correctif
fictif
afflictif

restrictif
distinctif
instinctif
subjonctif
conjonctif
disjonctif
réductif
inductif
productif
reproductif
improductif
introductif
obstructif
désobstructif
destructif
instructif
chétif
complétif
supplétif
explétif
rétif
prohibitif
coercitif
expéditif
auditif
fugitif
primitif
vomitif
dormitif
plumitif
génitif
lénitif
récognitif
définitif
infinitif
apéritif
nutritif
transitif
intransitif
sensitif
positif
prépositif
électro-positif
suppositif
dispositif
transpositif
partitif
intuitif
substantif
pendentif
contentif
attentif
inattentif
adventif
préventif
inventif
plaintif
craintif
jointif
motif
locomotif
votif
captif
conceptif
perceptif
descriptif
présomptif
consomptif
adoptif
éruptif

abortif
furtif
suggestif
digestif
intempestif
fautif
contributif
distributif
attributif
consécutif
exécutif
résolutif
dissolutif
dévolutif
révolutif
involutif
diminutif
constitutif
juif
esquif
suif
vif

of

bischof
lof

Voy. off, plus sauf

erf

cerf
nerf
serf

urf

turf

auf

sauf

Voy. of et off.

euf

[*G.*] Elbeuf
* neuf
Pont-Neuf
dix-neuf
œuf
bœuf
arrête-bœuf
éteuf
veuf

ouf

ouf
* pouf

tuf

tuf

arvf

larvf

G

ag

rigsdag
landtag
reichstag
zigzag

Voy. ac, ach, ak

eg

philibeg

[*G.*] Touareg
thalweg

Voy. ec, ech, eck, eik et par licence de infect à incorrect

ig

whig
[*H.*] Leipzig
[*G.*] Dantzig

Voy. ic, ich, ick

ang

rang
sang
étang
rotang
mustang
orang-outang
Flameng
hareng

Voy. anc

ing

parpaing
plum-pudding
pouding
seing
blanc-seing
contre-seing
sous-seing
folkthing
schelling
sterling
oing
coing
poing
schampoing
skating
meeting
lasting
betting

Voy. inc, plus cinq

ong

gong
sou-chong
[*G.*] Hong-Kong
long
oblong
barlong

Voy. onc, onck

og

bog
grog

Voy. oc, och, ock et coq

erg

iceberg
[*H.*] Gutemberg

ourg

[*G.*] * Bourg

[*G.*] Brandebourg
[*G.*] Hambourg
[*G.*] Luxembourg
[*G.*] Edimbourg
[*G.*] Cherbourg
[*G.*] Strasbourg
[*H.*] Habsbourg
[*G.*] Presbourg
[*G.*] Phalsbourg
[*G.*] St-Pétersbourg
faubourg

Par licence le g étant insonore, *voy.* our

ug

thug

Voy. uc, uch, uck et volapuk

oug

joug
toug

Voy. ouc, ouk, ook, et ouck; aussi farouch et Malbrough

H

ah

ah!
bah!
casbah
vérandah
schah
padischah
rajah
smalah
Allah
fellah
mollah
massorah
surah
poussah
[*M*]. Phtah
pouah!
[*B.*] Jéhovah

Voy. a.

ach

[*H.*] Forbach
(1) *almanach*
azédarach
krach

Voy. ac, ag, ak

ech

[*B.*] Melchissédech
[*B.*] Abimélech
cromlech
varech

Voy. ec, eck, eg et eik et par licence de infect à incorrect

1. *Voy.* ac insonore et Ranelagh.

ich
speech
ha(s)chich
schlich
[*G.*] Munich
[*G.*] Zurich
sandwich
Voy. ic, ig, ick; pour les mots en italique *voy.* isch et aussi scottish

unch
lunch
punch

och
loch
looch
St Roch
pibroch
Voy. oc, ock et coq.

isch
stockfisch
haschisch
czaréwitsch
ou tsaréwitsch
Voy. *ich* et aussi scottish.

atch
match

Auch
[*G.*] Auch

ouch
(1) farouch

eh
eh!
narghileh

agh
Ranelagh
Voy. ac insonore et almanach

ough
(1) Malbrough

oh
oh!

eph
[*B.*] * Joseph
Voy. ef

ish
scottish
Voy. *ich* et isch

irsh
kirsh

1. Ces 2 mots riment ensemble et avec ouc, ouk, ook, ouck et joug.

ath
[*B.*] Goliath
spath
feldspath
reichsrath
Voy. at sonore

eth
Elisabeth
aneth
[*B.*] Nazareth
[*B.*] Seth

ith
[*H.*] Edith
[*B.*] Judith
Zénith
Voy. it sonore,

oth
[*M.*] Thoth
[*B.*] Loth
[*M.*] Béhémoth
Voy. ot sonore *od* et chott

uth
[*M.*] Belzebuth
luth
bismuth
Voy. ut sonore, ud et abrupt

outh
mammouth
vermouth
Voy. out sonore

euh
euh!
Voy. eu

I

ai
bai
geai
gai
papegai
hai!
chai
tokai
lai
balai
déblai
remblai
virelai
délai
mai
brai
Cambrai
minerai
frai
vrai
essai
étai
Douai
quai

Avec les mots précédents, *voy.* ay et ey, les 1res pers. du sing. du pass. déf. et du futur de tous les verbes qui existent aux 3es pers. du sing. des mêmes temps de a- à bronza- [Pages 1 à 29]. Pour la perfection de la rime des polysyllabes, tenir compte de la consonne d'appui de la pénultième Ex.: dé*blai*, rassem*blai*

aï
aï
haï-
s'est entr'haï-
[*B.*] Sinaï
adonaï
Voy. éi, hi, oï, *ui*

bi
alibi
biribi
Albi
fourbi-
gourbi
ébaubi
subi-
Voy. by

ci
ci
coci
étréci-
rétréci-
ici
voici
revoici
chanci-
ranci-
aminci-
farci-
merci
éclairci-
noirci-
renoirci-
enforci-
obscurci-
durci-
endurci-
rendurci-
accourci-
* raccourci-

couci-couci
douci-
adouci-
radouci-
souci
sans-souci
Voy. si dur, cy, sy dur

di
cadi
décadi
affadi-
samedi
mercredi
vendredi
tiédi-
attiédi-
enlaidi-
désenlaidi-
raidi-
déraidi-
mahdi
midi
primidi
après-midi
nonidi
roidi-
déroidi-
froidi-
refroidi-
tridi
octidi
quintidi
septidi
quartidi
sextidi
Garibaldi
* candi-
organdi
brandi-
grandi-
agrandi-
ragrandi-
effendi
resplendi-
bondi-
rebondi-
approfondi-
arrondi-
lundi
duodi
hardi
enhardi-
agaillardi-
ragaillardi-
mardi
pardi
* Verdi-
reverdi-
ourdi-
dégourdi-
engourdi-
alourdi-
abalourdi-
abasourdi-
assourdi
* étourdi-
rebaudi-
s'est ébaudi-

s'est gaudi-
jeudi
Voy. dy

éi
obéi-
désobéi-
Agnus Dei
boghei
Pompéi
Voy. aï, hi, oï et *ui*

fi
fi!
défi
* bouffi-
suffi-
sofi

gi
agi-
réagi-
assagi-
vagi-
allégi-
régi-
bostangi
élargi-
rélargi-
surgi-
mugi-
rougi-
dérougi-
rugi-

hi
ahi!
s'est ébahi-
spahi
trahi-
envahi-
Voy. aï, éi, oï et *ui*.

chi
s'est avachi-
fléchi-
réfléchi
irréfléchi
infléchi-
fraîchi-
rafraîchi-
défraîchi-
Kamichi
* enrichi-
blanchi-
reblanchi-
franchi-
affranchi-
gauchi-
dégauchi-
alouchi
mamamouchi
Aussi Clichy et Vichy

ki
maki
[*H.*] Sobieski
wiski

Leczinski
Poniatowski
Aussi qui et wisky

li

alcali
bengali
kali
hallali
pali-
sali-
[*B.*] Nephtali
établi-
préétabli-
rétabli-
faibli-
affaibli-
anobli-
ennobli-
ameubli-
oubli
enseveli-
désenseveli-
séséli
[*G.*] Chili
avili-
ravili-
embelli-
bailli
* *failli-*
défailli-
jailli-
rejailli-
sailli-
assailli-
* *tressailli-*
vieilli-
envieilli-
cueilli-
accueilli-
recueilli-
enorgueilli-
* *bouilli-*
rebouilli-
débouilli
molli-
amolli-
ramolli-
[*I.*] Lulli
aboli-
brocoli
raffoli-
ravioli
joli
ailloli
démoli-
* poli-
repoli-
dépoli-
[*G.*] Gallipoli
tripoli
impoli
paroli
néroli
[*H.*] Rivoli
[*G.*] Tivoli
pli
repli
empli-
* rempli-
désempli-
accompli-
assoupli-
marli
patchouli
lapis-lazuli
Aussi Sully et pour les mots en italique, *voy. ly*

mi

mi
ami
agami
demi
ennemi
semi
gémi-
Saint Rémi
Noémi
frémi-
blêmi-
ammi
vomi-
revomi-
parmi
affermi-
raffermi-
dormi-
redormi-
endormi-
rendormi-
renformi-
fourmi
queussi-queumi
Voy. my

ni

ni
aplani-
[*L.*] Hernani
soprani
hindoustani
zani
béni-
rebéni-
déni
assaini-
fantoccini
capucini
* fini-
défini-
indéfini
préfini-
infini
[*I.*] Benvenuto-Cellini
brouillamini
embrouillamini
en catimini
[*I.*] Cassini
[*I.*] Rossini
banni-
henni-
nenni
abonni-
rabonni-
honni-
boni
[*L.*] Goldoni
agoni-
macaroni
[*H.*] Albéroni
garni-
regarni-
dégarni-
terni-
verni-
racorni-
fourni-
parfourni-
uni-
jauni-
rajeuni-
réuni-
muni-
démuni-
prémuni-
puni-
impuni
bruni-
rembruni-
désuni-
Voy. ny

oi

aboi
coi
foi
loi
aloi
Saint Eloi
emploi
remploi
moi
émoi
non-moi
tournoi
roi
paroi
[*H.*] Rocroi
vice-roi
palefroi
effroi
beffroi
orfroi
arroi
charroi
désarroi
corroi
octroi
soi
toi
quoi
pourquoi
envoi
renvoi
convoi
pourvoi
Voy. oy

oï

Hanoï
Tolstoï
Voy. aussi aï, éi, hi et *ui*

pi

api
Hapi
s'est clapi-
glapi-
s'est tapi-
épi
képi
génépi
crépi-
recrépi-
décrépi-
[*G.*] Mississipi
échampi-
réchampi-
déguerpi-
thlaspi
Crispi
croupi-
s'est accroupi-
assoupi-

ri

ri-
gabari
pécari
zingari
mari
canari
carbonari
pari
* tari-
charivari
hourvari
alizari
abri
cabri
colibri
assombri-
cri
décri
cri-cri
attendri-
amoindri-
ramoindri-
céleri
guilleri
émeri
chéri-
enchéri-
renchéri-
surenchéri-
péri-
dépéri-
guéri-
aigri-
maigri-
amaigri-
ramaigri-
démaigri-
emmaigri-
engri
rabougri-
Henri
bon-henri
a posteriori
a priori
a fortiori
pilori
endolori
favori
marri
équarri-
terri-
atterri-
aguerri-
nourri-
pourri-
tri
flétri-
pétri-
Dimitri
meurtri-
fleuri-
refleuri-
défleuri-
ahuri-
juri
mûri
amphigouri
houri
bistouri
souri-
suri-
orfévri
appauvri-
Voy. ry

si

* si
quasi
besi
saisi
s'est dessaisi
ressaisi
choisi
moisi
cramoisi
transi
ainsi
parsi
reversi
épaissi
grossi
dégrossi
aussi
réussi
* roussi
Avec les mots en italique aussi lazzi, Chanzy et besy; avec les autres, *voy.* ci, cy et sy dur

ti

* cati
décati
aplati
amati
compati
bâti
rebâti
débâti
malbâti
pâti
sperma ceti
assujéti
abêti
rabêti

mufti
Haïti
ramoiti-
ouistiti
anéanti-
nanti-
s'est dénanti-
garanti-
appesanti-
empuanti-
ralenti-
menti-
* démenti-
s'est repenti-
apprenti
senti-
consenti-
assenti-
ressenti-
pressenti-
retenti-
rapointi-
appointi-
coti-
* loti-
* rôti-
* parti-
reparti-
déparii-
réparti-
serti-
desserti-
averti-
s'est entr'averti-
subverti-
diverti-
inverti-
* converti-
perverti-
interverti-
amorti-
* sorti-
assorti-
rassorti-
désassorti-
* ressorti-
travesti-
investi-
désinvesti-
palma-christi
lacryma-christi
concetti
confetti
assujetti-
bletti-
Donizetti
s'est blotti-
tutti
abouti-
rabouti-
embouti-
englouti-
abruti-
débruti-

ui

bleui-
fui-
s'est enfui-
(1) [gui / langui- / alangui-]
aujourd'hui
* lui-
celui
icelui
relui-
entrelui-
glui
nui-
s'entre nui-
ennui
oui
ouï-
foui-
enfoui-
serfoui-
joui-
réjoui-
éblouï-
épanoui-
s'est évanoui-
inouï
roui-
broui-
écroui-
appui
(2) [qui]
autrui
essui
ressui
étui

Avec les mots en italique, *voy.* aï, ei, hi, oï; le Puy rime avec les autres à l'exception des gui et de qui

vi

peccavi
havi-
ravi-
bravi
gravi
sévi
suivi-
s'est entre-suivi-
s'ensuivi-
poursuivi-
pehlvi
à l'envi
renvi
carvi
servi-
asservi-
desservi-
resservi-
chauvi-
couvi
assouvi-
inassouvi

Aussi Halévy

1. Aussi Guy.
2. *Voy.* ki et ky.

zi

lazzi

Voy. si doux, aussi Chanzy et besy

K

ak

kabak
break
sandjiak
colback
drawback
lack
arack
[*H.*] Borack
yack

Voy. ac, ag, ach. *Break* rime avec eck

eck

kopeck
teck
bifteck
romsteck

Voy. ec, ech, eg, eik et break, et par licence de infect à incorrect

ick

schnick
brick
carrick
stick
[*G.*] Brunswick

Voy. ic, ich et ig,

onck

[*H.*] Monck

Voy. onc, ong

ock

bock
dock
five o'clock
rock
stock
alpenstock

Voy. oc, och, og et coq

arck

[*H.*] Bismarck

Voy. arc et Danemark

uck

[*I.*] Gluck
bachi-bouzouck

Voy. ouc, ouk, ook et aussi joug, farouch, Malbrough

uck

[*G.*] Innsbruck
truck

Voy. uc, volapuk et thug

yck

[*I.*] Van-Dyck
scheik
moujik
pachalik

Voy. ic, ich et ig à l'exception de *scheik* rimant avec ec, ech, eck et eg.

ook

stud-book
blue-book
Cook

Voy. ouc, ouk, ouck plus joug, farouch, Malbrough.

ark

mark
[*G.*] Danemark

Voy. arc et Bismark

ork

[*G.*] York
[*G.*] New-York

Voy. orc.

ouk

Chibouk
mamelouk
nansouk
bachibouzouk

Voy. ouc, ook, ouck plus joug, farouck et Malbrough.

uk

volapuk

Voy. uc, uck et thug.

awk

tomahawk

L

al

Baal
Graal
Transvaal
bal
[*H.*] Annibal
tombal
verbal
procès-verbal
cal
chacal
zodiacal
ammoniacal
thériacal
stomacal
monacal
caracal
buccal
fécal
radical
médical
syndical
pontifical
chirurgical
ombilical
amical
arsenical
dominical
tropical
intertropical
clérical
vésical
musical
grammatical
vertical
cortical
cervical
bancal
bocal
focal
local
vocal
patriarcal
[*L.*] * Pascal
fiscal
ducal
grand-ducal
archiducal
provençal
pyramidal
rhomboïdal
ethmoïdal
sphénoïdal
glénoïdal
sphéroïdal
hémorroïdal
trapézoïdal
durandal
sandal
féodal
modal
synodal
caudal
idéal
féal
linéal
pinéal
réal
franc-réal
boréal
floréal
égal
légal
illégal
[*G.*] Sénégal

inégal
régal
madrigal
théologal
jugal
conjugal
frugal
[*G.*] Portugal
senéchal
maréchal
feld-maréchal
fil d'archal
triomphal
catarrhal
anticatarrhal
zénithal
labial
tibial
adverbial
proverbial
facial
trifacial
glacial
fécial
spécial
bénéficial
official
solsticial
provincial
oncial
quinconcial
social
antisocial
commercial
crucial
radial
médial
allodial
cordial
précordial
primordial
collégial
brachial
bronchial
filial
familial
grémial
domanial
génial
colonial
cérémonial
matrimonial
patrimonial
antimonial
testimonial
canonial
marsupial
vicarial
notarial
férial
impérial
prairial
mémorial
immémorial
armorial
censorial
sensorial
dimmissorial
sénatorial
dictatorial

équatorial
directorial
tinctorial
monitorial
territorial
inquisitorial
historial
consistorial
curial
seigneurial
paroissial
abbatial
primatial
initial
nuptial
martial
partial
impartial
bestial
gavial
trivial
jovial
synovial
fluvial
alluvial
pluvial
équinoxial
mal
hiémal
hyémal
décimal
duodécimal
animal
quadragésimal
sexagésimal
infinitésimal
centésimal
anomal
thermal
normal
anormal
anévrismal
rhumatismal
baptismal
brumal
lacrymal
anal
banal
canal
décanal
fanal
bacchanal
chenal
arsenal
génal
phénoménal
pénal
rénal
surrénal
vénal
orignal
signal
racinal
médicinal
officinal
vicinal
nundinal
cardinal
ordinal
longitudinal

final
original
marginal
virginal
machinal
séminal
abdominal
nominal
pronominal
germinal
terminal
[*G.*] Epinal
spinal
[*H.*] Quirinal
doctrinal
urinal
matinal
intestinal
matutinal
inguinal
automnal
annal
décennal
vicennal
biennal
triennal
quatriennal
septennal
quinquennal
processionnal
confessionnal
diaconal
pentagonal
heptagonal
hexagonal
orthogonal
octogonal
polygonal
méridional
obsidional
régional
septentrional
national
antinational
international
rational
coronal
patronal
cantonal
hibernal
infernal
vernal
hivernal
diurnal
journal
tribunal
pal
papal
municipal
principal
copal
épiscopal
archiépiscopal
nopal
palpébral
cérébral
vertébral
sépulcral
libéral
ultra-libéral

viscéral
fédéral
sidéral
rudéral
huméral
numéral
général
minéral
puerpéral
vespéral
latéral
bilatéral
unilatéral
quadrilatéral
trilatéral
équilatéral
collatéral
littéral
presbytéral
archipresbytéral
intégral
amiral
vice-amiral
contre-amiral
spiral
décemviral
triumviral
centumviral
duumviral
oral
choral
floral
moral
fémoral
immoral
humoral
caporal
temporal
corporal
professoral
préfectoral
électoral
pectoral
rectoral
doctoral
préceptoral
pastoral
littoral
saburral
théâtral
spectral
diamétral
géométral
arbitral
chapitral
central
ventral
astral
cadastral
magistral
mistral
austral
claustral
lustral
augural
inaugural
mural
[*G.*] Oural
rural
crural

caricatural
conjectural
architectural
pictural
scriptural
sculptural
guttural
nasal
commensal
transversal
dorsal
bursal
vassal
arrière-vassal
colossal
causal
fatal
natal
étal
végétal
pariétal
métal
cubital
digital
sex-digital
congénital
capital
occipital
sincipital
hôpital
marital
vital
[*G.*] Cantal
santal
dental
transcendental
occidental
oriental
mental
fondamental
sacramental
gouvernemental
départemental
expérimental
sentimental
fromental
monumental
instrumental
continental
pointal
quintal
frontal
horizontal
dotal
sacerdotal
total
prévôtal
captal
piédestal
cristal
costal
intercostal
postal
azimutal
brutal
lingual
sublingual
val
aval
naval

carnaval
cheval
ogival
rival
estival
festival
narval
cerval
coxal
paradoxal
loyal
déloyal
royal
Voy. all

ël

[*I.*] Raphaël
[*B.*] Ismaël
[*B.*] Israël
tael
[*B.*] Abel
[*B.*] Babel
[*B.*] Jézabel
lambel
recel
carcel
Marcel
scel
contre-scel
[*I.*] Hændel
aludel
réel
regel
dégel
Angel
[*B.*] Jahel
[*B.*] Rachel
[*B.*] Michel
[*G.*] Rethel
ciel
préjudiciel
officiel
artificiel
superficiel
cicatriciel
circonstanciel
arc-en-ciel
fiel
[*G.*] Kiel
miel
[*B.*] Daniel
véniel
Gabriel
matériel
immatériel
artériel
ministériel
semestriel
trimestriel
industriel
mercuriel
pluriel
substantiel
consubstantiel
obédientiel
confidentiel
présidentiel
providentiel
pestilentiel
antipestilentiel
récrémentiel
excrémentiel
exponentiel
différentiel
torrentiel
essentiel
pénitentiel
potentiel
partiel
lixiviel
nickel
béchamel
caramel
kummel
calomel
hydromel
formel
oxymel
aignel
originel
criminel
solennel
occasionnel
provisionnel
ascensionnel
passionnel
processionnel
professionnel
rationnel
irrationnel
sensationnel
correctionnel
insurrectionnel
juridictionnel
fonctionnel
traditionnel
additionnel
conditionnel
intentionnel
conventionnel
reconventionnel
exceptionnel
proportionnel
constitutionnel
personnel
unipersonnel
impersonnel
tunnel
colonel
lieutenant-colonel
charnel
maternel
paternel
fraternel
éternel
coéternel
sempiternel
Noël
archipel
scalpel
appel
contre-appel
réappel
rappel
temporel
corporel
incorporel
pétrel
menestrel
naturel
surnaturel
sel
universel
missel
sous-sel
carrousel
tel
bétel
accidentel
sacramentel
chaumontel
hôtel
cheptel
artel
cartel
martel
Charles-Martel
mortel
immortel
castel
pastel
listel
[*G.*] Vittel
autel
duel
graduel
individuel
manuel
Emmanuel
continuel
annuel
bisannuel
trisannuel
quel
lequel
auquel
duquel
cruel
casuel
visuel
censuel
mensuel
bimensuel
sensuel
consensuel
usuel
actuel
contractuel
intellectuel
ponctuel
perpétuel
habituel
rituel
spirituel
éventuel
conventuel
virtuel
mutuel
textuel
sexuel
unisexuel
bissexuel
eau-de-javel
Pleyel
bretzel
Aussi Tell

il

il
Voy. il précédé d'une consonne oïl, ill et béryl

ail

ail
bail
sous-bail
bercail
mail
camail
émail
trémail
fermail
gouvernail
rail
sérail
caravansérail
[*H.*] Montmirail
soupirail
attirail
corail
poitrail
vitrail
bétail
détail
vantail
épouvantail
éventail
portail
aiguail
travail

il

babil
cil
sourcil
Voy. il précédé d'une consonne oïl, ill et béryl

eil

Corbeil
vieil
soleil
sommeil
vermeil
œil
trompe-l'œil
pareil
non-pareil
appareil
conseil
méteil
passe-méteil
orteil
accueil
recueil
écueil
cercueil
orgueil
éveil
réveil
Les mots en italique riment entre eux et avec euil

il

fil
contre-fil
profil
morfil
mil
anil
fenil
chenil
[*G.*] Le Nil
fournil
oïl
Voy. il précédé d'une consonne, ill et béryl

oil

poil
contre-poil
passepoil

il

baril
nombril
béril
péril
puéril
gril
viril
avril
sil
[*G.*] Brésil
grésil
fraisil
persil
fusil
volatil
subtil
gentil
chartil
courtil
pistil
outil
coutil
sextil
bissextil
Les mots en italique dont l'l est insonore riment entre eux; avec les autres voy. il précédé d'une consonne, oïl, ill et béryl

euil

deuil
demi-deuil
cerfeuil
treuil
écureuil
chevreuil
bouvreuil
[*G.*] Argenteuil
[*G.*] Auteuil
fauteuil
Voy. eil

ouil
fenouil

il
vil
civil
incivil
exil
alguazil
douzil

Voy. il précédé d'une consonne, oïl, ill et béryl

all
football
schall
tattersall

Voy. al

ell
Guillaume Tell

Voy. el

ill
bill
mandrill

Voy. il précédé d'une consonne, oïl et béryl

ol
atoll
bol
col
hausse-col
licol
torcol
dol
fol
mongol
apiol
vitriol
viol
bémol
phénol
campagnol
[*G.*] Espagnol
rossignol
alcool
(1) *Liverpool*
[*G.*] Tyrol
sol
parasol
girasol
tournesol
entresol
sous-sol
naphtol
vol
Paul

ul
cul
accul

1. *Voy.* oul.

recul
gratte-cul
calcul

Avec ces cinq mots, *voy.* ul précédé d'une consonne; les 2 mots en italique riment avec les autres, mais on a parfois supprimé l'l pour les faire rimer avec cu

eul
linceul
aïeul
glaïeul
bisaïeul
trisaïeul
filleul
tilleul
épagneul
ligneul
seul

ul
cumul
nul

Voy. ul précédé d'une consonne

oul
saoul
[*G.*] Kaboul
redoul
soûl
capitoul

Aussi *Liverpool*

ul
consul
vice-consul
proconsul

Voy. ul précédé d'une consonne

yl
béryl

Voy. il précédé d'une consonne, oïl et ill

M

am
Balaam
(1) *dam*
(1) *Adam*

1. *Voy.* an et aon plus en, Caen et Rouen

macadam
quidam
[*G.*] Amsterdam
[*G.*] Rotterdam
[*G.*] Potsdam
(1) *cold-cream*
[*B.*] Abraham
[*B.*] Cham
durham
[*M.*] Priam
[*G.*] Siam
sélam
madapolam
islam
[*G.*] Annam
[*H.*] Wagram
bairam
tam-tam
wigwam

em
idem
ibidem
tandem
[*B.*] Bethléem
hem!
requiem
[*B.*] Jérusalem
(s)chelem
harem
item

Aussi cold-cream

aim
daim
faim
malefaim
abat-faim
essaim
étaim

Voy. in, en, plus thym

ïm
[*B.*] Ephraïm
zaïm
olim
intérim

olm
[*G.*] Stockholm

om
dom
hom!
[*G.*] Riom

Voy. um

om
nom
renom
prête-nom
pronom
surnom

Voy. non, et aussi omb.

1. *Voy.* em.

oom
groom

Aussi doum et goum

urm
landsturm

um
Capharnaüm
album
vade-mecum
cæcum
mémorandum
Te Deum
iléum
linoléum
populéum
calcanéum
sérapéum
castoréum
caséum
muséum
(1) *parfum*
sagum
targum
hum!
rhum
zythum
cambium
silicium
calcium
* Palladium
radium
médium
oïdium
iridium
compendium
rhodium
podium
sodium
cadmium
osmium
géranium
uranium
proscenium
postcenium
sélénium
triclinium
minium
aluminium
zirconium
pélargonium
stramonium
pandémonium
harmonium
opium
lactucarium
vélarium
aquarium
mégathérium
paléothérium
dinothérium
critérium
sensorium
sanatorium
atrium
yttrium
magnésium

1. *Voy.* un.

potassium
strontium
déliquium
trivium
diluvium
vélum
pilum
peplum
spéculum
coagulum
diachylum
minimum
maximum
galbanum
ladanum
laudanum
fanum
[*G.*] Herculanum
duodénum
sternum
jéjunum
doum
goum
arum
labarum
marum
sacrum
sérum
sempervirum
décorum
forum
quorum
natrum
pensum
fatum
ultimatum
desideratum
erratum
substratum
factum
rectum
dictum
quantum
retentum
factotum
post-scriptum
caput-mortuum
baryum

Voy. om sonore; *oum* avec groom

ym
thym

Voy. aim, in et en

N

an
an
ban
caban
raban
arrière-ban
oliban
forban
turban
risban

hauban
galhauban
[G.] Montauban
[H.] Vauban
ruban
caïmacan
bouracan
rubican
pélican
anglican
gallican
Vatican
volcan
cancan
encan
carcan
toscan
boucan
toucan
ramadan
cispadan
transpadan
redan
[G.] Sedan
godan
[G.] Soudan
Jean
Gros-Jean
océan
fanfan
ouragan
yatagan
origan
guingan
catogan
Han
ahan!
[G.] Afghan
[G.] Morbihan
Khan
Léviathan
[B.] Nathan
[B.] Jonathan
médian
banian
pian
[L.] Florian
[L.] Erckmann-Chatrian
jan
[H.] Trajan
kan
astrakan
palan
catalan
clan
bataclan
brelan
chambrelan
* élan
flan
raglan
icoglan
uhlan
bilan
[G.] Milan
chambellan
castillan
myrobolan
ortolan

plan
arrière-plan
merlan
éperlan
(H)ulan
portulan
vlan!
[G.] Ceylan
aman
maman
grand'maman
bonne maman
policeman
trucheman
gentleman
lac Léman
drogman
iman
caïman
liman
dolman
musulman
landamman
[H.] Carloman
roman
toman
[G.] Ottoman
alderman
[G.] Birman
firman
talisman
sportsman
hetman
nanan
rhénan
cisrhénan
transrhénan
magnan
[G.] Perpignan
frontignan
[G.] Draguignan
[M.] Pan
pan!
chenapan
sapan
trépan
empan
tympan
Aldébaran
bran
halbran
cran
écran
cadran
balandran
jaseran
[G.] Téhéran
vétéran
safran
bougran
[G.] Oran
coran
cormoran
trantran
Gontran
cisjuran
transjuran
tyran
parmesan
faisan

pisan
artisan
partisan
courtisan
[G.] Persan
[G.] Bressan
paysan
tan
charlatan
masulipatan
Satan
caf(e)tan
Gaëtan
orviétan
mahométan
capitan
sultan
antan
tartan
cabestan
[G.] Beloutchistan
[G.] Afghanistan
[G.] Hindoustan
mangoustan
autan
don Juan
padouan
chouan
rouan
mantouan
van
divan
alezan
balzan

Avec les mots en italique *voy.* ann; avec les autres *voy.* aon aussi dam, Adam, en, Rouen et Caen

dn

[I.] Haydn

en

en
[G.] Caen

Voy. an et aon plus dam, Rouen et Adam

éden
Sabéen
[G.] Ajacéen
[G.] Nancéen
[G.] Phocéen
Saducéen
lycéen
chaldéen
[G.] Vendéen
paludéen
manichéen
eutychéen
galiléen
(1) *spleen*

(1) Avec gin, Lohengrin et djinn.

herculéen
pygméen
[G.] Dahoméen
iduméen
méditerranéen
pyrénéen
cyclopéen
[G.] Européen
indo-européen
nazaréen
hyperboréen
[G.] Coréen
marmoréen
fuséen
élyséen
[H.] *Reïchshoffen*
[G.] Agen
lichen
biscaïen
païen
bien
St-Fabien
combien
[G.] Nubien
danubien
pubien
pharmacien
[G.] Ajaccien
[G.] Annecien
périœcien
magicien
logicien
[G.] Galicien
Félicien
aristotélicien
milicien
académicien
mécanicien
phénicien
polytechnicien
clinicien
platonicien
néo-platonicien
[G.] Ebroïcien
stoïcien
fabricien
théoricien
pythagoricien
rhétoricien
patricien
électricien
musicien
physicien
métaphysicien
mathématicien
praticien
tacticien
dialecticien
arithméticien
péripatéticien
opticien
statisticien
ancien
rabdomancien
nécromancien
chiromancien
cartomancien
cistercien
cadurcien
périscien

antiscien
Lucien
[G.] Canadien
tragédien
comédien
phocidien
proboscidien
rachidien
ophidien
mastoïdien
méridien
Floridien
quotidien
indien
gardien
gordien
lydien
plébéien
[G.] Nancéien
tarpéien
véien
pélagien
[G.] Cambodgien
collégien
[G.] Norvégien
[G.] Carlovingien
[G.] Mérovingien
pharyngien
laryngien
théologien
géorgien
chirurgien
pélasgien
[G.] Vosgien
phrygien
chien
tue-chien
Autrichien
basochien
corinthien
olynthien
pythien
lien
régalien
Spinalien
[G.] Australien
ouralien
thessalien
végétalien
Italien
cornélien
Aurélien
[G.] Sicilien
[G.] Chilien
Emilien
Maximilien
[G.] Brésilien
éolien
[G.] Tyrolien
étolien
Julien
conchylien
[G.] Amstellodamien
le mien
Bohémien
crânien
iranien
touranien
lithuanien
pensylvanien

[G.] Athénien
[G.] Arménien
essénien
messénien
racinien
socinien
arminien
[G.] Abyssinien
[G.] Londonien
bourbonien
draconien
adonien
[G.] Macédonien
[G.] Calédonien
Néo-Calédonien
londonien
sardonien
Napoléonien
pyrrhonien
ionien
[H.] Babylonien
St-Simonien
pannonien
cicéronien
byronien
tritonien
plutonien
newtonien
dévonien
californien
saturnien
[G.] Bosnien
neptunien
olympien
[G.] Ethiopien
métacarpien
rien
arien
carien
césarien
végétarien
Adrien
aérien
ibérien
[G.] Sibérien
Chambérien
[G.] Algérien
luthérien
galérien
valérien
phalanstérien
presbytérien
grammairien
voltairien
Nazairien
elzévirien
[G.] Pétrocorien
[H.] Dorien
thermidorien
grégorien
Florien
sénatorien
oratorien
Victorien
prétorien
nestorien
questorien
historien
Cyprien
terrien
daguerrien
neustrien
vaurien
épicurien
ligurien
silurien
faubourien
Asturien
[G.] Hanovrien
[G.] Buenos-Ayrien
St-Cyrien
illyrien
syrien
assyrien
tyrien
caucasien
[H.] Vespasien
Austrasien
le sien
éphésien
milésien
silésien
arlésien
étésien
artésien
cartésien
[G.] Cambrésien
[G.] Calaisien
rabelaisien
[G.] Cambraisien
[G.] Beauvaisien
[G.] Tunisien
[G.] Savoisien
pharisien
[G.] Parisien
théodosien
ambrosien
tarsien
circassien
paroissien
calvadossien
[G.] Prussien
le tien
entretien
[H.] Capétien
chrétien
antichrétien
bon-chrétien
[G.] Helvétien
[G.] Haitien
[G.] Vénitien
tribunitien
Le Titien
maintien
[G.] Béotien
[G.] Egyptien
Sébastien
soutien
lilliputien
pelvien
cracovien
diluvien
antédiluvien
alluvien
[G.] Péruvien
pollen
solen
amen
cyclamen
gramen
dictamen
examen
spécimen
dolmen
abdomen
albumen
rumen
cérumen
[M]. *hymen*
[I.] Dupuytren
gluten
[G.] (1) Rouen
[G.] Saint-Ouen
payen
doyen
moyen
Troyen
citoyen
concitoyen
mitoyen
aryen
[I.] *Beethoven*

Brenn rime avec les mots en italique à l'exception de spleen et Rouen; avec les autres *voy.* in, aim et thym

hn

[I.] Mendelssohn

Aussi Edison et kyrie eleison

in

[G.] Ain
bain
thébain
demi-bain
* Urbain
suburbain
aubain
Caïn
publicain
républicain
antirépublicain
* Dominicain
[G.] Américain
[G.] Africain
[G.] Armoricain
[G.] Mexicain
[M.] Vulcain
[G.] Marocain
franciscain
dédain
andain
mondain
[B.] Jourdain
soudain
génovéfain
gain
regain

1. *Voy.* an, aon, plus dam, Adam, en et Caen.

[G.] Briochain
prochain
chapelain
châtelain
vilain
plain
poulain
main
demain
guide-main
lendemain
surlendemain
garde-main
après-demain
tournemain
arrière-main
baisemain
appui-main
essuie-main
Romain
gréco-romain
gallo-romain
parmain
Germain
[G.] Saint-Germain
sous-main
humain
antihumain
inhumain
surhumain
[G.] Roumain
nain
nonnain
pain
gagne-pain
massepain
copain
drain
riverain
souverain
suzerain
acérain
[G.] Montpelliérain
refrain
grain
airain
forain
alibiforain
contemporain
parrain
merrain
terrain
souterrain
[G.] Lorrain
nourrain
train
quatrain
arrière-train
entrain
boute-en-train
avant-train
[G.] Chartrain
sain
diocésain
archidiocésain
malsain
fusain
[G.] Toulousain
tain
châtain
étain
[G.] Thibétain
[G.] Auscitain
[G.] Napolitain
métropolitain
[G.] Palermitain
samaritain
puritain
huitain
aquitain
plantain
lointain
ultramontain
chevrotain
certain
incertain
[G.] Belfortain
sacristain
hautain
[G.] Jamaïquain
bisquain
vain
levain
écrivain
Sylvain
transylvain
couvain
douvain
sixain
zain
dizain
sizain
carabin
sabin
rabbin
bambin
lambin
colombin
jacobin
gobin
robin
corbin
bec-de-corbin
aubin
Lubin
Chérubin
vaccin
buccin
succin
médecin
clavecin
pumicin
ricin
farcin
larcin
capucin
badin
muscadin
vertugadin
baladin
grenadin
incarnadin
gradin
citadin
gredin
dandin
perrin-dandin
gandin
ondin
blondin

rondin
grondin
[H.] Girondin
[M.] Odin
anodin
jardin
Bernardin
gourdin
[G.] Périgourdin
boudin
Hein!
plein
terre-plein
trop-plein
[G.] Mein
rein
serein
frein
garde-frein
serre-frein
chanfrein
sein
dessein
fin
extra-fin
bec-fin
aigrefin
enfin
superfin
gin
sauvagin
engin
[G.] Briochin
séraphin
dauphin
[G.] Rhin
murrhin
pékin
nankin
[G.] Tonkin
lin
alcalin
escalin
malin
papalin
opalin
salin
hyalin
câlin
[G.] Dublin
clin
déclin
enclin
[H.] Du Guesclin
[H.] Gibelin
Gobelin
orphelin
grimelin
drelin
grelin
patelin
archipatelin
craquelin
Coquelin
ravelin
trivelin
félin
vélin
filin
aquilin

[H.] Franklin
corallin
cristallin
Marcellin
[G.] Kremlin
caolin
kaolin
francolin
sérancolin
pangolin
solin
capitolin
revolin
zinzolin
tremplin
carlin
[G.] Berlin
merlin
Paulin
masculin
boulin
moulin
staphylin
gamin
[B.] * Benjamin
bramin
chemin
parchemin
carmin
Firmin
jasmin
cumin
canin
tanin
sultanin
menin
venin
dompte-venin
bénin
féminin
fescennin
hennin
lisbonnin
léonin
gonin
Antonin
saturnin
(franc) funin
coin
recoin
foin
sain-foin
abat-foin
benjoin
loin
témoin
talapoin
groin
soin
besoin
pin
Scapin
lapin
[I.] Papin
rapin
sapin
tapin
calepin
canepin
pépin

* Crépin
pitchpin
alpin
cisalpin
transalpin
rampin
gossampin
perlimpinpin
[I.] Chopin
lopin
galopin
grappin
escarpin
harpin
orpin
[C.] Crispin
crispin
taupin
lupin
turlupin
poupin
supin
tabarin
mandarin
saccharin
marin
tamarin
romarin
sous-marin
tarin
Tartarin
savarin
brin
crin
écrin
crin-crin
sucrin
sanhédrin
malandrin
flandrin
mandrin
[G.] Alexandrin
gorgerin
pélerin
serin
Séverin
rouverin
vipérin
adultérin
utérin
vérin
transtévérin
pulvérin
chagrin
[G.] Monténégrin
aigrin
Lohengrin
boulingrin
Zéphirin
orin
florin
cyprin
pétrin
citrin
lutrin
burin
Mathurin
tambourin
purin
purpurin

pâturin
poulevrin
basin
bombasin
magasin
sarrasin
tocsin
raisin
voisin
circonvoisin
organsin
traversin
Cahorsin
oursin
bassin
mocassin
marcassin
boucassin
spadassin
brassin
matassin
fantassin
* assassin
dessin
[G.] Messin
coussin
poussin
crapoussin
roussin
broussin
[G.] Abyssin
bousin
* cousin
chasse-cousin
argousin
[G.] Limousin
théatin
latin
palatin
néo-latin
matin
réveille-matin
patin
valet-à-patin
cadratin
gratin
buratin
satin
mâtin
bénédictin
bufletin
bulletin
fretin
cassetin
bouquetin
tétin
crétin
enfantin
brigantin
galantin
adamantin
diamantin
lamantin
aimantin
[G.] * Pantin
plaisantin
[H.] Constantin
levantin
observantin
[G.] Byzantin

[G.] * Argentin
Valentin
serpentin
[G.] Tarentin
[G.] Florentin
trentin
roquentin
sagontin
strapontin
[G.] * Bisontin
cabotin
turbotin
chicotin
picotin
biscotin
fagotin
ragotin
margotin
diablotin
pilotin
ballotin
potin
rotin
chevrotin
Martin
[H.] Henri Martin
libertin
[G.] Chambertin
avertin
fortin
[G.] Belfortin
médiastin
destin
clandestin
festin
Célestin
intestin
[B.] Philistin
Augustin
Justin
crottin
trottin
tableautin
butin
hutin
lutin
mutin
scrutin
béguin
sanguin
consanguin
doguin
juin
babouin
bédouin
chafouin
aubifouin
baragouin
sagouin
pingouin
maringouin
[G.] Malouin
[I.] Dugay-Trouin
marsouin
tintouin
baldaquin
faquin
casaquin
taquin
brodequin

[C.] * arlequin
ramequin
mannequin
requin
vilebrequin
sequin
troussequin
palanquin
coquin
ver-coquin
maroquin
[G.] Minorquin
Turquin
pasquin
marasquin
mesquin
frusquin
trusquin
* bouquin
suin
vin
ravin
devin
brandevin
pot-de-vin
[G.] Angevin
échevin
alevin
tâte-vin
[G.] Poitevin
divin
alvin
[H.] Calvin
provin
nervin
épervin
chauvin
muézin

Les mots en italique riment entre eux et avec spleen et djinn; avec les autres voy. aim, en et thym

ann

[H.] Inkermann
[H.] Kellermann
[I.] Haussmann

Voy. an

enn

brenn

Voy. en

inn

djinn

Aussi gin, Lohengrin, spleen

aon

on
[M.] *Lycaon*
faon
Laon
paon
pharaon
taon

Voy. an, plus dam, Adam, Rouen, en et Caen; les mots en italiques riment avec éon, oon, et Mahon

bon

* bon
gibbon
ambon
jambon
bonbon
barbon
charbon
[H.] Sorbon
[H.] Bourbon
revenant-bon
bubon

con

flacon
* Mâcon
rubicon
chicon
[M.] Hélicon
catholicon
balcon
Falcon
cocon
flocon
zircon
* Gascon
[G.] Tarascon
faucon
Montfaucon

çon

façon
contrefaçon
malfaçon
glaçon
maçon
estramaçon
franc-maçon
limaçon
colimaçon
caparaçon
leçon
caleçon
hameçon
séneçon
caveçon
[G.] Brabançon
enfançon
[G.] Briançon
palançon
plançon
rançon
charançon
[G.] Besançon
étançon
[G.] Alençon
écoinçon
poinçon
pinçon
tronçon
soupçon
arçon
garçon
suçon

Voy. son dur et xon.

don

* Don
* Céladon
espadon
bedon
édredon
fredon
[H.] Phédon
boustrophédon
cotylédon
[M.] Laomédon
automédon
bidon
[H.] Didon
amidon
mirmidon
[M.] Cupidon
bridon
guéridon
guidon
abandon
brandon
saisie-brandon
tendon
dindon
corindon
sindon
bondon
dondon
rigodon
cardon
gardon
chardon
jardon
lardon
pardon
guerdon
cordon
bourdon
faux-bourdon

eon

fromageon
drageon
sauvageon
badigeon
pigeon
gorge-de-pigeon
plongeon
haubergeon
bourgeon
écourgeon
surgeon
esturgeon

Voy. jon

éon

[B.] Gédéon
Odéon
accordéon
orphéon
panthéon
Léon
magdaléon
iléon
caméléon
Siméon
[H.] * Napoléon

Voy. aon, oon et Mahon

fon

carafon
chiffon
* griffon
Buffon
* bouffon

Voy. phon

gon

[M.] Dagon
* Harpagon
[G.] Aragon
dragon
sang-de-dragon
estragon
patagon
martagon
wagon
perdrigon
vessigon
angon
parangon
jargon
fourgon
bougon

hon

Mahon

Voy. aon, éon, oon

chon

bichon
barbichon
folichon
cornichon
[G.] Berrichon
fanchon
manchon
cabochon
cochon
torchon
fourchon
califourchon
alluchon
bouchon
tire-bouchon
capuchon
cruchon

phon

siphon
[H.] Xénophon
[M.] Bellérophon
typhon

Voy. fon

rhon

[L.] Pyrrhon

Voy. ron

thon

thon
[H.] Marathon
[M.] Tithon
[H.] Othon
[M.] Python
zython

Voy. ton

ion

gabion
succion
exsuccion
suspicion
[H.] Phocion
scion
[M.] Pandion
collodion
taudion
escoffion
contagion
légion
région
religion
irréligion
ischion
[M.] Amphion
fashion
lion
galion
[M.] Pygmalion
talion
ardélion
ganglion
fourmi-lion
tabellion
rébellion
billion
million
trillion
camion
fanion
opinion
union
réunion
communion
postcommunion
désunion
pion
usucapion
[H.] Scipion
champion
lampion
ectropion
scorpion
espion
croupion
vibrion
alérion
psaltérion
orion
brimborion
horion
morion
septentrion
histrion
curion
décurion

turion
centurion
satyrion
occasion
persuasion
dissuasion
extravasion
évasion
invasion
adhésion
cohésion
lésion
occision
décision
indécision
précision
incision
concision
circoncision
incirconcision
rescision
excision
élision
collision
dérision
vision
revision
prévision
division
subdivision
indivision
provision
émulsion
répulsion
impulsion
propulsion
expulsion
avulsion
évulsion
révulsion
convulsion
expansion
récension
ascension
préhension
répréhension
compréhension
appréhension
dimension
pension
demi-pension
propension
suspension
dissension
tension
distension
extension
éclosion
explosion
érosion
arrosion
corrosion
submersion
émersion
immersion
aspersion
dispersion
abstersion
version
aversion
subversion
animadversion
éversion
réversion
diversion
inversion
conversion
perversion
interversion
torsion
rétorsion
contorsion
distorsion
extorsion
incursion
excursion
passion
compassion
cession
accession
succession
précession
sécession
concession
procession
rétrocession
intercession
confession
profession
agression
régression
digression
progression
transgression
pression
dépression
répression
impression
réimpression
compression
oppression
suppression
expression
session
obsession
possession
dépossession
scission
mission
amission
admission
réadmission
inadmission
émission
démission
rémission
commission
sous-commission
omission
promission
compromission
intromission
permission
intermission
transmission
manumission
soumission
insoumission
concussion
percussion
répercussion
discussion
jussion
fidéjussion
fusion
affusion
effusion
diffusion
suffusion
infusion
confusion
profusion
transfusion
occlusion
réclusion
conclusion
forclusion
exclusion
allusion
illusion
désillusion
collusion
intrusion
contusion
libation
cohobation
probation
réprobation
improbation
approbation
désapprobation
exacerbation
perturbation
incubation
vacation
défécation
déprécation
imprécation
radication
éradication
abdication
médication
prédication
revendication
indication
contre-indication
claudication
adjudication
pacification
spécification
dulcification
édification
codification
modification
déification
palification
salification
qualification
mollification
amplification
simplification
chylification
ramification
momification
panification
signification
vinification
bonification
unification
scarification
clarification
vérification
scorification
glorification
pétrification
vitrification
purification
falsification
versification
classification
ossification
ratification
gratification
stratification
rectification
sanctification
fructification
notification
certification
fortification
mortification
justification
mystification
sanguification
vivification
publication
multiplication
implication
complication
application
inapplication
supplication
duplication
réduplication
explication
formication
fornication
communication
prévarication
fabrication
dessiccation
décortication
excortication
urtication
mastication
domestication
sophistication
intoxication
défalcation
suffocation
location
relocation
allocation
collocation
dislocation
sous-location
embrocation
vocation
évocation
révocation
univocation
invocation
convocation
provocation
embarcation
démarcation
altercation
bifurcation
confiscation
coruscation
éducation
manducation
gradation
dégradation
rétrogradation
exhérédation
déprédation
élucidation
validation
revalidation
invalidation
consolidation
intimidation
dilapidation
trépidation
liquidation
recommandation
fécondation
fondation
inondation
inféodation
accommodation
retardation
dénudation
transsudation
exsudation
oxydation
suroxydation
désoxydation
délinéation
création
récréation
procréation
propagation
divagation
légation
vice-légation
délégation
subdélégation
relégation
allégation
négation
abnégation
dénégation
agrégation
désagrégation
ségrégation
congrégation
obligation
fumigation
irrigation
mitigation
investigation
instigation
fustigation
navigation
promulgation
divulgation
prolongation
homologation
abrogation
subrogation
dérogation
surérogation
prorogation
interrogation
objurgation
purgation
émaciation
dépréciation

appréciation
énonciation
dénonciation
renonciation
annonciation
prononciation
négociation
association
radiation
irradiation
médiation
amodiation
répudiation
conciliation
réconciliation
filiation
affiliation
humiliation
résiliation
palliation
foliation
exfoliation
spoliation
ampliation
expiation
variation
excoriation
appropriation
expropriation
expatriation
initiation
propitiation
transsubstantiation
aviation
déviation
abréviation
lixiviation
intercalation
inhalation
exhalation
ablation
oblation
relation
délation
congélation
corrélation
révélation
insufflation
jubilation
annihilation
assimilation
épilation
dépilation
horripilation
compilation
opilation
désopilation
ventilation
mutilation
installation
réinstallation
contrevallation
circonvallation
flagellation
épellation
appellation
interpellation
coupellation
constellation
vacillation

oscillation
titillation
scintillation
stillation
distillation
instillation
cavillation
* collation
décollation
contemplation
violation
immolation
interpolation
désolation
isolation
insolation
consolation
législation
translation
affabulation
confabulation
stabulation
tribulation
éjaculation
spéculation
pandiculation
immatriculation
articulation
désarticulation
gesticulation
inoculation
circulation
adulation
ondulation
modulation
coagulation
triangulation
strangulation
pullulation
simulation
dissimulation
stimulation
accumulation
granulation
annulation
manipulation
stipulation
population
dépopulation
congratulation
capitulation
récapitulation
postulation
diffamation
infamation
amalgamation
acclamation
déclamation
réclamation
proclamation
exclamation
desquamation
crémation
décimation
sublimation
animation
légitimation
intimation
estimation
mésestimation

approximation
inflammation
gemmation
sommation
consommation
affirmation
infirmation
confirmation
formation
déformation
réformation
information
conformation
transformation
inhumation
exhumation
nation
profanation
émanation
trépanation
impanation
oxygénation
aliénation
abaliénation
inaliénation
arénation
agnation
stagnation
imprégnation
indignation
désignation
résignation
consignation
assignation
réassignation
cognation
vaccination
revaccination
vaticination
calcination
ratiocination
hallucination
fascination
ordination
subordination
coordination
imagination
pagination
machination
inclination
contamination
dissémination
élimination
récrimination
incrimination
culmination
fulmination
abomination
domination
nomination
dénomination
germination
détermination
extermination
illumination
rumination
supination
pérégrination
obstination
destination

prédestination
agglutination
conglutination
divination
damnation
condamnation
surannation
donation
détonation
intonation
carnation
incarnation
hibernation
consternation
prosternation
subornation
alunation
anticipation
participation
mancipation
émancipation
dissipation
constipation
palpation
inculpation
disculpation
pulpation
extirpation
usurpation
crispation
occupation
réoccupation
préoccupation
désoccupation
ration
déclaration
réparation
préparation
séparation
célébration
térébration
libration
vibration
élucubration
obsécration
consécration
exécration
aération
libération
délibération
verbération
réverbération
lacération
dilacération
macération
ulcération
exulcération
incarcération
fédération
confédération
considération
déconsidération
pondération
modération
immodération
exagération
réfrigération
aciération
accélération
agglomération

conglomération
numération
énumération
génération
dégénération
régénération
vénération
cinération
incinération
exonération
rémunération
opération
coopération
exaspération
commisération
déblatération
réitération
oblitération
allitération
altération
adultération
déflagration
conflagration
intégration
réintégration
migration
émigration
immigration
transmigration
admiration
aspiration
respiration
transpiration
inspiration
conspiration
perspiration
expiration
retiration
élaboration
collaboration
corroboration
décoration
édulcoration
adoration
perforation
imperforation
amélioration
détérioration
majoration
coloration
décoloration
imploration
exploration
commémoration
évaporation
corporation
incorporation
irroration
expectoration
narration
aberration
pénétration
impénétration
perpétration
arbitration
filtration
infiltration
concentration
castration
orchestration

défenestration
séquestration
administration
démonstration
prostration
claustration
lustration
illustration
frustration
restauration
instauration
curation
procuration
induration
figuration
configuration
transfiguration
fulguration
inauguration
abjuration
adjuration
conjuration
épuration
dépuration
suppuration
maturation
saturation
obturation
trituration
laïcisation
francisation
verbalisation
alcalisation
localisation
vocalisation
réalisation
égalisation
légalisation
animalisation
canalisation
moralisation
centralisation
neutralisation
totalisation
mobilisation
subtilisation
fertilisation
utilisation
civilisation
métallisation
cristallisation
trullisation
alcoolisation
vulcanisation
organisation
galvanisation
indemnisation
solennisation
carbonisation
préconisation
colonisation
canonisation
intronisation
vulgarisation
polarisation
régularisation
éthérisation
cautérisation
pulvérisation
irisation
arborisation
herborisation
vaporisation
temporisation
autorisation
cicatrisation
électrisation
porphyrisation
médiatisation
magnétisation
monétisation
cotisation
rebaptisation
improvisation
pulsation
condensation
compensation
dispensation
sensation
tergiversation
malversation
conversation
cassation
passation
contre-passation
cessation
accusation
récusation
dilatation
acclimatation
natation
constatation
lactation
rétractation
contractation
affectation
délectation
humectation
éructation
superfétation
végétation
castramétation
interprétation
habitation
cohabitation
dubitation
citation
récitation
licitation
félicitation
pollicitation
sollicitation
incitation
suscitation
excitation
surexcitation
méditation
préméditation
agitation
ingurgitation
débilitation
imitation
limitation
délimitation
exploitation
capitation
décapitation
crépitation
décrépitation
précipitation
palpitation
irritation
hésitation
visitation
équitation
gravitation
invitation
saltation
exaltation
occultation
auscultation
consultation
exultation
décantation
incantation
plantation
déplantation
implantation
supplantation
transplantation
aimantation
orientation
lamentation
réglementation
ornementation
cémentation
augmentation
alimentation
fomentation
fermentation
argumentation
instrumentation
présentation
représentation
tentation
ostentation
fréquentation
confrontation
dotation
notation
dénotation
annotation
rotation
votation
captation
adaptation
acceptation
reptation
optation
quartation
inquartation
dissertation
confortation
réconfortation
exhortation
déportation
importation
réimportation
transportation
exportation
réexportation
station
impastation
dévastation
manifestation
gestation
molestation
admonestation
prestation
arrestation
détestation
contestation
protestation
attestation
aérostation
gustation
dégustation
incrustation
réfutation
salutation
mutation
commutation
permutation
transmutation
nutation
sternutation
députation
réputation
amputation
imputation
supputation
sputation
évacuation
graduation
évaluation
atténuation
exténuation
insinuation
continuation
équation
coéquation
péréquation
liquation
colliquation
infatuation
ponctuation
fluctuation
perpétuation
situation
accentuation
excavation
aggravation
dépravation
extravation
élévation
surélévation
salivation
dérivation
privation
ovation
novation
rénovation
innovation
énervation
innervation
observation
inobservation
réservation
préservation
conservation
relaxation
taxation
vexation
fixation
luxation
action
rédaction
réaction
faction
rubéfaction
madéfaction
caléfaction
tuméfaction
stupéfaction
refaction
raréfaction
torréfaction
contrefaction
putréfaction
liquéfaction
satisfaction
inaction
coaction
rétroaction
fraction
réfraction
effraction
diffraction
infraction
traction
détraction
rétraction
contraction
abstraction
distraction
soustraction
attraction
extraction
transaction
exaction
défection
réfection
affection
désaffection
infection
désinfection
confection
perfection
imperfection
abjection
objection
éjection
déjection
injection
projection
interjection
élection
réélection
sélection
dilection
prédilection
collection
inspection
circonspection
érection
direction
correction
incorrection
porrection
résurrection
insurrection
section
résection
trisection
vivisection
intersection
bissection
dissection
protection

évection
diction
contradiction
malédiction
bénédiction
prédiction
juridiction
indiction
interdiction
fiction
astriction
restriction
constriction
éviction
conviction
sanction
distinction
extinction
onction
fonction
jonction
adjonction
injonction
conjonction
disjonction
ponction
componction
coction
décoction
traduction
abduction
adduction
déduction
réduction
séduction
induction
réconduction
production
reproduction
introduction
obstruction
désobstruction
substruction
destruction
instruction
construction
reconstruction
sujétion
réplétion
sécrétion
concrétion
discrétion
indiscrétion
excrétion
bibition
imbibition
redhibition
inhibition
prohibition
exhibition
ambition
coercition
adition
tradition
extradition
addition
reddition
édition
expédition
réexpédition

sédition
condition
perdition
déperdition
audition
érudition
coalition
ébullition
abolition
démolition
volition
inanition
ignition
cognition
définition
monition
admonition
munition
punition
réparition
apparition
réapparition
disparition
contrition
attrition
nutrition
futurition
acquisition
coacquisition
réquisition
inquisition
perquisition
disquisition
transition
position
juxtaposition
déposition
préposition
imposition
réimposition
composition
recomposition
décomposition
proposition
apposition
réapposition
opposition
contre-opposition
supposition
présupposition
superposition
interposition
disposition
prédisposition
indisposition
transposition
exposition
pétition
répétition
compétition
appétition
plus-pétition
dentition
partition
répartition
déglutition
intuition
mention
obtention
détention

rétention
prétention
intention
contention
abstention
attention
inattention
manutention
contravention
subvention
prévention
invention
convention
reconvention
circonvention
intervention
non-intervention
lotion
motion
émotion
commotion
locomotion
promotion
notion
prénotion
potion
dévotion
indévotion
acception
déception
réception
conception
préconception
perception
aperception
interception
susception
intussusception
exception
obreption
subreption
description
rescription
prescription
transcription
inscription
conscription
circonscription
proscription
souscription
suscription
ademption
rédemption
préemption
coemption
péremption
exemption
présomption
consomption
assomption
option
adoption
absorption
résorption
éruption
interruption
irruption
corruption
désertion
insertion

assertion
portion
proportion
disproportion
bastion
gestion
suggestion
digestion
indigestion
ingestion
congestion
question
ustion
combustion
adustion
antrustion
caution
acquit-à-caution
précaution
rétribution
contribution
distribution
attribution
persécution
exécution
inexécution
locution
allocution
circonlocution
interlocution
ablution
dilution
pollution
solution
absolution
résolution
irrésolution
dissolution
évolution
dévolution
révolution
involution
circonvolution
diminution
comparution
substitution
destitution
restitution
institution
constitution
reconstitution
prostitution
mixtion
immixtion
gavion
alluvion
flexion
réflexion
irréflexion
inflexion
génuflexion
complexion
annexion
connexion
fluxion

Voy. aon, yon

jon

[*G.*] Dijon
donjon
goujon

Voy. geon

lon

gonfalon
galon
jalon
salon
[*B.*] Absalon
talon
* étalon
pantalon
sablon
tromblon
doublon
houblon
échelon
melon
mamelon
[*L.*] Fénelon
frelon
selon
félon
poêlon
grêlon
flonflon
mouflon
aiglon
contre-sanglon
filon
[*M.*] Milon
pilon
aquilon
ballon
gallon
vallon
[*G.*] Avallon
wallon
scabellon
[*H.*] Jagellon
moellon
Aussi de Apollon à diachylon et omb

llon

bâillon
picaillon
médaillon
haillon
maillon
crémaillon
penaillon
tenaillon
paillon
graillon
moraillon
bataillon
tavaillon
* billon
[*L.*] Crébillon
barbillon
corbillon
bourbillon
tourbillon
faucillon
modillon
ardillon

bourdillon
réveillon
vermillon
guenillon
moinillon
papillon
grappillon
carpillon
goupillon
toupillon
étoupillon
carillon
* Cendrillon
* émerillon
grillon
taupe-grillon
négrillon
orillon
morillon
taurillon
durillon
tourillon
sillon
étrésillon
oisillon
croisillon
[*L.*] Massillon
[*G.*] Roussillon
[*G.*] Châtillon
tatillon
frétillon
échantillon
cotillon
tortillon
postillon
bottillon
aiguillon
étranguillon
bouillon
G. de Bouillon
court-bouillon
brouillon
souillon
boquillon
* pavillon
bouvillon
écouvillon

lon

Apollon
colon
violon
[*H.*] Solon
côlon
péplon
[*G.*] Arlon
merlon
boulon
foulon
[*G.*] Toulon
épulon
diachylon
Aussi de gonfalon à moellon et omb.

mon

mon
[*M.*] Télamon
ramon
démon
[*M.*] Philémon
goémon
flegmon
* limon
Simon
timon
artimon
[*M.*] Ammon
[*B.*] Salomon
gnomon
armon
sermon
mormon
giraumon
saumon
lucumon
ichneumon
poumon
[*L.*] Aymon

non

non
cabanon
* canon
fanon
gonfanon
alganon
Trianon
Manon
tympanon
ânon
menon
penon
tenon
[*H.*] Maintenon
guenon
Parthénon
[*I.*] Zénon
pagnon
compagnon
estagnon
chignon
salignon
mignon
lumignon
o(i)gnon
moignon
pignon
champignon
* [*G.*] *Grignon*
tignon
guignon
[*G.*] *Bourguignon*
quignon
maquignon
[*G.*] *Avignon*
rognon
grognon
trognon
lorgnon
brugnon
chainon
linon
minon
Ninon
sinon
[*M.*] Agamemnon
[*H.*] Hannon
* [*M.*] Junon
Voy. nom

oon

[*M.*] Laocoon
épiploon

Voy. aon, éon et Mahon

pon

capon
chapon
[*G.*] * Japon
[*G.*] Lapon
tapon
crépon
fripon
archifripon
crampon
tampon
colin-tampon
pompon
[*G.*] Nippon
harpon
jupon
coupon
poupon

ron

[*B.*] Aaron
baron
[*M.*] Caron
macaron
mascaron
fanfaron
boujaron
escadron
rhododendron
tendron
godron
chaudron
goudron
biberon
[*G.*] Quiberon
laceron
tierceron
[*G.*] Beauceron
puceron
laideron
forgeron
bourgeron
tâcheron
percheron
bûcheron
moucheron
paleron
saleron
aileron
cuilleron
fumeron
vigneron
chaperon
éperon
lamperon
napperon
jaseron
liseron
mousseron
grateron
laiteron
* quarteron
aoûteron
glouteron
[*M.*] Obéron
[*H.*] Cicéron
[*M.*] Achéron
héron
[*G.*] Oléron
décaméron
heptaméron
[*H.*] Néron
véron
clairon
* vairon
ciron
giron
[*M.*] Chiron
potiron
aviron
environ
ronron
aliboron
[*G.*] Oloron
toron
capron
charron
larron
* marron
perron
natron
* patron
citron
quercitron
litron
mitron
poltron
plastron
fleuron
juron
luron
mouron
pâturon
ceinturon
chevron
levron
[*L.*] Byron
[*G.*] Aveyron
Aussi **Pyrrhon**

son

[*M.*] Jason
blason
diapason
peson
pendaison
frondaison
tondaison
démangeaison
échauffaison
harengaison
cargaison
conjugaison
fauchaison
liaison
calaison
exhalaison
salaison
cueillaison
feuillaison
effeuillaison
maison
tomaison
fumaison
fanaison
fenaison
venaison
combinaison
déclinaison
inclinaison
terminaison
saunaison
lunaison
raison
comparaison
déraison
oraison
floraison
défloraison
préfloraison
commémoraison
péroraison
livraison
saison
arrière-saison
morte-saison
flottaison
nuaison
olivaison
cervaison
décuvaison
couvaison
bison
[*I.*] *Edison*
Kyrie eleison
trahison
garnison
oison
foison
cloison
pâmoison
poison
contrepoison
toison
guérison
* frison
* grison
prison
sison
tison
artison
vison

Les mots en italique riment avec Mendelssohn; avec les autres *voy.* zon

son

* son
[*B.*] Samson
arcanson
chanson
échanson
tenson
Robinson
écoinson
pinson
[*I.*] Gerson
ourson
courson

basson
casson
paillasson
besson
cresson
tesson
caisson
paisson
saucisson
salisson
polisson
unisson
boisson
moisson
poisson
hérisson
frisson
nourrisson
buisson
cuisson
cosson
chausson
[G.] Aubusson
écusson
mousson
abat-son
Voy. çon et xon

ton

ton
[H.] * Caton
ducaton
rogaton
chaton
[I.] Platon
raton
qu'en-dira-t-on
bâton
pâton
dicton
clocheton
brocheton
jeton
rejeton
œilleton
feuilleton
molleton
gueuleton
caneton
banneton
hanneton
panneton
peton
[G.] * Breton
hoqueton
mousqueton
porte-mousqueton
[M.] * Phaéton
béton
[M.] Phlégéton
piéton
séton
téton
[H.] Washington
[H.] Wellington
laiton
mirliton
miton
demi-ton
semi-ton
marmiton
piton
capiton
triton
canton
[H.] Danton
planton
santon
centon
[G.] * Menton
[G.] Charenton
ponton
esponton
fronton
coton
fulmicoton
peloton
croton
miroton
toton
carton
avorton
feston
teston
veston
piston
boston
* Teuton
[M.] Pluton
bouton
tire-bouton
glouton
mouton
croûton
[I.] Newton
baryton
Voy. thon

von

esclavon
slavon
savon
Yvon

xon

[G.] * Saxon
Anglo-Saxon
Voy. çon et son dur

yon

clayon
rayon
crayon
portecrayon
trayon
sayon
tayon
alcyon
pleyon
[G.] Lyon
bryon
embryon
[M.] * Amphitryon
amphictyon
Voy. ion

zon

scazon
gazon
[I.] Dugazon
horizon
Voy. son doux

arn

[G.] Béarn
[G.] Tarn

ern
et **airn**

[H.] Hohenzollern
cairn

orn

cap Horn
saxhorn

un

un
tribun
chacun
aucun
[G.] Verdun
[G.] Châteaudun
à jeun
alun
falun
[G.] Melun
commun
taïcoun
pitchoun
simoun
brun
nerprun
pétun
importun
opportun
inopportun
Autun
quelqu'un
clown

Les mots en italique riment entre eux; les autres avec parfum

O

Nous avons séparé o d'après les lettres d'appui, il est mieux d'en tenir compte et de faire rimer entre eux les mots dont l'avant dernière lettre est une voyelle; l'usage est de ne pas tenir compte de l'o bref ou long qui riment même avec au

ao

[G.] Bilbao
cacao
[G]. Makao
[H.] Nékao
[G.] Lao

çao

curaçao
Voy. so dur

bo

lavabo
bobo

co

[G.] Monaco
caraco
hocco
coquerico
[G.] Porto-Rico
Mexico
banco
franco
coco
rococo
siroco
turco
fiasco
trabuco
Voy. cho, ko, quo

do

do
mikado
eldorado
credo
[G.] Yédo
rinforzando
crescendo
decrescendo
secondo
dodo
[L.] Quasimodo
ordo
pseudo

éo

formica-léo

go

lumbago
[G.] Chicago
virago
farrago
tout-de-go
indigo
à tire-larigo
porrigo
prurigo
impetigo
vertigo
hidalgo
Ango
fandango
[H.] Marengo
[G.] Congo
pongo
conjungo
[M.] Argo
[C.] Gogo
embargo
largo
ergo
albugo
[L.] Victor-Hugo
Aussi Sorgho

ho

ho!
echo
[B.] Jéricho
Voy. co, ko, quo

gho

Sorgho
Voy. go

pho

[L.] Sapho

tho

[M.] Clotho
Voy. to

io

[M.] Io
[G.] Ajaccio
rancio
agio
adagio
[G.] Tokio
[C.] Lélio
imbroglio
folio
in-folio
[G.] Campo-Formio
scénario
impresario
brio
oratorio
trio
tersio

ko

s(c)hako
gecko
jocko
Voy. co, cho, quo

lo

halo
méli-mélo
vélo
kilo
[G.] Milo
silo
hallo!
trémolo
solo
[L.] Fra-Diavolo
[G.] Saint-Lô
Aussi Waterloo

mo

décimo

duodécimo
primo
pianissimo
fortissimo
prestissimo
septimo
ecce-homo
chromo

no

piano
forte-piano
in-plano
soprano
gitano
guano
[*M.*] Ino
domino
[*H.*] Solférino
casino
andantino
a giorno

loo

[*H.*] Waterloo
Voy. lo

roo

kanguroo
Voy. ou

po

[*G.*] Pô
da capo

ro

faro
[*L.*] Figaro
haro
carbonaro
pifferaro
cicéro
romancéro
Trocadéro
[*M.*] Héro
caballero
guérillero
boléro
numéro
brasero
fuero
zéro
allegro
[*G.*] Monténégro
vomito-négro
métro
vespétro
maëstro
[*G.*] Douro

so

laso
[*G.*] Yéso
[*G.*] Valparaiso
aviso
gracioso
amoroso
Voy. zo

so

[*H.*] Calypso

verso
lasso
ex professo
aussi curaçao

to

pizzicato
[*M.*] Erato
moderato
ab irato
hecto
[*M.*] Alecto
recto
veto
subito
dito
vomito
San-benito
incognito
alto
contralto
esperanto
campo-santo
ayuntamiento
memento
partimento
mezzotento
quinto
loto
ex-voto
in-quarto
concerto
[*G.*] Porto
presto
[*M.*] Callisto
larghetto
in-petto
gruppetto
libretto
allegretto
sexto
Aussi Clotho

uo

duo
triduo

quo

quiproquo
Voy. co, cho, ko

vo

* bravo
in-octavo
ab ovo

zo

scherzo
mezzo
Voy. so doux

P

ap

cap
handicap
[*G.*] Gap
jalap
hanap
drap

sparadrap

ep

cep
salep
julep
sep

amp

camp
[*G.*] Fécamp
* champ
Longchamp

op

hop!
bishop
galop
sirop
trop
stop

oup

coup
à-coup
contre-coup
beaucoup
houp!
* *loup*
cantaloup
gueule-de-loup
vesse-de-loup
[*I.*] *Dupanloup*
croup
group

Q

Ourcq

[*G.*] Ourcq

inq

cinq
Voy. inc, ing

oq

coq
crête-de-coq
Voy. oc, och, og et ock

R

ar

bar
[*G.*] Malabar
[*G.*] Zanzibar
escobar
* car
sleeping-car
[*G.*] Madagascar
hospodar
[*B.*] Agar
bédégar
réalgar
hangar
char
[*B.*] Putiphar
nénuphar
kandjiar

caviar
vélar
dollar
cauchemar
coquemar
[*G.*] Montélimar
timar
calmar
[*G.*] Colmar
casoar
par
espar
[*G.*] César
tsar
avatar
nectar
coaltar
[*G.*] Gibraltar
colcotar
à l'instar
jaguar
douar
cougouar
[*G.*] Var
samovar
madgyar
bazar
[*B.*] Eléazar
[*B.*] Balthazar
czar

ber

ber
syllaber-
[*H.*] *Kléber*
[*I.*] *Weber*
imbiber-
inhiber-
prohiber-
exhiber-
liber
enjamber-
flamber-
regimber-
bomber-
succomber-
incomber-
plomber-
déplomber-
surplomber-
tomber-
retomber-
gober-
cohober-
englober-
dérober-
ébarber-
gerber-
engerber-
herber-
éherber-
enherber-
désherber-
absorber-
résorber-
débourber-
embourber-
désembourber-
courber-
recourber-

fourber-
glauber
dauber-
cuber-
adouber-
radouber-
tuber-
tituber-

Avec les mots en italique, *voy.* tous les *er* sauf *ier*; *voy.* aussi air, fier et hier

cer

effacer-
agacer-
lacer-
entrelacer-
délacer-
glacer-
enlacer-
placer-
placer
replacer-
déplacer-
remplacer-
grimacer-
menacer-
espacer-
tracer-
retracer-
dépecer-
rapiécer-
dépiécer-
policer-
épicer-
cancer
* manigancer-
fiancer-
lancer-
balancer-
contre-balancer-
relancer-
s'élancer-
forlancer-
décontenancer-
financer-
ordonnancer-
garancer-
tancer-
distancer-
quittancer-
nuancer-
avancer-
devancer-
cadencer-
agencer-
ensemencer-
réensemencer-
commencer-
recommencer-
spencer
influencer-
émincer-
coincer-
pincer-
rincer-

grincer-
évincer-
foncer-
défoncer-
enfoncer-
renfoncer-
engoncer-
semoncer-
renoncer-
énoncer-
dénoncer-
annoncer-
prononcer-
poncer-
froncer-
défroncer-
bercer-
gercer-
tiercer-
commercer-
percer-
repercer-
s'entre-percer-
transpercer-
tercer-
retercer-
exercer-
écorcer-
forcer-
s'efforcer-
renforcer-
amorcer-
divorcer-
acquiescer-
immiscer-
saucer-
exaucer-
courroucer-
épucer-
sucer-

Avec les mots en italique, *voy. er*, sauf *ier*; *voy.* aussi air, fier et hier; avec les autres *voy.* ser dur et xer

der

gambader-
barricader-
débarricader-
estocader-
leader
embrigader-
[*H.*]*Abd-el-Kader*
escalader-
estafilader-
taillader-
pommader-
se panader-
estrapader-
rader-
parader-
dérader-
dégrader-
rétrograder-
palissader-
persuader-
dépersuader-
dissuader-
s'évader-
céder-
abcéder-
accéder-
succéder-
recéder-
décéder-
prédécéder-
précéder-
concéder-
procéder-
rétrocéder-
intercéder-
excéder-
exhéréder-
obséder-
posséder-
déposséder-
Belvéder
aider-
plaider-
s'entr'aider-
décider-
homicider-
se suicider-
coïncider-
élucider-
eider
valider-
revalider-
invalider-
élider-
consolider-
reconsolider-
pyramider-
intimider-
lapider-
dilapider-
rider-
brider-
rebrider-
débrider-
dérider-
gentleman-rider
résider-
présider-
cuider-
guider-
liquider-
vider-
dévider-
survider-
solder-
bander-
rebander-
débander-
scander-
brigander-
se dégingander-
marchander-
affriander-
viander-
achalander-
désachalander-
brelander-
higlander
hollander-
enguirlander-
mander-
demander-
redemander-
contremander-
quémander-
réprimander-
commander-
recommander-
décommander-
gourmander-
faisander-
truander-
appréhender-
calender
amender-
ramender-
sous-amender-
émender-
vilipender-
tender
scinder-
rescinder-
blinder-
guinder-
bonder-
abonder-
vagabonder-
surabonder-
débonder-
seconder-
féconder-
fonder-
gonder-
monder-
émonder-
inonder-
fronder-
gronder-
sonder-
inféoder-
goder-
démoder-
accommoder-
raccommoder-
incommoder-
broder-
éroder-
corroder-
rôder-
arder-
barder-
débarder-
bombarder-
escobarder-
jobarder-
carder-
placarder-
recarder-
bocarder-
brocarder-
darder-
farder-
cafarder-
garder-
regarder-
s'entre-regarder-
sauvegarder-
harder-
moucharder-
liarder-
larder-
entrelarder-
billarder-
canarder-
renarder-
goguenarder-
cagnarder-
s'acagnarder-
mignarder-
poignarder-
hasarder-
nasarder-
musarder-
tarder-
retarder-
pétarder-
attarder-
bavarder-
se lézarder-
border-
aborder-
reborder-
déborder-
transborder-
corder-
accorder-
raccorder-
s'entr'accorder-
désaccorder-
recorder-
décorder-
concorder-
discorder-
hourder-
clabauder-
badauder-
échafauder-
nigauder-
trigauder-
échauder-
baguenauder-
minauder-
marauder-
tarauder-
frauder-
levrauder-
bretauder-
courtauder-
ravauder-
marivauder-
galvauder-
éluder-
préluder-
dénuder-
bouder-
couder-
s'accouder-
stathouder
souder-
dessouder-
ressouder-
transsuder-
exsuder-
oxyder-
suroxyder-
désoxyder-

Avec les mots en italique *voy.* tous les *er* sauf *ier*; *voy.* aussi air, hier et fier

eer

[*I.*] *Meyerbeer*
Voy. er et air

éer

suppléer-
réer-
créer-
recréer-
récréer-
procréer-
gréer-
agréer-
ragréer-
désagréer-
dégréer-
maugréer-
guéer-

Avec ces verbes où er forme une syllabe distincte, *voy. ier* et uer non précédé de g ou de q

fer

fer
parafer-
agrafer-
ragrafer
dégrafer-
mâchefer
gaffer-
piaffer-
fieffer-
greffer-
biffer-
se rebiffer-
coiffer-
recoiffer-
décoiffer-
griffer-
s'agriffer-
ébouriffer-
suiffer-
étoffer-
chauffer-
échauffer-
réchauffer-
surchauffer-
bouffer-
pouffer-
étouffer-
truffer-
Lucifer
tarifer-
attifer-
enfer
lofer-

Avec les mots en italique *voy.* tous les *er* excepté

ier; *voy.* aussi air, fier et hier; avec les autres *voy.* pher

ger

pacager-
saccager-
encager-
bocager
péager
gager-
dégager-
engager-
réengager-
verbiager-
bailliager
viager
treillager-
grillager-
soulager-
ramager-
* imager-
dédommager-
endommager-
hommager-
fromager
nager-
apanager-
* ménager-
aménager-
déménager-
emménager-
lignager
surnager-
propager-
rager-
ombrager-
arrérager-
naufrager-
enrager-
fourrager-
affour(r)ager-
outrager-
décourager-
encourager-
ouvrager-
présager-
dévisager-
envisager-
* passager-
messager
usager
étager-
avantager-
désavantager-
potager
partager-
repartager-
départager-
copartager-
quartager-
affouager
ravager-
voyager-
siéger-
assiéger-
léger
alléger-
chevau-léger
arpéger-
abréger-
agréger-
désagréger-
protéger-
rédiger-
neiger-
figer-
obliger-
s'entr'obliger-
désobliger-
affliger-
infliger-
négliger-
colliger-
fumiger-
[*G.*] *Niger*
ériger-
diriger-
corriger-
recorriger-
transiger-
mitiger-
voltiger-
fustiger-
exiger-
[*G.*] Alger
danger
vendanger-
changer-
rechanger-
échanger-
mélanger-
boulanger
manger-
blanc manger
garde-manger
remanger-
s'entre-manger-
démanger-
ranger-
déranger-
* franger-
engranger-
oranger
arranger-
étranger
essanger-
[*G.*] Tanger
louanger-
venger-
linger
singer-
minnesinger
longer-
allonger-
rallonger-
prolonger-
plonger-
replonger-
forlonger-
éponger-
ronger-
songer-
mensonger
loger-
déloger-
horloger
Roger
abroger-
subroger-
déroger-
proroger-
s'arroger
interroger-
charger-
recharger-
décharger-
surcharger-
marger-
émarg[illegible]
ber[illegible]
héber[illegible]
se goberg[illegible]
submerge[illegible]
émerger-
immerger-
asperger-
serger
déterger-
absterger-
* verger-
diverger-
enverger-
converger-
forger-
reforger-
gorger
regorger-
égorger-
dégorger-
s'entr'égorger-
engorger-
se rengorger-
désengorger-
purger-
expurger-
s'insurger-
jauger-
patauger-
juger-
subjuger-
adjuger-
se déjuger-
méjuger-
préjuger-
bouger-
gruger-
égruger-

Avec Niger *voy.* er sauf *ier*; *voy.* aussi air, hier et fier

Cher

[*G*]. * *Cher*

Voy. *er* sauf *ier*; *voy.* aussi air, fier et hier

cacher-
écacher-
hacher-
contre-hacher-
panacher-
empanacher-
harnacher-
déharnacher-
enharnacher-
cracher-
recracher-
arracher-
amouracher-
ensacher-
tacher-
détacher-
entacher-
attacher-
rattacher-
soutacher-
vacher
cravacher-
bâcher-
rebâcher-
fâcher-
refâcher-
défâcher-
gâcher-
lâcher-
relâcher-
mâcher-
remâcher-
tâcher-
lécher-
allécher-
se pourlécher-
mécher-
* pécher-
repécher-
ébrécher-
sécher-
assécher-
dessécher-
bêcher-
pêcher-
dépêcher-
empêcher-
prêcher-
maraîcher
ficher-
afficher-
clicher-
nicher-
dénicher-
pleurnicher-
défricher-
tricher-
enticher-
se déhancher-
plancher
démancher-
s'endimancher
emmancher-
remmancher-
désemmancher-
épancher-
brancher-
ébrancher-
embrancher-
trancher-
retrancher-
étancher-
revancher-
pencher-
joncher-
broncher-
cocher
décocher-
ricocher-
encocher-
hocher-
piocher-
* clocher-
effilocher-
guillocher-
nocher
pignocher-
pocher-
dépocher-
empocher-
rempocher-
rocher
brocher-
débrocher-
embrocher-
accrocher-
raccrocher-
décrocher-
reprocher-
approcher-
rapprocher-
bavocher-
archer
marcher-
chercher-
rechercher-
percher-
écorcher-
porcher
torcher-
fourcher-
affourcher-
désaffourcher-
enfourcher-
ébaucher-
débaucher-
embaucher-
faucher-
refaucher-
gaucher
chevaucher-
* bûcher-
débucher-
trébucher-
se rembucher-
s'embucher-
hucher-
jucher-
déjucher-
pelucher-
éplucher-
* boucher-
aboucher-
reboucher-
déboucher-
emboucher-
* coucher-
accoucher-
recoucher-
découcher-
doucher-
loucher-
moucher-
remoucher-
émoucher-
escarmoucher-

effaroucher-
* toucher-
retoucher-
* rucher-

pher

parapher-
triompher-
apostropher-
philosopher-
Voy. fer

rher

arrher-
Voy. rer

ther

éther
[*B.*] *Esther*
[*H.*] *Luther*
Voy. er sauf *ier*; *voy.* aussi air, fier, hier.

ier

copaïer
gabier
crabier
gibier
jambier
colombier
plombier
obier
barbier
gerbier
herbier
bourbier
aubier
écubier
jujubier
caroubier
acier
glacier
placier
populacier
grimacier
gracier-
disgracier-
besacier
déprécier-
apprécier-
préjudicier-
* *bénéficier-*
officier-
[sous]-officier
artificier
policier
supplicier-
primicier
épicier
fabricier
nourricier
* *justicier-*
vicier-
créancier
lancier
balancier
ambulancier
romancier
tenancier
financier
pitancier
circonstancier-
devancier
redevancier
survivancier
licencier-
crédencier
fayencier
obédiencier
* audiencier
conférencier
quintessencier-
pénitencier
fayencier
princier
foncier
négocier-
associer-
désassocier-
mercier
remercier-
sorcier
sourcier
scier-
poucier
se soucier-
muscadier
brigadier
sous-brigadier
saladier
hebdomadier
* grenadier
limonadier
* *radier-*
bigaradier
irradier-
dédier-
congédier-
remédier-
intermédier-
expédier-
réexpédier-
Didier
contrebandier
landier
brelandier
taillandier
amandier
faisandier
buandier
lavandier
vivandier
prébendier
incendier-
mendier-
stipendier-
amodier-
psalmodier-
parodier-
hallebardier
bombardier
brancardier
fardier
billardier
renardier
pétardier
moutardier
verdier
cordier
baguenaudier
minaudier
boyaudier
paludier
répudier-
étudier-
caféier
planchéier-
(1) * [*fier*]-
se fier-
estafier
rubéfier-
défier-
madéfier-
se méfier-
tuméfier-
stupéfier-
raréfier-
torréfier-
putréfier-
liquéfier-
greffier
barbifier-
pacifier-
spécifier-
dulcifier-
crucifier-
édifier-
**réédifier-*
acidifier-
solidifier-
lapidifier-
mondifier-
codifier-
modifier-
déifier-
gazéifier-
palifier-
salifier-
qualifier-
disqualifier-
mollifier-
amplifier-
simplifier-
ramifier-
momifier-
panifier-
lénifier-
magnifier-
se lignifier-
signifier-
personnifier-
bonifier-
saponifier-
se carnifier-
unifier-
scarifier-
saccharifier-
clarifier-
lubrifier-
sacrifier-
vérifier-
scorifier-
glorifier-
corporifier-
terrifier-
pétrifier-
vitrifier-
purifier-

1. *Voy. er* sauf *ier*; *voy.* aussi air et hier.

falsifier-
versifier-
diversifier-
classifier-
ossifier-
béatifier-
ratifier-
gratifier-
stratifier-
rectifier-
sanctifier-
fructifier-
acétifier-
identifier-
notifier-
certifier-
fortifier-
mortifier-
justifier-
mystifier-
vivifier-
revivifier-
solfier-
confier-
tufier
plagier-
imagier
privilégier-
frangier
élogier-
albergier
sergier
se réfugier-
(1) [*hier*]
cahier
pistachier
[*L.*] Fléchier
cartouchier
télégraphier-
calligraphier-
lithographier-
orthographier-
sténographier-
photographier-
autographier-
s'atrophier-
hypertrophier-
(1) [*avant-hier*]
luthier
lier-
timbalier
cymbalier
escalier
bordigalier
échalier
animalier
journalier
palier
espalier
contre-espalier
étalier
hospitalier
inhospitalier
cavalier
chevalier
fablier
sablier
tablier

(1). *Voy. er* sauf *ier*. *voy.* aussi air et fier;

oubl
publ
républ
chasubl
boucl
tombel
ficel
vermicel
chancel
vice-chancel
archichancel
pincel
chandel
cordel
bachel
chamel
sommel
cannel
tonnel
chapel
rel
bourrel
oisel
vaissel
boissel
atel
batel
râtel
hôtel
coutel
bél
dél
poêl
néfl
girofl
mufl
bersagl
mangl
sangl
épingl
mobili
immobili
domicili
concili
réconcili
sourcili
affili
famili
fourmili
humili
toili
voili
pili
résili
fusili
gattili
huili
tuili
[*G.*] * *Alli*
halli
malli
palli
ralli
se mésalli
celli
prunelli
[*G.*] Montpelli
selli
quincailli
médailli

joaillier
groseillier
millier
vanillier
mancenillier
sapotillier
aiguillier
marguillier
quillier
coquillier
collier
enlier-
écolier
bandolier
gondolier
geôlier
interfolier-
exfolier-
violier
magnolier
spolier-
parolier
azerolier
épistolier
tôlier
plier-
replier-
déplier-
multiplier-
remplier-
templier
supplier-
peuplier
perlier
séculier
particulier
meulier
régulier
irrégulier
singulier
boulier
micocoulier
bando(u)lier
roulier
croulier
soulier
damier
ramier
balsamier
premier
émier-
crémier
cimier
limier
Saint-Galmier
palmier
gommier
pommier
sommier
larmier
fermier
sous-fermier
infirmier
cormier
formier
baumier
paumier
fumier
légumier
plumier

costumier
coutumier
nier-
rubanier
chicanier
cancanier
boucanier
lanier
manier-
remanier-
bananier
magnanier
panier
frangipanier
casanier
latanier
printanier
douanier
ânier
denier
gagne-denier
renier-
larenier
palfrenier
grenier
cinquantenier
centenier
fontenier
quartenier
dizenier
ébénier
dénier-
s'ingénier-
L.] Chénier
alénier
châtaignier
peignier
guignier
gainier
lainier
porcelainier
semainier
grainier
fontainier
dizainier
carabinier
robinier
jardinier
baleinier
linier
salinier
avelinier
moulinier
minier
taminier
étaminier
parcheminier
plaqueminier
mandarinier
farinier
marinier
tamarinier
crinier
chagrinier
magasinier
cuisinier
usinier
matinier
cantinier
tontinier

routinier
maroquinier
brandevinier
calomnier-
vannier
garennier
charbonnier
braconnier
fauconnier
façonnier
amidonnier
dindonnier
cordonnier
pigeonnier
chiffonnier
bouchonnier
pionnier
galonnier
palonnier
sablonnier
ballonnier
foulonnier
canonnier
chaudronnier
éperonnier
marronnier
ferronnier
citronnier
prisonnier
tisonnier
chansonnier
poissonnier
buissonnier
bâtonnier
cotonnier
cantonnier
pontonnier
cartonnier
boutonnier
moutonnier
savonnier
antiphonier
gonfalonier
limonier
timonier
gonfanonier
capronier
nautonier
aumônier
sous-aumônier
carnier
charnier
dernier
avant-dernier
lanternier
vernier
tavernier
cornier
fournier
chaufournier
saunier
rancunier
meunier
hunier
communier-
excommunier-
prunier
chapier
clapier
papier

coupe-papier
gratte-papier
drapier
étapier
épier-
pépier-
guêpier
tulipier
fripier
tripier
pompier
copier-
recopier-
estropier-
pourpier
taupier
croupier
troupier
expier-
polypier
gabarier
carier-
vicarier-
salarier-
marier-
remarier-
démarier-
parier-
déparier-
apparier-
rapparier-
désapparier-
contrarier-
varier-
avarier-
chambrier
marbrier
crier-
décrier-
se récrier-
s'écrier-
encrier
sucrier
madrier
cendrier
calendrier
baudrier
coudrier
poudrier
cellérier
camérier
gaufrier
négrier
vinaigrier
camphrier
cirier
poirier
ivoirier
excorier-
pilorier-
colorier-
armorier-
trésorier
inventorier-
historier-
prier-
câprier
déprier-
approprier-
désapproprier-

exproprier-
pourprier
carrier
* *charrier-*
pierrier
terrier
guerrier
verrier
beurrier
courrier
fourrier
trier-
rapatrier-
expatrier-
plâtrier
étrier
arbalétrier
ménétrier
salpêtrier
huîtrier
vitrier
patenôtrier
chartrier
meurtrier
strier-
destrier
semestrier
feutrier
laurier
verdurier
ordurier
brochurier
injurier-
mûrier
armurier
serrurier
usurier
manufacturier
confiturier
voiturier
friturier
aventurier
ceinturier
teinturier
roturier
couverturier
couturier
chevrier
février
lévrier
genévrier
poivrier
chanvrier
manœuvrier
ouvrier
casier
brasier
phrasier
rassasier-
apostasier-
s'extasier-
gésier
braisier
fraisier
balisier
tamisier
chemisier
framboisier
ardoisier
[*I.*] Lavoisier

cerisier
merisier
sottisier
menuisier
censier
dépensier
osier
gosier
rosier
tarsier
traversier
boursier
coursier
calebassier
* cassier
tracassier
avocassier
matelassier
filassier
massier
plumassier
cognassier
finassier
carnassier
paperassier
cuirassier
terrassier
fatrassier
quassier
écrivassier
fessier
messier
pressier
baissier
caissier
mégissier
coulissier
tapissier
pâtissier
huissier
dossier
brossier
grossier
carrossier
peaussier
haussier
gargoussier
poussier
arquebusier
cambusier
obusier
éclusier
bousier
arbousier
blatier
chocolatier
ratier
puisatier
aérostatier
gravatier
hâtier
châtier-
contre-hâtier
cactier
cafetier
vergetier
guichetier
tabletier
giletier
pelletier

muletier
panetier
chainetier
grainetier
bonnetier
lunetier
papetier
cabaretier
coffretier
charretier
setier
noisetier
corsetier
chaussetier
haquetier
paquetier
raquetier
briquetier
coquetier
bouquetier
savetier
buvetier
louvetier
layetier
gazetier
étier
métier
gâte-métier
arêtier
doigtier
laitier
bénitier
initier-
boitier
droitier
miroitier
héritier
cohéritier
fruitier
usufruitier
altier
gantier
chantier
ferblantier
églantier
transsubstantier-
devantier
entier
dentier
argentier
passementier
charpentier
rentier
différentier-
sentier
cacaotier
cabotier
sabotier
abricotier
cocotier
indigotier
gargotier
lotier
bimbelotier
canotier
minotier
dominotier
potier
sapotier
chipotier

tripotier
compotier
maltôtier
côtier
cartier
quartier
revertier
* mortier
portier
courtier
sébestier
forestier
garde-forestier
amnistier-
aérostier
flibustier
dattier
nattier
regrattier
allumettier
brouettier
bottier
cachottier
griottier
culottier
carottier
bigarreautier
primesautier
psautier
charcutier
émeutier
bahutier
sagoutier
égoutier
bijoutier
cloutier
moutier
routier
banqueroutier
tissutier
baguier
figuier
viguier
languier
manguier
jaquier
échiquier
piquier
boutiquier
banquier
sérasquier
perruquier
davier
clavier
sous-clavier
ravier
gravier
Xavier
François-Xavier
goyavier
obvier-
levier
évier
dévier-
févier
olivier
vivier
janvier
envier-
renvier-

convier-
loup-cervier
épervier
[*I.*] Cuvier
terre-neuvier
pluvier
bouvier
amadouvier
paletuvier
asphyxier-
* gazier
alizier

Voy. éer, uer non précédé de g ou de q, avec les mots en italique dissyllabiques; avec les autres, aussi volontiers et yer

ker

bookmaker
quaker
[*I.*] *Necker*
polker-
masurker-

Avec les mots en italique *voy.* *er* sauf *ier*; *voy.* aussi air, fier et hier; avec les autres *voy.* quer

ler

cabaler-
brimbaler-
trimbaler-
caler-
écaler-
décaler-
intercaler-
pédaler-
affaler-
égaler-
régaler-
haler-
inhaler-
thaler
exhaler-
signaler-
empaler-
saler-
dessaler-
taler-
étaler-
détaler-
avaler-
ravaler-
chevaler-
dévaler-
hâler-
déhâler-
râler-
accabler-

chable
endiable
jable
sable
ensable
désensable
table
étable
s'attable
câble
hâble
crible
amble
tremble
semble
assemble
rassemble
désassemble
ressemble
comble
meuble
remeuble
démeuble
affuble
double
redouble
dédouble
rendouble
trouble
racle
bâcle
débâcle
renâcle
sarcle
cercle
recercle
décercle
boucle
déboucle
puddle
gabele
cele
décele
ficele
déficele
chancele
étincele
amoncele
harcele
morcele
ensorcele
désensorcele
modele
cordele
gele
regele
dégele
congele
dessemele
ressemele
pommele
grommele
grumele
s'engrumele
grenele
crénele
agnele
annele
cannele
tonnele

peler-
chapeler-
épeler-
appeler-
réappeler-
rappeler-
s'entr'appeler-
carreler-
recarreler-
décarreler-
bourreler-
ciseler-
oiseler-
ruisseler-
bosseler-
museler-
démuseler-
bateler-
râteler-
dételer-
enchanteler-
démanteler-
panteler-
denteler-
écarteler-
marteler-
s oncasteler-
atteler-
réatteler-
bretteler-
botteler-
javeler-
enjaveler-
taveler-
décheveler-
niveler-
griveler-
cuveler-
renouveler-
recéler-
héler-
révéler-
bêler-
fêler-
mêler-
remêler-
s'entre-mêler-
démêler-
emmêler-
grêler-
engrêler-
vêler-
rafler-
érafler-
siffler-
souffler-
essouffler-
insuffler-
gifler-
renifler-
écornifler-
rifler-
persifler-
enfler-
renfler-
désenfler-
gonfler-
regonfler-
dégonfler-
ronfler-

maroufler-
boursoufler-
emmitoufler-
régler-
dérégler-
bigler-
étrangler-
sangler-
dessangler-
cingler-
épingler-
tringler-
jongler-
beugler-
meugler-
aveugler-
désaveugler-
jubiler-
filer-
défiler-
tréfiler-
affiler-
effiler-
enfiler-
renfiler-
désenfiler-
profiler-
parfiler-
faufiler-
éfaufiler-
annihiler-
assimiler-
s'étoiler-
entoiler-
rentoiler-
voiler-
dévoiler-
s'envoiler-
piler-
épiler-
dépiler-
horripiler-
empiler-
compiler-
opiler-
désopiler-
ensiler
ventiler-
mutiler-
huiler-
oxiler-
* aller-
baller-
déballer-
emballer-
remballer-
désemballer-
daller-
taller-
installer-
réinstaller-
se reboller-
libeller-
parceller-
sceller-
desceller-
contre-sceller-
exceller-
préexceller-
flageller-

emmieller-
nieller-
vieller-
interpeller-
coupeller-
quereller-
s'entre-quereller-
seller-
desseller-
rueller-
Avec thaler
voy. *er* sauf
ier: aussi
air, fier et
hier; avec
les autres
aussi de col-
ler à styler

Iler

bailler-
bâiller-
s'entre-bâiller-
cailler-
* écailler-
médailler-
marchandailler-
godailler-
intrigailler-
piailler-
criailler-
poulailler
mailler-
chamailler-
émailler-
rimailler-
remmailler-
encanailler-
grenailler-
tenailler-
sonnailler-
tournailler-
gouailler-
* pailler-
dépailler-
empailler-
rempailler-
railler-
brailler-
se débrailler-
érailler-
dérailler-
grailler-
tirailler-
ferrailler-
hourrailler-
mitrailler-
cisailler-
grisailler-
gueusailler-
tailler-
batailler-
retailler-
s'entre-tailler-
détailler-
répétailler-
bretailler-
avitailler-
ravitailler-
entailler-
enfutailler-

disputailler-
fouailler-
gouailler-
jouailler-
travailler-
retravailler-
écrivailler-
babiller-
habiller-
rhabiller-
déshabiller-
gambiller-
dégobiller-
ciller-
vaciller-
sourciller-
osciller-
brandiller-
se fendiller-
pendiller-
godiller-
mordiller-
herbeiller-
ensoleiller-
sommeiller-
dépareiller-
appareiller-
rappareiller-
désappareiller-
oreiller
* conseiller-
déconseiller-
teiller-
bouteiller
veiller-
éveiller-
réveiller-
émerveiller-
surveiller-
fourmiller-
smiller-
écheniller-
cocheniller-
piller-
grapiller-
estampiller-
éparpiller-
gaspiller-
houspiller-
roupiller-
toupiller-
étoupiller-
briller-
griller-
essoriller-
étriller-
siller-
nasiller-
brasiller-
brésiller-
grésiller-
s'égosiller-
boursiller-
dessiller-
roussiller-
fusiller-
bousiller-
pétiller-
frétiller-
vétiller-

titiller-
scintiller-
pointiller-
tortiller-
détortiller-
entortiller-
désentortiller-
embastiller-
encastiller-
distiller-
instiller-
apostiller-
émoustiller-
croustiller-
sautiller-
outiller-
cuiller
feuiller-
défeuiller-
effeuiller-
aiguiller-
ouiller-
gribouiller-
barbouiller-
débarbouiller-
embarbouiller-
écarbouiller-
bredouiller-
débredouiller-
andouiller
surandouiller
fouiller-
refouiller-
affouiller-
farfouiller-
gargouiller-
houiller
mouiller-
remouiller-
s'agenouiller-
cornouiller
pouiller-
épouiller-
dépouiller-
rouiller-
brouiller-
débrouiller-
embrouiller-
dérouiller-
grouiller-
enrouiller-
verrouiller-
déverrouiller-
patrouiller-
souiller-
chatouiller-
gazouiller-
quiller-
maquiller-
béquiller-
coquiller-
recoquiller-
écarquiller-
cheviller-
recroqueviller-
[*G.*] *Guebwiller*
Avec les mots
en italique
voy. les *er*
sauf *ier*;

aussi air, fier et hier ; les autres riment ensemble et même avec éer, *ier*, uer non précédé de g ou de q

ler

coller-
recoller-
décoller-
encoller-
équipoller-
grisoller-
branler-
ébranler-
caramboler-
racoler-
caracoler-
accoler-
récoler-
bricoler-
doler-
gondoler-
flageoler-
affoler-
raffoler-
batifoler-
rigoler-
dégringoler-
barioler-
cabrioler-
affrioler-
étioler-
violer-
cajoler-
immoler-
fignoler-
interpoler-
désoler-
isoler-
insoler-
consoler-
assoler-
dessoler-
rissoler-
rafistoler-
voler-
revoler-
s'envoler-
convoler-
enjôler-
rôler-
frôler-
enrôler-
trôler-
contrôler-
tripler-
contempler-
décupler-
peupler-
repeupler-
dépeupler-
nonupler-
coupler-
accoupler-
désaccoupler-
* découpler-
quadrupler-
octupler-
centupler-
quintupler-
septupler-
sextupler-
* parler-
franc-parler
reparler-
ne déparler-
pourparler
ferler-
déferler-
perler-
hurler-
ourler-
[*H.*] *Gessler*
gauler-
chauler-
échauler-
miauler-
piauler-
épauler-
confabuler-
démantibuler-
déambuler-
éjaculer-
maculer-
acculer-
reculer-
éculer-
spéculer-
immatriculer-
articuler-
désarticuler-
gesticuler-
calculer-
inoculer-
circuler-
basculer-
bousculer-
aduler-
aciduler-
onduler-
moduler-
[*I.*] *Euler*
gueuler-
égueuler-
coaguler-
juguler-
pulluler-
répulluler-
simuler-
dissimuler-
stimuler-
formuler-
cumuler-
accumuler-
granuler-
annuler-
sabouler-
ébouler-
blakbouler-
couler-
écouler-
découler-
roucouler-
fouler-
refouler-
débagouler-
engouler-
mouler-
démouler-
se vermouler-
surmouler-
rouler-
crouler-
écrouler-
dérouler-
enrouler-
soûler-
dessoûler-
crapuler-
manipuler-
stipuler-
brûler-
congratuler-
capituler-
récapituler-
intituler-
postuler-
styler-

Avec les mots en italique *voy. er*, sauf *ier*; *voy.* aussi air, fier et hier

mer

mer
amer
damer-
dédamer-
steamer
affamer-
diffamer-
amalgamer-
acclamer-
déclamer-
réclamer-
proclamer-
s'exclamer-
ramer-
bramer-
tramer-
étamer-
rétamer-
entamer-
rentamer-
blâmer-
pâmer-
taille-mer
outremer
semer-
parsemer-
sursemer-
ressemer-
blasphémer-
crémer-
écrémer-
se décarêmer-
rythmer-
aimer-
s'entr'aimer-
essaimer-
abîmer-
écimer-
décimer-
dîmer-
se rédimer-
limer-
sublimer-
s'élimer-
mimer-
animer-
ranimer-
envenimer-
rimer-
brimer-
escrimer-
périmer-
se grimer-
dirimer-
primer-
déprimer-
réprimer-
imprimer-
réimprimer-
comprimer-
opprimer-
supprimer-
exprimer-
arrimer-
trimer-
victimer-
légitimer-
intimer-
estimer-
mésestimer-
maximer-
calmer-
spalmer-
enflammer-
se renflammer-
gommer-
dégommer-
nommer-
renommer-
dénommer-
surnommer-
pommer-
sommer-
consommer-
assommer-
[*G.*] *St-Omer*
chômer-
armer-
se gendarmer-
charmer-
alarmer-
désarmer-
fermer-
refermer-
affermer-
sous-affermer-
enfermer-
renfermer-
germer-
affirmer-
infirmer-
confirmer-
former-
reformer-
déformer-
réformer-
difformer-
informer-
conformer-
chloroformer-
transformer-
gourmer-
enthousiasmer-
embaumer-
chaumer-
déchaumer-
paumer-
empaumer-
écumer-
fumer-
enfumer-
parfumer-
humer-
inhumer-
enrhumer-
désenrhumer-
transhumer-
exhumer-
allumer-
rallumer-
plumer-
déplumer-
emplumer-
remplumer-
embrumer-
résumer-
présumer-
consumer-
assumer-
costumer-
apostumer-
accoutumer-
réaccoutumer-
se raccoutumer-
désaccoutumer-

Avec les mots en italique, *voy.* tous les *er* sauf *ier*; *voy.* aussi air, fier et hier

ner

cabaner-
haubaner-
rubaner-
chicaner-
ricaner-
cancaner-
boucaner-
faner-
offaner-
profaner-
ahaner-
glaner-
planer-
aplaner-
émaner-
paner-
trépaner-
safraner-
basaner-
charlatanER-
pavaner-
flâner-
[*H.*] *Abner*
affener-
halener-
mener-
amener-

ramener-
remener-
se démener-
malmener-
emmener-
remmener-
promener-
surmener-
enchifrener-
grener-
égrener-
gangrener-
engrener-
désengrener-
assener-
ébéner-
morigéner-
oxygéner-
désoxygéner-
aliéner-
abaliéner-
caréner-
créner-
rasséréner-
refréner-
rengréner-
gêner-
Aussi de dégainer à importuner

gner

gagner-
regagner-
accompagner-
[*I.*] *Wagner*
régner-
imprégner-
baigner-
daigner-
dédaigner-
aplaigner-
saigner-
ressaigner-
indigner-
engeigner-
peigner-
enseigner-
renseigner-
rechigner-
aligner-
cligner-
enligner-
interligner-
forligner-
souligner-
éloigner-
témoigner-
empoigner-
soigner-
trépigner-
signer-
contresigner-
désigner-
résigner-
consigner-
assigner-
réassigner-
égratigner-
guigner-
barguigner-
provigner-
cogner-
recogner-
rencogner-
hogner-
rogner-
refrogner-
renfrogner-
grogner-
ivrogner-
besogner-
épargner-
éborgner-
lorgner-
répugner-
Avec Wagner, *voy. er* sauf *ier*; *voy.* aussi air, hier et fier

ner

dégainer-
engainer-
rengainer-
chainer-
déchaîner-
enchaîner-
renchaîner-
désenchaîner-
lainer-
drainer-
égrainer-
traîner-
entraîner-
rentraîner-
biner-
carabiner-
rebiner-
lambiner-
combiner-
bobiner-
raciner-
déraciner-
enraciner-
vacciner-
revacciner-
médeciner-
vaticiner-
calciner-
ratiociner-
fasciner-
halluciner-
* dîner-
après-dîner
badiner-
dandiner-
rondiner-
se dodiner-
jardiner-
peiner-
chanfreiner-
veiner-
affiner-
raffiner-
confiner-
imaginer-
paginer-
marginer-
ruginer-
chiner-
machiner-
échiner-
câliner-
praliner-
décliner-
incliner-
dodeliner-
pateliner-
zinzoliner-
discipliner-
bouliner-
mouliner-
pouliner-
miner-
gaminer-
laminer-
contaminer-
examiner-
cheminer-
acheminer-
contre-miner-
efféminer-
disséminer-
éliminer-
récriminer-
incriminer-
culminer-
fulminer-
abominer-
dominer-
prédominer-
terminer-
déterminer-
prédéterminer-
exterminer-
illuminer-
enluminer-
ruminer-
bituminer-
rapiner-
opiner-
préopiner-
chopiner-
clopiner-
turlupiner-
enfariner-
mariner-
amariner-
seriner-
entériner-
chagriner-
endoctriner-
uriner-
buriner-
tambouriner-
emmagasiner-
lésiner-
ensaisiner-
voisiner-
avoisiner-
cuisiner-
organsiner-
bassiner-
assassiner-
dessiner-
houssiner-
ébousiner-
cousiner-
patiner-
ratiner-
gratiner-
satiner-
se ratatiner-
piétiner-
cabotiner-
guillotiner-
libertiner-
s'obstiner-
destiner-
prédestiner-
festiner-
trottiner-
butiner-
lutiner-
agglutiner-
conglutiner-
se mutiner-
embéguiner-
embabouiner-
fouiner-
baragouiner-
taquiner-
emmannequiner-
acoquiner-
maroquiner-
damasquiner-
bouquiner-
ruiner-
bruiner-
viner-
aviner-
raviner-
deviner-
aleviner-
damner-
dédamner-
condamner-
banner-
enrubanner-
empanner-
tanner-
chouanner-
rouanner-
vanner-
empenner-
étrenner-
moyenner-
abonner-
charbonner-
braconner-
gasconner-
façonner-
maçonner-
estramaçonner-
caparaçonner-
rançonner-
étançonner-
poinçonner-
tronçonner-
étronçonner-
soupçonner-
désarçonner-
donner-
s'adonner-
espadonner-
rodonner-
fredonner-
s'entre-donner-
amidonner-
abandonner-
brandonner-
bondonner-
débondonner-
échardonner-
lardonner-
pardonner-
guerdonner-
ordonner-
subordonner-
cordonner-
coordonner-
bourdonner-
drageonner-
badigeonner-
bourgeonner-
ébourgeonner-
plafonner-
chiffonner-
griffonner-
bouffonner-
parangonner-
fourgonner-
bougonner-
mâchonner-
bichonner-
folichonner-
cochonner-
torchonner-
bouchonner-
s'encapuchonner-
gabionner-
camionner-
pionner-
espionner-
occasionner-
approvisionner-
émulsionner-
pensionner-
passionner-
impressionner-
démissionner-
commissionner-
permissionner-
soumissionner-
fusionner-
illusionner-
désillusionner-
contusionner-
collationner-
rationner-
stationner-
actionner-
fractionner-
affectionner-
désaffectionner-
confectionner-
perfectionner-
collectionner-
sectionner-
frictionner-
sanctionner-
fonctionner-
se concrétionner-
ambitionner-
additionner-
conditionner-
munitionner-
amunitionner-

perquisitionner-
pétitionner-
mentionner-
subventionner-
émotionner-
proportionner-
disproportionner-
bastionner-
congestionner-
questionner-
cautionner-
se précautionner-
révolutionner-
mixtionner-
galonner-
jalonner-
talonner-
étalonner-
sablonner-
houblonner-
échelonner-
pilonner-
ballonner-
bâillonner-
graillonner-
tourbillonner-
réveillonner-
vermillonner-
papillonner-
carillonner-
sillonner-
nasillonner-
étrésillonner-
tâtillonner-
échantillonner-
aiguillonner-
bouillonner-
brouillonner-
égravillonner-
écouvillonner-
boulonner-
marmonner-
sermonner-
ânonner-
canonner-
déguignonner-
maquignonner-
rognonner-
caponner-
friponner-
lantiponner-
cramponner-
tamponner-
pomponner-
harponner-
maronner-
escadronner-
godronner-
goudronner-
quarderonner-
chaperonner-
déchaperonner-
enchaperonner-
éperonner-
environner-
marronner-
patronner-
plastronner-
couronner-
découronner-

sonner-
blasonner-
résonner-
liaisonner-
raisonner-
déraisonner-
assaisonner-
dessaisonner-
foisonner-
cloisonner-
empoisonner-
grisonner-
emprisonner-
désemprisonner-
tisonner-
chansonner-
polissonner-
moissonner-
empoissonner-
rempoissonner-
frissonner-
écussonner-
tonner-
bâtonner-
tâtonner-
gueuletonner-
étonner-
bétonner-
détonner-
mitonner-
capitonner-
cantonner-
chantonner-
entonner-
se cotonner-
pelotonner-
cartonner-
festonner-
testonner-
boutonner-
reboutonner-
déboutonner-
moutonner-
savonner-
rayonner-
crayonner-
gazonner-
regazonner-
téléphoner-
ramoner-
époumoner-
schooner
coroner
dissoner-
prôner-
trôner-
détrôner-
s'incarner-
acharner-
écharner-
décharner-
marner-
berner-
hiberner-
cerner-
décerner-
concerner-
discerner-
moderner-
caserner-

alterner-
lanterner-
interner-
consterner-
se prosterner-
hiverner-
baliverner-
gouverner-
orner-
borner-
aborner-
suborner-
corner-
écorner-
décorner-
flagorner-
défourner-
enfourner-
ajourner-
réajourner-
séjourner-
tourner-
atourner-
retourner-
détourner-
chantourner-
contourner-
bistourner-
partner
auner-
sauner-
jeûner-
* déjeuner-
aluner-
faluner-
importuner-

Avec les mots en italique, *voy.* *er* sauf *ier*, *voy.* aussi air, fier et hier; avec les autres de cabaner à gêner

per

décaper-
enchaper-
laper-
raper-
draper-
déraper-
étraper-
attraper-
rattraper-
saper-
taper-
retaper-
receper-
[*G.*] *Dnieper*
crêper-
anticiper-
participer-
émanciper-
exciper-
chiper-
piper-
riper-
friper-

étriper-
dissiper-
constiper-
équiper-
scalper-
palper-
inculper-
disculper-
pulper-
camper-
décamper-
lamper-
ramper-
étamper-
estamper-
tremper-
retremper-
détremper-
grimper-
[*G.*] *Quimper*
pomper-
tromper-
détromper-
estomper-
syncoper-
se télescoper-
galoper-
écloper-
toper-
happer-
échapper-
japper-
clapper-
frapper-
refrapper-
s'entre-frapper-
égrapper-
[1 *clipper*]
nipper-
gripper-
agripper-
chopper
achopper-
échopper-
développer-
envelopper-
renvelopper-
stopper
houpper-
escarper-
harper-
écharper-
extirper-
usurper-
jasper-
vesper
crisper-
Prosper
occuper-
réoccuper-
préoccuper-
duper-
couper-
recouper-
entre-couper-
découper-
surcouper-
houper-

1. Pron. clipeur.

grouper-
agrouper-
attrouper-
* souper-
après-souper
étouper-
stéréotyper-
daguerréotyper-

Avec les mots en italique, *voy.* tous les *er* sauf *ier*, *voy.* aussi air, fier et hier

rer

effarer-
garer-
égarer-
déclarer-
parer-
accaparer-
déparer-
réparer-
préparer-
séparer-
se remparer-
s'emparer-
désemparer-
comparer-
tarer-
se cabrer-
délabrer-
sabrer-
célébrer-
zébrer-
calibrer-
équilibrer-
vibrer-
ambrer-
cambrer-
chambrer-
démembrer-
timbrer-
ombrer-
obombrer-
décombrer-
encombrer-
désencombrer-
nombrer-
dénombrer-
sombrer-
marbrer-
élucubrer-
nacrer-
sacrer-
consacrer-
massacrer-
exécrer-
ancrer-
échancrer-
encrer-
sucrer-
cadrer-
encadrer-
calandrer-
engendrer-
cylindrer-
effondrer-
poudrer-

dépoudrer-
saupoudrer-
aérer-
libérer-
délibérer-
obérer-
réverbérer-
exubérer-
acérer-
lacérer-
dilacérer-
macérer-
ulcérer-
exulcérer-
incarcérer-
fédérer-
confédérer-
considérer-
déconsidérer-
pondérer-
modérer-
déférer-
référer-
préférer-
différer-
vociférer-
légiférer-
inférer-
conférer-
proférer-
transférer-
gérer-
exagérer-
suggérer-
digérer-
ingérer-
jachérer-
adhérer-
aciérer-
arriérer-
accélérer-
tolérer-
agglomérer-
conglomérer-
énumérer-
régénérer-
vénérer-
incinérer-
exonérer-
rémunérer-
repérer-
tempérer-
obtempérer-
opérer-
coopérer-
exaspérer-
espérer-
désespérer-
prospérer-
se récupérer-
vitupérer-
insérer-
déblatérer-
s'invétérer-
réitérer-
oblitérer-
altérer-
désaltérer-
adultérer-
avérer-
révérer-
persévérer-
bafrer-
balafrer-
chiffrer-
déchiffrer-
empiffrer-
coffrer-
encoffrer-
engouffrer-
goinfrer-
gaufrer-
soufrer-
ensoufrer-
intégrer-
réintégrer-
vinaigrer-
émigrer-
immigrer-
transmigrer-
dénigrer-
camphrer-
airer-
éclairer-
flairer-
cirer-
adirer-
déchirer-
s'entre-déchirer-
délirer-
mirer-
admirer-
s'entr'admirer-
foirer-
moirer-
empirer-
aspirer-
respirer-
transpirer-
inspirer-
conspirer-
soupirer-
expirer-
désirer-
tirer-
retirer-
contre-tirer-
étirer-
détirer-
attirer-
soutirer-
virer-
chavirer-
revirer-
élaborer-
collaborer-
corroborer-
arborer-
décorer-
picorer-
édulcorer-
dorer-
adorer-
redorer-
dédorer-
odorer-
subodorer-
surdorer-
forer-
perforer-
améliorer-
détériorer-
majorer-
déflorer-
colorer-
décolorer-
déplorer-
implorer-
explorer-
remémorer-
commémorer-
ignorer-
honorer-
déshonorer-
évaporer-
incorporer-
réincorporer-
désincorporer
pérorer-
essorer-
expectorer-
dévorer-
s'entre-dévorer-
diaprer-
épamprer-
empourprer-
barrer-
billebarrer-
débarrer-
rembarrer-
carrer-
contre-carrer-
bigarrer-
amarrer-
chamarrer-
démarrer-
narrer-
errer-
ferrer-
referrer-
déferrer-
enferrer-
épierrer-
empierrer-
serrer-
enserrer-
desserrer-
resserrer-
terrer-
déterrer-
enterrer-
atterrer-
abhorrer-
beurrer-
leurrer-
bourrer-
débourrer-
embourrer-
rembourrer-
fourrer-
s'opiniâtrer-
idolâtrer-
folâtrer-
plâtrer-
replâtrer-
métrer-
kilométrer-
pénétrer-
dépétrer-
impétrer-
perpétrer-
salpêtrer-
empêtrer-
guêtrer-
enchevêtrer-
arbitrer-
récalcitrer-
cloîtrer-
chapitrer-
titrer-
vitrer-
filtrer-
s'infiltrer-
entrer-
concentrer-
rentrer-
éventrer-
cintrer-
décintrer-
rencontrer-
montrer-
remontrer-
démontrer-
encastrer-
cadastrer-
orchestrer-
séquestrer-
bistrer-
registrer-
enregistrer-
administrer-
lustrer-
délustrer-
illustrer-
frustrer-
se vautrer-
feutrer-
calfeutrer-
outrer-
accoutrer-
raccoutrer-
saurer-
restaurer-
instaurer-
curer-
écurer-
récurer-
procurer-
durer-
endurer-
fleurer-
affleurer-
effleurer-
pleurer-
demeurer-
écœurer-
figurer-
défigurer-
configurer-
transfigurer-
augurer-
inaugurer-
mâchurer-
jurer-
abjurer-
adjurer-
conjurer-
se parjurer-
murer-
amurer-
contre-murer-
claquemurer-
démurer-
murmurer-
labourer-
gourer-
s'énamourer-
entourer-
savourer-
apurer-
épurer-
dépurer-
suppurer-
mesurer-
remesurer-
censurer-
tonsurer-
assurer-
rassurer-
pressurer-
courbaturer-
caricaturer-
dénaturer-
pâturer-
raturer-
saturer-
facturer-
manufacturer-
fracturer-
conjecturer-
voiturer-
triturer-
aventurer-
peinturer-
clôturer-
capturer-
torturer-
bouturer-
couturer-
azurer-
navrer-
sevrer-
enfiévrer-
livrer-
délivrer-
enivrer-
désenivrer-
poivrer-
cuivrer-
manœuvrer-
désœuvrer-
ouvrer-
recouvrer-
Aussi arrher-

ser

baser-
caser-
jaser-
blaser-
raser-
araser-
braser-
ébraser-
embraser-
écraser-
phraser-
paraphraser-
périphraser-
s'extravaser-

évaser-
transvaser-
peser-
empeser-
désempeser-
soupeser-
diéser-
léser-
aléser-
bléser-
* baiser-
s'entre-baiser-
biaiser-
niaiser-
déniaiser-
falaiser-
glaiser-
anglaiser-
apaiser-
braiser-
fraiser-
graiser-
mortaiser-
emmortaiser-
judaïser-
hébraïser-
prosaïser-
biser-
tabiser-
gréciser-
préciser-
laïciser-
franciser-
inciser-
exorciser-
exciser-
catéchiser-
sympathiser-
baliser-
verbaliser-
alcaliser-
localiser-
vocaliser-
scandaliser-
idéaliser-
réaliser-
égaliser-
légaliser-
spécialiser-
matérialiser-
immatérialiser-
trivialiser-
animaliser-
se formaliser-
canaliser-
criminaliser-
nationaliser-
dénationaliser-
se coaliser-
fédéraliser-
généraliser-
minéraliser
moraliser-
dèmoraliser-
centraliser-
décentraliser-
neutraliser-
pluraliser-
naturaliser-
dénaturaliser-

nasaliser-
universaliser-
capitaliser-
totaliser-
brutaliser-
individualiser-
actualiser-
spiritualiser-
dévaliser-
rivaliser-
fleurdeliser-
évangéliser-
caraméliser-
mobiliser-
immobiliser-
stériliser-
volatiliser-
subtiliser-
fertiliser-
utiliser-
civiliser-
métalliser-
cristalliser-
tranquilliser-
symboliser-
bémoliser-
noliser-
alcooliser-
monopoliser-
ridiculiser-
macadamiser-
tamiser-
remiser-
économiser-
anatomiser-
phlébotomiser-
uniformiser-
chloroformiser-
aniser-
mécaniser-
républicaniser-
vulcaniser-
organiser-
réorganiser-
désorganiser-
italianiser-
christianiser-
germaniser-
humaniser-
tympaniser-
botaniser-
galvaniser-
féminiser-
latiniser-
crétiniser-
diviniser-
indemniser-
tyranniser-
solenniser-
carboniser-
préconiser-
adoniser-
agoniser-
coloniser-
s'harmoniser-
canoniser-
impatroniser-
introniser-
platoniser-
moderniser-

fraterniser-
éterniser-
subalterniser-
boiser-
reboiser-
déboiser-
framboiser-
dégoiser-
moiser-
chamoiser-
croiser-
s'entre-croiser-
décroiser-
toiser-
patoiser-
pavoiser-
apprivoiser-
solidariser-
pindariser-
vulgariser-
se gargariser-
familiariser-
polariser-
séculariser-
particulariser-
régulariser-
se singulariser-
populariser-
dépopulariser-
militariser-
charivariser-
briser-
éthériser-
caractériser-
cautériser-
pulvériser-
friser-
refriser-
défriser-
griser-
égriser-
dégriser-
s'iriser-
satiriser-
herboriser-
météoriser-
allégoriser-
vaporiser-
temporiser-
terroriser-
autoriser-
favoriser-
* priser-
repriser-
dépriser-
mépriser-
cicatriser-
électriser-
symétriser-
maîtriser-
thésauriser-
monseigneuriser -
caricaturiser-
porphyriser-
martyriser-
médiatiser-
anathématiser-
systhématiser-
stigmatiser-
dogmatiser-

aromatiser-
achromatiser-
fanatiser-
démocratiser-
pactiser-
prophétiser-
synthétiser-
émétiser-
magnétiser-
démonétiser-
poétiser-
dépoétiser-
pédantiser-
galantiser-
cotiser-
baptiser-
rebaptiser-
débaptiser-
expertiser-
courtiser-
attiser-
déguiser-
aiguiser-
menuiser-
amenuiser-
puiser-
épuiser-
viser-
aviser-
slaviser-
se raviser-
deviser-
reviser-
diviser-
subdiviser-
improviser-

Aussi de oser à arroser, de user à paralyser et zer

ser

valser-
compulser-
expulser-
danser-
panser-
acenser-
accenser-
recenser-
encenser-
condenser-
offenser-
* penser-
repenser-
dépenser-
compenser-
récompenser-
dispenser-

Aussi de éclipser à tousser, cer et xer

oser

oser-
doser-
métamorphoser-
gloser-
ankyloser-
s'anastomoser-
ecchymoser-
poser-
juxtaposer-
reposer-
entre-poser-
déposer-
préposer-
imposer-
composer-
recomposer-
décomposer-
proposer-
apposer-
réapposer-
opposer-
supposer-
résupposer-
superposer-
interposer-
disposer-
prédisposer-
indisposer-
transposer
exposer-
nécroser
couperoser
arroser-

Aussi de baser à improviser, de user à paralyser et zer

ser

éclipser
herser
disperser
terser
reterser
verser
traverser
retraverser
bouleverser
reverser
déverser
tergiverser
malverser
renverser
converser
controverser
débourser
embourser
rembourser
casser
jacasser
fracasser
tracasser
recasser
fricasser
concasser
avocasser
chasser
rechasser
pourchasser
lasser
échalasser
classer
déclasser
matelasser
délasser
se prélasser

brouillasser-
masser-
amasser-
damasser-
ramasser-
cadenasser-
traînasser-
finasser-
coasser-
croasser-
passer-
estrapasser-
repasser-
contre-passer-
outrepasser-
dépasser-
trépasser-
compasser-
surpasser-
laissez-passer
harasser-
brasser-
embrasser-
crasser-
décrasser-
encrasser-
paperasser-
tirasser-
cuirasser-
s'encuirasser-
débarrasser-
embarrasser-
terrasser-
sasser-
ressasser-
tasser-
rapetasser-
entasser-
crevasser-
rêvasser-
enchâsser-
cesser-
fesser-
confesser-
professer-
blesser-
messer
caresser-
paresser-
dresser-
adresser-
redresser-
intéresser-
désintéresser-
progresser-
transgresser-
presser-
s'empresser-
oppresser-
tresser-
vesser-
baisser-
abaisser-
rabaisser-
rebaisser-
décaisser-
encaisser-
rencaisser-
affaisser-
laisser-

délaisser-
graisser-
dégraisser-
engraisser-
rengraisser-
bisser-
mégisser-
hisser-
lisser-
palisser-
dépalisser-
éclisser-
glisser-
treillisser-
plisser-
replisser-
déplisser-
vernisser-
poisser-
empoisser-
froisser-
pisser-
tapisser-
épisser-
lambrisser
crisser-
se hérisser-
tisser-
pâtisser
ratisser-
apetisser-
rapetisser-
détisser-
écuisser-
esquisser-
visser-
dévisser-
embosser-
cosser-
écosser-
adosser-
endosser-
rosser-
brosser-
crosser-
désosser-
fausser-
se défausser-
se gausser-
hausser-
chausser-
rechausser-
déchausser-
enchausser-
rehausser-
surhausser-
exhausser-
se musser-
éclabousser-
housser-
glousser-
mousser-
émousser-
se trémousser-
pousser-
repousser-
s'entre-pousser-
rebrousser-
trousser-
retrousser-

détrousser-
tousser-
Avec *messer* *voy.* tous les *er*, sauf *ier*; *voy.* aussi air, fier et hier; avec les autres voy. de valser à dispenser, cer et xer

ser

* user-
causer-
Tannhauser
pauser-
abuser-
désabuser-
arquebuser-
accuser-
s'entr'accuser-
récuser-
excuser-
gracieuser-
creuser-
recreuser-
gueuser-
fuser-
refuser-
infuser-
transfuser-
muser-
amuser-
jalouser-
blouser-
épouser-
ventouser-
ruser-
décruser-
mésuser-
dépayser-
geyser
analyser-
paralyser-
Avec les mots en italique *voy.* tous les *er.* sauf *ier*; *voy.* aussi air, fier et hier; avec les autres voy. de baser à improviser, de oser à arroser et zer

ter

ter
dater-
antidater-
mandater-
postdater-
calfater-
éclater-
relater-

frelater-
dilater-
translater-
mater-
casemater-
acclimater-
déclimater-
colmater-
pater
épater-
rater-
érater-
dérater-
frater
pirater-
stater
constater-
ouater-
cravater-
bâter-
débâter-
embâter-
gâter-
hâter-
mâter-
démâter-
empâter-
appâter-
tâter-
retâter-
réfracter-
détracter-
rétracter-
contracter-
affecter-
infecter-
désinfecter-
objecter-
injecter-
délecter-
humecter-
respecter-
inspecter-
suspecter-
dicter-
édicter-
sphincter
gobeter-
rapiéceter-
vergeter-
acheter-
cacheter-
recacheter-
décacheter-
racheter-
tacheter-
pocheter-
crocheter-
moucheter-
démoucheter-
jeter-
rejeter-
se déjeter-
projeter-
interjeter-
forjeter-
surjeter-
haleter-
valeter-
souffleter-

fileter-
cailleter-
feuilleter-
refeuilleter-
colleter-
décolleter-
voleter-
guillemeter-
trompeter-
fureter-
épousseter-
mugueter-
caqueter-
claqueter-
paqueter-
dépaqueter-
empaqueter-
craqueter-
becqueter-
ou béqueter-
déchiqueter-
cliqueter-
encliqueter-
briqueter-
étiqueter-
banqueter-
coqueter-
marqueter-
parqueter-
saveter-
breveter-
louveter-
hébéter-
végéter-
piéter-
empiéter-
inquiéter-
refléter-
compléter-
décompléter-
admonéter-
péter-
répéter-
compéter-
appéter-
baréter-
secréter-
décréter-
concréter-
fréter-
affréter-
interpréter-
mésinterpréter-
téter-
embêter-
fêter-
tempêter-
écrêter-
prêter-
apprêter-
arrêter-
étêter-
entêter-
quêter-
acquêter-
requêter-
s'enquêter-
* doigter-
affaiter-
enfaiter-

renfaîter-
souhaiter-
allaiter-
traiter-
retraiter-
maltraiter-
sous-traiter-
habiter-
cohabiter-
débiter-
citer-
réciter-
liciter-
féliciter-
solliciter-
inciter-
susciter-
ressusciter-
exciter-
surexciter-
éditer-
rééditer-
méditer-
préméditer-
créditer-
accréditer-
décréditer-
discréditer-
commanditer-
profiter-
gîter-
agiter-
ingurgiter-
aliter-
périclíter-
déliter-
habiliter-
réhabiliter-
débiliter-
faciliter-
militer-
imiter-
limiter-
délimiter-
boiter-
déboîter-
emboîter-
remboîter-
exploiter-
miroiter-
convoiter-
décapiter-
dépiter-
crépiter-
décrépiter-
précipiter-
palpiter-
[M.] * *Jupiter*
abriter-
hériter-
cohériter-
déshériter-
mériter-
démériter-
effriter-
irriter-
hésiter-
visiter-
s'entre-visiter-
transiter-

nécessiter-
s'anuiter-
ébruiter-
effruiter-
graviter-
éviter-
inviter-
réinviter-
désinviter-
exalter-
velter-
récolter-
volter-
révolter-
ausculter-
résulter-
insulter-
consulter-
exulter-
décanter-
brocanter-
fainéanter-
enfanter-
ganter-
déganter-
hanter-
chanter-
rechanter-
déchanter-
enchanter-
désenchanter-
trochanter
ensanglanter-
brillanter-
planter-
replanter-
déplanter-
implanter-
supplanter-
transplanter-
diamanter-
aimanter-
plaisanter-
vanter-
épouvanter-
soixanter-
enter-
innocenter-
édenter-
accidenter-
incidenter-
endenter-
régenter-
diligenter-
argenter-
désargenter-
flenter-
orienter-
désorienter-
patienter-
impatienter-
violenter-
médicamenter-
se lamenter-
réglementer-
parlementer-
ornementer-
passementer-
cémenter-
agrémenter-

fragmenter-
augmenter-
cimenter-
enrégimenter-
alimenter-
complimenter-
expérimenter-
commenter-
fomenter-
fermenter-
assermenter-
tourmenter-
argumenter-
instrumenter-
arpenter-
charpenter-
serpenter-
renter-
apparenter-
arrenter-
s'absenter-
présenter-
représenter-
tenter-
patenter-
intenter-
contenter-
mécontenter-
sustenter-
attenter-
fréquenter-
venter-
éventer-
inventer-
éreinter-
teinter-
s'accointer-
ajointer-
pointer-
contre-pointer-
épointer-
appointer-
désappointer-
pinter-
tinter-
suinter-
conter-
raconter-
monter-
remonter-
démonter-
surmonter-
ponter-
affronter-
confronter-
emprunter-
ôter-
caboter-
jaboter-
raboter-
saboter-
riboter-
barboter-
coter-
accoter-
chicoter-
délicoter-
picoter-
fricoter-
tricoter-

asticoter-
suçoter-
doter-
radoter-
anecdoter
fagoter-
dégoter-
gigoter-
ravigoter-
argoter-
gargoter-
ergoter-
cahoter-
crachoter-
chuchoter-
agioter-
folioter-
rioter-
mijoter-
trembloter-
peloter-
amateloter-
sangloter-
glougloter-
piloter-
démailloter-
emmailloter-
remmailloter-
papilloter-
comploter-
dorloter-
escamoter-
noter-
canoter-
dénoter-
clignoter-
mignoter-
grignoter-
annoter-
clapoter-
tapoter-
dépoter-
chipoter-
galipoter-
tripoter-
empoter-
rempoter-
roter-
numéroter-
siroter-
chevroter-
baisoter-
assoter-
rassoter-
pissoter-
voter-
pivoter-
vivoter-
buvoter-
capter-
adapter-
accepter-
intercepter-
excepter-
sculpter-
exempter-
compter-
recompter-
décompter-
se mécompter-

escompter-
dompter-
opter-
adopter-
écarter-
encarter-
essarter-
starter
concerter-
déconcerter-
déserter-
disserter-
flirter-
escorter-
conforter-
déconforter-
réconforter-
exhorter-
* porter-
reporter-
reporter
déporter-
colporter-
emporter-
remporter-
importer-
réimporter-
comporter-
apporter-
rapporter-
supporter-
transporter-
exporter-
réexporter-
avorter-
heurter-
s'aheurter-
s'entre-heurter-
écourter-
aster
gaster
toaster-
contraster-
dévaster-
ester-
manifester-
infester-
chester
[G.] *Manchester*
[G.] *Dniester*
lester-
délester-
molester-
admonester-
pester-
empester-
rester-
tester-
détester-
contester-
protester-
attester-
zester-
magister
dépister-
contrister-
attrister-
subsister-
se désister-
résister-

insister-
consister-
persister-
assister-
exister-
préexister-
coexister-
hamster
[*G.*] *Munster*
accoster-
poster-
aposter-
déposter-
riposter-
toster-
auster
tarabuster-
flibuster-
déguster-
ajuster-
rajuster-
désajuster-
incruster-
s'enkyster-
chatter-
latter-
délatter-
flatter-
natter-
dénatter-
baratter-
gratter-
regratter-
facetter-
endetter-
se rendetter-
émietter-
rénetter-
fretter-
regretter-
guetter-
fouetter-
brouetter-
pirouetter-
bitter
quitter-
acquitter-
se racquitter-
botter-
caillebotter-
se rebotter-
débotter-
marcotter-
ligotter-
gringotter-
calotter-
décalotter-
gobelotter-
grelotter-
flotter-
ballotter-
culotter-
déculotter-
émotter-
marmotter-
emmenotter-
carotter-
crotter-
décrotter-
frotter-
garrotter-
trotter-
frisotter-
chènevotter-
butter-
cutter
se hutter-
lutter-
goutter-
égoutter-
dégoutter-
paneauter-
biseauter-
sauter-
ressauter-
tuyauter-
buter-
rebuter-
débuter-
culbuter-
persécuter-
exécuter-
charcuter-
percuter-
répercuter-
discuter-
ameuter-
queuter-
réfuter-
affûter-
chuter-
verjuter-
luter-
taluter-
bluter-
déluter-
fluter-
permuter-
minuter-
aoûter-
bouter-
abouter-
rebouter-
contre-bouter-
débouter-
coûter-
écouter-
douter-
redouter-
* goûter-
ragoûter-
dégoûter-
caoutchouter-
jouter-
ajouter-
rajouter-
surajouter-
clouter-
velouter-
glouglouter-
filouter-
caillouter-
brouter-
écroûter-
encroûter-
dérouter-
voûter-
envoûter-
députer-
réputer-
amputer-
imputer-
supputer-
disputer-
recruter-
scruter-
prétexter-

Avec les mots en italique *voy.* tous les *er*, sauf *ier*; *voy.* aussi air, fier et hier

uer

rétribuer-
contribuer-
distribuer-
attribuer-
écobuer-
évacuer-
graduer-

Aussi de huer à conspuer et de ruer à tortuer, *voy* éer, *ier*

guer

baguer-
daguer-
blaguer-
élaguer-
draguer-
vaguer-
extravaguer-
divaguer-
léguer-
déléguer-
subdéléguer-
reléguer-
préléguer-
alléguer-
endiguer-
prodiguer-
liguer-
briguer-
irriguer-
intriguer-
fatiguer-
instiguer-
naviguer-
promulguer-
divulguer-
écanguer-
haranguer-
tanguer-
ralinguer-
étalinguer-
seringuer-
fringuer-
bastinguer-
distinguer-
zinguer-
dialoguer-
cataloguer-
épiloguer-
homologuer-
droguer-
voguer-
arguer-
carguer-
rédarguer-
larguer-
alarguer-
narguer-
se targuer-
enverguer-
morguer-
subjuguer-
conjuguer-

uer

huer-
saluer-
évaluer-
abluer-
fluer-
refluer-
affluer-
influer-
confluer-
gluer-
dégluer-
engluer-
diluer-
polluer-
évoluer-
muer-
remuer-
commuer-
transmuer-
nuer-
dénuer-
atténuer-
exténuer-
diminuer-
insinuer-
continuer-
discontinuer-
éternuer-
embouer-
accouer-
secouer-
recouer-
douer-
amadouer-
bafouer-
engouer-
houer-
échouer-
déchouer-
jouer-
rejouer-
déjouer-
louer-
clouer-
reclouer-
déclouer-
enclouer-
désenclouer-
relouer-
s'entre-louer-
flouer-
afflouer-
renflouer-
allouer-
sous-louer-
nouer-
renouer-
énouer-
dénouer-
rouer-
rabrouer-
ébrouer-
écrouer-
frouer-
enrouer-
désenrouer-
trouer-
touer-
tatouer-
vouer-
avouer-
désavouer-
dévouer-
puer-
conspuer-

Aussi de rétribuer à graduer, de ruer à tortuer; *voy.* aussi éer, *ier*

quer

caquer-
encaquer-
claquer-
plaquer-
estomaquer-
baraquer-
braquer-
craquer-
traquer-
détraquer-
taquer-
attaquer-
bivouaquer-
vaquer-
macquer-
pacquer-
abecquer-
embecquer-
abéquer-
se rebéquer-
déféquer-
hypothéquer-
réséquer-
disséquer-
alambiquer-
abdiquer-
revendiquer-
indiquer-
trafiquer-
chiquer-
obliquer-
répliquer-
impliquer-
compliquer-
appliquer-
expliquer-
forniquer-
communiquer-
piquer-
repiquer-
dépiquer-
prévariquer-
fabriquer-
étriquer-

musiquer-
métaphysiquer-
tiquer-
pratiquer-
politiquer-
critiquer-
authentiquer-
décortiquer-
excortiquer-
astiquer-
mastiquer-
domestiquer-
sophistiquer-
diagnostiquer-
pronostiquer-
encaustiquer-
rustiquer-
calquer-
contre-calquer-
décalquer-
défalquer-
inculquer-
débanquer-
flanquer-
efflanquer-
manquer-
trinquer-
se requinquer-
tronquer-
s'emberlucoquer-
suffoquer-
choquer-
s'entre-choquer-
bloquer-
débloquer-
effiloquer-
colloquer-
ploquer-
interloquer-
disloquer-
se moquer-
roquer-
croquer-
escroquer-
défroquer-
enfroquer-
troquer-
toquer-
évoquer-
révoquer-
équivoquer-
invoquer-
convoquer-
provoquer-
arquer-
débarquer-
embarquer-
rembarquer-
désembarquer-
marquer-
remarquer-
contre-marquer-
démarquer-
parquer-
déparquer-
remorquer-
détorquer-
rétorquer-
extorquer-
bifurquer-

masquer-
démasquer-
bisquer-
confisquer-
risquer-
busquer-
débusquer-
embusquer-
offusquer-
musquer-
brusquer-
éduquer-
reluquer-
débouquer-
embouquer-

Voy. ker

uer

ruer-
décruer-
obstruer-
désobstruer-
suer-
ressuer-
bossuer-
tuer-
infatuer-
désinfatuer-
statuer-
effectuer-
ponctuer-
s'entre-tuer-
perpétuer-
habituer-
réhabituer-
déshabituer-
situer-
substituer-
destituer-
restituer-
instituer-
constituer-
reconstituer-
prostituer-
accentuer-
s'évertuer-
tortuer-

Aussi de rétribuer à graduer et de huer à conspuer; *voy.* aussi éer, *ier*

ver

ver
baver-
caver-
décaver-
encaver-
excaver-
gaver-
laver-
emblaver-
remblaver-
enclaver-
désenclaver-
relaver-
délaver-

paver-
repaver-
dépaver-
braver-
graver-
aggraver-
engraver-
dépraver-
entraver-
désentraver-
achever-
parachever-
* lever-
relever-
élever-
prélever-
surélever-
enlever-
champlever-
soulever-
crever-
grever-
dégrever-
[*G.*] *St-Sever*
endêver-
rêver-
récidiver-
hiver
saliver-
cliver-
enjoliver-
conniver-
river-
dériver-
priver-
arriver-
mésarriver-
lessiver-
activer-
invectiver-
vétiver
cultiver-
motiver-
captiver-
esquiver-
suiver-
aviver-
raviver-
revolver
rénover-
innover-
nerver-
énerver-
observer-
réserver-
préserver-
conserver-
sauver-
cuver-
décuver-
encuver-
abreuver-
treuver-
couver-
louver-
mouver-
prouver-
reprouver-
éprouver-
réprouver-

improuver-
approuver-
désapprouver-
trouver-
retrouver-
controuver-
étuver-
interviewer-

Avec les mots en italique *voy.* tous les *er*, sauf *ier*; *voy.* aussi air, hier et fier

xer

malaxer-
relaxer-
taxer-
surtaxer-
annexer-
vexer-
fixer-
luxer-

Voy. cer, ser précédé d'une consonne

yer

bayer-
égayer-
bégayer-
layer-
balayer-
déblayer-
remblayer-
relayer-
délayer-
monnayer-
payer-
papayer
copayer
surpayer-
rayer-
* brayer-
frayer-
défrayer-
effrayer-
enrayer-
désenrayer-
essayer-
ressayer-
étayer-
métayer
cartayer-
aiguayer-
zézayer-
grasseyer-
langueyer-
cacaoyer
aboyer-
giboyer-
flamboyer-
plaidoyer
ondoyer-
verdoyer-
coudoyer-
soudoyer-
rudoyer-

foyer
choyer-
loyer
caloyer
ployer-
reployer-
déployer-
employer-
remployer-
larmoyer-
atermoyer-
* noyer-
bornoyer-
tournoyer-
broyer-
foudroyer-
poudroyer-
charroyer-
guerroyer-
corroyer-
octroyer-
fossoyer-
grossoyer-
chatoyer-
fêtoyer-
apitoyer-
jointoyer-
rejointoyer-
côtoyer-
festoyer-
nettoyer-
tutoyer-
voyer
avoyer
dégravoyer-
dévoyer-
envoyer-
renvoyer-
convoyer-
fourvoyer-
agent voyer
louvoyer-
écuyer
ennuyer-
désennuyer-
rocouyer
on roucouyer
appuyer-
[*G.*] Berruyer
essuyer-
ressuyer-

Voy. ier

zer

gazer-
[*B.*] *Eliézer*
s'enlizer-
bronzer-
kreutzer

Avec les mots en italique *voy.* tous les *er*, sauf *ier*; aussi air, fier et hier

ehr

landwehr

Voy. *er*, sauf

ier; aussi fier et hier

air

* air
chair
* clair
éclair
flair
pet-en-l'air
pair
impair
non-pair
vair

Voy. er, sauf *ier*; aussi fier et hier

aïr

haïr-
s'entre-haïr

Aussi de cuir à écrouir, hir, plus obéir et désobéir

bir

fourbir-
subir-

cir

étrécir-
rétrécir-
chancir-
rancir-
amincir-
farcir-
éclaircir-
noircir-
renoircir-
enforcir-
obscurcir-
durcir-
endurcir-
rendurcir-
accourcir-
raccourcir-
doucir-
adoucir-
radoucir-

Voy. sir précédé d'une consonne; aussi Saint-Cyr et élixir

dir

affadir-
nadir
tiédir-
attiédir-
enlaidir-
désenlaidir-
raidir-
déraidir-
roidir-
déroidir-
froidir-
refroidir-
candir-
brandir-
grandir-
agrandir-
ragrandir-
resplendir-
bondir-
rebondir-
approfondir-
arrondir-
enhardir-
agaillardir-
ragaillardir-
abâtardir-
verdir-
reverdir-
ourdir-
dégourdir-
engourdir-
alourdir-
abalourdir-
abasourdir-
assourdir-
étourdir-
rebaudir-
s'ébaudir-
se gaudir-
applaudir-

éir

obéir-
désobéir-

Voy. de cuir à écrouir, hir et aussi haïr

fir

bouffir-

Aussi saphir et zéphyr

gir

agir-
réagir-
assagir-
vagir-
allégir-
régir-
élargir-
rélargir-
surgir-
mugir-
rougir-
dérougir-
rugir-

hir

s'ébahir-
trahir-
envahir-

Voy. de cuir à écrouir, obéir, désobéir et haïr

chir

s'avachir-
fléchir-
réfléchir-
infléchir-
fraîchir-
rafraîchir-
défraîchir-
enrichir-
blanchir-
reblanchir-
franchir-
affranchir-
gauchir-
dégauchir-

nhir

menhir

Voy. nir

phir

saphir

Aussi bouffir et zéphyr

kir

fakir
[*H.*] Aboukir

Aussi faquir

lir

salir-
pâlir-
établir-
préétablir-
rétablir-
faiblir-
affaiblir-
anoblir-
ennoblir-
ameublir-
ensevelir-
désensevelir-
avilir-
ravilir-
embellir-
faillir-
défaillir-
jaillir-
rejaillir-
saillir-
assaillir-
tressaillir-
vieillir-
envieillir-
cueillir-
accueillir-
recueillir-
enorgueillir-
bouillir-
rebouillir-
mollir-
amollir-
ramollir-
abolir-
raffolir-
démolir-
polir-
repolir-
dépolir-
emplir-
remplir-
désemplir-
accomplir-
assouplir-

mir

mir
émir
gémir-
frémir-
blêmir-
* Casimir
vomir-
revomir-
affermir-
raffermir-
dormir-
redormir-
endormir-
rendormir-
renformir-
[*G.*] Khroumir

nir

aplanir-
tenir-
obtenir-
retenir-
entretenir-
détenir-
maintenir-
contenir-
appartenir-
s'abstenir-
soutenir-
venir-
avenir
mésavenir-
subvenir-
advenir-
mésadvenir-
devenir-
redevenir-
revenir-
contrevenir-
prévenir-
bienvenir-
convenir-
circonvenir-
disconvenir-
provenir-
parvenir-
intervenir-
survenir-
* se souvenir-
* se ressouvenir-
bénir-
rebénir-
assainir-
finir-
définir-
préfinir-
bannir-
hennir-
abonnir-
rabonnir-
honnir-
agonir-
garnir-
regarnir-
dégarnir-
ternir-
vernir-
racornir-
fournir-
parfournir-
unir-
jaunir-
rajeunir-
réunir-
munir-
démunir-
prémunir-
punir-
brunir-
rembrunir-
désunir-

Aussi menhir

oir

ébarboir
traçoir
linçoir
perçoir
amorçoir
suçoir
évidoir
dévidoir
fendoir
tendoir
étendoir
fondoir
accordoir
échaudoir
boudoir
accoudoir
soudoir
drageoir
dégorgeoir
bougeoir
égrugeoir
* *seoir-*
surseoir-
asseoir-
rasseoir-
messeoir-
greffoir
chauffoir
réchauffoir
étouffoir
hoir
choir-
hachoir
crachoir
échoir-
déchoir-
séchoir
bêchoir
fichoir
nichoir
ébranchoir
tranchoir
brochoir
perchoir
ébauchoir
embauchoir
juchoir
épluchoir
bouchoir
embouchoir
mouchoir
émouchoir
ploir
[*G.*] * *Loir*
haloir
chaloir-
nonchaloir

saloir
valoir-
revaloir-
prévaloir
équivaloir-
sarcloir
démêloir
rifloir
affiloir
falloir-
tailloir
cueilloir
échenilloir
mouilloir
agenouilloir
isoloir
parloir
birloir
G.] *Eure-et-Loir*
bouloir
couloir
se condouloir-
fouloir
refouloir
rouloir
souloir-
vouloir-
brûloir
semoir
assommoir
fermoir
fumoir
* *noir*
planoir
manoir
tamanoir
promenoir
peignoir
éteignoir
rognoir
affinoir
laminoir
urinoir
attisonnoir
écussonnoir
entonnoir
écharnoir
espoir
désespoir
coupoir
découpoir
comparoir-
apparoir-
miroir
tiroir
terroir
bourroir
curoir
ouvroir
soir
rasoir
alésoir
brisoir
attisoir
encensoir
suspensoir
ostensoir
bonsoir
reposoir
arrosoir

aspersoir
versoir
déversoir
dressoir
pressoir
ourdissoir
rafraîchissoir
lissoir
polissoir
brunissoir
pissoir
épissoir
pourrissoir
aplatissoir
bossoir
fossoir
déchaussoir
houssoir
moussoir
poussoir
repoussoir
voussoir
musoir
clysoir
plantoir
déplantoir
entoir
éventoir
montoir
remontoir
accotoir
dépotoir
comptoir
sous-comptoir
dortoir
heurtoir
ajustoir
battoir
abattoir
grattoir
décrottoir
frottoir
trottoir
égouttoir
sautoir
blutoir
boutoir
routoir
taquoir
marquoir
voir-
avoir-
lavoir
* *savoir-*
demi-savoir
recevoir-
décevoir-
concevoir-
préconcevoir-
apercevoir-
* *devoir-*
redevoir-
revoir-
entrevoir-
(*vieux*) *ramentevoir-*
prévoir-
réservoir
pourvoir-
dépourvoir-
pleuvoir-

abreuvoir
mouvoir-
émouvoir-
promouvoir-
pouvoir
venez-y-voir
frayoir

pir

se clapir-
glapir-
(se) * tapir-
crépir-
recrépir-
décrépir-
échampir-
réchampir-
déguerpir-
croupir-
s'accroupir-
soupir
demi-soupir
assoupir-

rir

tarir-
assombrir-
attendrir-
amoindrir-
ramoindrir-
férir-
chérir-
enchérir-
renchérir-
surenchérir-
périr-
dépérir-
guérir-
quérir-
acquérir-
requérir-
s'enquérir-
conquérir-
reconquérir-
offrir-
mésoffrir-
souffrir-
aigrir-
maigrir-
amaigrir-
ramaigrir-
démaigrir-
emmaigrir-
rabougrir-
endolorir-
équarrir-
terrir-
atterrir-
aguerrir-
nourrir-
pourrir-
flétrir-
pétrir-
meurtrir-
fleurir-
refleurir-
défleurir-
ahurir-
mûrir-
courir-

accourir-
recourir-
secourir-
s'entre-secourir-
encourir-
concourir-
parcourir-
discourir-
mourir-
surir-
appauvrir-
ouvrir-
couvrir-
recouvrir-
découvrir-
rouvrir-
s'entr'ouvrir-

ir

désir
gésir-
plaisir
déplaisir
saisir-
se dessaisir-
ressaisir-
choisir-
loisir
moisir-

Avec ces sir doux, aussi vizir

sir

transir-
issir-
épaissir-
grossir-
dégrossir-
réussir-
roussir-

Avec ces sir durs *voy.* cir ; aussi elixir et St-Cyr

tir

tir
catir-
décatir-
aplatir-
amatir-
compatir-
bâtir-
rebâtir-
débâtir-
pâtir-
assujétir-
abêtir-
rabêtir-
vêtir-
revêtir-
se dévêtir-
ramoitir-
anéantir-
nantir-
se dénantir-
garantir-
appesantir-
empuantir-
ralentir-

mentir-
démentir-
(se) * repentir-
sentir-
consentir-
assentir-
ressentir-
pressentir-
retentir-
rapointir-
appointir-
cotir-
lotir-
rôtir-
partir-
repartir-
départir-
sertir-
dessertir-
avertir-
s'entr'avertir-
subvertir-
divertir-
invertir-
convertir-
pervertir-
intervertir-
amortir-
* sortir-
assortir-
rassortir-
désassortir-
* ressortir-
travestir-
investir-
désinvestir-
assujettir-
blettir-
se blottir-
aboutir-
raboutir-
emboutir-
engloutir-
abrutir-
débrutir-

Aussi martyr et Tyr

uir

cuir
bleuir-
fuir-
s'enfuir-
languir-
alanguir-
ouïr-
fouir-
enfouir-
serfouir-
jouir-
réjouir-
éblouir-
épanouir-
s'évanouir-
rouir-
brouir-
écrouir-

Voy. ahir, haïr, obéir et désobéir

quir
faquir

Voy. kir

vir
havir-
ravir-
gravir-
sévir-
Elzévir
[*G.*] Guadalquivir
décemvir
septemvir
triumvir
duumvir
centumvir
servir-
asservir-
desservir-
resservir-
chauvir-
assouvir-

xir
élixir

Voy. cir, sir dur et aussi Saint-Cyr

zir
vizir

Voy. sir doux

or
or
[*G.*] Thabor
cor
décor
salicor
picador
toréador
corrégidor
thermidor
corridor
messidor
fructidor
Endor
condor
bouton-d'or
confiteor
for
ichor
major
aide-major
tambour-major
état-major
similor
tricolor
ténor
trésor
[*B.*] Nabuchodonosor
[*G.*] Louqsor
essor
alligator
[*M.*] Hector
boa constrictor
Victor
[*M.*] Mentor
[*M.*] Stentor
portor
* Castor
[*M.*] Nestor
butor
fluor
quatuor
septuor
sextuor
St-Maur
hareng-saur

Par licence encor

ur
[*G.*] Tibur
obscur
clair-obscur
dur

Aussi de Arthur à Saumur et de pur à azur

eur
labeur
bombeur
plombeur
gobeur
daubeur
radoubeur

ceur
glaceur
placeur
dépeceur
ascenseur
recommenceur
enfonceur
noceur
farceur
noirceur
douceur
suceur

Voy. seur dur, boxeur, aussi sœur et belle-sœur

deur
gambadeur
cascadeur
fadeur
radeur
ambassadeur
tiédeur
laideur
plaideur
raideur
hideur
roideur
froideur
dévideur
candeur
marchandeur
* demandeur
quémandeur
commandeur
grandeur
fendeur
défendeur
pourfendeur
splendeur
pendeur
tendeur
entendeur
vendeur
revendeur
covendeur
fondeur
profondeur
émondeur
rondeur
frondeur
grondeur
sondeur
tondeur
odeur
raccommodeur
brodeur
rôdeur
ardeur
bardeur
débardeur
cardeur
gardeur
liardeur
verdeur
accordeur
lourdeur
clabaudeur
maraudeur
fraudeur
ravaudeur
boudeur
pudeur
impudeur

éeur
gréeur
agréeur

feur
piaffeur
greffeur
coiffeur
chauffeur
touffeur

geur
saccageur
gageur
treillageur
grillageur
nageur
déménageur
tapageur
rageur
fourrageur
partageur
ravageur
voyageur
voltigeur
vidangeur
vendangeur
changeur
mangeur
arrangeur
louangeur
vengeur
singeur
plongeur
rongeur
songeur
logeur
chargeur
déchargeur
largeur
margeur
forgeur
égorgeur
jaugeur
pataugeur
jugeur
rongeur
grugeur

Aussi majeur

heur
heur

cheur
harnacheur
cracheur
arracheur
rabâcheur
gâcheur
mâcheur
fraîcheur
afficheur
clicheur
dénicheur
pleurnicheur
défricheur
tricheur
lécheur
pécheur
bécheur
pêcheur
martin-pêcheur
prêcheur
blancheur
bambocheur
piocheur
effilocheur
guillocheur
brocheur
raccrocheur
marcheur
chercheur
percheur
écorcheur
débaucheur
embaucheur
faucheur
bûcheur
éplucheur
coucheur
accoucheur
loucheur
moucheur
escarmoucheur
toucheur

heur
malheur
porte-malheur

Voy. leur
bonheur
porte-bonheur

Voy. neur

ïeur
maïeur
scieur
lieur
oublieur
relieur
plieur
manieur
renieur
ingénieur
rieur
marieur
parieur
crieur
inférieur
supérieur
citérieur
ultérieur
antérieur
intérieur
postérieur
* extérieur
prieur
trieur
sieur
monsieur

Ces deux mots monosyllabiques riment avec yeur

jeur
majeur

Voy. geur

keur
polkeur

Voy. queur; aussi cœur, ses composés et chœur

leur
leur
cabaleur
haleur
chaleur
saleur
* valeur
avaleur
non-valeur
pâleur
hâbleur
ribleur
cribleur
trembleur
assembleur
doubleur
racleur
débâcleur
sarcleur
puddleur
gabeleur
receleur
ficeleur
ensorceleur
chandeleur
modeleur
tonneleur
carreleur

ciseleur
oiseleur
bateleur
râteleur
marteleur
botteleur
javeleur
niveleur
griveleur
fleur
arrière-fleur
passe-fleur
siffleur
* souffleur
renifleur
écornifleur
persifleur
ronfleur
sous-fleur
régleur
jongleur
fileur
tréfileur
pileur
épileur
emballeur
scelleur
nielleur
vielleur
querelleur
bailleur
bâilleur
rocailleur
godailleur
intrigailleur
piailleur
criailleur
émailleur
rimailleur
pailleur
empailleur
rempailleur
orpailleur
railleur
brailleur
tirailleur
corailleur
ferrailleur
mitrailleur
tailleur
batailleur
brétailleur
disputailleur
gouailleur
travailleur
écrivailleur
habilleur
rhabilleur
meilleur
appareilleur
conseilleur
veilleur
échenilleur
pilleur
grapilleur
torpilleur
gaspilleur
roupilleur
nasilleur
bousilleur

vétilleur
artilleur
aiguilleur
bouilleur
gribouilleur
barbouilleur
bredouilleur
houilleur
colleur
racoleur
batifoleur
cabrioleur
cambrioleur
cajoleur
monopoleur
pétroleur
voleur
enjôleur
enrôleur
contrôleur
pleur
ampleur
parleur
hurleur
couleur
douleur
souffre-douleur
débagouleur
mouleur
émouleur
rémouleur
* rouleur
souleur
brûleur
Aussi malheur

meur

clameur
rameur
étameur
rétameur
semeur
limeur
rimeur
escrimeur
primeur
imprimeur
arrimeur
assommeur
charmeur
dormeur
endormeur
embaumeur
écumeur
fumeur
parfumeur
humeur
allumeur
rumeur
tumeur
Et aussi steamer

neur

chicaneur
ricaneur
faneur
glaneur
planeur
aplaneur
lamaneur

flâneur
meneur
promeneur
preneur
entrepreneur
* teneur
souteneur
veneur
gagneur
baigneur
aplaigneur
saigneur
peigneur
seigneur
* monseigneur
barguigneur
rogneur
grogneur
lorgneur
chaîneur
draineur
traîneur
entraîneur
dîneur
affineur
raffineur
patelineur
moulineur
* mineur
lamineur
contre-mineur
enlumineur
tambourineur
lésineur
patineur
satineur
baragouineur
damasquineur
bouquineur
devineur
tanneur
vanneur
rançonneur
donneur
badigeonneur
plafonneur
griffonneur
honneur
déshonneur
camionneur
approvisionneur
confectionneur
collectionneur
questionneur
jalonneur
étalonneur
graillonneur
carillonneur
sermonneur
harponneur
godronneur
goudronneur
sonneur
raisonneur
empoisonneur
tisonneur
moissonneur
tâtonneur
cartonneur
crayonneur

ramoneur
prôneur
berneur
gouverneur
sous-gouverneur
suborneur
corneur
flagorneur
tourneur
jeûneur
Aussi bonheur

cœur

cœur
accroche-cœur
contre-cœur
crève-cœur
[H.] Jacques-Cœur
sans-cœur
chœur

Voy. queur et aussi polkeur

sœur

sœur
belle-sœur

Voy. *seur* dur, ceur et boxeur

peur

peur
sapeur
vapeur
attrape-peur
chipeur
pipeur
estampeur
trompeur
frappeur
trappeur
torpeur
dupeur
coupeur
découpeur
soupeur
stupeur
stéréotypeur
daguerréotypeur

reur

pareur
accapareur
sabreur
cambreur
timbreur
marbreur
massacreur
encadreur
calendreur
empereur
acquéreur
coacquéreur
bâfreur
chiffreur
déchiffreur
gaufreur
aigreur
maigreur

dénigreur
éclaireur
flaireur
soupireur
tireur
franc-tireur
doreur
péroreur
erreur
ferreur
terreur
déterreur
horreur
fourreur
métreur
montreur
enregistreur
lustreur
cureur
écureur
procureur
pleureur
fureur
jureur
laboureur
coureur
discoureur
avant-coureur
goureur
mesureur
assureur
pressureur
pâtureur
peintureur
ouvreur
couvreur

seur

jaseur
phraseur
paraphraseur
peseur
empeseur
faiseur
contrefaiseur
biaiseur
occiseur
exorciseur
diseur
rediseur
confiseur
liseur
baliseur
moraliseur
dévaliseur
tamiseur
chamoiseur
croiseur
toiseur
pindariseur
charivariseur
briseur
septembriseur
herboriseur
allégoriseur
temporiseur
priseur
thésauriseur
dogmatiseur
magnétiseur

attiseur
aiguiseur
reviseur
diviseur
proviseur
valseur
propulseur
danseur
censeur
recenseur
encenseur
condenseur
défenseur
offenseur
penseur
suspenseur
extenseur
oseur
gloseur
poseur
entreposeur
imposeur
herseur
curseur
précurseur
casseur
fricasseur
chasseur
masseur
amasseur
ramasseur
finasseur
passeur
repasseur
brasseur
embrasseur
ressasseur
entasseur
vavasseur
rêvasseur
successeur
prédécesseur
intercesseur
fesseur
confesseur
professeur
dresseur
redresseur
agresseur
transgresseur
compresseur
oppresseur
tresseur
obsesseur
assesseur
possesseur
vesseur
abaisseur
connaisseur
épaisseur
dégraisseur
engraisseur
fourbisseur
ourdisseur
applaudisseur
régisseur
envahisseur
fléchisseur
blanchisseur
ensevelisseur
glisseur
avilisseur
démolisseur
polisseur
aplanisseur
vernisseur
fournisseur
punisseur
brunisseur
pisseur
enchérisseur
surenchérisseur
guérisseur
équarrisseur
nourrisseur
pétrisseur
tisseur
bâtisseur
catisseur
décatisseur
aplatisseur
rôtisseur
sertisseur
avertisseur
convertisseur
abrutisseur
fouisseur
enfouisseur
ravisseur
asservisseur
écosseur
endosseur
brosseur
crosseur
grosseur
gausseur
fidéjusseur
cofidéjusseur
rousseur
détrousseur
tousseur
causeur
abuseur
amuseur
épouseur

Avec les mots en italique, *seur* dur, *voy.* ceur, boxeur, sœur et belle-sœur; avec les autres, *voy.* zeur.

teur

réprobateur
improbateur
approbateur
désapprobateur
perturbateur
sécateur
prédicateur
indicateur
adjudicateur
pacificateur
édificateur
qualificateur
amplificateur
scarificateur
sacrificateur
vérificateur
purificateur
falsificateur
versificateur
classificateur
sanctificateur
certificateur
justificateur
mystificateur
multiplicateur
explicateur
fornicateur
communicateur
prévaricateur
fabricateur
provocateur
éducateur
stucateur
déprédateur
intimidateur
dilapidateur
liquidateur
fondateur
accommodateur
retardateur
créateur
propagateur
négateur
irrigateur
investigateur
instigateur
navigateur
divulgateur
interrogateur
objurgateur
triomphateur
dépréciateur
appréciateur
renonciateur
dénonciateur
négociateur
gladiateur
médiateur
amodiateur
conciliateur
réconciliateur
spoliateur
calomniateur
expiateur
initiateur
propitiateur
abréviateur
nomenclateur
frelateur
délateur
congélateur
révélateur
zélateur
filateur
assimilateur
compilateur
ventilateur
mutilateur
interpellateur
distillateur
collateur
violateur
interpolateur
désolateur
isolateur
consolateur
contemplateur
législateur
confabulateur
spéculateur
gesticulateur
calculateur
inoculateur
adulateur
modulateur
régulateur
émulateur
dissimulateur
accumulateur
manipulateur
amateur
diffamateur
acclamateur
déclamateur
réclamateur
proclamateur
blasphémateur
décimateur
estimateur
consommateur
armateur
formateur
réformateur
conformateur
profanateur
sénateur
accompagnateur
consignateur
vaccinateur
buccinateur
fascinateur
machinateur
examinateur
dominateur
nominateur
dénominateur
exterminateur
illuminateur
dessinateur
divinateur
abandonnateur
ordonnateur
donateur
émancipateur
dissipateur
extirpation
usurpateur
réparateur
préparateur
consécrateur
libérateur
pondérateur
modérateur
exagérateur
numérateur
énumérateur
générateur
régénérateur
rémunérateur
opérateur
coopérateur
littérateur
admirateur
aspirateur
inspirateur
conspirateur
expirateur
orateur
collaborateur
décorateur
adorateur
perforateur
explorateur
narrateur
administrateur
démonstrateur
frustrateur
restaurateur
curateur
procurateur
conjurateur
murmurateur
obturateur
vocalisateur
généralisateur
minéralisateur
moralisateur
démoralisateur
centralisateur
décentralisateur
insensibilisateur
civilisateur
organisateur
réorganisateur
colonisateur
vulgarisateur
pulvérisateur
herborisateur
vaporisateur
temporisateur
improvisateur
condensateur
compensateur
dispensateur
prosateur
glossateur
accusateur
dilatateur
spectateur
sectateur
dictateur
interprétateur
citateur
récitateur
incitateur
excitateur
agitateur
prestidigitateur
imitateur
supplantateur
augmentateur
expérimentateur
commentateur
fomentateur
argumentateur
tentateur
annotateur
rotateur
captateur

dissertateur
importateur
exportateur
dévastateur
testateur
dégustateur
commutateur
scrutateur
continuateur
[G.] * Equateur
dépravateur
élévateur
cultivateur
novateur
rénovateur
innovateur
observateur
préservateur
conservateur
taxateur
vexateur
tâteur
acteur
rédacteur
facteur
contrefacteur
caléfacteur
torréfacteur
réfracteur
infracteur
détracteur
exacteur
injecteur
lecteur
électeur
réflecteur
collecteur
inspecteur
recteur
vice-recteur
directeur
sous-directeur
correcteur
secteur
prosecteur
bissecteur
protecteur
vecteur
contradicteur
licteur
constricteur
docteur
traducteur
abducteur
adducteur
séducteur
conducteur
producteur
reproducteur
introducteur
destructeur
instructeur
constructeur
acheteur
crocheteur
soucheteur
bonneteur
fureteur
caqueteur
banqueteur
marqueteur
parqueteur
sauveteur
rhéteur
péteur
secréteur
excréteur
fréteur
affréteur
propréteur
prêteur
apprêteur
quêteur
enquêteur
malfaiteur
bienfaiteur
traiteur
débiteur
codébiteur
exhibiteur
solliciteur
éditeur
expéditeur
créditeur
provéditeur
auditeur
moniteur
exploiteur
moiteur
appariteur
lithotriteur
inquisiteur
visiteur
compositeur
transpositeur
répétiteur
compétiteur
partiteur
serviteur
velteur
pisciculteur
apiculteur
agriculteur
arboriculteur
viticulteur
horticulteur
aquiculteur
aviculteur
insulteur
consulteur
décanteur
brocanteur
chanteur
enchanteur
désenchanteur
planteur
pesanteur
puanteur
argenteur
lenteur
menteur
complimenteur
arpenteur
senteur
détenteur
codétenteur
inventeur
pointeur
conteur
raconteur
monteur
affronteur
emprunteur
caboteur
jaboteur
raboteur
riboteur
barboteur
fricoteur
tricoteur
radoteur
fagoteur
ergoteur
bachoteur
chuchoteur
agioteur
rioteur
comploteur
moteur
escamoteur
locomoteur
promoteur
électromoteur
automoteur
noteur
accepteur
précepteur
percepteur
transcripteur
proscripteur
souscripteur
sculpteur
rédempteur
contempteur
compteur
escompteur
dompteur
interrupteur
corrupteur
déserteur
porteur
colporteur
rapporteur
pasteur
digesteur
lesteur
délesteur
questeur
pisteur
imposteur
composteur
ajusteur
batteur
abatteur
rabatteur
flatteur
gratteur
metteur
entremetteur
prometteur
bretteur
guetteur
fouetteur
brouetteur
hotteur
flotteur
marmotteur
carotteur
décrotteur
frotteur
trotteur
lutteur
auteur
fauteur
hauteur
sauteur
distributeur
persécuteur
exécuteur
interlocuteur
affûteur
coadjuteur
flûteur
rebouteur
écouteur
douteur
jouteur
disputeur
recruteur
tuteur
subrogé-tuteur
instituteur
cotuteur
protuteur

gueur

blagueur
élagueur
dragueur
ligueur
rigueur
brigueur
vigueur
écangueur
langueur
harangueur
zingueur
longueur
épilogueur
drogueur

ueur

lueur
éternueur
boueur
amadoueur
joueur
loueur
floueur
renoueur
rabroueur
toueur

Aussi de rueur à tueur

queur

caqueur
encaqueur
claqueur
plaqueur
craqueur
traqueur
disséqueur
trafiqueur
liqueur
pèse-liqueur
chroniqueur
piqueur
tiqueur
critiqueur
pronostiqueur
vainqueur
trinqueur
moqueur
croqueur
escroqueur
troqueur
marqueur
remorqueur
extorqueur

Voy. cœur et ses composés, plus chœur et polkeur

ueur

rueur
sueur
tueur

Aussi de lueur à toueur

veur

encaveur
* faveur
défaveur
laveur
paveur
graveur
saveur
receveur
releveur
éleveur
rêveur
enjoliveur
viveur
ferveur
sauveur
buveur
trouveur

xeur

boxeur

Voy. ceur, *seur* dur, sœur et belle-sœur

yeur

bayeur
layeur
balayeur
relayeur
monnayeur
payeur
frayeur
rentrayeur
essayeur
mareyeur
grasseyeur
langueyeur
aboyeur
giboyeur

larmoyeur
broyeur
hongroyeur
charroyeur
guerroyeur
corroyeur
fossoyeur
convoyeur
pourvoyeur

Voy. ieur.

ur

Arthur
mur
mûr
[*G.*] Namur
contre mur
fémur
[*I.*] Réaumur
[*G.*] Saumur

Aussi de Tibur à dur et de pur à azur

our

giaour
labour
calambour
topinambour
rambour
tambour
calembour
* cour
arrière-cour
basse-cour
avant-cour
[*G.*] Adour
troubadour
cavalcadour
[*H.*] Pompadour
pandour
tandour
four
carrefour
chaufour
jour
à jour
belle-de-jour
contre-jour
séjour
demi-jour
bonjour
belle d'un jour
abat-jour
amour
humour
pour
* tour
atour
retour
détour
demi-tour
entour
alentour
contour
pourtour
* autour
vautour

Par licence *voy.* aussi ourg

ur

pur
impur
sur
sûr
déléatur
exéquatur
futur
paulo-post-futur
azur

Aussi de Tibur à dur et de Arthur à Saumur

cyr

[*G.*] Saint-Cyr

Voy. cir, sir dur et élixir

phyr

zéphyr

Aussi bouffir et saphir

tyr

[*G.*] Tyr
martyr

Voy. tir

S

as

as
bas
abas
[*L.*] Carabas
[*B.*] Barabbas
branle-bas
en contre-bas
Pays-Bas
cas
fracas
tracas
en-cas
en-tout-cas
choucas
[*M.*] Lycas
[*H.*] Midas
[*H.*] Léonidas
vindas
[*H.*]Epaminondas
Judas
pancréas
gingas
chas
[*M.*] Calchas
[*H.*] Bias
Mathias
xiphias
[*M.*] Pélias
asclépias
trias
galimatias
jas
[*I.*] Cujas
las!
échalas
Gil-Blas
cancrelas
chasselas
matelas
coutelas
cervelas
hélas
[*M.*] Ménélas
glas
verglas
lilas
[*M.*] Pallas
Nicolas
Stanislas
[*M.*] Atlas
Babylas
mas
amas
[*G.*] * Damas
ramas
frimas
Thomas
Christmas
[*L.*] *A. Dumas*
ananas
cadenas
jaconas
[B.] Jonas
pas
papas
lépas
repas
entrepas
trépas
lampas
Pampas
compas
appas
upas
ras
haras
bras
fier-à-bras
arrière-bras
avant-bras
hypocras
[*G.*] Madras
balandras
sassafras
gras
dégras
[*G.*] Arras
débarras
embarras
fatras
matras
patatras
plâtras
tétras
[*G.*] Carpentras
stras
sas
ambesas
Assas
tas
taffetas
galetas
vasistas
canevas
[*G.*] *Privas*
howas
abraxas
alcarazas

Avec les mots en italique dont s est insonore, *voy.* acs; avec les autres, *voy.*ass et,par licence gaz; tous les as d'ailleurs peuvent rimer ensemble(1)

oubs

[*G.*] Doubs

Voy. ous, oux et pouls

acs

lacs
entrelacs

ecs

échecs

ieds

chauffe-pieds
mille-pieds
pousse-pieds
va-nu-pieds

Voy. ès insonore, ets, ez et plur. de èd, et (1)

oids

poids
contrepoids

Voy. ois et oix

ends

défends

Voy. ans, encens (1)

onds

fonds
[*G.*] Pierrefonds
tréfonds
bien-fonds

Voy. ons. onts

ods

lods

Aussi tarots(1)

ords

remords

Voy. ors, orts orps (1)

es

es

Voy. ès, ess. aussi facies, flores, et Metz

èbes

(1) [*G.*] Thèbes

ïbes

(1) [*G.*] Caraïbes

ombes

catacombes
(1) lombes

arbes

(1) [*G.*] Tarbes

èces

(1) fèces

ices

délices
prémices
comices
sévices

Aussi jectisses et Cent-Suisses (1)

ances

doléances
(1) faisances

orces

(1) forces

des

des

ades

[*M.*] Oréades
pléiades
dragonnades
tardigrades
digitigrades
plantigrades
hyades
(1) [*M.*] Dryades

ides

ides
Eacides
aranéides
héraclides
annélides
arachnides
hémorroïdes
[*M.*] Piérides
éphémérides
homérides
[*M.*] Hespérides

1. *Voy. remarque des mots pluriels à l'avertissement.* Ex. : avec as, pluriel de a, ad, at.

présides
(1) anatides

endes
(1) calendes

indes
(1) blindes

ondes
(1) émondes

odes
(1) décapodes

ardes
(1) hardes

ourdes
(1) [G.] Lourdes

audes
(1) laudes

bées
Macchabées

cées
joncacées
fucacées
[H.] Eacées
nymphéacées
oléacées
acanthacées
térébinthacées
euphorbiacées
rubiacées
galiacées
liliacées
tiliacées
géraniacées
fumariacées
renonculacées
primulacées
campanulacées
convolvulacées
verbénacées
acéracées
cypéracées
papavéracées
chicoracées
rosacées
cucurbitacées
amarantacées
amentacées
myrtacées
rutacées
malvacées
urticées
Aussi narcissées (1)

dées
orchidées
ampélidées
amaryllidées
aroïdées
iridées
(1) chénopodées

kées
Yankées

Voy. is

lées
amygdalées
cariophyllées
(1) propylées

nées
pandanées
valérianées
gentianées
miscellanées
solanées
panathénées
[G.] Pyrénées
éricinées
hirudinées
oléinées
asparaginées
borraginées
graminées
balsaminées
jasminées
acérinées
laurinées
fraxinées
dicotylédonées
(1)

rées
synanthérées
(1) [H.] d'Estrées

sées
(1) brisées

ssées
narcissées

(1) Voy. cées

sées
Champs-Élysées
(1)

tées
(1) cactées

ages
ambages
(1) arrérages

oges
[G]. Limoges
Aussi Vosges (1)

orges
(1) Georges

ourges
(1) [G.] Bourges

osges
[G.] Vosges
Aussi Limoges (1)

uges
(1) [G.] Bruges

oches
vide-poches
contre-approches
fantoches
(1)

ouches
gobe-mouches
(1) chasse-mouches

èphes
(1) acalèphes

elphes
(1) [G.] Delphes

arrhes
(1) arrhes

athes
[G.] Karpates
(1) [H.] Parthes

cies
facies

Voy. ès, ess, aussi *es*, flores et Metz (1)

chies
pétéchies
(1) branchies

plies
(1) complies

nies
litanies
nénies
(1) gémonies

ries
[G.] Canaries
pierreries
sotéries
armoiries
thesmophories
(1) [G.] Les Asturies

ties
(1) repenties

les
les

ales
lupercales
mygales
annales
saturnales
François de Sales
(1) compitales

icles
(1) besicles

îles
îles
reptiles
Aussi Thermopyles (1)

elles
pénitentielles
jumelles
[G.] Dardanelles
mesdemoiselles
écrouelles
novelles
(1) [G.] Bruxelles

ailles
fiançailles
accordailles
[H.] de Noailles
funérailles
morailles
entrailles
[G]. Versailles
broussailles
épousailles
(1) relevailles

illes
[G.] Faucilles
ramilles
armilles
effrondrilles
(1) [G.] Antilles

ouilles
nouilles
(1) pouilles

olles
Marolles
(1) furolles

aples
(1) [G.] Naples

arles
[G]. Arles
(1) Charles

eules
(1) gueules

ules
scrofules
(1) Jules

yles
[H.] Thermopyles

Aussi îles et reptiles (1)

mes
mes

âmes
syllabâmes-
imbibâmes
inhibâmes-
prohibâmes
exhibâmes-
enjambâmes-
flambâmes
regimbâmes
bombâmes-
succombâmes
incombâmes-
plombâmes-
déplombâmes-
surplombâmes-
tombâmes-
retombâmes-
gobâmes-
cohobâmes-
englobâmes-
dérobâmes-
ébarbâmes-
gerbâmes-
engerbâmes-
herbâmes-
éherbâmes-
enherbâmes-
desherbâmes-
absorbâmes-
résorbâmes-
débourbâmes-
embourbâmes-
désembourbâmes-
courbâmes-
recourbâmes-
fourbâmes-
daubâmes-
cubâmes-
adoubâmes-
radoubâmes-
tubâmes-
titubâmes-
Aussi âmes (1)

çâmes
effaçâmes-
agaçâmes-
laçâmes-
entrelaçâmes-
délaçâmes-
glaçâmes-
enlaçâmes-
plaçâmes-
replaçâmes-
déplaçâmes-
remplaçâmes-
grimaçâmes-
menaçâmes-
espaçâmes-
traçâmes-
retraçâmes-
dépeçâmes-
rapiéçâmes-
dépiéçâmes-
poliçâmes-
épiçâmes-
manigançâmes-
fiançâmes-
lançâmes-
balançâmes-
contre-balançâmes-
relançâmes-
nous élançâmes-
forlançâmes-
décontenançâmes-
finançâmes-
ordonnançâmes-
garançâmes-
tançâmes-

1. *Voy. remarque des mots pluriels à l'avertissement.*

distançâmes-
quittançâmes-
nuançâmes-
avançâmes-
devançâmes-
cadençâmes-
agençâmes-
ensemençâmes-
réensemençâmes-
commençâmes-
recommençâmes-
influençâmes-
éminçâmes-
coinçâmes-
pinçâmes-
rinçâmes-
grinçâmes-
évinçâmes-
fonçâmes-
défonçâmes-
enfonçâmes-
renfonçâmes-
engonçâmes-
semonçâmes-
renonçâmes-
énonçâmes-
dénonçâmes-
annonçâmes-
prononçâmes-
ponçâmes-
fronçâmes-
défronçâmes-
berçâmes-
gerçâmes-
tierçâmes-
commerçâmes-
perçâmes-
reperçâmes-
n. entre-perçâmes-
transperçâmes-
terçâmes-
reterçâmes-
exerçâmes-
écorçâmes-
forçâmes-
n. efforçâmes-
renforçâmes-
amorçâmes-
divorçâmes-
acquiesçâmes-
immisçâmes-
sauçâmes-
exauçâmes-
courrouçâmes-
épuçâmes-
suçâmes-

Voy. sâmes précédé d'une consonne, et xâmes; aussi âmes (1)

dâmes

gambadâmes-
barricadâmes-
débarricadâmes-
estocadâmes-
embrigadâmes-
escaladâmes-
estafiladâmes-
tailladâmes-
pommadâmes-
nous panadâmes-
estrapadâmes-
radâmes-
paradâmes-
déradâmes-
dégradâmes-
rétrogradâmes-
palissadâmes-
persuadâmes-
dépersuadâmes-
dissuadâmes-
nous évadâmes-
cédâmes-
abcédâmes-
accédâmes-
succédâmes-
recédâmes-
décédâmes-
prédécédâmes-
précédâmes-
concédâmes-
procédâmes-
rétrocédâmes-
intercédâmes-
excédâmes-
exhérédâmes-
obsédâmes-
possédâmes-
dépossédâmes-
aidâmes-
plaidâmes-
nous entr'aidâmes-
décidâmes-
homicidâmes-
n. suicidâmes-
coïncidâmes-
élucidâmes-
validâmes-
revalidâmes-
invalidâmes-
élidâmes-
consolidâmes-
reconsolidâmes-
pyramidâmes-
intimidâmes-
lapidâmes-
dilapidâmes-
ridâmes-
bridâmes-
rebridâmes-
débridâmes-
déridâmes-
résidâmes-
présidâmes-
cuidâmes-
guidâmes-
liquidâmes-
vidâmes-
dévidâmes-
survidâmes-
soldâmes-
bandâme s
rebandâme s
débandâmes
scandâmes-
brigandâmes-
n. dégingandâmes-
marchandâmes-
affriandâmes-
viandâmes-
achalandâmes-
désachalandâmes-
brelandâmes-
hollandâmes-
enguirlandâmes-
mandâmes-
demandâmes-
redemandâmes-
contremandâmes-
quémandâmes-
réprimandâmes-
commandâmes-
recommandâmes-
décommandâmes-
gourmandâmes-
faisandâmes-
truandâmes-
appréhendâmes-
amendâmes-
ramendâmes-
sous-amendâmes-
émendâmes-
vilipendâmes-
scindâmes-
rescindâmes-
blindâmes-
guindâmes-
bondâmes-
abondâmes-
vagabondâmes-
surabondâmes-
débondâmes-
secondâmes-
fécondâmes-
fondâmes-
gondâmes-
mondâmes-
émondâmes-
inondâmes-
frondâmes-
grondâmes-
sondâmes-
inféodâmes-
godâmes-
démodâmes-
accommodâmes-
raccommodâmes-
incommodâmes-
brodâmes-
érodâmes-
corrodâmes-
rôdâmes-
bardâmes-
débardâmes-
bombardâmes-
escobardâmes-
jobardâmes-
cardâmes-
placardâmes-
recardâmes-
bocardâmes-
brocardâmes-
dardâmes-
fardâmes-
cafardâmes-
gardâmes-
regardâmes-
n. entre-regardâmes-
sauvegardâmes-
hardâmes-
mouchardâmes-
liardâmes-
lardâmes-
entrelardâmes-
billardâmes-
canardâmes-
renardâmes-
goguenardâmes-
cagnardâmes-
n. acagnardâmes-
mignardâmes-
poignardâmes-
hasardâmes-
nasardâmes-
musardâmes-
tardâmes-
retardâmes-
pétardâmes-
attardâmes-
bavardâmes-
nous lézardâmes-
bordâmes-
abordâmes-
rebordâmes-
débordâmes-
transbordâmes-
cordâmes-
accordâmes-
raccordâmes-
nous entr'accordâmes-
désaccordâmes-
recordâmes-
décordâmes-
concordâmes-
discordâmes-
hourdâmes-
mesdames
clabaudâmes-
badaudâmes-
échafaudâmes-
nigaudâmes-
trigaudâmes-
échaudâmes-
baguenaudâmes-
minaudâmes-
maraudâmes-
taraudâmes-
fraudâmes-
levraudâmes-
bretaudâmes-
courtaudâmes-
ravaudâmes-
marivaudâmes-
galvaudâmes-
éludâmes-
préludâmes-
dénudâmes-
boudâmes-
coudâmes-
nous accoudâmes-
soudâmes-
dessoudâmes-
ressoudâmes-
transsudâmes-
exsudâmes-
oxydâmes-
suroxydâmes-
désoxydâmes-
Aussi âmes (1)

eâmes

acageâmes-
saccageâmes-
encageâmes-
gageâmes-
dégageâmes-
engageâmes-
r(é)engageâmes-
verbiageâmes-
treillageâmes-
grillageâmes-
soulageâmes-
ramageâmes-
imageâmes-
dédommageâmes-
endommageâmes-
hommageâmes-
nageâmes-
apanageâmes-
ménageâmes-
aménageâmes-
déménageâmes-
emménageâmes-
surnageâmes-
propageâmes-
rageâmes-
ombrageâmes-
arrérageâmes-
naufrageâmes-
enrageâmes-
fourrageâmes-
affour(r)ageâmes-
outrageâmes-
décourageâmes-
encourageâmes-
ouvrageâmes-
présageâmes-
dévisageâmes-
envisageâmes-
passageâmes-
étageâmes-
avantageâmes-
désavantageâmes-
partageâmes-
repartageâmes-
départageâmes-
copartageâmes-
quartageâmes-
ravageâmes-
voyageâmes-
siégeâmes-
assiégeâmes-

1. *Voy. remarque des mots pluriels à l'avertissement.*

allégeâmes-
arpégeâmes-
abrégeâmes-
agrégeâmes-
désagrégeâmes-
protégeâmes-
rédigeâmes-
figeâmes-
obligeâmes-
nous entr'obligeâmes-
désobligeâmes-
affligeâmes-
infligeâmes-
négligeâmes-
colligeâmes-
fumigeâmes-
érigeâmes-
dirigeâmes-
corrigeâmes-
recorrigeâmes-
transigeâmes-
mitigeâmes-
voltigeâmes-
fustigeâmes-
exigeâmes-
vendangeâmes-
changeâmes-
rechangeâmes-
échangeâmes-
mélangeâmes-
mangeâmes-
remangeâmes-
n. entre-mangeâmes-
démangeâmes-
rangeâmes-
dérangeâmes-
frangeâmes-
engrangeâmes-
arrangeâmes-
essangeâmes-
louangeâmes-
vengeâmes-
singeâmes-
longeâmes-
allongeâmes-
rallongeâmes-
prolongeâmes-
plongeâmes-
replongeâmes-
forlongeâmes-
épongeâmes-
rongeâmes-
songeâmes-
logeâmes-
délogeâmes-
abrogeâmes-
subrogeâmes-
dérogeâmes-
prorogeâmes-
nous arrogeâmes-
interrogeâmes-
chargeâmes-
rechargeâmes-
déchargeâmes-
surchargeâmes-
margeâmes-
émargeâmes-

hébergeâmes-
nous gobergeâmes-
submergeâmes-
émergeâmes-
immergeâmes-
aspergeâmes-
détergeâmes-
abstergeâmes-
vergeâmes-
divergeâmes-
envergeâmes-
convergeâmes-
forgeâmes-
reforgeâmes-
gorgeâmes-
regorgeâmes-
égorgeâmes-
dégorgeâmes-
n. entr'égorgeâmes
engorgeâmes-
nous rengorgeâmes-
désengorgeâmes-
purgeâmes-
expurgeâmes-
nous insurgeâmes-
jaugeâmes-
pataugeâmes-
jugeâmes-
subjugeâmes-
adjugeâmes-
nous déjugeâmes-
méjugeâmes-
préjugeâmes-
bougeâmes-
grugeâmes-
égrugeâmes-
Aussi âmes (1)

éâmes

suppléâmes-
réâmes-
créâmes-
recréâmes-
récréâmes-
procréâmes-
gréâmes-
agréâmes-
ragréâmes-
désagréâmes-
dégréâmes-
maugréâmes-
guéâmes-

Aussi âmes; *voy.* aussi iâmes et uâmes non précédé de g ou de q (1)

fâmes

parafâmes-
agrafâmes-
ragrafâmes-
dégrafâmes-
gaffâmes-
piaffâmes-
fieffâmes-
greffâmes-
biffâmes-
nous rebiffâmes-
coiffâmes-
recoiffâmes-
décoiffâmes-
griffâmes-
nous agriffâmes-
ébouriffâmes-
suiffâmes-
étoffâmes-
chauffâmes-
échauffâmes-
réchauffâmes-
surchauffâmes-
bouffâmes-
pouffâmes-
étouffâmes-
truffâmes-
tarifâmes-
attifâmes-
lofâmes-

Voy. phâmes; aussi âmes et infâmes (1)

châmes

cachâmes-
écachâmes-
hachâmes-
contre-hachâmes-
panachâmes-
empanachâmes-
harnachâmes-
déharnachâmes-
enharnachâmes-
crachâmes-
recrachâmes-
arrachâmes-
amourachâmes-
ensachâmes-
tachâmes-
détachâmes-
entachâmes-
attachâmes-
rattachâmes-
soutachâmes-
cravachâmes-
bâchâmes-
rabâchâmes-
fâchâmes-
défâchâmes-
gâchâmes-
lâchâmes-
relâchâmes-
mâchâmes-
remâchâmes-
tâchâmes-
léchâmes-
alléchâmes-
nous pourléchâmes-
méchâmes-
péchâmes-
repéchâmes-
ébréchâmes-
séchâmes-
asséchâmes-

desséchâmes-
bêchâmes-
pêchâmes-
dépêchâmes-
empêchâmes-
prêchâmes-
fichâmes-
affichâmes-
clichâmes-
nichâmes-
dénichâmes-
pleurnichâmes-
défrichâmes-
trichâmes-
entichâmes-
nous débanchâmes-
démanchâmes-
n. endimanchâmes-
emmanchâmes-
remmanchâmes-
désemmanchâmes-
épanchâmes-
branchâmes-
ébranchâmes-
embranchâmes-
tranchâmes-
retranchâmes-
étanchâmes-
revanchâmes-
penchâmes-
jonchâmes-
bronchâmes-
décochâmes-
ricochâmes-
encochâmes-
hochâmes-
piochâmes-
clochâmes-
effilochâmes-
guillochâmes-
pignochâmes-
pochâmes-
dépochâmes-
empochâmes-
rempochâmes-
brochâmes-
débrochâmes-
embrochâmes-
accrochâmes-
raccrochâmes-
décrochâmes-
reprochâmes-
approchâmes-
rapprochâmes-
bavochâmes-
marchâmes-
cherchâmes-
recherchâmes-
perchâmes-
écorchâmes-
torchâmes-
fourchâmes-
affourchâmes-
désaffourchâmes-
enfourchâmes-
ébauchâmes-
débauchâmes-

embauchâmes-
fauchâmes-
refauchâmes-
chevauchâmes-
bûchâmes-
débûchâmes-
trébûchâmes-
nous rembuchâmes-
n. embuchâmes-
huchâmes-
juchâmes-
déjuchâmes-
peluchâmes-
épluchâmes-
bouchâmes-
abouchâmes-
rebouchâmes-
débouchâmes-
embouchâmes-
couchâmes-
accouchâmes-
recouchâmes-
découchâmes-
douchâmes-
louchâmes-
mouchâmes-
remouchâmes-
émouchâmes-
escarmouchâmes-
effarouchâmes-
touchâmes-
retouchâmes-
ruchâmes-
Aussi âmes (1)

phâmes

paraphâmes-
triomphâmes-
apostrophâmes-
philosophâmes-

Voy. fâmes, aussi âmes et infâmes (1)

rhâmes

arrhâmes-

Voy. râmes (1)

iâmes

graciâmes-
disgraciâmes-
dépréciâmes
appréciâmes-
préjudiciâmes-
bénéficiâmes-
officiâmes-
suppliciâmes-
justiciâmes-
viciâmes-
circonstanciâmes-
licenciâmes-
quintessenciâmes-
négociâmes-
associâmes-
désassociâmes-
remerciâmes-
sciâmes-

1. *Voy. remarque des mots pluriels à l'avertissement.*

nous souciâmes-
radiâmes-
irradiâmes-
dédiâmes-
congédiâmes-
remédiâmes-
intermédiâmes-
expédiâmes-
réexpédiâmes-
incendiâmes-
mendiâmes-
stipendiâmes-
amodiâmes-
psalmodiâmes-
parodiâmes-
répudiâmes-
étudiâmes-
planchéiâmes-
nous fiâmes-
rubéfiâmes-
défiâmes-
madéfiâmes-
nous méfiâmes-
tuméfiâmes-
stupéfiâmes-
raréfiâmes-
torréfiâmes-
putréfiâmes-
liquéfiâmes-
barbifiâmes-
pacifiâmes-
spécifiâmes-
dulcifiâmes-
crucifiâmes-
édifiâmes-
reédifiâmes-
acidifiâmes-
solidifiâmes-
lapidifiâmes-
mondifiâmes-
codifiâmes-
modifiâmes-
déifiâmes-
gazéifiâmes-
palifiâmes-
salifiâmes-
qualifiâmes-
disqualifiâmes-
mollifiâmes-
amplifiâmes-
simplifiâmes-
ramifiâmes-
momifiâmes-
panifiâmes-
lénifiâmes-
magnifiâmes-
nous lignifiâmes-
signifiâmes-
personnifiâmes-
bonifiâmes-
saponifiâmes-
nous carnifiâmes-
unifiâmes-
scarifiâmes-
saccharifiâmes-
clarifiâmes-
lubrifiâmes-

sacrifiâmes-
vérifiâmes-
scorifiâmes-
glorifiâmes-
corporifiâmes-
terrifiâmes-
pétrifiâmes-
vitrifiâmes-
purifiâmes-
falsifiâmes-
versifiâmes-
diversifiâmes-
classifiâmes-
ossifiâmes-
béatifiâmes-
ratifiâmes-
gratifiâmes-
stratifiâmes-
rectifiâmes-
sanctifiâmes-
fructifiâmes-
acétifiâmes-
identifiâmes-
notifiâmes-
certifiâmes-
fortifiâmes-
mortifiâmes-
justifiâmes-
mystifiâmes-
vivifiâmes-
revivifiâmes-
solfiâmes-
confiâmes-
plagiâmes-
privilégiâmes-
élogiâmes-
nous réfugiâmes-
télégraphiâmes-
calligraphiâmes-
lithographiâmes-
orthographiâmes-
sténographiâmes-
photographiâmes-
autographiâmes-
nous atrophiâmes-
hypertrophiâmes-
liâmes-
oubliâmes-
publiâmes-
republiâmes-
reliâmes-
déliâmes-
nous domiciliâmes-
conciliâmes-
réconciliâmes-
affiliâmes-
humiliâmes-
résiliâmes-
alliâmes-
palliâmes-
ralliâmes-
nous mésalliâmes-
enliâmes-
interfoliâmes-
exfoliâmes-
spoliâmes-
pliâmes-

repliâmes-
dépliâmes-
multipliâmes-
rempliâmes-
suppliâmes-
émiâmes-
niâmes-
maniâmes-
remaniâmes-
reniâmes-
déniâmes-
nous ingéniâmes-
calomniâmes-
communiâmes-
excommuniâmes-
épiâmes-
pépiâmes-
copiâmes-
recopiâmes-
estropiâmes-
expiâmes-
cariâmes-
vicariâmes-
salariâmes-
mariâmes-
remariâmes-
démariâmes-
pariâmes-
dépariâmes-
appariâmes-
rappariâmes-
désappariâmes-
contrariâmes-
variâmes-
avariâmes-
criâmes-
décriâmes-
nous récriâmes-
nous écriâmes-
excoriâmes-
piloriâmes-
coloriâmes-
armoriâmes-
inventoriâmes-
historiâmes-
priâmes-
dépriâmes-
appropriâmes-
désappropriâmes-
expropriâmes-
charriâmes-
triâmes-
rapatriâmes-
expatriâmes-
striâmes-
injuriâmes-
rassasiâmes-
apostasiâmes-
nous extasiâmes-
châtiâmes-
initiâmes-
transsubstantiâmes-
différentiâmes-
amnistiâmes-
déviâmes-
enviâmes-
renviâmes-

conviâmes-
asphyxiâmes-
Aussi âmes; *voy.* aussi éâmes et uâmes non précédé de g. ou de q. (1)

kâmes

polkâmes-
mazurkâmes-

Voy. quâmes; aussi âmes (1)

lâmes

cabalâmes-
brimbalâmes-
trimbalâmes-
calâmes-
écalâmes-
décalâmes-
intercalâmes-
pédalâmes-
affalâmes-
égalâmes-
régalâmes-
halâmes-
inhalâmes-
exhalâmes-
signalâmes-
empalâmes-
salâmes-
dessalâmes-
talâmes-
étalâmes-
détalâmes-
avalâmes-
ravalâmes-
chevalâmes-
dévalâmes-
halâmes-
déhalâmes-
râlâmes-
accablâmes-
chablâmes-
endiablâmes
jablâmes-
sablâmes-
ensablâmes-
désensablâmes-
tablâmes-
établâmes-
nous attablâmes-
câblâmes-
hâblâmes-
criblâmes-
amblâmes-
tremblâmes-
semblâmes-
assemblâmes-
rassemblâmes-
désassemblâmes-
ressemblâmes-
comblâmes-
meublâmes-

remeublâmes-
démeublâmes-
affublâmes-
doublâmes-
redoublâmes-
dédoublâmes-
rendoublâmes-
troublâmes-
raclâmes-
bâclâmes-
débâclâmes-
renâclâmes-
sarclâmes-
cerclâmes-
recerclâmes-
décerclâmes-
bouclâmes-
débouclâmes-
puddlâmes-
gabelâmes-
celâmes-
décelâmes-
ficelâmes-
déficelâmes-
chancelâmes-
étincelâmes-
amoncelâmes-
harcelâmes-
morcelâmes-
ensorcelâmes-
désensorcelâmes-
modelâmes-
cordelâmes-
gelâmes-
regelâmes-
dégelâmes-
congelâmes-
dessemelâmes-
ressemelâmes-
pommelâmes-
grommelâmes-
grumelâmes-
n. engrumelâmes-
grenelâmes-
crénelâmes-
agnelâmes-
annelâmes-
cannelâmes-
tonnelâmes-
pelâmes-
chapelâmes-
épelâmes-
appelâmes-
réappelâmes-
rappelâmes-
nous entr'appelâmes-
carrelâmes-
recarrelâmes-
décarrelâmes-
bourrelâmes-
ciselâmes-
oiselâmes-
brise-lames
ruisselâmes-
bosselâmes-
muselâmes-
démuselâmes-

1. *Voy. remarque des mots pluriels à l'avertissement.*

batelâmes-
râtelâmes-
dételâmes-
enchantelâmes-
démantelâmes-
rantelâmes-
dentelâmes-
écartelâmes-
martelâmes-
nous encastelâmes-
attelâmes-
réattelâmes-
brettelâmes-
bottelâmes-
javelâmes-
enjavelâmes-
tavelâmes-
déchevelâmes-
nivelâmes-
grivelâmes-
cuvelâmes-
renouvelâmes-
recélâmes-
hélâmes-
révélâmes-
bêlâmes-
fêlâmes-
mêlâmes-
remêlâmes-
nous entremêlâmes-
démêlâmes-
emmêlâmes-
engrêlâmes-
vêlâmes-
raflâmes-
éraflâmes-
sifflâmes-
soufflâmes-
essoufflâmes-
insufflâmes-
giflâmes-
reniflâmes-
écorniflâmes-
riflâmes-
persiflâmes-
enflâmes-
renflâmes-
désenflâmes-
gonflâmes-
regonflâmes-
dégonflâmes-
ronflâmes-
marouflâmes-
boursouflâmes-
emmitouflâmes-
réglâmes-
déréglâmes-
biglâmes-
étranglâmes-
sanglâmes-
dessanglâmes-
cinglâmes-
épinglâmes-
tringlâmes-
jonglâmes-
beuglâmes-
meuglâmes-

aveuglâmes-
désaveuglâmes-
jubilâmes-
filâmes-
défilâmes-
tréfilâmes-
affilâmes-
effilâmes-
enfilâmes-
renfilâmes-
désenfilâmes-
profilâmes-
parfilâmes-
faufilâmes-
éfaufilâmes-
annihilâmes-
assimilâmes-
nous étoilâmes-
entoilâmes-
rentoilâmes-
voilâmes-
dévoilâmes-
nous envoilâmes-
pilâmes-
épilâmes-
dépilâmes-
horripilâmes-
empilâmes-
compilâmes-
opilâmes-
désopilâmes-
ensilâmes-
ventilâmes-
mutilâmes-
huilâmes-
exilâmes-
allâmes-
ballâmes-
déballâmes-
emballâmes-
remballâmes-
désemballâmes-
dallâmes-
tallâmes-
installâmes-
réinstallâmes-
nous rebellâmes-
libellâmes-
parcellâmes-
scellâmes-
descellâmes-
contre-scellâmes-
excellâmes-
préexcellâmes-
flagellâmes-
emmiellâmes-
nieillâmes-
vieillâmes-
interpellâmes-
coupellâmes-
querellâmes-
n. entre-querellâmes-
sellâmes-
dessellâmes-
ruellâmes-
baillâmes-
bâillâmes-

n. entre-baillâmes-
caillâmes-
écaillâmes-
médaillâmes-
marchandaillâmes-
godaillâmes-
intrigaillâmes-
piaillâmes-
criaillâmes-
maillâmes-
chamaillâmes-
émaillâmes-
rimaillâmes-
remmaillâmes-
encanaillâmes-
grenaillâmes-
tenaillâmes-
sonnaillâmes-
tournaillâmes-
quoaillâmes-
paillâmes-
dépaillâmes-
empaillâmes-
rempaillâmes-
raillâmes-
braillâmes-
nous débraillâmes
éraillâmes-
déraillâmes-
graillâmes-
tiraillâmes-
ferraillâmes-
hourraillâmes-
mitraillâmes-
cisaillâmes-
grisaillâmes-
gueusaillâmes-
taillâmes-
bataillâmes-
retaillâmes-
n. entre-taillâmes-
détaillâmes-
répétaillâmes-
brétaillâmes-
avitaillâmes-
ravitaillâmes-
entaillâmes-
enfutaillâmes-
disputaillâmes-
fouaillâmes-
gouaillâmes-
jouaillâmes-
travaillâmes-
retravaillâmes-
écrivaillâmes-
babillâmes-
habillâmes-
rhabillâmes-
déshabillâmes-
gambillâmes-
dégobillâmes-
cillâmes-
vacillâmes-
sourcillâmes-
oscillâmes-
brandillâmes-
nous fendillâmes-

pendillâmes-
godillâmes-
mordillâmes-
herbeillâmes-
ensoleillâmes-
sommeillâmes-
dépareillâmes-
appareillâmes-
rappareillâmes-
désappareillâmes-
conseillâmes-
déconseillâmes-
teillâmes-
veillâmes-
éveillâmes-
réveillâmes-
émerveillâmes-
surveillâmes-
fourmillâmes-
smillâmes-
échenillâmes-
cochenillâmes-
pillâmes-
grapillâmes-
estampillâmes-
éparpillâmes-
gaspillâmes-
houspillâmes-
roupillâmes-
toupillâmes-
étoupillâmes-
brillâmes-
grillâmes-
essorillâmes-
étrillâmes-
sillâmes-
nasillâmes-
brasillâmes-
brésillâmes-
grésillâmes-
nous égosillâmes-
boursillâmes-
dessillâmes-
roussillâmes-
fusillâmes-
bousillâmes-
pétillâmes-
frétillâmes-
vétillâmes-
titillâmes-
scintillâmes-
pointillâmes-
tortillâmes-
détortillâmes-
entortillâmes-
désentortillâmes-
embastillâmes-
encastillâmes-
distillâmes-
instillâmes-
apostillâmes-
émoustillâmes-
croustillâmes-
sautillâmes-
outillâmes-
feuillâmes-
défeuillâmes-

effeuillâmes-
aiguillâmes-
ouillâmes-
gribouillâmes-
barbouillâmes-
débarbouillâmes-
embarbouillâmes-
écarbouillâmes-
bredouillâmes-
débredouillâmes-
fouillâmes-
refouillâmes-
affouillâmes-
farfouillâmes-
gargouillâmes-
mouillâmes-
remouillâmes-
nous agenouillâmes-
pouillâmes-
épouillâmes-
dépouillâmes-
rouillâmes-
brouillâmes-
débrouillâmes-
embrouillâmes-
dérouillâmes-
grouillâmes-
enrouillâmes-
verrouillâmes-
déverrouillâmes-
patrouillâmes-
souillâmes-
chatouillâmes-
gazouillâmes-
quillâmes-
maquillâmes-
béquillâmes-
coquillâmes-
recoquillâmes-
écarquillâmes-
chevillâmes-
recroquevillâmes-
collâmes-
recollâmes-
décollâmes-
encollâmes-
équipollâmes-
grisollâmes-
branlâmes-
ébranlâmes-
carambolâmes-
racolâmes-
caracolâmes-
accolâmes-
récolâmes-
bricolâmes-
dolâmes-
gondolâmes-
flageolâmes-
affolâmes-
raffolâmes-
batifolâmes-
rigolâmes-
dégringolâmes-
bariolâmes-
cabriolâmes-
affriolâmes-

1. *Voy. remarque des mots pluriels à l'avertissement.*

étiolâmes-
violâmes-
cajolâmes-
immolâmes-
fignolâmes-
interpolâmes-
désolâmes-
isolâmes-
insolâmes-
consolâmes-
assolâmes-
dessolâmes-
rissolâmes-
rafistolâmes-
volâmes-
revolâmes-
nous envolâmes-
convolâmes-
enjôlâmes-
rôlames-
frôlâmes-
enrôlâmes-
trôlâmes-
contrôlâmes-
triplâmes-
contemplâmes-
décuplâmes-
peuplâmes-
repeuplâmes-
dépeuplâmes-
nonuplâmes-
couplâmes-
accouplâmes-
désaccouplâmes-
découplâmes-
quadruplâmes-
octuplâmes-
centuplâmes-
quintuplâmes-
septuplâmes-
sextuplâmes-
parlâmes-
reparlâmes-
ne déparlâmes-
ferlâmes-
déferlâmes-
perlâmes-
hurlâmes-
ourlâmes-
gaulâmes-
chaulâmes-
échaulâmes-
miaulâmes-
piaulâmes-
épaulâmes-
confabulâmes-
démantibulâmes-
déambulâmes-
éjaculâmes-
maculâmes-
acculâmes-
reculâmes-
éculâmes-
spéculâmes-
immatriculâmes-
articulâmes-
désarticulâmes-

gesticulâmes-
calculâmes-
inoculâmes-
circulâmes-
basculâmes-
bousculâmes-
adulâmes-
acidulâmes-
ondulâmes-
modulâmes-
gueulâmes-
égueulâmes-
coagulâmes-
jugulâmes-
pullulâmes-
repullulâmes-
simulâmes-
dissimulâmes-
stimulâmes-
formulâmes-
cumulâmes-
accumulâmes-
granulâmes-
annulâmes-
saboulâmes-
éboulâmes-
blackboulâmes-
coulâmes-
écoulâmes-
découlâmes-
roucoulâmes-
foulâmes-
refoulâmes-
débagoulâmes-
engoulâmes-
moulâmes-
démoulâmes-
nous vermoulâmes-
surmoulâmes-
roulâmes-
croulâmes-
écroulâmes-
déroulâmes-
enroulâmes-
soûlâmes-
dessoûlâmes-
crapulâmes-
manipulâmes-
stipulâmes-
brûlâmes-
congratulâmes-
capitulâmes-
récapitulâmes-
intitulâmes-
postulâmes-
stylâmes-

Aussi âmes et blâmes (1)

mâmes

damâmes-
dédamâmes-
affamâmes-
diffamâmes-
amalgamâmes-

acclamâmes-
déclamâmes-
réclamâmes-
proclamâmes-
nous exclamâmes-
ramâmes-
bramâmes-
tramâmes-
étamâmes-
rétamâmes-
entamâmes-
rentamâmes-
blâmâmes-
pâmâmes-
semâmes-
parsemâmes-
sursemâmes-
ressemâmes-
blasphémâmes-
crémâmes-
écrémâmes-
nous décarêmâmes-
rythmâmes-
aimâmes-
n. entr'aimâmes-
essaimâmes-
abimâmes-
écimâmes-
décimâmes-
dimâmes-
nous rédimâmes-
limâmes-
sublimâmes-
nous élimâmes-
mimâmes-
animâmes-
ranimâmes-
envenimâmes-
rimâmes-
brimâmes-
escrimâmes-
périmâmes-
nous grimâmes-
dirimâmes-
primâmes-
déprimâmes-
réprimâmes-
imprimâmes-
réimprimâmes-
comprimâmes-
opprimâmes-
supprimâmes-
exprimâmes-
arrimâmes-
trimâmes-
victimâmes-
légitimâmes-
intimâmes-
estimâmes-
mésestimâmes-
maximâmes-
calmâmes-
spalmâmes-
onflammâmes-
n. renflammâmes-
gommâmes-
dégommâmes-

nommâmes-
renommâmes-
dénommâmes-
surnommâmes-
pommâmes-
sommâmes-
consommâmes-
assommâmes-
chômâmes-
armâmes-
n. gendarmâmes-
charmâmes-
alarmâmes-
désarmâmes-
fermâmes-
refermâmes-
affermâmes-
sous-affermâmes-
enfermâmes-
renfermâmes-
germâmes-
affirmâmes-
infirmâmes-
confirmâmes-
formâmes-
reformâmes-
déformâmes-
réformâmes-
difformâmes-
informâmes-
conformâmes-
chloroformâmes-
transformâmes-
gourmâmes-
enthousiasmâmes
embaumâmes-
chaumâmes-
déchaumâmes-
paumâmes-
empaumâmes-
écumâmes-
fumâmes-
enfumâmes-
parfumâmes-
humâmes-
inhumâmes-
enrhumâmes-
désenrhumâmes-
transhumâmes-
exhumâmes-
allumâmes-
rallumâmes-
plumâmes-
déplumâmes-
emplumâmes-
remplumâmes-
embrumâmes-
résumâmes-
présumâmes-
consumâmes-
assumâmes-
costumâmes-
apostumâmes-
accoutumâmes-
réaccoutumâmes-
n. raccoutumâmes-
(1) désaccoutumâmes-

nâmes

cabanâmes-
haubanâmes-
rubanâmes-
chicanâmes-
ricanâmes-
cancanâmes-
boucanâmes-
fanâmes-
effanâmes-
profanâmes-
ahanâmes-
glanâmes-
planâmes-
aplanâmes-
émanâmes-
panâmes-
trépanâmes-
safranâmes-
basanâmes-
charlatanâmes-
pavanâmes-
flânâmes-
affenâmes-
halenâmes-
menâmes-
amenâmes-
ramenâmes-
remenâmes-
nous démenâmes-
malmenâmes-
emmenâmes-
remmenâmes-
promenâmes-
surmenâmes-
enchifrenâmes-
grenâmes-
égrenâmes-
gangrenâmes-
engrenâmes-
désengrenâmes-
assenâmes-
ébénâmes-
morigénâmes-
oxygénâmes-
désoxygénâmes-
aliénâmes-
abaliénâmes-
carénâmes-
crénâmes-
rassérénâmes-
refrénâmes-
rengrénâmes-
gênâmes-

Aussi de dégainâmes à importunâmes; plus âmes (1)

gnâmes

gagnâmes-
regagnâmes-
accompagnâmes-
régnâmes-
imprégnâmes-
baignâmes-

1. *Voy. remarque des mots pluriels à l'avertissement.*

daignâmes-
dédaignâmes-
aplaignâmes-
saignâmes-
ressaignâmes-
indignâmes-
engeignâmes-
peignâmes-
enseignâmes-
renseignâmes-
rechignâmes-
alignâmes-
clignâmes-
enlignâmes-
interlignâmes-
forlignâmes-
soulignâmes-
éloignâmes-
témoignâmes-
empoignâmes-
soignâmes-
trépignâmes-
signâmes-
contresignâmes-
désignâmes-
résignâmes-
consignâmes-
assignâmes-
réassignâmes-
égratignâmes-
guignâmes-
barguignâmes-
provignâmes-
cognâmes-
recognâmes-
rencognâmes-
hognâmes-
rognâmes
refrognâmes-
renfrognâmes-
grognâmes-
ivrognâmes-
besognâmes-
épargnâmes-
éborgnâmes-
lorgnâmes-
répugnâmes-
Aussi âmes (1)

nâmes

dégaînâmes-
engaînâmes-
rengaînâmes-
chaînâmes-
déchaînâmes-
enchaînâmes-
renchaînâmes-
désenchaînâmes-
laînâmes-
drainâmes-
égrainâmes-
traînâmes-
entraînâmes-
rentraînâmes-
binâmes-
carabinâmes-
rebinâmes-
lambinâmes-
combinâmes-
bobinâmes-
racinâmes-
déracinâmes-
enracinâmes-
vaccinâmes-
revaccinâmes-
médecinâmes-
vaticinâmes-
calcinâmes-
ratiocinâmes-
fascinâmes-
hallucinâmes-
dînâmes-
badinâmes-
dandinâmes-
rondinâmes-
nous dodinâmes-
jardinâmes-
peinâmes-
chanfreinâmes-
veinâmes-
affinâmes-
raffinâmes-
confinâmes-
imaginâmes-
paginâmes-
marginâmes-
ruginâmes-
chinâmes-
machinâmes-
échinâmes-
câlinâmes-
pralinâmes-
déclinâmes-
inclinâmes-
dodelinâmes-
patelinâmes-
zinzolinâmes-
disciplinâmes-
boulinâmes-
moulinâmes-
poulinâmes-
minâmes-
gaminâmes-
laminâmes-
contaminâmes-
examinâmes-
cheminâmes-
acheminâmes-
contre-minâmes-
efféminâmes-
disséminâmes-
éliminâmes-
récriminâmes-
incriminâmes-
culminâmes-
fulminâmes-
abominâmes-
dominâmes-
prédominâmes-
terminâmes
déterminâmes-
prédéterminâmes-
exterminâmes-
illuminâmes-
enluminâmes-
ruminâmes-
bituminâmes-
rapinâmes-
opinâmes-
préopinâmes-
chopinâmes-
clopinâmes-
turlupinâmes-
enfarinâmes-
marinâmes-
amarinâmes-
serinâmes-
entérinâmes-
chagrinâmes-
endoctrinâmes-
urinâmes-
burinâmes-
tambourinâmes-
emmagasinâmes-
lésinâmes-
ensaisinâmes-
voisinâmes-
avoisinâmes-
cuisinâmes-
organsinâmes-
bassinâmes-
assassinâmes-
dessinâmes-
houssinâmes-
ébousinâmes-
cousinâmes-
patinâmes-
ratinâmes-
gratinâmes-
satinâmes-
nous ratatinâmes-
piétinâmes-
cabotinâmes
guillotinâmes-
libertinâmes-
nous obstinâmes-
destinâmes-
prédestinâmes-
festinâmes-
trottinâmes-
butinâmes-
lutinâmes-
agglutinâmes-
conglutinâmes-
nous mutinâmes-
embéguinâmes-
embabouinâmes-
fouinâmes-
baragouinâmes-
taquinâmes-
emmannequinâmes
acoquinâmes-
maroquinâmes-
damasquinâmes-
bouquinâmes-
ruinâmes-
bruinâmes-
vinâmes-
avinâmes-
ravinâmes-
devinâmes-
alevinâmes-
damnâmes-
dédamnâmes-
condamnâmes-
bannâmes-
enrubannâmes-
empannâmes-
tannâmes-
chouannâmes-
rouannâmes-
vannâmes-
empennâmes-
étrennâmes-
moyennâmes-
abonnâmes-
charbonnâmes-
braconnâmes-
gasconnâmes-
façonnâmes-
maçonnâmes-
estramaçonnâmes-
caparaçonnâmes-
rançonnâmes-
étançonnâmes-
poinçonnâmes-
tronçonnâmes-
étronçonnâmes-
soupçonnâmes-
désarçonnâmes-
donnâmes-
nous adonnâmes-
espadonnâmes-
redonnâmes-
fredonnâmes-
n. entre donnâmes-
amidonnâmes-
abandonnâmes-
brandonnâmes-
bondonnâmes-
débondonnâmes-
échardonnâmes-
lardonnâmes-
pardonnâmes-
guerdonnâmes-
ordonnâmes-
subordonnâmes-
cordonnâmes-
coordonnâmes-
bourdonnâmes-
drageonnâmes-
badigeonnâmes-
bourgeonnâmes-
ébourgeonnâmes-
plafonnâmes-
chiffonnâmes-
griffonnâmes-
bouffonnâmes-
parangonnâmes-
fourgonnâmes-
bougonnâmes-
mâchonnâmes-
bichonnâmes-
folichonnâmes-
cochonnâmes-
torchonnâmes-
bouchonnâmes-
n. encapuchonnâmes-
gabionnâmes-
camionnâmes-
pionnâmes-
espionnâmes-
occasionnâmes-
approvisionnâmes-
émulsionnâmes-
pensionnâmes-
passionnâmes-
impressionnâmes-
démissionnâmes-
commissionnâmes-
permissionnâmes-
soumissionnâmes-
fusionnâmes-
illusionnâmes-
désillusionnâmes-
contusionnâmes-
collationnâmes-
rationnâmes-
stationnâmes-
actionnâmes-
fractionnâmes-
affectionnâmes-
désaffectionnâmes-
confectionnâmes-
perfectionnâmes-
collectionnâmes-
sectionnâmes-
frictionnâmes-
sanctionnâmes-
fonctionnâmes-
n. concrétionnâmes-
ambitionnâmes-
additionnâmes
conditionnâmes-
munitionnâmes-
amunitionnâmes
perquisitionnâmes-
pétitionnâmes-
mentionnâmes-
subventionnâmes-
émotionnâmes-
proportionnâmes-
disproportionnâmes-
bastionnâmes-
congestionnâmes-
questionnâmes-
cautionnâmes-
n. précautionnâmes-
révolutionnâmes-
mixtionnâmes-
galonnâmes-
jalonnâmes-
talonnâmes-
étalonnâmes-
sablonnâmes-
houblonnâmes-
échelonnâmes-
pilonnâmes-
ballonnâmes-
bâillonnâmes-
graillonnâmes-
tourbillonnâmes-
réveillonnâmes-
vermillonnâmes-
papillonnâmes-

1. *Voy. remarque des mots pluriels à l'avertissement.*

carillonnâmes-
sillonnâmes-
nasillonnâmes-
étrésillonnâmes-
tatillonnâmes-
échantillonnâmes-
aiguillonnâmes-
bouillonnâmes-
brouillonnâmes
égravillonnâmes-
écouvillonnâmes-
boulonnâmes-
marmonnâmes-
sermonnâmes-
ânonnâmes-
canonnâmes-
déguignonnâmes
maquignonnâmes-
rognonnâmes-
caponnâmes-
friponnâmes-
lantiponnâmes
cramponnâmes-
tamponnâmes-
pomponnâmes-
harponnâmes-
maronnâmes-
escadronnâmes-
godronnâmes-
goudronnâmes-
quarderonnâmes-
chaperonnâmes-
déchaperonnâmes
enchaperonnâmes-
éperonnâmes-
environnâmes-
marronnâmes-
patronnâmes-
plastronnâmes-
couronnâmes-
découronnâmes-
sonnâmes-
blasonnâmes-
résonnâmes-
liaisonnâmes-
raisonnâmes-
déraisonnâmes-
assaisonnâmes-
dessaisonnâmes-
foisonnâmes-
cloisonnâmes-
empoisonnâmes-
grisonnâmes-
emprisonnâmes-
désemprisonnâmes
tisonnâmes-
chansonnâmes-
polissonnâmes-
moissonnâmes-
empoissonnâmes
rempoissonnâme
frissonnâmes-
écussonnâmes
tonnâmes
bâtonnâmes-
tâtonnâmes-
gueuletonnâmes-
étonnâmes-
bétonnâmes-
détonnâmes-
mitonnâmes-
capitonnâmes-
cantonnâmes-
chantonnâmes-
entonnâmes-
nous cotonnâmes-
pelotonnâmes-
cartonnâmes-
festonnâmes-
testonnâmes-
boutonnâmes-
reboutonnâmes-
déboutonnâmes-
moutonnâmes-
savonnâmes-
rayonnâmes-
crayonnâmes-
gazonnâmes
téléphonâmes-
ramonâmes-
époumonâmes-
dissonâmes-
prônâmes-
trônâmes-
détrônâmes
nous incarnâmes-
acharnâmes-
écharnâmes-
décharnâmes-
marnâmes-
bernâmes-
hibernâmes-
cernâmes-
décernâmes-
concernâmes-
discernâmes-
modernâmes-
casernâmes-
alternâmes-
lanternâmes-
internâmes-
consternâmes-
n. prosternâmes-
hivernâmes-
balivernâmes-
gouvernâmes-
ornâmes-
bornâmes-
abornâmes-
subornâmes-
cornâmes-
écornâmes-
décornâmes-
flagornâmes-
défournâmes-
enfournâmes-
ajournâmes-
réajournâmes-
séjournâmes-
tournâmes-
atournâmes-
retournâmes-
détournâmes
chantournâmes-
contournâmes-
bistournâmes-
aunâmes-
saunâmes-
jeûnâmes-
déjeunâmes-
alunâmes-
falunâmes-
importunâmes-
Aussi de cabanâmes à gênâmes; plus âmes (1)

pâmes

décapâmes-
enchapâmes-
lapâmes-
râpâmes-
drapâmes-
dérapâmes-
étrapâmes-
attrapâmes-
rattrapâmes-
sapâmes-
tapâmes-
retapâmes-
recepâmes-
crêpâmes-
anticipâmes-
participâmes-
émancipâmes-
excipâmes-
chipâmes-
pipâmes-
ripâmes-
fripâmes-
étripâmes-
dissipâmes-
constipâmes-
équipâmes-
scalpâmes-
palpâmes-
inculpâmes-
disculpâmes-
pulpâmes-
campâmes-
décampâmes-
lampâmes-
rampâmes-
étampâmes-
estampâmes-
trempâmes-
retrempâmes
détrempâmes-
grimpâmes-
pompâmes-
trompâmes-
détrompâmes
estompâmes
syncopâmes-
nous télescopâmes
galopâmes-
éclopâmes-
topâmes
happâmes-
échappâmes-
jappâmes-
clappâmes-
frappâmes-
refrappâmes-
n. entre-frappâmes
égrappâmes-
nippâmes-
grippâmes
agrippâmes-
choppâmes-
achoppâmes-
échoppâmes-
développâmes-
enveloppâmes-
renveloppâmes-
stoppâmes-
houppâmes-
escarpâmes-
harpâmes-
écharpâmes-
extirpâmes-
usurpâmes-
jaspâmes-
crispâmes-
occupâmes-
réoccupâmes-
préoccupâmes-
dupâmes-
coupâmes-
recoupâmes-
entre-coupâmes-
découpâmes-
surcoupâmes-
houpâmes
groupâmes-
agroupâmes-
attroupâmes-
soupâmes
étoupâmes-
stéréotypâmes-
daguerréotypâmes
Aussi âmes (1)

râmes

effarâmes-
garâmes-
égarâmes-
déclarâmes-
parâmes-
accaparâmes-
déparâmes-
réparâmes-
préparâmes-
séparâmes-
nous remparâmes-
nous emparâmes-
désemparâmes-
comparâmes-
tarâmes-
nous cabrâmes-
délabrâmes-
sabrâmes-
célébrâmes-
zébrâmes-
calibrâmes-
équilibrâmes-
vibrâmes-
ambrâmes-
cambrâmes-
chambrâmes-
démembrâmes-
timbrâmes-
ombrâmes-
obombrâmes-
décombrâmes-
encombrâmes-
désencombrâmes-
nombrâmes-
dénombrâmes-
sombrâmes-
marbrâmes-
élucubrâmes-
nacrâmes-
sacrâmes-
consacrâmes-
massacrâmes-
exécrâmes-
ancrâmes-
échancrâmes-
desancrâmes-
encrâmes-
sucrâmes-
cadrâmes-
encadrâmes-
calandrâmes-
engendrâmes-
cylindrâmes-
effondrâmes-
poudrâmes-
dépoudrâmes-
saupoudrâmes-
aérâmes-
libérâmes-
délibérâmes-
obérâmes-
réverbérâmes-
exubérâmes-
acérâmes-
lacérâmes-
dilacérâmes-
macérâmes-
ulcérâmes-
exulcérâmes-
incarcérâmes-
fédérâmes-
confédérâmes-
considérâmes-
déconsidérâmes-
pondérâmes-
modérâmes-
déférâmes-
référâmes-
préférâmes-
différâmes-
vociférâmes-
légiférâmes-
inférâmes-
conférâmes-
proférâmes-
transférâmes-
gérâmes-
exagérâmes-
suggérâmes-
digérâmes-

1. *Voy. remarque des mots pluriels à l'avertissement.*

RÂMES [Semâr] — SÂMES [Semâs]

ingérâmes-
jachérâmes-
adhérâmes-
aciérâmes-
arriérâmes-
accélérâmes-
tolérâmes-
agglomérâmes-
conglomérâmes-
énumérâmes-
régénérâmes-
vénérâmes-
incinérâmes-
exonérâmes-
rémunérâmes-
repérâmes-
tempérâmes-
obtempérâmes-
opérâmes-
coopérâmes-
exaspérâmes-
espérâmes-
désespérâmes-
prospérâmes-
nous récupérâmes-
vitupérâmes-
insérâmes-
déblatérâmes-
nous invétérâmes-
réitérâmes-
oblitérâmes-
altérâmes-
désaltérâmes-
adultérâmes-
avérâmes-
révérâmes-
persévérâmes-
bafrâmes-
balafrâmes-
chiffrâmes-
déchiffrâmes-
empiffrâmes-
coffrâmes-
encoffrâmes-
engouffrâmes-
goinfrâmes-
gaufrâmes-
soufrâmes-
ensoufrâmes-
intégrâmes-
réintégrâmes-
vinaigrâmes-
émigrâmes-
immigrâmes-
transmigrâmes-
dénigrâmes-
camphrâmes-
airâmes-
éclairâmes-
flairâmes-
cirâmes-
adirâmes-
déchirâmes-
n. entre-déchirâmes-
délirâmes-
mirâmes-
admirâmes-
n. entr'admirâmes-
foirâmes-
moirâmes-
empirâmes-
aspirâmes-
respirâmes-
transpirâmes-
inspirâmes-
conspirâmes-
soupirâmes-
expirâmes-
désirâmes-
tirâmes-
retirâmes-
contretirâmes-
étirâmes-
détirâmes-
attirâmes-
soutirâmes-
virâmes-
chavirâmes-
revirâmes-
élaborâmes-
collaborâmes-
corroborâmes-
arborâmes-
décorâmes-
picorâmes-
édulcorâmes-
dorâmes-
adorâmes-
redorâmes-
dédorâmes-
odorâmes-
subodorâmes-
surdorâmes-
forâmes-
perforâmes-
améliorâmes-
détériorâmes-
majorâmes-
déflorâmes-
colorâmes-
décolorâmes-
déplorâmes-
implorâmes-
explorâmes-
remémorâmes-
commémorâmes-
ignorâmes-
honorâmes-
déshonorâmes
évaporâmes-
incorporâmes-
réincorporâmes-
désincorporâmes-
pérorâmes-
essorâmes-
expectorâmes-
dévorâmes-
n. entre-dévorâmes-
diaprâmes-
épamprâmes-
empourprâmes-
barrâmes-
billebarrâmes-
débarrâmes-
rembarrâmes-
carrâmes-
contre-carrâmes-
bigarrâmes-
amarrâmes-
chamarrâmes-
démarrâmes-
narrâmes-
errâmes-
ferrâmes-
referrâmes-
déferrâmes-
enferrâmes-
épierrâmes-
empierrâmes-
serrâmes-
enserrâmes-
desserrâmes-
resserrâmes-
terrâmes-
déterrâmes-
enterrâmes-
atterrâmes-
abhorrâmes-
beurrâmes-
leurrâmes-
bourrâmes-
débourrâmes-
embourrâmes-
rembourrâmes-
fourrâmes-
nous opiniâtrâmes-
idolâtrâmes-
folâtrâmes-
plâtrâmes-
replâtrâmes-
métrâmes-
kilométrâmes-
pénétrâmes-
dépétrâmes-
impétrâmes-
perpétrâmes-
salpêtrâmes-
empêtrâmes-
guêtrâmes-
enchevêtrâmes-
arbitrâmes-
récalcitrâmes-
cloîtrâmes-
chapitrâmes-
titrâmes-
vitrâmes-
filtrâmes-
nous infiltrâmes-
entrâmes-
concentrâmes-
rentrâmes-
éventrâmes-
cintrâmes-
décintrâmes-
rencontrâmes-
montrâmes-
remontrâmes-
démontrâmes-
encastrâmes-
cadastrâmes-
orchestrâmes-
séquestrâmes-
bistrâmes-
registrâmes-
enregistrâmes-
administrâmes-
lustrâmes-
délustrâmes-
illustrâmes-
frustrâmes-
nous vautrâmes-
feutrâmes-
calfeutrâmes-
outrâmes-
accoutrâmes-
raccoutrâmes-
saurâmes-
restaurâmes-
instaurâmes-
curâmes-
écurâmes-
récurâmes-
procurâmes-
durâmes-
endurâmes-
fleurâmes-
affleurâmes-
effleurâmes-
pleurâmes-
demeurâmes-
écœurâmes-
figurâmes-
défigurâmes-
configurâmes-
transfigurâmes-
augurâmes-
inaugurâmes-
mâchurâmes-
jurâmes-
abjurâmes-
adjurâmes-
conjurâmes-
nous parjurâmes-
murâmes-
amurâmes-
contre-murâmes-
claquemurâmes-
démurâmes-
murmurâmes-
labourâmes-
gourâmes-
nous énamourâmes-
entourâmes-
savourâmes-
apurâmes-
épurâmes-
dépurâmes-
suppurâmes-
mesurâmes-
remesurâmes-
censurâmes-
tonsurâmes-
assurâmes-
rassurâmes-
pressurâmes-
courbaturâmes-
caricaturâmes-
dénaturâmes-
pâturâmes-
raturâmes-
saturâmes-
facturâmes-
manufacturâmes-
fracturâmes-
conjecturâmes-
voiturâmes-
triturâmes-
aventurâmes-
peinturâmes-
clôturâmes-
capturâmes-
torturâmes-
bouturâmes-
couturâmes-
azurâmes-
navrâmes-
sevrâmes-
enfiévrâmes-
livrâmes-
délivrâmes-
enivrâmes-
désenivrâmes-
poivrâmes-
cuivrâmes-
manœuvrâmes-
désœuvrâmes-
ouvrâmes-
recouvrâmes-
Aussi âmes et arrhâmes (1)

sâmes

basâmes-
casâmes-
jasâmes-
blasâmes-
rasâmes-
arasâmes-
brasâmes-
ébrasâmes-
embrasâmes-
écrasâmes-
phrasâmes-
paraphrasâmes-
périphrasâmes-
n. extravasâmes-
évasâmes-
transvasâmes-
pesâmes-
empesâmes-
désempesâmes-
soupesâmes-
diésâmes-
lésâmes-
alésâmes-
blésâmes-
baisâmes-
nous entre-baisâmes-
biaisâmes-
niaisâmes-
déniaisâmes-
falaisâmes-
glaisâmes-
anglaisâmes-
apaisâmes-

1. *Voy. remarque des mots pluriels à l'avertissement.*

braisâmes-
fraisâmes-
graisâmes-
mortaisâmes-
emmortaisâmes-
judaïsâmes-
hébraïsâmes-
prosaïsâmes-
bisâmes-
tabisâmes-
grécisâmes-
précisâmes-
laïcisâmes-
francisâmes-
incisâmes-
exorcisâmes-
excisâmes-
catéchisâmes-
sympathisâmes-
balisâmes-
verbalisâmes-
alcalisâmes-
localisâmes-
vocalisâmes-
scandalisâmes-
idéalisâmes-
réalisâmes-
égalisâmes-
légalisâmes-
spécialisâmes-
matérialisâmes-
immatérialisâmes-
trivialisâmes-
animalisâmes-
nous formalisâmes-
canalisâmes-
criminalisâmes-
nationalisâmes-
dénationalisâmes-
nous coalisâmes-
fédéralisâmes-
généralisâmes-
minéralisâmes-
moralisâmes-
démoralisâmes-
centralisâmes-
neutralisâmes-
pluralisâmes-
naturalisâmes-
dénaturalisâmes-
nasalisâmes-
universalisâmes-
capitalisâmes-
totalisâmes-
brutalisâmes-
individualisâmes-
actualisâmes-
spiritualisâmes-
dévalisâmes-
rivalisâmes-
fleurdelisâmes-
évangélisâmes-
caramélisâmes-
mobilisâmes-
immobilisâmes-
stérilisâmes-
volatilisâmes-
subtilisâmes-
fertilisâmes-
utilisâmes-
civilisâmes-
métallisâmes-
cristallisâmes-
tranquillisâmes-
symbolisâmes-
bémolisâmes-
nolisâmes-
alcoolisâmes-
monopolisâmes-
ridiculisâmes-
macadamisâmes-
tamisâmes-
remisâmes-
économisâmes-
anatomisâmes-
phlébotomisâmes-
uniformisâmes-
chloroformisâmes-
anisâmes-
mécanisâmes-
républicanisâmes-
vulcanisâmes-
organisâmes-
réorganisâmes-
désorganisâmes-
italianisâmes-
christianisâmes-
germanisâmes-
humanisâmes-
tympanisâmes-
botanisâmes-
galvanisâmes-
féminisâmes-
latinisâmes-
crétinisâmes-
divinisâmes-
indemnisâmes-
tyrannisâmes-
solennisâmes-
carbonisâmes-
préconisâmes-
adonisâmes-
agonisâmes-
colonisâmes-
nous harmonisâmes-
canonisâmes-
impatronisâmes-
intronisâmes-
platonisâmes-
modernisâmes-
fraternisâmes-
éternisâmes-
subalternisâmes-
boisâmes-
reboisâmes-
déboisâmes-
framboisâmes-
dégoisâmes-
moisâmes-
chamoisâmes-
croisâmes-
ns. entre-croisâmes-
décroisâmes-
toisâmes-
patoisâmes-
pavoisâmes-
apprivoisâmes-
solidarisâmes-
pindarisâmes-
vulgarisâmes-
nous gargarisâmes-
familiarisâmes-
polarisâmes-
sécularisâmes-
particularisâmes-
régularisâmes-
nous singularisâmes-
popularisâmes-
dépopularisâmes-
militarisâmes-
charivarisâmes-
brisâmes-
éthérisâmes-
caractérisâmes-
cautérisâmes-
pulvérisâmes-
frisâmes-
refrisâmes-
défrisâmes-
grisâmes-
égrisâmes-
dégrisâmes-
nous irisâmes-
satirisâmes-
herborisâmes-
météorisâmes-
allégorisâmes-
vaporisâmes-
temporisâmes-
terrorisâmes-
autorisâmes-
favorisâmes-
* prisâmes-
reprisâmes-
déprisâmes-
méprisâmes-
cicatrisâmes-
électrisâmes-
symétrisâmes-
maîtrisâmes-
thésaurisâmes-
monseigneurisâmes-
caricaturisâmes-
porphyrisâmes-
martyrisâmes-
médiatisâmes-
dramatisâmes-
anathématisâmes-
systématisâmes-
stigmatisâmes-
dogmatisâmes-
aromatisâmes-
achromatisâmes-
fanatisâmes-
démocratisâmes-
pactisâmes-
prophétisâmes-
synthétisâmes-
émétisâmes-
magnétisâmes-
démonétisâmes-
poétisâmes-
dépoétisâmes-
pédantisâmes-
galantisâmes-
cotisâmes-
baptisâmes-
rebaptisâmes-
débaptisâmes-
expertisâmes-
courtisâmes-
attisâmes-
déguisâmes-
aiguisâmes-
menuisâmes-
amenuisâmes-
puisâmes-
épuisâmes-
visâmes-
avisâmes-
slavisâmes-
nous ravisâmes-
devisâmes-
revisâmes-
divisâmes-
subdivisâmes-
improvisâmes-
Aussi de osâmes à arrosâmes, de usâmes à paralysâmes et zâmes; plus âmes (1)

sâmes

valsâmes-
compulsâmes-
expulsâmes-
dansâmes-
pansâmes-
acensâmes-
accensâmes-
recensâmes-
encensâmes-
condensâmes-
offensâmes-
pensâmes-
repensâmes-
dépensâmes-
compensâmes-
récompensâmes-
dispensâmes-
Aussi de éclipsâmes à troussâmes, çâmes et xâmes; plus âmes (1)

sâmes

osâmes-
dosâmes-
métamorphosâmes-
glosâmes-
ankylosâmes-
nous anastomosâmes-
ecchymosâmes-
posâmes-
juxtaposâmes-
reposâmes-
entreposâmes-
déposâmes-
préposâmes-
imposâmes-
composâmes-
recomposâmes-
décomposâmes-
proposâmes-
apposâmes-
réapposâmes-
opposâmes-
supposâmes-
présupposâmes-
superposâmes-
interposâmes-
disposâmes-
prédisposâmes-
indisposâmes-
transposâmes-
exposâmes-
nécrosâmes-
couperosâmes-
arrosâmes-
Aussi de basâmes à improvisâmes, de usâmes à paralysâmes et zâmes; plus âmes (1)

sâmes

éclipsâmes-
hersâmes-
dispersâmes-
torsâmes-
retersâmes-
versâmes-
traversâmes-
retraversâmes-
bouleversâmes-
reversâmes-
déversâmes-
tergiversâmes-
malversâmes-
renversâmes-
conversâmes-
controversâmes-
déboursâmes-
emboursâmes-
remboursâmes-
cassâmes-
jacassâmes-
fracassâmes-
tracassâmes-
recassâmes-
fricassâmes-
concassâmes-
avocassâmes-
chassâmes-
rechassâmes-
enchâssâmes-
pourchassâmes-

1. *Voy. remarque des mots pluriels à l'avertissement.*

lassâmes-
échalassâmes-
classâmes-
déclassâmes-
matelassâmes-
délassâmes-
nous prélassâmes-
brouillassâmes-
massâmes-
amassâmes-
damassâmes-
ramassâmes-
cadenassâmes-
traînassâmes-
finassâmes-
coassâmes-
croassâmes-
passâmes-
estrapassâmes-
repassâmes-
contre-passâmes-
outrepassâmes-
dépassâmes-
trépassâmes-
compassâmes-
surpassâmes-
harassâmes-
brassâmes-
embrassâmes-
crassâmes-
décrassâmes-
encrassâmes-
paperassâmes-
tirassâmes-
cuirassâmes-
nous encuirassâmes-
débarrassâmes-
embarrassâmes-
terrassâmes-
sassâmes-
ressassâmes-
tassâmes-
rapetassâmes-
entassâmes-
crevassâmes-
rêvassâmes-
enchâssâmes-
cessâmes-
fessâmes-
confessâmes-
professâmes-
blessâmes-
caressâmes-
paressâmes-
dressâmes-
adressâmes-
redressâmes-
intéressâmes-
désintéressâmes-
progressâmes-
transgressâmes-
pressâmes-
nous empressâmes-
oppressâmes-
tressâmes-
vessâmes-
baissâmes-

abaissâmes-
rabaissâmes-
rebaissâmes-
décaissâmes-
encaissâmes-
rencaissâmes-
affaissâmes-
laissâmes-
délaissâmes-
graissâmes-
dégraissâmes-
engraissâmes-
rengraissâmes-
bissâmes-
mégissâmes-
hissâmes-
lissâmes-
palissâmes-
dépalissâmes-
éclissâmes-
glissâmes-
treillissâmes-
plissâmes-
replissâmes-
déplissâmes-
vernissâmes-
poissâmes-
empoissâmes-
froissâmes-
pissâmes-
tapissâmes-
épissâmes-
lambrissâmes-
crissâmes-
nous hérissâmes-
tissâmes-
pâtissâmes-
ratissâmes-
apetissâmes-
rapetissâmes-
détissâmes-
écuissâmes-
esquissâmes-
vissâmes-
dévissâmes-
embossâmes-
cossâmes-
écossâmes-
adossâmes-
endossâmes-
rossâmes-
brossâmes-
crossâmes-
désossâmes-
faussâmes-
nous défaussâmes-
nous gaussâmes-
haussâmes-
chaussâmes-
rechaussâmes-
déchaussâmes-
enchaussâmes-
réhaussâmes-
surhaussâmes-
exhaussâmes-
nous mussâmes-
éclaboussâmes-

houssâmes-
gloussâmes-
moussâmes-
émoussâmes-
nous trémoussâmes-
poussâmes-
repoussâmes-
ns. entre-poussâmes
rebroussâmes-
troussâmes-
retroussâmes-
détroussâmes-
toussâmes-
Aussi de valsâmes à dispensâmes, câmes et xâmes; plus âmes (1)

sâmes

usâmes-
causâmes-
pausâmes-
abusâmes-
désabusâmes-
arquebusâmes-
accusâmes-
ns. entr'accusâmes
récusâmes-
excusâmes-
gracieusâmes-
creusâmes-
recreusâmes-
gueusâmes-
fusâmes-
refusâmes-
infusâmes-
transfusâmes-
musâmes-
amusâmes-
jalousâmes-
blousâmes-
épousâmes-
ventousâmes-
rusâmes-
décrusâmes-
mésusâmes-
dépaysâmes-
analysâmes-
paralysâmes-
Aussi de basâmes à improvisâmes, de osâmes à arrosâmes et zâmes; plus âmes (1)

tâmes

datâmes-
antidatâmes-
mandatâmes-
postdatâmes-
calfatâmes-
éclatâmes-
relatâmes-

frelatâmes-
dilatâmes-
translatâmes-
matâmes-
casematâmes-
acclimatâmes-
déclimatâmes-
colmatâmes-
épatâmes-
ratâmes-
ératâmes-
dératâmes-
piratâmes-
constatâmes-
ouatâmes-
cravatâmes-
bâtâmes-
débâtâmes-
embâtâmes-
gâtâmes-
hâtâmes-
mâtâmes-
démâtâmes-
empâtâmes-
appâtâmes-
tâtâmes-
retâtâmes-
réfractâmes-
détractâmes-
rétractâmes-
contractâmes-
affectâmes-
infectâmes-
désinfectâmes-
objectâmes-
injectâmes-
délectâmes-
humectâmes-
respectâmes-
inspectâmes-
suspectâmes-
dictâmes-
édictâmes-
gobetâmes-
rapiécetâmes-
vergetâmes-
achetâmes-
cachetâmes-
recachetâmes-
décachetâmes
rachetâmes-
tachetâmes-
pochetâmes-
crochetâmes-
mouchetâmes-
démouchetâmes-
jetâmes-
rejetâmes-
nous déjetâmes-
projetâmes-
interjetâmes-
forjetâmes-
surjetâmes-
haletâmes-
valetâmes-
soufletâmes-
filetâmes-

cailletâmes-
feuilletâmes-
refeuilletâmes-
colletâmes-
décolletâmes-
voletâmes-
guilletâmes-
trompetâmes-
furetâmes-
épousetâmes-
muguetâmes-
caquetâmes-
claquetâmes-
paquetâmes-
dépaquetâmes-
empaquetâmes-
craquetâmes-
becquetâmes-
ou béquetâmes-
déchiquetâmes-
cliquetâmes-
encliquetâmes-
briquetâmes-
étiquetâmes-
banquetâmes-
coquetâmes-
marquetâmes-
parquetâmes-
savetâmes-
brevetâmes-
louvetâmes-
hébétâmes-
végétâmes-
piétâmes-
empiétâmes-
inquiétâmes-
reflétâmes-
complétâmes-
décomplétâmes-
admonétâmes-
pétâmes-
répétâmes-
compétâmes-
appétâmes-
barétâmes-
secrétâmes-
décrétâmes-
concrétâmes-
frétâmes-
affrétâmes-
interprétâmes-
mésinterprétâmes-
têtâmes-
embêtâmes-
fêtâmes-
tempêtâmes-
écrêtâmes-
prêtâmes-
apprêtâmes-
arrêtâmes-
étêtâmes-
entêtâmes-
quêtâmes-
acquêtâmes-
requêtâmes-
nous enquêtâmes-
doigtâmes-

1. *Voy. remarque des mots pluriels à l'avertissement.*

affaitâmes-
enfaitâmes-
renfaitâmes-
souhaitâmes-
allaitâmes-
traitâmes-
retraitâmes-
maltraitâmes-
sous-traitâmes-
habitâmes-
cohabitâmes-
débitâmes-
citâmes-
récitâmes-
licitâmes-
félicitâmes-
sollicitâmes-
incitâmes-
suscitâmes-
ressuscitâmes-
excitâmes-
surexcitâmes-
éditâmes-
rééditâmes-
méditâmes-
préméditâmes-
créditâmes-
accréditâmes-
décréditâmes-
discréditâmes-
commanditâmes-
profitâmes-
gîtâmes-
agitâmes-
ingurgitâmes-
alitâmes-
périclitâmes-
délitâmes-
habilitâmes-
réhabilitâmes-
débilitâmes-
facilitâmes-
militâmes-
imitâmes-
limitâmes-
délimitâmes-
boîtâmes-
déboîtâmes-
emboîtâmes-
remboîtâmes-
exploitâmes-
miroitâmes-
convoitâmes-
décapitâmes-
dépitâmes-
crépitâmes-
décrépitâmes-
précipitâmes-
palpitâmes-
abritâmes-
héritâmes-
cohéritâmes-
deshéritâmes-
méritâmes-
déméritâmes-
effritâmes-
irritâmes-
hésitâmes-
visitâmes-
nous entre-visitâmes[1]
transitâmes-
nécessitâmes-
nous anuitâmes-
ébruitâmes-
effruitâmes-
gravitâmes-
évitâmes-
invitâmes-
réinvitâmes-
désinvitâmes-
exaltâmes-
veltâmes-
récoltâmes-
voltâmes-
révoltâmes-
auscultâmes-
résultâmes-
insultâmes-
consultâmes-
exultâmes-
décantâmes-
brocantâmes-
fainéantâmes-
enfantâmes-
gantâmes-
dégantâmes-
hantâmes-
chantâmes-
rechantâmes-
déchantâmes-
enchantâmes-
désenchantâmes-
ensanglantâmes-
brillantâmes-
plantâmes-
replantâmes-
déplantâmes-
implantâmes-
supplantâmes-
transplantâmes-
diamantâmes-
aimantâmes-
plaisantâmes-
vantâmes-
épouvantâmes-
soixantâmes-
entâmes-
innocentâmes-
édentâmes-
accidentâmes-
incidentâmes-
endentâmes-
régentâmes-
diligentâmes-
argentâmes-
désargentâmes-
fientâmes-
orientâmes-
désorientâmes-
patientâmes-
impatientâmes-
violentâmes-
médicamentâmes-
nous lamentâmes-
réglementâmes-
parlementâmes-
ornementâmes-
passementâmes-
cémentâmes-
agrémentâmes-
fragmentâmes-
augmentâmes-
cimentâmes-
enrégimentâmes-
alimentâmes-
complimentâmes-
expérimentâmes-
commentâmes-
fomentâmes-
fermentâmes-
assermentâmes-
tourmentâmes-
argumentâmes-
instrumentâmes-
arpentâmes-
charpentâmes-
serpentâmes-
rentâmes-
apparentâmes-
arrentâmes-
nous absentâmes-
présentâmes-
représentâmes-
tentâmes-
patentâmes-
intentâmes-
contentâmes-
mécontentâmes-
sustentâmes-
attentâmes-
fréquentâmes-
ventâmes-
éventâmes-
inventâmes-
éreintâmes-
teintâmes-
nous accointâmes-
ajointâmes-
pointâmes-
contre-pointâmes-
épointâmes-
appointâmes-
désappointâmes-
pintâmes-
tintâmes-
suintâmes-
contâmes-
racontâmes-
montâmes-
remontâmes-
démontâmes-
surmontâmes-
pontâmes-
affrontâmes-
confrontâmes-
empruntâmes-
ôtâmes-
cabotâmes-
jabotâmes-
rabotâmes-
sabotâmes-
ribotâmes-
barbotâmes-
cotâmes-
accotâmes-
chicotâmes-
délicotâmes-
picotâmes-
fricotâmes-
tricotâmes-
asticotâmes-
suçotâmes-
dotâmes-
radotâmes-
fagotâmes-
dégotâmes-
gigotâmes-
ravigotâmes-
argotâmes-
gargotâmes-
ergotâmes-
cahotâmes-
crachotâmes-
chuchotâmes-
agiotâmes-
foliotâmes-
riotâmes-
mijotâmes-
tremblotâmes-
pelotâmes-
amatelotâmes-
sanglotâmes-
glouglotâmes-
pilotâmes-
démaillotâmes-
emmaillotâmes-
remmaillotâmes-
papillotâmes-
complotâmes-
dorlotâmes-
escamotâmes-
notâmes-
canotâmes-
dénotâmes-
clignotâmes-
mignotâmes-
grignotâmes-
annotâmes-
clapotâmes-
tapotâmes-
dépotâmes-
chipotâmes-
galipotâmes-
tripotâmes-
empotâmes-
rempotâmes-
rotâmes-
numérotâmes-
sirotâmes-
chevrotâmes-
baisotâmes-
assotâmes-
rassotâmes-
pissotâmes-
votâmes-
pivotâmes-
vivotâmes-
buvotâmes-
captâmes-
adaptâmes-
acceptâmes-
interceptâmes-
exceptâmes-
sculptâmes-
exemptâmes-
comptâmes-
recomptâmes-
décomptâmes-
mécomptâmes-
escomptâmes-
domptâmes-
optâmes-
adoptâmes-
écartâmes-
encartâmes-
essartâmes-
concertâmes-
déconcertâmes-
désertâmes-
dissertâmes-
flirtâmes-
escortâmes-
confortâmes-
déconfortâmes-
réconfortâmes-
exhortâmes-
portâmes-
reportâmes-
déportâmes-
colportâmes-
emportâmes-
remportâmes-
importâmes-
réimportâmes-
comportâmes-
apportâmes-
rapportâmes-
supportâmes-
transportâmes-
exportâmes-
réexportâmes-
avortâmes-
heurtâmes-
nous aheurtâmes-
n. entre-heurtâmes[1]
écourtâmes-
toastâmes-
contrastâmes-
dévastâmes-
estâmes-
manifestâmes-
infestâmes-
lestâmes-
délestâmes-
molestâmes-
admonestâmes-
pestâmes-
empestâmes-
restâmes-
testâmes-
détestâmes-
contestâmes-
protestâmes-
attestâmes-
zestâmes-

1. *Voy. remarque des mots pluriels à l'avertissement.*

dépistâmes-
contristâmes-
attristâmes-
subsistâmes-
nous désistâmes-
résistâmes-
insistâmes-
consistâmes-
persistâmes-
assistâmes-
existâmes-
préexistâmes-
coexistâmes
accostâmes-
postâmes-
apostâmes-
dépostâmes-
ripostâmes-
tostâmes-
tarabustâmes-
flibustâmes-
dégustâmes-
ajustâmes-
rajustâmes-
désajustâmes-
incrustâmes-
nous enkystâmes-
chattâmes-
lattâmes-
délattâmes-
flattâmes-
nattâmes-
dénattâmes-
barattâmes-
grattâmes-
regrattâmes-
facettâmes-
endottâmes-
n. rendettâmes-
émiettâmes-
rénettâmes-
frettâmes-
regrettâmes-
guettâmes-
fouettâmes-
brouettâmes-
pirouettâmes-
quittâmes-
acquittâmes-
nous racquittâmes-
bottâmes-
caillebottâmes-
nous rebottâmes-
débottâmes-
marcottâmes-
ligottâmes-
gringottâmes-
calottâmes-
décalottâmes-
gobelottâmes-
grelottâmes-
flottâmes-
ballottâmes-
culottâmes-
déculottâmes-
émottâmes-
marmottâmes-

emmenottâmes-
carottâmes-
crottâmes-
décrottâmes-
frottâmes-
garrotâmes-
trottâmes-
frisottâmes-
chenevottâmes-
buttâmes-
nous huttâmes-
luttâmes-
gouttâmes-
égouttâmes-
dégouttâmes-
panneautâmes-
biseautâmes-
sautâmes-
ressautâmes-
tuyautâmes
butâmes-
rebutâmes-
débutâmes
culbutâmes-
persécutâmes-
exécutâmes-
charcutâmes-
percutâmes-
répercutâmes-
discutâmes-
ameutâmes-
queutâmes-
réfutâmes-
affutâmes-
chutâmes-
verjutâmes-
lutâmes-
talutâmes-
blutâmes-
délutâmes-
flûtâmes-
permutâmes-
minutâmes-
aoûtâmes-
boutâmes-
aboutâmes-
reboutâmes-
contre-boutâmes-
déboutâmes-
coûtâmes-
écoutâmes-
doutâmes-
redoutâmes-
goûtâmes-
ragoûtâmes-
dégoûtâmes-
caoutchoutâmes-
joutâmes-
ajoutâmes-
rajoutâmes-
surajoutâmes-
cloutâmes-
veloutâmes-
glougloutâmes-
filoutâmes-
cailloutâmes-
broutâmes-

écroûtâmes-
encroûtâmes-
déroutâmes-
voûtâmes-
envoûtâmes-
députâmes-
réputâmes-
amputâmes-
imputâmes-
supputâmes-
disputâmes-
recrutâmes-
scrutâmes-
prétextâmes-
Aussi âmes (1)

uâmes

rétribuâmes-
contribuâmes-
distribuâmes-
attribuâmes-
écobuâmes
évacuâmes-
graduâmes-
Aussi de huâmes à conspuâmes, de ruâmes à tortuâmes,. éâmes et iâmes; aussi âmes (1)

guâmes

baguâmes-
daguâmes-
blaguâmes-
élaguâmes-
draguâmes-
vaguâmes-
extravaguâmes-
divaguâmes-
léguâmes-
reléguâmes-
déléguâmes-
subdéléguâmes-
préléguâmes-
alléguâmes-
endiguâmes-
prodiguâmes-
liguâmes-
briguâmes-
irriguâmes-
intriguâmes-
fatiguâmes-
instiguâmes-
naviguâmes-
promulguâmes-
divulguâmes-
écanguâmes-
haranguâmes-
tanguâmes-
ralinguâmes-
étalinguâmes-
seringuâmes-
fringuâmes-
bastinguâmes-

distinguâmes-
zinguâmes-
dialoguâmes-
cataloguâmes-
épiloguâmes-
homologuâmes-
droguâmes-
voguâmes-
arguâmes-
carguâmes-
rédarguâmes-
larguâmes-
alarguâmes-
narguâmes-
nous targuâmes-
enverguâmes-
morguâmes-
subjuguâmes-
conjuguâmes-
Aussi âmes (1)

uâmes

huâmes-
saluâmes-
évaluâmes-
abluâmes-
fluâmes-
refluâmes-
affluâmes-
influâmes-
confluâmes-
gluâmes-
dégluâmes-
engluâmes-
diluâmes-
polluâmes-
évoluâmes-
muâmes-
remuâmes-
commuâmes-
transmuâmes-
nuâmes-
dénuâmes-
atténuâmes-
exténuâmes-
diminuâmes-
insinuâmes-
continuâmes-
discontinuâmes-
éternuâmes-
embouâmes-
accouâmes-
secouâmes-
rocouâmes-
douâmes-
amadouâmes-
bafouâmes-
engouâmes-
houâmes-
échouâmes-
déchouâmes-
jouâmes-
rejouâmes-
déjouâmes-
louâmes-
clouâmes-
reclouâmes-

déclouâmes-
enclouâmes-
désenclouâmes-
relouâmes-
n. entre-louâmes-
flouâmes-
afflouâmes-
renflouâmes-
allouâmes-
sous-louâmes-
nouâmes-
renouâmes-
énouâmes-
dénouâmes-
rouâmes-
rabrouâmes-
ébrouâmes-
écrouâmes-
frouâmes-
enrouâmes-
désenrouâmes-
trouâmes-
touâmes-
tatouâmes-
vouâmes-
avouâmes-
désavouâmes-
dévouâmes-
puâmes-
conspuâmes-
Aussi de rétribuâmes à graduâmes, de ruâmes à tortuâmes, eâmes, iâmes; plus âmes (1)

quâmes

caquâmes-
encaquâmes-
claquâmes-
flaquâmes-
plaquâmes-
estomaquâmes-
baraquâmes-
braquâmes-
craquâmes-
traquâmes-
détraquâmes-
taquâmes-
attaquâmes-
bivouaquâmes-
vaquâmes-
macquâmes-
pacquâmes-
abecquâmes-
embecquâmes-
abéquâmes-
nous rébéquâmes-
déféquâmes-
hypothéquâmes-
réséquâmes-
disséquâmes-
alambiquâmes-
abdiquâmes-

1. *Voy. remarque des mots pluriels à l'avertissement.*

revendiquâmes-
indiquâmes-
trafiquâmes-
chiquâmes-
obliquâmes-
répliquâmes-
impliquâmes-
compliquâmes-
appliquâmes-
expliquâmes-
forniquâmes-
communiquâmes-
piquâmes-
repiquâmes-
dépiquâmes-
prévariquâmes-
fabriquâmes-
étriquâmes-
musiquâmes-
métaphysiquâmes-
tiquâmes-
pratiquâmes
politiquâmes-
critiquâmes-
authentiquâmes-
décortiquâmes-
excortiquâmes-
astiquâmes-
mastiquâmes-
domestiquâmes-
sophistiquâmes-
diagnostiquâmes-
pronostiquâmes-
encaustiquâmes-
rustiquâmes-
calquâmes-
contre-calquâmes-
décalquâmes-
défalquâmes-
inculquâmes-
débanquâmes-
flanquâmes-
efflanquâmes-
manquâmes-
trinquâmes-
se requinquâmes-
tronquâmes-
n. emberlucoquâmes-
suffoquâmes-
choquâmes-
n. entre-choquâmes-
bloquâmes-
débloquâmes-
effiloquâmes-
colloquâmes-
ploquâmes-
interloquâmes-
disloquâmes-
n. moquâmes-
roquâmes-
croquâmes-
escroquâmes-
défroquâmes-
enfroquâmes-
troquâmes-
toquâmes-
évoquâmes-
révoquâmes-
équivoquâmes-
invoquâmes-
convoquâmes-
provoquâmes-
arquâmes-
débarquâmes
embarquâmes-
rembarquâmes-
désembarquâmes-
marquâmes-
remarquâmes-
contre-marquâmes-
démarquâmes-
parquâmes-
déparquâmes-
remorquâmes-
détorquâmes-
rétorquâmes-
extorquâmes-
bifurquâmes-
masquâmes-
démasquâmes-
bisquâmes-
confisquâmes-
risquâmes-
busquâmes-
débusquâmes-
embusquâmes-
offusquâmes-
musquâmes-
brusquâmes-
éduquâmes-
reluquâmes-
débouquâmes-
embouquâmes-
Voy. kâmes;
aussi âmes (1)

uâmes

ruâmes-
décruâmes-
obstruâmes-
désobstruâmes-
suâmes-
ressuâmes-
bossuâmes-
tuâmes-
infatuâmes-
désinfatuâmes-
statuâmes-
effectuâmes-
ponctuâmes-
n. entre-tuâmes-
perpétuâmes-
habituâmes-
réhabituâmes-
déshabituâmes-
situâmes-
substituâmes-
destituâmes-
restituâmes-
instituâmes-
constituâmes-
reconstituâmes-
prostituâmes-
accentuâmes-
nous évertuâmes-
tortuâmes-
Aussi de rétribuâmes à graduâmes, de huâmes à conspuâmes; éâmes et iâmes; plus âmes (1)

vâmes

bavâmes-
cavâmes-
décavâmes-
encavâmes-
excavâmes-
gavâmes-
lavâmes-
emblavâmes-
remblavâmes-
enclavâmes-
désenclavâmes-
relavâmes-
délavâmes-
pavâmes-
repavâmes-
dépavâmes-
bravâmes-
gravâmes-
aggravâmes-
engravâmes-
dépravâmes-
entravâmes-
désentravâmes-
achevâmes-
parachevâmes-
levâmes-
relevâmes-
élevâmes-
prélevâmes-
surélevâmes-
enlevâmes-
champlevâmes-
soulevâmes-
crevâmes-
grevâmes-
dégrevâmes-
endêvâmes-
rêvâmes-
récidivâmes-
salivâmes-
clivâmes-
enjolivâmes-
connivâmes-
rivâmes-
dérivâmes-
privâmes-
arrivâmes-
mésarrivâmes-
lessivâmes-
activâmes-
invectivâmes-
cultivâmes-
motivâmes-
captivâmes-
esquivâmes-
suivâmes-
avivâmes-
ravivâmes-
rénovâmes-
innovâmes-
nervâmes-
énervâmes-
observâmes-
réservâmes-
préservâmes-
conservâmes-
sauvâmes-
cuvâmes-
décuvâmes-
encuvâmes-
abreuvâmes-
treuvâmes-
couvâmes-
louvâmes-
mouvâmes-
prouvâmes-
reprouvâmes-
éprouvâmes-
réprouvâmes-
improuvâmes-
approuvâmes-
désapprouvâmes-
trouvâmes-
retrouvâmes-
controuvâmes-
étuvâmes-
interviewâmes-
Aussi âmes (1)

xâmes

malaxâmes-
relaxâmes-
taxâmes-
surtaxâmes-
annexâmes-
vexâmes-
fixâmes-
luxâmes-

Voy. çâmes, sâmes précédés d'une consonne; aussi âmes (1)

yâmes

bayâmes-
égayâmes-
bégayâmes-
layâmes-
balayâmes-
déblayâmes-
remblayâmes-
relayâmes-
délayâmes-
monnayâmes-
payâmes-
surpayâmes-
rayâmes-
brayâmes-
frayâmes-
défrayâmes-
effrayâmes-
enrayâmes-
désenrayâmes-
essayâmes-
ressayâmes-
étayâmes-
cartayâmes-
aiguayâmes-
zézayâmes-
grasseyâmes-
langueyâmes-
aboyâmes-
giboyâmes-
flamboyâmes-
ondoyâmes-
verdoyâmes-
coudoyâmes-
soudoyâmes-
rudoyâmes-
choyâmes-
ployâmes-
reployâmes-
déployâmes-
employâmes-
remployâmes-
larmoyâmes-
atermoyâmes-
noyâmes-
bornoyâmes-
tournoyâmes-
broyâmes-
foudroyâmes-
poudroyâmes-
charroyâmes-
guerroyâmes-
corroyâmes-
octroyâmes-
fossoyâmes-
grossoyâmes-
chatoyâmes-
fêtoyâmes-
apitoyâmes-
jointoyâmes-
rejointoyâmes-
côtoyâmes-
festoyâmes-
nettoyâmes-
tutoyâmes-
dégravoyâmes-
dévoyâmes-
envoyâmes-
renvoyâmes-
convoyâmes-
fourvoyâmes-
louvoyâmes-
ennuyâmes-
désennuyâmes-
appuyâmes-
essuyâmes-
ressuyâmes-
Aussi âmes (1)

zâmes

gazâmes-
nous enlizâmes-
bronzâmes-

1. *Voy. remarque des mots pluriels à l'avertissement.*

Voy. sâmes doux; aussi âmes (1)

èmes

(1) pandèmes

aïmes

haïmes-
nous-entre-haïmes-

Aussi de bleuîmes à écrouîmes, hîmes; plus obéîmes et désobéîmes (1)

bîmes

fourbîmes-
(1) subîmes-

cîmes

étrécîmes-
rétrécîmes-
chancîmes-
rancîmes-
amincîmes-
circoncîmes-
farcîmes-
éclaircîmes-
noircîmes-
renoircîmes-
enforcîmes-
obscurcîmes-
durcîmes-
endurcîmes-
rendurcîmes-
accourcîmes-
raccourcîmes-
doucîmes-
adoucîmes-
radoucîmes-

Voy. sîmes précédé d'une consonne (1)

dîmes

dîmes-
affadîmes-
redîmes-
contredîmes-
dédîmes-
tiédîmes-
attiédîmes-
médîmes-
prédîmes-
enlaidîmes-
désenlaidîmes-
raidîmes-
déraidîmes-
roidîmes-
déroidîmes-
froidîmes-
refroidîmes-
candîmes-
épandîmes-
répandîmes-
brandîmes-
grandîmes-
agrandîmes-
ragrandîmes-
descendîmes-
redescendîmes-
condescendîmes-
fendîmes-
refendîmes-
défendîmes-
pourfendîmes-
resplendîmes-
pendîmes-
rependîmes-
dépendîmes-
appendîmes-
suspendîmes-
rendîmes-
tendîmes-
retendîmes-
étendîmes-
détendîmes-
prétendîmes-
entendîmes-
sous-entendîmes-
distendîmes-
sous-tendîmes-
attendîmes-
vendîmes-
revendîmes-
mévendîmes-
survendîmes-
bondîmes-
rebondîmes-
fondîmes-
refondîmes-
confondîmes-
approfondîmes-
parfondîmes-
morfondîmes-
pondîmes-
répondîmes-
n. entre-répondîmes-
correspondîmes-
arrondîmes-
tondîmes-
retondîmes-
enhardîmes-
agaillardîmes-
ragaillardîmes-
abatardîmes-
perdîmes-
reperdîmes-
interdîmes-
verdîmes-
reverdîmes-
mordîmes-
remordîmes-
démordîmes-
tordîmes-
retordîmes-
détordîmes-
distordîmes-
ourdîmes-
dégourdîmes-
engourdîmes-
alourdîmes-
abalourdîmes-
abasourdîmes-
assourdîmes-
étourdîmes-
rebaudîmes-
nous ébaudîmes-
nous gaudîmes-
applaudîmes-
(1) maudîmes-

éîmes

obéîmes-
désobéîmes-

Voy. de bleuîmes à écrouîmes, hîmes et aussi haïmes (1)

fîmes

fîmes-
refîmes-
contrefîmes-
défîmes-
redéfîmes-
méfîmes-
bouffîmes-
suffîmes-
malfîmes-
confîmes-
déconfîmes-
parfîmes-
surfîmes-
(1) satisfîmes-

gîmes

agîmes-
réagîmes-
assagîmes-
vagîmes-
allégîmes-
régîmes-
élargîmes-
rélargîmes-
surgîmes-
mugîmes-
rougîmes-
dérougîmes-
(1) rugîmes-

hîmes

nous ébahîmes-
trahîmes-
envahîmes-

Voy. de bleuîmes à écrouîmes, plus obéîmes, désobéîmes, haîmes (1)

chîmes

nous avachîmes-
fléchîmes-
réfléchîmes-
infléchîmes-
fraîchîmes-
rafraîchîmes-
défraîchîmes-
enrichîmes-
blanchîmes-
reblanchîmes-
franchîmes-
affranchîmes-
gauchîmes-
(1) dégauchîmes-

lîmes

salîmes-
pâlîmes-
établîmes-
préétablîmes-
rétablîmes-
faiblîmes-
affaiblîmes-
anoblîmes-
ennoblîmes-
ameublîmes-
ensevelîmes-
désensevelîmes-
avilîmes-
ravilîmes-
embellîmes-
faillîmes-
défaillîmes-
jaillîmes-
rejaillîmes-
saillîmes-
assaillîmes-
tressaillîmes-
vieillîmes-
envieillîmes-
cueillîmes-
accueillîmes-
recueillîmes-
enorgueillîmes-
bouillîmes-
rebouillîmes-
mollîmes-
amollîmes-
ramollîmes-
abolîmes-
raffolîmes-
démolîmes-
polîmes-
repolîmes-
dépolîmes-
emplîmes-
remplîmes-
désemplîmes-
accomplîmes-
assouplîmes-

mîmes

mîmes-
admîmes-
réadmîmes-
remîmes-
nous entremîmes-
émîmes-
démîmes-
gémîmes-
blêmîmes-
frémîmes-
commîmes-
promîmes-
compromîmes-
vomîmes-
revomîmes-
affermîmes-
raffermîmes-
permîmes-
dormîmes-
redormîmes-
endormîmes-
rendormîmes-
renformîmes-
(1) soumîmes-

nîmes

[*G.*] Nîmes
aplanîmes-
bénîmes-
rebénîmes-
plaignîmes-
craignîmes-
contraignîmes-
ceignîmes-
enceignîmes-
feignîmes-
geignîmes-
peignîmes-
repeignîmes-
dépeignîmes-
enfreignîmes-
épreignîmes-
empreignîmes-
étreignîmes-
astreignîmes-
restreignîmes-
teignîmes-
reteignîmes-
éteignîmes-
déteignîmes-
atteignîmes-
ratteignîmes-
aveignîmes-
oignîmes-
joignîmes-
adjoignîmes-
rejoignîmes-
déjoignîmes-
enjoignîmes-
conjoignîmes-
disjoignîmes-
poignîmes-
assainîmes-
finîmes-
définîmes-
prófinîmes-
bannîmes-
hennîmes-
abonnîmes-
rabonnîmes-
honnîmes-
agonîmes-
garnîmes-
regarnîmes-
dégarnîmes-

1. *Voy. remarque des mots pluriels à l'avertissement.*

ternîmes-
vernîmes-
racornîmes-
fournîmes-
parfournîmes-
unîmes-
jaunîmes-
rajeunîmes-
réunîmes-
munîmes-
démunîmes-
prémunîmes-
punîmes-
brunîmes-
rembrunîmes-
(1) désunîmes-

pîmes

nous clapîmes-
glapîmes-
nous tapîmes-
crépîmes-
recrépîmes-
décrépîmes-
échampîmes-
réchampîmes-
opîmes
rompîmes-
interrompîmes-
corrompîmes-
déguerpîmes-
croupîmes-
n. accroupîmes-
(1) assoupîmes-

rîmes

rîmes-
tarîmes-
assombrîmes-
attendrîmes-
amoindrîmes-
ramoindrîmes-
chérîmes-
enchérîmes-
renchérîmes-
surenchérîmes-
pérîmes-
dépérîmes-
guérîmes-
offrîmes-
mésoffrîmes-
souffrîmes-
aigrîmes-
maigrîmes-
amaigrîmes-
ramaigrîmes-
démaigrîmes-
emmaigrîmes-
rabougrîmes-
endolorîmes-
prîmes-
reprîmes-
entreprîmes-
déprîmes-
nous méprîmes-
nous éprîmes-
comprîmes-
apprîmes-
rapprîmes-
désapprîmes-
surprîmes-
équarrîmes-
terrîmes-
atterrîmes-
aguerrîmes-
nourrîmes-
pourrîmes-
flétrîmes-
pétrîmes-
meurtrîmes-
fleurîmes-
refleurîmes-
défleurîmes-
ahurîmes-
mûrîmes-
sourîmes-
surîmes-
appauvrîmes-
ouvrîmes-
couvrîmes-
recouvrîmes-
découvrîmes-
rouvrîmes-
(1) entr'ouvrîmes-

sîmes

saisîmes-
nous dessaisîmes-
ressaisîmes-
choisîmes-
moisîmes-
cuisîmes-
recuisîmes-
traduisîmes-
déduisîmes-
réduisîmes-
séduisîmes-
enduisîmes-
renduisîmes-
induisîmes-
conduisîmes-
reconduisîmes-
éconduisîmes-
produisîmes-
reproduisîmes-
introduisîmes-
détruisîmes-
n. entre-détruisîmes-
instruisîmes-
construisîmes-
reconstruisîmes-
Aussi cousî-mes, recousîmes, décousîmes (1)

sîmes

transîmes-
sursîmes-
assîmes-
rassîmes-
épaissîmes-
grossîmes-
dégrossîmes-
réussîmes-
roussîmes-
Voy. cimes (1)

sîmes

cousîmes-
recousîmes-
décousîmes-
Aussi de saisîmes à reconstruisîmes (1)

tîmes

embatîmes-
catîmes-
décatîmes-
aplatîmes-
amatîmes-
compatîmes-
bâtîmes-
rebâtîmes-
débâtîmes-
pâtîmes-
assujétîmes-
abêtîmes-
rabêtîmes-
vêtîmes-
revêtîmes-
nous dévêtîmes-
ramoitîmes-
anéantîmes-
nantîmes-
nous dénantîmes-
garantîmes-
appesantîmes-
empuantîmes-
ralentîmes-
mentîmes-
démentîmes-
nous repentîmes-
sentîmes-
consentîmes-
assentîmes-
ressentîmes-
pressentîmes-
retentîmes-
rapointîmes-
appointîmes-
cotîmes-
lotîmes-
rôtîmes-
partîmes-
repartîmes-
départîmes-
répartîmes-
sertîmes-
dessertîmes-
avertîmes-
n. entre-avertîmes-
subvertîmes-
divertîmes-
invertîmes-
convertîmes-
pervertîmes-
intervertîmes-
amortîmes-
* sortîmes-
assortîmes-
rassortîmes-
désassortîmes-
* ressortîmes-
travestîmes-
investîmes-
désinvestîmes-
battîmes-
abattîmes-
rabattîmes-
rebattîmes-
n. entre-battîmes-
débattîmes-
nous ébattîmes-
combattîmes-
assujettîmes-
blettîmes-
nous blottîmes-
aboutîmes-
raboutîmes-
emboutîmes-
engloutîmes-
abrutîmes-
(1) débrutîmes-

uîmes

bleuîmes-
fuîmes-
nous enfuîmes-
languîmes-
alanguîmes-
ouîmes-
fouîmes-
enfouîmes-
serfouîmes-
jouîmes-
réjouîmes-
éblouîmes-
épanouîmes-
nous évanouîmes-
rouîmes-
brouîmes-
écrouîmes-
Voy. hîmes; plus haîmes-, obéîmes- et désobéîmes (1)

quîmes

naquîmes-
renaquîmes-
acquîmes-
requîmes-
nous enquîmes-
vainquîmes-
convainquîmes-
conquîmes-
(1) reconquîmes-

vîmes

vîmes-
havîmes-
ravîmes-
gravîmes-
revîmes-
entrevîmes-
prévîmes-
sévîmes-
écrivîmes-
décrivîmes-
récrivîmes-
prescrivîmes-
transcrivîmes-
retranscrivîmes-
inscrivîmes-
circonscrivîmes-
proscrivîmes-
souscrivîmes-
suivîmes-
n. entre-suivîmes-
poursuivîmes-
servîmes-
asservîmes-
desservîmes-
resservîmes-
chauvîmes-
(1) assouvîmes-

sommes

(1) sommes-

înmes

tînmes-
obtînmes-
retînmes-
entretînmes-
détînmes-
maintînmes-
contînmes-
appartînmes-
nous abstînmes-
soutînmes-
vînmes-
mésavînmes-
subvînmes-
advînmes-
mésadvînmes-
devînmes-
redevînmes-
revînmes-
contrevînmes-
prévînmes-
convînmes-
circonvînmes-
disconvînmes-
provînmes-
parvînmes-
intervînmes-
survînmes-
nous souvînmes-
(1) n. ressouvînmes-

ermes

échinodermes
(1) thermes

bûmes

bûmes-
rebûmes-
(1) nous embûmes-

cûmes

vécûmes-

1. *Voy. remarque des mots pluriels à l'avertissement.*

revécûmes-
(1) survécûmes-

çûmes
reçûmes-
déçûmes-
conçûmes-
préconçûmes-
perçûmes-
aperçûmes-
Voy. sûmes- (1)

dûmes
dûmes-
(1) redûmes-

eûmes
(1) eûmes-

fûmes
(1) fûmes-

chûmes
échûmes-
(1) déchûmes-

lûmes
lûmes-
valûmes-
revalûmes-
prévalûmes-
équivalûmes-
inclûmes-
conclûmes-
exclûmes-
relûmes-
élûmes-
réélûmes-
résolûmes-
plûmes-
déplûmes-
complûmes-
moulûmes-
remoulûmes-
émoulûmes-
rémoulûmes-
(1) voulûmes-

mûmes
mûmes-
(1) émûmes-

nûmes
connûmes-
reconnûmes-
(1) méconnûmes-

pûmes
pûmes-
(1) repûmes-

rûmes
parûmes-
reparûmes-
comparûmes-
apparûmes-
disparûmes-
* crûmes-
accrûmes-
recrûmes-
décrûmes-
mécrûmes-
courûmes-
accourûmes-
recourûmes
secourûmes-
n. entre-secourûmes-
encourûmes-
concourûmes-
parcourûmes-
discourûmes-
mourûmes-

sûmes
sûmes-
Voy. çûmes (1)

tûmes
(1) tûmes-

vûmes
(1) pourvûmes-

ânes
mânes
(1) atellanes

ènes
[G.] Athènes
prolégomènes
[G.] Gênes

ines
coupe-racines
malines
[G.] Philippines
latrines
(1) matines

annes
[G.] Cannes
(1) [G.] Vannes

ennes
[G.] Vincennes
[G.] Ardennes
[G.] Valenciennes
[G.] Eoliennes
[G.] Rennes
[G.] Cévennes
Voy. ènes et Suresnes (1)

ones
dicotylédones
[M.] Gorgones
nones
[H.] (1) Amazones

esnes
Suresnes
Voy. ènes et ennes (1)

unes
(1) runes

Alpes
[G.] (1) Alpes

opes
(1) opes

erpes
(1) herpes

ares
[G.] Baléares
porte-cigares
(1) lares

èbres
(1) ténèbres

ombres
(1) décombres

ondres
[G.] (1) Londres

ères
crucifères
cupulifères
larmières
[G.] Armentières
porte-étrivières
[G.] Mézières
célères
lépidoptères
hyménoptères
ch(é)iroptères
névroptères
[G.] Hyères
spongiaires
apiaires
entozoaires
protozoaires
sacramentaires

oires
(1) infusoires

çores
[G.] Açores
flores
osanores
Flores avec ess, facies, ès, et Metz

êpres
(1) vêpres

êtres
ancêtres
(1) êtres

artres
[G.] (1) Chartres

ostres
planirostres
ténuirostres

aures
Maures
Centaures

ures
vermiculures
lémures
peignures
(1) balayures

èvres
[G.] Sèvres
[G.] (1) Deux-Sèvres

ouvres
[G.] (1) Douvres

ses
ses

ases
(1) arases

oises
(1) tricoises

isses
jectisses
cent-suisses
Voy. ices (1)

tes
tes

ates
(1) pénates
Pour les rimes en

âtes
le pluriel des mots en âte et la 2e pers. du pluriel du pass. défini de tous les verbes qui existent à la 1ère personne du même temps de syllabâmes à bronzâmes. [Pages 180 à 193].

ectes
pandectes
analectes
catalectes
(1) pleuronectes

ètes
suffètes
agapètes
êtes-
Voy. ettes (1)

ites
israélites
Aussi zoophytes (1)
Pour les rimes en

îtes
long : la 2me pers. du plu. du pass. défini des verbes qui existent à la 1re pers. du même temps de haîmes à chauvîmes, [pages 193 à 195] à l'exception de contredîmes, dédîmes, médîmes, prédîmes et maudîmes

eltes
[H.] (1) Celtes

antes
[G.] Mantes
[G.] (1) Nantes

întes
tîntes-
obtîntes-
retîntes-
entretîntes-
détîntes-
maintîntes-
contîntes-
appartîntes-
vous abstîntes-
soutîntes-
vîntes-
mésavîntes-
subvîntes-
advîntes-
mésadvîntes-
devîntes-
redevîntes-
revîntes-
contrevîntes-
prévîntes-
convîntes-
circonvîntes-
disconvîntes-
provîntes-
parvîntes-
intervîntes-
survîntes-
vous souvîntes-
vous ressouvîntes-

iotes
(1) phanariotes

ertes
(1) certes

irtes
[H.] Sirtes
(1) ou Syrtes

astes
(1) iconoclastes

1. *Voy. remarque des mots pluriels à l'avertissement.*

ettes
pincettes
poucettes
mouchettes
porte-mouchettes
oubliettes
rillettes
porte-allumettes
goguettes
olivettes

Voy. êtes (1)

ottes
(1) brise-mottes

eutes
(1) thérapeutes

utes
(1) institutes

Pour les rimes en

ûtes
le pluriel des mots en ûte long et la 2e pers. du plur. du pass. défi. des verbes qui existent à la 1re pers. du plur. du même temps de bûmes à pourvûmes Page 195.

ytes
zoophytes
Aussi Israélites (1)

ugues
(1) Hugues

aques
dionysiaques
contre-attaques
Pâques
(1) Jacques

èques
obsèques
(1) Aztèques

iques
pythiques
isthmiques
[G.] (1) Iles Britanniques

asques
(1) [G.] Basques

usques
(1) mollusques

rues
(1) écrues

aves
[G.] (1) Scandinaves

èves
[G.] (1) Trèves

ives
archives
(1) avives

ilves
silves
(1) ou sylves

Yves
(1) Yves

oyes
[G.] (1) Troyes

ès
ès
abcès
accès
succès
insuccès
décès
prédécès
procès
excès
dès
profès
aspergès
[M.] *Oxygès*
népenthès
Gonzalès
Periclès
Damoclès
annelés
Méphistophélès
hermès
kermès
alkermès
Agnès
Sainte Agnès
coordonnés
rayonnés
aloès
kakatoès
herpès
palmarès
vertébrés
[M.] *Cérès*
[H.] *Xérès*
grès
agrès
congrès
progrès
près
après
auprès
à peu près
exprès
cyprès
très
prémontrés
édentés
cortès
pataquès
porte-clefs

Avec les mots en italique aussi ess, et es, Metz, facies et flores; avec les autres : pieds et ses composés, ets, ez, et les (1)

œufs
(1) bœufs

egs
legs
(1) prélegs

ochs
(1) aurochs

oths
[H.] Goths
[H.] Wisigoths
[H.] (1) Ostrogoths

ais
ais
rabais
[G.] Tarbais
[G.] Français
[G.] Gapençais
dais
dadais
[G.] Hollandais
[G.] Groenlandais
[G.] Finlandais
[G.] Néerlandais
[G.] Irlandais
[G.] Islandais
forfais-
[G.] Portugais
chais
[G.] Beaumarchais
biais
à contre-biais
liais
niais
attrape-niais
jais
[G.] New-Yorkais
lais
balais
[G.] Calais
[G.] Pas-de-Calais
malais
palais
[L.] Rabelais
[G.] Bordelais
[G.] Rochelais
relais
[G.] Anglais
[G.] Versaillais
[G.] Marseillais
[G.] Antillais
[G.] Congolais
mais
jamais
désormais
[G.] Albanais
[G.] Montalbanais
[G.] Sedanais
[G.] Orléanais
[G.] Milanais
panais
séquanais
[G.] Javanais
[G.] Caenais
[G.] Agenais
[G.] Gâtinais
[G.] Perpignannais
[G.] Caennais
[G.] Ardennais
[G.] Rouennais
[G.] Cayennais
[G.] Bourbonnais
[G.] Mâconnais
[G.] Alençonnais
[G.] Argonnais
[G.] Dijonnais
[G.] Chalonnais
[G.] Avallonnais
[G.] Boulonnais
[G.] Toulonnais
[G.] Avignonnais
[G.] Carcassonnais
[G.] Lyonnais
[G.] Barcelonais
[G.] Polonais
[G.] Boulonais
[G.] Japonais
[G.] Béarnais
harnais
[G.] Nivernais
punais
épais
rais
marais
[G.] Calabrais
frais
ségrais
engrais
[G.] Navarrais
[G.] Havrais
[G.] Écossais
[G.] Vannetais
[G.] Maltais
[G.] Nantais
[G.] Charentais
[G.] Piémontais
[G.] Chaumontais
[G.] Niortais
guais
ouais!
laquais
[G.] Aurillaquais
vais-
Gervais
[G.] Beauvais
mauvais

Voy. le plur. de ai, ait, êt, ex, aix; *voy.* aussi ez et la 1re pers. du singulier en ais de certains temps de verbes qui existent en ait de épandait à bronzait et en a de syllaba à bronza; ces formes de verbes étant fort nombreuses, tenir compte de la consonne d'appui

ïs
maïs
bis
bis
tabis
brebis
ibis
[G.] *Galibis*
pubis
rubis
lacis
glacis
macis
occis-
indécis
précis
[H.] *De Médicis*
concis
circoncis
incirconcis
poncis
froncis
cadis
jadis
radis
paradis
maravédis
Grisélidis
viandis
salmigondis
De profundis
taudis
réis
salsifis
logis
[G.] *Walpurgis*
hachis
rachis
arrachis
gâchis
guillochis
orchis

1. *Voy. remarque des mots pluriels à l'avertissement.*

torchis
couchis
[H.] *Memphis*
makis
lis
palis
Chablis
volubilis
chamaillis
paillis
houraillis
taillis
treillis
gribouillis
barbouillis
fouillis
gargouillis
margouillis
patrouillis
gazouillis
amaryllis
[G.] *Senlis*
colis
torticolis
nolis
propolis
rossolis
surplis
courlis
gaulis
éboulis
coulis
mâchicoulis
roulis
tamis
semis
[M.] *Thémis*
[M.] *Artémis*
salmis
commis
fidéicommis
compromis
permis
renformis
hormis
insoumis
anis
St-Denis
lawn-tennis
[M.] *Adonis*
vernis
tournis
[G.] Etats-Unis
[G.] *Tunis*
Avec les mots en italique qui ont l's sonore, *voy.* **is**, de **apis** à **beau-fils**, ix sonore, iss et Téthys. Avec les autres voyez is de pis à Alexis, pays, le pluriel de i, id, it insonores et la 1re personne en is de verbes qui existent de fourbit à assouvit. [Pages 235 à 237] Tenir compte autant que possible de la consonne d'appui.

ois

bois
perce-bois
garde-bois
sainbois
mort-bois
hautbois
[G.] Niçois
François
[G.] Badois
[G.] Privadois
[G.] Suédois
[H.] Vaudois
villageois
[G.] Arrageois
[G.] Liégeois
[G.] Ariégeois
grégeois
[H.] Albigeois
* Bourgeois
franc-bourgeois
[G.] Brandebourgeois
[G.] Fribourgeois
[G.] Hambourgeois
[G.] Luxembourgeois
[G.] Cherbourgeois
[G.] Strasbourgeois
[G.] Pétersbourgeois
fois
autrefois
toutefois
quelquefois
parfois
souventes fois
guingois
[G.] Ardéchois
[G.] Zurichois
anchois
[G.] Auchois
[G.] Cauchois
[G.] Balois
[G.] Blois
[G.] Grenoblois
[G.] Bruxellois
[G.] Lillois
[G.] Abbevillois
[H.] Gaulois
mois
[G.] Amstellodamois
chamois
siamois
[G.] Rémois
[G.] Nîmois
[G.] Angoumois
[G.] Danois
[G.] Stéphanois
[G] Champenois
[G.] Dracénois
[G.] Génois
[G.] Amiénois
alénois
[G.] Chinois
[G.] Cochinchinois
[G.] Dauphinois
[G.] Carthaginois
[G.] Tonkinois
[G.] Berlinois
minois
en tapinois
[G.] Constantinois
[G.] Valentinois
[G.] Valenciennois
[G.] Viennois
[G.] Rennois
[G.] Finnois
[G.] Laonnois
[G.] Bernois
sournois
tournois
[G.] Melodunois
[G.] Verdunois
[G.] Melunois
[G.] Autunois
pois
épois
empois
[G.] Dieppois
[G.] Audomarois
[G.] Bavarois
[G.] Quimpérois
[G.] Hongrois
[G.] Barrois
[G.] Auxerrois
trois
[G.] Blésois
ou Blaisois
[G.] Anversois
cacatois
matois
patois
[G.] Crétois
[G.] Franc-Comtois
[G.] Gantois
pantois
[G.] Clermontois
courtois
discourtois
[G.] Brestois
[G.] Cettois
putois
[G.] Aurillaquois
souriquois
iroquois
carquois
narquois
[G.] Dunkerquois
pavois
gravois
[G.] Genevois
grivois
[H.] Louvois
[G.] Aixois
Voy. oix, poids et contrepoids, le pluriel des mots en oi, oit, oid et de doigt; *voy.* aussi la 1re personne du singulier en ois des verbes qui existent en oit de boit à pourvoit [Page 236]

is

pis
apis
lapis
tapis
ris
tamaris
panaris
[G.] Paris
[M.] *Pâris*
bris
débris
lambris
gris
vert-de-gris
petit-gris
iris
[M.] *Iris*
[M.] *Osiris*
piloris
coloris
repris
entrepris
mépris
incompris
appris
malappris
pourpris
cauris
souris
chauve-souris
* sis-
phtiriasis
éléphantiasis
oasis
[M.] *Némésis*
[M.] *Isis*
parisis
brisis
reversis
sursis
cassis
ramassis
rassis
châssis
contre-châssis
pressis
troussis
retroussis
abatis
locatis
paréatis
gratis
isatis
pâtis
feuilletis
plumetis
grénetis
cliquetis
métis
appentis
pilotis
à remotis
clapotis
myosotis
tortis
lattis
frottis
culbutis
boutis
cailloutis
buis
huis
cambouis
* Louis
puis
depuis
maquis
pâquis
croquis
marquis
exquis
suis-
pertuis
mille-pertuis
vis-
vis
avis
lavis
vis-à-vis
devis
cochevis
pont-levis
chènevis
tournevis
revis-
entrevis-
porte-vis
prévis-
indivis
[H.] *Clovis*
parvis
dervis
chervis
mauvis
taxis
épistaxis
Alexis
fils
petit-fils
arrière-petit-fils
beau-fils
Avec les mots en italique qui ont l's sonore *voy.* *is* de *maïs* à *Tunis*, ix so-

1. *Voy. remarque des mots pluriels à l'avertissement.*

nore iss et Téthys. Avec les autres, voy. is de bis à Etats-Unis, pays, le plur. de i, id, it insonores et la 1re personne en is des verbes qui existent de fourbit à assouvit [Pages 235 à 237]. Tenir compte autant que possible de la consonne d'appui.

ouls

pouls

Voy. ous, oux aussi Doubs (1)

ams

rams

Ems

[*G.*] Ems

ims

[*G.*] Reims

Aussi Rubens, tremens et virens (1)

ans

dans
dedans
au dedans
céans
[*G.*] Orléans
[*G.*] Balkans
Le Mans
sans
[*M.*] Titans
[*I.*] *St-Saëns*
[*I.*] *Rubens*
cens
encens

Avec Rubens, *voy.* Reims, délirium tremens et semper-virens; avec St-Saëns et cens, *voy.* sens et ses composés et ranz. Avec les autres, de guet-apens à pressens; aussi temps et défends (1)

ens

[*H.*] (1) Armorrhéens

ens

néméens
amphibiens
sélaciens
batraciens
asciens
amphisciens
hétérosciens
[*H.*] Carlovingiens
acanthoptérygiens
saliens
[*H.*] Eoliens
[*G.*] Amiens
iguaniens
caméléoniens
chéloniens
alcyoniens
sauriens
lémuriens
tiens-
obtiens-
retiens-
entretiens-
détiens-
Capétiens
maintiens-
contiens-
appartiens-
m'abstiens-
soutiens-
viens-
mésaviens-
subviens-
adviens-
mésadviens-
deviens-
redeviens-
reviens-
contreviens-
préviens
conviens-
circonviens-
disconviens-
proviens-
parviens-
interviens-
surviens-
se souviens-
se ressouviens-

Voy. ins (1)

ens

delirium tremens
guet-apens
dépens
en suspens
semper-virens
mens-
démens-
me repens-
sens-
* *sens*
contre sens
consens-
non-sens
assens-
ressens-
pressens-

Avec les deux premiers mots en italique Reims, Rubens, avec les trois autres, aussi St-Saëns, cens et ranz. Avec les autres mots *voy.* ans (1).

ins

[*G*]. Aix-les-Bains
plains-
crains-
contrains-
sylvains
ceins-
enceins-
feins-
geins-
peins-
repeins-
dépeins-
enfreins-
épreins-
empreins-
étreins-
astreins-
restreins-
teins-
reteins-
éteins-
déteins-
atteins-
ratteins-
aveins-
confins
Gobelins
[*G.*] Apennins
oins-
joins-
adjoins-
rejoins-
déjoins-
conjoins-
disjoins-
moins
néanmoins
poins-
tins-
[*H.*] Latins
obtins-
retins-
entretins-
détins-
maintins-
contins-
appartins-
m'abstins-
soutins-
[*G.*] Bédouins
lambrequins
vins-
mésavins-
subvins-
advins-
mésadvins-
devins-
redevins-
revins-
contrevins-
prévins-
convins-
circonvins-
disconvins-
[*G.*] * Provins-
parvins-
intervins-
survins-
me souvins-
me ressouvins-

Voy. éens, iens (1)

bons

syllabons-
imbibons-
inhibons-
prohibons-
exhibons-
enjambons-
flambons-
regimbons-
bombons-
succombons-
incombons-
plombons-
déplombons-
surplombons-
tombons-
retombons-
gobons-
cohobons-
englobons-
dérobons-
ébarbons-
gerbons-
engerbons-
herbons-
éherbons-
enherbons-
désherbons-
absorbons-
résorbons-
débourbons-
embourbons-
désembourbons-
courbons-
recourbons-
fourbons-
daubons-
cubons-
adoubons-
radoubons-
tubons-
(1) titubons-

çons

effaçons-
agaçons-
laçons-
entrelaçons-
délaçons-
glaçons-
enlaçons-
plaçons-
replaçons-
déplaçons-
remplaçons-
grimaçons-
menaçons-
espaçons-
traçons-
dépeçons-
rapiéçons-
dépiéçons-
poliçons-
épiçons-
manigançons-
fiançons-
lançons-
balançons-
contre-balançons-
relançons-
nous élançons-
forlançons-
décontenançons-
finançons-
ordonnançons-
garançons-
tançons-
distançons-
quittançons-
nuançons-
avançons-
devançons-
cadençons-
agençons-
ensemençons-
réensemençons-
commençons-
recommençons-
influençons-
eminçons-
coinçons-
pinçons-
rinçons-
grinçons-
évinçons-
fonçons-
défonçons-
enfonçons-
renfonçons-
engonçons-
semonçons-
renonçons-
énonçons-
dénonçons-
annonçons-

1. *Voy. remarque des mots pluriels à l'avertissement.*

prononçons-
ponçons-
fronçons-
défronçons-
berçons-
gerçons-
tierçons-
commerçons-
perçons-
reperçons-
n. entre-perçons
transperçons-
terçons-
reterçons-
exerçons-
écorçons-
forçons-
nous efforçons-
renforçons-
amorçons-
divorçons-
acquiesçons-
immisçons-
sauçons-
exauçons-
courrouçons-
épuçons-
suçons-

Voy. sons dur, xons (1)

dons

gambadons-
barricadons-
débarricadons-
estocadons-
embrigadons-
escaladons-
estafiladons-
tailladons-
pommadons-
nous panadons-
estrapadons-
radons-
paradons-
déradons-
dégradons-
rétrogradons-
palissadons-
persuadons-
dépersuadons-
dissuadons-
nous évadons-
cédons-
abcédons-
accédons-
succédons-
recédons-
décédons-
prédécédons-
précédons-
concédons-
procédons-
rétrocédons-
intercédons-
excédons-
exhérédons-
obsédons-
possédons-
dépossédons-
aidons-
plaidons-
nous entr'aidons-
décidons-
homicidons-
nous suicidons-
coïncidons-
élucidons-
validons-
revalidons-
invalidons-
élidons-
consolidons-
reconsolidons-
pyramidons-
intimidons-
lapidons-
dilapidons-
ridons-
bridons-
rebridons-
débridons-
déridons-
résidons-
présidons-
cuidons-
guidons-
liquidons-
vidons-
dévidons-
survidons-
soldons-
bandons-
rebandons-
débandons-
scandons-
brigandons-
n. dégingandons
marchandons-
affriandons-
viandons-
achalandons-
désachalandons-
brelandons-
hollandons-
enguirlandons-
mandons-
demandons-
redemandons-
contremandons-
quémandons-
réprimandons-
commandons-
recommandons-
décommandons-
gourmandons-
épandons-
répandons-
faisandons-
truandons-
descendons-
redescendons-
condescendons-
fendons-
refendons-
défendons-
pourfendons-
appréhendons-
amendons-
ramendons-
sous-amendons-
émendons-
pendons-
rependons-
dépendons-
vilipendons-
appendons-
suspendons-
rendons-
tendons-
retendons-
étendons-
détendons-
prétendons-
entendons-
sous-entendons-
distendons-
sous-tendons-
attendons-
vendons-
revendons-
mévendons-
survendons-
scindons-
rescindons-
blindons-
guindons-
bondons-
abondons-
vagabondons-
surabondons-
débondons-
secondons-
fécondons-
* fondons-
refondons-
confondons-
parfondons-
morfondons-
gondons-
mondons-
émondons-
inondons-
pondons-
répondons-
n. entre-répondons
correspondons-
frondons-
grondons-
sondons-
tondons-
retondons-
inféodons-
godons-
démodons-
accommodons-
raccommodons-
incommodons-
brodons-
érodons-
corrodons-
* rôdons-
bardons-
débardons-
bombardons-
oscobardons-
jobardons-
cardons-
placardons-
recardons-
bocardons-
brocardons-
dardons-
fardons-
cafardons-
gardons-
regardons-
n. entre-regardons
sauvegardons-
hardons-
mouchardons-
liardons-
lardons-
entre-lardons-
billardons-
canardons-
renardons-
goguenardons-
cagnardons-
acagnardons-
mignardons-
poignardons-
hasardons-
nasardons-
musardons-
tardons-
retardons-
pétardons-
attardons-
bavardons-
nous lézardons-
perdons-
reperdons-
bordons-
abordons-
rebordons-
débordons-
transbordons-
cordons-
accordons-
raccordons-
s'entre-accordons-
désaccordons-
recordons-
décordons-
concordons-
discordons-
mordons-
remordons-
démordons-
tordons-
retordons-
détordons-
distordons-
hourdons-
clabaudons-
badaudons-
échafaudons-
nigaudons-
trigaudons-
échaudons-
baguenaudons-
minaudons-
maraudons-
taraudons-
fraudons-
levraudons-
bretaudons-
courtaudons-
ravaudons-
marivaudons-
galvaudons-
éludons-
préludons-
dénudons-
boudons-
coudons-
nous accoudons-
soudons-
dessoudons-
ressoudons-
transsudons-
exsudons-
oxydons-
suroxydons-
(1) désoxydons-

geons

pacageons-
saccageons-
encageons-
gageons-
dégageons-
engageons-
réengageons-
rengageons-
verbiageons-
treillageons-
grillageons-
soulageons-
ramageons-
imageons-
dédommageons-
endommageons-
hommageons-
nageons-
apanageons-
ménageons-
aménageons-
déménageons-
emménageons-
surnageons-
propageons-
rageons-
ombrageons-
arrérageons-
naufrageons-
enrageons-
fourrageons-
affourrageons-
outrageons-
décourageons-
encourageons-
ouvrageons-
présageons-

1. *Voy. remarque des mots pluriels à l'avertissement.*

dévisageons-
envisageons-
passageons-
étageons-
avantageons-
désavantageons-
partageons-
repartageons-
départageons-
copartageons-
quartageons-
ravageons-
voyageons-
siégeons-
assiégeons-
allégeons-
arpégeons-
abrégeons-
agrégeons-
désagrégeons-
protégeons-
rédigeons-
figeons-
obligeons-
nous entr'obligeons-
désobligeons-
affligeons-
infligeons-
négligeons-
colligeons-
fumigeons-
érigeons-
dirigeons-
corrigeons-
recorrigeons-
transigeons-
mitigeons-
voltigeons-
fustigeons-
exigeons-
vendangeons-
changeons-
rechangeons-
échangeons-
mélangeons
mangeons-
remangeons-
nous entre-mangeons-
démangeons-
rangeons-
dérangeons-
frangeons-
engrangeons-
arrangeons-
essangeons-
louangeons-
vengeons-
singeons-
longeons-
allongeons-
rallongeons-
prolongeons-
plongeons-
replongeons-
forlongeons-
épongeons-
rongeons-
songeons-
logeons-
délogeons-
abrogeons-
subrogeons-
dérogeons-
prorogeons-
nous arrogeons-
interrogeons-
chargeons-
rechargeons-
déchargeons-
surchargeons-
margeons-
émargeons-
hébergeons-
nous gobergeons-
submergeons-
émergeons-
immergeons-
aspergeons-
détergeons-
abstergeons-
vergeons-
divergeons-
envergeons-
convergeons-
forgeons-
reforgeons-
gorgeons-
regorgeons-
égorgeons-
dégorgeons-
n entr'égorgeons-
engorgeons-
n rengorgeons-
désengorgeons-
purgeons-
expurgeons-
n insurgeons-
jaugeons-
pataugeons-
jugeons-
subjugeons-
adjugeons-
déjugeons-
méjugeons-
préjugeons-
bougeons-
grugeons-
(1) égrugeons-

éons

suppléons-
réons-
créons-
recréons-
récréons-
procréons-
gréons-
agréons-
ragréons-
désagréons-
dégréons-
maugréons-
guéons-

Voy. ions, uons

non précédé de g ou de q. (1)

fons

parafons-
agrafons-
ragrafons-
désagrafons-
gaffons-
piaffons-
fieffons-
greffons-
biffons-
nous rebiffons-
coiffons-
recoiffons-
décoiffons-
griffons-
nous agriffons-
ébouriffons-
suiffons-
étoffons-
chauffons-
échauffons-
réchauffons-
surchauffons-
bouffons-
pouffons-
étouffons-
truffons-
tarifons-
attifons-
lofons-

Voy. phons, fonds, fonts (1)

gons

[*M.*] (1) Lestrygons

chons

cachons-
écachons-
hachons-
contre-hachons-
panachons-
empanachons-
harnachons-
enharnachons-
déharnachons-
crachons-
recrachons-
arrachons-
amourachons-
ensachons-
tachons-
détachons-
entachons-
attachons-
rattachons-
soutachons-
cravachons-
bâchons-
rabâchons-
fâchons-
défâchons-
gâchons-
lâchons-
relâchons-
mâchons-
remâchons-
tâchons-
léchons-
alléchons-
nous pourléchons-
méchons-
péchons-
repéchons-
ébréchons-
séchons-
asséchons-
desséchons-
bêchons-
pêchons-
dépêchons-
empêchons-
prêchons-
fichons-
affichons-
clichons-
nichons-
dénichons-
pleurnichons-
défrichons-
trichons-
entichons-
nous déhanchons-
démanchons-
endimanchons-
emmanchons-
remmanchons-
désemmanchons-
épanchons-
branchons-
ébranchons-
embranchons-
tranchons-
retranchons-
étanchons-
revanchons-
penchons-
jonchons-
bronchons-
décochons-
ricochons-
encochons-
hochons-
piochons-
clochons-
effilochons-
guillochons-
pignochons-
pochons-
dépochons-
empochons-
rempochons-
brochons-
débrochons-
embrochons-
accrochons-
raccrochons-
décrochons-
reprochons-
approchons-
rapprochons-
bavochons-
marchons-
cherchons-
recherchons-
perchons-
écorchons-
torchons-
fourchons-
affourchons-
désaffourchons-
enfourchons-
ébauchons-
débauchons-
embauchons-
fauchons-
refauchons-
chevauchons-
bûchons-
débûchons-
trébuchons-
nous rembuchons-
nous embuchons-
huchons-
juchons-
déjuchons-
peluchons-
épluchons-
bouchons-
abouchons-
rebouchons-
débouchons-
embouchons-
couchons-
accouchons-
recouchons-
découchons-
douchons-
louchons-
mouchons-
remouchons-
émouchons-
escarmouchons-
effarouchons-
touchons-
retouchons-
(1) ruchons-

phons

paraphons-
triomphons-
apostrophons-
philosophons-

Voy. fons, fonds, fonts (1)

rhons

arrhons-

Voy. rons (1)

ions

syllabions-
imbibions-
inhibions-
prohibions-
exhibions-

1. *Voy. remarque des mots pluriels à l'avertissement.*

enjambions-
flambions-
regimbions-
bombions-
succombions-
incombions-
plombions-
déplombions-
surplombions-
tombions-
retombions-
gobions-
cohobions-
englobions-
dérobions-
ébarbions-
gerbions-
engerbions-
herbions-
éherbions-
enherbions-
désherbions-
absorbions-
résorbions-
débourbions-
embourbions-
désembourbions-
courbions-
recourbions-
fourbions-
daubions-
cubions-
adoubions-
radoubions-
tubions-
titubions-
effacions-
agacions-
laçions-
entrelacions-
délacions-
glacions-
enlacions-
placions-
replacions-
déplacions-
remplacions-
grimacions-
menacions-
espacions-
gracions-
disgracions-
tracions-
retracions-
dépecions-
rapiécions-
dépiécions-
déprécions-
apprécions-
préjudicions-
bénéficions-
officions-
policions-
supplicions-
épicions-
justicions-
vicions-

manigancions-
fiancions-
lancions-
balancions-
contre-balancions-
relancions-
nous élancions-
forlancions-
décontenancions-
financions-
ordonnancions-
garancions-
tancions-
distancions-
circonstancions-
quittancions-
nuancions-
avancions-
devancions-
licencions-
cadencions-
agencions-
ensemencions-
réensemencions-
commencions-
recommencions-
quintessencions-
influencions-
émincions-
coincions-
pincions-
rincions-
grincions-
évincions-
foncions-
défoncions-
enfoncions-
renfoncions-
engoncions-
semoncions-
renoncions-
énoncions-
dénoncions-
annoncions-
prononcions-
poncions-
froncions-
défroncions-
négocions-
associons-
désassocions-
bercions-
gercions-
tiercions-
remercions-
commercions-
percions-
repercions-
n. entre-percions-
transpercions-
tercions-
retercions-
exercions-
écorcions-
forcions-
nous efforcions-
renforcions-

amorcions-
divorcions-
scions-
aquiescions-
immiscions-
saucions-
exaucions-
courroucions-
nous soucions-
épucions-
sucions-
gambadions-
barricadions-
débarricadions-
estocadions-
embrigadions-
escaladions-
estafiladions-
tailladions-
pommadions-
nous panadions-
estrapadions-
* (2) radions-
paradions-
déradions-
dégradions-
rétrogradions-
irradions-
palissadions-
persuadions-
dépersuadions-
dissuadions-
nous évadions-
cédions-
abcédions-
accédions-
succédions-
recédions-
décédions-
prédécédions-
précédions-
concédions-
procédions-
rétrocédions-
intercédions-
excédions-
dédions-
congédions-
remédions-
intermédions-
expédions-
réexpédions-
exhérédions-
obsédions-
possédions-
dépossédions-
aidions-
plaidions-
nous entr'aidions-
décidions-
homicidions-
nous suicidions-
coïncidions-
élucidions-

2. De radier et de rader.

validions-
revalidions-
invalidions-
élidions-
consolidions-
reconsolidions-
pyramidions-
intimidions-
lapidions-
dilapidions-
ridions-
bridions-
rebridions-
débridions-
déridions-
résidions-
présidions-
cuidions-
guidions-
liquidions-
vidions-
dévidions-
survidions-
soldions-
bandions-
rebandions-
débandions-
scandions-
brigandions-
nous dégingandions-
marchandions-
affriandions-
viandions-
achalandions-
désachalandions-
brelandions-
hollandions-
enguirlandions-
mandions-
demandions-
redemandions-
contremandions-
quémandions-
réprimandions-
commandions-
recommandions-
décommandions-
gourmandions-
pandions-
épandions-
faisandions-
truandions-
incendions-
descendions-
redescendions-
condescendions-
fendions-
refendions-
défendions-
pourfendions-
appréhendions-
mendions-
amendions-
ramendions-
sous-amendions-
émendions-
pendions-

rependions-
dépendions-
vilipendions-
stipendions-
appendions-
suspendions-
rendions-
tendions-
retendions-
étendions-
détendions-
prétendions-
entendions-
sous-entendions-
distendions-
sous-tendions-
attendions-
vendions-
mévendions-
revendions-
survendions-
scindions-
rescindions-
blindions-
guindions-
bondions-
abondions-
vagabondions-
surabondions-
débondions-
secondions-
fécondions-
* fondions-
refondions-
confondions-
parfondions-
morfondions-
gondions-
mondions-
émondions-
inondions-
pondions-
répondions-
n. entre-répondions-
correspondions-
frondions-
grondions-
sondions-
tondions-
retondions-
inféodions-
godions-
amodions-
démodions-
psalmodions-
accommodions-
racommodions-
incommodions-
parodions-
brodions-
érodions-
corrodions
rôdions-
bardions-
débardions-
bombardions-
escobardions-

1. *Voy. remarque des mots pluriels à l'avertissement.*

jobardions-
cardions-
placardions-
recardions-
bocardions-
brocardions-
dardions-
fardions-
cafardions-
gardions-
regardions
n. entre-regardions-
sauvegardions-
hardions-
mouchardions-
liardions-
lardions-
entrelardions-
billardions-
canardions-
renardions-
goguenardions-
cagnardions-
acagnardions-
mignardions-
poignardions-
hasardions-
nasardions-
musardions-
tardions-
retardions-
pétardions-
attardions-
bavardions-
nous lézardions-
perdions-
reperdions-
bordions-
abordions-
rebordions-
débordions-
transbordions-
cordions-
accordions-
raccordions-
nous entr'accordions-
désaccordions-
recordions-
décordions-
concordions-
discordions-
mordions-
remordions-
démordions-
tordions-
retordions-
détordions-
distordions-
hourdions-
clabaudions-
badaudions-
échafaudions-
nigaudions-
trigaudions-
échaudions-
baguenaudions-
minaudions-

maraudions-
taraudions-
fraudions-
levraudions-
bretaudions-
courtaudions-
ravaudions-
marivaudions-
galvaudions-
éludions-
préludions-
dénudions-
boudions-
coudions-
nous accoudions-
soudions-
dessoudions-
ressoudions-
répudions-
transsudions-
exsudions-
étudions-
oxydions-
suroxydions-
désoxydions-
planchéions-
suppléions-
réions-
créions-
recréions-
récréions-
procréions-
gréions-
agréions-
ragréions-
désagréions-
dégréions-
maugréions-
guéions-
nous fions-
parafions-
agrafions-
ragrafions-
dégrafions-
rubéfions-
défions-
madéfions-
nous méfions-
tuméfions-
stupéfions-
raréfions-
torréfions-
putréfions-
liquéfions-
gaffions-
piaffions-
fieffions-
greffions-
biffions-
nous rebiffions-
coiffions-
recoiffions-
décoiffions-
griffions-
nous agriffions-
ébouriffions-
suiffions-

étoffions-
chauffions-
échauffions-
réchauffions-
surchauffions-
bouffions-
pouffions-
étouffions-
truffions-
barbifions-
pacifions-
spécifions-
dulcifions-
crucifions-
édifions-
réédifions-
acidifions-
solidifions-
lapidifions-
mondifions-
codifions-
modifions-
déifions-
gazéifions-
palifions-
salifions-
qualifions-
disqualifions-
mollifions-
amplifions-
simplifions-
ramifions-
momifions-
panifions-
lénifions-
magnifions-
nous lignifions-
signifions-
personnifions-
bonifions-
saponifions-
nous carnifions-
unifions-
scarifions-
saccharifions-
clarifions-
tarifions-
lubrifions-
sacrifions-
vérifions-
scorifions-
glorifions-
corporifions-
terrifions-
pétrifions-
vitrifions-
purifions-
falsifions-
versifions-
diversifions-
classifions-
ossifions-
béatifions-
ratifions-
gratifions-
stratifions-
rectifions-

sanctifions-
fructifions-
acétifions-
identifions-
notifions-
certifions-
fortifions-
mortifions-
justifions-
mystifions-
attifions-
vivifions-
revivifions-
solfions-
confions-
lofions-
pacagions-
saccagions-
encagions-
gagions-
dégagions-
engagions-
rengagions-
verbiagions-
treillagions-
grillagions-
plagions-
soulagions-
ramagions-
imagions-
dédommagions-
endommagions-
hommagions-
nagions-
apanagions-
ménagions-
aménagions-
déménagions-
emménagions-
surnagions-
propagions-
ragions-
ombragions-
arréragions-
naufragions-
enragions-
fourragions-
affourragions-
outragions-
découragions-
encouragions-
ouvragious-
présagions-
dévisagions-
envisagions-
passagions-
étagions-
avantagions-
désavantagions-
partagions-
repartagions-
départagions-
copartagions-
quartagions-
ravagions-
voyagions-
siégions-

assiégions-
privilégions-
allégions-
arpégions-
abrégions-
agrégions-
désagrégions-
protégions-
rédigions-
figions-
obligions-
nous entr'obligions-
désobligions-
affligions-
infligions-
négligions-
colligions-
fumigions-
érigions-
dirigions-
corrigions-
recorrigions-
transigions-
mitigions-
voltigions-
fustigions-
exigions-
vendangions-
changions-
rechangions-
échangions-
mélangions-
mangions-
remangions-
nous entre-mangions-
démangions-
rangions-
dérangions-
frangions-
engrangions-
arrangions-
essangions-
louangions-
vengions-
singions-
longions-
allongions-
rallongions-
prolongions-
plongions-
replongions-
forlongions-
épongions-
rongions-
songions-
logions-
élogions-
délogions-
abrogions-
subrogions-
dérogions-
prorogions-
nous arrogions-
interrogions-
chargions-
rechargions-
déchargions-

1. *Voy. remarque des mots pluriels à l'avertissement.*

surchargions-
margions-
émargions-
hébergions-
n. us gobergions-
submergions-
émergions-
immergions-
aspergions-
détergions-
abstergions-
vergions-
divergions-
envergions-
convergions-
forgions-
reforgions-
gorgions-
regorgions-
égorgions-
dégorgions-
n. entr'égorgions-
engorgions-
nous rengorgions-
désengorgions-
purgions-
expurgions-
nous insurgions-
jaugions-
pataugions-
nous réfugions-
jugions-
subjugions-
adjugions-
nous déjugions-
méjugions-
préjugions-
bougions-
grugions-
égrugions-
cachions-
écachions-
hachions-
contre-hachions-
panachions-
empanachions-
harnachions-
déharnachions-
enharnachions-
crachions-
recrachions-
arrachions-
amourachions-
sachions-
ensachions-
tachions-
détachions-
entachions-
attachions-
rattachions-
soutachions-
cravachions-
bâchions-
rabâchions-
fâchions-
défâchions-
gâchions-
lâchions-
relâchions-
mâchions-
remâchions-
tâchions-
léchions-
alléchions-
n. pourléchions-
méchions-
péchions-
repéchions-
ébréchions-
séchions-
asséchions-
desséchions-
bêchions-
pêchions-
dépêchions-
empêchions-
prêchions-
fichions-
affichions-
clichions-
nichions-
dénichions-
pleurnichions-
défrichions-
trichions-
entichions-
nous déhanchions-
démanchions-
n. endimanchions-
emmanchions-
remmanchions-
désemmanchions-
épanchions-
branchions-
ébranchions-
embranchions-
tranchions-
retranchions-
étanchions-
revanchions-
penchions-
jonchions-
bronchions-
décochions-
ricochions-
encochions-
hochions-
piochions-
clochions-
effilochions-
guillochions-
pignochions-
pochions-
dépochions-
empochions-
rempochions-
brochions-
débrochions-
embrochions-
accrochions-
raccrochions-
décrochions-
reprochions-
approchions-
rapprochions-
bavochions-
marchions-
cherchions-
recherchions-
perchions-
écorchions-
torchions-
fourchions-
affourchions-
désaffourchions-
enfourchions-
ébauchions-
débauchions-
embauchions-
fauchions-
refauchions-
chevauchions-
bûchions-
débuchions-
trébuchions-
nous rembuchions-
nous embuchions-
huchions-
juchions-
déjuchions-
peluchions-
épluchions-
bouchions-
abouchions-
rebouchions-
débouchions-
embouchions-
couchions-
accouchions-
recouchions-
découchions-
douchions-
louchions-
mouchions-
remouchions-
émouchions-
escarmouchions-
effarouchions-
touchions-
retouchions-
ruchions-
paraphions-
télégraphions-
calligraphions-
lithographions-
orthographions-
sténographions-
photographions-
autographions-
triomphions-
nous atrophions-
hypertrophions-
apostrophions-
philosophions-
arrhions-
graciions-
disgraciions-
dépréciions-
appréciions-
préjudiciions-
bénéficiions-
officiions-
suppliciions-
justiciions-
viciions-
circonstanciions-
licenciions-
quintessenciions-
négociions-
associions-
désassociions-
remerciions-
sciions-
nous souciions-
radiions-
irradiions-
dédiions-
congédiions-
remédiions-
intermédiions-
expédiions-
réexpédiions-
incendiions-
mendiions-
stipendiions-
amodiions-
psalmodiions-
parodiions-
répudiions-
étudiions-
planchéiions-
nous fiions-
rubéfiions-
défiions-
madéfiions-
nous méfiions-
tuméfions-
stupéfiions-
raréfiions-
torréfiions-
putréfiions-
liquéfiioms-
barbifiions-
pacifiions-
spécifiions-
dulcifiions-
crucifiions-
édifiions-
réédifiions-
acidifiions-
solidifiions-
lapidifiions-
mondifiions-
codifiions-
modifiions-
défiions-
gazéifiions-
palifiions-
salifiions-
qualifiions-
disqualifiions-
mollifiions-
amplifiions-
simplifiions-
ramifiions-
momifiions-
panifiions-
lénifiions-
magnifiions-
nous lignifiions-
signifiions-
personnifiions-
bonifiions-
saponifiions-
nous carnifiions-
unifiions-
scarifiions-
saccharifiions-
clarifiions-
lubrifiions-
sacrifiions-
vérifiions-
scorifiions-
glorifiions-
corporifiions-
terrifiions-
pétrifiions-
vitrifiions-
purifiions-
falsifiions-
versifiions-
diversifiions-
classifiions-
ossifiions-
béatifiions-
ratifiions-
gratifiions-
stratifiions-
rectifiions-
sanctifiions-
fructifiions-
acétifiions-
identifiions-
notifiions-
certifiions-
fortifiions-
mortifiions-
justifiions-
mystifiions-
vivifiions-
revivifions-
solfiions-
confiions-
plagiions-
privilégiions-
élogiions-
nous réfugiions-
télégraphiions-
caligraphiions-
lithographiions-
orthographiions-
sténographiions-
photographiions-
autographiions-
nous atrophiions-
hypertrophiions-
liions-
oubliions-
publiions-
republiions-
reliions-
déliions-
nous domiciliions-
conciliions-
réconciliions-

1. *Voy. remarque des mots pluriels à l'avertissement.*

affiliions-
humiliions-
résiliions-
alliions-
palliions-
ralliions-
nous mésalliions-
enliions-
interfoliions-
exfoliions-
spoliions-
pliions-
repliions-
dépliions-
multipliions-
rempliions-
suppliions-
émiions-
niions-
maniions-
remaniions-
reniions-
déniions-
nous ingéniions-
calomniions-
communiions-
excommuniions-
épiions-
pépiions-
copiions-
recopiions-
estropiions-
expiions-
riions-
cariions-
vicariions-
salariions-
mariions-
remariions-
démariions-
pariions-
dépariions-
appariions-
rappariions-
désappariions-
contrariions-
variions-
avariions-
criions-
décriions-
nous récriions-
nous écriions-
excoriions-
piloriions-
coloriions-
armoriions-
inventoriions-
historiions-
priions-
dépriions-
appropriions-
n. désappropriions-
expropriions-
charriions-
triions-
rapatriions-
expatriions-

striions-
injuriions-
souriions-
rassasiions-
apostasiions-
nous extasiions-
châtiions-
initiions-
transsubstantiions-
différentiions-
amnistiions-
déviions-
enviions-
renviions-
conviions-
asphyxiions-
polkions-
mazurkions-
lions-
cabalions-
brimbalions-
trimbalions-
calions-
écalions-
décalions-
intercalions-
pédalions-
affalions-
égalions-
régalions-
halions-
inhalions-
exhalions-
signalions-
empalions-
salions-
dessalions-
talions-
étalions-
détalions-
valions-
avalions-
ravalions-
chevalions-
revalions-
dévalions-
prévalions-
équivalions-
hâlions-
déhâlions-
râlions-
accablions-
chablions-
endiablions-
jablions-
sablions-
ensablions-
désensablions-
tablions-
établions-
nous attablions-
câblions-
hâblions-
criblions-
amblions-
tremblions-
semblions-

assemblions-
rassemblions-
désassemblions-
ressemblions-
comblions-
meublions-
remeublions-
démeublions-
affublions-
oublions-
doublions-
redoublions-
dédoublions-
rendoublions-
troublions-
publions-
republions-
raclions-
bâclions-
débâclions-
renâclions-
sarclions-
cerclions-
recerclions-
décerclions-
bouclions-
débouclions-
puddlions-
gabelions-
celions-
décelions-
ficelions-
déficelions-
chancelions-
étincelions-
amoncelions-
harcelions-
morcelions-
ensorcelions-
désensorcelions-
modelions-
cordelions-
gelions-
regelions-
dégelions-
congelions-
dessemelions-
ressemelions-
nous pommelions-
grommelions-
nous grumelions-
nous engrumelions-
grenelions-
crénelions-
agnelions-
annelions-
cannelions-
tonnelions-
pelions-
chapelions-
épelions-
appelions-
réappelions-
rappelions-
n. entr'appelions-
relions-
carrelions-

recarrelions-
décarrelions-
bourrelions-
ciselions-
oiselions-
ruisselions-
bosselions-
muselions-
démuselions-
bâtelions-
râtelions-
dételions-
enchantelions-
démantelions-
pantelions-
dentelions-
écartelions-
martelions-
nous encastelions-
attelions-
réattelions-
brettelions-
bottelions-
javelions-
enjavelions-
tavelions-
déchevelions-
nivelions-
grivelions-
cuvelions-
renouvelions-
recélions-
délions-
hélions-
révélions-
bêlions-
fêlions-
mêlions-
remêlions-
entremêlions-
démêlions-
emmêlions-
engrêlions-
vêlions-
raflions-
éraflions-
sifflions-
soufflions-
essoufflions-
insufflions-
giflions-
reniflions-
écorniflions-
riflions-
persiflions-
enflions-
renflions-
désenflions-
gonflions-
regonflions-
dégonflions-
ronflions-
marouflions-
boursouflions-
emmitouflions-
réglions-
déréglions-

biglions-
étranglions-
sanglions-
dessanglions-
cinglions-
épinglions-
tringlions-
jonglions-
beuglions-
meuglions-
aveuglions-
désaveuglions-
jubilions-
nous domicilions-
concilions-
réconcilions-
filions-
défilions-
tréfilions-
(2) * affilions-
effilions-
enfilions-
renfilions-
désenfilions-
profilions-
parfilions-
faufilions-
éfaufilions-
annihilions-
assimilions-
humilions-
nous étoilions-
entoilions-
rentoilions-
voilions-
dévoilions-
nous envoilions-
pilions-
épilions-
dépilions-
horripilions-
empilions-
compilions-
opilions-
désopilions-
résilions-
ensilions-
ventilions-
mutilions-
huilions-
exilions-
(3) *allions-*
déballions-
emballions-
remballions-
désemballions-
dallions-
pallions-
rallions-
nous mésallions-
tallions-
installions-
réinstallions-
nous rebellions-

2. De affiler et affilier.
3. De aller et allier.

1. *Voy. remarque des mots pluriels à l'avertissement.*

libellions-
parcellions-
scellions-
descellions-
contre-scellions-
excellions-
préexcellions-
flagellions-
emmiellions-
niellions-
viellions-
interpellions-
coupellions-
querellions-
n. entre-querellions-
sellions-
dessellions-
ruellions-
baillions-
bâillions-
entre-bâillions-
caillions-
écaillions-
médaillions-
marchandaillions-
godaillions-
défaillions-
intrigaillions-
piaillions-
criaillions-
maillions-
chamaillions-
émaillions-
rimaillions-
remmaillions-
encanaillions-
grenaillions-
tenaillions-
sonnaillions-
tournaillions-
quoaillions-
paillions-
dépaillions-
empaillions-
rempaillions-
raillions-
braillions-
nous débraillions-
éraillions-
déraillions-
graillions-
tiraillions-
ferraillions-
hourraillions-
mitraillions-
cisaillions-
grisaillions-
assaillions-
tressaillions-
gueusaillions-
taillions-
bataillions-
retaillions-
n. entre-taillions-
détaillions-
répétaillions-
brétaillions-

avitaillions-
ravitaillions-
entaillions-
enfutaillions-
disputaillions-
fouaillions-
gouaillions-
jouaillions-
travaillions-
retravaillions-
écrivaillions-
babillions-
habillions-
rhabillions-
déshabillions-
gambillions-
dégobillions-
cillions-
vacillions-
sourcillions-
oscillions-
brandillions-
nous fendillions-
pendillions-
godillions-
mordillions-
herbeillions-
ensoleillions-
sommeillions-
dépareillions-
appareillions-
rappareillions-
désappareillions-
conseillions-
déconseillions-
teillions-
cueillions-
accueillions-
recueillions-
veillions-
éveillions-
réveillions-
émerveillions-
surveillions-
fourmillions-
smillions-
échenillions-
cochenillions-
pillions-
grapillions-
estampillions-
éparpillions-
gaspillions-
houspillions-
roupillions-
toupillions-
étoupillions-
brillions-
grillions-
essorillions-
étrillions-
sillions-
nasillions-
brasillions-
brésillions-
grésillions-
nous égosillions-

boursillions-
dessillions-
roussillions-
fusillions-
bousillions-
pétillions-
frétillions-
vétillions-
titillions-
scintillions-
pointillions-
tortillions-
détortillions-
entortillions-
désentortillions-
embastillions-
encastillions-
distillions-
instillions-
apostillions-
émoustillions-
croustillions-
sautillions-
outillions-
feuillions-
défeuillions-
effeuillions-
aiguillions-
ouillions-
bouillions-
rebouillions-
gribouillions-
barbouillions-
débarbouillions-
embarbouillions-
écarbouillions-
bredouillions-
débredouillions-
fouillions-
refouillions-
affouillions-
farfouillions-
gargouillions-
mouillions-
remouillions-
nous agenouillions-
pouillions-
épouillions-
dépouillions-
rouillions-
brouillions-
débrouillions-
embrouillions-
dérouillions-
grouillions-
enrouillions-
verrouillions-
déverrouillions-
patrouillions-
souillions-
chatouillions-
gazouillions-
quillions-
nous maquillions-
béquillions-
coquillions-
recoquillions-

écarquillions-
chevillions-
n. recroquevillions-
collions-
recollions-
décollions-
encollions-
équipollions-
grisollions-
branlions-
ébranlions-
enlions-
carambolions-
racolions-
caracolions-
accolions-
récolions-
bricolions-
dolions-
gondolions-
flageolions-
affolions-
raffolions-
batifolions-
interfolions-
exfolions-
rigolions-
dégringolions-
bariolions-
cabriolions-
affriolions-
étiolions-
violions-
cajolions-
immolions-
fignolions-
interpolions-
spolions-
désolions-
isolions-
insolions-
consolions-
assolions-
dessolions-
rissolions-
rafistolions-
volions-
revolions-
nous envolions-
convolions-
enjôlions-
rôlions-
frôlions-
enrôlions-
trôlions-
contrôlions-
plions-
replions-
déplions-
triplions-
multiplions-
remplions-
contemplions-
supplions-
décuplions-
peuplions-
repeuplions-

dépeuplions-
nonuplions-
couplions-
accouplions-
désaccouplions-
découplions-
quadruplions-
octuplions-
centuplions-
quintuplions-
septuplions-
sextuplions-
parlions-
reparlions-
ne déparlions-
ferlions-
déferlions-
perlions-
hurlions-
ourlions-
gaulions-
chaulions-
échaulions-
miaulions-
piaulions-
épaulions-
confabulions-
démantibulions-
déambulions-
éjaculions-
maculions-
acculions-
reculions-
éculions-
spéculions-
immatriculions-
articulions-
désarticulions-
gesticulions-
calculions-
inoculions-
circulions-
basculions-
bousculions-
adulions-
acidulions-
ondulions-
modulions-
gueulions-
égueulions-
coagulions-
jugulions-
pullulions-
répullulions-
simulions-
dissimulions-
stimulions-
formulions-
cumulions-
accumulions-
granulions-
annulions-
saboulions-
éboulions-
blackboulions-
coulions-
écoulions-

1. Voy. remarque des mots pluriels à l'avertissement.

découlions-
roucoulions-
foulions-
refoulions-
débagoulions-
engoulions-
(2) * moulions-
remoulions-
émoulions-
démoulions-
rémoulions-
nous vermoulions-
surmoulions-
roulions-
croulions-
écroulions-
déroulions-
enroulions-
soulions-
dessoulions-
voulions-
crapulions-
manipulions-
stipulions-
brûlions-
congratulions-
capitulions-
récapitulions-
intitulions-
postulions-
stylions-
damions-
dédamions-
affamions-
diffamions-
amalgamions-
acclamions-
déclamions-
réclamions-
proclamions-
nous exclamions-
ramions-
bramions-
tramions-
étamions-
rétamions-
entamions-
rentamions-
blâmions-
pâmions-
semions-
parsemions-
sursemions-
ressemions-
émions-
blasphémions-
crémions-
écrémions-
nous décarémions-
rythmions-
aimions-
nous entr'aimions-
essaimions-
abimions-
écimions-

2. De moudre et mouler.

décimions-
dîmions-
nous rédimions-
limions-
sublimions-
nous élimions-
mimions-
animions-
ranimions-
envenimions-
rimions-
brimions-
escrimions-
périmions-
nous grimions-
dirimions-
primions-
déprimions-
réprimions-
imprimions-
réimprimions-
comprimions-
opprimions-
supprimions-
exprimions-
arrimions-
trimions-
victimions-
légitimions-
intimions-
estimions-
mésestimions-
maximions-
calmions-
spalmions-
enflammions-
renflammions-
gommions-
dégommions-
nommions-
renommions-
dénommions-
surnommions-
pommions-
sommions-
consommions-
assommions-
chômions-
armions-
n. gendarmions-
charmions-
alarmions-
désarmions-
fermions-
refermions-
affermions-
sous-affermions-
enfermions-
renfermions-
germions-
affirmions-
infirmions-
confirmions-
dormions-
redormions-
endormions-
rendormions-

formions-
reformions-
déformions-
réformions-
difformions-
informions-
conformions-
chloroformions-
transformions-
gourmions-
enthousiasmions-
embaumions-
chaumions-
déchaumions-
paumions-
empaumions-
écumions-
fumions-
enfumions-
parfumions-
humions-
inhumions-
enrhumions-
désenrhumions-
transhumions-
exhumions-
allumions-
rallumions-
plumions-
déplumions-
emplumions-
nous remplumions-
embrumions-
résumions-
présumions-
consumions-
assumions-
costumions-
apostumions-
accoutumions-
réaccoutumions-
nous raccoutumions-
désaccoutumions-
nions-
cabanions-
haubanions-
rubanions-
chicanions
ricanions-
cancanions-
boucanions-
fanions-
effanions-
profanions-
ahanions-
glanions-
planions-
aplanions-
manions-
remanions-
émanions-
panions-
trépanions-
safranions-
basanions-
charlatanions-
nous pavanions-

flânions-
affenions-
halenions-
menions-
amenions-
ramenions-
remenions-
nous démenions-
malmenions-
emmenions-
remmenions-
promenions-
surmenions-
renions-
enchifrenions-
grenions-
égrenions-
gangrenions-
engrenions-
désengrenions-
prenions-
reprenions-
entreprenions-
nous éprenions-
déprenions-
nous méprenions-
comprenions-
apprenions-
rapprenions-
désapprenions-
surprenions-
assenions-
tenions-
obtenions-
retenions-
entretenions-
détenions-
maintenions-
contenions-
appartenions-
nous abstenions-
soutenions-
venions-
mésavenions
subvenions-
advenions-
mésadvenions-
devenions-
redevenions-
revenions-
contrevenions-
prévenions-
convenions-
circonvenions-
disconvenions-
provenions-
parvenions-
intervenions-
survenions-
nous souvenions-
nous ressouvenions-
ébénions-
dénions-
morigénions-
nous ingénions-
oxygénions-
désoxygénions-

aliénions-
abaliénions-
carénions-
crénions-
rassérénions-
refrénions-
rengrénions-
gênions-
gagnions-
regagnions-
accompagnions-
régnions-
imprégnions-
baignions-
daignions-
dédaignions-
plaignions-
aplaignions-
craignions-
contraignions-
saignions-
ressaignions-
indignions-
ceignions-
enceignions-
feignions-
geignions-
engeignions-
* (2) peignions-
repeignions-
dépeignions-
enfreignions-
épreignions-
empreignions-
étreignions-
astreignions-
restreignions-
enseignions-
renseignions-
teignions-
reteignions-
éteignions-
déteignions-
atteignions-
ratteignions-
aveignions-
rechignions-
alignions-
clignions-
enlignions-
interlignions-
forlignions-
soulignions-
oignions-
joignions-
adjoignions-
rejoignions-
déjoignions-
enjoignions-
conjoignions-
disjoignions-
éloignions-
témoignions-
poignions-
empoignions-

2. De peigner et de peindre.

1. *Voy. remarque des mots pluriels à l'avertissement.*

soignions-
trépignions-
signions-
contresignions-
désignions-
résignions-
consignions-
assignions-
réassignions-
égratignions-
guignions-
barguignions-
provignions-
cognions-
recognions-
rencognions-
hognions-
rognions-
nous refrognions-
nous renfrognions-
grognions-
ivrognions-
besognions-
épargnions-
éborgnions-
lorgnions-
répugnions-
dégainions-
engainions-
rengainions-
chaînions-
déchaînions-
enchaînions-
renchaînions-
désenchaînions-
lainions-
drainions-
égrainions-
traînions-
entraînions-
rentraînions-
binions-
carabinions-
rebinions-
lambinions-
combinions-
bobinions-
racinions-
déracinions-
enracinions-
vaccinions-
revaccinions-
médecinions-
vaticinions-
calcinions-
ratiocinions-
fascinions-
hallucinions-
dînions-
badinions-
dandinions-
rondinions-
nous dodinions-
jardinions-
peinions-
chanfreinions-
veinions-

affinions-
raffinions-
confinions-
imaginions-
paginions-
marginions-
ruginions-
chinions-
machinions-
échinions-
câlinions-
pralinions-
déclinions-
inclinions-
dodelinions-
patelinions-
zinzolinions-
disciplinions-
boulinions-
moulinions-
poulinions-
minions-
gaminions-
laminions-
contaminions-
examinions-
cheminions-
acheminions-
contre-minions-
efféminions-
disséminions-
éliminions-
récriminions-
incriminions-
culminions-
fulminions-
abominions-
dominions-
prédominions-
terminions-
déterminions-
prédéterminions-
exterminions-
illuminions-
enluminions-
ruminions-
bituminions-
rapinions-
opinions-
préopinions-
chopinions-
clopinions-
turlupinions-
enfarinions-
marinions-
amarinions-
serinions-
entérinions-
chagrinions-
endoctrinions-
urinions-
burinions-
tambourinions-
emmagasinions-
lésinions-
ensaisinions-
voisinions-

avoisinions-
cuisinions-
organsinions-
bassinions-
assassinions-
dessinions-
houssinions-
ébousinions-
cousinions-
patinions-
ratinions-
gratinions-
satinions-
nous ratatinions-
piétinions-
cabotinions-
guillotinions-
libertinions-
nous obstinions-
destinions-
prédestinions-
festinions-
trottinions-
butinions-
lutinions-
agglutinions-
conglutinions-
nous mutinions-
embéguinions-
embabouinions-
fouinions-
baragouinions-
taquinions-
emmannequinions-
acoquinions-
maroquinions-
damasquinions-
bouquinions-
ruinions-
bruinions-
vinions-
avinions-
ravinions-
devinions-
alevinions-
damnions-
dédamnions-
condamnions-
calomnions-
bannions-
enrubannions-
empannions-
tannions-
chouannions-
rouannions-
vannions-
empennions-
étrennions-
moyennions-
abonnions-
charbonnions-
braconnions-
gasconnions-
façonnions-
maçonnions-
estramaçonnions-
caparaçonnions-

rançonnions-
étançonnions-
poinçonnions-
tronçonnions-
étronçonnions-
soupçonnions-
désarçonnions-
donnions-
nous adonnions-
espadonnions-
redonnions-
fredonnions-
n. entre-donnions-
amidonnions-
abandonnions-
brandonnions-
bondonnions-
débondonnions-
échardonnions-
lardonnions-
pardonnions-
guerdonnions-
ordonnions-
subordonnions-
cordonnions-
coordonnions-
bourdonnions-
drageonnions-
badigeonnions-
bourgeonnions-
ébourgeonnions-
plafonnions-
chiffonnions-
griffonnions-
bouffonnions-
parangonnions-
fourgonnions-
bougonnions-
mâchonnions-
bichonnions-
folichonnions-
cochonnions-
torchonnions-
bouchonnions-
n. encapuchonnions-
gabionnions-
camionnions-
pionnions-
espionnions-
occasionnions-
approvisionnions-
émulsionnions-
pensionnions-
passionnions-
impressionnions-
démissionnions-
commissionnions-
permissionnions-
soumissionnions-
fusionnions-
illusionnions-
désillusionnions-
contusionnions-
collationnions-
rationnions-
stationnions-
actionnions-

fractionnions-
affectionnions-
désaffectionnions-
confectionnions-
perfectionnions-
collectionnions-
sectionnions-
frictionnions-
sanctionnions-
fonctionnions-
n. concrétionnions-
ambitionnions-
additionnions-
conditionnions-
munitionnions-
amunitionnions-
perquisitionnions-
pétitionnions-
mentionnions-
subventionnions-
émotionnions-
proportionnions-
disproportionnions
bastionnions-
congestionnions-
questionnions-
cautionnions-
n. précautionnions-
révolutionnions-
mixtionnions-
galonnions-
jalonnions-
talonnions-
étalonnions-
sablonnions-
houblonnions-
échelonnions-
pilonnions-
ballonnions-
bâillonnions-
graillonnions-
tourbillonnions-
réveillonnions-
vermillonnions-
papillonnions-
carillonnions-
sillonnions-
nasillonnions-
étrésillonnions-
tâtillonnions-
échantillonnions-
aiguillonnions-
bouillonnions-
brouillonnions-
égravillonnions-
écouvillonnions-
boulonnions-
marmonnions-
sermonnions-
ânonnions-
canonnions-
déguignonnions-
maquignonnions-
rognonnions-
caponnions-
friponnions-
lantiponnions-

1. *Voy. remarque des mots pluriels à l'avertissement.*

cramponnions-
tamponnions-
pomponnions-
harponnions-
maronnions-
escadronnions-
godronnions-
goudronnions-
quarderonnions-
chaperonnions-
déchaperonnions-
enchaperonnions-
éperonnions-
environnions-
marronnions-
patronnions-
plastronnions-
couronnions-
découronnions-
sonnions-
blasonnions-
résonnions-
liaisonnions-
raisonnions-
déraisonnions-
assaisonnions-
dessaisonnions-
foisonnions-
cloisonnions-
empoisonnions-
grisonnions-
emprisonnions-
désemprisonnions-
tisonnions-
chansonnions-
polissonnions-
moissonnions-
empoissonnions-
rempoissonnions-
frissonnions-
écussonnions-
tonnions-
bâtonnions-
tâtonnions-
guculetonnions-
étonnions-
bétonnions-
détonnions-
mitonnions-
capitonnions-
cantonnions-
chantonnions-
entonnions-
nous cotonnions-
pelotonnions-
cartonnions-
festonnions-
testonnions-
boutonnions-
reboutonnions-
déboutonnions-
moutonnions-
savonnions-
rayonnions-
crayonnions-
gazonnions-
regazonnions-

téléphonions-
ramonions-
époumonions-
dissonions-
prônions-
trônions-
détrônions-
nous incarnions-
acharnions-
écharnions-
décharnions-
marnions-
bernions-
hibernions-
cernions-
décernions-
concernions-
discernions-
modernions-
casernions-
alternions-
lanternions-
internions-
consternions-
nous prosternions-
hivernions-
balivernions-
gouvernions-
ornions-
bornions-
abornions-
subornions-
cornions-
écornions-
décornions-
flagornions-
défournions-
enfournions-
ajournions-
réajournions-
séjournions-
tournions-
atournions-
retournions-
détournions-
chantournions-
contournions-
bistournions-
aunions-
saunions-
jeûnions-
déjeunions-
alunions-
falunions-
communions-
excommunions-
importunions-
décapions-
enchapions-
lapions-
râpions-
drapions-
dérapions-
étrapions-
attrapions-
rattrapions-
sapions-

tapions-
retapions-
recepions-
épions-
pépions-
crêpions-
anticipions-
participions-
émancipions-
excipions-
chipions-
pipions-
ripions-
fripions-
étripions-
dissipions-
constipions-
équipions-
scalpions-
palpions-
inculpions-
disculpions-
pulpions-
campions-
décampions-
lampions-
rampions-
étampions-
estampions-
trempions-
retrempions-
détrempions-
grimpions-
pompions-
rompions-
interrompions-
corrompions-
trompions-
détrompions-
estompions-
copions-
recopions-
syncopions-
nous télescopions-
galopions-
éclopions-
estropions-
topions-
happions-
échappions-
réchappions-
jappions-
clappions-
frappions-
refrappions-
n. entrefrappions-
égrappions-
nippions-
grippions-
agrippions-
choppions-
achoppions-
échoppions-
développions-
enveloppions-
renveloppions-
stoppions-

houppions-
escarpions-
harpions-
écharpions-
extirpions-
usurpions-
jaspions-
crispions-
occupions-
réoccupions-
préoccupions-
dupions-
coupions-
recoupions-
entre-coupions-
découpions-
surcoupions-
houpions-
groupions-
agroupions-
attroupions-
soupions-
étoupions-
stéréotypions-
daguerréotypions-
expions-
rions-
carions-
vicarions-
effarions-
garions-
égarions-
salarions-
déclarions-
marions-
remarions-
démarions-
* (2) parions-
accaparions-
(3) déparions-
réparions-
préparions-
séparions-
nous remparions-
nous emparions-
désemparions-
comparions-
apparions-
rapparions
désapparions-
contrarions-
tarions-
varions-
avarions-
nous cabrions-
délabrions-
sabrions-
célébrions-
zébrions-
calibrions-
équilibrions-
vibrions-
ambrions-
cambrions-

chambrions-
démembrions-
timbrions-
ombrions-
obombrions-
décombrions-
encombrions-
désencombrions-
nombrions-
dénombrions-
sombrions-
marbrions-
élucubrions-
crions-
nacrions-
sacrions-
consacrions-
massacrions-
décrions-
nous récrions-
nous écrions-
exécrions-
ancrions-
échancrions-
désancrions-
encrions-
vaincrions-
convaincrions-
sucrions-
cadrions-
encadrions-
calandrions-
épandrions-
répandrions-
descendrions-
redescendrions-
condescendrions-
fendrions-
refendrions-
défendrions-
pourfendrions-
engendrions-
tiendrions-
obtiendrions-
retiendrions-
entretiendrions-
détiendrions-
maintiendrions-
contiendrions-
appartiendrions-
nous abstiendrions-
soutiendrions-
viendrions-
mésaviendrions-
subviendrions-
adviendrions-
mésadviendrions-
deviendrions-
redeviendrions-
reviendrions-
contreviendrions-
préviendrions-
conviendrions-
circonviendrions-
proviendrions-
parviendrions-
interviendrions-

2. De parier et parer.
3. De déparier et déparer.

1. *Voy. remarque des mots pluriels à l'Avertissement.*

surviendrions-
nous souviendrions-
n. ressouviendrions-
pendrions-
rependrions-
dépendrions-
appendrions-
suspendrions-
rendrions-
prendrions-
reprendrions-
entreprendrions-
nous éprendrions-
déprendrions-
nous méprendrions-
comprendrions-
apprendrions-
rapprendrions-
désapprendrions-
surprendrions-
tendrions-
retendrions-
étendrions-
détendrions-
prétendrions-
entendrions-
sous-entendrions-
distendrions-
sous-tendrions-
attendrions-
vendrions-
revendrions-
mévendrions-
survendrions-
plaindrions-
craindrions-
contraindrions-
ceindrions-
enceindrions-
feindrions-
geindrions-
peindrions-
repeindrions-
dépeindrions-
enfreindrions-
épreindrions-
empreindrions-
étreindrions-
astreindrions-
restreindrions-
teindrions-
reteindrions-
éteindrions-
déteindrions-
atteindrions-
ratteindrions-
aviendrions-
cylindrions-
oindrions-
joindrions-
adjoindrions-
rejoindrions-
déjoindrions-
enjoindrions-
conjoindrions-
disjoindrions-
poindrions-

fondrions-
refondrions-
effondrions-
confondrions-
parfondrions-
morfondrions-
pondrions-
répondrions-
n. entre-répondrions-
correspondrions-
tondrions-
retondrions-
perdrions-
reperdrions-
mordrions-
remordrions-
démordrions-
tordrions-
retordrions-
détordrions-
distordrions-
faudrions-
vaudrions-
revaudrions-
prévaudrions-
équivaudrions-
coudrions-
recoudrions-
découdrions-
moudrions-
remoudrions-
émoudrions-
rémoudrions-
poudrions-
dépoudrions-
saupoudrions-
absoudrions-
résoudrions-
dissoudrions-
voudrions-
ferions-
referions-
contreferions-
déferions-
redéferions-
méferions-
malferions-
parferions-
surferions-
satisferions-
serions-

En **Erions**

la 1re pers. du plur. du cond. de tous les verbes de la 1re conj. qui existent de syllabera à bronzera. [Pages 1 à 29] (1)

aérions-
libérions-
délibérions-
obérions-
réverbérions-
exubérions-
acérions-
lacérions-
dilacérions-
macérions-
ulcérions-
exulcérions-
incarcérions-
fédérions-
confédérions-
considérions-
déconsidérions-
pondérions-
modérions-
déférions-
référions-
préférions-
différions-
vociférions-
légiférions-
inférions-
conférions-
proférions-
transférions-
gérions-
exagérions-
suggérions-
digérions-
ingérions-
jachérions-
adhérions-
aciérions-
arriérions-
sursiérions-
assiérions-
rassiérions-
accélérions-
tolérions-
agglomérions-
conglomérions-
énumérions-
régénérions-
vénérions-
incinérions-
exonérions-
rémunérions-
repérions-
tempérions-
obtempérions-
opérions-
coopérions-
exaspérions-
espérions-
désespérions-
prospérions-
nous récupérions-
vitupérions-
insérions-
déblatérions-
nous invétérions-
réitérions-
oblitérions-
altérions-
désaltérions-
adultérions-

acquérions-
requérions-
nous enquérions-
conquérions-
reconquérions-
avérions-
révérions-
persévérions-
bafrions-
balafrions-
chiffrions-
déchiffrions-
empiffrions-
offrions-
coffrions-
encoffrions-
mésoffrions-
engouffrions-
souffrions-
goinfrions-
gaufrions-
soufrions-
ensoufrions-
intégrions-
réintégrions-
vinaigrions-
émigrions-
immigrions-
transmigrions-
dénigrions-
camphrions-
irions-
airions-
éclairions-
flairions-
plairions-
déplairions-
complairions-
trairions-
retrairions-
rentrairions-
portrairions-
abstrairions-
distrairions-
soustrairions-
extrairions-
tairions-
haïrions-
nous entre-haïrions
fourbirions-
subirions-
cirions-
étrécirions-
rétrécirions-
chancirions-
rancirions-
amincirions-
circoncirions-
farcirions-
éclaircirions-
noircirions-
renoircirions-
enforcirions-
obscurcirions-
durcirions-
endurcirions-
rendurcirions-

accourcirions-
raccourcirions-
doucirions-
adoucirions-
radoucirions-
dirions-
adirions-
affadirions-
redirions-
contredirions-
dédirions-
tiédirions-
attiédirions-
médirions-
prédirions-
enlaidirions-
désenlaidirions-
raidirions-
déraidirions-
roidirions-
déroidirions-
froidirions-
refroidirions-
candirions-
brandirions-
grandirions-
agrandirions-
ragrandirions-
resplendirions-
bondirions-
rebondirions-
approfondirions-
arrondirions-
enhardirions-
agaillardirions-
ragaillardirions-
abâtardirions-
interdirions-
verdirions-
reverdirions-
ourdirions-
dégourdirions-
engourdirions-
alourdirions-
abalourdirions-
abasourdirions-
assourdirions-
étourdirions-
rebaudirions-
nous ébaudirions-
nous gaudirions-
applaudirions-
maudirions-
obéirions-
désobéirions-
bouffirions-
suffirions-
confirions-
déconfirions-
agirions-
réagirions-
assagirions-
vagirions-
allégirions-
régirions-
élargirions-
rélargirions-

1. *Voy. remarque des mots pluriels à l'Avertissement.*

surgirions-
mugirions-
rougirions-
dérougirions-
rugirions-
nous ébahirions-
trahirions-
envahirions-
nous avachirions-
déchirions-
n. entre-déchirions-
fléchirions-
réfléchirions-
infléchirions-
fraîchirions-
rafraîchirions-
défraîchirions-
enrichirions-
blanchirions-
reblanchirions-
franchirions-
affranchirions-
gauchirions-
dégauchirions-
lirions-
pâlirions-
salirions-
établirions-
préétablirions-
rétablirions-
faiblirions-
affaiblirions-
anoblirions-
ennoblirions-
ameublirions-
relirions-
ensevelirions-
désensevelirions-
élirions-
délirions-
réélirions-
avilirions-
ravilirions-
ombellirions-
faillirions-
jaillirions-
rejaillirions-
saillirions-
assaillirions-
tressaillirions-
vieillirions-
envieillirions-
enorgueillirions-
bouillirions-
rebouillirions-
mollirions-
amollirions-
ramollirions-
abolirions-
raffolirions-
démolirions-
polirions-
repolirions-
dépolirions-
emplirions-
remplirions-
désemplirions-

accomplirions-
assouplirions-
mirions-
admirions-
n. entr'admirions-
gémirions-
frémirions-
blêmirions-
vomirions-
revomirions-
affermirions-
raffermirions-
dormirions-
redormirions-
endormirions-
rendormirions-
renformirions-
aplanirions-
bénirions-
rebénirions-
assainirions-
finirions-
définirions-
préfinirions-
bannirions-
hennirions-
abonnirions-
rabonnirions-
honnirions-
agonirions-
garnirions-
regarnirions-
dégarnirions-
ternirions-
vernirions-
racornirions-
fournirions-
parfournirions-
unirions-
jaunirions-
rajeunirions-
réunirions-
munirions-
démunirions-
prémunirions-
punirions-
brunirions-
rembrunirions-
désunirions-
boirions-
reboirions-
nous emboirions-
foirions-
moirions-
croirions-
mécroirions-
sursoirions-
assoirions-
rassoirions-
prévoirions-
pourvoirions-
nous clapirions-
glapirions-
nous tapirions-
crépirions-
recrépirions-
décrépirions-

échampirions-
réchampirions-
empirions-
déguerpirions-
aspirions-
respirions-
transpirions-
inspirions-
conspirions-
croupirions-
nous accroupirions-
soupirions-
assoupirions-
expirions-
ririons-
taririons-
assombririons-
écririons-
décririons-
récririons-
prescririons-
transcririons-
retranscririons-
inscririons-
circonscririons-
proscririons-
souscririons-
attendririons-
amoindririons-
ramoindririons-
chéririons-
enchéririons-
renchéririons-
surenchéririons-
péririons-
dépéririons-
guéririons-
fririons-
offririons-
mésoffririons-
souffririons-
aigririons-
maigririons-
amaigririons-
ramaigririons-
démaigririons-
emmaigririons-
rabougririons-
endoloririons-
équarririons-
terririons-
atterririons-
aguerririons-
nourririons-
pourririons-
flétririons-
pétririons-
meurtririons-
fleuririons-
refleuririons-
défleuririons-
ahuririons-
mûririons-
souririons-
sururions-
appauvririons-
ouvririons-

couvririons-
recouvririons-
découvririons-
rouvririons-
entr'ouvririons-
désirions-
saisirions-
nous dessaisirions-
ressaisirions-
choisirions-
moisirions-
transirions-
épaissirions-
grossirions-
dégrossirions-
réussirions-
roussirions-
tirions-
bâtirions-
rebâtirions-
débâtirions-
catirions-
décatirions-
aplatirions-
amatirions-
pâtirions-
compatirions-
retirions-
*contretirions-
étirions-
détirions-
assujétirions-
abêtirions-
rabêtirions-
vêtirions-
revêtirions-
nous dévêtirions-
ramoitirions-
anéantirions-
nantirions-
nous dénantirions-
garantirions-
appesantirions-
empuantirions-
ralentirions-
mentirions-
démentirions-
nous repentirions-
sentirions-
consentirions-
assentirions-
ressentirions-
pressentirions-
retentirions-
rapointirions-
appointirions-
cotirions-
* lotirions-
rôtirions-
partirions-
repartirions-
départirions-
répartirions-
sertirions-
dessertirions-
n. entr'avertirions-
avertirions-

subvertirions-
divertirions-
invertirions-
convertirions-
pervertirions-
intervertirions-
amortirions-
* sortirions-
assortirions-
rassortirions-
désassortirions-
* ressortirions-
travestirions-
investirions-
désinvestirions-
attirions-
assujettirions-
blettirions-
nous blottirions-
aboutirions-
raboutirions-
emboutirions-
engloutirions-
soutirions-
abrutirions-
débrutirions-
cuirions-
recuirions-
traduirions-
déduirions-
réduirions-
séduirions-
enduirions-
renduirions-
induirions-
conduirions-
reconduirions-
éconduirions-
produirions-
reproduirions-
introduirions-
bleuirions-
fuirions-
nous enfuirions-
languirions-
alanguirions-
luirions-
reluirions-
entreluirions-
nuirions-
n. entre-nuirions-
fouirions-
enfouirions-
serfouirions-
jouirions-
réjouirions-
éblouirions-
épanouirions-
nous évanouirions
rouirions-
brouirions-
écrouirions-
détruirions-
n. entre-détruirions-
instruirions-
construirions-
reconstruirions-

1. Voy. remarque des mots pluriels à l'Avertissement.

virions-
havirions-
chavirions-
ravirions-
gravirions-
revirions-
sévirions-
servirions-
asservirions-
desservirions-
resservirions-
chauvirions-
assouvirions-
élaborions-
collaborions-
corroborions-
arborions-
décorions-
picorions-
édulcorions-
excorions-
dorions-
adorions-
redorions-
dédorions-
odorions-
subodorions-
surdorions-
forions-
perforions-
améliorions-
détériorions-
majorions-
déflorions-
pilorions-
* (2) colorions-
décolorions-
déplorions-
implorions-
explorions-
remémorions-
commémorions-
armorions-
ignorions-
honorions-
déshonorions-
évaporions-
incorporions-
réincorporions-
désincorporions-
pérorions-
essorions-
expectorions-
inventorions-
historions-
dévorions-
n.entre-dévorions-
prions-
diaprions-
déprions-
épamprions-
romprions-
interromprions-
corrompions-
approprions-

2. De colorer et colorier.

n. désapproprions-
exproprions-
empourprions-
barrions-
billebarrions-
débarrions-
rembarrions-
carrions-
contre-carrions-
bigarrions-
charrions-
amarrions-
chamarrions-
démarrions-
narrions-
errions-
ferrions-
referrions-
déferrions-
enferrions-
écherrions-
décherrions-
épierrions-
empierrions-
serrions-
enserrions-
desserrions-
resserrions-
terrions-
déterrions-
enterrions-
atterrions-
acquerrions-
requerrions-
nous enquerrions-
conquerrions-
reconquerrions-
verrions-
reverrions-
entreverrions-
enverrions-
renverrions-
abhorrions-
beurrions-
leurrions-
bourrions-
débourrions-
embourrions-
rembourrions-
courrions-
accourrions-
recourrions-
secourrions-
n. entre-secourrions-
encourrions-
concourrions-
parcourrions-
discourrions-
fourrions-
mourrions-
pourrions-
trions-
embatrions-
nous opiniâtrions-
idolâtrions-
folâtrions-
plâtrions-

replâtrions-
rapatrions-
expatrions-
métrions-
kilométrions-
pénétrions-
dépétrions-
salpêtrions-
empêtrions-
impêtrions-
perpétrions-
guêtrions-
enchevêtrions-
naîtrions-
renaîtrions-
connaîtrions-
reconnaîtrions-
méconnaîtrions-
paraîtrions-
reparaîtrions-
comparaîtrions-
apparaîtrions-
disparaîtrions-
arbitrions-
récalcitrions-
cloîtrions-
croîtrions-
accroîtrions-
recroîtrions-
décroîtrions-
chapitrions-
titrions-
vitrions-
filtrions-
nous infiltrions-
entrions-
concentrions-
rentrions-
éventrions-
cintrions-
décintrions-
rencontrions-
montrions-
remontrions-
démontrions-
strions-
encastrions-
cadastrions-
orchestrions-
séquestrions-
bistrions-
régistrions-
enregistrions-
administrions-
lustrions-
délustrions-
illustrions-
frustrions-
battrions-
abattrions-
rabattrions-
rebattrions-
n. entre-battrions-
débattrions-
nous ébattrions-
combattrions-
mettrions-

admettrions-
réadmettrions-
remettrions-
n. entre-mettrions-
émettrions-
démettrions-
commettrions-
promettrions-
compromettrions-
permettrions-
transmettrions-
soumettrions-
nous vautrions-
feutrions-
calfeutrions-
outrions-
accoutrions-
raccoutrions-
aurions-
* (3) saurions-
restaurions-
instaurions-
curions-
écurions-
récurions-
procurions-
durions-
endurions-
fleurions-
affleurions-
effleurions-
pleurions-
demeurions-
écœurions-
figurions-
défigurions-
configurions-
transfigurions-
augurions-
inaugurions-
mâchurions-
jurions-
abjurions-
adjurions-
injurions-
conjurions-
nous parjurions-
inclurions-
conclurions-
exclurions-
murions-
amurions-
contre-murions-
claquemurions-
démurions-
murmurions-
labourions-
courions-
accourions-
recourions-
secourions-
n. entre-secourions-
encourions-
concourions-
parcourions-

3. De saurer et de savoir.

discourions-
gourions-
mourions-
nous énamourions-
sourions-
entourions-
savourions-
apurions-
épurions-
dépurions-
suppurions-
mesurions-
remesurions-
censurions-
tonsurions-
assurions-
rassurions-
pressurions-
courbaturions-
caricaturions-
dénaturions-
pâturions-
raturions-
saturions-
facturions-
manufacturions-
fracturions-
conjecturions-
voiturions-
triturions-
aventurions-
peinturions-
clôturions-
capturions-
torturions-
bouturions-
couturions-
azurions-
navrions-
recevrions-
décevrions-
concevrions-
préconcevrions-
percevrions-
apercevrions-
devrions-
redevrions-
sevrions-
enfiévrions-
livrions-
délivrions-
enivrions-
désenivrions-
poivrions-
cuivrions-
suivrions-
n. entre-suivrions
nous ensuivrions-
poursuivrions-
vivrions-
revivrions-
survivrions-
manœuvrions-
désœuvrions-
* (4) *ouvrions-*

4. De ouvrir et de ouvrer.

1. *Voy. remarque des mots pluriels à l'Avertissement.*

couvrions-
* (2) *recouvrions-*
découvrions-
rouvrions-
entr'ouvrions-
mouvrions-
émouvrions-
basions-
casions-
jasions-
blasions-
rasions-
arasions-
brasions-
ébrasions-
embrasions-
écrasions-
phrasions-
paraphrasions-
périphrasions-
rassasions-
apostasions-
nous extasions-
nous extravasions-
évasions-
transvasions-
pesions-
empesions-
désempesions-
soupesions-
diésions-
lésions-
alésions-
blésions-
baisions-
n. entre-baisions-
faisions-
refaisions-
contrefaisions-
défaisions-
redéfaisions-
méfaisions-
malfaisions-
parfaisions-
surfaisions-
satisfaisions-
biaisions-
niaisions-
déniaisions-
falaisions-
glaisions-
anglaisions-
plaisions-
déplaisions-
complaisions-
apaisions-
braisions-
fraisions-
graisions-
taisions-
mortaisions-
emmortaisions-
judaïsions-
hébraïsions-
prosaïsions-

2. De recouvrer et recouvrir.

bisions-
tabisions-
grécisions-
précisions-
laïcisions-
francisions-
incisions-
circoncisions-
exorcisions-
excisions-
disions-
redisions-
contredisions-
dédisions-
médisions-
prédisions-
interdisions-
suffisions-
confisions-
déconfisions-
gisions-
catéchisions-
sympathisions-
lisions-
balisions-
verbalisions-
alcalisions-
localisions-
vocalisions-
scandalisions-
idéalisions-
réalisions-
égalisions-
légalisions-
spécialisions-
matérialisions-
immatérialisions-
trivialisions-
animalisions-
nous formalisions-
canalisions-
criminalisions-
nationalisions-
dénationalisions-
nous coalisions-
fédéralisions-
généralisions-
minéralisions-
moralisions-
démoralisions-
centralisions-
décentralisions-
neutralisions-
pluralisions-
naturalisions-
dénaturalisions-
nasalisions-
universalisions-
capitalisions-
totalisions-
brutalisions-
individualisions-
actualisions-
spiritualisions-
dévalisions-
rivalisions-
fleurdelisions-

relisions-
élisions-
réélisions-
évangélisions-
caramélisions-
mobilisions-
immobilisions-
stérilisions-
volatilisions-
subtilisions-
fertilisions-
utilisions-
civilisions-
métallisions-
cristallisions-
tranquillisions-
symbolisions-
bémolisions-
nolisions-
alcoolisions-
monopolisions-
ridiculisions-
macadamisions-
tamisions-
remisions-
économisions-
anatomisions-
phlébotomisions-
uniformisions-
chloroformisions-
anisions-
mécanisions-
républicanisions-
vulcanisions-
organisions-
réorganisions-
désorganisions-
italianisions-
christianisions-
germanisions-
humanisions-
tympanisions-
botanisions-
galvanisions-
féminisions-
latinisions-
crétinisions-
divinisions-
indemnisions-
tyrannisions-
solennisions-
carbonisions-
préconisions-
adonisions-
agonisions-
colonisions-
nous harmonisions-
canonisions-
impatronisions-
intronisions-
platonisions-
modernisions-
fraternisions-
éternisions-
subalternisions-
boisions-
reboisions-

déboisions-
framboisions-
dégoisions-
moisions-
chamoisions-
croisions-
nous entre-croisions-
décroisions-
toisions-
patoisions-
pavoisions-
apprivoisions-
solidarisions-
pindarisions-
vulgarisions-
nous gargarisions-
familiarisions-
polarisions-
sécularisions-
particularisions-
régularisions-
nous singularisions-
popularisions-
dépopularisions-
militarisions-
charivarisions-
brisions-
éthérisions-
caractérisions-
cautérisions-
pulvérisions-
frisions-
refrisions-
défrisions-
grisions-
égrisions-
dégrisions-
nous irisions-
satirisions-
herborisions-
météorisions-
allégorisions-
vaporisions-
temporisions-
terrorisions-
autorisions-
favorisions-
prisions-
reprisions-
déprisions-
méprisions-
cicatrisions-
électrisions-
symétrisions-
maîtrisions-
thésaurisions-
monseigneurisions-
caricaturisions-
porphyrisions-
martyrisions-
médiatisions-
dramatisions-
anathématisions-
systématisions-
stigmatisions-
dogmatisions-
aromatisions-

achromatisions-
fanatisions-
démocratisions-
pactisions-
prophétisions-
synthétisions-
émétisions-
magnétisions-
démonétisions-
poétisions-
dépoétisions-
pédantisions-
galantisions-
cotisions-
baptisions-
rebaptisions-
débaptisions-
expertisions-
courtisions-
attisions-
cuisions-
recuisions-
(3) déguisions-
aiguisions-
luisions-
reluisions-
entreluisions-
nuisions-
menuisions-
amenuisions-
nous entre-nuisions-
puisions-
épuisions-
détruisions-
n. entre détruisions-
instruisions-
construisions-
reconstruisions-
visions-
avisions-
slavisions-
nous ravisions-
devisions-
revisions-
divisions-
subdivisions-
improvisions-
valsions-
compulsions-
expulsions-
dansions-
pansions-
acensions-
accensions-
recensions-
encensions-
condensions-
offensions-
pensions-
repensions
dépensions-
compensions-
récompensions-
dispensions-

3. Imp. des verbes en *duire*.

1. *Voy. remarque des mots pluriels à l'Avertissement.*

osions-
dosions-
métamorphosions-
glosions-
ankylosions-
n. anastomosions-
ecchymosions-
posions-
juxtaposions-
reposions-
entre-posions-
déposions-
préposions-
imposions-
composions-
recomposions-
décomposions-
proposions-
apposions-
réapposions-
opposions-
supposions-
présupposions-
superposions-
interposions-
disposions-
prédisposions-
indisposions-
transposions-
exposions-
nécrosions-
couperosions-
arrosions-
éclipsions-
hersions-
dispersions-
tersions-
retersions-
versions-
traversions-
retraversions-
bouleversions-
reversions-
déversions-
tergiversions-
malversions-
renversions-
conversions-
controversions-
déboursions-
emboursions-
remboursions-

En **ssions** la 1re pers. du plur. de tous les verbes existant à la 1re pers. du sing. des mêmes temps de syllabasse à pourvusse. [Pages 89 à 105] (1) Nous ne conseillons d'ailleurs pas l'emploi de ces rimes peu agréables lorsqu'elles sont l'imparfait du subjonctif.

usions-
causions-
pausions-
abusions-
désabusions-
arquebusions-
accusions-
nous entr'accusions-
récusions-
excusions-
gracieusions-
creusions-
recreusions-
gueusions-
fusions-
refusions-
infusions-
transfusions-
musions-
amusions-
jalousions-
blousions-
épousions-
ventousions-
rusions-
décrusions-
mésusions-
dépaysions-
analysions-
paralysions-
embations-
dations-
antidations-
mandations-
postdations-
calfations-
rogations
éclations-
relations-
frelations-
dilations-
translations-
mations-
casemations-
acclimations-
déclimations-
colmations-
épations-
rations-
dérations-
vociférations
pirations-
constations-
ouations-
cravations-
bâtions-

débâtions-
embâtions-
gâtions-
hâtions-
châtions-
mâtions-
démâtions-
empâtions-
appâtions-
tâtions-
retâtions-
réfractions-
détractions-
rétractions-
contractions-
affections-
infections-
désinfections-
objections-
injections-
délections-
humections-
respections-
inspections-
suspections-
dictions-
édictions-
gobetions-
rapiécetions-
vergetions-
achetions-
cachetions-
recachetions-
décachetions-
rachetions-
tachetions-
pochetions-
crochetions-
mouchetions-
démouchetions-
jetions-
rejetions-
nous déjetions-
projetions-
interjetions-
forjetions-
surjetions-
haletions-
valetions-
souffletions-
filetions-
cailletions-
feuilletions-
refeuilletions-
colletions-
décolletions-
voletions-
guillemetions-
trompetions-
furetions-
époussetions-
muguetions-
caquetions-
claquetions-
paquetions-
dépaquetions-
empaquetions-

craquetions-
becquetions-
ou béquetions-
déchiquetions-
cliquetions-
encliquetions-
briquetions-
étiquetions-
banquetions-
coquetions-
marquetions-
parquetions-
savetions-
brevetions-
louvetions-
étions-
hébétions-
végétions-
piétions-
empiétions-
inquiétions-
reflétions-
complétions-
décomplétions-
admonétions-
pétions-
répétions-
compétions-
appétions-
barétions-
secrétions-
décrétions-
concrétions-
frétions-
affrétions-
interprétions-
mésinterprétions-
tétions-
embêtions-
fêtions-
tempêtions-
écrêtions-
prêtions-
apprêtions-
arrêtions-
étêtions-
entêtions-
quêtions-
acquêtions-
requêtions-
nous enquêtions-
vêtions-
revêtions-
nous dévêtions-
doigtions-
affaitions-
enfaîtions-
renfaîtions-
souhaitions-
allaitions-
traitions-
retraitions-
maltraitions-
sous-traitions-
habitions-
cohabitations-
débitions-

citions-
récitions-
licitions-
félicitions-
sollicitions-
incitions-
suscitions-
ressuscitions-
excitions-
surexcitions-
éditions-
rééditions-
méditions-
préméditions-
créditions-
accrédition -
décréditions-
discréditions-
commanditions-
profitions-
gîtions-
agitions-
ingurgitions-
alitions-
périclitions-
délitions-
habilitions-
réhabilitions-
débilitions-
facilitions-
militions-
imitions-
limitions-
délimitions-
initions-
boitions-
déboîtions-
emboîtions-
remboîtions-
exploitions-
miroitions-
convoitions-
décapitions-
dépitions-
crépitions-
décrépitions-
précipitions-
palpitions-
abritions-
héritions-
cohéritions-
déshéritions-
méritions-
déméritions-
effritions-
irritions-
hésitions-
visitions-
nous entre-visitions-
transitions-
nécessitions-
nous anuitions-
ébruitions-
effruitions-
gravitions-
évitions-
invitions-

1. *Voy. remarque des mots pluriels à l'Avertissement.*

réinvitions-
désinvitions-
exaltions-
veltions-
récoltions-
voltions-
révoltions-
auscultions-
résultions-
insultions-
consultions-
exultions-
décantions-
brocantions-
fainéantions-
enfantions-
gantions-
dégantions-
hantions-
chantions-
rechantions-
déchantions-
enchantions-
désenchantions-
ensanglantions-
brillantions-
plantions-
replantions-
déplantions-
implantions-
supplantions-
transplantions-
diamantions-
aimantions-
plaisantions-
transsubstantions-
vantions-
épouvantions-
soixantions-
entions-
innocentions-
édentions-
accidentions-
incidentions-
endentions-
régentions-
diligentions-
argentions-
désargentions-
fientions-
orientions-
désorientions-
patientions-
impatientions-
violentions-
mentions-
médicamentions-
nous lamentions-
réglementions-
parlementions-
ornementions-
passementions-
cémentions-
démentions-
agrémentions-
fragmentions-
augmentions-
cimentions-
enrégimentions-
alimentions-
complimentions-
expérimentions-
commentions-
fomentions-
fermentions-
assermentions-
tourmentions-
argumentions-
instrumentions-
nous repentions-
arpentions-
charpentions-
serpentions-
rentions-
apparentions-
différentions-
arrentions-
sentions-
nous absentions-
présentions-
représentions-
consentions-
assentions-
ressentions-
pressentions-
tentions-
patentions-
intentions-
contentions-
mécontentions-
sustensions-
attentions-
fréquentions-
ventions-
éventions-
inventions-
éreintions-
teintions-
nous accointions-
ajointions-
pointions-
contre-pointions-
épointions-
appointions-
désappointions-
pintions-
tintions-
suintions-
contions-
racontions-
montions-
remontions-
démontions-
surmontions-
pontions-
affrontions-
confrontions-
empruntions-
ôtions-
cabotions-
jabotions-
rabotions-
sabotions-
ribotions-
barbotions-
cotions-
accotions-
chicotions-
délicotions-
picotions-
fricotions-
tricotions-
asticotions-
suçotions-
dotions-
radotions-
fagotions-
dégotions-
gigotions-
ravigotions-
argotions-
gargotions-
ergotions-
cahotions-
crachotions-
chuchotions-
agiotions-
foliotions-
riotions-
mijotions-
tremblotions-
pelotions-
amatelotions-
sanglotions-
glouglotions-
pilotions-
démaillotions-
emmaillotions-
remmaillotions-
papillotions-
complotions-
dorlotions-
oscamotions-
notions-
canotions-
dénotions-
clignotions-
mignotions-
grignotions-
annotions-
clapotions-
tapotions-
dépotions-
chipotions-
galipotions-
tripotions-
empotions-
rempotions-
rotions-
numérotions-
sirotions-
chevrotions-
baisotions-
assotions-
rassotions-
pissotions-
votions-
pivotions-
vivotions-
buvotions-
captions-
adaptions-
acceptions-
interceptions-
exceptions-
sculptions-
exemptions-
comptions-
recomptions-
décomptions-
nous mécomptions-
escomptions-
domptions-
options-
adoptions-
écartions-
encartions-
partions-
repartions-
départions-
répartions-
essartions-
concertions-
déconcertions-
désertions-
dissertions-
flirtions-
escortions-
confortions-
déconfortions-
réconfortions-
exhortions-
portions-
reportions-
déportions-
colportions-
emportions-
remportions-
importions-
réimportions-
comportions-
apportions-
rapportions-
supportions-
transportions-
exportions-
réexportions-
sortions-
ressortions-
avortions-
heurtions-
nous aheurtions-
n. entre-heurtions-
écourtions-
toastions-
contrastions-
dévastions-
estions-
manifestions-
infestions-
lestions-
délestions-
molestions-
admonestions-
pestions-
empestions-
restions-
testions-
détestions-
contestions-
protestions-
attestions-
zestions-
amnistions-
dépistions-
contristions-
attristions-
subsistions-
nous désistions-
résistions-
insistions-
consistions-
persistions-
assistions-
existions-
préexistions-
coexistions-
accostions-
postions-
apostions-
dépostions-
ripostions-
tostions-
tarabustions-
flibustions-
dégustions-
ajustions-
rajustions-
désajustions-
incrustions-
nous enkystions-
battions-
abattions-
rabattions-
rebattions-
n. entre-battions-
débattions-
nous ébattions-
combattions-
chattions-
lattions-
délattions-
flattions-
nattions-
dénattions-
barattions-
grattions-
regrattions-
facettions-
endettions-
nous rendettions-
émiettions-
mettions-
admettions-
réadmettions-
remettions-
nous entremettions-
émettions-
démettions-
commettions-
promettions-
compromettions-
permettions-
transmettions-
soumettions-

1. *Voy. remarque des mots pluriels à l'Avertissement.*

rénettions-
frettions-
regrettions-
guettions-
fouettions-
brouettions-
pirouettions-
quittions-
acquittions-
nous racquittions-
bottions-
caillebottions-
nous rebottions-
débottions-
marcottions-
ligottions-
gringottions-
calottions-
décalottions-
gobelottions-
grelottions-
flottions-
ballottions-
culottions-
déculottions-
émottions-
marmottions-
emmenottions-
carottions-
crottions-
décrottions-
frottions-
garrottions-
trottions-
frisottions-
chênevottions-
buttions-
nous huttions-
luttions-
gouttions-
égouttions-
dégouttions-
panneautions-
biseautions-
sautions-
ressautions-
tuyautions-
butions-
rebutions-
débutions-
culbutions-
persécutions-
exécutions-
charcutions-
percutions-
répercutions-
discutions-
ameutions-
queutions-
réfutions-
affûtions-
chutions-
verjutions-
lutions-
talutions-
blutions-
délutions-

flûtions-
permutions-
minutions-
aoûtions-
boutions-
aboutions-
reboutions-
contre-boutions-
déboutions-
coûtions-
écoutions-
doutions-
redoutions-
goûtions-
ragoûtions-
dégoûtions-
caoutchoutions-
joutions-
ajoutions-
rajoutions-
surajoutions-
cloutions-
veloutions-
glougloutions-
filoutions-
cailloutions-
broutions-
écroûtions-
encroûtions-
déroutions-
voûtions-
envoûtions-
députions-
réputions-
amputions-
imputions-
supputions-
disputions-
recrutions-
scrutions-
prétextions-
rétribuions-
contribuions-
distribuions-
attribuions-
écobuions-
évacuions-
graduions-
baguions-
daguions-
blaguions-
élaguions-
draguions-
vaguions-
extravaguions-
divaguions-
léguions-
reléguions-
déléguions-
subdéléguions-
préléguions-
alléguions-
endiguions-
prodiguions-
liguions-
briguions-
irriguions-

intriguions-
fatiguions-
instiguions-
naviguions-
promulguions-
divulguions-
écanguions-
haranguions-
tanguions-
ralinguions-
étalinguions-
seringuions-
fringuions-
bastinguions-
distinguions-
zinguions-
dialoguions-
cataloguions-
épiloguions-
homologuions-
droguions-
voguions-
arguions-
carguions-
rédarguions-
larguions-
alarguions-
narguions-
nous targuions-
converguions-
morguions-
subjuguions-
conjuguions-
huions-
saluions-
évaluions-
abluions-
incluions-
concluions-
excluions-
fluions-
refluions-
affluions-
influions-
confluions-
gluions-
dégluions-
engluions-
diluions-
polluions-
évoluions-
muions-
remuions-
commuions-
transmuions-
nuions-
dénuions-
atténuions-
exténuions-
diminuions-
insinuions-
continuions-
discontinuions-
éternuions-
embouions-
accouions-
secouions-

rocouions-
douions-
amadouions-
bafouions-
engouions-
houions-
échouions-
déchouions-
jouions-
rejouions-
déjouions-
louions-
clouions-
reclouions-
déclouions-
enclouions-
désenclouions-
relouions-
nous entre-louions-
flouions-
afflouions-
renflouions-
allouions-
sous-louions-
nouions-
renouions-
énouions-
dénouions-
rouions-
rabrouions-
ébrouions-
écrouions-
frouions-
enrouions-
désenrouions-
trouions-
touions-
tatouions-
vouions-
avouions
désavouions-
dévouions-
puions-
conspuions-
caquions-
encaquions-
claquions-
flaquions-
plaquions-
nous estomaquions-
baraquions-
braquions-
craquions-
traquions-
détraquions-
taquions-
attaquions-
bivouaquions-
vaquions-
macquions-
pacquions-
abecquions-
embecquions-
abéquions-
nous rebéquions-
déféquions-
hypothéquions-

reséquions-
disséquions-
alambiquions-
abdiquions-
revendiquions-
indiquions-
trafiquions-
chiquions-
obliquions-
répliquions-
impliquions-
compliquions-
appliquions-
expliquions-
forniquions-
communiquions-
piquions-
repiquions-
dépiquions-
prévariquions-
fabriquions-
étriquions-
musiquions-
métaphysiquions-
tiquions-
pratiquions-
politiquions-
critiquions-
authentiquions-
décortiquions-
excortiquions-
astiquions-
mastiquions-
domestiquions-
sophistiquions-
diagnostiquions-
pronostiquions-
encaustiquions-
rustiquions-
calquions-
contre-calquions-
décalquions-
défalquions-
inculquions-
débanquions-
flanquions-
efflanquions-
manquions-
vainquions-
convainquions-
trinquions-
nous requinquions-
tronquions-
n. emberlucoquions-
suffoquions-
choquions-
nous entre-choquions-
bloquions-
débloquions-
effiloquions-
colloquions-
ploquions-
interloquions-
disloquions-
nous moquions-
roquions-
croquions-

1. *Voy. remarque des mots pluriels à l'Avertissement.*

escroquions-
défroquions-
entr. quions-
troquions-
toquions-
évoquions-
révoquions-
équivoquions-
invoquions-
convoquions-
provoquions
arquions-
débarquions-
embarquions-
rembarquions-
désembarquions-
marquions-
remarquions-
contremarquions-
démarquions-
parquions-
déparquions-
remorquions-
détorquions-
rétorquions-
extorquions-
bifurquions-
masquions-
démasquions-
bisquions-
confisquions-
risquions-
busquions-
débusquions-
embusquions-
offusquions-
musquions-
brusquions-
éduquions-
reluquions-
débouquions-
embouquions-
ruions-
décruions-
obstruions-
désobstruions-
suions-
ressuions-
bossuions-
tuions-
infatuions-
désinfatuions-
statuions-
effectuions-
ponctuions-
nous entre-tuions-
perpétuions-
habituions-
réhabituions-
deshabituions-
situions-
substituions-
destituions-
restituions-
instituions-
constituions-
reconstituions-

prostituions-
accentuions-
nous évertuions-
tortuions-
avions-
bavions-
cavions-
décavions-
encavions-
excavions-
gavions-
lavions-
emblavions-
remblavions-
enclavions-
désenclavions-
relavions-
délavions-
pavions-
repavions-
dépavions-
bravions-
gravions-
aggravions-
engravions-
dépravions-
entravions-
désentravions-
savions-
recevions-
décevions-
concevions-
préconcevions-
percevions
apercevions-
devions-
redevions
achevions
parachevions-
levions
relevions-
élevions-
prélevions
surélevions-
enlevions-
champlevions-
soulevions-
crevions-
grevions-
dégrevions
dévions
endêvions-
rêvions-
récidivions-
salivions-
clivions-
enjolivions-
connivions-
rivions
écrivions-
décrivions-
récrivions-
proscrivions-
transcrivions-
retranscrivions-
inscrivions-
circonscrivions-

proscrivions-
souscrivions-
dérivions-
privions-
arrivions-
mésarrivions-
lessivions-
activions-
invectivions-
cultivions-
motivions-
captivions-
esquivions-
* (2) suivions-
nous entre-suivions-
poursuivions-
vivions-
avivions-
ravivions-
revivions-
survivions-
absolvions-
résolvions-
dissolvions-
envions-
renvions-
convions-
rénovions-
innovions-
nervions-
énervions-
servions-
observions-
réservions-
préservions-
conservions-
desservions-
resservions-
sauvions-
buvions-
rebuvions-
nous embuvions-
cuvions-
décuvions-
encuvions-
abreuvions-
treuvions-
couvions-
louvions-
* (3) mouvions-
pouvions-
prouvions-
reprouvions-
éprouvions-
réprouvions-
improuvions-
approuvions-
désapprouvions-
trouvions-
retrouvions-
controuvions-
étuvions-
interviewions-

2. De suivre et de suiver.
3. De mouvoir et de mouver.

malaxions-
relaxions-
taxions-
surtaxions-
annexions-
vexions-
fixions-
luxions-
asphyxions-
bayions-
égayions-
bégayions-
layions-
balayions-
déblayions-
remblayions-
relayions-
délayions-
monnayions-
payions-
surpayions-
rayions-
brayions-
frayions-
défrayions-
effrayions-
enrayions-
désenrayions-
trayions-
retrayions-
rentrayions-
portrayions-
abstrayions-
distrayions-
soustrayions-
extrayions-
essayions-
ressayions-
étayions-
cartayions-
aiguayions-
zézayions-
surseyions-
asseyions-
rasseyions-
grasseyions-
langueyions-
aboyions-
giboyions-
flamboyions-
ondoyions-
verdoyions-
coudoyions-
soudoyions-
rudoyions-
choyions-
déchoyions-
ployions-
reployions-
déployions-
employions-
remployions-
larmoyions-
atermoyions-
noyions-
bornoyions-
tournoyions-

broyions-
croyions-
mécroyions-
foudroyions-
poudroyions-
charroyions-
guerroyions-
corroyions-
octroyions-
sursoyions-
assoyions-
rassoyions-
fossoyions-
grossoyions-
chatoyions-
fêtoyions-
apitoyions-
jointoyions-
rejointoyions-
côtoyions-
festoyions-
nettoyions-
tutoyions-
voyions-
dégravoyions-
revoyions-
entrevoyions-
dévoyions-
prévoyions-
envoyions-
renvoyions-
convoyions-
fourvoyions-
pourvoyions-
louvoyions-
fuyions-
nous enfuyions-
ennuyions-
désennuyions-
appuyions-
essuyions-
ressuyions-
gazions-
nous enlizions-
bronzions-

Les mots en italique qui sont dissyllabiques riment avec *ions*, non précédés de g ou de q; avec les autres, *voy.* yons (1)

kons

polkons-
mazurkons-

Voy. quons (1)

lons

cabalons-
brimbalons-
trimbalons-
calons-

1. *Voy. remarque des mots pluriels à l'Avertissement.*

écalons-
décalons-
intercalons-
pédalons-
affalons-
égalons-
régalons-
halons-
inhalons-
exhalons-
signalons-
empalons-
salons-
dessalons-
talons-
étalons-
détalons-
valons-
avalons-
ravalons-
chevalons-
revalons-
dévalons-
prévalons-
équivalons-
hâlons-
[*G.*] Châlons
déhâlons-
râlons-
accablons-
chablons-
endiablons-
jablons-
sablons-
ensablons-
désensablons-
tablons-
établons-
nous attablons-
câblons-
hâblons-
criblons-
amblons-
tremblons-
semblons-
assemblons-
rassemblons-
désassemblons-
ressemblons-
comblons-
meublons-
remeublons-
démeublons-
affublons-
doublons-
redoublons-
dédoublons-
rendoublons-
troublons-
raclons-
bâclons-
débâclons-
renâclons-
sarclons-
cerclons-
recerclons-
décerclons-
bouclons-
débouclons-
puddlons-
gabelons-
celons-
décelons-
ficelons-
déficelons-
chancelons-
étincelons-
amoncelons-
harcelons-
morcelons-
ensorcelons-
désensorcelons-
mordelons-
cordelons-
gelons-
regelons-
dégelons-
congelons-
dessemelons-
ressemelons-
nous pommelons-
grommelons-
nous grumelons-
nous engrumelons-
grenelons-
crénelons-
agnelons-
annelons-
cannelons-
tonnelons-
pelons-
chapelons-
épelons-
appelons-
réappelons-
rappelons-
nous entr'appelons-
carrelons-
recarrelons-
décarrelons-
bourrelons-
ciselons-
oiselons-
ruisselons-
bosselons-
muselons-
démuselons-
batelons-
râtelons-
dételons-
enchantelons-
démantelons-
pantelons-
dentelons-
écartelons-
martelons-
nous encastelons-
attelons-
réattelons-
brettelons-
bottelons-
javelons-
enjavelons-
tavelons-
déchevelons-
nivelons-
grivelons-
cuvelons-
renouvelons-
recélons-
hélons-
révélons-
bêlons-
fêlons-
mêlons-
remêlons-
nous entremêlons-
démêlons-
emmêlons-
engrêlons-
vêlons-
raflons-
éraflons-
sifflons-
soufflons-
essoufflons-
insufflons-
giflons-
reniflons-
écorniflons-
riflons-
persiflons-
enflons-
renflons-
désenflons-
gonflons-
regonflons-
dégonflons-
ronflons-
marouflons-
boursouflons-
emmitouflons-
réglons-
déréglons-
biglons-
étranglons-
sanglons-
dessanglons-
cinglons-
épinglons-
tringlons-
jonglons-
beuglons-
meuglons-
aveuglons-
désaveuglons-
jubilons-
filons-
défilons-
tréfilons-
affilons-
effilons-
enfilons-
renfilons-
désenfilons-
profilons-
parfilons-
faufilons-
éfaufilons-
annihilons-
assimilons-
nous étoilons-
entoilons-
rentoilons-
voilons-
dévoilons-
nous envoilons-
pilons-
épilons-
dépilons-
horripilons-
empilons-
compilons-
opilons-
désopilons-
ensilons-
ventilons-
mutilons-
huilons-
exilons-
allons-
ballons-
déballons-
emballons-
remballons-
désemballons-
dallons-
tallons-
installons-
réinstallons-
nous rebellons-
libellons-
parcellons-
scellons-
descellons-
contre-scellons-
excellons-
préexcellons-
flagellons-
emmiellons-
niellons-
viellons-
interpellons-
coupellons-
querellons-
nous entre-querellons-
sellons-
dessellons-
ruellons-
baillons-
bâillons-
entre-bâillons-
caillons-
écaillons-
médaillons-
marchandaillons-
godaillons-
défaillons-
intrigaillons-
piaillons-
criaillons-
maillons-
chamaillons-
émaillons-
rimaillons-
remmaillons-
encanaillons-
grenaillons-
tenaillons-
sonnaillons-
tournaillons-
quoaillons-
paillons-
dépaillons-
empaillons-
rempaillons-
raillons-
braillons-
nous débraillons-
éraillons-
déraillons-
graillons-
tiraillons-
ferraillons-
hourraillons-
mitraillons-
cisaillons-
grisaillons-
assaillons-
tressaillons-
gueusaillons-
taillons-
bataillons-
retaillons-
n. entre-taillons-
détaillons-
répétaillons-
brétaillons-
avitaillons-
ravitaillons-
entaillons-
enfutaillons-
disputaillons-
fouaillons-
gouaillons-
jouaillons-
travaillons-
retravaillons-
écrivaillons-
babillons-
habillons-
rhabillons-
déshabillons-
gambillons-
dégobillons-
cillons-
vacillons-
sourcillons-
oscillons-
brandillons-
nous fendillons-
pendillons-
godillons-
mordillons-
herbeillons-
ensoleillons-
sommeillons-
dépareillons-
appareillons-
rappareillons-
désappareillons-
oreillons
conseillons-
déconseillons-
teillons-

1. *Voy. remarque des mots pluriels à l'Avertissement.*

cueillons-
accueillons-
recueillons-
veillons-
éveillons-
réveillons-
émerveillons-
surveillons-
fourmillons-
smillons-
échenillons-
cochenillons-
pillons-
grapillons-
estampillons-
éparpillons-
gaspillons-
houspillons-
roupillons-
toupillons-
étoupillons-
brillons-
grillons-
essorillons-
étrillons-
sillons-
nasillons-
brasillons-
brésillons-
grésillons-
nous égosillons-
boursillons-
dessillons-
roussillons-
fusillons-
bousillons-
pétillons-
frétillons-
vétillons-
titillons-
scintillons-
pointillons-
tortillons-
détortillons-
entortillons-
désentortillons-
embastillons-
encastillons-
distillons-
instillons-
apostillons-
émoustillons-
croustillons-
sautillons-
outillons-
feuillons-
défeuillons-
effeuillons-
veuillons-
aiguillons-
ouillons-
bouillons-
rebouillons-
gribouillons-
barbouillons-
débarbouillons-
embarbouillons-

écarbouillons-
bredouillons-
débredouillons-
fouillons-
refouillons-
affouillons-
farfouillons-
gargouillons-
mouillons-
remouillons-
nous agenouillons-
pouillons-
épouillons-
dépouillons-
rouillons-
brouillons-
débrouillons-
embrouillons-
dérouillons-
grouillons-
enrouillons-
verrouillons-
déverrouillons-
patrouillons-
souillons-
chatouillons-
gazouillons-
quillons-
nous maquillons-
béquillons-
coquillons-
recoquillons-
écarquillons-
chevillons-
nous recroquevillons-
collons-
recollons-
décollons-
encollons-
équipollons-
grisollons-
branlons-
ébranlons-
carambolons-
racolons-
caracolons-
accolons-
récolons-
bricolons-
dolons-
gondolons-
flagcolons-
affolons-
raffolons-
batifolons-
rigolons-
dégringolons-
bariolons-
cabriolons-
affriolons-
étiolons-
violons-
cajolons-
immolons-
fignolons-
interpolons-
désolons-

isolons-
insolons-
consolons-
assolons-
dessolons-
rissolons-
rafistolons-
volons-
revolons-
nous envolons-
convolons-
enjôlons-
rôlons-
frôlons-
enrôlons-
trôlons-
contrôlons-
triplons-
contemplons-
décuplons-
peuplons-
repeuplons-
dépeuplons-
monuplons-
couplons-
accouplons-
désaccouplons-
découplons-
quadruplons-
octuplons-
centuplons-
quintuplons-
septuplons-
sextuplons-
parlons-
reparlons-
ne déparlons-
ferlons-
déferlons-
perlons-
hurlons-
ourlons-
gaulons-
chaulons-
échaulons-
miaulons-
piaulons-
épaulons-
confabulons-
démantibulons-
déambulons-
ejaculons-
maculons-
acculons-
reculons-
à reculons
éculons-
spéculons-
immatriculons-
articulons-
désarticulons-
gesticulons-
calculons-
inoculons-
circulons-
basculons-
bousculons-

adulons-
acidulons-
ondulons-
modulons-
gueulons-
égueulons-
coagulons-
jugulons-
pullulons-
répullulons-
simulons-
dissimulons-
stimulons-
formulons-
cumulons-
accumulons-
granulons-
annulons-
saboulons-
éboulons-
blakboulons-
coulons-
écoulons-
découlons-
roucoulons-
foulons-
refoulons-
débagoulons-
engoulons-
* (2) moulons-
remoulons-
émoulons-
démoulons-
rémoulons-
nous vermoulons-
surmoulons-
roulons-
croulons-
écroulons-
déroulons-
enroulons-
soûlons-
dessoulons-
voulons-
crapulons-
manipulons-
stipulons-
brûlons-
congratulons-
capitulons-
récapitulons-
intitulons-
postulons-
(1) stylons-

mons-

damons-
dédamons-
affamons-
diffamons-
amalgamons-
acclamons-
déclamons-
réclamons-
proclamons-

nous exclamons-
télamons
ramons-
bramons-
tramons-
étamons-
rétamons-
entamons-
rentamons-
blâmons-
pâmons-
semons-
parsemons-
sursemons-
ressemons-
blasphémons-
crémons-
écrémons-
nous décarêmons-
rythmons-
aimons-
nous entr'aimons-
essaimons-
abîmons-
écimons-
décimons-
dîmons-
nous rédimons-
limons-
sublimons-
nous élimons-
mimons-
animons-
ranimons-
envenimons-
rimons-
brimons-
escrimons-
périmons-
nous grimons-
dirimons-
primons-
déprimons-
réprimons-
imprimons-
réimprimons-
comprimons-
opprimons-
supprimons-
exprimons-
arrimons-
trimons-
victimons-
légitimons-
intimons-
estimons-
mésestimons-
maximons-
calmons-
spalmons-
enflammons-
nous renflammons-
gommons-
dégommons-
nommons-
renommons-
dénommons-

2. De moudre et de mouler.

1. *Voy. remarque des mots pluriels à l'Avertissement.*

surnommons-
pommons-
sommons-
consommons-
assommons-
chômons-
armons-
nous gendarmons-
charmons-
alarmons-
désarmons-
fermons-
refermons-
affermons-
sous-affermons-
enfermons-
renfermons-
germons-
affirmons-
infirmons-
confirmons-
dormons-
redormons-
endormons-
rendormons-
formons-
reformons-
déformons-
réformons-
difformons-
informons-
conformons-
chloroformons-
transformons-
gourmons-
enthousiasmons-
embaumons-
chaumons-
déchaumons-
paumons-
empaumons-
écumons-
fumons-
enfumons-
parfumons-
humons-
inhumons-
enrhumons-
désenrhumons-
transhumons-
exhumons-
allumons-
rallumons-
plumons-
déplumons-
emplumons-
nous remplumons-
embrumons-
résumons-
présumons-
consumons-
assumons-
costumons-
apostumons-
accoutumons-
réaccoutumons-
nous raccoutumons-
désaccoutumons-
(1)

nons-

cabanons-
haubanons-
rubanons-
chicanons-
ricanons-
cancanons-
boucanons-
fanons-
effanons-
profanons-
ahanons-
glanons-
planons-
aplanons-
émanons-
panons-
trépanons-
safranons-
basanons-
charlatanons-
nous pavanons-
flânons-
affenons-
halenons-
menons-
amenons-
ramenons-
remenons-
nous démenons-
malmenons-
emmenons-
remmenons-
promenons-
surmenons-
enchifrenons-
grenons-
égrenons-
gangrenons-
engrenons-
désengrenons-
prenons-
reprenons-
entreprenons-
déprenons-
nous méprenons-
nous éprenons-
comprenons-
apprenons-
rapprenons-
désapprenons-
surprenons-
assenons-
tenons-
obtenons-
retenons-
entretenons-
détenons-
maintenons-
contenons-
appartenons-
nous abstenons-
soutenons-
venons-
mésavenons-
subvenons-
advenons-
mésadvenons-
devenons-
redevenons-
revenons-
contrevenons-
prévenons-
convenons-
circonvenons-
disconvenons-
provenons-
parvenons-
intervenons-
survenons-
nous souvenons-
nous ressouvenons-
ébénons-
morigénons-
oxygénons-
désoxygénons-
aliénons-
abaliénons-
carénons-
crénons-
rassérénons-
refrénons-
rengrénons-
gênons-
gagnons-
regagnons-
accompagnons-
régnons-
imprégnons-
baignons-
daignons-
dédaignons-
plaignons-
aplaignons-
craignons-
contraignons-
saignons-
ressaignons-
indignons-
ceignions-
enceignons-
feignons-
geignons-
engeignons-
* (2) *peignons-*
repeignons-
dépeignons-
enfreignons-
épreignons-
empreignons-
étreignons-
astreignons-
restreignons-
enseignons-
renseignons-
teignons-
reteignons-
éteignons-

2. De peindre et de peigner.

déteignons-
atteignons-
ratteignons-
aveignons-
rechignons-
alignons-
clignons-
enlignons-
interlignons-
forlignons-
soulignons-
oignons-
joignons-
adjoignons-
rejoignons-
déjoignons-
enjoignons-
conjoignons-
disjoignons-
éloignons-
témoignons-
poignons-
empoignons-
soignons-
trépignons-
signons-
contresignons-
désignons-
résignons-
consignons-
assignons-
réassignons-
égratignons-
guignons-
barguignons-
provignons-
cognons-
recognons-
rencognons-
hognons-
rognons-
nous refrognons-
nous renfrognons-
grognons-
ivrognons-
besognons-
épargnons-
éborgnons-
lorgnons-
répugnons-
dégainons-
engainons-
rengainons-
chaînons-
déchaînons-
enchaînons-
renchaînons-
désenchaînons-
lainons-
drainons-
égrainons-
traînons-
entraînons-
rentraînons-
binons-
carabinons-
rebinons-
lambinons-
combinons-
bobinons-
racinons-
déracinons-
enracinons-
vaccinons-
revaccinons-
médecinons-
vaticinons-
calcinons-
ratiocinons-
fascinons-
hallucinons-
dînons-
badinons-
dandinons-
rondinons-
nous dodinons-
jardinons-
r einons-
chanfreinons-
veinons-
affinons-
raffinons-
confinons-
imaginons-
paginons-
marginons-
ruginons-
chinons-
machinons-
échinons-
câlinons-
pralinons-
déclinons-
inclinons-
dodelinons-
patelinons-
zinzolinons-
disciplinons-
boulinons-
moulinons-
poulinons-
minons-
gaminons-
laminons-
contaminons-
examinons-
cheminons-
acheminons-
contre-minons-
efféminons-
disséminons-
éliminons-
récriminons-
incriminons-
culminons-
fulminons-
abominons-
dominons-
prédominons-
terminons-
déterminons-
prédéterminons-
exterminons-
illuminons-

1. *Voy. remarque des mots pluriels à l'Avertissement.*

enluminons-
ruminons-
bituminons-
rapinons-
opinons-
préopinons-
chopinons-
clopinons-
turlupinons-
enfarinons-
marinons-
amarinons-
serinons-
entérinons-
chagrinons-
endoctrinons-
urinons-
burinons-
tambourinons-
emmagasinons-
lésinons-
ensaisinons-
voisinons-
avoisinons-
cuisinons-
organsinons-
bassinons-
assassinons-
dessinons-
houssinons-
ébousinons-
cousinons-
patinons-
ratinons-
gratinons-
satinons-
nous ratatinons-
piétinons-
cabotinons-
guillotinons-
libertinons-
nous obstinons-
destinons-
prédestinons-
festinons-
trottinons-
butinons-
lutinons-
agglutinons-
conglutinons-
nous mutinons-
embéguinons-
embabouinons-
fouinons-
baragouinons-
taquinons-
mannequinons-
acoquinons-
maroquinons-
damasquinons-
bouquinons-
ruinons-
bruinons-
vinons-
avinons-
ravinons-
devinons-
alevinons-
damnons-
dédamnons-
condamnons-
bannons-
enrubannons-
empannons-
tannons-
chouannons-
rouannons-
vannons-
empennons-
étrennons-
moyennons-
abonnons-
charbonnons-
braconnons-
gasconnons-
façonnons-
maçonnons-
estramaçonnons-
caparaçonnons-
rançonnons-
étançonnons-
poinçonnons-
tronçonnons-
étronçonnons-
soupçonnons-
désarçonnons-
donnons-
nous adonnons-
espadonnons-
redonnons-
fredonnons-
entre-donnons-
amidonnons-
abandonnons-
brandonnons-
bondonnons-
débondonnons-
échardonnons-
lardonnons-
pardonnons-
guerdonnons-
ordonnons-
subordonnons-
cordonnons-
coordonnons-
bourdonnons-
drageonnons-
badigeonnons-
bourgeonnons-
ébourgeonnons-
plafonnons-
chiffonnons-
griffonnons-
bouffonnons-
parangonnons-
fourgonnons-
bougonnons-
mâchonnons-
bichonnons-
folichonnons-
cochonnons-
torchonnons-
bouchonnons-
n. encapuchonnons-
gabionnons-
camionnons-
pionnons-
espionnons-
occasionnons-
approvisionnons-
émulsionnons-
pensionnons-
passionnons-
impressionnons-
démissionnons-
commissionnons-
permissionnons-
soumissionnons-
fusionnons-
illusionnons-
désillusionnons-
contusionnons-
* collationnons-
rationnons-
stationnons-
actionnons-
fractionnons-
affectionnons-
désaffectionnons-
confectionnons-
perfectionnons-
collectionnons-
sectionnons-
frictionnons-
sanctionnons-
fonctionnons-
nous concrétionnons-
ambitionnons-
additionnons-
conditionnons-
munitionnons-
amunitionnons-
perquisitionnons-
pétitionnons-
mentionnons-
subventionnons-
émotionnons-
proportionnons-
disproportionnons-
bastionnons-
congestionnons-
questionnons-
cautionnons-
nous précautionnons-
révolutionnons-
mixtionnons-
galonnons-
jalonnons-
talonnons-
étalonnons-
sablonnons-
houblonnons-
échelonnons-
pilonnons-
ballonnons-
bâillonnons-
graillonnons-
tourbillonnons-
réveillonnons-
vermillonnons-
papillonnons-
carillonnons-
sillonnons-
nasillonnons-
étrésillonnons-
tâtillonnons-
échantillonnons-
aiguillonnons-
bouillonnons-
brouillonnons-
égravillonnons-
écouvillonnons-
boulonnons-
marmonnons-
sermonnons-
ânonnons-
canonnons-
déguignonnons-
maquignonnons-
rognonnons-
caponnons-
friponnons-
lantiponnons-
cramponnons-
tamponnons-
pomponnons-
harponnons-
maronnons-
escadronnons-
godronnons-
goudronnons-
quarderonnons-
chaperonnons-
déchaperonnons-
enchaperonnons-
éperonnons-
environnons-
marronnons-
patronnons-
plastronnons-
couronnons-
découronnons-
sonnons-
blasonnons-
résonnons-
liaisonnons-
raisonnons-
déraisonnons-
assaisonnons-
dessaisonnons-
foisonnons-
cloisonnons-
empoisonnons-
grisonnons-
emprisonnons-
désemprisonnons-
tisonnons-
chansonnons-
polissonnons-
moissonnons-
empoissonnons-
rempoissonnons-
frissonnons-
écussonnons-
tonnons-
bâtonnons-
tâtonnons-
gueuletonnons-
étonnons-
bétonnons-
détonnons-
mitonnons-
capitonnons-
cantonnons-
chantonnons-
* entonnons-
nous cotonnons-
pelotonnons-
cartonnons-
festonnons-
testonnons-
boutonnons-
reboutonnons-
déboutonnons-
moutonnons-
savonnons-
rayonnons-
crayonnons-
gazonnons-
regazonnons-
téléphonons-
ramonons-
époumonons-
dissonons-
prônons-
trônons-
détrônons-
nous incarnons-
acharnons-
écharnons-
décharnons-
marnons-
bernons-
hibernons-
cernons-
décernons-
concernons-
discernons-
modernons-
casernons-
alternons-
lanternons-
internons-
consternons-
nous prosternons-
hivernons-
balivernons-
gouvernons-
ornons-
bornons-
abornons-
subornons-
cornons-
écornons-
décornons-
flagornons-
défournons-
enfournons-
ajournons-
réajournons-
séjournons-
tournons-
atournons-
retournons-
détournons-

1. *Voy. remarque des mots pluriels à l'Avertissement.*

chantournons-
contournons-
bistournons-
aunons-
saunons-
jeûnons-
déjeunons-
alunons-
falunons-
(1) importunons-

pons

décapons-
enchapons-
lapons-
rapons-
drapons-
dérapons-
étrapons-
attrapons-
rattrapons-
sapons-
tapons-
retapons-
recepons-
répons
crêpons-
anticipons-
participons-
émancipons-
excipons-
chipons-
pipons-
ripons-
fripons-
étripons-
dissipons-
constipons-
équipons-
scalpons-
palpons-
inculpons-
disculpons-
pulpons-
campons-
décampons-
lampons-
rampons-
étampons-
estampons-
trempons-
retrempons-
détrempons-
grimpons-
pompons-
rompons-
interrompons-
corrompons-
trompons-
détrompons-
estompons-
syncopons-
nous télescopons-
galopons-
éclopons-
topons-
happons-
échappons-
réchappons-
jappons-
clappons-
frappons-
refrappons-
nous entre-frappons-
égrappons-
nippons-
grippons-
agrippons-
choppons-
achoppons-
échoppons-
développons-
enveloppons-
renveloppons-
stoppons-
houppons-
escarpons-
harpons-
écharpons-
extirpons-
usurpons-
jaspons-
crispons-
occupons-
réoccupons-
préoccupons-
dupons-
coupons-
recoupons-
entre-coupons-
découpons-
surcoupons-
houpons-
groupons-
agroupons-
attroupons-
soupons-
étoupons-
stéréotypons-
daguerréotypons-

Aussi trois-ponts (1).

Les rimes en **rons** étant fort nombreuses, nous les donnons précédées d'une autre lettre; on les trouvera par les verbes à la 3e pers. du sing. de certains temps qui existent en ra. On changera *a* en *ons*

(1) **arons**

Voy. De effara à tara

(1) **brons**

Voy. De se cabra à élucubra

(1) **crons**

De nacra à sucra

(1) **drons**

De encadra à voudra

(1) **erons**

De syllabera à bronzera

(1) **érons**

acquérons-
requérons-
nous enquérons-
conquérons-
reconquérons-
et *voy.* de aéra à persévéra

(1) **frons**

offrons-
mésoffrons-
souffrons-

Aussi camphrons et *voy.* de bafra à ensoufra

(1) **grons**

De intégra à dénigra

(1) **phrons**

camphrons-

Voy. frons

(1) **irons**

environs
et *voy.* de ira à assouvira

(1) **orons**

De élabora à dévora

(1) **prons**

De diapra à empourpra

(1) **rrons**

De barra à pourra

(1) **trons**

De embatra à raccoutra

(1) **urons**

courons-
accourons-
recourons-
secourons-
nous entre-secourons-
encourons-
concourons-
parcourons-
discourons-
mourons-
et *voy.* de aura à azura

(1) **vrons**

ouvrons-
couvrons-
recouvrons-
découvrons-
rouvrons-
entr'ouvrons-
et *voy.* de navra à émouvra

sons

basons-
casons-
jasons-
blasons-
rasons-
arasons-
brasons-
ébrasons-
embrasons-
écrasons-
phrasons-
paraphrasons-
périphrasons-
nous extravasons-
évasons-
transvasons-
pesons-
empesons-
désempesons-
soupesons-
diésons-
lésons-
alésons-
blésons-
baisons-
nous entre-baisons-
faisons-
refaisons-
contre-faisons-
défaisons-
redéfaisons-
méfaisons-
malfaisons-
parfaisons-
surfaisons-
satisfaisons-
biaisons-
niaisons-
déniaisons-
falaisons-
glaisons-
anglaisons-
plaisons-
déplaisons-
complaisons-
apaisons-
braisons-
fraisons-
graisons-
taisons-
mortaisons-
ommortaisons-
judaïsons-
hébraïsons-
prosaïsons-
bisons-
tabisons-
grécisons-
précisons-
laïcisons-
francisons-
incisons-
circoncisons-
exorcisons-
excisons-
disons-
redisons-
contredisons-
dédisons-
médisons-
prédisons-
interdisons-
suffisons-
confisons-
déconfisons-
gisons-
catéchisons-
sympathisons-
lisons-
balisons-
verbalisons-
alcalisons-
localisons-
vocalisons-
scandalisons-
idéalisons-
réalisons-
égalisons-
légalisons-
spécialisons-
matérialisons-
immatérialisons-
trivialisons-
animalisons-
nous formalisons-
canalisons-
criminalisons-
nationalisons-
dénationalisons-
nous coalisons-
fédéralisons-
généralisons-
minéralisons-
moralisons-
démoralisons-
centralisons-
décentralisons-
neutralisons-
pluralisons-
naturalisons-
dénaturalisons-
nasalisons-
universalisons-
capitalisons-
totalisons-

1. *Voy.* *remarque des mo' pluriels à l'Avertissement.*

brutalisons-
individualisons-
actualisons-
spiritualisons-
dévalisons-
rivalisons-
fleurdelisons-
relisons-
élisons-
réélisons-
évangélisons-
caramélisons-
mobilisons-
immobilisons-
stérilisons-
volatilisons-
subtilisons-
fertilisons-
utilisons-
civilisons-
métallisons-
cristallisons-
tranquillisons-
symbolisons-
bémolisons-
nolisons-
alcoolisons-
monopolisons-
ridiculisons-
macadamisons-
tamisons-
remisons-
économisons-
anatomisons-
phlébotomisons-
uniformisons-
chloroformisons-
anisons-
mécanisons-
républicanisons-
vulcanisons-
organisons-
réorganisons-
désorganisons-
italianisons-
christianisons-
germanisons-
humanisons-
tympanisons-
botanisons-
galvanisons-
féminisons-
latinisons-
crétinisons-
divinisons-
indemnisons-
tyrannisons-
solennisons-
carbonisons-
préconisons-
adonisons-
agonisons-
colonisons-
nous harmonisons-
canonisons-
impatronisons-
intronisons-

platonisons-
modernisons-
fraternisons-
éternisons-
subalternisons-
boisons-
reboisons-
déboisons-
framboisons-
dégoisons-
moisons-
chamoisons-
croisons-
nous entre-croisons-
décroisons-
toisons-
patoisons-
pavoisons-
apprivoisons-
solidarisons-
pindarisons-
vulgarisons-
nous gargarisons-
familiarisons-
polarisons-
sécularisons-
particularisons-
régularisons-
nous singularisons-
popularisons-
dépopularisons-
militarisons-
charivarisons-
brisons-
éthérisons-
caractérisons-
cautérisons-
pulvérisons-
frisons-
refrisons-
défrisons-
grisons-
égrisons-
dégrisons-
nous irisons-
satirisons-
herborisons-
météorisons-
allégorisons-
vaporisons-
temporisons-
terrorisons-
autorisons-
favorisons-
* prisons-
reprisons-
déprisons-
méprisons-
cicatrisons-
électrisons-
symétrisons-
maîtrisons-
thésaurisons-
monseigneurisons-
caricaturisons-
porphyrisons-
martyrisons-

médiatisons-
dramatisons-
anathématisons-
systématisons-
stigmatisons-
dogmatisons-
aromatisons-
achromatisons-
fanatisons-
démocratisons-
pactisons-
prophétisons-
synthétisons-
émétisons-
magnétisons-
démonétisons-
poétisons-
dépoétisons-
pédantisons-
galantisons-
cotisons-
baptisons-
rebaptisons-
débaptisons-
expertisons-
courtisons-
attisons-
cuisons-
recuisons-
traduisons-
déduisons-
réduisons-
séduisons-
enduisons-
renduisons-
induisons-
conduisons-
reconduisons-
éconduisons-
produisons-
reproduisons-
introduisons-
déguisons-
aiguisons-
luisons-
reluisons-
entreluisons-
nuisons-
menuisons-
amenuisons-
nous entre-nuisons-
puisons-
épuisons-
détruisons-
n entre-détruisons-
instruisons-
construisons-
reconstruisons-
visons-
avisons-
slavisons-
nous ravisons-
devisons-
revisons-
divisons-
subdivisons-
improvisons-

Voy. de osons à arrosons, de usons à paralysons et zons (1)

Isons

valsons-
compulsons-
expulsons-
dansons-
pansons-
acensons-
accensons-
recensons-
encensons-
condensons-
offensons-
pensons-
repensons-
dépensons-
compensons-
récompensons-
dispensons-

Voy. de éclipsons à toussons, çons et xons (1)

sons

osons-
dosons-
métamorphosons-
glosons-
ankylosons-
nous anastomosons-
ecchymosons-
posons-
juxtaposons-
reposons-
entre-posons-
déposons-
préposons-
imposons-
composons-
recomposons-
décomposons-
proposons-
apposons-
réapposons-
opposons-
supposons-
présupposons-
superposons-
interposons-
disposons-
prédisposons-
indisposons-
transposons-
exposons-
nécrosons-
couperosons-
arrosons-

Voy. de basons à improvisons, de usons à paralysons et zons (1)

sons

éclipsons-
hersons-
dispersons-
tersons-
retersons-
versons-
traversons-
retraversons-
bouleversons-
reversons-
déversons-
tergiversons-
malversons-
renversons-
conversons-
controversons-
déboursons-
embourssons-
remboursons-
cassons-
jacassons-
fracassons-
tracassons-
recassons-
fricassons-
concassons-
avocassons-
chassons-
rechassons-
pourchassons-
lassons-
échalassons-
classons-
déclassons-
matelassons-
délassons-
nous prélassons-
bouillassons-
massons-
amassons-
damassons-
ramassons-
cadenassons-
traînassons-
finassons-
coassons-
croassons-
passons-
estrapassons-
repassons-
contre-passons-
outre passons-
dépassons-
trépassons-
compassons-
surpassons-
harassons-
brassons-
embrassons-
crassons-
décrassons-
encrassons-
paperassons-

1. *Voy. remarque des mots pluriels à l'Avertissement.*

tirassons-
cuirassons-
nous encuirassons-
débarrassons-
embarrassons-
terrassons-
sassons-
ressassons-
tassons-
rapetassons-
entassons-
crevassons-
rêvassons-
enchâssons-
cessons-
fessons-
confessons-
professons-
blessons-
caressons-
paressons-
dressons-
adressons-
redressons-
intéressons-
désintéressons-
progressons-
transgressons-
pressons-
nous empressons-
oppressons-
tressons-
vessons-
baissons-
abaissons-
rabaissons-
rebaissons-
décaissons-
encaissons-
rencaissons-
affaissons-
laissons-
délaissons-
naissons-
renaissons-
connaissons-
reconnaissons-
méconnaissons-
paissons-
repaissons-
forpaissons-
paraissons-
reparaissons-
comparaissons-
apparaissons-
disparaissons-
graissons-
dégraissons-
engraissons-
rengraissons-
haïssons-
n. entre-haïssons-
bissons-
fourbissons-
subissons-
étrécissons-
rétrécissons-
chancissons-
rancissons-
amincissons-
farcissons-
éclaircissons-
noircissons-
renoircissons-
enforcissons-
obsurcissons-
durcissons-
endurcissons-
rendurcissons-
accourcissons-
raccourcissons-
doucissons-
adoucissons-
radoucissons-
affadissons-
tiédissons-
atiédissons-
enlaidissons-
désenlaidissons-
raidissons-
déraidissons-
roidissons-
déroidissons-
froidissons-
refroidissons-
candissons-
brandissons-
grandissons-
agrandissons-
ragrandissons-
resplendissons-
bondissons-
rebondissons-
approfondissons-
arrondissons-
enhardissons-
agaillardissons-
ragaillardissons-
abâtardissons-
verdissons-
reverdissons-
ourdissons-
dégourdissons-
engourdissons-
alourdissons-
abalourdissons-
abasourdissons-
assourdissons-
étourdissons-
rebaudissons-
nous ébaudissons-
nous gaudissons-
applaudissons-
obéissons-
désobéissons-
bouffissons-
agissons-
réagissons-
assagissons-
vagissons-
allégissons-
mégissons-
régissons-
élargissons-
rélargissons-
surgissons-
mugissons-
rougissons-
dérougissons-
rugissons-
hissons-
nous ébahissons-
trahissons-
envahissons-
nous avachissons-
fléchissons-
réfléchissons-
infléchissons-
fraîchissons-
rafraîchissons-
défraîchissons-
enrichissons-
blanchissons-
reblanchissons-
franchissons-
affranchissons-
gauchissons-
dégauchissons-
lissons-
palissons-
pâlissons-
dépalissons-
salissons-
établissons-
préétablissons-
rétablissons-
faiblissons-
affaiblissons-
anoblissons-
ennoblissons-
ameublissons-
éclissons-
ensevelissons-
désensevelissons-
avilissons-
ravilissons-
glissons-
embellissons-
jaillissons-
réjaillissons-
saillissons-
vieillissons-
envieillissons-
treillissons-
enorgueillissons-
mollissons-
amollissons-
ramollissons-
abolissons-
raffolissons-
démolissons-
polissons-
repolissons-
dépolissons-
plissons-
replissons-
déplissons-
emplissons-
remplissons-
désemplissons-
accomplissons-
assouplissons-
gémissons-
frémissons-
blêmissons-
vomissons-
revomissons-
affermissons-
raffermissons-
renformissons-
aplanissons-
bénissons-
rebénissons-
assainissons-
finissons-
définissons-
préfinissons-
bannissons-
hennissons-
abonnissons-
rabonnissons-
honnissons-
agonissons-
garnissons-
regarnissons-
dégarnissons-
ternissons-
* (2) vernissons-
racornissons-
fournissons-
parfournissons-
unissons-
jaunissons-
rajeunissons-
réunissons-
munissons-
démunissons-
prémunissons-
punissons-
brunissons-
rembrunissons-
désunissons-
poissons-
empoissons-
croissons-
accroissons-
recroissons-
décroissons-
froissons-
[*G.*] Soissons
pissons-
nous clapissons-
glapissons-
* (3) nous tapissons-
épissons-
crépissons-
recrépissons-
décrépissons-
échampissons-
réchampissons-
déguerpissons-
croupissons-
nous accroupissons-
assoupissons-
tarissons-
lambrissons-
assombrissons-
crissons-
attendrissons-
amoindrissons-
ramoindrissons-
nous hérissons-
chérissons-
enchérissons-
renchérissons-
surenchérissons-
périssons-
dépérissons-
guérissons-
aigrissons-
maigrissons-
amaigrissons-
ramaigrissons-
démaigrissons-
emmaigrissons-
rabougrissons-
endolorissons-
équarrissons-
terrissons-
atterrissons-
aguerrissons-
nourrissons-
pourrissons-
flétrissons-
pétrissons-
meurtrissons-
fleurissons-
refleurissons-
défleurissons-
ahurissons-
mûrissons-
surissons-
appauvrissons-
saisissons-
nous dessaisissons-
ressaisissons-
choisissons-
moisissons-
transissons-
épaississons-
grossissons-
dégrossissons-
réussissons-
roussissons-
tissons-
bâtissons-
embâtissons-
débâtissons-
catissons-
décatissons-
aplatissons-
amatissons-
* (2) pâtissons-
compatissons-
ratissons-
apetissons-
détissons-
assujétissons-
abêtissons-

2. De vernir et de vernisser.

3. De tapisser et de se tapir.

2. De pâtir et de pâtisser.

1. *Voy. remarque des mots pluriels à l'Avertissement.*

rabêtissons-
ramoitissons-
anéantissons-
nantissons-
nous dénantissons-
garantissons-
appesantissons-
empuantissons-
ralentissons-
retentissons-
rapointissons-
appointissons-
cotissons-
lotissons-
rôtissons-
sertissons-
dessertissons-
avertissons-
n. entr'avertissons-
subvertissons-
divertissons-
invertissons-
convertissons-
pervertissons-
intervertissons-
amortissons-
sortissons-
assortissons-
rassortissons-
désassortissons-
ressortissons-
travestissons-
investissons-
désinvestissons-
assujettissons-
blottissons-
nous blottissons-
aboutissons-
raboutissons-
emboutissons-
engloutissons-
abrutissons-
débrutissons-
écuissons-
bleuissons-
languissons-
alanguissons-
fouissons-
enfouissons-
serfouissons-
jouissons-
réjouissons-
éblouissons-
épanouissons-
nous évanouissons-
rouissons-
brouissons-
écrouissons-
esquissons-
vissons-
havissons-
ravissons-
gravissons-
dévissons-
sévissons-
asservissons-
chauvissons-

assouvissons-
embossons-
cossons-
écossons-
adossons-
endossons-
rossons-
brossons-
crossons-
désossons-
faussons-
nous défaussons-
nous gaussons-
haussons-
chaussons-
rechaussons-
déchaussons-
enchaussons-
rehaussons-
surhaussons-
exhaussons-
nous mussons-
éclaboussons-
houssons-
gloussons-
moussons-
émoussons-
nous trémoussons-
poussons-
repoussons-
n. entre-poussons-
rebroussons-
troussons-
retroussons-
détroussons-
toussons-

Voy. de valsons à dispensons, çons et xons (1).

sons-

usons-
causons-
pausons-
abusons-
désabusons-
arquebusons-
accusons-
n. entr'accusons-
récusons-
excusons-
gracieusons-
creusons-
recreusons-
gueusons-
fusons-
refusons-
infusons-
transfusons-
musons-
amusons-
cousons-
recousons-
décousons-
jalousons-
blousons-

épousons-
ventousons-
rusons-
décrusons-
mesusons-
dépaysons-
analysons-
paralysons-

Voy. de basons à improvisons, de osons à arrosons et zons (1)

tons-

datons-
antidatons-
mandatons-
postdatons-
calfatons-
éclatons-
relatons-
frelatons-
dilatons-
translatons-
matons-
casematons-
acclimatons-
déclimatons-
colmatons-
épatons-
ratons-
ératons-
dératons-
piratons-
constatons-
ouatons-
cravatons-
bâtons-
débâtons-
embâtons-
gâtons-
hâtons-
mâtons-
démâtons-
empâtons-
appâtons-
tâtons-
à tâtons
retâtons-
réfractons-
détractons-
rétractons-
contractons-
affectons-
infectons-
désinfectons-
objectons-
injectons-
délectons-
humectons-
respectons-
inspectons-
suspectons-
dictons-
édictons-

gobetons-
rapiécetons-
vergetons-
achetons-
cachetons-
recachetons-
décachetons-
rachetons-
tachetons-
pochetons-
crochetons-
mouchetons-
démouchetons-
jetons-
rejetons-
nous déjetons-
projetons-
interjetons-
forjetons-
surjetons-
haletons-
valetons-
souffletons-
filetons-
cailletons-
feuilletons-
refeuilletons-
colletons-
décolletons-
voletons-
guillemetons-
trompetons-
à croupetons
cretons
furetons-
époussetons-
muguetons-
caquetons-
claquetons-
paquetons-
dépaquetons-
empaquetons-
craquetons-
becquetons-
ou béquetons-
déchiquetons-
cliquetons-
encliquetons-
briquetons-
étiquetons-
banquetons-
coquetons-
marquetons-
parquetons-
savetons-
brevetons-
louvetons-
hébétons-
végétons-
piétons-
empiétons-
inquiétons-
reflétons-
complétons-
décomplétons-
admonétons-
pétons-

répétons-
compétons-
appétons-
barétons-
secrétons-
décrétons-
concrétons-
frétons-
affrétons-
interprétons-
mésinterprétons-
tétons-
embêtons-
fêtons-
tempêtons-
écrêtons-
prêtons-
apprêtons-
arrêtons-
étêtons-
entêtons-
quêtons-
acquêtons-
requêtons-
nous enquêtons-
vêtons-
revêtons-
devêtons-
doigtons-
affaitons-
enfaîtons-
renfaîtons-
souhaitons-
allaitons-
traitons-
retraitons-
maltraitons-
sous-traitons-
habitons-
cohabitons-
débitons-
citons-
récitons-
licitons-
félicitons-
sollicitons-
incitons-
suscitons-
ressuscitons-
excitons-
surexcitons-
éditons-
rééditons-
méditons-
préméditons-
créditons-
accréditons-
décréditons-
discréditons-
commanditons-
profitons-
gitons-
agitons-
ingurgitons-
alitons-
périclitons-
délitons-

1. *Voy. remarque des mots pluriels à l'Avertissement.*

habilitons-
réhabilitons-
débilitons-
facilitons-
militons-
imitons-
limitons-
délimitons-
boitons-
déboîtons-
emboîtons-
remboîtons-
exploitons-
miroitons-
convoitons-
décapitons-
dépitons-
crépitons-
décrépitons-
précipitons-
palpitons-
abritons-
héritons-
cohéritons-
déshéritons-
méritons-
déméritons-
effritons-
irritons-
hésitons-
visitons-
nous entre-visitons-
transitons-
nécessitons-
nous anuitons-
ébruitons-
effruitons-
gravitons-
évitons-
invitons-
réinvitons-
désinvitons-
exaltons-
veltons-
récoltons-
voltons-
révoltons-
auscultons-
résultons-
insultons-
consultons-
exultons-
décantons-
brocantons-
fainéantons-
enfantons-
gantons-
dégantons-
hantons-
chantons-
rechantons-
déchantons-
enchantons-
désenchantons-
ensanglantons-
brillantons-
plantons-
replantons-
déplantons-
implantons-
supplantons-
transplantons-
diamantons-
aimantons-
plaisantons-
vantons-
épouvantons-
soixantons-
entons-
innocentons-
édentons-
accidentons-
incidentons-
endentons-
régentons-
diligentons-
argentons-
désargentons-
fientons-
orientons-
désorientons-
patientons-
impatientons-
violentons-
mentons-
médicamentons-
nous lamentons-
réglementons-
parlementons-
ornementons-
passementons-
cémentons-
démentons-
agrémentons-
fragmentons-
augmentons-
cimentons-
enrégimentons-
alimentons-
complimentons-
expérimentons-
commentons-
fomentons-
fermentons-
assermentons-
tourmentons-
argumentons-
instrumentons-
nous repentons-
arpentons-
charpentons-
serpentons-
rentons-
apparentons-
arrentons-
sentons-
nous absentons-
présentons-
représentons-
consentons-
assentons-
ressentons-
pressentons-
tentons-
patentons-
intentons-
contentons-
mécontentons-
sustentons-
attentons-
fréquentons-
ventons-
éventons-
inventons-
éreintons-
teintons-
nous accointons-
ajointons-
pointons-
contre-pointons-
épointons-
appointons-
désappointons-
pintons-
tintons-
suintons-
contons-
racontons-
montons-
remontons-
démontons-
surmontons-
pontons-
affrontons-
confrontons-
empruntons-
ôtons-
cabotons-
jabotons-
rabotons-
sabotons-
ribotons-
barbotons-
cotons-
accotons-
chicotons-
délicotons-
picotons-
fricotons-
tricotons-
asticotons-
suçotons-
dotons-
radotons-
fagotons-
dégotons-
gigotons-
ravigotons-
argotons-
gargotons-
ergotons-
cahotons-
crachotons-
chuchotons-
agiotons-
foliotons-
riotons-
mijotons-
tremblotons-
pelotons-
amatelotons-
sanglotons-
glouglotons-
pilotons-
démaillotons-
emmaillotons-
remmaillotons-
papillotons-
complotons-
dorlotons-
escamotons-
notons-
canotons-
dénotons-
clignotons-
mignotons-
grignotons-
annotons-
clapotons-
tapotons-
dépotons-
chipotons-
galipotons-
tripotons-
empotons-
rempotons-
rotons-
numérotons-
sirotons-
chevrotons-
baisotons-
assotons-
rassotons-
pissotons-
votons-
pivotons-
vivotons-
buvotons-
captons-
adaptons-
acceptons-
interceptons-
exceptons-
sculptons-
exemptons-
comptons-
recomptons-
décomptons-
nous mécomptons-
escomptons-
domptons-
optons-
adoptons-
écartons-
encartons-
partons-
repartons-
départons-
répartons-
essartons-
concertons-
déconcertons-
désertons-
dissertons-
flirtons-
escortons-
confortons-
déconfortons-
réconfortons-
exhortons-
portons-
reportons-
déportons-
colportons-
emportons-
remportons-
importons-
réimportons-
comportons-
apportons-
rapportons-
supportons-
transportons-
exportons-
réexportons-
sortons-
ressortons-
avortons-
heurtons-
nous aheurtons-
nous entre-heurtons-
écourtons-
toastons-
contrastons-
dévastons-
estons-
manifestons-
infestons-
lestons-
délestons-
molestons-
admonestons-
pestons-
empestons-
restons-
testons-
détestons-
contestons-
protestons-
attestons-
zestons-
dépistons-
contristons-
attristons-
subsistons-
nous désistons-
résistons-
insistons-
consistons-
persistons-
assistons-
existons-
préexistons-
coexistons-
accostons-
postons-
apostons-
dépostons-
ripostons-
tostons-
tarabustons-
flibustons-
dégustons-
ajustons-
rajustons-

1. *Voy. remarque des mots pluriels à l'Avertissement.*

désajustons-
incrustons-
nous enkystons-
battons
abattons
rabattons
rebattons-
nous entre-battons-
débattons-
nous ébattons-
combattons-
chattons-
lattons-
délattons-
flattons-
nattons-
dénattons-
barattons-
grattons-
regrattons-
facettons-
endettons-
nous rendettons-
émiettons-
mettons-
admettons-
réadmettons-
remettons-
nous entre-mettons-
émettons-
démettons-
commettons-
promettons-
conprometttons-
permettons-
transmettons-
soumettons-
rénettons-
frettons-
regrettons-
guettons-
fouettons-
brouettons-
pirouettons-
quittons-
acquittons-
nous racquittons-
bottons-
caillebottons-
nous rebottons-
débottons-
marcottons-
ligottons-
gringottons-
calottons-
décalottons-
gobelottons-
grelottons
flottons
ballottons-
culottons-
déculottons-
émottons-
marmottons-
emmenottons-
carottons-
crottons-

décrottons-
frottons-
garrottons-
trottons-
frisottons-
chènevottons-
buttons-
nous huttons-
luttons-
gouttons-
égouttons-
dégouttons-
panneautons-
biscautons-
sautons-
ressautons-
tuyautons-
butons-
rebutons-
débutons-
culbutons-
persécutons-
exécutons-
charcutons-
percutons-
répercutons-
discutons-
ameutons-
queutons-
réfutons-
affûtons-
chutons-
verjutons-
lutons-
talutons-
blutons-
délutons-
flûtons-
permutons-
minutons-
aoûtons-
boutons-
aboutons-
reboutons-
contre-boutons-
déboutons-
coûtons-
écoutons-
doutons-
redoutons-
goûtons-
ragoûtons-
dégoûtons-
caoutchoutons-
joutons-
ajoutons-
rajoutons-
surajoutons-
cloutons-
veloutons-
glougloutons-
filoutons-
cailloutons-
broutons-
écroûtons-
encroûtons-
déroutons-

voûtons-
envoûtons-
députons-
réputons-
amputons-
imputons-
supputons-
disputons-
recrutons-
scrutons-
(1) prétextons-

uons

rétribuons-
contribuons-
distribuons-
attribuons-
écobuons-
évacuons-
graduons-

Voy. de huons à conspuons, de ruons à tortuons, éons et *ions*

guons

baguons-
daguons-
blaguons-
élaguons-
draguons-
vaguons-
extravaguons-
divaguons-
léguons-
reléguons-
déléguons-
subdéléguons-
préléguons-
alléguons-
endiguons-
prodiguons-
liguons-
briguons-
irriguons-
intriguons-
fatiguons-
instiguons-
naviguons-
promulguons-
divulguons-
écanguons-
haranguons-
tanguons-
ralinguons-
étalinguons-
seringuons-
fringuons-
bastinguons-
distinguons-
zinguons-
dialoguons-
cataloguons-
épiloguons-
homologuons-
droguons-

voguons-
arguons-
carguons-
rédarguons-
larguons-
alarguons-
narguons-
nous targuons-
enverguons-
morguons-
subjuguons-
(1) conjuguons-

uons

huons
saluons-
évaluons-
abluons-
incluons-
concluons-
excluons-
fluons-
refluons-
affluons-
influons-
confluons-
gluons-
dégluons-
engluons-
diluons-
polluons-
évoluons-
muons-
remuons-
commuons-
transmuons-
nuons-
dénuons-
atténuons-
exténuons-
diminuons-
insinuons-
continuons-
discontinuons-
éternuons-
embouons-
accouons-
secouons-
rocouons-
douons-
amadouons-
bafouons-
engouons-
houons-
échouons-
déchouons-
jouons-
rejouons-
déjouons-
louons-
clouons-
reclouons-
déclouons-
enclouons-
désenclouons-
relouons-
nous entre-louons-

flouons-
afflouons-
renflouons-
allouons-
sous-louons-
nouons-
renouons-
énouons-
dénouons-
rouons-
rabrouons-
ébrouons-
écrouons-
frouons-
enrouons-
désenrouons-
trouons-
touons-
tatouons-
vouons-
avouons-
désavouons-
dévouons-
puons-
conspuons-

Voy. de rétribuons à graduons, de ruons à tortuons, éons, et *ions* (1).

quons

caquons-
encaquons-
claquons-
flaquons-
plaquons-
nous estomaquons-
baraquons-
braquons-
craquons-
traquons-
détraquons-
taquons-
attaquons-
bivouaquons-
vaquons-
macquons-
pacquons-
abecquons-
embecquons-
abéquons-
nous rebéquons-
déféquons-
hypothéquons-
beséquons-
disséquons-
alambiquons-
abdiquons-
revendiquons-
indiquons-
trafiquons-
chiquons-
obliquons-
répliquons-
impliquons-

1. *Voy. remarque des mots pluriels à l'Avertissement.*

compliquons-
appliquons
expliquons-
forniquons-
communiquons
piquons
repiquons
dépiquons-
prévariquons-
fabriquons-
étriquons
musiquons
métaphysiquons
tiquons-
pratiquons
politiquons-
critiquons-
authentiquons-
décortiquons-
excortiquons-
astiquons-
mastiquons-
domestiquons-
sophistiquons-
diagnostiquons-
pronostiquons
encaustiquons-
rustiquons-
calquons-
contre-calquons-
décalquons-
défalquons-
inculquons-
débanquons-
flanquons
efflanquons-
manquons-
vainquons-
convainquons-
trinquons-
nous requinquons-
tronquons-
n. emberlucoquons-
suffoquons-
choquons-
n. entre-choquons-
bloquons-
débloquons-
effiloquons-
colloquons-
ploquons-
interloquons-
disloquons-
nous moquons-
roquons-
croquons-
escroquons-
défroquons-
enfroquons-
troquons-
toquons-
évoquons-
révoquons-
équivoquons-
invoquons-
convoquons-
provoquons-
arquons-
débarquons-
embarquons-
rembarquons-
désembarquons-
marquons-
remarquons-
contremarquons-
démarquons-
parquons-
déparquons-
remorquons-
détorquons-
rétorquons-
extorquons-
bifurquons-
masquons-
démasquons-
bisquons-
confisquons-
risquons-
busquons-
débusquons-
embusquons-
offusquons-
musquons-
brusquons-
éduquons-
reluquons-
débouquons-
embouquons-

Voy. kons (1)

uons

ruons-
décruons-
obstruons-
désobstruons-
suons-
ressuons-
bossuons-
tuons-
infatuons-
désinfatuons-
statuons-
effectuons-
ponctuons-
nous entre-tuons-
perpétuons-
habituons-
réhabituons-
déshabituons-
situons-
substituons-
destituons-
restituons-
instituons-
constituons-
reconstituons-
prostituons-
accentuons
nous évertuons
tortuons-

Voy. de rétribuons à graduons, de huons à conspuons éons, et *ions* (1)

vons

avons-
bavons-
cavons-
décavons-
encavons-
excavons-
gavons-
lavons-
emblavons-
remblavons-
enclavons-
désenclavons-
relavons-
délavons-
pavons-
repavons-
dépavons-
bravons-
gravons-
aggravons-
engravons-
dépravons-
entravons-
désentravons-
savons-
recevons-
décevons-
concevons-
préconcevons-
percevons-
apercevons-
devons-
redevons-
achevons-
parachevons-
levons-
relevons-
élevons-
prélevons-
surélevons-
enlevons-
champlevons-
soulevons-
crevons-
grevons-
dégrevons-
endêvons-
rêvons-
récidivons-
salivons-
clivons-
enjolivons-
connivons-
rivons-
écrivons-
décrivons-
prescrivons-
transcrivons-
retranscrivons-
inscrivons-
circonscrivons-
proscrivons-
souscrivons-
dérivons-
privons-
arrivons-
mésarrivons-
lessivons-
activons-
invectivons-
cultivons-
motivons-
captivons-
esquivons-
* (2) suivons-
nous entre-suivons-
poursuivons-
vivons-
avivons-
ravivons-
revivons-
survivons-
absolvons-
résolvons-
dissolvons-
rénovons-
innovons-
nervons-
énervons-
servons-
observons-
réservons-
préservons-
conservons-
desservons-
resservons-
sauvons-
buvons-
rebuvons-
nous embuvons-
cuvons-
décuvons-
encuvons-
abreuvons-
treuvons-
couvons-
louvons-
* (3) mouvons-
émouvons-
pouvons-
prouvons-
reprouvons-
éprouvons-
réprouvons-
improuvons-
approuvons-
désapprouvons-
trouvons-
retrouvons-
controuvons-
étuvons-
(1) interviewons-

xons

malaxons-
relaxons-
taxons-
surtaxons-
annexons-
vexons-
fixons-
luxons-

Voy. çons, sons précédé d'une consonne (1)

yons

ayons-
bayons-
égayons-
bégayons-
layons-
balayons-
déblayons-
remblayons-
relayons-
délayons-
monnayons-
payons-
surpayons-
rayons-
brayons-
frayons-
défrayons-
effrayons-
enrayons-
désenrayons-
trayons-
retrayons-
rentrayons-
portrayons-
abstrayons-
distrayons-
soustrayons-
extrayons-
essayons-
ressayons-
étayons-
cartayons-
aiguayons-
zézayons-
surseyons-
asseyons-
rasseyons-
grasseyons-
langueyons-
aboyons-
giboyons-
flamboyons-
ondoyons-
verdoyons-
coudoyons-
soudoyons-
rudoyons-
choyons-
déchoyons-
ployons-
reployons-
déployons-
employons-
remployons-

2. De suiver et de suivre.
3. De mouvoir et de mouver.

1. *Voy.* remarque des mots pluriels à l'Avertissement.

larmoyons-
atermoyons-
noyons-
bornoyons-
tournoyons-
broyons-
croyons-
mécroyons-
foudroyons-
poudroyons-
charroyons-
guerroyons-
corroyons-
octroyons-
soyons-
sursoyons-
assoyons-
rassoyons-
fossoyons-
grossoyons-
chatoyons-
fêtoyons-
apitoyons-
jointoyons-
rejointoyons-
côtoyons-
festoyons-
nettoyons-
tutoyons-
voyons-
dégravoyons-
revoyons-
entrevoyons-
dévoyons-
prévoyons-
envoyons-
renvoyons-
convoyons-
fourvoyons-
pourvoyons-
louvoyons-
fuyons-
nous enfuyons-
ennuyons-
désennuyons-
appuyons-
essuyons-
ressuyons-

Voy. ions monosyllabique (1)

zons

gazons-
nous enlizons-
bronzons-

Voy. sons précédé d'une voyelle (1)

uns

(1) [*H.*] Huns

os

os
chaos
pronaos
[*G.*] *Lesbos*
dos
ados
intrados
extrados
[*G.*] Calvados
endos
surdos
[*G.*] *Burgos*
[*G.*] *Athos*
pathos
ithos
los
* clos-
éclos-
déclos-
* enclos-
forclos-
[*G.*] *Délos*
[*H.*] *Carlos*
[*G.*] *Samos*
nos
tétanos
salvanos
albinos
[*M.*] *Minos*
mérinos
repos
quipos
campos
propos
à propos
avant-propos
[*M.*] *Artropos*
dispos
ros
[*G.*] *Paros*
[*M.*] *Eros*
rhinocéros
héros
gros
albatros
intra-muros
suros
lotos
vos

Avec les mots en italique qui ont l's sonore, aussi blockhaus et Berlioz; avec les autres le pluriel de o, od, ot (1)

aps

laps
(1) relaps

eps

biceps
princeps
forceps
turneps
reps
(1) seps

ips

(1) cynips

emps

temps
quatre-temps
entre-temps
contretemps
passe-temps
longtemps
printemps
Roger-Bontemps

Voy. ans, ens, défends (1)

omps

romps-
interromps-
corromps-

Voy. plur. de ond, voy. aussi rons (1)

ops

[*M.*] Ops
[M.] Pélops
(1) anchilops

orps

corps
haut-le-corps
arrière-corps
avant-corps
justaucorps

Voy. ords, ors et orts (1)

ars

ars
(2) gars
jars
[*H.*] Villars
* [*M.*] *Mars*
Champ-de-Mars
pars-
repars-
épars
dépars-
repars-

Dans les mots en italique s est sonore; avec les autres pluriel de ar, ard, art.

ers

Polders
[*G.*] *Gers*
[*G.*] Angers
* [*G. H.*] *Thiers*
pancaliers
[*G.*] Coulommiers
larmiers
épiniers
serre-papiers
presse-papiers
porte-étriers
échassiers
tiers
[*G.*] Poitiers
volontiers
acquiers-
requiers-
m'enquiers-
conquiers-
reconquiers-
* [*G.*] Louviers
[*H.*] *Boufflers*
[*G.*] *Boers*
pers
sers-
ressers-
dessers-
* *vers*
travers
devers
[*G.*] *Nevers*
revers
dévers
divers
univers
[*G.*] *Anvers*
envers
convers
pervers

Avec les mots en italique dont r est sonore, *voy.* le pluriel de air, *er*, erd, ert (1); avec les autres *voy.* le pluriel de er (1)

irs

quindécemvirs
(1) Duumvirs

ors

cors
recors
dors-
redors-
endors-
rendors-
fors
hors
dehors
bout-dehors
au dehors
boute-hors
lors
alors
mors
porte-mors
sors-
ressors-
tors-
retors-
détors-

Voy. orts, corps et remords (1)

eurs

mille-fleurs
ailleurs
meurs-
mœurs
grimpeurs
messieurs
plusieurs

ours

ours
rebours
débours
* cours-
accours-
* recours-
* secours-
s'entre-secours-
décours
encours-
* concours-
* parcours
* discours
oreille d'ours
toujours
velours
passe-velours
[*G.*] Nemours
[*G.*] Tours

Aussi le plur. de ourd, ourt (1)

ass

flint-glass
ray-glass

Voy. as sonore et par licence gaz

ess

mess
express
mistress
gneiss
edelweiss

Voy. ès, et aussi es, facies, flores et Metz

iss

miss
criss

Voy. *is*, ils et Téthys

ats

ébats
gravats
(1) trois-mâts

ets

défets

2. *Voy.* as (1).

1. *Voy. remarque des mots pluriels à l'Avertissement.*

honchets
jonchets
[*H.*] Capulets
mets
entremets
rets
aguets

Voy. plur. de et, aid, ait, ied, iet brefs ou longs; *voy.* aussi es insonore, ez pieds et ses composés.

ingts
quatre-vingts
(1) quinze-vingts

its
(1) puits

ants
allants
rebaptisants
insurgents
errements
ossements
appointements
déportements
(1) grands-parents

onts
fonts
trois-ponts

Voy. fonds, fons et phons avec le premier; avec l'autre *voy.* pons (1)

ots
Huguenots
(1) tarots

arts
(1) essarts

orts
consorts

Voy. ors, aussi remords et corps (1)

uts
(1) induts

us
us
(2) [blockhaus]
[*M.*] *Danaüs*
bus-
abus
cabus
syllabus
robus-
Phébus
rébus
bibus
in naturalibus
omnibus
rasibus
in partibus
quibus
m'embus-
obus
[*H.*] *Cacus*
[*H.*] *Spartacus*
vécus-
revécus-
survécus-
mordicus
blocus
crocus
fucus
reçus-
déçus-
conçus-
préconçus-
perçus-
aperçus-
dus-
gradus
redus-
nodus
[meus-
remeus-]
fus-
refus
diffus
infus
confus
fongus
[*M.*] *Argus*
[*M.*] *Bacchus*
échus-
déchus-
typhus
rhus
[*H.*] *Pyrrhus*
[*M.*] *Laïus*
radius
medius
[*H.*] *Vitellius*
[*H.*] *Jansénius*
nonius
Marius
Stradivarius
olibrius
sirius
[*H.*] *Démétrius*
[*H.*] *Aétius*
jus
verjus
lus-
calus
palus
talus
valus-
revalus-
prévalus-
équivalus-
reclus
inclus-
conclus-
perclus
exclus-
relus-
élus-
réélus-
Angélus
[*H.*] *Lucullus*
Carolus
résolus-
* plus-
déplus-
complus-
surplus
stimulus
[*H.*] *Romulus*
tumulus
voulus-
moulus-
remoulus-
émoulus-
rémoulus-
populus
convolvulus
mus-
camus
[*M.*] *Cadmus*
émus-
[*H.*] *Académus*
[*H.*] *Rémus*
orémus
[*M.*] *Momus*
humus
thymus
anus
* [*M.*] *Uranus*
[*M.*] *Vénus*
Agnus
terminus
[*M.*] *Ninus*
sinus
cosinus
[*H.*] *Brennus*
connus-
reconnus-
méconnus-

Aussi de pus à plexus; les mots en italique ont s sonore; pour les autres pluriel de u, ud, ut

ous
couscous
bous-
rebous-
remous
nous
burnous
sous
absous-
résous-
dessous
ci-dessous
au-dessous
dissous-
vous
entrevous
rendez-vous

Voy. oux, pouls et Doubs (1)

us
* pus-
repus-
carus
acarus
garus
parus-
reparus-
comparus-
apparus-
disparus-
* (2) crus-
accrus-
recrus-
décrus-
mécrus-
humérus
Diafoirus
virus
chorus
cirrus
intrus
abstrus
urus
[*M.*] *Eurus*
[*H.*] *Fleurus*
léonurus
courus-
accourus-
recourus-
secourus-
encourus-
concourus-
parcourus-
discourus-
mourus-
[*H.*] *Cyrus*
papyrus
sus
sus-
Jésus
[*H.*] *Crésus*
consensus
lapsus
dessus
ci-dessus
pardessus
bas-dessus
au-dessus
[*M.*] *Nessus*
byssus
tus-
hiatus
obtus
cactus
prospectus
rictus
sanctus
fœtus
cubitus
détritus
[*H.*] *Titus*
à la titus
quitus
contus
lotus
motus
notus
eucalyptus
agnus-castus
[*M.*] *Plutus*
[*H.*] *Brutus*
plexus

Voy. aussi de us à méconnus; les mots en italique ont s sonore (1)

ys
pays

Voy. is insonore (1)

ys
[*M.*] *Téthys*

Voy. *is*, ils, iss

T

at
bat-
* abat-
* rabat-
grabat
stabat
sabbat
rebat-
s'entre-bat-
* débat-
s'ébat-
célibat
embat-
* combat-
sangiacat
prédicat
syndicat
magnificat
pontificat
certificat
délicat
indélicat
canonicat
avocat
patriarcat
asiarcat
muscat

1. *Voy. remarque des mots pluriels à l'Avertissement.*

2. *Voy.* os et Berlioz.

2. De croître et de croire.

ducat
forçat
candidat
soldat
mandat
commodat
concordat
orangeat
orgeat
exeat
béat
méat
lauréat
baccalauréat
fat
califat
calfat
dogat
nougat
légat
ablégat
vice-légat
renégat
agrégat
chat
achat
rachat
crachat
tétrachat
entrechat
exarchat
galuchat
patriciat
noviciat
médiat
immédiat
intermédiat
plagiat
opiat
vicariat
cancellariat
surnumérariat
honorariat
commissariat
prolétariat
secrétariat
volontariat
notariat
primicériat
viziriat
landgraviat
margraviat
burgraviat
goujat
sandjiakat
maréchalat
provincialat
cardinalat
principalat
généralat
amiralat
oblat
éclat
cancrelat
prélat
pugilat
corbillat
chocolat
violat

alcoolat
apostolat
* plat
pied-plat
méplat
péculat
capitoulat
consulat
vice-consulat
proconsulat
postulat
mat
climat
intérimat
primat
économat
format
anonymat
banat
décanat
imanat
grenat
indigénat
catéchuménat
sénat
agnat
magnat
assignat
cognat
auvergnat
orphelinat
mandarinat
assassinat
* Palatinat
bannat
triennat
pensionnat
bâtonnat
diaconat
archi-diaconat
sous-diaconat
stellionat
patronat
incarnat
alternat
internat
externat
auvernat
tribunat
(1) steamboat
pat
principat
épiscopat
archiépiscopat
rat
carat
nacarat
baccarat
[*H.*] Marat
apparat
oxycrat
cadrat
cédrat
queue-de-rat
cérat
stathoudérat
scélérat

1. Prononcer sti n aut.

aggloméral
conglomérat
regrat
ingrat
décemvirat
triumvirat
centumvirat
duumvirat
odorat
majorat
provisorat
professorat
électorat
rectorat
vice-rectorat
protectorat
doctorat
préceptorat
verrat
contrat
quasi-contrat
castrat
magistrat
burat
jurat
[*H.*] Murat
marquisat
rosat
caillot-rosat
pissat
état
habitat
comitat
archimandritat
résultat
comtat
potentat
attentat
archontat
podestat
intestat
ab intestat
apostat
aérostat
acolytat
adéquat
reliquat
khédivat
vivat et vivat

Tous ces mots y compris ceux en italique dont t est sonore riment ensemble, mais avec ces derniers *voy.* ath

ât

bât
dégât
mât
bas-mât
appât

Avec ces cinq mots la 3e personne du sing. de l'imp. du subj. des verbes qui existent à la 1re pers. du même temps de sylla-basse à bronzasse. [Pages 89 à 102.]

act

compact
tact
intact
contact
exact
inexact

ect

infect
abject
direct
indirect
correct
incorrect

Aussi Utrecht

ect

aspect
respect
porte-respect
anspect
circonspect
suspect

Voy. et, et aussi est

ict

verdict
amict
strict
district

inct

succinct
distinct
indistinct
instinct

Voy. int, *ient*

adt

[*G.*] Cronstadt

Voy. ad

andt

[*I.*] Rembrandt

Voy. and, ant, ent

et

et
alphabet
débet
gibet
[*G.*] T(h)ibet
quolibet
gobet

barbet
sorbet
[*I.*] Courbet
galoubet
cet
lacet
passe-lacet
placet
tacet
licet
exocet
tercet
[*I.*] Condorcet
doucet
cadet
muscadet
farfadet
bidet
godet
verdet
baudet
préfet
sous-préfet
effet
buffet
attifet
budget
auget
sauget
rouget
cachet
sachet
déchet
bichet
fichet
colifichet
nichet
guichet
blanchet
tranchet
tronchet
cochet
ricochet
hochet
rochet
brochet
crochet
trochet
archet
fourchet
fauchet
trébuchet
louchet
émouchet
souchet
[*B.*] *Japhet*
jaïet
joliet
quiet
inquiet
jet
trajet
objet
rejet
projet
contre-projet
surjet
* sujet
pickpocket

galet
gringalet
chalet
jalet
palet
valet
[H.] Carnavalet
chevalet
blet
doublet
Paraclet
gibelet
gobelet
bracelet
tiercelet
porcelet
grandelet
rondelet
verdelet
orgelet
archelet
agnelet
annelet
tonnelet
capelet
chapelet
aigrelet
maigrelet
carrelet
bour(re)let
ciselet
oiselet
corselet
osselet
rousselet
batelet
[H.] Châtelet
roitelet
gantelet
mantelet
potelet
martelet
miquelet
cervelet
reflet
sifflet
* soufflet
camouflet
réglet
anglet
onglet
pamphlet
filet
entrefilet
gilet
pilet
ballet
courcaillet
gaillet
maillet
paillet
billet
* œillet
millet
épillet
barillet
sillet

gentillet
feuillet
juillet
[G.] Rambouillet
douillet
fenouillet
grenouillet
grassouillet
patouillet
collet
récollet
follet
* mollet
[L.] Hamlet
bolet
cacolet
flageolet
cabriolet
triolet
violet
ultra-violet
serpolet
prestolet
pistolet
sextolet
volet
bavolet
rôlet
replet
complet
incomplet
couplet
varlet
ourlet
versiculet
seulet
* mulet
surmulet
boulet
goulet
noulet
poulet
Capulet
stylet
met-
gamet
admet-
guillemet
remet-
s'entremet-
émet-
démet-
commet-
sommet
[H.] Mahomet
promet-
compromet-
armet
permet-
gourmet
fumet
calumet
plumet
soumet-
net
chenet
lansquenet

beignet
poignet
signet
binet
cabinet
robinet
jardinet
finet
moulinet
minet
estaminet
patron-minet
farinet
bassinet
coussinet
tantinet
martinet
bonnet
garçonnet
cordonnet
bourdonnet
wagonnet
cochonnet
baronnet
sonnet
sansonnet
bâtonnet
mentonnet
oignonet
carnet
[L.] Vernet
cornet
jaunet
jeunet
brunet
pet
[H.] Capet
parapet
toupet
cabaret
caret
turcaret
mascaret
imaret
minaret
lavaret
lazaret
sacret
secret
décret
concret
discret
indiscret
traceret
ableret
guilleret
so(l)leret
dameret
laneret
banneret
chardonneret
couperet
béret
guéret
[G.] Guéret
fret
coffret

regret
aigret
maigret
clairet
[G.] Loiret
tiret
foret
goret
[G.] Moret
propret
jarret
coupe-jarret
ferret
[G.] Levallois-Perret
cotret
sauret
duret
fleuret
furet
tabouret
houret
touret
suret
livret
pauvret
beset
biset
griset
water-closet
verset
corset
basset
grasset
fausset
[L.] Musset
gousset
creuset
marmouset
tantet
pontet
motet
bleuet
guet
daguet
ginguet
longuet
droguet
muguet
bluet
fluet
muet
sourd-muet
menuet
fouet
jouet
nouet
rouet
brouet
baquet
caquet
haquet
potron-jaquet
claquet
paquet
traquet
taquet
jacquet

biquet
affiquet
chiquet
cliquet
tourniquet
* piquet
saupiquet
briquet
sobriquet
criquet
friquet
bourriquet
triquet
banquet
quinquet
bilboquet
coquet
hoquet
Floquet
floquet
foquet
croquet
perroquet
toquet
paltoquet
parquet
turquet
frisquet
bosquet
mousquet
freluquet
bouquet
chouquet
[L.] Bossuet
cavet
navet
chevet
brevet
civet
nivet
rivet
orvet
duvet
bouvet
couvet
louvet
vilayet

Avec les mots en italique, *voy.* ept et avec les autres (1)

êt

benêt
genêt
intérêt
forêt
* prêt
apprêt
arrêt
saisie-arrêt
têt
protêt
acquêt
conquêt
vêt-

1. *Voy.* aussi de aspect à suspect, et, êt, aid, plaid, ait, est.

revêt-
(1) se dévêt-

oigt

doigt

Voy. oit, aussi froid et sang-froid

ingt

vingt

Voy. int.

acht

yacht

Voy. ac.

echt

[*H*]. Utrecht

Voy. de infect à incorrect

ait

(1) ait-

bait

La 3e pers. du sing. de l'imp. de l'indicatif des verbes qui existent de syllaba à tituba (1)

çait

La 3e pers. du sing. de l'imp. de l'ind. des verbes qui existent de effaça à suça; *voy.* aussi les verbes en sa dur et xa (1)

dait

épandait-
répandait-
descendait-
redescendait-
condescendait-
fendait-
refendait-
défendait-
pourfendait-
pendait-
rependait-
dépendait-
appendait-
suspendait-
rendait-
tendait-
retendait-
étendait-
détendait-
prétendait-
entendait-
sous-entendait-
distendait-
sous-tendait-
vendait-
revendait-
mévendait-
survendait-
fondait-
refondait-
confondait-
parfondait-
morfondait-
pondait-
répondait-
s'entre-répondait-
correspondait-
tondait-
retondait-
perdait-
reperdait-
mordait-
remordait-
démordait-
tordait-
retordait-
détordait-
distordait-

Avec la 3e pers. du sing. de l'imp. de l'ind. des verbes qui existent de gambada à désoxyda (1)

eait

La 3e pers. du sing. de l'imp. de l'ind. des verbes qui existent de pacagea à égrugea (1)

éait

La 3e pers. du sing. de l'imp. de l'ind. des verbes qui existent de suppléa à guéa; aussi les verbes en ua non précédés d'un q ou d'un g; plus hait (1)

fait

* fait-
refait-
* contrefait-
défait-
redéfait-
* méfait-
stupéfait-
malfait-
bienfait-
* Parfait-
plus-que-parfait
imparfait
forfait
surfait-
* satisfait-
tôt-fait

Avec la 2e pers. du sing. de l'imp. de l'ind. des verbes qui existent de parafa à lofa, aussi les verbes en pha (1)

chait

La 3e pers. du sing. de l'imp. de l'ind. des verbes qui existent de bâcha à rucha (1)

phait

paraphait-
triomphait-
apostrophait-
philosophait-

Voy. aussi la 3e pers. du sing. de l'imp. de l'ind. des verbes qui existent de parafa à lofa (1)

rhait

arrhait-

Voy. rait.

hait

hait-
s'entre-hait-
souhait

Avec ces 3 mots la 3e pers. du sing. de l'imp. de l'ind. des verbes qui existent en éa et en ua non précédé de g. ou de q (1)

iait

riait-
souriait-

Avec la 3e pers. du sing. de l'imp. de l'ind. des verbes qui existent de gracia à asphyxia; aussi les verbes en ya (1)

kait

polkait-
mazurkait-

Voy. aussi quait

lait

lait
valait-
revalait-
prévalait-
équivalait-
caille-lait
pèse-lait
allait-
fallait-
défaillait-
assaillait-
tressaillait-
cueillait-
accueillait-
recueillait-
bouillait-
rebouillait-
plaît-
déplaît-
complait-
petit-lait
moulait-
remoulait-
émoulait-
rémoulait-
soulait-
voulait-

Avec la 3e pers. du sing. de l'imp. de l'ind. des verbes qui existent de cabala à styla (1)

mait

dormait-
redormait-
endormait-
rendormait-

A la 3e pers. du sing. de l'imp. de l'ind. des verbes qui existent de dama à désaccoutuma (1)

nait

naît-
renaît-
prenait-
reprenait-
entreprenait-
déprenait-
se méprenait-
s'éprenait-
comprenait-
apprenait-
rapprenait-
désapprenait-
surprenait-
tenait-
obtenait-
retenait-
entretenait-
détenait-
maintenait-
contenait-
appartenait-
s'abstenait-
soutenait-
venait-
mésavenait-
subvenait-
advenait-
mésadvenait-
devenait-
redevenait-
revenait-
contrevenait-
prévenait-
convenait-
circonvenait-
disconvenait-
provenait-
parvenait-
intervenait-
survenait-
se souvenait-
se ressouvenait-
plaignait-
craignait-
contraignait-
ceignait-
enceignait-
feignait-
geignait-
peignait-
repeignait-
dépeignait-
enfreignait-
épreignait-
empreignait-
étreignait-
astreignait-

1. *Voy.* aussi de aspect à suspect, et, êt, aid, plaid, ait, est.

restreignait-
teignait-
reteignait-
éteignait-
déteignait-
atteignait-
ratteignait-
aveignait-
oignait-
joignait-
adjoignait-
rejoignait-
déjoignait-
enjoignait-
conjoignait-
disjoignait-
poignait-
connaît-
reconnaît-
méconnaît-

Avec la 3e pers. du sing. et l'imp. de l'ind. des verbes qui existent de cabana à importuna (1)

paît-

paît-
repait-
rompait-
interrompait-
corrompait-
forpait-

Avec la 3e pers. du sing. de l'imp. de l'ind. des verbes qui existent de décapa à daguerréotypa (1)

Les rimes en **rait** étant fort nombreuses, nous les donnons précédées d'une autre lettre. On les trouvera par les verbes à la 3e pers. du sing. de certains temps qui existent en ra

arait

paraît-
reparaît-
comparait-
apparaît-
disparaît-

Et *voy.* de effara à tara (1)

brait

Voy. de se cabra à élucubra (1)

crait

De nacra à sucra (1)

drait

De encadra à voudra (1)

erait

De syllabera à bronzera (1)

érait

acquérait-
requérait-
s'enquérait-
conquérait-
reconquérait-

Et *voy.* de aéra et persévéra (1)

frait

offrait-
mésoffrait-
souffrait-

Et *voy.* de bafra à ensoufra (1)

grait

De intégra à dénigra.

phrait

camphrait-
aussi frait (1)

irait

Voy. de ira à assouvira (1)

orait

Voy. de élabora à dévora (1)

prait

De diapra à empourpra

rrait

De barra à pourra (1)

trait

* trait-
* retrait-
porte-trait
entrait
rentrait-
fortrait
* portrait-
* abstrait-
* distrait-
soustrait-
attrait
* extrait-

Et *voy.* de embatra à raccoutra.

urait

courait-
accourait-
recourait-
secourait-
s'entre-secourait-
encourait-
concourait-
parcourait-
discourait-
mourait-

Et *voy.* de aura à azura (1)

vrait

ouvrait-
couvrait-
recouvrait-
découvrait-
rouvrait-
entr'ouvrait-

Et *voy.* de navra à émouvra

sait

sait-

Voy. de haïssait à assouvissait; aussi çait et xait ainsi que la 3e pers. du sing. de l'imp. de l'ind. des verbes qui existent de basa à paralysa (1)

sait

faisait-
refaisait-
contrefaisait-
défaisait-
redéfaisait-
méfaisait-
malfaisait-
parfaisait-
surfaisait-
satisfaisait-
plaisait-
déplaisait-
complaisait-
taisait-
circoncisait-
disait-
redisait-
contredisait-
dédisait-
médisait-
prédisait-
interdisait-
suffisait-
confisait-
déconfisait-
gisait-
lisait-
relisait-
élisait-
réélisait-
cuisait-
recuisait-
traduisait-
déduisait-
réduisait-
séduisait-
enduisait-
renduisait-
induisait-
conduisait-
reconduisait-
éconduisait-
produisait-
reproduisait-
introduisait-
luisait-
reluisait-
entreluisait-
nuisait-
s'entre-nuisait-
détruisait-
s'entre-détruisait-
instruisait-
construisait-
reconstruisait-

Voy. de cousait à décousait, aussi zait et la 3e pers. du sing. de l'imp. de l'ind. des verbes en italique de basa à paralysa

ssait

haïssait-
s'entre-haïssait-
naissait-
renaissait-
connaissait-
reconnaissait-
méconnaissait-
paissait-
forpaissait-
repaissait-
paraissait
reparaissait
comparaissait
apparaissait
disparaissait
fourbissait
subissait
étrécissait-
rétrécissait-
chancissait-
rancissait-
amincissait-
farcissait-
éclaircissait-
noircissait-
renoircissait-
enforcissait-
obscurcissait-
durcissait-
endurcissait-
rendurcissait-
accourcissait-
raccourcissait-
doucissait-
adoucissait-
radoucissait-
affadissait-
tiédissait-
attiédissait-
enlaidissait-
désenlaidissait-
raidissait-
déraidissait-
roidissait-
déroidissait-
froidissait-
refroidissait-
candissait-
brandissait-
grandissait-
agrandissait-
ragrandissait-
resplendissait-
bondissait-
rebondissait-
approfondissait-
arrondissait-
enhardissait-
agaillardissait-
ragaillardissait-
abâtardissait-
verdissait-
reverdissait-
ourdissait-
dégourdissait-
engourdissait-
alourdissait-
abalourdissait-
abasourdissait-
assourdissait-
étourdissait-
rebaudissait-
s'ébaudissait-
se gaudissait-
applaudissait-
maudissait-
obéissait-

1. *Voy.* aussi de aspect à suspect, et, êt, laid, plaid et est.

désobéissait-
bouffissait-
agissait-
réagissait-
assagissait-
vagissait-
allégissait-
régissait-
élargissait-
rélargissait-
surgissait-
mugissait-
rougissait-
dérougissait-
rugissait-
s'ébahissait-
trahissait-
envahissait-
avachissait-
fléchissait-
réfléchissait-
infléchissait-
fraîchissait-
rafraîchissait-
défraîchissait-
enrichissait-
blanchissait-
reblanchissait-
franchissait-
affranchissait-
gauchissait-
dégauchissait-
pâlissait-
salissait-
établissait-
préétablissait-
rétablissait-
faiblissait-
affaiblissait-
anoblissait-
ennoblissait-
ameublissait-
ensevelissait-
désensevelissait-
avilissait-
ravilissait-
embellissait-
jaillissait-
rejaillissait-
* saillissait-
vieillissait-
envieillissait-
enorgueillissait-
mollissait-
amollissait-
ramollissait-
abolissait-
raffolissait-
démolissait-
polissait-
repolissait-
dépolissait-
emplissait-
remplissait-
désemplissait-
accomplissait-
assouplissait-
gémissait-
blêmissait-
frémissait-
vomissait-
revomissait-
affermissait-
raffermissait-
renfermissait-
aplanissait-
bénissait-
rebénissait-
assainissait-
finissait-
définissait-
préfinissait-
bannissait-
hennissait-
abonnissait-
rabonnissait-
honnissait-
agonissait-
garnissait-
regarnissait-
dégarnissait-
ternissait-
vernissait-
racornissait-
fournissait-
parfournissait-
unissait-
jaunissait-
rajeunissait-
réunissait-
munissait-
démunissait-
prémunissait-
punissait-
brunissait-
rembrunissait-
désunissait-
croissait-
accroissait-
recroissait-
décroissait-
clapissait-
glapissait-
se tapissait-
crépissait-
recrépissait-
décrépissait-
échampissait-
réchampissait-
déguerpissait-
croupissait-
s'accroupissait-
assoupissait-
tarissait-
assombrissait-
attendrissait-
amoindrissait-
ramoindrissait-
chérissait-
enchérissait-
renchérissait-
surenchérissait-
périssait-
dépérissait-
guérissait-
aigrissait-
maigrissait-
amaigrissait-
ramaigrissait-
démaigrissait-
emmaigrissait-
rabougrissait-
florissait-
endolorissait-
équarrissait-
terrissait-
atterrissait-
aguerrissait-
nourrissait-
pourrissait-
flétrissait-
pétrissait-
meurtrissait-
fleurissait-
refleurissait-
défleurissait-
ahurissait-
mûrissait-
surissait-
appauvrissait-
saisissait-
se dessaisissait-
ressaisissait-
choisissait-
moisissait-
transissait-
épaississait-
grossissait-
dégrossissait-
réussissait-
roussissait-
bâtissait-
rebâtissait-
débâtissait-
catissait-
décatissait-
aplatissait-
amatissait-
pâtissait-
compatissait-
assujétissait-
abêtissait-
rabêtissait-
ramoitissait-
anéantissait-
nantissait-
se dénantissait-
garantissait-
appesantissait-
empuantissait-
ralentissait-
retentissait-
rapointissait-
appointissait-
cotissait-
lotissait-
rôtissait-
sertissait-
dessertissait-
avertissait-
s'entr'avertissait-
subvertissait-
divertissait-
invertissait-
convertissait-
pervertissait-
intervertissait-
amortissait-
sortissait-
assortissait-
rassortissait-
désassortissait-
ressortissait-
travestissait-
investissait-
désinvestissait-
assujettissait-
blettissait-
blottissait-
aboutissait-
raboutissait-
emboutissait-
engloutissait-
abrutissait-
débrutissait-
bleuissait-
languissait-
alanguissait-
fouissait-
enfouissait-
serfouissait-
jouissait-
réjouissait-
éblouissait-
épanouissait-
s'évanouissait-
rouissait-
brouissait-
écrouissait-
havissait-
ravissait-
gravissait-
sévissait-
asservissait-
chauvissait-
assouvissait-

Voy. sait, çait, xait ainsi que la 3e pers. du sing. de l'imp. de l'ind. des verbes qui existent de basa à paralysa (1)

sait

cousait-
recousait-
décousait-

Voy. de faisait à reconstruisait, zait ainsi que la 3e pers. du sing. de l'imp. de l'ind. des verbes qui existent en italique de basa à paralysa (1)

tait

tait-
embatait-
étaït-
vêtait-
revêtait-
se dévêtait-
mentait-
démentait-
se repentait-
sentait-
consentait-
assentait-
ressentait-
pressentait-
partait-
repartait-
répartait-
départait-
sortait-
ressortait-
battait-
abattait-
rabattait-
rebattait-
s'entre-battait-
débattait-
s'ébattait-
combattait-
mettait-
admettait-
réadmettait-
remettait-
s'entremettait-
émettait-
démettait-
commettait-
promettait-
compromettait-
permettait-
transmettait-
soumettait-

Avec la 3e pers. du sing. de l'imp. de l'ind. des verbes qui existent de data à prétexta (1)

uait

incluait-
concluait-
excluait-

Voy. hait, éait et aussi la 3e pers. du sing. de l'imparfait de l'indicatif des verbes qui existent

1. *Voy.* aussi de aspect à suspect, et, êt, laid, plaid et est.

en ua, sauf les italiques; *voy.* aussi éa

quait

vainquait-
convainquait-

Avec la 3e pers. du sing. de l'imp. de l'ind. des verbes qui existent de caqua à embouqua, aussi kait (1)

vait

avait-
savait-
recevait-
décevait-
concevait-
préconcevait-
percevait-
apercevait-
devait-
redevait-
écrivait-
décrivait-
récrivait-
prescrivait-
transcrivait-
retranscrivait-
inscrivait-
circonscrivait-
proscrivait-
souscrivait-
vivait-
revivait-
survivait-
absolvait-
résolvait-
dissolvait-
servait-
resservait-
desservait-
buvait-
rebuvait-
s'embuvait-
plouvait-
mouvait-
émouvait-
pouvait-

Avec 3e pers. du sing. de l'imp. de l'ind. des verbes qui existent de bava à interviewa

xait

La 3e pers. du sing. de l'imp. de l'ind. des verbes qui existent de malaxa à luxa; aussi ça et sa dur (1)

yait

trayait-
retrayait-
rentrayait-
portrayait-
abstrayait-
distrayait-
soustrayait-
extrayait-
il seyait-
surseyait-
asseyait-
rasseyait-
croyait-
mécroyait-
sursoyait-
assoyait-
rassoyait-
voyait-
revoyait-
entrevoyait-
prévoyait-
pourvoyait-
fuyait-
s'enfuyait-

Avec la 3e pers. du sing. de l'imp. de l'ind. des verbes qui existent de baya à ressuya; aussi les verbes en ia (1)

zait

gazait-
s'enlizait-
bronzait-

Voy. sait doux et aussi la 3e pers. du sing. de l'imp. de l'ind. des verbes qui existent en sa doux (1)

it

acabit
habit
débit
gambit
obit
fourbit-
* subit-
satisfecit
récit
étrécit-
rétrécit-
déficit
chancit-
rancit-
amincit-
circoncit-
farcit-
éclaircit-
noircit-
renoircit-
enforcit-
obscurcit-
durcit-
endurcit-
rendurcit-
accourcit-
raccourcit-
doucit-
adoucit-
radoucit-
dit-
affadit-
rodit-
* contredit-
édit
* dédit-
tiédit-
attiédit-
médit-
inédit
crédit
discrédit
prédit-
enlaidit-
désenlaidit-
raidit-
déraidit-
roidit-
déroidit-
froidit-
refroidit-
bandit
candit-
épandit-
répandit-
brandit-
grandit-
agrandit-
ragrandit-
descendit-
redescendit-
condescendit-
fendit-
refendit-
défendit-
pourfendit-
resplendit-
pendit-
* rependit-
dépendit-
appendit-
suspendit-
rendit-
tendit-
retendit-
étendit-
détendit-
prétendit-
entendit-
sous-entendit-
distendit-
sous-tendit-
vendit-
revendit-
mévendit-
bondit-
rebondit-
fondit-
refondit-
confondit-
approfondit-
parfondit-
morfondit-
pondit-
répondit-
s'entre-répondit-
correspondit-
arrondit-
tondit-
retondit-
bardit
enhardit-
agaillardit-
ragaillardit-
abâtardit-
perdit-
reperdit-
interdit-
verdit-
reverdit-
mordit-
remordit-
démordit-
tordit-
retordit-
détordit-
distordit-
ourdit-
dégourdit-
engourdit-
alourdit-
abalourdit-
abasourdit-
assourdit-
étourdit-
susdit
rebaudit-
s'ébaudit-
se gaudit-
applaudit-
maudit-
érudit
(*F.*) [*Fahrenheit*]
obéit-
désobéit-
fit-
refit-
contrefit-
défit-
redéfit-
méfit-
bouffit-
suffit-
malfit-
* confit-
déconfit-
profit
parfit-
surfit-
satisfit-
git-
agit-
réagit-
assagit-
vagit-
allégit-
régit-
élargit-
rélargit-
surgit-
mugit-
rougit-
dérougit-
rugit-
s'ébahit-
envahit-
trahit-
s'avachit-
fléchit-
réfléchit-
infléchit-
fraîchit-
rafraîchit-
défraîchit-
enrichit-
blanchit-
reblanchit-
franchit-
affranchit-
gauchit-
dégauchit-
* lit-
salit-
châlit
pâlit-
établit-
préétablit-
rétablit-
faiblit-
affaiblit-
anoblit-
ennoblit-
amoublit-
relit-
ensevelit-
désensevelit-
élit-
délit
quasi-délit
réélit-
conflit
avilit-
ravilit-
embellit-
faillit-
défaillit-
jaillit-
rejaillit-
saillit-
assaillit-
tressaillit-
vieillit-
envieillit-
cueillit-

1. *Voy.* aussi de aspect à suspect, et, èt, laid, plaid et est.

accueillit-
recueillit-
enorgueillit-
bouillit-
rebouillit-
mollit-
amollit-
ramollit-
pissenlit
abolit-
raffolit-
démolit-
polit-
repolit-
dépolit-
emplit-
remplit-
désemplit-
accomplit-
assouplit-
mit-
admit-
réadmit-
remit-
s'entremit-
émit-
démit-
gémit-
frémit-
blêmit-
commit-
promit-
compromit-
permit-
dormit-
redormit-
endormit-
rendormit-
renformit-
transmit-
soumit-
aplanit-
granit
bénit-
rebénit-
plaignit-
craignit-
contraignit-
ceignit-
enceignit
feignit-
geignit-
peignit-
repeignit-
dépeignit-
enfreignit-
épreignit-
empreignit-
étreignit-
astreignit-
restreignit-
teignit-
reteignit-
éteignit-
déteignit-
atteignit-
ratteignit-
aveignit-
oignit-

joignit-
adjoignit-
rejoignit-
déjoignit-
enjoignit-
conjoignit-
disjoignit-
poignit-
assainit-
finit-
définit-
préfinit-
bannit-
hennit-
abonnit-
rabonnit-
honnit-
aconit
agonit-
garnit-
regarnit-
dégarnit-
ternit-
vernit-
racornit-
fournit-
parfournit-
unit-
jaunit-
rajeunit-
réunit-
munit-
démunit-
prémunit-
punit-
brunit-
rembrunit-
désunit-

Voy. aussi de introït à assouvit; av. les mots en italique *voy.* ith; avec les autres, *voy.* id

oit

boit-
reboit-
s'emboit-
reçoit-
déçoit-
conçoit-
préconçoit-
perçoit-
aperçoit-
* doit-
redoit-
déchoit-
exploit
* Benoit
croit-
mécroit-
* croît-
accroît-
recroît-
* décroît-

surcroît
* droit
adroit
maladroit
pied-droit
passe-droit
endroit
ayant-droit
étroit
détroit
* soit-
sursoit-
assoit-
rassoit-
toit
avant-toit
voit-
revoit-
entrevoit-
prévoit-
pourvoit-

Aussi froid, sang-froid et doigt.

it

introït
se clapit-
glapit-
se tapit-
dépit
répit
crépit-
recrépit-
* décrépit-
échampit-
réchampit-
rompit-
interrompit-
corrompit-
déguerpit-
croupit-
s'accroupit-
assoupit-
rit-
rit
gabarit
tarit
assombrit-
* écrit-
décrit-
récrit-
rescrit
prescrit-
transcrit-
retranscrit-
sanscrit
inscrit-
conscrit
circonscrit-
* proscrit-
manuscrit
souscrit-
attendrit-
amoindrit-
ramoindrit-
chérit-
enchérit-
renchérit-

surenchérit-
périt-
dépérit-
prétérit
guérit-
frit-
offrit-
mésoffrit-
souffrit-
aigrit-
maigrit-
amaigrit-
ramaigrit-
démaigrit-
emmaigrit-
rabougrit-
endolorit-
prit-
reprit-
entreprit-
déprit-
se méprit-
s'éprit-
comprit-
apprit-
rapprit-
désapprit-
surprit-
esprit
Saint-Esprit
barrit
équarrit-
territ-
atterrit-
aguerrit-
nourrit-
pourrit-
flétrit-
pétrit-
contrit
meurtrit-
fleurit-
refleurit-
défleurit-
ahurit-
mûrit-
sourit-
prurit
surit-
appauvrit-
ouvrit-
couvrit-
recouvrit-
découvrit-
rouvrit-
entr'ouvrit-
gésit-
saisit-
se dessaisit-
ressaisit-
choisit-
moisit-
cuisit-
recuisit-
traduisit-
déduisit-
réduisit-
séduisit-
enduisit-

renduisit-
induisit-
conduisit-
reconduisit-
éconduisit-
produisit-
reproduisit-
introduisit-
détruisit-
s'entre-détruisit-
instruisit-
construisit-
reconstruisit-
[*H.*] Tilsit
transit-
transit
sursit-
assit-
rassit-
accessit
épaissit-
grossit-
dégrossit-
réussit-
roussit-
cousit-
recousit-
décousit-
embatit-
catit-
décatit-
aplatit-
amatit-
compatit-
bâtit-
rebâtit-
débâtit-
pâtit-
petit
gagne-petit
assujétit-
appétit
abêtit-
rabêtit-
vêtit-
revêtit-
se dévêtit-
ramoitit-
anéantit-
nantit-
se dénantit-
garantit-
appesantit-
empuantit-
ralentit-
mentit-
démentit-
se repentit-
sentit-
consentit-
assentit-
ressentit-
pressentit-
retentit-
rapointit-
appointit-
cotit-
lotit-
rôtit-

partit-
repartit-
départit-
sertit-
dessertit-
avertit-
s'entr'avertit-
subvertit-
divertit-
invertit-
convertit-
pervertit-
intervertit-
amortit-
* sortit-
assortit-
rassortit-
désassortit-
* ressortit-
travestit-
investit-
désinvestit-
battit-
abattit-
rabattit-
rebattît-
s'entre-battit-
débattit-
s'ébattit-
combattit-
aboutit-
raboutit-
emboutit-
engloutit-
abrutit-
débrutit-
cuit-
recuit-
circuit
court-circuit
biscuit
traduit-
* déduit-
* réduit-
séduit-
* enduit-
renduit-
induit-
* conduit-
reconduit-
éconduit-
sauf-conduit
* produit-
reproduit-
introduit-
bleuit-
fuit-
s'enfuit
languit
alanguit
huit
dix-huit
in-dix-huit
chassez-huit
luit
reluit
entreluit
* nuit
belle-de-nuit

s'entre-nuit-
minuit
fouit-
enfouit-
serfouit-
jouit-
réjouit-
éblouit-
épanouit-
s'évanouit-
rouit-
brouit-
écrouit-
puit-
naquit-
renaquit-
* acquit-
requit-
s'enquit-
vainquit-
convainquit-
conquit-
reconquit-
bruit
fruit
usufruit
détruit-
s'entre-détruit-
instruit-
construit-
reconstruit-
suit-
s'entre-suit-
s'ensuit-
poursuit-
gratuit
fortuit
vit-
affidavit
havit-
ravit-
gravit-
revit-
entrevit-
prévit-
sévit-
écrivit-
décrivit-
récrivit-
prescrivit-
transcrivit-
retranscrivit-
inscrivit
circonscrivit-
proscrivit-
souscrivit-
suivit-
s'entre-suivit-
s'ensuivit-
poursuivit-
servit-
asservit-
desservit-
resservit-
chauvit-
assouvit-

Aussi de acabit à désunit; av. les mots en italique *voy.* ith, avec les autres *voy.* id

alt
cobalt
malt
smalt
spalt

olt
volt

ault
[*G.*] Hérault
levrault

Voy. aud, ôt, aut et aussi la Rochefoucauld

ult
indult

oult
moult
[*H.*] Soult

bant
syllabant-
imbibant-
inhibant-
prohibant-
exhibant-
enjambant-
flambant-
regimbant-
bombant-
succombant-
incombant-
plombant-
déplombant-
surplombant-
tombant-
retombant-
gobant-
cohobant-
englobant-
dérobant-
probant
ébarbant-
gerbant-
engerbant-
herbant-
éherbant-
enherbant-
désherbant-
absorbant-
résorbant-
débourbant-
embourbant-
désembourbant-
courbant-
recourbant-
fourbant-
daubant-
cubant-

adoubant-
radoubant-
tubant-
titubant-

Voy. and, end

cant
vacant
peccant
prédicant
mordicant
formicant
communicant
fabricant
capricant
vésicant
urticant
convaincant
provocant
boucant

Voy. quand, kant, quent, and, end

çant
effaçant-
agaçant-
laçant-
entrelaçant-
délaçant-
glaçant-
enlaçant-
plaçant-
replaçant-
déplaçant-
remplaçant-
grimaçant-
menaçant-
espaçant-
traçant-
dépeçant-
rapiéçant-
dépiéçant-
poliçant-
épiçant-
manigançant-
fiançant-
lançant-
balançant-
contre-balançant-
relançant-
s'élançant-
forlançant-
décontenançant-
finançant-
ordonnançant-
garançant-
tançant-
distançant-
quittançant-
nuançant-
avançant-
devançant-
cadençant-
agençant-
ensemençant-
réensemençant-
* commençant-
recommençant-

influençant
émincant-
coinçant-
pinçant-
rinçant-
grinçant-
évinçant-
fonçant-
défonçant-
enfonçant-
renfonçant-
engonçant-
semonçant-
renonçant-
énonçant-
dénonçant-
annonçant-
prononçant-
ponçant-
fronçant-
défronçant-
berçant-
gerçant-
tierçant-
commerçant-
perçant-
repercant-
s'entre-perçant-
transperçant-
terçant-
reterçant-
exerçant-
écorçant-
forçant-
s'efforçant-
renforçant-
amorçant-
divorçant-
acquiesçant-
immisçant-
sauçant-
exauçant-
courrouçant-
épuçant-
suçant-

Voy. sant et sent précédés d'une consonne, xant, cent, and, end; aussi Saint-Maixent

dant
gambadant-
barricadant-
débarricadant-
estocadant-
embrigadant-
escaladant-
estafiladant-
tailladant-
pommadant-
se panadant-
estrapadant-
radant-
paradant-
déradant-

dégradant-
rétrogradant-
palissadant-
persuadant-
dépersuadant-
dissuadant-
s'évadant-
cédant-
abcédant-
accédant-
succédant-
recédant-
décédant-
prédécédant-
précédant-
concédant-
procédant-
rétrocédant-
intercédant-
excédant-
pédant
exhérédant-
obsédant-
possédant-
dépossédant-
aidant-
plaidant-
s'entr'aidant-
décidant-
homicidant-
se suicidant-
coïncidant-
élucidant-
validant-
revalidant-
invalidant-
élidant-
consolidant-
reconsolidant-
pyramidant-
intimidant-
lapidant-
dilapidant-
ridant-
bridant-
rebridant-
débridant-
déridant-
résidant-
présidant-
cuidant-
outrecuidant
guidant-
liquidant-
vidant-
dévidant-
survidant-
soldant-
bandant-
rebandant-
débandant-
scandant-
brigandant-
se dégingandant-
marchandant-
affriandant-
viandant-
achalandant-
désachalandant-

brelandant-
hollandant-
enguirlandant-
* mandant-
demandant-
redemandant-
contremandant-
quémandant-
réprimandant-
* commandant-
recommandant-
décommandant-
gourmandant-
épandant-
répandant-
faisandant-
truandant-
* ascendant
descendant-
redescendant-
condescendant-
transcendant
* fendant-
refendant-
défendant-
pourfendant-
appréhendant-
amendant-
ramendant-
sous-amendant-
émendant-
* pendant-
cependant
rependant-
dépendant-
indépendant
vilipendant-
appendant-
suspendant-
rendant-
tendant-
retendant-
étendant-
détendant-
* prétendant-
entendant-
sous-entendant-
intendant
surintendant
sous-intendant
contendant
distendant-
sous-tendant-
attendant-
en attendant
vendant-
revendant-
mévendant-
survendant-
scindant-
* rescindant-
blindant-
guindant-
bondant-
abondant-
vagabondant-
surabondant-
débondant-
secondant-

* fécondant-
redondant
(1) * fondant-
refondant-
confondant-
parfondant-
morfondant-
gondant-
mondant-
émondant-
inondant-
pondant-
répondant-
s'entre-répondant-
* correspondant-
frondant-
grondant-
sondant-
tondant-
retondant-
contondant
inféodant-
* godant-
démodant-
accommodant-
raccommodant-
incommodant-
brodant-
érodant-
corrodant-
rôdant-
bardant-
débardant-
bombardant-
escobardant-
jobardant-
cardant-
placardant-
recardant-
bocardant-
brocardant-
dardant-
fardant-
cafardant-
gardant-
regardant-
s'entre-regardant-
sauvegardant-
hardant-
mouchardant-
liardant-
lardant-
entrelardant-
billardant-
canardant-
renardant-
goguenardant-
cagnardant-
s'acagnardant-
mignardant-
poignardant-
hasardant-
nasardant-
musardant-
tardant-
retardant-

1. Du verbe fonder, du verbe fondre.

pétardant-
attardant-
bavardant-
se lézardant-
* perdant-
reperdant-
bordant-
abordant-
rebordant-
débordant-
transbordant-
cordant-
accordant-
raccordant-
s'entr'accordant-
désaccordant-
recordant-
décordant-
concordant-
discordant-
mordant-
remordant-
démordant-
tordant-
retordant-
détordant-
distordant-
hourdant-
clabaudant-
badaudant-
échafaudant-
nigaudant-
trigaudant-
échaudant-
baguenaudant-
minaudant-
maraudant-
taraudant-
fraudant-
levraudant-
bretaudant-
courtaudant-
ravaudant-
marivaudant-
galvaudant-
adjudant
éludant-
préludant-
dénudant-
boudant-
coudant-
s'accoudant-
soudant-
dessoudant-
ressoudant-
transsudant-
exsudant-
oxydant-
suroxydant-
désoxydant-

Voy. dent, and, end

eant

pacageant-
saccageant-
encageant-
gageant-
dégageant-
engageant-
réengageant-
rengageant-
verbiageant-
treillageant-
grillageant-
soulageant-
ramageant-
imageant-
dédommageant-
endommageant-
hommageant-
nageant-
apanageant-
ménageant-
aménageant-
déménageant-
emménageant-
surnageant-
propageant-
rageant-
ombrageant-
arrérageant-
naufrageant-
enrageant-
fourrageant-
affourrageant-
outrageant-
décourageant-
encourageant-
ouvrageant-
présageant-
dévisageant-
envisageant-
passageant-
étageant-
avantageant-
désavantageant-
partageant-
repartageant-
départageant-
copartageant-
quartageant-
ravageant-
voyageant-
siégeant-
assiégeant-
allégeant-
arpégeant-
abrégeant-
agrégeant-
désagrégeant-
protégeant-
rédigeant-
neigeant-
figeant-
obligeant-
s'entr'obligeant-
désobligeant-
affligeant-
infligeant-
négligeant-
colligeant-
fumigeant-
érigeant-
dirigeant-
corrigeant-
recorrigeant-
transigeant-

intransigeant
mitigeant-
voltigeant-
fustigeant-
exigeant-
vendangeant-
changeant-
rechangeant-
échangeant-
mélangeant-
mangeant-
remangeant-
s'entre-mangeant-
démangeant-
rangeant-
dérangeant-
frangeant-
engrangeant-
arrangeant-
essangeant-
louangeant-
vengeant-
singeant-
longeant-
allongeant-
rallongeant-
prolongeant-
plongeant-
replongeant-
forlongeant-
épongeant-
rongeant-
songeant-
logeant-
délogeant-
abrogeant-
subrogeant-
dérogeant-
prorogeant-
s'arrogeant-
interrogeant-
chargeant-
rechargeant-
déchargeant-
surchargeant-
margeant-
émargeant-
hébergeant-
se gobergeant-
submergeant-
émergeant-
immergeant-
aspergeant-
détergeant-
abstergeant-
vergeant-
divergeant-
envergeant-
convergeant-
forgeant-
reforgeant-
gorgeant-
regorgeant-
égorgeant-
dégorgeant-
s'entr'égorgeant-
engorgeant-
se rengorgeant-
désengorgeant-
purgeant-
expurgeant-
s'insurgeant-
jaugeant-
pataugeant-
jugeant-
subjugeant-
adjugeant-
se déjugeant-
méjugeant-
préjugeant-
bougeant-
grugeant-
égrugeant-

Voy. gent, and, end

éant

béant
géant
échéant-
* suppléant-
néant
fainéant
réant-
bréant-
créant-
recréant-
mécréant
récréant-
procréant-
gréant-
agréant-
ragréant-
désagréant-
dégréant-
maugréant-
* séant-
malséant
bienséant
guéant-

Voy. uant et uent non précédés d'un g ou d'un q; and, end

fant

parafant-
agrafant-
ragrafant-
dégrafant-
gaffant-
piaffant-
fieffant-
greffant-
biffant-
se rebiffant-
coiffant-
recoiffant-
décoiffant-
griffant-
s'agriffant-
ébouriffant-
suiffant-
étoffant-
chauffant-
échauffant-
réchauffant-
surchauffant-
bouffant-
pouffant-
étouffant-
truffant-
olifant
tarifant-
attifant-
enfant
infant
lofant-

Voy. phant, and, end

gant

gant
adragant
suffragant
extravagant
élégant
inélégant
intrigant
fatigant
litigant
fringant
arrogant
interrogant

Voy. guant, and, end; aussi onguent

chant

chant
cachant-
écachant-
hachant-
contre-hachant-
panachant-
empanachant-
harnachant-
déharnachant-
enharnachant-
crachant-
recrachant-
arrachant-
amourachant-
sachant-
ensachant-
tachant-
détachant-
entachant-
attachant-
rattachant-
soutachant-
cravachant-
bâchant-
rabâchant-
fâchant-
défâchant-
gâchant-
lâchant-
relâchant-
mâchant-
remâchant-
tâchant-
léchant-
alléchant-
se pourléchant-
* méchant-
péchant-
repéchant-
ébréchant-
séchant-
asséchant-
desséchant-
bêchant-
pêchant-
dépêchant-
empêchant-
prêchant-
fichant-
affichant-
clichant-
nichant-
dénichant-
pleurnichant-
défrichant-
trichant-
entichant-
se déhanchant-
démanchant-
s'endimanchant-
emmanchant-
remmanchant-
désemmanchant-
épanchant-
branchant-
ébranchant-
embauchant-
* tranchant-
retranchant-
étanchant-
revanchant-
* penchant-
plain-chant
jonchant-
bronchant-
décochant-
ricochant-
encochant-
hochant-
piochant-
clochant-
effilochant-
guillochant-
pignochant-
pochant-
dépochant-
empochant-
rempochant-
brochant-
débrochant-
embrochant-
accrochant-
raccrochant-
décrochant-
reprochant-
approchant-
rapprochant-
bavochant-
marchant-
cherchant-
recherchant-
perchant-
écorchant-
torchant-
fourchant-
affourchant-
désaffourchant
enfourchant
ébauchant
débauchant
embauchant
fauchant
refauchant
chevauchant
bûchant
débuchant
trébuchant
rembuchant-
s'embuchant-
huchant-
juchant-
déjuchant-
peluchant-
épluchant-
bouchant-
abouchant-
rebouchant-
débouchant-
embouchant-
* couchant-
accouchant-
recouchant-
découchant-
douchant-
louchant-
mouchant-
remouchant-
émouchant-
escarmouchant-
effarouchant-
touchant-
retouchant-
ruchant-

Voy. end, and

phant

paraphant-
éléphant
triomphant-
apostrophant-
philosophant-

Voy. fant, and, end

rhant

arrhant-

Voy. rant, rent, and, end

iant

ambiant
graciant-
disgraciant-
dépréciant-
appréciant-
préjudiciant-
bénéficiant-
* officiant-
suppliciant-
justiciant-
viciant-
circonstanciant-
licenciant-
quintessenciant-

* négociant-
associant-
désassociant-
remerciant-
sciant-
se souciant-
insouciant
radiant-
irradiant-
dédiant-
congédiant-
remédiant-
intermédiant-
expédiant-
réexpédiant-
incendiant-
* mendiant-
stipendiant-
amodiant-
psalmodiant-
parodiant-
répudiant-
* étudiant-
planchéiant-
se fiant-
rubéfiant-
défiant-
madéfiant-
* se méfiant-
tuméfiant-
stupéfiant-
raréfiant-
torréfiant-
putréfiant-
liquéfiant-
barbifiant-
pacifiant-
spécifiant-
dulcifiant-
crucifiant-
édifiant-
réédifiant-
acidifiant-
solidifiant-
lapidifiant-
mondifiant-
codifiant-
modifiant-
déifiant-
gazéifiant-
palifiant-
salifiant-
qualifiant-
disqualifiant-
mollifiant-
emplifiant-
simplifiant-
ramifiant-
momifiant-
panifiant-
lénifiant-
magnifiant-
se lignifiant-
* signifiant-
insignifiant
personnifiant-
bonifiant-
saponifiant-
se carnifiant-
unifiant-
scarifiant-
saccharifiant-
clarifiant-
lubrifiant-
sacrifiant-
vérifiant-
scorifiant-
glorifiant-
corporifiant-
terrifiant-
pétrifiant-
vitrifiant-
purifiant-
falsifiant-
versifiant-
diversifiant-
classifiant-
ossifiant-
béatifiant-
ratifiant-
gratifiant-
stratifiant-
rectifiant-
sanctifiant-
fructifiant-
acétifiant-
identifiant-
notifiant-
certifiant-
fortifiant-
mortifiant-
justifiant-
mystifiant-
vivifiant-
revivifiant-
solfiant-
confiant-
plagiant-
privilégiant-
élogiant-
se réfugiant-
télégraphiant-
calligraphiant-
lithographiant-
orthographiant-
sténographiant-
photographiant-
autographiant-
s'atrophiant-
hypertrophiant-
liant-
oubliant-
publiant-
republiant-
reliant-
déliant-
se domiciliant-
conciliant-
réconciliant-
affiliant-
humiliant-
résiliant-
alliant-
palliant-
ralliant-
se mésalliant-
enliant-
interfoliant-
exfoliant-
spoliant-
* pliant-
repliant-
dépliant-
multipliant-
rempliant-
suppliant-
émiant-
niant-
maniant-
remaniant-
reniant-
déniant-
s'ingéniant-
calomniant-
communiant-
excommuniant-
épiant-
pépiant-
copiant-
recopiant-
estropiant-
expiant-
riant-
cariant-
vicariant-
salariant-
mariant-
remariant-
démariant-
pariant-
dépariant-
appariant-
rappariant-
désappariant-
contrariant-
variant-
avariant-
criant-
décriant-
se récriant
s'écriant-
excoriant-
piloriant-
coloriant-
armoriant-
inventoriant-
historiant-
priant-
dépriant-
appropriant-
se désappropriant
expropriant-
charriant-
triant-
rapatriant-
expatriant-
striant-
injuriant-
souriant-
luxuriant
rassasiant
apostasiant-
s'extasiant-
châtiant-
initiant-
transsubstantiant-
différentiant-
amnistiant-
déviant-
enviant-
renviant-
conviant-
asphyxiant-

Voy. yant, ient, and, end

kant

polkant-
mazurkant-

Voy. quant, cant, quent, and, end

lant

cabalant-
brimbalant-
trimbalant-
calant-
écalant-
décalant-
intercalant-
pédalant-
affalant-
galant
égalant-
régalant-
halant-
nonchalant
inhalant-
exhalant-
signalant-
empalant-
* salant-
dessalant-
talant-
étalant-
détalant-
valant-
avalant-
ravalant-
chevalant
revalant-
dévalant-
prévalant-
équivalant-
hâlant-
déhâlant-
râlant-
accablant-
chablant-
endiablant-
jablant-
sablant-
ensablant-
désensablant-
tablant-
établant-
s'attablant-
câblant-
hâblant-
criblant-
amblant-
tremblant-
* semblant-
assemblant-
rassemblant-
désassemblant-
ressemblant-
comblant-
meublant-
remeublant-
démeublant-
affublant-
doublant-
redoublant-
dédoublant-
rendoublant-
troublant-
raclant-
bâclant-
débâclant-
renâclant-
sarclant-
cerclant-
recerclant-
décerclant-
bouclant-
débouclant-
puddlant-
gabelant-
celant-
décelant-
ficelant-
déficelant-
chancelant-
étincelant-
amoncelant-
harcelant-
morcelant-
ensorcelant-
désensorcelant-
modelant-
cordelant-
gelant-
regelant-
dégelant-
congelant-
dessemelant-
ressemelant-
se pommelant-
grommelant-
se grumelant-
s'engrumelant-
grenelant-
crénelant-
agnelant-
annelant-
cannelant-
tonnelant-
pelant-
chapelant-
épelant-
appelant-
réappelant-
rappelant-
s'entr'appelant-
carrelant-
recarrelant-
décarrelant-
bourrelant-
ciselant-
oiselant-
ruisselant-
bosselant-

muselant-
démuselant-
batelant-
râtelant-
dételant-
enchantelant-
démantelant-
pantelant-
dentelant-
écartelant-
martelant-
s'encastelant-
attelant-
réattelant-
brettelant-
bottelant-
javelant-
enjavelant-
tavelant-
déchevelant-
nivelant-
grivelant-
cuvelant-
renouvelant-
recélant-
hélant-
révélant-
bêlant-
fêlant-
mêlant-
remêlant-
s'entremêlant-
démêlant-
emmêlant-
grêlant-
engrêlant-
vêlant-
raflant-
éraflant-
sifflant-
soufflant
essoufflant-
insufflant-
giflant-
reniflant-
écorniflant-
riflant-
persiflant-
enflant-
renflant-
désenflant-
gonflant-
regonflant-
dégonflant-
ronflant-
marouflant-
boursouflant-
emmitouflant-
réglant-
déréglant-
biglant-
étranglant-
sanglant-
dessanglant-
cinglant-
épinglant-
tringlant-
jonglant-
beuglant-

meuglant-
aveuglant-
désaveuglant-
sibilant
jubilant-
filant-
défilant-
tréfilant-
affilant-
effilant-
enfilant-
renfilant-
désenfilant-
profilant-
parfilant-
faufilant-
éfaufilant-
annihilant-
assimilant-
s'étoilant-
entoilant-
rentoilant-
voilant-
dévoilant-
s'envoilant-
pilant-
épilant-
dépilant-
horripilant-
empilant-
compilant-
opilant-
désopilant-
ensilant-
ventilant-
mutilant-
rutilant
huilant-
exilant-
allant-
ballant-
déballant-
emballant-
remballant-
désemballant-
dallant-
tallant-
installant-
réinstallant-
se rebellant-
libellant-
parcellant-
scellant-
descellant-
excellant-
préexcellant-
* flagellant-
emmiellant-
niellant-
viellant-
interpellant-
coupellant-
querellant-
s'entre-querellant-
sellant-
dessellant-
ruellant-
baillant-
bâillant-

s'entre-bâillant-
caillant-
écaillant-
médaillant-
marchandaillant-
godaillant-
faillant-
défaillant-
intrigaillant-
piaillant-
criaillant-
maillant-
chamaillant-
émaillant-
rimaillant-
remmaillant-
encanaillant-
grenaillant-
tenaillant-
sonnaillant-
tournaillant-
quoaillant-
paillant-
dépaillant-
empaillant-
rempaillant-
raillant-
braillant-
se débraillant-
éraillant-
déraillant-
graillant-
tiraillant-
ferraillant-
hourraillant-
mitraillant-
saillant-
cisaillant-
grisaillant-
assaillant-
tressaillant-
gueusaillant-
* taillant-
bataillant-
retaillant-
s'entre-taillant-
détaillant-
répétaillant-
brétaillant-
avitaillant-
ravitaillant-
entaillant-
enfutaillant-
disputaillant-
fouaillant-
gouaillant-
jouaillant-
vaillant
travaillant-
retravaillant-
écrivaillant-
babillant-
habillant-
rhabillant-
déshabillant-
gambillant-
dégobillant-
cillant-
vacillant-

sourcillant-
oscillant-
brandillant-
se fendillant-
pendillant-
godillant-
mordillant-
herbeillant-
ensoleillant-
sommeillant-
dépareillant-
appareillant-
rappareillant-
désappareillant-
conseillant-
déconseillant-
teillant-
cueillant-
accueillant-
recueillant-
veillant-
éveillant-
réveillant-
malveillant
bienveillant
émerveillant-
* surveillant-
sémillant
fourmillant-
smillant-
échenillant-
cochenillant-
• pillant-
grapillant-
estampillant-
éparpillant-
gaspillant-
houspillant-
roupillant-
toupillant-
étoupillant-
* brillant-
* grillant-
essorillant-
étrillant-
sillant-
nasillant-
brasillant-
brésillant-
grésillant-
s'égosillant-
boursillant-
dessillant-
roussillant-
fusillant-
bousillant-
pétillant-
frétillant-
vétillant-
titillant-
scintillant-
pointillant-
tortillant-
détortillant-
entortillant-
désentortillant-
embastillant-
encastillant-
distillant-

instillant-
apostillant-
émoustillant-
croustillant-
sautillant-
outillant-
* feuillant-
défeuillant-
effeuillant-
aiguillant-
ouillant-
bouillant-
rebouillant-
gribouillant-
barbouillant-
débarbouillant-
embarbouillant-
écarbouillant-
bredouillant-
débredouillant-
fouillant-
refouillant-
affouillant-
farfouillant-
gargouillant-
mouillant-
remouillant-
s'agenouillant-
pouillant-
épouillant-
dépouillant-
rouillant-
brouillant-
débrouillant-
embrouillant-
dérouillant-
grouillant-
enrouillant-
verrouillant-
déverrouillant-
* patrouillant-
souillant-
chatouillant-
gazouillant-
quillant-
se maquillant-
béquillant-
coquillant-
recoquillant-
écarquillant-
chevillant-
se recroquevillant-
collant-
recollant-
* décollant-
encollant-
équipollant-
grisollant-
branlant-
ébranlant-
carambolant-
mirobolant
racolant-
caracolant-
accolant-
récolant-
bricolant-
dolant-
gondolant-

flageolant-
affolant-
raffolant-
batifolant-
rigolant-
dégringolant-
bariolant-
cabriolant-
affriolant-
étiolant-
violant
cajolant-
immolant-
fignolant-
guignolant
interpolant-
désolant-
isolant-
insolant-
consolant-
assolant-
* dessolant-
rissolant-
rafistolant-
* volant-
revolant-
passe-volant
cerf-volant
s'envolant-
convolant-
enjôlant-
rôlant-
frôlant-
enrôlant-
trôlant-
contrôlant-
plant
triplant-
contemplant-
complant
décuplant-
peuplant-
repeuplant-
dépeuplant-
nonuplant-
couplant-
accouplant-
désaccouplant-
découplant-
quadruplant-
octuplant-
centuplant-
quintuplant
septuplant-
sextuplant-
parlant-
reparlant-
se déparlant-
ferlant-
déferlant-
perlant-
hurlant-
ourlant-
gaulant-
chaulant
échaulant-
miaulant-
piaulant
épaulant
confabulant-
démantibulant-
ambulant
déambulant-
éjaculant-
maculant-
acculant-
reculant-
éculant-
spéculant-
immatriculant-
articulant-
désarticulant-
gesticulant-
calculant-
inoculant-
circulant-
basculant-
bousculant-
adulant-
acidulant-
ondulant-
modulant-
gueulant-
égueulant-
coagulant-
jugulant-
pullulant-
répullulant-
simulant-
dissimulant-
* stimulant-
formulant-
cumulant-
accumulant-
granulant-
annulant-
saboulant-
éboulant-
blackboulant-
* coulant-
écoulant-
découlant-
roucoulant-
foulant-
refoulant-
débagoulant-
engoulant-
* (1) moulant-
remoulant-
émoulant-
démoulant-
rémoulant-
se vermoulant-
surmoulant-
roulant-
croulant-
écroulant-
déroulant-
enroulant-
soûlant-
dessoulant-
voulant-
crapulant-
manipulant-
stipulant-

1. De moudre et de mouler.

brûlant-
congratulant-
pétulant
capitulant-
récapitulant-
intitulant-
* postulant-
stylant-

Voy. ent, and, end.

mant

amant
damant-
dédamant-
affamant-
diffamant-
infamant
amalgamant-
diamant
acclamant-
déclamant-
réclamant-
proclamant-
s'exclamant-
flamant
ramant-
bramant-
tramant-
étamant-
rétamant-
entamant-
rentamant-
blâmant-
pâmant-
semant-
parsemant-
sursemant-
ressemant-
blasphémant-
crémant-
écrémant-
se décarêmant-
rythmant-
* aimant-
électro-aimant
s'entr'aimant-
essaimant-
abîmant-
écimant-
décimant-
dîmant-
se rédimant-
limant-
sublimant-
s'élimant-
mimant-
animant-
ranimant-
envenimant-
rimant-
brimant-
escrimant-
périmant-
se grimant-
dirimant-
primant-
déprimant-
réprimant-
imprimant-
réimprimant-
comprimant-
opprimant-
supprimant-
exprimant-
arrimant-
trimant-
victimant-
légitimant-
intimant
estimant-
mésestimant-
maximant-
* calmant-
spalmant-
flammant
enflammant-
se renflammant-
gommant-
dégommant-
nommant-
renommant-
dénommant-
surnommant-
pommant-
sommant-
consommant-
assommant-
nécromant
chômant-
armant-
se gendarmant-
* charmant-
alarmant-
désarmant-
fermant-
refermant-
affermant-
sous-affermant-
enfermant-
renfermant-
germant-
affirmant-
infirmant-
confirmant-
* dormant-
redormant-
endormant-
rendormant-
formant-
reformant-
déformant-
réformant-
difformant-
informant-
conformant-
chloroformant-
transformant-
gourmant-
enthousiasmant-
embaumant-
chaumant-
déchaumant-
paumant-
empaumant-
écumant-
fumant-
enfumant-
parfumant-
humant-
inhumant-
enrhumant-
désenrhumant-
transhumant-
exhumant-
allumant-
rallumant-
plumant-
déplumant-
emplumant-
se remplumant-
embrumant-
résumant-
présumant-
consumant-
assumant-
costumant-
apostumant-
accoutumant-
réaccoutumant-
se raccoutumant-
désaccoutumant-

Voy. ment, and, end

nant

nant
cabanant-
haubanant-
rubanant-
chicanant-
ricanant-
cancanant-
boucanant-
fanant-
effanant-
profanant-
ahanant-
glanant-
planant-
aplanant-
manant
émanant-
panant-
trépanant-
safranant-
basanant-
charlatanant-
se pavanant-
flânant-
affenant-
halenant-
menant-
amenant-
ramenant-
remenant-
se démenant-
malmenant-
emmenant-
remmenant-
promenant-
surmenant-
enchifrenant-
grenant-
égrenant-
gangrenant-
engrenant-

désengrenant-
prenant-
Carême-prenant
reprenant-
entreprenant-
déprenant-
se méprenant-
s'éprenant-
comprenant-
apprenant-
rapprènant-
désapprenant-
surprenant-
assenant-
tenant-
obtenant-
retenant-
entretenant-
détenant-
* maintenant-
contenant-
appartenant-
s'abstenant-
attenant
lieutenant
sous-lieutenant
soutenant-
venant-
avenant
mésavenant-
subvenant-
advenant-
mésadvenant-
devenant-
redevenant-
* revenant-
contrevenant-
prévenant-
convenant-
inconvenant
circonvenant-
disconvenant-
covenant
provenant-
parvenant-
intervenant-
survenant-
se souvenant-
se ressouvant-
ébénant-
morigénant-
oxygénant-
désoxygénant-
aliénant-
abaliénant-
carénant-
crénant-
rassérénant-
réfrénant-
rengrénant-
gênant-
gagnant-
regagnant-
accompagnant-
stagnant
régnant-
imprégnant-
baignant-
daignant-

dédaignant-
plaignant-
aplaignant
craignant-
recraignant-
saignant-
ressaignant-
indignant-
ceignant-
enceignant-
feignant-
geignant-
engeignant-
(1) *peignant-*
repeignant-
dépeignant-
enfreignant-
épreignant-
empreignant-
étreignant-
astreignant-
restreignant-
enseignant-
renseignant-
teignant-
reteignant-
éteignant-
déteignant-
atteignant-
ratteignant-
aveignant-
rechignant-
alignant-
clignant-
enlignant-
interlignant-
forlignant-
soulignant-
oignant-
joignant-
adjoignant-
rejoignant-
déjoignant-
enjoignant-
conjoignant-
disjoignant-
éloignant-
témoignant-
* *poignant-*
empoignant-
soignant-
trépignant-
signant-
contresignant-
désignant-
* *résignant-*
consignant-
assignant-
réassignant-
égratignant-
guignant-
barguignant-
provignant-
cognant-
recognant-
rencognant-

(1) De peigner et de peindre

hognant-
rognant-
se refrognant-
se renfrognant-
grognant-
ivrognant-
besognant-
épargnant-
éborgnant
lorgnant-
répugnant
dégainant-
engainant-
rengainant-
chaînant-
déchaînant-
enchaînant-
renchaînant-
désenchaînant-
lainant-
drainant-
égrainant-
traînant-
entraînant-
rentraînant-
binant-
carabinant-
rebinant-
lambinant-
combinant-
bobinant-
racinant-
déracinant-
enracinant-
vaccinant-
revaccinant-
médecinant-
vaticinant-
calcinant-
lancinant
ratiocinant-
fascinant-
hallucinant-
dînant-
badinant-
dandinant-
rondinant-
se dodinant-
jardinant-
ordinant
peinant-
chanfreinant-
veinant-
affinant-
raffinant-
confinant-
imaginant-
paginant-
marginant-
ruginant-
chinant-
machinant-
échinant-
câlinant-
pralinant-
déclinant-
inclinant-
dodelinant-
patelinant-

zinzolinant-
disciplinant-
boulinant-
moulinant-
poulinant-
minant-
gaminant-
laminant-
contaminant-
examinant-
cheminant-
acheminant-
contre-minant-
efféminant-
disséminant-
éliminant-
récriminant-
incriminant-
culminant-
* fulminant-
abominant-
dominant-
prédominant-
terminant-
déterminant-
prédéterminant-
exterminant-
illuminant-
enluminant-
ruminant-
bituminant-
rapinant-
opinant-
préopinant-
chopinant-
clopinant-
turlupinant-
enfarinant-
marinant-
amarinant-
serinant-
entérinant-
chagrinant-
endoctrinant-
urinant-
burinant-
tambourinant-
emmagasinant-
lésinant-
ensaisinant-
voisinant-
avoisinant-
cuisinant-
organsinant-
bassinant-
assassinant-
dessinant-
houssinant-
ébousinant-
cousinant-
patinant-
ratinant-
gratinant-
satinant-
se ratatinant-
piétinant-
cabotinant-
guillotinant-
libertinant-

s'obstinant-
destinant-
prédestinant-
festinant-
trottinant-
butinant-
lutinant-
agglutinant-
conglutinant-
se mutinant-
embéguinant-
embabouinant-
fouinant-
baragouinant-
taquinant-
emmannequinant-
acoquinant-
maroquinant-
damasquinant-
bouquinant-
ruinant-
bruinant-
vinant-
avinant-
ravinant-
devinant-
alevinant-
damnant-
dédamnant-
condamnant-
bannant-
enrubannant-
empannant-
tannant-
chouannant-
rouannant-
vannant-
empennant-
étrennant-
* moyennant-
abonnant-
charbonnant-
braconnant-
gasconnant-
façonnant-
maçonnant-
estramaçonnant-
caparaçonnant-
rançonnant-
étançonnant-
poinçonnant-
tronçonnant-
étronçonnant-
soupçonnant-
désarçonnant-
donnant-
s'adonnant-
espadonnant-
redonnant-
fredonnant-
s'entre-donnant-
amidonnant-
abandonnant-
brandonnant-
bondonnant-
débondonnant-
échardonnant-
lardonnant-
pardonnant-

guerdonnant-
ordonnant-
subordonnant-
cordonnant-
coordonnant-
bourdonnant-
drageonnant-
badigeonnant-
bourgeonnant-
ébourgeonnant-
plafonnant-
chiffonnant-
griffonnant-
bouffonnant-
parangonnant-
fourgonnant-
bougonnant-
mâchonnant-
bichonnant-
folichonnant-
cochonnant-
torchonnant-
bouchonnnant-
s'encapuchonnant-
gabionnant-
camionnant-
pionnant-
espionnant-
occasionnant-
approvisionnant-
émulsionnant-
pensionnant-
passionnant-
impressionnant-
démissionnant-
commissionnant-
permissionnant-
soumissonnant-
fusionnant-
illusionnant-
désillusionnant-
contusionnant-
* collationnant-
rationnant-
stationnant-
actionnant-
fractionnant-
affectionnant-
désaffectionnant-
confectionnant-
perfectionnant-
collectionnant-
sectionnant-
frictionnant-
sanctionnant-
fonctionnant-
se concrétionnant-
ambitionnant-
additionnant-
conditionnant-
munitionnant-
amunitionnant-
perquisitionnant-
pétitionnant-
mentionnant-
subventionnant-
émotionnant-
proportionnant-
disproportionnant-

bastionnant-
congestionnant-
questionnant-
cautionnant-
se précautionnant-
révolutionnant-
mixtionnant-
galonnant-
jalonnant-
talonnant-
étalonnant-
sablonnant-
houblonnant-
échelonnant-
pilonnant-
ballonnant-
bâillonnant-
graillonnant-
tourbillonnant-
réveillonnant-
vermillonnant-
papillonnant-
carillonnant-
sillonnant-
nasillonnant-
étrésillonnant-
tatillonnant-
échantillonnant-
aiguillonnant-
bouillonnant-
brouillonnant-
égravillonnant-
écouvillonnant-
boulonnant-
marmonnant-
sermonnant-
ânonnant-
canonnant-
déguignonnant-
maquignonnant-
rognonnant-
caponnant-
friponnant-
lantiponnant-
cramponnant-
tamponnant-
pomponnant-
harponnant-
maronnant-
escadronnant-
godronnant-
goudronnant-
quarderonnant-
chaperonnant-
déchaperonnant-
enchaperonnant-
éperonnant-
environnant-
marronnant-
patronnant-
plastronnant-
couronnant-
découronnant-
sonnant-
blasonnant-
résonnant-
liaisonnant-
raisonnant-
déraisonnant-

assaisonnant-
dessaisonnant-
foisonnant-
cloisonnant-
empoisonnant-
grisonnant-
emprisonnant-
désemprisonnant-
tisonnant-
malsonnant
chansonnant-
polissonnant-
moissonnant-
empoissonnant-
rempoissonnant-
frissonnant-
écussonnant-
tonnant-
bâtonnant-
tâtonnant-
gueuletonnant-
bretonnant
étonnant-
bétonnant-
détonnant-
mitonnant-
capitonnant-
cantonnant-
chantonnant-
* entonnant-
se cotonnant-
pelotonnant-
cartonnant-
festonnant-
testonnant-
boutonnant-
reboutonnant-
déboutonnant-
moutonnant-
savonnant-
rayonnant-
crayonnant-
gazonnant-
regazonnant-
téléphonant-
ramonant-
époumonant-
ponant
consonant
assonant
dissonant-
prônant-
trônant-
détrônant-
s'incarnant-
acharnant-
écharnant-
décharnant-
marnant-
bernant-
hibernant-
cernant-
décernant-
* concernant-
discernant-
modernant-
casernant-
alternant-
lanternant-

internant-
consternant-
se prosternant-
hivernant-
balivernant-
gouvernant-
ornant-
bornant-
abornant-
subornant-
cornant-
écornant-
décornant-
flagornant-
défournant-
enfournant-
ajournant-
réajournant-
séjournant-
tournant-
atournant-
retournant-
détournant-
chantournant-
contournant-
bistournant-
aunant-
saunant-
jeûnant-
déjeunant-
alunant-
falunant-
importunant-

Voy. nent, and, end

pant

décapant-
enchapant-
lapant-
rapant-
drapant-
dérapant-
étrapant-
attrapant-
rattrapant-
sapant-
tapant-
retapant-
recepant-
crêpant-
anticipant-
participant-
émancipant-
excipant-
chipant-
pipant-
ripant-
sacripant
fripant-
étripant-
dissipant-
constipant-
équipant-
scalpant-
palpant-
inculpant-
disculpant-
pulpant-

campant-
décampant-
lampant-
rampant-
arc-rampant
étampant-
estampant-
trempant-
retrempant-
détrempant-
pimpant
grimpant-
pompant-
rompant-
interrompant-
corrompant-
trompant-
détrompant-
estompant-
syncopant-
se télescopant-
galopant-
éclopant-
clopin-clopant
topant-
happant-
échappant-
réchappant-
jappant-
clappant-
frappant-
refrappant-
s'entre-frappant-
égrappant-
nippant-
grippant-
agrippant-
choppant-
achoppant-
échoppant-
développant-
enveloppant-
renveloppant-
stoppant-
houppant-
escarpant-
harpant-
écharpant-
extirpant-
usurpant-
jaspant-
crispant-
occupant-
réoccupant-
préoccupant-
dupant-
coupant-
recoupant-
entre-coupant-
découpant-
surcoupant-
houpant-
groupant-
agroupant-
attroupant-
soupant-
étoupant-
stéréotypant-
daguerréotypant-

Voy. pent, and, end

rant

effarant-
* garant-
égarant-
déclarant-
hilarant
parant-
accaparant-
déparant-
réparant-
préparant-
séparant-
se remparant-
s'emparant-
désemparant-
* comparant-
tarant-
se cabrant-
abracadabrant
délabrant-
sabrant-
* célébrant-
térébrant
zébrant-
calibrant-
équilibrant-
vibrant-
ambrant-
cambrant-
chambrant-
démembrant-
timbrant-
ombrant-
obombrant-
décombrant-
encombrant-
désencombrant-
nombrant-
dénombrant-
* sombrant-
marbrant-
élucubrant-
nacrant-
* sacrant-
consacrant-
massacrant-
exécrant-
ancrant-
échancrant-
désancrant-
encrant-
sucrant-
cadrant-
encadrant-
quadrant
calandrant-
engendrant-
cylindrant-
effondrant-
poudrant-
dépoudrant-
saupoudrant-
aérant-
libérant-
délibérant-
obérant-
réverbérant-
protubérant
exubérant-
acérant-
lacérant-
dilacérant-
macérant-
ulcérant-
exulcérant-
incarcérant-
fédérant-
confédérant-
* considérant-
déconsidérant-
pondérant-
modérant-
déférant-
référant-
préférant-
différant-
vociférant-
légiférant-
odoriférant
inférant-
conférant-
proférant-
transférant-
* gérant-
exagérant-
vice-gérant
suggérant-
digérant-
belligérant
réfrigérant
ingérant-
jachérant-
adhérant-
aciérant-
arriérant-
accélérant-
tolérant-
intolérant
agglomérant-
conglomérant-
énumérant-
régénérant-
vénérant-
incinérant-
exonérant-
rémunérant-
repérant-
tempérant-
obtempérant-
intempérant
opérant-
coopérant-
exaspérant-
espérant-
désespérant-
prospérant-
se récupérant-
vitupérant-
insérant-
déblatérant-
s'invétérant-
réitérant-
oblitérant-
altérant-
désaltérant-
adultérant-
acquérant-
requérant-
s'enquérant-
conquérant-
reconquérant-
avérant-
révérant-
persévérant-
bafrant-
balafrant-
chiffrant-
déchiffrant-
empiffrant-
offrant-
coffrant-
encoffrant-
mésoffrant-
engouffrant-
souffrant-
goinfrant-
gaufrant-
soufrant-
ensoufrant-
flagrant
* intégrant
réintégrant-
vinaigrant-
émigrant-
immigrant-
transmigrant-
dénigrant
camphrant
airant-
éclairant-
flairant-
cirant-
adirant-
déchirant-
s'entre-déchirant-
délirant-
mirant-
admirant-
s'entr'admirant-
foirant-
moirant-
empirant-
* aspirant-
respirant-
transpirant-
inspirant-
conspirant-
* soupirant-
expirant-
désirant-
tirant-
retirant-
contre-tirant-
étirant-
détirant-
attirant-
soutirant-
virant-
chavirant-
revirant-
élaborant-
collaborant-
corroborant-
arborant-
décorant-
picorant-
édulcorant-
dorant-
adorant-
redorant-
dédorant-
odorant-
subodorant-
surdorant-
forant-
perforant-
améliorant-
détériorant-
majorant-
déflorant-
colorant-
décolorant-
déplorant-
implorant-
explorant-
remémorant-
commémorant-
ignorant-
honorant-
déshonorant-
évaporant-
incorporant-
réincorporant-
désincorporant-
pérorant-
* essorant-
expectorant-
dévorant-
s'entre-dévorant-
diaprant-
épamprant-
empourprant-
barrant-
billebarrant-
débarrant-
rembarrant-
carrant-
contre-carrant-
bigarrant-
amarrant-
chamarrant-
démarrant-
narrant-
warrant
errant-
ferrant-
referrant-
déferrant-
maréchal-ferrant
enferrant-
épierrant-
empierrant-
serrant-
enserrant-
desserrant-
resserrant-
terrant-
déterrant-
enterrant-
atterrant-
abhorrant-
beurrant-
leurrant-
bourrant-
débourrant-
embourrant-
rembourrant-
fourrant-
s'opiniâtrant-
idolâtrant-
folâtrant-
plâtrant-
replâtrant-
métrant-
kilométrant-
pénétrant-
dépétrant-
impétrant-
perpétrant-
salpêtrant-
empêtrant-
guêtrant-
enchevêtrant-
arbitrant-
récalcitrant-
cloîtrant-
chapitrant-
titrant-
vitrant-
filtrant-
s'infiltrant-
entrant-
concentrant-
* rentrant-
éventrant
cintrant-
décintrant
rencontrant
montrant-
remontrant-
démontrant-
encastrant-
cadastrant-
orchestrant-
séquestrant-
bistrant
registrant
enregistrant
administrant
lustrant
délustrant
illustrant
frustrant
se vautrant
feutrant
calfeutrant
outrant
accoutrant
raccoutrant
saurant
* restaurant
instaurant
comburant
curant
écurant
récurant
procurant
* durant
endurant
fleurant
affleurant
effleurant

pleurant-
demeurant-
au demeurant
* écœurant-
* figurant-
défigurant
configurant-
transfigurant-
fulgurant
augurant-
inaugurant-
mâchurant-
jurant-
abjurant
adjurant-
conjurant-
se parjurant-
murant-
amurant-
contre-murant-
claquemurant-
démurant-
murmurant-
labourant-
* courant-
accourant-
recourant-
contre-courant
secourant-
s'entre-secourant-
encourant-
concourant-
parcourant-
discourant-
gourant-
mourant-
s'énamourant-
entourant-
savourant-
apurant-
épurant-
dépurant-
suppurant-
mesurant-
remesurant-
censurant-
tonsurant-
assurant-
rassurant-
pressurant-
courbaturant-
caricaturant-
dénaturant-
pâturant-
raturant-
saturant-
facturant-
manufacturant-
fracturant-
conjecturant-
voiturant-
triturant-
aventurant-
peinturant-
clôturant-
capturant-
torturant-
bouturant-
couturant-
azurant-
navrant-
sevrant-
enfiévrant-
livrant-
délivrant-
enivrant-
désenivrant-
poivrant-
cuivrant-
manœuvrant-
désœuvrant-
* (1) ouvrant-
couvrant-
* (2) recouvrant-
découvrant-
rouvrant-
entr'ouvrant-

Aussi ar-rhant; *voy.* rent, and, end, plus Rembrandt.

sant

basant-
casant-
jasant-
blasant-
rasant-
arasant-
brasant-
ébrasant-
embrasant-
écrasant-
phrasant-
paraphrasant-
périphrasant-
s'extravasant-
évasant-
transvasant-
besant
pesant-
empesant-
désempesant-
soupesant-
diésant-
lésant-
alésant-
blésant-
baisant-
s'entre-baisant-
faisant-
refaisant-
contrefaisant-
défaisant-
redéfaisant-
méfaisant-
* malfaisant-
bienfaisant
parfaisant-
surfaisant-
satisfaisant-
biaisant-
niaisant-
déniaisant-
falaisant-
glaisant-
anglaisant-
* plaisant-
* déplaisant-
mal-plaisant
* complaisant-
apaisant-
braisant-
fraisant-
graisant-
taisant-
mortaisant-
emmortaisant-
judaïsant-
* hébraïsant-
prosaïsant-
bisant-
tabisant-
grécisant-
précisant-
laïcisant-
francisant-
incisant-
circonsisant-
exorcisant-
excisant-
disant-
redisant-
contredisant-
dédisant-
* médisant-
prédisant-
maldisant
biendisant
interdisant-
soi-disant
* suffisant-
insuffisant
confisant-
déconfisant-
gisant-
catéchisant-
sympathisant-
lisant-
balisant-
verbalisant-
alcalisant-
localisant-
vocalisant-
scandalisant-
idéalisant-
réalisant-
égalisant-
légalisant-
spécialisant-
matérialisant-
immatérialisant-
trivialisant-
animalisant-
se formalisant-
canalisant-
criminalisant-
nationalisant-
dénationalisant-
se coalisant-
fédéralisant-
généralisant-
minéralisant-
moralisant-
* démoralisant-
centralisant-
décentralisant-
neutralisant-
pluralisant-
naturalisant-
dénaturalisant-
nasalisant
universalisant-
capitalisant-
totalisant-
brutalisant-
individualisant-
actualisant-
spiritualisant-
dévalisant-
rivalisant-
fleurdelisant-
relisant-
* élisant-
réélisant-
évangélisant-
caramélisant-
mobilisant-
immobilisant
stérilisant-
volatilisant-
subtilisant-
fertilisant-
utilisant-
civilisant-
métallisant-
cristallisant-
* tranquillisant-
symbolisant-
bémolisant-
nolisant-
alcoolisant-
monopolisant-
ridiculisant-
macadamisant-
tamisant-
remisant-
économisant-
anatomisant-
phlébotomisant-
uniformisant-
chloroformisant-
anisant-
mécanisant-
républicanisant-
vulcanisant-
organisant-
réorganisant-
désorganisant-
italianisant-
christianisant-
germanisant-
humanisant-
tympanisant-
botanisant-
galvanisant-
féminisant
latinisant
crétinisant-
divinisant-
indemnisant-
tyrannisant-
solennisant-
carbonisant-
préconisant-
adonisant-
* agonisant-
colonisant-
s'harmonisant-
canonisant-
impatronisant-
intronisant-
platonisant-
modernisant-
fraternisant-
éternisant-
subalternisant-
boisant-
reboisant-
déboisant-
framboisant-
dégoisant-
moisant-
chamoisant-
croisant-
s'entre-croisant-
décroisant-
toisant-
patoisant-
pavoisant-
apprivoisant-
solidarisant-
pindarisant-
vulgarisant-
se gargarisant-
familiarisant-
polarisant-
sécularisant-
particularisant-
régularisant-
se singularisant-
popularisant-
dépopularisant-
militarisant-
charivarisant-
* brisant-
éthérisant-
caractérisant-
cautérisant-
pulvérisant-
frisant-
refrisant-
défrisant-
grisant-
égrisant-
dégrisant-
s'irisant-
satirisant-
herborisant-
météorisant-
allégorisant-
vaporisant-
temporisant-
terrorisant-
autorisant
favorisant-
* prisant-
reprisant-
déprisant-
méprisant-

1. De ouvrir et de ouvrer.
2. De recouvrer et de recouvrir.

cicatrisant-
électrisant-
symétrisant-
maîtrisant-
thésaurisant-
monseigneurisant-
caricaturisant-
porphyrisant-
martyrisant-
médiatisant-
dramatisant-
anathématisant-
systématisant-
stigmatisant-
dogmatisant-
aromatisant-
achromatisant-
rhumatisant
fanatisant-
démocratisant-
pactisant-
prophétisant-
synthétisant-
émétisant-
magnétisant-
démonétisant-
poétisant-
dépoétisant-
pédantisant-
galantisant-
cotisant-
baptisant-
rebaptisant-
débaptisant-
expertisant-
courtisant-
attisant-
* cuisant-
recuisant-
traduisant-
déduisant-
réduisant-
* séduisant-
enduisant-
renduisant-
induisant-
conduisant-
reconduisant-
éconduisant-
produisant-
reproduisant-
introduisant-
déguisant-
aiguisant-
* luisant-
* reluisant-
entreluisant-
nuisant-
menuisant-
amenuisant-
s'entre-nuisant-
puisant-
* épuisant-
détruisant-
s'entre-détruisant-
instruisant-
construisant-
reconstruisant-
visant-
avisant-
slavisant-
se ravisant-
devisant-
revisant-
divisant-
subdivisant-
improvisant-

Aussi de osant à arrosant et de usant à paralysant; *voy.* zant, and, end; plus présent et exempt

sant

valsant-
compulsant-
expulsant-
dansant-
pansant-
acensant-
accensant-
recensant-
encensant-
condensant-
* offensant-
pensant-
repensant-
dépensant-
compensant-
récompensant-
dispensant-

Aussi de éclipsant à toussant; *voy.* çant, xant, cent, sent dur, and, end; plus St-Maixent

sant

osant-
dosant-
métamorphosant-
glosant-
ankylosant-
s'anastomosant-
ecchymosant-
pesant-
juxtaposant-
* reposant-
entreposant-
déposant-
préposant-
* imposant-
composant-
recomposant-
décomposant-
proposant-
apposant-
réapposant-
opposant-
supposant-
présupposant-
superposant-
interposant-
disposant-
prédisposant-
indisposant-
transposant-
exposant-
nécrosant-
couperosant-
arrosant-

Aussi de basant à improvisant et de usant à paralysant; *voy.* zant, and, end, plus présent et exempt

sant

éclipsant-
hersant-
dispersant-
tersant-
retersant-
* versant-
traversant-
retraversant-
bouleversant-
reversant-
déversant-
tergiversant-
malversant-
renversant-
conversant-
controversant-
déboursant-
emboursant-
remboursant-
* cassant-
jacassant-
fracassant-
* tracassant-
recassant-
fricassant-
concassant-
avocassant-
chassant-
rechassant-
pourchassant-
lassant-
échalassant-
classant-
déclassant-
matelassant-
délassant-
se prélassant-
brouillassant-
massant-
amassant-
damassant-
ramassant-
cadenassant-
traînassant-
finassant-
coassant-
croassant-
* passant-
estrapassant-
repassant-
contre-passant-
outrepassant-
dépassant-
trépassant-
compassant-
surpassant-
[*L.*] Maupassant
harassant-
brassant-
embrassant-
crassant-
décrassant-
encrassant-
paperassant-
tirassant-
cuirassant-
s'encuirassant-
débarrassant-
embarrassant-
terrassant-
sassant-
ressassant-
tassant-
rapetassant-
entassant-
crevassant-
rêvassant-
enchâssant-
cessant-
incessant
fessant-
confessant-
professant-
blessant-
* caressant-
paressant-
[*G.*] Bressant
dressant-
adressant-
redressant-
* intéressant-
désintéressant-
progressant-
transgressant-
pressant-
s'empressant-
oppressant-
tressant-
[*G.*] Ouessant
vessant-
baissant-
abaissant-
rabaissant-
rebaissant-
décaissant-
encaissant-
rencaissant-
affaissant-
laissant-
délaissant-
naissant-
renaissant-
connaissant-
* reconnaissant-
méconnaissant-
paissant-
repaissant-
paraissant-
reparaissant-
comparaissant-
apparaissant-
disparaissant-
graissant-
dégraissant-
engraissant-
rengraissant-
haïssant-
s'entre-haïssant-
bissant-
fourbissant-
subissant-
étrécissant-
rétrécissant-
chancissant-
rancissant-
amincissant-
farcissant-
éclaircissant-
noircissant-
renoircissant-
enforcissant-
obscurcissant-
durcissant-
endurcissant-
rendurcissant-
accourcissant-
raccourcissant-
doucissant-
* adoucissant-
radoucissant-
affadissant-
tiédissant-
attiédissant-
enlaidissant-
désenlaidissant-
raidissant-
déraidissant-
roidissant-
déroidissant-
froidissant-
refroidissant-
candissant-
brandissant-
grandissant-
agrandissant-
ragrandissant-
* resplendissant-
bondissant-
rebondissant-
approfondissant-
arrondissant-
enhardissant-
agaillardissant-
ragaillardissant-
abâtardissant-
verdissant-
reverdissant-
ourdissant-
dégourdissant-
engourdissant-
alourdissant-
abalourdissant-
abasourdissant-

* assourdissant-
* étourdissant-
rebaudissant-
s'ébaudissant-
se gaudissant-
applaudissant-
maudissant-
* obéissant-
* désobéissant-
bouffissant-
agissant-
réagissant-
assagissant-
vagissant-
allégissant-
mégissant-
régissant-
élargissant-
rélargissant-
surgissant-
mugissant-
rougissant-
dérougissant-
rugissant-
hissant-
s'ébahissant-
trahissant-
envahissant-
s'avachissant-
fléchissant-
réfléchissant-
infléchissant-
fraîchissant-
* rafraîchissant-
défraîchissant-
enrichissant-
* blanchissant-
reblanchissant-
franchissant-
affranchissant-
gauchissant-
dégauchissant-
lissant-
palissant-
pâlissant-
dépalissant-
salissant-
établissant-
préétablissant-
rétablissant-
faiblissant-
affaiblissant-
anoblissant-
ennoblissant-
ameublissant-
éclissant-
ensevelissant-
désensevelissant-
glissant-
avilissant-
ravilissant-
embellissant-
jaillissant-
rejaillissant-
saillissant-
vieillissant-
envieillissant-
treillissant-
enorgueillissant-

mollissant-
amollissant-
ramollissant-
abolissant-
raffolissant-
démolissant-
polissant-
repolissant-
dépolissant-
plissant-
replissant-
déplissant-
emplissant-
remplissant-
désemplissant-
accomplissant-
assouplissant-
gémissant-
frémissant-
blêmissant-
vomissant-
revomissant-
affermissant-
raffermissant-
renformissant-
aplanissant-
bónissant-
rebénissant-
assainissant-
finissant-
définissant-
préfinissant-
bannissant-
hennissant-
abonnissant-
rabonnissant
honnissant-
agonissant-
garnissant-
regarnissant-
dégarnissant-
ternissant-
* (1) vernissant-
racornissant-
fournissant-
parfournissant-
unissant-
jaunissant-
rajeunissant-
réunissant-
munissant-
démunissant-
prémunissant-
punissant-
brunissant-
rembrunissant-
désunissant-
poissant-
empoissant-
* croissant-
accroissant-
recroissant-
décroissant-
froissant-
pissant-
se clapissant-

1. De vernir et de vernisser.

glapissant-
(1) se tapissant-
épissant-
crépissant-
recrépissant-
décrépissant-
échampissant-
réchampissant-
déguerpissant-
croupissant-
s'accroupissant-
assoupissant-
tarissant-
lambrissant-
assombrissant-
crissant-
* attendrissant-
amoindrissant-
ramoindrissant-
se hérissant-
chérissant-
enchérissant-
renchérissant-
surenchérissant-
périssant-
dépérissant-
guérissant-
aigrissant-
maigrissant-
amaigrissant-
ramaigrissant-
démaigrissant-
emmaigrissant-
rabougrissant-
* florissant-
endolorissant-
équarrissant-
terrissant-
atterrissant-
aguerrissant-
nourrissant-
pourrissant-
flétrissant-
pétrissant-
meurtrissant-
fleurissant-
refleurissant-
défleurissant-
ahurissant-
mûrissant-
surissant-
appauvrissant-
saisissant-
se dessaisissant-
ressaisissant-
choisissant-
moisissant-
transissant-
épaississant-
grossissant-
dégrossissant-
réussissant-
roussissant-
tissant-
bâtissant-
rebâtissant-

1. De se tapir et de tapisser.

débâtissant-
catissant-
décatissant-
aplatissant-
amatissant-
* (1) pâtissant-
compatissant-
ratissant-
apetissant-
rapetissant-
assujétissant-
détissant-
appétissant
abêtissant-
rabêtissant-
ramoitissant-
anéantissant-
nantissant-
se dénantissant-
garantissant-
appesantissant-
empuantissant-
ralentissant-
retentissant-
appointissant-
cotissant-
lotissant-
rôtissant-
sertissant-
dessertissant-
avertissant-
s'entr'avertissant-
subvertissant-
* divertissant-
invertissant-
convertissant-
pervertissant-
intervertissant-
amortissant-
sortissant-
assortissant-
rassortissant-
désassortissant-
ressortissant-
travestissant-
investissant-
désinvestissant-
assujettissant-
blettissant-
se blottissant-
aboutissant-
raboutissant-
emboutissant-
engloutissant-
abrutissant-
débrutissant-
bleuissant-
écuissant-
languissant-
alanguissant-
fouissant-
enfouissant-
serfouissant-
jouissant-
réjouissant-
éblouissant-

1. De pâtir et de pâtisser.

s'épanouissant-
s'évanouissant-
rouissant-
brouissant-
écrouissant-
puissant
impuissant
tout-puissant
esquissant-
vissant-
havissant-
ravissant-
gravissant-
dévissant-
sévissant-
asservissant-
chauvissant-
assouvissant-
embossant-
cossant-
écossant-
adossant-
endossant-
rossant-
brossant-
crossant-
désossant-
faussant-
se défaussant-
se gaussant-
haussant-
chaussant-
rechaussant-
déchaussant-
enchaussant-
rehaussant-
surhaussant-
exhaussant-
se mussant-
éclaboussant-
houssant-
gloussant-
moussant-
* émoussant-
se trémoussant-
poussant-
repoussant-
s'entre-poussant-
rebroussant-
troussant-
retroussant-
détroussant-
toussant-

Aussi de valsant à dispensant; *voy.* çant, xant, cent, sent dur, and, end; plus Saint-Maixent

sant

usant-
causant-
pausant-
abusant-
désabusant-

arquebusant-
accusant
s'entr'accusant-
récusant-
excusant-
gracieusant-
creusant-
recreusant-
gueusant-
fusant-
refusant-
infusant-
transfusant-
musant-
* amusant-
cousant-
recousant-
décousant-
jalousant-
blousant-
épousant-
ventousant-
rusant-
décrusant-
mésusant-
dépaysant-
analysant-
paralysant-

Aussi de basant à improvisant et de osant à arrosant; *voy.* zant, and, end; plus présent et exempt

tant

embatant-
datant-
antidatant-
mandatant-
postdatant-
calfatant-
* éclatant-
relatant-
frelatant-
dilatant-
translatant-
matant-
casematant-
acclimatant-
déclimatant-
colmatant-
épatant-
ratant-
ératant-
dératant-
piratant-
constatant-
ouatant-
cravatant-
bâtant-
débâtant-
embâtant-
gâtant-
hâtant-
mâtant-
démâtant-
empâtant-
appâtant-
tâtant-
retâtant-
réfractant-
détractant-
rétractant-
* contractant-
affectant-
* infectant-
* désinfectant-
objectant-
injectant-
délectant-
humectant-
respectant-
inspectant-
suspectant-
expectant
dictant-
édictant-
octant
gobetant-
rapiécetant-
vergetant-
achetant-
cachetant-
recachetant-
décachetant-
rachetant-
tachetant-
pochetant-
crochetant-
mouchetant-
démouchetant-
jetant-
rejetant-
se déjetant-
projetant-
interjetant-
forjetant-
surjetant-
haletant-
valetant-
souffletant-
filetant-
cailletant-
feuilletant-
refeuilletant-
colletant-
décolletant-
voletant-
guillemetant-
trompetant-
furetant-
époussetant-
muguetant-
caquetant-
claquetant-
paquetant-
dépaquetant-
empaquetant-
craquetant-
becquetant-
ou béquetant-
déchiquetant-
cliquetant-
encliquetant-
briquetant-
étiquetant-
banquetant-
coquetant-
marquetant-
parquetant-
savetant-
brevetant-
louvetant-
étant-
hébétant-
végétant-
piétant-
empiétant-
* enquêtant-
* inquiétant-
reflétant-
complétant-
décomplétant-
admonétant-
pétant-
répétant-
* compétant-
appétant-
barétant-
secrétant-
décrétant-
concrétant-
frétant-
affrétant-
interprétant-
mésinterprétant-
tétant-
* embêtant-
fêtant
tempêtant-
écrêtant-
prêtant-
apprêtant-
arrêtant-
étêtant-
entêtant-
quêtant-
acquêtant-
requêtant-
s'enquêtant-
vêtant-
revêtant-
se dévêtant-
doigtant-
affaitant-
enfaitant-
renfaîtant-
souhaitant-
allaitant-
* traitant-
retraitant-
maltraitant-
sous-traitant-
* habitant-
cohabitant-
* débitant-
exorbitant
citant-
récitant-
licitant-
félicitant-
sollicitant-
colicitant
fébricitant
* incitant-
suscitant-
ressuscitant-
excitant-
surexcitant-
éditant-
rééditant-
méditant-
préméditant-
créditant-
accréditant-
décréditant-
discréditant-
commanditant-
profitant-
gîtant-
agitant-
ingurgitant-
alitant-
périclitant-
délitant-
habilitant-
réhabilitant-
débilitant-
facilitant-
militant-
imitant-
limitant-
délimitant-
concomitant
boitant-
déboîtant-
emboîtant-
remboîtant-
* exploitant-
miroitant-
convoitant-
décapitant-
dépitant-
crépitant-
décrépitant-
précipitant-
palpitant-
abritant-
héritant-
cohéritant-
déshéritant-
méritant-
déméritant-
effritant-
irritant-
hésitant-
visitant-
s'entre-visitant-
transitant-
nécessitant-
s'anuitant-
ébruitant-
effruitant-
gravitant-
évitant-
invitant-
réinvitant-
désinvitant-
exaltant-
voltant-
récoltant-
voltant-
révoltant-
auscultant-
résultant-
insultant-
* consultant-
exultant-
décantant-
brocantant-
fainéantant-
enfantant-
gantant-
dégantant-
hantant-
chantant-
rechantant-
déchantant-
enchantant-
désenchantant-
ensanglantant-
brillantant-
plantant-
replantant-
déplantant-
implantant-
supplantant-
transplantant-
diamantant-
aimantant-
plaisantant-
vantant-
épouvantant-
soixantant-
entant-
innocentant-
édentant-
accidentant-
incidentant-
endentant-
régentant-
diligentant-
argentant-
désargentant-
fientant-
orientant-
désorientant-
patientant-
* impatientant-
violentant-
mentant-
démentant-
médicamentant-
se lamentant-
réglementant-
parlementant-
ornementant-
passementant-
cémentant-
agrémentant-
fragmentant-
augmentant-
cimentant-
enrégimentant-
alimentant-
complimentant-
expérimentant-
commentant-
fomentant-
fermentant-
assermentant-

tourmentant-
argumentant-
instrumentant-
se repentant-
arpentant
charpentant-
serpentant-
rentant-
apparentant-
arrentant-
sentant-
s'absentant-
présentant-
représentant-
consentant-
assentant-
ressentant-
pressentant-
tentant-
patentant-
intentant-
contentant-
mécontentant-
sustentant-
attentant-
fréquentant-
ventant-
éventant-
inventant-
éreintant-
teintant-
s'accointant-
ajointant-
pointant-
contre-pointant-
épointant-
appointant-
désappointant-
pintant-
tintant-
suintant-
contant-
racontant-
* montant-
* remontant-
démontant-
surmontant-
pontant-
affrontant-
confrontant-
empruntant-
ôtant-
cabotant-
jabotant-
rabotant-
sabotant-
ribotant-
barbotant-
cotant-
accotant
chicotant-
délicotant-
picotant-
fricotant
tricotant-
asticotant-
suçotant-
dotant-
radotant-
fagotant-
dégotant-
gigotant-
ravigotant-
argotant-
gargotant-
ergotant-
cahotant-
crachotant-
chuchotant-
agiotant-
foliotant-
riotant-
mijotant-
tremblotant-
pelotant-
amatelotant-
sanglotant-
glouglotant-
pilotant-
démaillotant-
emmaillotant-
remmaillotant-
papillotant-
complotant-
dorlotant-
escamotant-
notant-
canotant-
dénotant-
clignotant-
mignotant-
grignotant-
annotant-
clapotant-
tapotant-
dépotant-
chipotant-
galipotant-
tripotant-
empotant-
rempotant-
rotant-
numérotant-
sirotant-
chevrotant-
baisotant-
assotant
rassotant-
pissotant-
votant
pivotant
vivotant
buvotant
captant-
adaptant
acceptant
interceptant
exceptant-
sculptant-
exemptant-
* comptant-
recomptant-
décomptant-
se mécomptant-
escomptant-
domptant-
optant-
adoptant-
écartant-
encartant-
* partant-
repartant-
départant-
répartant-
essartant-
concertant-
déconcertant-
désertant-
dissertant-
flirtant-
escortant-
confortant-
déconfortant-
réconfortant-
exhortant-
* portant-
reportant-
déportant-
colportant-
emportant-
remportant-
* important-
réimportant-
comportant-
apportant-
rapportant-
supportant-
transportant-
exportant-
réexportant-
sortant-
ressortant-
avortant-
heurtant-
s'aheurtant-
s'entre-heurtant-
écourtant-
pourtant
toastant-
contrastant-
dévastant-
nonobstant
estant-
* manifestant-
infestant-
lestant-
délestant-
molestant-
admonestant-
pestant-
empestant-
* restant-
prestant
testant-
détestant
contestant-
protestant
attestant
zestant
distant
équidistant
dépistant-
contristant
attristant
subsistant-
se désistant-
résistant-
insistant-
consistant-
inconsistant
persistant-
assistant-
existant-
préexistant-
coexistant-
instant
* Constant
inconstant
accostant-
postant-
apostant-
dépostant-
ripostant
tostant-
tarabustant-
flibustant-
dégustant-
ajustant-
rajustant-
désajustant-
incrustant-
s'enkystant-
* battant-
abattant-
rabattant-
rebattant-
s'entre battant-
débattant-
s'ébattant-
* combattant-
chattant-
lattant-
délattant-
flattant-
nattant-
dénattant-
barattant-
grattant-
regrattant-
facettant-
endettant-
se rendettant-
émiettant-
mettant-
admettant-
réadmettant-
remettant-
s'entremettant-
émettant-
démettant-
* commettant-
promettant-
compromettant-
permettant-
transmettant-
soumettant-
rénettant-
frettant-
regrettant-
guettant-
fouettant-
brouettant-
pirouettant
quittant-
acquittant
se racquittant-
bottant-
caillebottant-
se rebottant-
débottant-
marcottant-
ligottant-
gringottant-
calottant-
décalottant-
gobelottant-
grelottant-
flottant-
ballottant-
culottant-
déculottant-
émottant-
marmottant-
emmenottant-
carottant-
crottant-
décrottant-
frottant-
garrottant-
trottant-
frisottant-
chènevottant-
buttant-
se huttant-
luttant-
gouttant-
égouttant-
dégouttant-
autant
panneautant-
biseautant-
sautant-
ressautant-
tuyautant-
butant-
rebutant-
* débutant-
culbutant-
persécutant-
* exécutant-
charcutant-
percutant-
répercutant-
discutant-
ameutant-
queutant-
réfutant-
affûtant-
chutant-
verjutant-
lutant-
talutant-
blutant-
délutant-
flûtant-
* permutant-
minutant-
aoûtant-
boutant-
aboutant-
arc-boutant
reboutant-
* contre-boutant
déboutant-
* coûtant-

écoutant-
doûtant-
redoutant-
goûtant-
ragoûtant-
dégoûtant-
caoutchoutant-
joutant-
ajoutant-
rajoutant-
surajoutant-
cloutant-
veloutant-
glougloutant-
filoutant-
cailloutant-
broutant-
écroûtant-
encroûtant-
déroutant-
voûtant-
envoûtant-
députant-
réputant-
amputant-
imputant-
supputant-
disputant-
recrutant-
scrutant-
sextant
prétextant-

Voy. tent, and, end

uant

rétribuant-
contribuant-
distribuant-
attribuant-
écobuant-
évacuant-
graduant-

Aussi de huant à conspuant et de ruant à tortuant; *voy.* éant, uent non précédé de g ou de q; and, end

guant

baguant-
daguant-
blaguant-
élaguant-
draguant-
vaguant-
extravaguant-
divaguant-
léguant-
déléguant-
subdéléguant-
reléguant-
préléguant-
alléguant-
endiguant-
prodiguant-
liguant-
briguant-
irriguant-
intriguant-
fatiguant-
instiguant-
naviguant-
promulguant-
divulguant-
écanguant-
haranguant-
tanguant-
ralinguant-
étalinguant-
seringuant-
fringuant-
bastinguant-
distinguant-
zinguant-
dialoguant-
cataloguant-
épiloguant-
homologuant-
droguant-
voguant-
arguant-
carguant-
rédarguant-
larguant-
alarguant-
narguant-
se targuant-
enverguant-
morguant-
subjuguant-
conjuguant-

Voy. gant, and, end; aussi onguent

uant

huant-
chat-huant
saluant-
évaluant-
abluant-
incluant-
concluant-
excluant-
fluant-
refluant-
affluant-
influant-
confluant-
gluant-
dégluant-
engluant-
fluant-
polluant-
évoluant-
muant-
remuant-
commuant-
transmuant-
nuant-
dénuant-
atténuant-
exténuant-
diminuant-
* insinuant-
continuant-
discontinuant-
éternuant-
embouant-
accouant-
secouant-
rocouant-
douant-
amadouant-
bafouant-
engouant-
houant-
échouant-
déchouant-
jouant-
rejouant-
déjouant-
louant-
clouant-
reclouant-
déclouant-
enclouant-
désenclouant-
relouant-
s'entre-louant-
flouant-
afflouant-
renflouant-
allouant-
sous-louant-
nouant-
renouant-
énouant-
dénouant-
rouant-
rabrouant-
ébrouant-
écrouant-
frouant-
enrouant-
désenrouant-
trouant-
touant-
tatouant-
vouant-
avouant-
désavouant-
dévouant-
puant-
conspuant-

Aussi de rétribuant à graduant et de ruant à tortuant; *voy.* éant, uent non précédé de g ou de q; and, end

quant

caquant-
encaquant-
claquant-
flaquant-
plaquant-
s'estomaquant-
baraquant-
braquant-
craquant-
traquant-
détraquant-
taquant-
attaquant-
bivouaquant-
vaquant-
macquant-
pacquant-
abecquant-
embecquant-
abéquant-
se rebéquant-
déféquant-
hypothéquant-
réséquant-
disséquant-
alambiquant-
abdiquant-
revendiquant-
indiquant-
trafiquant-
chiquant-
obliquant-
répliquant-
impliquant-
compliquant-
appliquant-
expliquant-
forniquant-
communiquant-
piquant-
repiquant-
dépiquant-
prévariquant-
fabriquant-
étriquant-
musiquant-
métaphysiquant-
tiquant-
pratiquant-
politiquant-
critiquant-
authentiquant-
décortiquant-
excortiquant-
astiquant-
mastiquant-
domestiquant-
sophistiquant-
diagnostiquant-
pronostiquant-
encaustiquant-
rustiquant-
calquant-
contre-calquant-
décalquant-
défalquant-
inculquant-
débanquant-
flanquant-
efflanquant-
manquant-
vainquant-
convainquant-
clinquant
délinquant
trinquant-
se requinquant-
tronquant-
s'emberlucoquant-
suffoquant-
choquant-
s'entre-choquant-
bloquant-
débloquant-
effiloquant-
colloquant-
ploquant-
interloquant-
disloquant-
se moquant-
roquant-
* croquant-
escroquant-
défroquant-
enfroquant-
troquant-
toquant-
évoquant-
révoquant-
équivoquant-
invoquant-
convoquant-
provoquant-
arquant-
débarquant-
embarquant-
rembarquant-
désembarquant-
marquant-
remarquant-
contremarquant-
démarquant-
parquant-
déparquant-
remorquant-
détorquant-
rétorquant-
extorquant-
bifurquant-
masquant-
démasquant-
bisquant-
confisquant-
risquant-
busquant-
débusquant-
embusquant-
offusquant-
musquant-
brusquant-
éduquant-
reluquant-
débouquant-
embouquant-

Voy. cant, kant, quent, and, end

uant

ruant-
bruant
décruant-

tonitruant
obstruant-
désobstruant-
suant-
ressuant-
bossuant-
tuant-
infatuant-
désinfatuant-
statuant-
effectuant-
ponctuant-
fluctuant
s'entre-tuant-
perpétuant-
habituant-
réhabituant-
déshabituant-
situant-
substituant-
destituant-
restituant-
instituant-
constituant-
* reconstituant-
prostituant-
accentuant-
s'évertuant-
tortuant-

Aussi de rétribuant à graduant et de huant à conspuant; *voy.* éant, uent non précédé de g ou de q; and, end

vant

avant
bavant-
cavant-
décavant-
encavant-
excavant-
gavant-
lavant-
emblavant-
remblavant-
enclavant-
désenclavant-
relavant-
délavant-
dorénavant
pavant-
repavant-
dépavant-
auparavant
bravant-
gravant-
aggravant-
engravant-
dépravant-
entravant-
désentravant-
savant
demi-savant
passavant
recevant-
décevant-
concevant-
préconcevant-
percevant-
apercevant-
* devant-
frappe-devant
ci-devant
au-devant
achevant-
parachevant-
* levant-
relevant-
élevant-
prélevant-
surélevant-
enlevant-
champlevant-
soulevant-
crevant-
grevant-
dégrevant-
endêvant-
rêvant-
récidivant-
salivant-
clivant-
enjolivant-
connivant-
rivant-
écrivant-
décrivant-
récrivant-
prescrivant-
transcrivant-
retranscrivant-
inscrivant-
circonscrivant-
proscrivant-
souscrivant-
dérivant-
privant-
arrivant-
mésarrivant-
lessivant-
activant-
invectivant-
cultivant-
motivant-
captivant-
esquivant-
(1) * suivant-
s'entre-suivant-
s'ensuivant-
poursuivant-
vivant-
avivant-
ravivant-
revivant-
survivant-
absolvant-
résolvant-
dissolvant-

1. Du verbe suiver et du verbe suivre.

rénovant-
innovant-
nervant-
énervant-
* servant-
observant-
réservant-
préservant-
conservant-
* desservant-
resservant-
sauvant-
buvant-
rebuvant-
s'embuvant-
cuvant-
décuvant-
encuvant-
pleuvant-
abreuvant-
trouvant-
adjuvant
couvant-
louvant-
(1) * mouvant-
émouvant-
pouvant-
prouvant-
reprouvant-
éprouvant-
réprouvant-
improuvant-
approuvant-
désapprouvant-
trouvant-
retrouvant-
controuvant-
étuvant-
interviewant-

Voy. vent, and, end

xant

malaxant-
relaxant-
taxant-
surtaxant-
annexant-
vexant-
fixant-
luxant-

Voy. çant, cent; sant et sent précédés d'une consonne, and, end; aussi Saint-Maixent.

yant

ayant-
bayant-
égayant-
bégayant-
layant-

1. Du verbe mouver et du verbe mouvoir.

balayant-
déblayant-
remblayant-
relayant-
délayant-
monnayant-
payant-
surpayant-
rayant-
brayant-
frayant-
défrayant-
effrayant-
enrayant-
désenrayant-
trayant-
retrayant-
rentrayant-
portrayant-
abstrayant-
* distrayant-
soustrayant-
attrayant
extrayant-
essayant-
ressayant-
étayant-
cartayant-
aiguayant-
zézayant-
seyant-
surseyant-
asseyant-
rasseyant-
grasseyant-
langueyant-
oyant-
aboyant-
giboyant-
flamboyant-
ondoyant-
verdoyant-
coudoyant-
soudoyant-
rudoyant-
choyant-
ployant-
reployant-
déployant-
employant-
remployant-
larmoyant-
atermoyant-
noyant-
bornoyant-
tournoyant-
broyant-
* croyant-
mécroyant-
incroyant
foudroyant-
poudroyant-
charroyant-
guerroyant-
corroyant-
octroyant-
sursoyant-
assoyant-
rassoyant-
fossoyant-
grossoyant-
chatoyant-
fêtoyant-
apitoyant-
jointoyant-
rejointoyant-
côtoyant-
festoyant-
nettoyant-
tutoyant-
voyant-
dégravoyant-
revoyant-
entrevoyant-
dévoyant-
prévoyant-
imprévoyant
envoyant-
renvoyant-
convoyant-
clairvoyant
fourvoyant-
pourvoyant-
louvoyant-
fuyant-
s'enfuyant-
faux-fuyant
ennuyant-
désennuyant-
appuyant-
bruyant
essuyant-
ressuyant-

Voy. iant, ient, and, end

zant

gazant-
s'enlizant-
bronzant-

Voy. sant doux, and, end; aussi présent et exempt

Les rimes en ent sont sonores ou insonores; nous donnons d'abord les premières qui sont masculines.

cent

cent
jacent
adjacent
sous-jacent
accent
décent
indécent
récent
Vincent
innocent
pubescent
acescent
marcescent

incandescent
turgescent
alcalescent
convalescent
adolescent
tumescent
intumescent
arborescent
phosphorescent
efflorescent
lactescent
frutescent
deliquescent
effervescent
déhiscent
indéhiscent

Voy. sent dur, çant, sant dur, xant, and, end; plus Saint-Maixent

dent

dent
adent
intercadent
brèche-dent
cure-dent
claquedent
précédent
antécédent
excédent
bident
accident
occident
incident
coïncident
confident
trident
strident
résident
président
vice-président
dissident
évident
chiendent
ardent
surdent
sans-dent
impudent
* Prudent
imprudent

Voy. dant, and, end

gent

gent
agent
entregent
régent
indigent
négligent
diligent
intelligent
inintelligent
indulgent
émulgent
tangent
réfringent
astringent
restringent
constringent
contingent
argent
bouton-d'argent
vif-argent
émergent
sergent
détergent
abstergent
convergent
urgent

Voy. geant, and, end

ient

efficient
coefficient
escient
prescient
conscient
inconscient
expédient
ingrédient
client
émollient
inconvénient
récipient
excipient
orient
tient-
patient
impatient
obtient-
retient-
entretient-
détient-
maintient-
contient-
quotient
appartient-
s'abstient-
soutient-
vient-
mésavient-
subvient-
advient-
mésadvient-
devient-
redevient-
* *revient-*
contrevient-
prévient-
convient-
circonvient-
disconvient-
provient-
parvient-
intervient-
survient-
se souvient-
se ressouvient-
va-et-vient

Avec les mots en italique, *voy.* inct, int; avec les autres, iant, yant, and, end

lent

lent
talent
équivalent
relent
pestilent
excellent
équipollent
dolent
indolent
violent
sanguinolent
somnolent
insolent
turbulent
succulent
féculent
truculent
opulent
corpulent
pulvérulent
virulent
purulent

Voy. lant, and, end

ment

ment-
médicament
linéament
ligament
calament
filament
firmament
tempérament
testament
enjambement
bombement
superbement
absorbement
efficacement
inefficacement
effacement
agacement
lacement
entrelacement
enlacement
placement
replacement
déplacement
emplacement
remplacement
espacement
tracement
rapiécement
dépècement
obrepticement
subrepticement
lancement
balancement
élancement
ordonnancement
avancement
agencement
ensemencement
réensemencement
commencement
recommencement
pincement
grincement
défoncement
enfoncement
renfoncement
engoncement
renoncement
froncement
défroncement
précocement
atrocement
bercement
gercement
tiercement
percement
forcement
renforcement
acquiescement
exaucement
doucement
sucement
fadement
embrigadement
palissadement
maussadement
tiédement
laidement
placidement
lucidement
candidement
splendidement
sordidement
perfidement
rigidement
validement
invalidement
solidement
consolidement
timidement
humidement
froidement
rapidement
intrépidement
insipidement
cupidement
stupidement
débridement
avidement
évidement
débandement
mandemant
contremandement
commandement
grandement
amendement
sous-amendement
rendement
entendement
secondement
fondement
rondement
grondement
accommodement
raccommodement
bombardement
gaillardement
mignardement
retardement
débordement
transbordement
accordement
raccordement
retordement
lourdement
sourdement
absurdement
chaudement
rudement
gréement
dégréement
échauffement
réchauffement
étouffement
attifement
saccagement
dégagement
engagement
réengagement
soulagement
dédommagement
endommagement
ménagement
aménagement
déménagement
emménagement
découragement
encouragement
affouragement
sagement
sauvagement
sacrilègement
allégement
arpégement
abrégement
figement
négligement
voltigement
changement
rangement
dérangement
engrangement
arrangement
étrangement
allongement
rallongement
prolongement
rongement
logement
délogement
chargement
rechargement
déchargement
largement
émargement
hébergement
regorgement
dégorgement
engorgement
rengorgement
jugement
harnachement
déharnachement
enharnachement
crachement

arrachement
ensachement
détachement
attachement
lâchement
relâchement
mâchement
alléchement
sèchement
dessèchement
ébrèchement
empêchement
fraîchement
chichement
richement
défrichement
entichement
déhanchement
blanchement
démanchement
emmanchement
épanchement
branchement
ébranchement
embranchement
franchement
retranchement
étanchement
penchement
jonchement
décochement
hochement
clochement
accrochement
décrochement
enrochement
rapprochement
écorchement
gauchement
chevauchement
trébuchement
rembuchement
épluchement
abouchement
débouchement
accouchement
effarouchement
attouchement
gaiement
bégaiement
déblaiement
paiement
enraiement
zézaiement
licenciement
remerciement
crucifiement
déliement
ralliement
pliement
repliement
maniement
remaniement
reniement
aboiement
flamboiement
ondoiement
coudoiement
rudoiement

reploiement
déploiement
larmoiement
atermoiement
tournoiement
broiement
foudroiement
chatoiement
apitoiement
jointoiement
rejointoiement
nettoiement
tutoiement
dégravoiement
dévoiement
fourvoiement
pépiement
appariement
rapatriement
rassasiement
balbutiement
brimbalement
verbalement
monacalement
radicalement
amicalement
cléricalement
musicalement
verticalement
localement
vocalement
patriarcalement
fiscalement
pyramidalement
féodalement
synodalement
idéalement
également
légalement
illégalement
inégalement
régalement
prodigalement
conjugalement
frugalement
triomphalement
adverbialement
proverbialement
spécialement
commercialement
cordialement
primordialement
filialement
impérialement
partialement
impartialement
bestialement
trivialement
jovialement
normalement
banalement
vénalement
signalement
finalement
originalement
virginalement
machinalement
nominalement
pronominalement

matinalement
diagonalement
nationalement
infernalement
empalement
municipalement
principalement
épiscopalement
râlement
libéralement
généralement
latéralement
collatéralement
littéralement
intégralement
oralement
moralement
immoralement
doctoralement
pastoralement
théâtralement
diamétralement
géométralement
arbitralement
magistralement
neutralement
conjecturalement
salement
nasalement
transversalement
dessalement
fatalement
capitalement
maritalement
mentalement
fondamentalement
sacramentalement
sentimentalement
horizontalement
totalement
prévôtalement
brutalement
ravalement
chevalement
enchevalement
paradoxalement
loyalement
déloyalement
royalement
probablement
imperturbablement
implacablement
accablement
irrévocablement
formidablement
agréablement
désagréablement
affablement
ineffablement
infatigablement
irréprochablement
sociablement
diablement
irrémédiablement
amiablement
variablement
invariablement
insatiablement
préalablement
valablement

semblablement
vraisemblablement
invraisemblablement
inébranlablement
inviolablement
inconsolablement
aimablement
convenablement
abominablement
damnablement
raisonnablement
déraisonnablement
palpablement
irréparablement
inséparablement
incomparablement
innombrablement
exécrablement
considérablement
préférablement
tolérablement
intolérablement
vénérablement
invulnérablement
misérablement
admirablement
déplorablement
mémorablement
honorablement
favorablement
défavorablement
inexorablement
impénétrablement
incurablement
inépuisablement
ensablement
indispensablement
irresponsablement
passablement
indubitablement
profitablement
charitablement
véritablement
équitablement
inévitablement
épouvantablement
entablement
lamentablement
notablement
confortablement
supportablement
sortablement
détestablement
incontestablement
instablement
incommutablement
immuablement
louablement
immanquablement
remarquablement
inconcevablement
incroyablement
effroyablement
pitoyablement
impitoyablement
faiblement
invinciblement
intelligiblement
incorrigiblement
infailliblement

péniblement
terriblement
horriblement
paisiblement
lisiblement
illisiblement
risiblement
nuisiblement
visiblement
indivisiblement
invisiblement
sensiblement
insensiblement
ostensiblement
impassiblement
irrémissiblement
plausiblement
incompatiblement
perceptiblement
imperceptiblement
irrésistiblement
inflexiblement
tremblement
rassemblement
comblement
humblement
noblement
ignoblement
ameublement
démeublement
affublement
indissolublement
doublement
redoublement
dédoublement
débâclement
recèlement
décèlement
harcèlement
fidèlement
infidèlement
parallèlement
bourrèlement
démantèlement
écartèlement
bêlement
emmêlement
vêlement
sifflement
essoufflement
reniflement
renflement
gonflement
regonflement
dégonflement
ronflement
règlement
dérèglement
étranglement
cinglement
beuglement
meuglement
aveuglement
habilement
malhabilement
inhabilement
débilement
facilement
imbécilement

LEMENT [Tnemel] — NEMENT [Tnemen]

difficilement
docilement
filement
défilement
agilement
juvénilement
étoilement
dévoilement
empilement
stérilement
puérilement
virilement
subtilement
fertilement
hostilement
utilement
inutilement
vilement
civilement
incivilement
servilement
bellement
encorbellement
chancellement
étincellement
amoncellement
parcellement
morcellement
ensorcellement
désensorcellement
scellement
descellement
réellement
officiellement
artificiellement
superficiellement
véniellement
matériellement
semestriellement
trimestriellement
substantiellement
essentiellement
partiellement
formellement
originellement
criminellement
solennellement
rationnellement
personnellement
impersonnellement
charnellement
maternellement
paternellement
fraternellement
éternellement
sempiternellement
journellement
empellement
temporellement
corporellement
naturellement
surnaturellement
universellement
ruissellement
musellement
tellement
abatellement
accidentellement
mortellement
immortellement
graduellement
manuellement
continuellement
annuellement
quellement
cruellement
casuellement
mensuellement
sensuellement
usuellement
actuellement
ponctuellement
perpétuellement
habituellement
spirituellement
éventuellement
conventuellement
virtuellement
mutuellement
textuellement
nivellement
nouvellement
renouvellement
bâillement
entre-bâillement
caillement
dépenaillement
tenaillement
empaillement
braillement
éraillement
déraillement
graillement
tiraillement
tressaillement
avitaillement
ravitaillement
babillement
habillement
cillement
pareillement
appareillement
recueillement
fourmillement
éparpillement
nasillement
grésillement
pétillement
frétillement
tortillement
entortillement
embastillement
encastillement
sautillement
outillement
bredouillement
refouillement
affouillement
gargouillement
dépouillement
brouillement
débrouillement
embrouillement
dérouillement
chatouillement
gazouillement
tranquillement
recoquillement
écarquillement
collement
recollement
décollement
follement
mollement
nullement
branlement
ébranlement
accolement
récolement
affolement
étiolement
violement
drôlement
frôlement
enrôlement
contrôlement
isolement
assolement
dessolement
bénévolement
frivolement
triplement
amplement
simplement
décuplement
peuplement
repeuplement
dépeuplement
accouplement
souplement
parlement
hurlement
miaulement
épaulement
acculement
reculement
ridiculement
bousculement
crédulement
seulement
égueulement
éboulement
écoulement
découlement
roucoulement
refoulement
roulement
croulement
écroulement
déroulement
enroulement
brûlement
bramement
unièmement
quatrièmement
troisièmement
huitièmement
dix-huitièmement
septièmement
dix-septièmement
cinquièmement
neuvièmement
dix-neuvièmement
dixièmement
sixièmement
deuxièmement
treizièmement
seizièmement
quinzièmement
onzièmement
quatorzièmement
douzièmement
mêmement
extrêmement
sublimement
pusillanimement
magnanimement
unanimement
légitimement
illégitimement
intimement
armement
réarmement
désarmement
fermement
embaumement
ricanement
crânement
enchifrènement
tènement
entretènement
soutènement
avènement
événement
accompagnement
saignement
dignement
indignement
enseignement
renseignement
rechignement
alignement
malignement
clignement
enlignement
bénignement
éloignement
trépignement
provignement
renfrognement
grognement
républicainement
mondainement
soudainement
déchaînement
enchaînement
prochainement
vilainement
humainement
inhumainement
souverainement
entrainement
sainement
certainement
incertainement
hautainement
vainement
déracinement
enracinement
dandinement
pleinement
finement
raffinement
confinement
cheminement
acheminement
entérinement
endoctrinement
emmagasinement
ensaisinement
piétinement
guillotinement
clandestinement
taquinement
mesquinement
ravinement
divinement
anciennement
chrétiennement
moyennement
bonnement
abonnement
façonnement
rançonnement
poinçonnement
fredonnement
abandonnement
débondonnement
bourdonnement
bourgeonnement
ébourgeonnement
mâchonnement
bouchonnement
fusionnement
rationnement
stationnement
fractionnement
perfectionnement
sectionnement
fonctionnement
conditionnement
pétitionnement
cautionnement
jalonnement
étalonnement
ballonnement
tourbillonnement
carillonnement
bouillonnement
entre-colonnement
ânonnement
mignonnement
tamponnement
harponnement
couronnement
découronnement
blasonnement
résonnement
raisonnement
déraisonnement
assaisonnement
foisonnement
empoisonnement
emprisonnement
empoissonnement
rempoissonnement
frissonnement
tâtonnement
étonnement
cantonnement
gloutonnement
rayonnement
gazonnement
regazonnement
détrônement

garnement
acharnement
bernement
discernement
modernement
casernement
subalternement
internement
prosternement
gouvernement
ornement
abornement
enfournement
ajournement
réajournement
tournement
détournement
contournement
nocturnement
taciturnement
aucunement
jeunement
sapement
équipement
campement
décampement
rampement
rompement
salopement
happement
échappement
jappement
clappement
frappement
achoppement
développement
escarpement
attroupement
barbarement
effarement
égarement
parement
accaparement
rarement
avarement
délabrement
funèbrement
librement
cambrement
démambrement
encombrement
désencombrement
dénombrement
sobrement
lugubrement
salubrement
insalubrement
sacrement
médiocrement
encadrement
tendrement
moindrement
effondrement
sincèrement
transfèrement
chèrement
passagèrement
légèrement
mensongèrement

financièrement
foncièrement
fièrement
hospitalièrement
cavalièrement
familièrement
séculièrement
particulièrement
régulièrement
irrégulièrement
singulièrement
premièrement
dernièrement
roturièrement
altièrement
entièrement
amèrement
éphémèrement
austèrement
sévèrement
déchiffrement
allégrement
intégrement
aigrement
maigrement
dénigrement
hypothécairement
précairement
hebdomadairement
solidairement
secondairement
vulgairement
judiciairement
fiduciairement
subsidiairement
pécuniairement
clairement
exemplairement
orbiculairement
oculairement
circulairement
angulairement
triangulairement
populairement
consulairement
capitulairement
sommairement
mercenairement
ordinairement
originairement
préliminairement
disciplinairement
débonnairement
pairement
témérairement
littérairement
temporairement
arbitrairement
contrairement
nécessairement
héréditairement
militairement
sédentairement
réglementairement
parlementairement
volontairement
involontairement
salutairement
tumultuairement

déchirement
provisoirement
accessoirement
illusoirement
collusoirement
oratoirement
contradictoirement
méritoirement
notoirement
péremptoirement
retirement
virement
chavirement
revirement
âprement
épamprement
proprement
malproprement
improprement
bizarrement
ferrement
déferrement
épierrement
empierrement
serrement
resserrement
enterrement
rembourrement
susurrement
piètrement
enchevêtrement
décintrement
encastrement
pédestrement
enregistrement
sinistrement
autrement
accoutrement
dextrement
durement
inférieurement
supérieurement
ultérieurement
antérieurement
intérieurement
postérieurement
extérieurement
affleurement
effleurement
jurement
mûrement
savourement
purement
apurement
impurement
sûrement
enivrement
pauvrement
désœuvrement
recouvrement
embasement
jasement
blasement
rasement
arasement
ébrasement
embrasement
écrasement
évasement

transvasement
blèsement
soupèsement
baisement
biaisement
niaisement
déniaisement
apaisement
gisement
nolisement
boisement
reboisement
déboisement
bourgeoisement
sournoisement
croisement
courtoisement
discourtoisement
narquoisement
pavoisement
apprivoisement
brisement
dégrisement
temporisement
déguisement
aiguisement
puisement
épuisement
ravisement
pansement
recensement
encensement
arrosement
hersement
versement
bouleversement
reversement
déversement
diversement
inversement
perversement
déboursement
remboursement
bassement
soubassement
cassement
échalassement
classement
déclassement
délassement
coassement
croassement
passement
trépassement
compassement
harassement
embrassement
décrassement
encrassement
grassement
terrassement
tassement
entassement
redressement
désintéressement
empressement
abaissement
rabaissement
surbaissement

encaissement
affaissement
délaissement
connaissement
dégraissement
engraissement
étrécissement
rétrécissement
amincissement
éclaircissement
obscurcissement
durcissement
endurcissement
accourcissement
raccourcissement
adoucissement
radoucissement
affadissement
attiédissement
enlaidissement
refroidissement
agrandissement
resplendissement
bondissement
rebondissement
approfondissement
arrondissement
abâtardissement
reverdissement
dégourdissement
engourdissement
alourdissement
abasourdissement
assourdissement
étourdissement
ébaudissement
applaudissement
agissement
vagissement
élargissement
rélargissement
mugissement
rugissement
ébahissement
envahissement
fléchissement
réfléchissement
rafraîchissement
enrichissement
affranchissement
gauchissement
dégauchissement
établissement
rétablissement
affaiblissement
anoblissement
ameublissement
ensevelissement
glissement
avilissement
embellissement
jaillissement
rejaillissement
vieillissement
amollissement
ramollissement
abolissement
plissement
accomplissement

SEMENT [Tnemes] — TEMENT [Tnemet]

gémissement
frémissement
vomissement
affermissement
raffermissement
aplanissement
assainissement
bannissement
hennissement
racornissement
fournissement
jaunissement
rajeunissement
rembrunissement
accroissement
décroissement
froissement
pissement
glapissement
déguerpissement
croupissement
accroupissement
assoupissement
tarissement
crissement
attendrissement
amoindrissement
hérissement
enchérissement
renchérissement
dépérissement
aigrissement
amaigrissement
ramaigrissement
équarrissement
aterrissement
ahurissement
appauvrissement
saisissement
dessaisissement
transissement
dégrossissement
épaississement
aplatissement
assujétissement
abêtissement
apêtissement
dévêtissement
anéantissement
nantissement
appesantissement
empuantissement
ralentissement
retentissement
lotissement
avertissement
divertissement
convertissement
pervertissement
intervertissement
amortissement
travestissement
investissement
désinvestissement
engloutissement
abrutissement
débrutissement
bleuissement
alanguissement

enfouissement
éblouissement
épanouissement
évanouissement
écrouissement
bruissement
ravissement
dévissement
asservissement
assouvissement
adossement
endossement
désossement
faussement
haussement
rechaussement
déchaussement
rehaussement
surhaussement
exhaussement
éclaboussement
gloussement
trémoussement
repoussement
rebroussement
retroussement
détroussement
désabusement
hideusement
hasardeusement
ombrageusement
orageusement
outrageusement
courageusement
avantageusement
désavantageusement
nuageusement
fâcheusement
audacieusement
fallacieusement
spacieusement
gracieusement
malgracieusement
disgracieusement
spécieusement
précieusement
judicieusement
officieusement
malicieusement
délicieusement
pernicieusement
capricieusement
vicieusement
licencieusement
consciencieusement
silencieusement
sentencieusement
astucieusement
insidieusement
fastidieusement
compendieusement
dispendieusement
odieusement
mélodieusement
studieusement
prodigieusement
religieusement
ingénieusement
calomnieusement
harmonieusement

pieusement
copieusement
impérieusement
sérieusement
mystérieusement
laborieusement
glorieusement
victorieusement
industrieusement
curieusement
furieusement
injurieusement
luxurieusement
factieusement
facétieusement
ambitieusement
séditieusement
prétentieusement
contentieusement
captieusement
minutieusement
obséquieusement
anxieusement
scandaleusement
cauteleusement
mielleusement
moelleusement
orgueilleusement
merveilleusement
périlleusement
croustilleusement
fabuleusement
miraculeusement
méticuleusement
onduleusement
frauduleusement
crapuleusement
scrupuleusement
fameusement
dédaigneusement
soigneusement
haineusement
lumineusement
ruineusement
trompeusement
ténébreusement
nombreusement
creusement
doucereusement
dangereusement
généreusement
onéreusement
affreusement
traîtreusement
malencontreusement
désastreusement
heureusement
malheureusement
chaleureusement
valeureusement
peureusement
rigoureusement
vigoureusement
langoureusement
douloureusement
amoureusement
savoureusement
plantureusement
aventureusement

oiseusement
paresseusement
piteusement
honteusement
flatteusement
coûteusement
douteusement
fougueusement
monstrueusement
défectueusement
affectueusement
respectueusement
irrespectueusement
onctueusement
fructueusement
infructueusement
impétueusement
tumultueusement
somptueusement
présomptueusement
voluptueusement
vertueusement
tortueusement
fastueusement
incestueusement
majestueusement
nerveusement
joyeusement
ennuyeusement
amusement
jalousement
décrusement
dépaysement
délicatement
indélicatement
mandatement
béatement
médiatement
immédiatement
éclatement
platement
acclimatement
épatement
empâtement
tâtement
exactement
inexactement
directement
indirectement
correctement
incorrectement
strictement
succinctement
distinctement
indistinctement
doctement
hébétement
empiétement
quiétement
halètement
complètement
incomplètement
secrètement
discrètement
indiscrètement
frètement
affrètement
craquètement
bêtement

honnêtement
malhonnêtement
déshonnêtement
étêtement
entêtement
vêtement
revêtement
enfaîtement
parfaitement
imparfaitement
allaitement
traitement
abstraitement
subitement
tacitement
licitement
illicitement
implicitement
explicitement
décréditement
déboîtement
emboîtement
remboîtement
droitement
adroitement
maladroitement
miroitement
étroitement
hypocritement
effritement
petitement
ébruitement
gratuitement
fortuitement
vitement
évitement
occultement
enfantement
enchantement
désenchantement
épouvantement
lentement
véhémentement
arrentement
présentement
consentement
contentement
mécontentement
saintement
éreintement
conjointement
épointement
désappointement
tintement
suintement
affrontement
barbotement
accotement
picotement
cahotement
crachotement
chuchotement
falotement
tremblotement
ballottement
emmaillotement
clignotement
dépotement
chevrotement

TEMENT [Tnemet] — VEMENT [Tnemev]

dévotement
indévotement
ineptement
promptement
abruptement
écartement
département
appartement
essartement
déconcertement
apertement
expertement
dissertement
vertement
ouvertement
couvertement
fortement
portement
emportement
comportement
avortement
heurtement
aheurtement
courtement
chastement
vastement
modestement
immodestement
manifestement
lestement
funestement
prestement
tristement
désistement
artistement
robustement
justement
ajustement
rajustement
injustement
battement
abattement
ébattement
empattement
doucettement
émiettement
douillettement
nettement
coquettement
acquittement
flottement
frottement
sottement
dégouttement
hautement
ameutement
aoûtement
envoûtement
recrutement
vaguement
endiguement
longuement
cataloguement
engluement
remuement
nuement
dénuement
éternuement
secouement
engouement
échouement
enjouement
clouement
nouement
renouement
dénouement
ébrouement
frouement
enrouement
dévouement
encaquement
claquement
baraquement
braquement
craquement
détraquement
intrinsèquement
extrinsèquement
judaïquement
prosaïquement
véridiquement
juridiquement
fatidiquement
méthodiquement
périodiquement
modiquement
épisodiquement
pudiquement
impudiquement
pacifiquement
spécifiquement
magnifiquement
honorifiquement
scientifiquement
magiquement
tragiquement
pédagogiquement
logiquement
analogiquement
illogiquement
géologiquement
théologiquement
pathologiquement
philologiquement
phrénologiquement
chronologiquement
astrologiquement
énergiquement
oligarchiquement
anarchiquement
monarchiquement
hiérarchiquement
graphiquement
télégraphiquement
géographiquement
sténographiquement
photographiquement
philosophiquement
apathiquement
sympathiquement
allopathiquement
obliquement
publiquement
angéliquement
évangéliquement
diaboliquement
paraboliquement
hyperboliquement
mélancoliquement
catholiquement
apostoliquement
académiquement
épidémiquement
chimiquement
comiquement
économiquement
astronomiquement
anatomiquement
mécaniquement
organiquement
hygiéniquement
œcuméniquement
techniquement
iniquement
tyranniquement
laconiquement
mnémoniquement
harmoniquement
canoniquement
chroniquement
ironiquement
diatoniquement
uniquement
cyniquement
stoïquement
algébriquement
lubriquement
sphériquement
chimériquement
numériquement
génériquement
empiriquement
satiriquement
théoriquement
allégoriquement
catégoriquement
métaphoriquement
historiquement
géométriquement
kilométriquement
symétriquement
concentriquement
excentriquement
amphigouriquement
géodésiquement
physiquement
métaphysiquement
emphatiquement
drôlatiquement
dramatiquement
mathématiquement
emblématiquement
problématiquement
systématiquement
flegmatiquement
énigmatiquement
dogmatiquement
diplomatiquement
chromatiquement
automatiquement
morganatiquement
théocratiquement
démocratiquement
autocratiquement
pratiquement
hypostatiquement
didactiquement
dialectiquement
alphabétiquement
prophétiquement
pathétiquement
synthétiquement
hypothétiquement
arithmétiquement
hermétiquement
frénétiquement
magnétiquement
phonétiquement
poétiquement
politiquement
impolitiquement
jésuitiquement
antiquement
identiquement
authentiquement
patriotiquement
despotiquement
elliptiquement
ecclésiastiquement
scolastiquement
fantastiquement
domestiquement
caustiquement
rustiquement
mystiquement
attiquement
analytiquement
flanquement
manquement
embarquement
débarquement
rembarquement
désembarquement
réciproquement
flasquement
fantasquement
burlesquement
romanesquement
chevaleresquement
pittoresquement
pédantesquement
gigantesquement
débusquement
brusquement
débouquement
embouquement
encavement
lavement
enclavement
pavement
bravement
gravement
aggravement
engravement
suavement
achèvement
parachèvement
brièvement
grièvement
relèvement
prélèvement
enlèvement
soulèvement
dégrèvement
naïvement
lascivement
maladivement
tardivement
enjolivement
évasivement
décisivement
oisivement
convulsivement
défensivement
offensivement
inoffensivement
pensivement
massivement
passivement
successivement
excessivement
oppressivement
expressivement
abusivement
inclusivement
exclusivement
approbativement
vindicativement
négativement
hâtivement
relativement
contemplativement
superlativement
législativement
spéculativement
cumulativement
affirmativement
nominativement
alternativement
comparativement
lucrativement
impérativement
itérativement
démonstrativement
figurativement
dubitativement
qualitativement
quantitativement
facultativement
privativement
activement
rétroactivement
abstractivement
effectivement
objectivement
adjectivement
collectivement
respectivement
rétrospectivement
fictivement
instinctivement
improductivement
chétivement
explétivement
fugitivement
primitivement
définitivement
transitivement
intransitivement
positivement
intuitivement
substantivement
attentivement
préventivement
plaintivement
craintivement
furtivement
intempestivement
distributivement

consécutivement
vivement
énervement
abreuvement
mouvement
étuvement
fixement
prolixement
égayement
bégayement
déblayement
délayement
payement
non-payement
enrayement
étayement
grasseyement
enlizement
cément
forcément
* dément-
décidément
profondément
commodément
incommodément
véhément
clément
inclément
élément
réglément
déréglément
aveuglément
isolément
complément
supplément
nomément
uniformément
conformément
énormément
simultanément
instantanément
momentanément
spontanément
déterminément
indéterminément
inopinément
obstinément
abandonnément
subordonnément
désordonnément
passionnément
affectionnément
proportionnément
communément
impunément
importunément
opportunément
séparément
crément
excrément
récrément
délibérément
considérément
inconsidérément
modérément
immodérément
inespérément
désespérément
agrément

ragrément
désagrément
carrément
opiniâtrément
outrément
obscurément
figurément
démesurément
assurément
prématurément
aisément
malaisément
précisément
indivisément
censément
immensément
posément
expressément
diffusément
confusément
profusément
effrontément
privément
fragment
segment
pigment
augment
gaîment
braiment
vraiment
ciment
remercîment
sédiment
condiment
hardiment
étourdiment
rudiment
crucifiment
régiment
blanchiment
aliment
ralliment
joliment
poliment
impoliment
compliment
manîment
remanîment
reniment
indéfiniment
infiniment
liniment
boniment
fourniment
uniment
aboîment
déploîment
larmoîment
atermoîment
tournoîment
broîment
foudroîment
châtoîment
tutoîment
dégravoiment
dévoîment
piment
orpiment
appariment

détriment
quasiment
bâtiment
châtiment
gentiment
sentiment
assentiment
ressentiment
pressentiment
dissentiment
compartiment
assortiment
rassortiment
dépendamment
indépendamment
abondamment
surabondamment
obligeamment
désobligeamment
viligeamment
extravagamment
élégamment
arrogamment
méchamment
insouciamment
galamment
nonchalamment
vaillamment
brillamment
coulamment
pétulamment
étonnamment
exubéramment
persévéramment
ignoramment
couramment
pesamment
plaisamment
déplaisamment
complaisamment
insuffisamment
incessamment
languissamment
puissamment
exorbitamment
précipitamment
nuitamment
notamment
instamment
constamment
inconstamment
puamment
savamment
bruyamment
décemment
indécemment
récemment
innocemment
précédemment
antécédemment
incidemment
confidemment
évidemment
ardemment
impudemment
prudemment
imprudemment
négligemment
diligemment

intelligemment
inintelligemment
sciemment
insciemment
patiemment
impatiemment
excellemment
dolemment
indolemment
violemment
insolemment
turbulemment
opulemment
éminemment
pertinemment
impertinemment
apparemment
différemment
indifféremment
révéremment
irrévéremment
concurremment
patemment
compétemment
incompétemment
fréquemment
subséquemment
conséquemment
inconséquemment
éloquemment
fervemment
comment
moment
froment
sarment
ferment
serment
tourment
document
dûment
assidûment
indûment
éperdument
tégument
ambigument
argument
jument
émolument
absolument
résolument
irrésolument
dissolument
goulûment
remûment
nûment
dénûment
ingénument
continument
monument
éternûment
secoûment
engoûment
enjoûment
renoûment
dénoûment
enroûment
dévoûment
crûment
décrûment

congrûment
incongrûment
instrument

Voy. mant, and, end

nent

immanent
permanent
éminent
prééminent
proéminent
suréminent
imminent
continent
incontinent
pertinent
impertinent
abstinent
déponent

Voy. nant, and, end

pent

se repent-
arpent
serpent

Voy. pant, and, end

rent

parent
apparent
transparent
afférent
différent
indifférent
interférent
adhérent
inhérent
cohérent
incohérent
irrévérent
Florent
occurrent
récurrent
concurrent
intercurrent
Laurent

Voy. rant, and, end, aussi arrhant

sent

sent-
absent-
présent
consent-
assent-
ressent-
pressent-

Voy. cent, sant dur, xant, and, end; plus Saint-Maixent. Av. *présent*, *voy.* sant doux, zant, and, end et aussi exempt

tent
latent
patent
compétent
incompétent
pénitent
impénitent
rénitent
content
mécontent
malcontent
omnipotent
impotent
rémittent
intermittent

Voy. tant, and, end

guent
onguent

Voy. gant, and, end

uent
affluent
effluent
influent
confluent
fréquent
subséquent
conséquent
inconséquent
éloquent
congruent

Avec les mots en italique *voy.* cant, kant, quant, and, end; avec les autres *voy.* éant, uant non précédé de g. ou de q, and, end

vent
vent
avent
paravent
engoulevent
tournevent
contrevent
brise-vent
porte-vent
évent
connivent
abrivent
convent
fervent
abat-vent
auvent
vol-au-vent
couvent
souvent

Voy. vant, and, end

xent
Saint-Maixent

Voy. sant et sent durs, cent, çant, xant, and, end

Pour les terminaisons en **ent** insonores, les 3es pers. du plur. de l'ind. prés., du subj. prés. et imp. en ajoutant nt aux verbes qui sont à la 3e pers. du sing. des mêmes temps de syllabe à désoxyde, [Pages 31 à 36] de parafe à bronze, [Pages 50 à 123] plus les verbes suivants :

valent-
revalent-
prévalent-
équivalent-
veulent-
savent-
peuvent-

Pour toutes les formes en **aient**, *voy.* ait

Pour les formes du passé défini de la 1re conj. en **èrent**, ajouter ent à l'infinitif de syllaber à bronzer; [Pages 157 à 172] pour les 3 autres conj. de formes différentes, *voy.* la 3e pers. du sing. en intercalant *ren*. Ex. : il finit, ils fini*rent*; il put, ils pu*rent*; il vint, ils vin*rent*

aint
plaint-
maint
craint-
contraint-
saint
sacro-saint
Toussaint
ceint-
enceint-
feint-
geint-
peint-
repeint-
dépeint-
enfreint-
épreint-
empreint-
étreint-
astreint-
restreint-
* teint-
reteint-
éteint-
déteint-
atteint-
aveint-

Voy. de tint à se ressouvint, inct, *ient*; aussi vingt

oint
oint-
* joint-
* adjoint-
rejoint-
déjoint-
* conjoint-
disjoint-
* point-
rond-point
arrière-point
tire-point
serre-point
contrepoint
malenpoint
embonpoint
appoint
pourpoint
à-brûle-pourpoint

int
tint-
obtint-
retint-
entretint-
détint-
maintint-
contint-
appartint-
abstint-
soutint-
quint
[*H.*] Charles-Quint
suint
vint-
mésavint-
subvint-
advint-
mésadvint-
devint-
redevint-
revint-
contrevint-
prévint-
convint-
circonvint-
disconvint-
provint-
parvint-
intervint-
se souvint-
se ressouvint-

Voy. de plaint à aveint, inct, *ient* aussi vingt

ont
ont-
dont
font-
refont-
contrefont-
défont-
redéfont-
méfont-
malfont-
parfont-
surfont-
satisfont-
mont
amont
rodomont
[*G.*] Chaumont
giraumont
pont
entrepont
front
affront
sont-
vont-

Voy. ond, ompt et la 3e pers. du plur. de tous les verbes existant de syllabera à bronzera [Pages 9 à 21] et des verbes qui ne sont pas de la 1re conjugaison de vaincra à voudra [Pages 8 et 9] et de ira à émouvra [Pages 21 à 24]

unt
défunt
emprunt

ot
bot
cabot
chabot
jabot
nabot
rabot
sabot
pied-bot
paquebot
étambot
escarbot
turbot
écot
subrécot
chicot
calicot
coquelicot
picot
haricot
abricot
fricot
tricot
persicot
massicot
asticot
escot
dot
bardot
cagot
fagot
magot
ragot
bigot
gigot
à tire-larigot
Mme Angot
lingot
berlingot
bousingot
Ostrogot
argot
escargot
Margot
ergot
cahot
bachot
cachot
manchot
estradiot
idiot
piot
chariot
timariot
loriot
compère-loriot
[*G.*] * Lot
dalot
falot
halot
cachalot

pâlot
cablot
hublot
bibelot
bimbelot
ocelot
angelot
camelot
grelot
matelot
javelot
flot
sanglot
îlot
mélilot
pilot
ballot
bellot
caillot
maillot
paillot
parpaillot
billot
vieillot
Guillot
plot
complot
culot
mulot
surmulot
boulot
goulot
poulot
brûlot
mot
à demi-mot
marmot
enclumot
canot
godenot
huguenot
linot
minot
[H.] Carnot
pot
capot
cache-pot
hochepot
à muche-pot
chassepot
à musse-pot
galipot
taillipot
tripot
esquipot
fouille-au-pot
rot
[L.] Clément Marot
[G.] Livarot
fiérot
lérot
pérot
garrot
Pierrot
trot
sot
cuissot
[G.] Le Creusot
paletot
[G.] Yvetot
[G.] Hottentot
[H.] Drouot
pavot
dévot
indévot
pivot

Avec dot, *voy.* od sonore, oth, plus chott; avec les autres aussi Gounod

lôt

clôt-
éclôt-
déclôt-
enclôt-
forclôt-
dépôt
entrepôt
impôt
suppôt
rôt
tôt
sitôt
aussitôt
tantôt
bientôt
plutôt
prévôt

Voy. aud, aut; aussi Hérault, levrault, La Rochefoucauld.

Apt

[G.] Apt
rapt

ept

concept
sept
transept
dix-sept

Voy. et sonore.

empt

exempt

Voy. and, end, ant, ent

ompt

rompt-
prompt
interrompt-
corrompt-

Voy. ond, ont

upt

abrupt

Voy. ud, uth, et ut

art

art
[H.] Jean Bart
écart
rancart
brocart
trocart
soudart
hart
malart
prélart
tortillart
coquillart
[G.] Clamart
braquemart
Jacquemart
* part-
repart-
quote-part
* départ-
répart-
champart
rempart
la plupart
poupart
quart
inquart
broquart
avant-quart
[H.] Marie-Stuart
[I.] Favart
javart
[I.] Mozart

Voy. ard.

ert

[H.] Fabert
Floribert
Albert
Gilbert
[H.] Colbert
Lambert
Camembert
Humbert
[H.] Dagobert
Rigobert
Robert
faubert
haubert
Hubert
concert
transfert
acquiert-
requiert-
s'enquiert-
conquiert-
reconquiert-
appert-
expert
sert-
désert
disert
ressert-
* dessert-
vert
pivert
ouvert-
* couvert-
recouvert-
* découvert-
rouvert-
entr'ouvert-

Voy. erd

ort

accort
dort-
redort-
endort-
rendort-
fort
[G.] Francfort
pied-fort
[G.] Rochefort
coffre-fort
contrefort
Roquefort
effort
raifort
[G.] Belfort
renfort
confort
réconfort
maillechort
[G.] Niort
mort
malemort
croque-mort
demi-mort
port
report
passe port
déport
[G.] Tréport
apport
rapport
support
sport
transport
avant-port
* sort-
* ressort-
tort

Voy. ord

eurt

heurt-
meurt-

ourt

* court-
accourt-
recourt-
[G.] Mirecourt
secourt-
s'entre-secourt-
[H.] Baudricourt
encourt-
[H.] Azincourt
concourt-
parcourt-
discourt-

Voy. ourd

ast

hast
ballast
last
toast

Avec ce dernier mot, *voy.* ost

est

est
est-
nord-est
sud-est
lest
Ernest
Budapest
[G.] Bucarest
[G.] Brest
test
ouest
nord-ouest
sud-ouest
zest

Avec *est voy.* ect, êt, ait, plus laid et plaid

ist

whist
Christ
anté-Christ
zist

ost

ost
Faust

Aussi toast

ott

chott

Voy. ot, oth, et *od*

ut

ut

Voy. *ut*, uth, ud, upt

aut

baricaut
boursicaut
[G.] Escaut
faut-
faire-le-faut
défaut
gerfaut
nilgaut
haut
il chaut-
artichaut
rehaut
en contre-haut
taïaut
monaut
héraut
saut
soubresaut
en sursaut
assaut
ressaut
goussaut
quartaut

vaut-
revaut-
prévaut-
équivaut-

Voy. aud, ôt, Hérault, levrault et La Rochefoucauld

ut

* but-
* rebut-
début
tribut
attribut
scorbut
vécut-
revécut-
survécut-
reçut-
déçut-
conçut-
préconçut-
perçut-
aperçut-
dut-
redut-

Voy. ut précédé d'une consonne

eut

pleut-
meut-
remeut-
peut-
veut-

Voy. eud

ut

fut-
fût
affût
bahut
chut
chut-
échut-
* lut-
chalut
salut
valut-
revalut-
prévalut-
équivalut-
inclut-
conclut-
exclut-
relut-
élut-
réélut-
fallut-
* (1) plut-
déplut-
complut-

1. De pleuvoir, de plaire.

moulut-
remoulut-
émoulut-
rémoulut-
voulut-
mut-
émut-
azimut
canut
connut-
reconnut-
méconnut-

Avec les mots en italique *voy. ut*, ud, uth et upt; avec les autres *voy.* ut précédé d'une consonne.

oût

août
mi-août
* bout-
about
marabout
debout
passe-debout-
rebout-
coût
goût
bagout
ragout
arrière-goût
égout
dégoût
avant-goût
racahout
moût
vermout
surmoût
brout
absout-
résout-
dissout-
tout
atout
touche-à-tout
va-tout
mange-tout
brûle-tout
brise-tout
passe-partout
surtout
stout

Avec les mots en italique *voy.* outh, avec les autres *voy.* oud

ut

put-
reput-
occiput
préciput
sinciput
Lilliput
comput
rut
parut-
reparut-
comparut-
apparut-
disparut-
brut
crut-
accrut-
recrut-
décrut-
mécrut-
courut-
accourut-
recourut-
secourut-
encourut-
concourut-
parcourut-
discourut-
mourut-
sut-
tut-
statut
substitut
institut
pourvut-

Avec les mots en italique *voy. ut*, ud, uth, upt; avec les autres *voy.* ut précédé d'une consonne

U

au

au
bau
surbau
landau
eau
beau
escabeau
[*I.*] Mirabeau
lambeau
flambeau
tombeau
barbeau
* corbeau
souriceau
jouvenceau
pinceau
rinceau
lionceau
monceau
pannonceau
* ponceau
arceau
[*H.*] Marceau
berceau
cerceau
morceau
éfourceau
pourceau
sceau
faisceau
cadeau
radeau
bedeau
rideau
bandeau
fricandeau
brigandeau
faisandeau
rondeau
bardeau
fardeau
renardeau
batardeau
outardeau
serdeau
cordeau
chaudeau
tuffeau
[*G.*] Tourangeau
tableau
câbleau
[*G.*] Fontainebleau
simbleau
doubleau
arc-doubleau
[*L.*] Boileau
tuileau
à vau-l'eau
bouleau
rouleau
hameau
chameau
rameau
chrémeau
pommeau
ormeau
jumeau
[*G.*] Longjumeau
chalumeau
enclumeau
plumeau
grumeau
trumeau
organeau
meneau
créneau
chêneau
agneau
cigogneau
traîneau
baleineau
chemineau
moineau
pineau
mâtineau
anneau
grianneau
panneau
tyranneau
vanneau
paonneau
jambonneau
fauconneau
dindonneau
pigeonneau
mangonneau
chaponneau
friponneau
héronneau
larronneau
tonneau
saumoneau
cerneau
citerneau
bigorneau
fourneau
étourneau
pruneau
peau
chapeau
drapeau
porte-drapeau
pipeau
oripeau
copeau
appeau
carpeau
harpeau
sans-peau
troupeau
perdreau
tombereau
hobereau
bandereau
bordereau
hachereau
volereau
ramereau
lapereau
vipereau
grimpereau
passereau
mâtereau
poétereau
[*G.*] Montereau
tourtereau
sautereau
maquereau
blaireau
poireau
[*H.*] Moreau
barreau
carreau
passe-carreau
bigarreau
terreau
bourreau
fourreau
taureau
bureau
godelureau
pastoureau
pureau
sureau
chevreau
couleuvreau
ouvreau
seau
naseau
réseau
biseau

ciseau
oiseau
damoiseau
closeau
roseau
verseau
casseau
bécasseau
plumasseau
tasseau
paisseau
vaisseau
coulisseau
vermisseau
boisseau
arbrisseau
sous-arbrisseau
cuisseau
ruisseau
saute-ruisseau
[*L.*] * Rousseau
trousseau
vousseau
fuseau
museau
casse-museau
pontuseau
bateau
plateau
gâteau
château
râteau
cailleteau
bonneteau
morte-eau
loqueteau
louveteau
tréteau
enfaîteau
liteau
chapiteau
écriteau
chanteau
manteau
porte-manteau
fromanteau
marmenteau
serpenteau
linteau
fronteau
coteau
poteau
marteau
tourteau
[*I.*] Watteau
bluteau
flûteau
couteau
fouteau
veau
caveau
javeau
* claveau
écheveau
godiveau
baliveau
soliveau
niveau
caniveau
maniveau
hâtiveau
cerveau
cuveau
nouveau
renouveau
gerzeau
fléau
préau
ypréau
burgau
huhau
fabliau
affûtiau
pilau
unau
[*G.*] Pau
[*G.*] Jungfrau
sarrau
étau
gluau
boyau
hoyau
joyau
aloyau
noyau
tuyau

Voy. aussi o bref ou long

aü

[*B.*] Esaü

Voy. u précédé de h, i; et aussi verbe eu

bu

bu-
rebu-
zébu
tribu
s'est embu-
imbu
barbu
herbu
fourbu

cu

tapecu
écu
vécu-
revécu-
survécu-
vaincu-
invaincu
convaincu-
cocu

Aussi Q. et cul et gratte-cul dont on peut supprimer l'l

çu

* reçu-
* déçu-
conçu-
préconçu-
perçu-
aperçu-
inaperçu

Voy. su précédé de consonnes

du

du
* dû-
redû-
résidu
assidu
individu
épandu-
répandu-
descendu-
redescendu-
condescendu-
fendu-
refendu-
défendu-
pourfendu-
pendu-
capendu
rependu-
dépendu-
appendu-
suspendu-
rendu-
tendu-
retendu-
étendu-
détendu-
prétendu-
* entendu-
* sous-entendu-
distendu-
sous-tendu-
attendu-
inattendu
vendu-
revendu-
mévendu-
invendu
survendu-
indu
fondu-
refondu-
confondu-
parfondu-
morfondu-
gras-fondu
pondu-
répondu-
s'est entre-répondu-
correspondu-
tondu-
retondu-
dodu
ardu
perdu-
reperdu-
éperdu

eu

eu-

Voy. hu, iu et aussi Esaü

eu

[*G.*] Eu
* feu
garde-feu
couvre-feu
boute-feu
pot-au-feu
heu!
caïeu
camaïeu
Dieu
adieu
prie-Dieu
fête-Dieu
demi-dieu
hôtel-Dieu
lever-Dieu
Mathieu
fesse-mathieu
lieu
[*H.*] Richelieu
chef-lieu
milieu
non-lieu
courlieu
pieu
épieu
essieu
[*I.*] Montesquieu
jeu
enjeu
bleu
ventrebleu!
palsembleu!
parbleu!
morbleu!
bas-bleu
alleu
franc-alleu
émeu
vœu
peu
hébreu
aveu
désaveu
cheveu
neveu
arrière-neveu
petit-neveu
* moyeu

fu

touffu

gu

bégu
aigu
suraigu
* ambigu
contigu
exigu

hu

copahu
chu-
échu-
déchu-
* *fichu*
branchu
crochu
fourchu
tohu-bohu
Abiu

Avec les mots non en italique aussi le verbe eu et Esaü

lu

lu-
valu-
revalu-
prévalu-
équivalu-
râblu
inclu-
conclu-
exclu-
mamelu
pelu
patte-pelu
relu-
lanturelu
velu
chevelu
* élu-
réélu-
mafflu
joufflu
superflu
glu
poilu
fallu-
feuillu
absolu
* résolu-
irrésolu
dissolu
dévolu
révolu
* (1) plu-
déplu-
complu-
hurluberlu
lanturlu
goulu
moulu-
remoulu-
émoulu-
rémoulu-
vermoulu
voulu-
mal voulu

mû

mû-
ému-
promu

nu

nu
chenu
menu
trotte-menu
grenu
saugrenu
tenu-

Du verbe plaire, et du verbe pleuvoir.

obtenu-
retenu-
entretenu-
* détenu-
co-détenu
maintenu-
contenu-
appartenu-
s'est abstenu-
soutenu-
venu-
non avenu
mésavenu-
subvenu-
advenu-
mésadvenu-
devenu-
redevenu-
* revenu-
contrevenu-
prévenu-
bienvenu
convenu-
circonvenu-
disconvenu-
provenu-
parvenu-
intervenu-
survenu-
s'est souvenu-*
s'est ressouvenu-
ingénu
ténu
continu
discontinu
connu-
reconnu-
inconnu
charnu
cornu
bec-cornu
biscornu

ou

ou
où
hibou
bambou
cou
casse-cou
licou
[G.] Moscou
coucou
roucou
amadou
padou
guilledou
[G.] Indou
[G.] Hindou
roudou
fou
garde-fou
archifou
sagou
grigou
chou
cachou
mandchou
biniou
acajou
sapajou
sajou
boudjou
bijou
[G.] Anjou
joujou
andalou
clou
tire-clou
gabelou
flou
glouglou
filou
pilou
caillou
mou
genou
pou
garou
loup-garou
brou
écrou
[G.] Pérou
frou-frou
prou
verrou
trou
bouche-trou
kangourou
tourlourou
sou
grippe-sou
tire-sou
vesou
grisou
couscoussou
matou
tatou
[G.] Tombouctou
manitou
[C.] Poitou
fantou
tou-tou
canezou

Aussi kan-
guroo

pu

pu-
trapu
* repu-
crépu
rompu-
interrompu-
ininterrompu
corrompu-
lippu

ru

ru
paru-
reparu-
comparu-
apparu-
disparu
bru
membru
* cru-
crû-
* accru-
recru-
écru
décru-
Lustucru
dru
féru
congru
incongru
bourru
ventru
malotru
couru-
accouru-
recouru-
secouru-
s'est entre-secouru-
encouru-
concouru-
parcouru-
discouru-

su

* *su-*
vison-visu
pansu
insu
fessu
* *issu-*
tissu
bossu
cossu
moussu
cousu-
recousu-
* décousu-

Avec les mots
en italique
voy. çu

tu

tu
* s'est tu-
solbatu
embatu-
courbatu
francatu
fétu
cogne-fétu
tétu
vêtu-
revêtu-
s'est dévêtu-
pointu
impromptu
vertu
tortu
battu-
abattu-
rabattu-
rebattu-
s'est entre-battu-
débattu-
s'est ébattu-
combattu-
pattu

vu

vu-
revu-
entrevu-
prévu-
imprévu
pourvu-
dépourvu

V W

ew

mildew
interview
[G.] *Glascow*

X

ax

[M.] Ajax
smilax
opoponax
anthrax
borax
thorax
storax
income-tax

ex

index
codex
[G.] *Gex*
silex
pétrosilex
murex
vertex
[G.] *Aix*
[G.] Roubaix
faix
portefaix
surfaix
paix
[H.] Desaix

Avec les mots
en italique,
aussi Du-
pleix, avec
les autres
voy. ais

ix

dix
[G.] *Cadix*
passe-dix
[I.] Dupleix
préfix

Avec Dupleix
voy. ex; avec
les autres is
sonore, *ix*
précédé de
consonne et
yx

ix

crucifix
Félix
hélix
phénix

Avec les mots
en italique
voy. is so-
nore, *ix* pré-
cédé de con-
sonne et yx;
avec cru-
cifix *voy.* is
insonore et
ix précédé
de consonne

oix

[G.] Foix
choix
noix
terre-noix
casse-noix
poix
croix
grand-croix
rose-croix
porte-croix
voix
porte-voix
abat-voix

Voy. ois, poids
et contre-
poids

ix

larix
perdrix
[H.] *Vercingétorix*
prix
six
trois-six

Avec les mots
en italique
voy. is so-
nore, *ix* pré-
cédé de con-
sonne et yx;
avec les au-
tres *voy.* is
insonore et
crucifix

aulx

aulx

Voy. aux

inx

[M.] Sphinx
lynx
pharynx
larynx

ox

box
phlox
cowpox

(1) **aux**

aux

1. Et le pluriel de tous les mots en au, aud, aut, eau, aussi aulx.

baux
verbaux
procès-verbaux
zodiacaux
ammoniacaux
stomacaux
monacaux
buccaux
fécaux
radicaux
médicaux
syndicaux
pontificaux
chirurgicaux
ombilicaux
amicaux
arsenicaux
dominicaux
tropicaux
intertropicaux
cléricaux
vésicaux
musicaux
grammaticaux
verticaux
corticaux
cervicaux
bocaux
focaux
locaux
vocaux
patriarcaux
fiscaux
ducaux
grand-ducaux
archiducaux
provençaux
pyramidaux
rhomboïdaux
sphéroïdaux
hémorroïdaux
féodaux
synodaux
caudaux
[*G.*] Sceaux
[*G.*] Bordeaux
[*G.*] Tourangeaux
[*G.*] Meaux
gémeaux
quadrijumeaux
[*I.*] Carpeaux
oiseaux
houseaux
[*G.*] Puteaux
féaux
boréaux
[*L.*] Boileau-Despréaux
faux
* égaux
légaux
illégaux
inégaux
théologaux
jugaux
conjugaux
chaux

déchaux
sénéchaux
maréchaux
triomphaux
catarrhaux
tibiaux
adverbiaux
proverbiaux
faciaux
spéciaux
préjudiciaux
bénéficiaux
solsticiaux
provinciaux
sociaux
antisociaux
commerciaux
cruciaux
radiaux
cordiaux
primordiaux
collégiaux
brachiaux
bronchiaux
filiaux
familiaux
domaniaux
géniaux
coloniaux
matrimoniaux
patrimoniaux
antimoniaux
testimoniaux
canoniaux
marsupiaux
vicariaux
impériaux
matériaux
mémoriaux
immémoriaux
censoriaux
dimissoriaux
sénatoriaux
dictatoriaux
équatoriaux
directoriaux
tinctoriaux
territoriaux
inquisitoriaux
historiaux
consistoriaux
curiaux
seigneuriaux
paroissiaux
abbatiaux
primatiaux
initiaux
sapientiaux
pénitentiaux
nuptiaux
martiaux
partiaux
impartiaux
* bestiaux
triviaux
fluviaux
équinoxiaux

maux
émaux
hiémaux
décimaux
duodécimaux
animaux
quadragésimaux
sexagésimaux
infinitésimaux
centésimaux
[*G.*] Esquimaux
anomaux
thermaux
normaux
anormaux
rhumatismaux
baptismaux
brumaux
lacrymaux
banaux
canaux
décanaux
arsenaux
génaux
phénoménaux
vénaux
signaux
médicinaux
officinaux
vicinaux
* cardinaux
ordinaux
longitudinaux
originaux
marginaux
machinaux
séminaux
abdominaux
nominaux
pronominaux
terminaux
doctrinaux
matinaux
intestinaux
inguinaux
automnaux
annaux
décennaux
vicennaux
biennaux
triennaux
quatriennaux
septennaux
quinquennaux
confessionnaux
diaconaux
pentagonaux
heptagonaux
hexagonaux
octogonaux
polygonaux
méridionaux
obsidionaux
régionaux
septentrionaux
nationaux
antinationaux

internationaux
coronaux
cantohaux
hibernaux
infernaux
paraphernaux
vernaux
hivernaux
journaux
tribunaux
communaux
municipaux
principaux
épiscopaux
archiépiscopaux
apparaux
palpébraux
cérébraux
vertébraux
sépulcraux
libéraux
viscéraux
fédéraux
sidéraux
rudéraux
huméraux
numéraux
* généraux
minéraux
latéraux
bilatéraux
unilatéraux
quadrilatéraux
trilatéraux
équilatéraux
collatéraux
littéraux
presbytéraux
archipresbytéraux
amiraux
soupiraux
décemviraux
triumviraux
centumviraux
duumviraux
oraux
coraux
choraux
jeux floraux
moraux
fémoraux
immoraux
humoraux
caporaux
temporaux
corporaux
professoraux
préfectoraux
électoraux
pectoraux
rectoraux
doctoraux
préceptoraux
pastoraux
littoraux
diamétraux
géométraux

arbitraux
chapitraux
vitraux
centraux
ventraux
astraux
cadastraux
austraux
claustraux
lustraux
auguraux
muraux
ruraux
cruraux
conjecturaux
architecturaux
picturaux
scripturaux
sculpturaux
gutturaux
nasaux
commensaux
universaux
transversaux
dorsaux
bursaux
vassaux
colossaux
taux
végétaux
pariétaux
métaux
cubitaux
digitaux
congénitaux
capitaux
occipitaux
hôpitaux
maritaux
vitaux
vantaux
dentaux
occidentaux
orientaux
mentaux
fondamentaux
sacramentaux
gouvernementaux
départementaux
monumentaux
instrumentaux
continentaux
quintaux
frontaux
horizontaux
dotaux
sacerdotaux
totaux
prévôtaux
surtaux
piédestaux
cristaux
costaux
intercostaux
azimutaux
brutaux
linguaux

(1) Et le pluriel de tous les mots en au, aud, aut, eau, aussi aulx et ôts.

sublinguaux
* vaux-
travaux
[*H.*] Roncevaux
chevaux
revaux
prévaux-
ogivaux
rivaux
[*L.*] Marivaux
estivaux
équivaux-
[*G.*] Clairvaux
coxaux
paradoxaux
loyaux
déloyaux
(1) royaux

eux
eux

beux
gibbeux
bulbeux
herbeux
verbeux
bourbeux
tourbeux
Aussi bœufs

ceux
ceux
glaceux
siliceux
chanceux

Voy. seux précédé d'une consonne

deux
deux
entre-deux
in-trente-deux
hideux
iodeux
hasardeux
avant-deux

éeux
caséeux
nauséeux

Voy. ueux non précédé de g ou de q

geux
marécageux
ombrageux
orageux
outrageux
courageux
avantageux
désavantageux
nuageux
liégeux
neigeux
fangeux

cheux
fâcheux
gâcheux
grincheux
rocheux
faucheux
pelucheux

rheux
catarrheux

Voy. reux

ieux
aïeux
bisaïeux
trisaïeux
scabieux
cieux
audacieux
fallacieux
spacieux
gracieux
malgracieux
disgracieux
spécieux
précieux
judicieux
officieux
inofficieux
artificieux
malicieux
délicieux
pernicieux
avaricieux
capricieux
vicieux
licencieux
silencieux
consciencieux
révérencieux
irrévérencieux
sentencieux
soucieux
insoucieux
astucieux
radieux
insidieux
fastidieux
dispendieux
odieux
mélodieux
miséricordieux
studieux
contagieux
prodigieux
religieux
antireligieux
irréligieux
litigieux
prestigieux
spongieux
élogieux
bilieux
mieux
sanieux
ingénieux
sélénieux
arsénieux
calomnieux
cérémonieux
parcimonieux
acrimonieux
harmonieux
pécunieux
pieux
copieux
roupieux
impérieux
sérieux
mystérieux
laborieux
glorieux
victorieux
industrieux
curieux
furieux
injurieux
luxurieux
[*G.*] Lisieux
chassieux
factieux
infectieux
facétieux
ambitieux
séditieux
superstitieux
prétentieux
contentieux
dévotieux
captieux
minutieux
obséquieux
vieux
envieux
pluvieux
roux-vieux
ou rouvieux
anxieux

Avec les mots en italique qui sont monosyllabiques, *voy.* le plur. de ieu et de moyeu; *voy.* aussi yeux

leux
scandaleux
galeux
sableux
grumeleux
gratteleux
cauteleux
graveleux
angleux
argileux
frileux
huileux
calleux
mielleux
lamelleux
moelleux
écailleux
rocailleux
pailleux
sourcilleux
orgueilleux
merveilleux
périlleux
casilleux
vétilleux
pointilleux
croustilleux
pouilleux
rouilleux
chatouilleux
coquilleux
bulleux
médulleux
varioleux
fabuleux
nébuleux
globuleux
tubuleux
miraculeux
siliculeux
pelliculeux
vésiculeux
méticuleux
calculeux
tuberculeux
crapuleux
populeux
scrupuleux
fistuleux
pustuleux
Plur. de leu

meux
fameux
rameux
squameux
crémeux
venimeux
gommeux
écumeux
fumeux
spumeux
brumeux
strumeux
Plur. de meu.

neux
membraneux
gangreneux
vénéneux
cagneux
montagneux
dédaigneux
saigneux
bout-saigneux
teigneux
ligneux
pyroligneux
soigneux
rogneux
besogneux
hargneux
haineux
laineux
farcineux
libidineux
tendineux
jardineux
veineux
oléagineux
mucilagineux
cartilagineux
fuligineux
porrigineux
prurigineux
vertigineux
angineux
albugineux
lanugineux
érugineux
ferrugineux
lamineux
ignomineux
vermineux
antivermineux
albumineux
légumineux
lumineux
alumineux
volumineux
cérumineux
bitumineux
épineux
farineux
urineux
résineux
gélatineux
matineux
glutineux
ruineux
vineux
couenneux
charbonneux
floconneux
soupçonneux
sablonneux
poissonneux
buissonneux
cotonneux
moutonneux
savonneux
crayonneux
gazonneux
phlegmoneux
limoneux
marneux
caverneux

peux
peux-
adipeux
pulpeux
pompeux
loupeux
sirupeux
polypeux

reux
sacchareux
tartareux
scabreux
ténébreux
fibreux
ombreux
nombreux
creux
songe-creux

chancreux
ocreux
[G.] Dreux
filandreux
cendreux
poudreux
doucereux
tubéreux
subéreux
ulcéreux
cancéreux
poussiéreux
généreux
onéreux
séreux
véreux
cadavéreux
freux
affreux
glaireux
foireux
désireux
nidoreux
ichoreux
phosphoreux
hypophosphoreux
chloreux
hypochloreux
poreux
vaporeux
liquoreux
preux
lépreux
pierreux
terreux
squirreux
plâtreux
salpêtreux
nitreux
goitreux
vitreux
malencontreux
dartreux
antidartreux
chartreux
tartreux
désastreux
froidureux
heureux
malheureux
bienheureux
chaleureux
valeureux
peureux
sulfureux
hyposulfureux
rigoureux
vigoureux
langoureux
douloureux
amoureux
savoureux
plantureux
aventureux
[G.] Evreux
fiévreux
cuivreux
butyreux
Aussi catarrheux et Hébreux

seux

vaseux
glaiseux
oiseux
boiseux
ardoiseux

Voy. zeux

sseux

gypseux
crasseux
paresseux
graisseux
poisseux
osseux
interosseux
mousseux

Voy. ceux

teux

érysipélateux
œdémateux
exanthémateux
comateux
sarcomateux
parenchymateux
gâteux
pâteux
souffreteux
duveteux
acéteux
aphteux
laiteux
antilaiteux
calamiteux
marmiteux
vaniteux
séléniteux
boiteux
convoiteux
piteux
capiteux
maupiteux
pyriteux
nécessiteux
pituiteux
argenteux
médicamenteux
ligamenteux
filamenteux
cémenteux
récrémenteux
excrémenteux
condimenteux
alimenteux
tomenteux
sarmenteux
tourmenteux
venteux
quinteux
honteux
clapoteux
azoteux
disetteux
goutteux
antigoutteux
juteux
rebouteux
couteux
douteux
caillouteux

Voy. teux

gueux

gueux
[G.] Périgueux
fougueux
rugueux

ueux

sinueux
boueux
noueux

Voy. de malandrueux à luxueux, aussi éeux

queux

queux
aqueux
laqueux
siliqueux
belliqueux
variqueux
talqueux
visqueux
musqueux
verruqueux

ueux

malandrueux
monstrueux
flatueux
anfractueux
défectueux
affectueux
respectueux
irrespectueux
délictueux
onctueux
fluctueux
fructueux
infructueux
tempétueux
impétueux
habitueux
spiritueux
difficultueux
tumultueux
torrentueux
montueux
somptueux
présomptueux
voluptueux
vertueux
tortueux
fastueux
majestueux
flexueux
luxueux

Voy. de sinueux à noueux, aussi éeux

veux

veux-
baveux
nerveux
verveux
morveux

Voy. le plur. de veu, aussi vœux

yeux

yeux
[G.] Bayeux
crayeux
giboyeux
joyeux
soyeux
ennuyeux

Voy. *ieux* aussi plur. de ieu et moyeu

zeux

gazeux
quartzeux

Voy. zeux

ux

flux
reflux
afflux
influx
fiat lux
Pollux

Dans ces 2 derniers mots x est sonore, ils riment cependant tous avec us insonore

oux

chiaoux
doux
aigre-doux
saindoux
houx
[G.] Mandchoux
portechoux
[G.] Sioux
jaloux
époux
roux
courroux
[G.] Châteauroux
toux
[G.] Ventoux
[G.] Trévoux

Voy. ous, ouds, le pluriel de ou, de oud, oup, out, insonores; aussi Doubs et pouls

yx

bombyx
coccyx
onyx
[M.] Styx

Voy. is sonore, de dix à préfix et *ix* précédé d'une consonne

Y

ay

[H.] Charlotte Corday
margay
tokay
gamay
[G.] Epernay
railway
tramway

Voy. ai et ey

by

baby
derby

Voy. bi

cy

[G.] Annecy
[G.] Crécy
[G.] Nancy
[G.] Montmorency
[G.] Commercy

Voy. ci, si et sy durs

dy

lady
milady
dandy

Voy. di

ey

bey
dey
jockey
trolley
[G.] Abomey
[G.] Dahomey
[H.] Ney
poney
[G.] Guernesey

Voy. ai et ay

chy

Clichy
[G.] Vichy

Voy. chi.

ky

whisky

Voy. ki et qui

ly

[G.] *Chantilly*
[G.] *Neuilly*
[H.] Sully

Avec les mots en italique *voy. lli* avec Sully, voy. li

my
[*H.*] St-Barthélemy
[*G*] Donremy

Voy. mi

ny
penny
[*H.*] Cluny

Voy. ni

oy
[*H.*] Rocroy
Godefroy

Voy. oi

ry
[*G.*] Castelnaudary
[*G.*] Chambéry
[*G.*] Pondichéry
[*G.*] Valéry
tory
gentry
tilbury
jury

Voy. ri

sy
besy

Voy. si doux, lazzi et Chanzy

sy
gipsy
[*G.*] Passy

Voy. ci, cy, si dur

uy
Guy

Voy. gui

uy
[*G.*] Le Puy

Voy. ui

vy
[*I.*] Halévy

Voy. vi

zy
Chanzy

Voy. si doux, lazzi et besy

Z

az
gaz

Voy. as

ez
[*G.*] *Rodez*
fez
chez
biez
[*H.*] Dumouriez
nez
tord-nez
pince-nez
cache-nez
torche-nez
serre-nez
sonnez
rez
assez

Avec les mots en italique *voy.* es sonore, avec les autres, le pluriel de pied et ses composés, ets, ès et efs

En **ez** insonore aussi les 2mes pers. du plur. des verbes qui existent à la 1re pers. du plur. de certains temps des syllabons à bronzons, [Pages 199 à 228] à l'exception de faisons et ses composés, de disons et redisons.

iz
riz

Voy. is insonore et le pluriel de i, id, it.

olz
ruolz

anz
ranz

Voy. sens et ses composés, Saint-Saëns et cens

inz
kronprinz

oz
[*I.*] Berlioz

Voy. os, et blockhaus

atz
batz

etz
[*G.*] Metz

Voy. ès, ess, facies et flores

itz
sedlitz
strélitz
[*H.*] Austerlitz
trenitz

entz
[*G.*] Coblentz

artz
quartz

utz
[*G.*] Freischutz

COULOMMIERS
Imprimerie Paul Brodard.

www.ingramcontent.com/pod-product-compliance
Ingram Content Group UK Ltd.
Pitfield, Milton Keynes, MK11 3LW, UK
UKHW020433200726
13857UKWH00002B/400

9 782012 86777